Kreation und Leitung Hans Höfer

APA GUIDES
Indonesien

Herausgegeben von Eric Oey
Fotografiert von Hans Höfer u.a.

Aktualisiert von Elke Homburg

APA PUBLICATIONS

ZU DIESEM BUCH

Höfer

In der Reihe der preisgekrönten Apa Guides, die in 25 Jahren auf nahezu 200 Titel angewachsen ist, nimmt der Indonesienführer eine Sonderstellung ein. Der Herausgeber kehrte mit diesem Buch nach Ausflügen in die anderen Erdteile gewissermaßen zu seinem Ausgangspunkt zurück. Bali, die meistbesuchte Insel des indonesischen Archipels, verhalf 1970 dem ersten Apa Guide zum Leben.

Hans Höfer, der Gründer von APA Publications, kam 1967 nach Bali und war sogleich von den Reizen der Insel gefangen. Er hatte bald die Idee zu einem neuartigen Bali-Führer, der zum einen das einzigartige Erbe der Insel präsentieren, zum anderen den Bedürfnissen der Bali-Besucher von heute Rechnung tragen sollte. Es entstand ein neuer Typ von Reiseführer, der den Leser auch auf sein Ziel einstimmt und ihm nicht nur praktische Ratschläge gibt.

Der *Apa Guide Indonesien* stellt nun auch eine Reihe der weniger bekannten Inseln des indonesischen Archipels vor und gibt einen Überblick über das Reiseland Indonesien.

Nachdem die touristische Infrastruktur Indonesiens ausgebaut wurde, entdeckten immer mehr Menschen ihr Interesse an den vom Massentourismus noch nicht erfaßten, abgelegeneren Pfaden. So wurde Indonesien als exotisches südostasiatisches Reiseland zunehmend attraktiv. 1982 war es an der Zeit, daß **Eric Oey,** ein altvertrauter Kollege, den Auftrag bekam, das Material dieses Bandes zusammenzustellen.

Oey hatte Ende der 70er Jahre in der Marketing-Abteilung von *Apa Publications* gearbeitet. Danach promovierte er an der Universität Berkeley über malaiische Philologie und Linguistik. Da Oey durch viele Reisen Indonesien gründlich kennengelernt hatte, war er der geeignete Mann für die Herausgabe des *Apa Guide Indonesien*.

Das Buch ist das Gemeinschaftswerk indonesischer Experten, die Oey als Autoren gewinnen konnte und die die Gewähr bieten, daß es im wesentlichen ein Buch über Indonesien von Indonesiern wurde.

Oey war dazu prädestiniert, mit seinen fachlichen und sprachlichen Kenntnissen die dreijährige Arbeit an diesem Buch zu überwachen und die Zusammenarbeit der verschiedenen Autoren zu koordinieren.

Suleiman

In den Kapiteln zu Geschichte und Kultur kommen **Dr. Onghokham** und **Satyawati Suleiman,** zwei bekannte indonesische Wissenschaftler, zu Wort. Frau Suleiman organisiert das Forschungsprogramm im Archaeological Publishing Department in Jakarta und leitete den Archaeological Survey of Indonesia. Onghokham – sein Spezialgebiet ist die Sozialgeschichte Javas – lehrt seit 1963 an Geschichte der Universität von Jakarta und publiziert in verschiedenen Presseorganen.

Onghokham

Collins

Über die Inseln und ihre Bewohner schrieben **Kathy MacKinnon, William Collins** und **Dewi Anwar.** Frau MacKinnon hat Zoologie studiert und promovierte 1976 in Oxford; sieben Jahre war sie darauf für den World Wildlife Fund in Indonesien tätig. Mehrere Bücher und Artikel in Fachzeitschriften über die Tierwelt Asiens stammen aus ihrer Feder.

MacKinnon

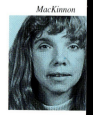

Mit den Sehenswürdigkeiten und Touren durch die Inselwelt befaßten sich verschiedene Autoren. Die Beschreibung Jakartas besorgte Oey selbst. Der *Apa Guide Java* aus der Feder von Peter Hutton in seiner aktualisierten Form war die Grundlage des Java-Kapitels in diesem Buch.

Hanna

Wijaya

Die Beiträge über Bali und Lombok verfaßten **Made Wijaya** und **Professor Willard Hanna**. Der Australier Wijaya lebte zehn Jahre auf Bali und brachte mehrmals den *Apa Guide Bali* auf den neuesten Stand.

Zwei Autoren sind für das Sumatra-Kapitel verantwortlich: **Michel Vatin** und **Frederic Lontcho**. Als freischaffender Journalist und Fotograf lebte und arbeitete Vatin in mehreren Ländern und hat in Indonesien viele Reisen unternommen. Lontcho, der Verleger, Autor und Anthropologe, hat zahlreiche Artikel über Sumatra und Sulawesi veröffentlicht.

Bob Monkhouse stammt aus Australien, kam in den 80er Jahren als Englischlehrer nach Indonesien und berichtet hier über Kalimantan.

Die Berichterstattung über Nusa Tenggara, Kalimantan, Molukken und Irian Jaya lag in den Händen von **Kal Müller,** der lange in Mexiko lebte und sich als weitgereister Fotograf, Doktor der Anthropologie und Mitverfasser des *Apa Guide Mexiko* (1982) einen Namen gemacht hat.

Abdurachman

Über Sulawesi, die Molukken und Textilien schrieb **Paramita Abdurachman,** eine der angesehensten Publizistinnen Indonesiens zu Fragen der Kultur und Geschichte. Im Indonesia Institute for Cultural Studies ist sie für die Erforschung von portugiesischen und spanischen Dokumenten aus dem 16. und 17. Jahrhundert zuständig, soweit sie sich auf die Geschichte Indonesiens und Südostasiens beziehen.

Tirta

Den Essay über die Batik verfaßte Indonesiens bekanntester Batik-Designer **Iwan Tirta,** ein gelernter Jurist, der in Indonesien internationales Recht lehrte und für die Vereinten Nationen in New York tätig war. Im Rahmen einer Untersuchung über die heiligen Tänze am Hofe der Susuhunan von Surakarta kam er mit javanischen Geweben, vor allem der Batik, in Berührung. Tirta beschäftigte sich näher mit dem Thema, und bereits 1967 erschien sein erstes Buch über die Batik.

Zu den darstellenden Künsten Indonesiens sind die Beiträge über die Gamelan-Musik und über Tanz und Schauspiel aufgenommen. Die Texte stammen von **Michael Tenzer, Bernard Suryabrata** und **Soedarsono.** Tenzer schloß 1985 sein Musikstudium an der Universität von Berkeley ab. Obwohl er auf die klassische westliche Musik spezialisiert ist, vertiefte er sich auf Bali zwei Jahre in die Gamelan-Musik. Sie faszinierte ihn so sehr, daß er das Sekar Jaya, ein eigenes Gamelan-Orchester gründete – nicht in Bali, sondern in San Francisco, wo er damit beträchtliches Aufsehen erregte.

Suryabrata, Professor für Volksmusik an der School of Folk Art der Universität von Jakarta, hatte die besondere Ehre, bei Jaap Kunst, dem bekanntesten Gamelan-Spezialisten, zu studieren. Als wissenschaftlicher Experte zur Geschichte der darstellenden Künste Südostasiens ließ Soedarsono sein Wissen in den Beitrag über Tanz und Schauspiel in Indonesien einfließen.

In den sechs Monaten der Arbeiten am Kurzführer stand uns **Patricia Chin** vom Indonesischen Fremdenverkehrsbüro in Singapur hilfreich zur Seite, indem sie bereitwillig allen Anfragen nachging und ihrerseits die Resultate unserer Nachforschungen nach Indonesien übermittelte.

Die deutsche Ausgabe wurde 1995 von **Eva-Maria Thürmer** gründlich überarbeitet und aktualisiert. Für die Unterstützung sei dem Leiter der Pressestelle der Botschaft Indonesiens in Bonn, Herrn **Mufti Yatim,** herzlich gedankt.

INHALT

Einführung

Einheit in der Vielfalt 15

Geschichte & Gegenwart

Suleiman, Onghokham, Oey:
Indonesiens stolze Frühgeschichte 24
Zeitalter großer Reiche 29
Der Islam in Indonesien 34
**Die Ankunft der
Portugiesen** 40
**Die Holländer in
Indonesien** 42
**Der steinige Weg zur
Unabhängigkeit** 52
**Das unabhängige
Indonesien** 56

Orte & Kultur

MacKinnon, Collins, Anwar, Oey:
Der riesige Archipel 67
Schmelztiegel Indonesien ... 76
**Religion und Brauchtum
in Indonesien** 86
**Jakarta: Die Metropole
Indonesiens** 101

Oey, Hutton:
**Java: Das Herzstück
Indonesiens** 109
Westjava 114
Die Nordküste Javas 120
Yogyakarta 126
Altertümer Zentraljavas ... 134
Surakarta 141
Ostjava und Madura 144

Wijaya, Hanna, Oey:
Bali: Die grüne Insel 153
Süd- und Westbali 159
Zentralbali 166
Rundfahrt durch Nordbali . 173
Ostbali 176

Wijaya, Oey:
Lombok 182
Reise durch Lombok 184

Dr. Kal Muller:
**Nusa Tenggara
(Kleine Sunda-Inseln)** 190
Sumbawa 194
**Komodo:
Die „Drachen"-Insel** 196
Sumba 197
**Flores und die
östlichen Inseln** 201

Vatin, Lontcho, Oey:
**Sumatra:
Indonesiens Rückgrat** 209
Medan und Aceh 215
**Das Land der Batak und
der Lake Toba** 221
Westsumatra 224
Die Insel Nias 227

INHALT

Der Süden und der
Osten Sumatras 228
Riau 231

Robert Monkhouse:
**Kalimantan:
Indonesiens Borneo** 234
Städte an der Küste von
Kalimantan 239
Besuch bei den Dayak 244

Paramita Abdurachman:
Sulawesi 251
Ujung Pandang und
Südsulawesi 254
Die Toraja im Hochland 259
Manado und
Nordsulawesi 262
Südost- und
Zentralsulawesi 265
**Maluku:
Die Gewürzinseln** 269
Ambon und
Zentralmaluku 272
Banda:
Die Muskatinseln 275
Ternate und Tidore 276

Eric Oey:
**Irian Jaya: Das
abgelegene Indonesien** 280
Jayapura und die Küste 282
Im zentralen Hochland 284
**Die Tierwelt
Indonesiens** 291

Tenzer, Surybrata, Soedarsono
und Oey:
**Gamelan: Musik so rein
wie Mondenschein** 301

Tanz und Schauspiel
in Indonesien 307

Abdurachman, Tirta, Oey:
**Indonesische Stoffe:
Gewebte Tradition** 317
Javanische Batik 324

Karten

Indonesien 98
Java 110
Bali 156
Lombok 184
Nusa Tenggara 190
Sumatra 213
Kalimantan 238
Sulawesi 253
Irian Jaya 282

REISETIPS

Reiseplanung
Anreise 330
Reisedokumente 330
Auskünfte 330
Gesundheitsvorsorge 330
Geldfragen 331
Telefon 331
Inlandsflüge 331
Inlandsschiffsverkehr 332
Sprache 332
Literaturhinweise 332

Java
Inselkunde 333
Reiseplanung 333
Jakarta 336

Westjava
„Tausend Inseln" 344
Banten & Westküste 344
Krakatau 345
Ujung-Kulon-Nationalpark . 345
Bogor 346
Puncak-Paß & Cibodas 346
Pelabuhan Ratu 347
Bandung 347
Berge um Bandung 348

Nordjava
Cirebon 348
Pekalongan 349
Semarang 350
Yogyakarta 351
Surakarta (Solo) 362

Ostjava
Surabaya 365
Tretes 366
Malang 367
Batu/Selecta 367

Bali
Sanur 371
Kuta Beach 374
Nusa Dua 376
Denpasar 376
Ubud 378
Candi Dasa 379

Weitere Inseln
Lombok 379
Nusa Tenggara 381
Sumbawa 382
Komodo 383
Sumba 384
Flores 385
Molukken 397

Sumatra
Banda Aceh 388
Samosir 389
Bukittinggi 389
Padang 390
Palembang 390
Pekanbaru 390
Riau-Archipel 391

Kalimantan
Pontianak 391
Banjarmasin 392
Balikpapan 392
Samarinda 393
Tarakan 393

Sulawesi
Ujung Pandang 394
Pare-Pare 396
Kendari 396
Palu 396
Manado 397

Irian Jaya
Jayapura 399
Wamena 399

„EINHEIT IN DER VIELFALT"

Indonesien. Insulinde. Nusantara. Die Ostindischen Inseln – 13 677 tropische Inseln „reihen sich um den Äquator wie eine Kette von Smaragden". Mehr als 190 Millionen Menschen sprechen Hunderte verschiedener Sprachen – ein ethnisches Mosaik, bunt wie ein Kaleidoskop.

Für Anthropologen und Naturforscher ist Indonesien gleichbedeutend mit dem „Malaiischen Archipel". In der Geschichte war es berühmt als die heiß begehrten „Gewürzinseln". Heute ist Indonesien noch immer eine schier unerschöpfliche Schatzkammer an historischen Wundern und Kuriositäten der Natur, eine einzigartige Ansammlung von Menschen, Orten, Sehenswürdigkeiten, Geräuschen, Gerüchen und Naturwundern.

Wer heute nach Indonesien reist, wandelt auf den Spuren vieler, die vor ihm da waren. Der Reisebericht des chinesischen Mönches Fa Hsien, den dieser als Schiffbrüchiger auf Java verfaßte, stammt aus dem Jahre 412. Marco Polo hielt sich im Jahr 1292 an der Ostküste von Sumatra auf. Im 17. Jahrhundert plante Ferdinand Magellan seine berühmte Reise um die Welt, um die sagenumwobenen „Gewürzinseln" zu erreichen. 1770 schließlich segelte Kapitän Cook in den Hafen von Batavia (Jakarta) ein, nachdem er die Küsten Irian Jayas (Neuguinea) kartographisch erfaßt hatte.

Und noch immer gibt es hier Neues zu entdecken. Die Besucherzahlen steigen zwar, doch keine Angst, man muß hier nicht auf ausgetretenen Pfaden wandeln. Dieser Archipel, heute eine der größten Nationen der Welt, bietet unzählige Möglichkeiten für individuelle Entdeckungsreisen und Abenteuer. Auf die Karte von Nordamerika projiziert, würde sich das Gebiet von Oregon bis zu den Bermudas erstrecken, in Europa reicht es von Irland bis zum Kaspischen Meer.

Die Landschaft Indonesiens ist dabei von einer atemberaubenden Vielseitigkeit: Rauchende, blau-graue Vulkane, grüne Reisfelder, azurblaue Gewässer, leuchtend weiße Strände, unzählige Korallenriffe, unerforschte Regenwälder, dichte Mangrovensümpfe und fruchtbares, kühles Hügelland.

Das ist das Land von Krakatau und *kretek,* Borobudur und *batik.* Das großstädtische Treiben von Jakarta, die „steinzeitlichen" Stämme von Irian Jaya, die stolze Aristokratie des zentraljavanischen Hofes, die Rituale der Bauerndörfer Balis, die Drachen von Komodo und die buntgefiederten Paradiesvögel – sie alle haben ihren Platz in diesem Füllhorn, genannt Indonesien.

Einen Teil seiner Vielfalt verdankt Indonesien seiner langen Geschichte und seiner außergewöhnlichen geographischen Lage. Den größten Beitrag aber leisten die zahlreichen Stämme und ethnischen Gruppen – die Bewohner eines stolzen und unabhängigen Staates. Sein Motto ist natürlich *Bhinneka Tunggal Ika* – „Einheit in der Vielfalt".

INDONESIENS STOLZE FRÜHGESCHICHTE

Neuere Ausgrabungen an zwei Stätten in Nordthailand haben ergeben, daß es dort bereits im vierten Jahrtausend v. Chr. eine Metallzeitkultur gab – also wesentlich früher als in Indien oder China. Dadurch mußte die Vorstellung revidiert werden, daß Südostasien damals praktisch nicht bewohnt gewesen sei. Heute nehmen Wissenschaftler sogar an, daß die Region eine der Wiegen der Entwicklung menschlicher Kultur gewesen ist.

In Indonesien wurden allerdings erst wenige neolithische Funde gemacht und genau

datiert. Man erwartet aber von gegenwärtigen Ausgrabungen neue und aufregende Entdeckungen.

Der Java-Mensch: Archäologische Funde in Indonesien haben auch bisher schon viel zur wissenschaftlichen Kontroverse beigetragen. 1890 fand der holländische Arzt Eugene Dubois auf Java den Kieferknochen eines Primaten, der eindeutig menschliche Merkmale aufwies. Der Knochen wurde zusammen mit Fossilien von Säugetierarten gefunden, von denen man annimmt, daß sie vor mehreren hunderttausend Jahren gelebt haben. Dubois vermutete zunächst, daß es sich dabei um den Knochen einer ausgestorbenen Affenart handle. Als er jedoch ein Jahr später zwei weitere hominide Fossilien in ähnlicher Umgebung fand, war er überzeugt, daß er als erster einen Überrest von Darwins langgesuchtem „fehlenden Kettenglied" gefunden habe. Er nannte seinen Fund *Pithecanthropus erectus* (aufrechter Affenmensch) und publizierte 1894 einen Bericht über seine Funde.

Unglücklicherweise waren jedoch die Evolutionstheorien Darwins damals noch heftig umstritten und so wurde Dubois' Entdeckung, der sogenannte „Java-Mensch", von religiösen Gruppen vehement angegriffen. Deprimiert zog er seine Funde zurück und gab seine paläoanthropologischen Arbeiten auf. Erst durch die Ausgrabung ähnlicher Überreste 1921 bei Peking wurde seine Theorie schließlich bestätigt.

Der „Java-Mensch" und der „Peking-Mensch" gelten heute als zur Art des *Homo erectus* gehörig, dem direkten Vorfahren des Menschen, der vor 1,7 Millionen bis 250 000 Jahren lebte. Das Skelett glich im wesentlichen dem heutigen Menschen, aber sein Schädel war breit und lang, die Stirn niedrig mit stark gewölbten Brauenbögen. Seit Dubois' Zeiten sind auf Java viele Überreste gefunden worden, von denen einige über eine Million Jahre alt sind. Im Geologischen Museum von Bandung und im Museum der Ausgrabungsstätte von Sangiran bei Surakarta können Nachbildungen besichtigt werden.

Neuere Forschungen haben gezeigt, daß der *Homo erectus* wahrscheinlich noch nicht sprechen konnte, jedoch mit Hilfe von Lauten kommunizierte. Er war ein Allesfresser und Sammler, der sowohl in Höhlen wie auch in offenen Lagerstätten hauste und offensichtlich als erstes Wesen schon das Feuer kannte. Er stellte auch bereits eine große Anzahl von Steinwerkzeugen her, darunter unter anderem Steinhacken, Äxte und Handbeile. Im Bett des Baksoka River bei Pacitan (südliches Zentraljava) sind Tausende von solchen Steinwerkzeuge gefunden worden, die 500 000 bis

Vorherige Seiten: Legong Tänzerin. *Kecak*-Tanz auf Bali. Reiter auf Sumba. Borobudur. Bohrturm im Südchinesischen Meer. **Links**: Rekonstruierter Schädel des Java-Menschen. **Rechts**: Neolithische Steinwerkzeuge aus Zentraljava.

250 000 Jahre alt sind. Ähnliche Werkzeuge wurden auch in Flores und Timor entdeckt. Es ist also ziemlich wahrscheinlich, daß der *Homo erectus* auch auf den östlichen Inseln gelebt hat. Leider lassen sich jedoch diese Funde nicht genau datieren.

Homo sapiens: Die Einteilung hominider Überreste späterer Zeit ist noch nicht gesichert, besonders was die Übergangsformen zwischen dem *Homo erectus* und dem Menschen unserer Zeit betrifft. Dabei ist vor allem die Frage von entscheidender Bedeutung, ob sich der Mensch an einem Ort entwickelt und von dort aus ausgebreitet hat, oder ob es an verschiedenen Orten unterschiedliche Entwicklungen gegeben hat.

gestorben sei. Die Frage läßt sich wohl nur mit Hilfe eindeutig datierbarer Funde lösen.

In China und dem südostasiatischen Festland hat man Überreste des *Homo sapiens* von vor 60 000 Jahren gefunden, was mit dem Auftauchen dieser Gattung in anderen Teilen der Welt übereinstimmt. Zwei Funde in Afrika werden allerdings auf ein Alter von 90 000 Jahren datiert. Vor ungefähr 40 000 Jahren oder vielleicht auch schon früher lebte der *Homo sapiens* auch in Indonesien, Neuguinea und Australien. Alle in Südostasien gefundenen Überreste des *Homo sapiens,* die auf etwa 5000 v. Chr. datiert werden, sind der australoiden Völkergruppe zuzuordnen, die sich bis heute in isolierten Gebieten in Malaysia und

Beide Theorien sind durch Interpretation von Funden zu stützen. In Indonesien geht die Auseinandersetzung im wesentlichen um die Frage der Datierung und Klassifizierung des sogenannten „Solo-Menschen", der zwischen 1931 und 1933 in der Nähe des Solo River bei Ngandong in Zentraljava gefunden wurde. Einige Wissenschaftler sehen in ihm eine etwa 250 000 Jahre alte Zwischenform und damit den Beweis für eine eigene südostasiatische Entwicklung vom *Homo erectus* zum Menschen. Andere wiederum betrachten den „Solo-Menschen" lediglich als eine etwas fortgeschrittenere Form des *Homo erectus*, der sich hier noch gehalten habe und schließlich aus-

den Philippinen erhalten hat. Man geht daher davon aus, daß diese Australoiden die Ureinwohner dieser Region gewesen sind, die dann von den aufeinanderfolgenden Einwanderungswellen der Mongolen aufgesogen, bzw. ins Hochland oder nach Osten vertrieben wurden. Australoide Merkmale, die sich heute noch bei der vornehmlich mongolischen Bevölkerung Indonesiens finden, weisen jedenfalls auf australoide Vorfahren hin, um so deutlicher, je weiter man in den Osten des Archipels kommt.

Die wenigen Zeugnisse, die wir haben, zeigen, daß der frühe *Homo sapiens* die Werkzeugherstellung des *Homo erectus* fortsetzte

Frühgeschichte

und verfeinerte und neben Stein nun auch Knochen, Muscheln und Bambus verwendete. Die Menschen waren Sammler und Jäger, aßen viele verschiedene Sorten von Früchten, Pflanzen, Schnecken und Tieren, darunter Tapire, Elefanten, Hirsche und Nashörner. Anscheinend waren sie Kannibalen, man hat jedenfalls zermalmte menschliche Knochen neben Muschelschalen und tierischen Resten gefunden. Vor etwa 20 000 Jahren gab es offensichtlich die ersten Begräbnisse und partielle Einäscherungen. Im Südwesten von Sulawesi und auf Neuguinea gefundene Höhlenzeichnungen (hauptsächlich Zeichen, aber auch Menschen- und Tierfiguren) sind wahrscheinlich mindestens 10 000 Jahre alt.

gen können natürlich diese Situation bald ändern. Man muß aber auch bedenken, daß die kulturelle Entwicklung in dieser Inselregion sehr uneinheitlich war; in Neuguinea leben isolierte Stämme noch heute auf der Stufe der Steinzeit.

Die ersten Bauern haben in Indonesien wohl Taro angebaut. Reis wurde in vielen Teilen des Landes überhaupt erst in den letzten Jahrhunderten bekannt und auf vielen der östlichen Inseln ist Taro neben Bananen, Yamswurzeln, Brotfrüchten, Kokosnüssen und Zuckerrohr immer noch ein Grundnahrungsmittel. Bis zum ersten Jahrtausend v. Chr. waren Hunde, Ziegen, Büffel, Hühner und Schweine alle domestiziert, die meisten Tiere

Im Neolithikum (Jungsteinzeit) gab es dann hier, wie anderswo auch, die ersten Dörfer, Haustiere, polierte Steinwerkzeuge, Tongefäße und den Anbau von Lebensmitteln.

Durch archäologische Funde können diese Neuerungen immer weiter vordatiert werden; weltweit gesehen geht man jedoch davon aus, daß sie aus der Zeit um 10 000 v. Chr. (also nach dem Ende der letzten Eiszeit) stammen. Neolithische Funde in Nordthailand konnten zuverlässig auf das siebte Jahrtausend v. Chr. datiert werden. Für Indonesien allerdings gibt es keine Überreste aus der Zeit vor dem dritten Jahrtausend, die meisten Funde stammen sogar aus noch jüngerer Zeit. Neue Ausgrabun-

wurden aber wahrscheinlich nur für rituelle Opfer und gemeinsame Feste geschlachtet. Die Eingeweide von Hühnern wurden von Priestern und Schamanen verwendet, um damit günstige Tage für wichtige Ereignisse wie eine Hochzeit oder Jagd zu bestimmen. Mit Steinklopfern wurde aus Rinde Kleidung gefertigt, Töpferwaren wurden mit Hilfe von Holzschaufeln und Steinstößeln geformt. Es gab rechteckige und runde Steinäxte, auf Su-

Oben: Das Foto vom Anfang unseres Jahrhunderts dokumentiert das Überleben einer Megalithkultur auf Nias. **Rechts**: Trommel der *Dong-son*-Bronzekultur.

matra und Java hat man Spuren früher Werkstätten gefunden, in denen solche Äxte hergestellt wurden.

Wie ihre polynesischen Verwandten, die sich zu dieser Zeit über den Pazifik ausbreiteten, waren auch die Indonesier des Neolithikums zweifellos Seefahrer. In der ganzen melanesischen Sprachfamilie sind die nautischen Begriffe alle erstaunlich ähnlich und auf frühen Töpfereien und Bronzereliefs finden sich wie auf den Häusern und den heiligen Stoffen der Stämme stilisierte Bootsmotive.

Am Ende der Jungsteinzeit wurden auf vielen Inseln Megalithen (große Steinblöcke) aufgestellt. Sie dienten als Gebets- und Grabstätten und hatten die Form von Dolmen,

jedoch vermuten, daß ähnliche Entwicklungen auch in anderen Teilen der Region stattgefunden haben. Die bisher bekannten indonesischen Bronzen sind jedoch eindeutig alle dem *Dong-son*-Typ zuzuordnen und stammen aus der Zeit zwischen 500 v. und 500 n. Chr.

Die schönsten zeremoniellen *Dong-son*-Bronzetrommeln und Äxte sind mit eingravierten geometrischen Mustern oder Menschen- und Tiermotiven verziert. Dieser eigene Stil der Verzierung hat einen großen Einfluß auf die indonesische Kunst ausgeübt und scheint sich mit der Bronzegußtechnik verbreitet zu haben. Man hat an verschiedenen Orten Steinformen für den Guß gefunden. Wer hat nun in Indonesien diese *Dong-son*-

Steinsäulen, Terrassenheiligtümern, Stufenpyramiden, Sitz der Geister oder Ahnenstatuen. Die beeindruckendsten sind die Steinstatuen von Reitern und kämpfenden Tieren, die auf dem Pasemah Plateau auf Sumatra gefunden wurden. Die Megalithen können nicht genau datiert werden, man nimmt jedoch an, daß sie keine 2000 Jahre alt sind.

Die Dong-son-Bronzekultur: Zunächst glaubte man, daß die Bronzezeit in Südostasien mit der von China beeinflußten Dong-son-Bronzekultur (erstes Jahrtausend v. Chr. in Vietnam) begann; die Entdeckung von 5000 Jahre alten Kupfer- und Bronzewerkzeugen in Ban Chiang und Non Nok Tha in Nordthailand läßt

Bronzen hergestellt? Man weiß nichts Sicheres, es hat aber wohl in der Region damals bereits kleine, auf Anbau von Reis und Handel basierende Königreiche gegeben. An mehreren prähistorischen Stätten ist man nämlich auf Gegenstände indischer Herkunft gestoßen, eine auf Sangeang Island bei Sumbawa gefundene Bronzetrommel zeigt Figuren in alter chinesischer Kleidung. Auch in frühen Han-Texten werden die Gewürznelken anbauenden Inseln im östlichen Indonesien erwähnt und man weiß sicher, daß sich schon im zweiten Jahrhundert vor Christus (wenn nicht bereits vorher) der Handel auf den gesamten Archipel erstreckt hat.

Ein Zeitalter grosser Reiche

Ab dem zweiten Jahrhundert n. Chr. bildeten sich in Südostasien eine Reihe von hochentwickelten Gesellschaften heraus, die sich in ihrem Weltbild, in ihrer Literatur, Architektur und politischen Organisation eng an das indische Vorbild anlehnten.

Diese Königreiche sind heute vor allem durch die herrlichen Monumente bekannt, die sie geschaffen haben: Borobudur, Prambanan, Angkor, Pagan und andere; einige wurden im 19. Jahrhundert „wiederentdeckt" und werden seitdem von Millionen von Menschen besucht. Über ihre Schöpfer weiß man jedoch kaum etwas, ebensowenig darüber, woher sie eine so tiefgehende Kenntnis der indischen Kultur besaßen.

Unsere Unkenntnis ist sicherlich darauf zurückzuführen, daß man lange Südostasien als rückständige Region betrachtet hat, und viele Wissenschaftler gingen daher davon aus, daß diese Entwicklung nur durch massive indische Invasion und Siedlungstätigkeit zustande kommen konnte. Tatsächlich aber war Südostasien bereits in prähistorischer Zeit ein blühendes Handels- und Kulturzentrum.

Die Entwicklung des indischen Einflusses in diesem Raum ist so komplex, daß sie auch nicht annähernd nachvollzogen werden kann. Die neueste und plausibelste Theorie ist die, daß die indonesischen Herrscher entweder indische Brahmanen ins Land geholt oder eigene Leute nach Indien geschickt haben, um sich dort die nötigen Kenntnisse anzueignen.

Diese Hypothese wird durch eingehendes Studium der Hindu-Tempel gestützt. Man fand nicht nur viele verschiedene indische Bau- und Kunststile (die in einer Weise verwendet wurden, die in Indien völlig unbekannt war), sondern auch einheimische Konstruktionselemente aus der Vorhinduzeit.

Die ersten Königreiche: Über die frühen indonesischen Königreiche der klassischen und der Hindu-Periode weiß man nur das Wenige, was man alten Steininschriften oder vagen Hinweisen in alten chinesischen, indischen oder klassischen Texten entnehmen konnte. So wird z.B. die Insel Java im *Ramayana* unter dem Namen Yawadwipa und im *Almagest* des Ptolemäus als Yabadiou erwähnt. Die ersten genaueren Hinweise auf Indonesien und seine Herrscher und Königreiche finden sich jedoch erst in chinesischen Quellen und Steininschriften in Sanskrit aus dem frühen fünften Jahrhundert.

Die Steininschriften (in der südindischen Palawa-Schrift verfaßt) stammen von zwei indonesischen Herrschern aus zwei verschiedenen Gebieten, nämlich Kutei an der Ostküste von Kalimantan und Tarumanegara am Citarum River in Westjava (nahe Bogor). Beide Herrscher waren Hindus.

Ebenfalls im frühen fünften Jahrhundert erlitt der chinesische, buddhistische Mönch, Fa Hsieng, bei Java Schiffbruch. In seinen Memoiren (in England unter dem Titel *A Record of Buddhistic Kingdoms* erschienen) bemerkt er, daß es auf Java viele Brahmanen und Ketzer gebe, das buddhistische Dharma dort jedoch nicht erwähnenswert sei. Wir verdanken ihm einige faszinierende Details über das von Indien beeinflußte Indonesien. So waren einige der frühen Königreiche hinduistisch, andere wieder buddhistisch. Im Verlauf der Zeit verwischte sich jedoch dieser Unterschied mehr und mehr.

Die Macht der hinduistischen Staaten Indonesiens gründete sich in erster Linie auf die Kontrolle über den Seehandel. Anscheinend übte zunächst Tarumanegara in Westjava 200 Jahre lang diese Kontrolle aus, bis dann Ende des siebten Jahrhunderts ein neues buddhistisches Königreich in Palembang die Herrschaft über die lebenswichtigen Straßen von Malakka und Sunda übernahm. Die nächsten 600 Jahre wurden die Meere von dem Königreich namens Srivijaya kontrolliert.

Srivijaya und der *P'o-ssu*-Handel: Srivijaya hat keine großartigen Tempel oder sonstige Monumente hinterlassen, da es ein Reich war, das seine Existenz nicht auf die Landwirtschaft, sondern auf die Kontrolle des Handels gründete. Die meisten Untertanen waren daher Matrosen, die auf Booten lebten, wie es heute noch viele der Malaien an der Küste, die *orang laut* (Meerleute), tun. Man weiß daher nur sehr wenig über dieses Reich, das von den

Links: Loro Jonggrang, der größte Shiva-Tempel von Prambanan, errichtet von Rakai Pikatan im neunten Jahrhundert, kann als hinduistisches Gegenstück zum buddhistischen Borobudur angesehen werden.

Zeitalter großer Reiche

Wissenschaftlern überhaupt erst 1918 identifiziert werden konnte. Vier Steininschriften in Altmalaiisch und ein paar Statuen und Bronzebilder sind alles, was von diesem Reich, immerhin eines der größten Seemächte der Geschichte, übriggeblieben ist.

Prof. O. W. Wolters hat die These vertreten, daß Srivijaya seine hervorragende Stellung der Tatsache verdanke, daß man Handel mit teurem Weihrauch und Myrrhe trieb, den sogenannten *P'o-ssu,* persische Waren aus dem Nahen Osten, die damals in großen Mengen nach China transportiert wurden. Wie dem auch sei, Srivijaya hatte jedenfalls eine strategisch ausgesprochen günstige Lage und soll außerdem bereits große Schiffe zwischen 400 und 600 Tonnen besessen haben. Es ist jedoch von Bedeutung daß der *P'o-ssu*-Handel sich hauptsächlich um Weihrauch und seltene Substanzen für die Buddhisten in China drehte. Die Herrscher von Srivijaya waren ebenfalls Buddhisten und der chinesische Mönch I-Ching unterbrach hier seine Reise für mehrere Monate, um buddhistische Texte zu studieren und zu kopieren. Er fand hier an die tausend buddhistische Mönche vor und stellte fest, daß das Reich ein Treffpunkt für Händler aus der ganzen Welt war.

Srivijaya kontrollierte zwar alle Häfen an den Straßen von Malakka und Sunda (Ostsumatra, Westjava und die Malaiische Halbinsel), doch nirgendwo konnte man dort Reis anbauen. Das nächstgelegene Reisanbaugebiet war Zentraljava, wo sich ab dem frühen achten Jahrhundert große Königreiche herausbildeten.

Die Sailendras und die Sanjayas: Von Anfang an kam es zwischen den buddhistischen und hinduistischen Herrscherfamilien in Zentraljava zu Spannungen. Die ersten Tempel und Inschriften aus dem Jahre 732 n. Chr. stammen von dem hinduistischen Herrscher Sanjaya. Kurz darauf scheint jedoch eine buddhistische Linie von der Nordküste Javas, genannt Sailendras (Herren der Berge), an die Macht gekommen zu sein, der sich Sanjaya und seine Nachkommen unterwerfen mußten.

Die Sailendras unterhielten mit Srivijaya, das ebenfalls unter buddhistischer Herrschaft stand, enge Beziehungen und herrschten etwa 100 Jahre lang auf Java. Während dieser relativ kurzen Zeit erbauten sie die herrlichen buddhistischen Monumente von Borobudur, Mendut, Kalasan, Sewu und viele andere im Schatten des majestätischen Mount Merapi. Noch heute zeichnet sich das Gebiet durch seine fruchtbaren Böden aus. Es muß wohl

Oben: Inschrift und Fußspuren von Purnavarman, dem hinduistischen Herrscher von Tarumanegara (Westjava), Mitte des 5. Jahrhunderts. **Rechts:** Tempelrelief des Borobudur.

schon damals eine große Bevölkerung ernährt haben, die auch am Bau der Monumente arbeitete.

Der Niedergang der Sailendras begann um 830 n. Chr. und endete schließlich 856 n. Chr. mit der Machtübernahme durch einen Nachkommen Sanjayas. Anscheinend hatte die Sanjaya-Linie die ganze Zeit als Vasallen der Sailendras über Außenbereiche des Reiches geherrscht und während dieser Zeit dort viele Hindu-Tempel erbaut, so zum Beispiel auf dem Dieng Plateau und an den Hängen des Mount Ungaran (südlich von Semarang). Um 850 n. Chr. heiratete ein Prinz der Sanjaya-Dynastie, Rakai Pikatan, eine Sailendra-Prinzessin und übernahm die Macht in Zentraljava.

Die Sailendras flohen nach Srivijaya, wo sie zu Wohlstand kamen und gut ein Jahrhundert lang den Javanesen die Schiffahrt im Südchinesischen Meer blockierten.

Der geheimnisvolle Umzug nach Ostjava: Rakai Pikatan feierte seinen Sieg mit dem Bau des herrlichen Tempelkomplexes von Prambanan, der als hinduistisches Gegenstück des buddhistischen Borobudur anzusehen ist. Beide sind Ahnensitze, reich geschmückte Versionen jener Bauwerke, die schon von indonesischen Herrschern prähistorischer Zeiten errichtet wurden.

Es folgte nun eine Reihe hinduistischer Könige in Zentraljava, bis um 930 n. Chr. die Hauptstadt plötzlich nach Ostjava verlegt wurde. Es gibt bisher keine befriedigende Erklärung für diese Verlagerung.

Den Sailendras war es ja in Srivijaya gelungen, den lebenswichtigen Seehandel von der Nordküste Javas abzuschneiden, und möglicherweise hatten sie auch mit einer erneuten Invasion in Zentraljava gedroht. Außerdem könnte ein Ausbruch des Merapi um diese Zeit die Straßen zu den Häfen an der Nordküste unterbrochen und große Teile Zentraljavas mit vulkanischer Asche bedeckt haben. In Sambisar bei Prambanan hat man einen halbfertigen Tempel ausgegraben, der mit einer fünf Meter dicken Schicht Vulkanschutt bedeckt war. Vielleicht war aber auch eine Epidemie ausgebrochen, oder es lockten die fruchtbaren Böden in Ostjava.

Welchen Grund dieser Umzug aber auch gehabt haben mag, das Reich in Ostjava hatte jedenfalls im zehnten Jahrhundert eine Blütezeit und überfiel sogar 990 n. Chr. Srivijaya, das es zwei Jahre lang besetzte. Ein Vierteljahrhundert später rächte sich Srivijaya, indem es mit einer riesigen Flotte das Reich überfiel, die Hauptstadt zerstörte und den König Dharmanwangsa tötete. Das Reich wurde in viele kleine abhängige Fürstentümer aufgesplittert. Es sollte fast 20 Jahre dauern, bis es dem nächsten großen und mächtigen König Airlangga gelang, das Reich wieder

Zeitalter großer Reiche

vollständig zu einen. Airlangga war der Neffe König Dharmawangsas und gelangte 1019 auf den Thron, nachdem sich die Armee Srivijayas wieder zurückgezogen hatte. Mit Hilfe loyaler Gefolgsleute und Berater gelang es ihm, das Reich zurückzuerobern und seinen Wohlstand wiederherzustellen. Er ist jedoch hauptsächlich als Asket und Förderer der Kunst in die Geschichte eingegangen. Unter seiner Herrschaft wurden klassische indische Schriften aus dem Sanskrit ins Javanische übersetzt.

Kurz vor seinem Tod im Jahre 1049 änderte Airlangga seinen Namen und wurde Asket, ohne jedoch abzudanken. Um den Ehrgeiz seiner Söhne zu befriedigen, teilte er das Reich

in zwei gleiche Teile: Kedire und Janggala (oder Daha und Koripan). Kediri wurde der mächtigere Staat und ist heute noch als Ursprungsland zahlreicher Werke der alten javanesischen Literatur – hauptsächlich Wiedergaben indischer Epen in der typisch javanesischen Versform *kekawin* – bekannt.

Singhasari und Majapahit: In den nun folgenden Jahrhunderten erreichte Java eine bis dahin nie gekannte Blüte. Die Herrscher der aufeinander folgenden Reiche in Ostjava konnten die Erträge aus der blühenden Landwirtschaft mit dem Einkommen aus dem einträglichen Überseehandel verbinden. Dabei entwickelten sich die Javanesen zu den besten Schiffsbauern und Seefahrern Südostasiens. Während des vierzehnten Jahrhunderts beherrschten sie die Seewege des gesamten indonesischen Archipels sowie ins ferne Indien und China.

Trotzdem wüßten wir nur sehr wenig über die beiden großen Reiche des 13. und 14. Jahrhunderts, Singhasari und Majapahit, wären nicht in unserer Zeit zwei alte Texte aus dem Java des 14. Jahrhunderts entdeckt worden. Das eine, das *Pararaton* (Buch der Könige) berichtet über die Gründung der Singhasari-Dynastie im Jahre 1222 durch Ken Arok.

Ken Arok war ein Abenteurer, dem es gelang, die schöne Ken Dedes, die Erbin des Thrones von Janggala, zu heiraten, nachdem er ihren Mann ermordet hatte. Als Herrscher von Janggala erhob er sich dann gegen seinen Souverän, den König von Kediri, und ließ mit Unterstützung der Priester in Singhasari, in der Nähe des heutigen Malang, eine neue Hauptstadt errichten.

Das *Pararaton* erzählt dann weiter von seinen Nachfolgern, besonders Kertanagara, dem letzten König dieser Linie, der 1292 schließlich vom König von Kediri ermordet wurde. Kertanagara war ein außergewöhnlicher Mensch, Gelehrter und Staatsmann zugleich, Angehöriger der buddhistischen Bhairawa-Sekte. 1275 und 1291 schickte er im Kampf um die Kontrolle des Seehandels zwei erfolgreiche Expeditionstruppen gegen Srivijaya.

Er wurde tatsächlich so mächtig, daß Kublai Khan, der mongolische Kaiser von China, immer wieder Gesandte zu ihm schickte, die ihn aufforderten, Tribut zu zahlen. Kertanagara weigerte sich und ließ die Gesandten verstümmeln, was den Khan so erzürnte, daß er 1293 eine mächtige Flotte nach Java schickte, um die Beleidigung zu rächen. Als die Flotte landete, stellte sie jedoch fest, daß Kertanagara bereits von Jayakatwang, einem seiner Vasallen, umgebracht worden war.

Die Chinesen blieben daraufhin ungefähr ein Jahr im Land, um Kertanagaras Schwiegersohn Wijaya gegen Jayakatwang zu unterstützen. Während dieser Monate wurden im Brantas-Tal viele Schlachten mit wechselndem Erfolg geschlagen, bis schließlich Wijaya und seine chinesischen Verbündeten siegreich blieben. Wijaya nahm nach seinem Sieg die mongolischen Generäle gefangen und jagte die ausländischen Truppen zurück auf ihre Schiffe. Die chinesische Flotte kehrte daraufhin nach China zurück, wo ihre Kommandanten vom großen Khan wegen ihres Versagens hart bestraft wurden.

Wijaya heiratete vier Töchter Kertanagaras und gründete 1294 an den Ufern des Brantas, zwischen Kediri und dem Meer (in der Nähe des heutigen Trowulan), eine neue Hauptstadt. Dieses Gebiet war für seine bitteren *(pahit)* Maja-Früchte bekannt, und so wurde das neue Königreich Majapahit genannt. Die neue Stadt – von der heute nur noch die Grundmauern erhalten sind – erbaute man ausschließlich aus roten Ziegeln. Luftaufnahmen machen deutlich, daß sie ein ausgedehntes Netz von Kanälen besaß, auf denen Barken Reis und andere Güter den Fluß hinunter von Majapahit zu den Häfen an der Mündung des Brantas transportierten.

Majapahits Glanzzeit: Majapahit umfaßte als erstes indonesisches Königreich wirklich den gesamten Archipel, weshalb spätere Herrscher von Java dieses Reich gern als ihren sowohl geistigen als auch politischen Vorläufer betrachteten. Den Höhepunkt seiner Macht erreichte Majapahit Mitte des 14. Jahrhunderts unter König Hayam Wuruk, dem Enkel Wijayas.

Unser Wissen über Majapahit stammt teilweise von Steininschriften, die in Hunderten von Tempelruinen in der Umgebung der Hauptstadt gefunden wurden, hauptsächlich jedoch von einem Lobesgedicht des Hofdichters Prapanca, das dieser nach dem Tod von Gajah Mada, 1365, geschrieben hat. Das Gedicht *(Negarakertagama)* berichtet viele interessante Einzelheiten über das Leben am Hof und die königliche Familie.

Eine der wichtigsten Passagen des Buches handelt von dem Eid Gajah Madas *(sumpah palapa)*, die Hauptinseln des Archipels, die *Nusantara* (andere Inseln), unter die Herrschaft Majapahits zu bringen. Es wird behauptet, daß ihm dies vor seinem Tod noch gelungen sei, Historiker glauben jedoch, daß es sich dabei eher um eine Art Handelsunion gehandelt habe, in der allerdings Majapahit der dominierende Partner war. Die Handelshäfen von Sumatra, die Malaiische Halbinsel, Borneo, Sulawesi, die Molukken und Bali scheinen jedenfalls alle die Souveränität Majapahits anerkannt zu haben. Majapahits Niedergang setzte bald nach dem Tod Hayam Wuruks, 1389, ein. Um einen Konflikt zu vermeiden, hatte Hayam Wuruk sein Königreich zwischen seinem Sohn und seiner Tochter aufgeteilt. Der schwelende Machtkampf um die Vorherrschaft führte aber schließlich, zwischen 1403 und 1406, zum Bürgerkrieg.

Links: Skulptur Ken Dedes, der Gattin von Ken Arok, als Göttin dargestellt. Oben: Tempelskulpturen im sogenannten *Wayang-kulit* Stil am Candi Jago.

Zeitalter großer Reiche 33

Der Islam in Indonesien

Der Islam kam nicht infolge Heiliger Kriege oder bewaffneter Revolten in den indonesischen Archipel, sondern im Zuge einer friedlichen wirtschaftlichen Expansion entlang den Haupthandelsrouten des Ostens. Zwar hatten schon seit Jahrhunderten moslemische Händler die Region besucht, doch begann der Übertritt indonesischer Herrscher zum neuen Glauben erst, nachdem das wichtige indische Handelszentrum, Gujarat, Mitte des 13. Jahrhunderts in die Hand der Moslems gefallen war. Die Handelshäfen Samudra Perlak und

Pasai an der Nordostküste Sumatras, die den wirtschaftlich wichtigen Zugang zur Straße von Malakka bewachten, wurden die ersten islamischen Königreiche Indonesiens, Perlak schon vor Marco Polos Besuch von 1292. Sultan Malik as Saleh, der erste moslemische Herrscher von Samudra, starb 1297.

Zu jener Zeit dominierte die mystische Bruderschaft der Sufis. Diese waren umherziehende Medien und Mystiker, welche die charismatischen Traditionen der Ekstase, Askese, des Tanzes und der Poesie predigten. Ihre Lehren paßten offensichtlich gut zu dem herrschenden politischen und kulturellen Klima an den hinduistischen indonesischen Höfen – an denen Gottkönige, brahmanische Gurus und tibetobuddhistische Mystiker seit Jahrhunderten herrschten. Vielleicht hat deshalb der Islam die soziale und politische Struktur der Höfe kaum beeinflußt, auch wenn er in seiner Betonung der Gleichheit aller Menschen vor Gott egalitärer war als die kastenorientierten indischen Religionen, die vorher in vielfältigen Formen existiert hatten.

Handel und Islam: Der Übertritt zum Islam hatte auch wirtschaftliche Gründe: Die moslemischen Handelsleute wurden in jener Zeit gerade zur dominierenden Kraft im internationalen Geschehen. Sie hatten schon seit einiger Zeit den Überlandhandel von China und Indien über Persien und die Levante nach Europa beherrscht und begannen nun – nachdem sie die wichtigen stofferzeugenden Häfen Indiens in den Händen hatten – auch die Seerouten durch Süd- und Ostasien zu kontrollieren. Die indonesischen Herrscher versprachen sich daher den Anschluß an das wachsende Handelsnetz, aber auch Schutz vor den aggressiven Nachbarn, den Thais und Javanern.

Um den Prozeß der Islamisierung Indonesiens verstehen zu können, muß man einiges über die politische und ökonomische Struktur der Region in jener Zeit wissen. Es gab in der vorkolonialen Zeit im wesentlichen drei Arten von Königreichen:

1. Die Küstenstaaten an der Straße von Malakka, die wenig selbst herstellten oder anbauten und in erster Linie vom Handel und der Kontrolle des Meeres lebten, 2. die großen Binnenstaaten auf Java und Bali, die Reis im Überfluß produzierten und große Arbeitskräftepotentiale besaßen und 3. die winzigen Staaten auf den östlichen Molukken, die Gewürznelken und Muskat, aber nur wenig Lebensmittel erzeugten.

Alle Staaten importierten Luxusgüter aus dem Ausland, wie zum Beispiel Stoffe, Porzellan, Edelmetalle, Arzneien und Edelsteine. Die Staaten an der Küste und auf den Gewürzinseln mußten außerdem auch Reis importieren. Dieser Handel wurde nicht nur zwischen

Links: Grabstein eines frühen islamischen Monarchen auf Sumatra. **Rechts:** Seite aus dem Koran in Aceh (Sumatra), über vier Jahrhunderte lang ein mächtiges islamisches Sultanat.

den Inseln abgewickelt, sondern es waren auch Ausländer – hauptsächlich Inder und Chinesen, aber auch Araber, Siamesen und Burmesen – beteiligt.

Die Organisation des Handels war zum Teil durch äußere Bedingungen vorgegeben. Die Segelschiffe waren von den jährlichen Monsunwinden abhängig, Seereisen von und nach China oder Indien konnten in jeder Richtung nur einmal im Jahr zurückgelegt werden. So wurden manche Häfen zu Zufluchtsstätten und Handelszentren, wo sich die Handelsleute versammeln konnten.

Malakka tritt zum Islam über: Den größten Auftrieb erhielt der Islam, als der kluge Herrscher von Malakka nach einem längeren Aufenthalt in China 1436 zum Islam übertrat. Malakka war bis dahin ein Vasall Chinas gewesen und stand unter der Herrschaft der Nachkommen der hinduistischen Herrscher von Palembang (Srivijaya) und der Könige von Singapur, die im 14. Jahrhundert von Javanern und Thais angegriffen und verjagt worden waren. China hatte sich zwar als wertvolle Schutzmacht erwiesen, sein Einfluß war jedoch 1436 schon im Schwinden und die Thais verlangten wieder einmal Tribut. Durch die Hinwendung zum Islam erhielt der König von Malakka nun Schutz gegen die Thais. Die Herrscherdynastie Malakkas war im Umgang mit überseeischen Händlern sehr geübt. So fiel es Malakka nicht schwer, vom wirtschaftlichen Erfolg der islamischen Welt zu profitieren, ohne dabei den Kontakt zu anderen Handelsleuten zu verlieren. Bis 1500 sollte Malakka zum größten Handelszentrum des Ostens werden. Während des 15. Jahrhunderts gerieten alle Handelshäfen des westlichen Archipels unter den Einfluß Malakkas. Die wichtigsten waren die Häfen an der nördlichen oder *pesisir*-Küste von Java. Traditionellerweise waren diese Häfen den großen Hindu-Königreichen im Inneren Javas untertan, für die sie praktisch als Export- und Importagenten tätig waren, indem sie javanischen Reis gegen Gewürze, Seide, Gold, Stoffe, Arzneien, Edelsteine und ähnliches eintauschten.

Um 1400 herum begann jedoch die Macht dieser Reiche zu zerfallen, und so suchten die Fürsten der Küstenstädte nach Wegen, ihre Unabhängigkeit zu behaupten. Nach und nach wurden die Beziehungen zu der islamischen Welt auf Malakka durch Heirat führender islamischer Handelsleute mit Adligen der Städte gefestigt.

Der Islam auf Java: Die Islamisierung verlief also zunächst in den Küstenkönigreichen friedlich, ein Wendepunkt trat jedoch im frühen 16. Jahrhundert ein, als das neue islamische Königreich Demak das letzte große hinduistisch-buddhistische Königreich Javas angriff und eroberte. Die Hindu-Herrscher wurden nach Osten verjagt und das landwirtschaftlich reiche javanische Hinterland annektiert. Demak festigte seine Macht über die Nordküste noch durch die Unterwerfung Tubans, Gresiks, Maduras, Surabayas, Cirebons, Bantens und Jayakartas. Im 16. Jahrhundert schließlich war Demak Herr über ganz Java.

Überlieferte Erzählungen stellen allerdings diesen Prozeß der Islamisierung Javas ganz anders, wenn auch nicht weniger interessant, dar. Nach alten Chroniken predigten neun islamische Heilige *(wali sanga)* den Islam mit Hilfe eines javanischen Schattenspiels *(wayang kulit)* und *gamelan*-Musik. Sie führten das *kalimat shahadat,* das islamische Glaubensbekenntnis, und das Lesen des Korans während der Vorführung der Epen Ramayana und Mahabharata ein.

Der Islam war in jener Zeit der Glauben der Handelsleute und Städter und damit in den Seehandelszentren des Archipels fest verankert. Diese Zentren waren damals bereits recht groß: Malakka hatte im 16. Jahrhundert eine Bevölkerung von mindestens 100 000 Einwohnern und war damit so groß wie Paris, Venedig oder Neapel, nur Peking und Edo (Tokio) mit jeweils einer Millionen Einwohnern waren größer. Andere indonesische Städte waren ähnlich groß – Semarang hatte 2000 Häuser, Jayakarta eine Armee von 4000 Mann, Tuban war eine befestigte Stadt mit 30 000 Einwohnern. Diese Zahlen weisen darauf hin, daß im 16. Jahrhundert die städtische Bevölkerung Indonesiens mindestens ebenso groß war wie die Landbevölkerung.

Die indonesischen Städte unterschieden sich auch äußerlich von denen Europas, des Nahen Ostens, Indiens oder Chinas. Sie hatten keine Mauern und lagen an Flußmündungen oder in großen Ebenen. Ihre Verteidigung mußten die umliegenden Dörfer gewährleisten. Ein Gesandter des Sultanats Aceh (Nordsumatra) an das Ottomanische Reich erklärte, daß die Verteidigung Acehs nicht auf Mauern sondern „auf dem Mut gegenüber dem Feind und einer großen Anzahl Elefanten" beruhe. Die indonesischen Städte waren außerdem gewöhnlich sehr grün, überall wuchsen Kokospalmen, Bananenstauden und andere Obstbäume, und die meisten der geräumigen Holz- oder Bambushäuser hatten Gemüsegärten. Der Palastkomplex war auch das Verteidigungszentrum und manchmal mit Mauern und einem Graben umgeben. Bei einer Bevölkerung von gerade fünf Millionen im gesamten Archipel hatte das Land selbst keine Bedeutung; es zählte nur das, was Menschen daraus machten. So mußten die Engländer 1613, als sie Land für den Bau der Burg in Makassar brauchten, die Eigentümer nicht für den Grund, sondern nur für die dort wachsenden Kokospalmen entschädigen.

Im Verlauf des 16. Jahrhunderts breitete sich der Islam über den gesamten Archipel aus. Das islamische System wirtschaftlicher

und politischer Allianzen brach jedoch nach der Eroberung Malakkas 1511 durch eine kleine Gruppe Portugiesen schnell zusammen. Obwohl diese, wie wir sehen werden, immer nur einen Teil des gesamten Handels in der Region beherrschen konnten, hatte der Fall Malakkas doch sehr weitreichende Konsequenzen. Keinem islamischen Staat war es noch einmal möglich, einen vergleichbaren Einfluß in der Region zu erlangen. Stattdessen konkurrierten mehrere Handelszentren und die Europäer gegeneinander, was schließlich dazu führte, daß die Holländer sie mit der Politik des „Teile und Herrsche" allmählich unterwerfen konnten.

Links: Druck einer historischen Moschee in Banten, einer der Städte, die die islamischen Herrscher von Demak unterwarfen. **Rechts:** Islamische Händler spielten bei der Verbreitung des Islam eine wichtige Rolle.

Islam 37

Das Sultanat Aceh profitierte durch seine Lage an der Nordspitze Sumatras vom Fall Malakkas: Die islamischen Handelsleute zogen sich nach 1511 zunehmend in den Hafen von Aceh zurück, und seine Herrscher konnten durch die Eroberung der kleineren Häfen an der Ostküste Sumatras langsam ein neues Reich aufbauen. Ihre Angriffe auf das portugiesische Malakka und das islamische Johor hatten zwar keinen Erfolg, doch Aceh gelang es unter der Herrschaft Sultans Iskandar Muda (1607–36), sich als Hauptseemacht des Archipels zu etablieren. Es blieb auch nach jenem „Goldenen Zeitalter" mächtig und unabhängig und konnte den Holländern bis in unser Jahrhundert hinein Widerstand leisten. Heute

ist es eine der am festesten im Islam verankerten Regionen Indonesiens.

In Java verlagerte sich in der zweiten Hälfte des 16. Jahrhunderts das Machtzentrum von der Nordküste nach Zentraljava, in das Gebiet von Borobudur, Prambanan und den anderen hinduistisch-buddhistischen Monumenten früherer Jahrhunderte. Das neue Königreich hieß Mataram, wie die Gegend und die klassischen javanesischen Königreiche, die einst hier bestanden hatten. Mataram eroberte zuerst Demak und unterwarf dann um 1625 herum die Osthälfte Javas und die Häfen an der Nordküste. Die Dynastie von Mataram war zwar moslemisch, orientierte sich aber an den großen hinduistischen Reichen Javas der vorhergehenden Jahrhunderte. Die Hofchronisten führten die Linie nicht so sehr auf die islamischen Herrscher Demaks, sondern auf die *deva-rajas* von Majapahit zurück. So charakterisierten sie die Unterwerfung Majapahits durch Demak als „das Verschwinden des Lichtes des Universums", für islamische Geschichtsschreiber, die die Übernahme eines ungläubigen Reiches durch einen islamischen Heiligen beschreiben, sicher ein etwas seltsamer Standpunkt. Ganz offensichtlich war die Identifizierung mit dem glanzvollen Königshaus von Majapahit wichtiger als die religiös bestimmte Solidarität mit den Staaten an der Küste. Der Islam der zentraljavanischen Höfe war dann auch recht exzentrisch, eine Mischung aus alter Mystik, europäischen Pomps und islamischer Staatsführung. Die übrigen Inseln Ostindonesiens erreichte der Islam nur hier und dort. Der Handelshafen Makassar, heute Ujung Pandang, im Süden Sulawesis, wurde ein bedeutendes islamisches Zentrum, das sich gegen Ende des 16. Jahrhunderts rasch ausbreitete. Es bemächtigte sich eines wesentlichen Teils des östlichen Gewürzhandels, bis es sich 1667 schließlich den Holländern unterwerfen mußte.

Auf den Gewürzinseln der Molukken – Ternate, Tidore, Hitu, Ambon und Banda – wandten sich die einheimischen Herrscher schon recht früh (im 15. Jahrhundert) dem Islam zu und unterhielten erst mit Malakka, dann mit Makassar enge Beziehungen. Im 16. und 17. Jahrhundert wurden diese Königreiche jedoch von verschiedenen europäischen Mächten nach und nach brutal unterworfen, die Menschen, die dies überlebten, mußten zum Christentum konvertieren.

Auf anderen Inseln wieder trafen jesuitische Missionare vor den Moslems ein und schufen, wie auch später die holländischen Kalvinisten, viele christliche Bastionen. Die meisten Völker des östlichen Archipels sind heute entweder Anhänger von Naturreligionen oder Christen. Das Christentum stoppte im 17. Jahrhundert gewissermaßen den Vormarsch des Islam nach Osten. Die Philippinen etwa wurden von den Spaniern kolonialisiert und zum Katholizismus bekehrt, so daß nur einige südliche Inseln islamisch wurden.

Der Islam ist heute die treibende Kraft des religiösen Lebens in Indonesien. <u>Links</u>: Betende in der Moschee. <u>Rechts</u>: Junger Mann beim Koranstudium.

Die Ankunft der Portugiesen

Als 1509, nur zwölf Jahre nach Vasco da Gamas Reise nach Indien, die ersten portugiesischen Schiffe in indonesische Gewässer kamen, waren die Europäer dort keine Unbekannten mehr, waren doch europäische Mönche, Abenteurer und Kaufleute seit dem 13. Jahrhundert in großer Anzahl in den Häfen Südostasiens aufgetaucht.

Die ersten vier portugiesischen Schiffe unter dem Kommando Diogo Lopes de Sequeira mußten jedoch unverrichteter Dinge wieder abziehen. Moslemische Kaufleute hatten den asiatische Stützpunkte (Goa, Malakka und Hormus) und errichteten in kurzer Zeit eine Kette von vierzig Handelsniederlassungen. Damit konnten sie fast das ganze 16. Jahrhundert hindurch den Seehandel im Indischen Ozean dominieren. All das mit weniger als 3000 Soldaten, trotz Epidemien, Korruption und einem chronischen Mangel an Schiffen! In Indonesien waren die Portugiesen jedoch nach ihren anfänglichen Erfolgen bald nur noch eine von mehreren konkurrierenden regionalen Mächten.

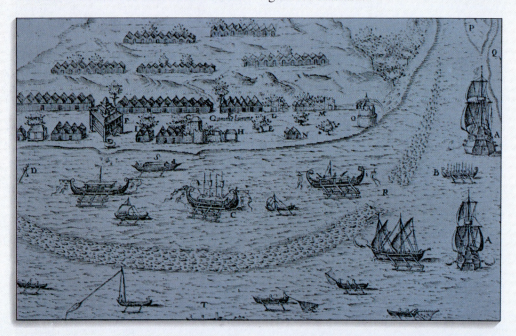

Sultan von Malakka unterrichtet, daß die Neuankömmlinge eine Gefahr darstellten, und so wurde Sequeira von den Malakesen verjagt. Zwei Jahre später kamen die Portugiesen wieder, diesmal mit mehr Schiffen, mehr Leuten und mehr Waffen. Dank ihrer Entschlossenheit gelang ihnen die Einnahme Malakkas.

In der Vergangenheit haben Historiker die Ankunft der Portugiesen gern als großen Wendepunkt der indonesischen Geschichte beschrieben, als den Beginn der „modernen" Zeit. Tatsächlich brachten die Portugiesen jedoch nur wenig Neues.

Damit soll ihre Leistung nicht geschmälert werden, sie eroberten immerhin drei größere

Die Eroberung Malakkas im Jahre 1511 durch eine portugiesische Flotte unter Alfonso de Albuquerque war Teil eines sorgfältig abgestimmten Plans zur Monopolisierung des Gewürzhandels und zur Untergrabung des islamischen Einflusses im Osten. Die Portugiesen stützten sich dabei in erster Linie auf den Kampf – zum einen, da sie der Papst zum Heiligen Krieg gegen die Ungläubigen verpflichtet hatte, zum anderen, weil nur so das engeknüpfte Handelsnetz der Moslems zerrissen werden konnte. Sie waren ihnen aber noch nicht einmal militärisch oder technisch überlegen, denn Portugal war eines der kleinsten und rückständigsten Länder Europas, dem Asien damals im großen und ganzen ebenbürtig war. Portugals einziger Materialvorteil war, daß es einige große, seetüchtige Schiffe besaß, die mit lauten, aber nicht zielgenauen Kanonen, der ersten schwimmenden Artillerie also, bestückt waren. Aber auch Malakka hatte Feuerwaffen und das in weitaus größerer Zahl. Es war also eher der Entschlossenheit der Portugiesen zu verdanken, daß Malakka fiel: Mit nur 1200 Mann und 17 oder 18 Schiffen stürmte Albuquerque erfolgreich den größten und wohlhabendsten Handelshafen Asiens!

Obwohl die Portugiesen bis 1641 die Kontrolle über Malakka behielten und außerdem auf den Molukken und den Kleinen Sunda-Inseln einige Handelsniederlassungen gründeten, waren sie doch ständigen Angriffen ausgesetzt und konnten das erwünschte Monopol über den Gewürzhandel nie erringen. Dieser wurde größtenteils über moslemische Häfen wie Aceh, Johor, Banten, Demak, Jepara, Surabaya und Makassar abgewickelt.

Malakka florierte zwar auch nach 1511, aber eher als befestigte Zwischenstation der portugiesischen Seefahrt denn als Treffpunkt des internationalen Handels. Mit der Zeit wurden auch die Portugiesen selbst ruhiger und weniger aggressiv, bis ihnen schließlich im 17. Jahrhundert Holländer und Engländer nach und nach alle ihre Besitzungen nahmen.

Das portugiesische Erbe Indonesiens hat daher eher kulturellen als politischen oder ökonomischen Charakter. Portugiesisch-indonesische und portugiesisch-indische Nachfahren der ersten portugiesischen Ankömmlinge bildeten in vielen Küstenstädten eigene Gemeinschaften, und zwei Jahrhunderte lang war eine portugiesische Kreolensprache die *lingua franca* des Archipels. Viele Wörter portugiesischen Ursprungs haben Eingang ins Malaiisch/Indonesische gefunden wie z.B. *sepatu* (Schuh), *pesta* (Fest), *sabun* (Seife).

Von noch größerer Bedeutung war die Bekehrung von ungefähr 20 000 Indonesiern zum Katholizismus im 16. Jahrhundert. Wenn diese Christen auch zunächst nur in der Umgebung der portugiesischen Garnisonen lebten und viele dann später unter niederländischer Herrschaft zum protestantischen Glauben wechselten, so läßt sich die Existenz der heutigen großen christlichen Gemeinden von Ambon, Flores und Timor doch auf die Bemühungen einer Handvoll früher portugiesischer Missionare zurückführen. An ihrer Spitze stand Franz Xaver (1506–52), der zusammen mit Ignatius von Loyola den Jesuiten-Orden gründete.

Links: Portugiesisches Schiff in Ternate. **Oben links**: Alfonso de Albuquerque, der Eroberer von Malakka. **Oben rechts**: Der heilige Franz Xaver.

Die Holländer in Indonesien

Die Geschichte der Holländer in Indonesien begann 1596, als vier kleine holländische Schiffe unter dem Kommando des unfähigen und arroganten Cornelis de Houtman in Banten, damals dem größten Pfefferhafen des Archipels, vor Anker gingen. Die Houtman-Expedition, immer wieder vom Sturm vom Kurs abgebracht und von Krankheiten und Zwistigkeiten geplagt, war von Anfang an ein unglückliches Unterfangen. In Banten gab sich die holländische Mannschaft, des Seefahrens müde, dem Alkohol hin und mußte schließlich auf Befehl eines erzürnten Fürsten auf ihre Schiffe zurückgejagt werden. Der Prinz weigerte sich daraufhin, mit einem solchen Haufen Geschäfte zu machen. Bei seiner Weiterfahrt entlang der Nordküste Javas hielt Houtman deshalb seine Matrosen wohlweislich an Bord und konnte so doch noch Gewürze einkaufen. Bei der Ankunft in Bali verließ jedoch die gesamte Mannschaft die Schiffe und es dauerte Monate, bis Houtman wieder Matrosen für die Rückfahrt anheuern konnte.

Trotz all dieser Fehlschläge wurde Houtmans Reise nach seiner Rückkehr 1597 in Holland als Erfolg gefeiert. Die Gewürze waren damals so teuer, daß der Verkauf seiner mageren Ausbeute genügend einbrachte, um die Kosten zu decken und sogar einen kleinen Profit zu erzielen. Dies verursachte ein wahres Spekulationsfieber, und im folgenden Jahr schickten fünf Handelskonsortien insgesamt 22 Schiffe in den Indischen Ozean.

Die holländische Ostindische Gesellschaft: Die Niederlande entwickelten sich damals schnell zum Wirtschaftszentrum Nordeuropas. Viele holländische Kaufleute wurden dabei reich und begannen nach 1568, dem Ausbruch des Krieges mit Spanien, ihre Flotten auszubauen.

Als ein Holländer einen Bericht über seine Reise (1595/6) zu den Ostindischen Inseln veröffentlichte, wurden sofort Expeditionen losgeschickt. Das Interesse an direktem Handel mit dieser Region war so groß, daß die holländischen Handelsleute sehr schnell die Notwendigkeit der Zusammenarbeit erkannten. 1602 gründeten sie daher die Vereinigte Holländisch-Ostindische Gesellschaft (be-

Oben: Frühe holländische Expedition nach Java. **Rechts:** Van Linschoten, Autor des ersten „Führers" zu den Ostindischen Inseln. **Ganz rechts:** Jan Pieterszoon Coen, Architekt eines holländischen Reiches im Osten.

kannt unter den holländischen Initialien VOC), eine der ersten Aktiengesellschaften der Geschichte. Sie hatte ein Kapital von über sechs Millionen Gulden und war vom Statthalter bevollmächtigt, Verträge auszuhandeln, Armeen auszuheben, Festungen zu bauen und für die Niederlande in Asien Krieg zu führen. Wie vor ihnen die Portugiesen träumten die Niederländer davon, sich die absolute Kontrolle über den ostindischen Gewürzhandel zu sichern, der bis dahin durch viele moslemische und mediterane Hände ging.

In ihren Anfangsjahren hatte die VOC nur begrenzten Erfolg. Sie gründete zwar mehrere Handelsposten und nahm 1605 den Portugiesen Ambon weg, aber die spanische und englische Konkurrenz, ganz zu schweigen von der moslemischen, verstanden es, den Aufbau eines Handelsmonopols zu verhindern. 1614 überzeugte dann ein junger Buchhalter namens Jan Pieterszoon Coen die Direktoren, daß nur ein machtvolleres Auftreten die Profite der Gesellschaft steigern könnte. Man gab ihm daraufhin das Kommando über die Operationen der Gesellschaft, und er stürzte sich in eine Reihe militärischer Abenteuer.

Die Gründung Batavias: Coens erster Schritt war die Gründung eines ständigen Hauptquartiers in Jayakarta, an der Nordwestküste Javas, in der Nähe Sumatras, wo der begehrte Pfeffer angebaut wurde, und an der strategisch wichtigen Sundastraße. 1618 bat er den Prinzen Wijajakrama von Jayakarta um Erlaubnis, den bestehenden Handelsposten ausbauen zu dürfen, und errichtete eine mit Kanonen bestückte Steinbarrikade. Als der Prinz einwandte, daß in dem Vertrag nicht von Befestigung die Rede sei, antwortete Coen mit dem Beschuß und der Zerstörung des Palastes. Daraufhin wurde die kleine holländische Festung belagert. Hilfe für den Prinzen kam aus dem mächtigen Banten und von einer gerade eingetroffenen englischen Flotte. Coen gab sich jedoch nicht so einfach geschlagen und floh nach Ambon. In der Festung ließ er nur ein paar Männer zur Verteidigung des Fort und seines wertvollen Inhalts zurück.

Fünf Monate später kam Coen wieder und fand seine Männer immer noch auf der Festung vor. Obwohl den anderen 30 zu eins unterlegen, hatten sie es geschafft, die Feinde gegeneinander auszuspielen, indem sie auf alle Forderungen eingegangen waren, aufgrund des Mißtrauens und der gegenseitigen Furcht der drei angreifenden Parteien jedoch nie zur Übergabe aufgefordert worden waren. Durch eine Reihe mutiger Angriffe mit einer kleinen Armee von 1000 Mann, darunter einige furchterregende japanische Söldner, schlug Coen die Gegner in die Flucht. Die Stadt Jayakarta wurde dem Erdboden gleichgemacht und der Bau einer neuen holländischen Stadt begonnen, die allmählich auch Kanäle, Zugbrücken, Docks, Lagerhäuser, Kasernen, einen zentralen Platz, ein Rathaus und eine Kirche erhielt – alle durch eine hohe Steinmauer und einen Graben geschützt. Es entstand eine Kopie von Amsterdam selbst.

Doch der Erfolg wurde durch einige der Holländer geschmälert, die in den dunkelsten Tagen der Belagerung sich ungehörig betragen hatten. Nach nächtelangem Gelage fühlten sie sich mutig genug, das Lager der Gesellschaft aufzubrechen und den Inhalt unter sich aufzuteilen. Coen wurde davon unterrichtet und ordnete die sofortige Hinrichtung der Beteiligten an. Die Erinnerung an diese unrühmlichen Ereignisse verblaßten aber bald.

zu erlangen. Das Monopol wurde jedoch immer wieder durchbrochen. Daraufhin führten die Holländer jährliche Säuberungsaktionen im gesamten Gebiet durch, mit dem Ziel, alle Gewürznelkenbäume außerhalb Ambons und Cerams, wo sie das Sagen hatten, auszurotten.

Diese Aktionen waren so „erfolgreich", daß die Hälfte der Inselbewohner wegen der fehlenden Handelseinnahmen verhungerte, während die anderen dagegen in tiefer Armut leben mußten.

Der Schmuggel von Gewürznelken und Gewürznelkenbäumen konnte jedoch nicht gestoppt werden. Die Händler brachten sie und andere Waren in den neuen islamischen Hafen Makassar im Süden Sulawesis.

Gewürze und Sklaven: Coens nächster Schritt war die Sicherung der Kontrolle über die fünf winzigen Muskatinseln, die Banda-Inseln. 1621 führte er eine Expeditionstruppe dorthin und tötete innerhalb weniger Wochen die meisten der 15 000 Bewohner. Auf drei der Inseln wurden dann Gewürzplantagen angelegt, auf der Sklaven unter der Leitung von holländischen Kolonialherren arbeiteten.

In den nun folgenden Jahren verstärkten die Holländer allmählich ihre Kontrolle über den Gewürzhandel. Von ihrem Posten in Ambon aus versuchten sie, durch „Verhandlungen" mit den Herrschern von Ternate und Tidore ein Monopol über den Gewürznelkenhandel

Die Holländer verhängten wiederholt eine Blockade über Makassar und machten Verträge, die es theoretisch vom Handel mit anderen Nationen ausschließen sollte. Mit der Durchsetzung hatten sie jedoch Schwierigkeiten. 1669 ergab sich Makassar nach dreijährigen blutigen Kämpfen den überlegenen Truppen der Holländer und Bugi. Die Holländer übergaben daraufhin Makassar ihrem buginesischen Verbündeten Arung Palakka.

Oben: Eingeborene bringen Muskat zum Handelsposten der Holländer in Banda Neira. **Rechts:** Die anstelle Jayakartas erbaute Stadt Batavia hatte viele Ähnlichkeiten mit Amsterdam.

Die Holländer auf Java: Durch solche ruchlosen Methoden war es den Holländern gelungen, bis zum 17. Jahrhundert den östlichen Teil des Archipels und seinen lukrativen Gewürzhandel unter ihre Herrschaft zu bringen. Im Westteil dagegen verstrickten sie sich zunehmend in fruchtlose Intrigen und Kriege. Vor allem in Java hatte nämlich die holländische Präsenz in Batavia das empfindliche Gleichgewicht der Kräfte gestört.

Bereits 1628 wurde Batavia von Javanern angegriffen. Sultan Agung (1613–46), der dritte und größte Herrscher von Mataram, erweiterte damals gerade durch Kriegszüge sein Reich und hatte eben die fünfjährige Belagerung Surabayas erfolgreich beendet. Er

für die zu erwartende lange Belagerung bereit. Coen erfuhr jedoch, wo der Reis gelagert wurde und konnte die Vorräte beseitigen, bevor die Truppen überhaupt angekommen waren. Ohne Führung, Proviant und von Krankheiten befallen, starben die Javaner zu Tausenden vor den Mauern Batavias. Mataram war seither nie mehr eine Gefahr für Batavia.

Unter der strengen Herrschaft Amangkurat I. (1646–77) verbesserten sich die Beziehungen zwischen Holländern und Javanern; unter anderem hatten sie einen gemeinsamen Feind – die *pesisir*-handelnden Königreiche im Norden Javas.

Ironischerweise hatte aber die Eroberung Makassars durch die Holländer später – wenn

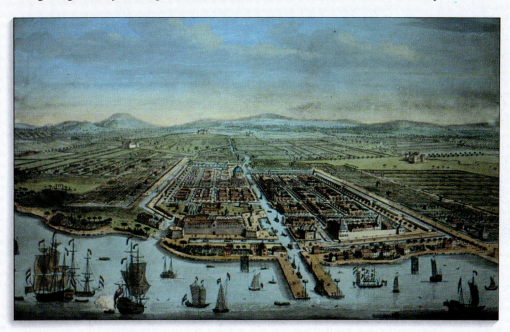

beherrschte damit das mittlere und östliche Java und plante nun, die Holländer ins Meer zu jagen, Banten zu erobern und damit auch den Westen zu unterwerfen.

Dies wäre ihm auch beinahe gelungen. Seine große Armee konnte zunächst eine Bresche in die Verteidigung Batavias schlagen, wurde jedoch mit letzter Kraft unter dem Kommando des Generalgouverneurs Coen zurückgeschlagen. Die Javaner waren auf diesen Widerstand nicht vorbereitet und mußten sich aus Mangel an Verpflegung zurückziehen. Ein Jahr später (1629) sandte Sultan Agung sogar noch mehr Truppen, an die 10 000 Mann wird geschätzt, und stellte riesige Vorräte an Reis

auch indirekt – den Tod Amangkurat I. zur Folge.

Als Folge der Kriege mit Makassar zwischen 1666–69 kamen zahlreiche Flüchtlinge aus Makassar und auch viele Bugi nach Ostjava. Sie schlossen sich unter der Führung des Prinzen Trunajaya aus Madura zusammen. Mit Hilfe und Unterstützung keines geringeren als des Kronprinzen von Mataram zog Trunajaya siegreich durch Zentraljava und plünderte 1676/77 die Hauptstadt Matarams. Amangkurat I. starb auf der Flucht vor den feindlichen Truppen.

Nach seinem Sieg kündigte Trunajaya sein Bündnis mit dem Kronprinzen auf und erklärte sich selbst zum König. Aus Mangel an anderen Verbündeten wandte sich der Kronprinz an die Holländer und versprach, ihnen alle Kosten zu ersetzen und wertvolle Handelskonzessionen zuzugestehen. Die Holländer gingen sofort darauf ein und rüsteten gegen Trunajaya. 1680 wurde der Kronprinz wieder eingesetzt, der nun als Amangkurat II. den Thron bestieg.

Der neue König war jedoch nicht in der Lage, sein Versprechen zu halten – die Schatzkammer war geplündert und sein Reich ruiniert. Alles was er anbieten konnte, war Land, und obwohl er fast das ganze westliche Java an die VOC abtrat, hatte sie doch schwere finanzielle Verluste.

Bündnissen und vielem Unglück, das fast jeden auf der Insel traf (und viele tötete). Java erholte sich nie mehr von diesem Krieg; durch den Vertrag von Giyanti 1755 wurde Mataram in zwei Teile mit feindlichen Herrschern und zwei benachbarten Hauptstädten, Yogyakarta und Surakarta, gespalten. Die VOC erholte sich finanziell ebenfalls nicht mehr von diesem Krieg, auch wenn sie zunächst als Vormacht in Java daraus hervorging.

Daendels und Raffles: So mußten die Holländer erst alles verlieren, bevor sie ihre Kolonie richtig ausbeuten konnten. Die Beherrschung Javas, die mit dem Bankrott der VOC erkauft wurde, brachte den Holländern im 19. Jahrhundert einen schönen Profit.

Am 31. Dezember 1799 erreichte eine verblüffende Nachricht die holländischen Finanziers: die VOC war bankrott! Im Verlauf des 18. Jahrhunderts waren die Profite im Gewürzhandel kleiner geworden, während die militärischen Aktionen in Java immer mehr Geld verschlangen.

Den empfindlichen holländischen Finanzen versetzte ein großer Krieg in Java (1740–55) den Todesstoß. Die Einzelheiten des Kampfes sind zu verworren, um sie hier näher zu erklären, er begann jedenfalls 1740 mit dem Massaker an den chinesischen Bewohnern von Batavia und endete 15 Jahre später nach vielen blutigen Schlachten, zerbrochenen

Nach dem VOC-Bankrott herrschte zunächst Chaos und dann große Unsicherheit, welchen Kurs Holland in dieser Region einschlagen solle. Im Jahr 1800 übernahm die niederländische Regierung alle früheren VOC-Besitzungen.

Eine Art Neubeginn machte schließlich der strenge Generalgouverneur Marschall Daendels (1808–11), ein Anhänger Napoleons, der verschiedene Verwaltungsreformen durchführte, Batavia modernisieren und eine Poststraße quer durch Java legen ließ.

Ihm folgte eine kurze Periode englischer Herrschaft unter Thomas Stamford Raffles (1811–16). Raffles war in vieler Hinsicht ein außergewöhnlicher Mann: brillanter Wissenschaftler, Naturforscher, Sprachwissenschaftler, Diplomat und Stratege, „Entdecker" von Borobudur und Autor der monumentalen *Geschichte Javas*. 1811 plante und leitete er die erfolgreiche Invasion der Engländer in Java und wurde im Alter von 32 Jahren zum Gouverneur Javas ernannt. Sein Ideenreichtum und sein Eintreten für den freien Handel ließen ihn fast täglich neue Reformen starten, die jedoch nur zu bürokratischer Anarchie führten. Sein wesentliches Ziel war, das alte merkantilistische System (durch das über das Handelsmonopol überhaupt Geld in die Kassen der Kolonialherren floß) durch ein System zu ersetzen, bei dem das Staatseinkommen erst möglich. Außerdem führte Raffes Invasion in Yogyakarta im Jahre 1812 letzten Endes zu dem alles umwälzenden Javanischen Krieg von 1825–30.

Vom Blutbad zur „Kultivierung": So zahlreich waren die Mißstände, die zum Javanischen Krieg führten, und so schrecklich die Gewalttaten, die die Holländer dabei verübten, daß sogar die holländische Geschichtsschreibung den Anführer der Javaner, Pangeran Diponegoro (1785 – 1855), als großen Held gefeiert hat. Er war eine charismatische Gestalt – Kronprinz, moslemischer Mystiker und ein Mann des Volkes –, der eine Reihe von Revolten gegen die Holländer und seine eigene Familie anführte. Seine Guerillataktik hätte

über Steuern erzielt wurde, der Handel aber frei war. Er hatte mit seiner Reform kaum begonnen, als aus London – nach Napoleons Niederlage 1815 bei Waterloo – der Befehl kam, Java den Holländern zurückzugeben. Raffles hat jedoch eine Erbschaft hinterlassen: Viele der von ihm geplanten Landsteuern wurden schließlich von den Holländern erhoben und machten die schreckliche Ausbeutung Javas in den späteren Jahren überhaupt

Links: Zwei Drucke zeigen einheimische Befürworter des Kolonialismus. **Oben:** Indonesische Soldaten der holländischen Armee nach einem Sieg über Truppen aus Aceh.

wohl Erfolg gehabt, wenn die Holländer nicht zu Betrug gegriffen hätten: Er wurde zu Verhandlungen überredet, dabei jedoch gefangengenommen und nach Sulawesi ins Exil geschickt.

Zu dieser Zeit befanden sich die Holländer in einer verzweifelten ökonomischen Lage. Alle Reformbemühungen hatten nur zur Katastrophe geführt, die Staatsschulden hatten die 30-Millionen-Gulden-Grenze erreicht. Man brauchte neue Ideen, und 1829 legte Johannes van den Bosch der Krone seinen Entwurf für ein „Cultuurstelsel" oder „Kultivierungssystem" vor, das Steuern in Höhe von 20 % (später auf 33 % erhöht) auf alles Land in Java vorsah, die jedoch nicht in Reis, sondern in Arbeit oder Bearbeitung des Landes bezahlt werden sollten. Dies – so betonte er – würde den Holländern erlauben, Anbau zu betreiben und die Ernte in Europa zu verkaufen.

Van den Bosch wurde nach Niederländisch-Indien geschickt, wo sein System sofort Erfolg zeigte. Schon im ersten Jahr (1831) erbrachte es einen Profit von drei Millionen Gulden, und binnen eines Jahrzehnts flossen über 22 Millionen Gulden jährlich in die holländischen Kassen. Sie stammten aus dem Verkauf von Kaffee, aber auch von Tee, Zucker, Indigo, Chinin, Kopra und Gummi.

Mit diesen durch den Verkauf indonesischer Erzeugnisse erzielten Geldern konnten die Holländer nicht nur ihre Schulden bezahlen, sondern auch neue Wasserwege, Deiche, Straßen und ein nationales Eisenbahnnetz bauen. Beobachter wie der Engländer J. B. Money, dessen Buch *Java, Or How To Manage A Colony* (1861) in Holland großes Aufsehen erregte, kamen sogar zu dem Schluß, daß das System ein Allheilmittel für alle Probleme in den Kolonien sei.

Tatsächlich waren jedoch die schädlichen Auswirkungen des Systems von Anfang an offensichtlich. Theoretisch sollten die Bauern nur einen Teil ihres Landes und ihrer Arbeitskraft zur Verfügung stellen, in der Praxis wurden jedoch bestimmte Ländereien ausschließlich für die Holländer in Zwangsarbeit kultiviert. Die Insel Java, eines der reichsten Gebiete der Erde, wurde so in eine riesige holländische Plantage verwandelt. Eine Reihe von Schriftstellern, allen voran Multatuli (Pseudonym eines desillusionierten holländischen Kolonialbeamten namens Douwes Dekker) mit seinem berühmten Roman *Max Havelaar* (1860), haben beschrieben, welche unvorstellbare Härte und Ungerechtigkeit dieses System für die Javaner bedeutete.

Die langfristigen Auswirkungen des Systems waren nicht weniger heimtückisch und sind sogar heute noch spürbar. Die Erschließung von immer mehr Land und der ständige Bedarf der Holländer an Arbeitskräften führten in Java zu einer Bevölkerungsexplosion: von geschätzten drei bis fünf Millionen im Jahre 1800 auf 26 Millionen im Jahre 1900. Heute sind es 107,5 Millionen auf einer Insel von der Größe des Staates New York oder Englands, und täglich werden es mehr.

Reden und Eroberung: Ab 1860 gab es auch in Holland scharfe Auseinandersetzungen, doch auch unter der liberalen Politik von 1870 wurden nur wenige tatsächliche Reformen durchgeführt; in den Kolonien gab es viel Gerede und wenig Fortschritt. Die Bauern wurden zwar für ihre Arbeit bezahlt, und das Land gehörte ihnen auch, zumindest auf dem Papier, doch bekamen sie nur Hungerlöhne, die Steuern waren hoch, und über das Land verfügte nur eine Minderheit. Nach 1870 ersetzten private Plantagen im wesentlichen die staatlichen, einige staatliche Kaffeeplantagen wurden jedoch noch bis ins 20. Jahrhundert durch Zwangsarbeit bewirtschaftet.

Außerhalb Javas suchten die Holländer das ganze 19. Jahrhundert hindurch mit militärischen Mitteln auch die Gebiete, die noch von einheimischen Königen regiert wurden, unter ihre Kontrolle zu bekommen. Am erbittertsten wurde 30 Jahre lang um das mächtige islamische Königreich Aceh gekämpft. Beide Seiten mußten dabei gewaltige Verluste hinnehmen.

Auch der vorherige „Padri-Krieg" zwischen den Holländern und den Minangkabau auf Sumatra (1821–1838) war schon ähnlich blutig gewesen; auch hier hatten es die Holländer mit Indonesiern zu tun gehabt, die sich erbittert einer Unterwerfung widersetzten. Flores und Sulawesi wurden schließlich 1905/06 erobert und besetzt. Der Erfolg des Engländers James Brooke, der in den vierziger Jahren des 19. Jahrhunderts im Nordwesten Borneos ein Privatreich aufgebaut hatte, veranlaßte die Holländer, auch der Süd- und Ostküste dieser Insel mehr Aufmerksamkeit zu schenken. Auf Lombok und Bali stürzten sich 1894, 1906 und 1908 die Herrscher und ihre Höflinge, nur mit zeremoniellen Waffen ausgestattet, direkt ins Feuer der Holländer – nachdem sie alle Rituale für den *puputan* (königlicher Selbstmord) durchgeführt hatten. Sie wollten auf diese Weise der Schmach einer Niederlage entgehen. Diese tragischen *puputan* symbolisieren in gewisser Weise die Veränderungen, welche die Holländer herbeigeführt hatten: Bis zum Ende des ersten Jahrzehnts unseres Jahrhunderts hatten sie den gesamten indonesischen Archipel vereinigt und zwar auf Kosten der einheimischen Bevölkerung, ihrer Königreiche und ihrer Herrscher.

Susuhunan Pakubuwana X. von Surakarta zusammen mit einem hohen holländischen Kolonialbeamten. Das Bild verschleiert die tragischen Konflikte der Zeit.

DER STEINIGE WEG ZUR UNABHÄNGIGKEIT

Anfang des 20. Jahrhunderts waren die Zeichen der Veränderung überall in der Region zu spüren. Die Holländer weiteten ihre militärischen Expeditionen auf das Innere Sumatras und die östlichen Inseln aus. Die Eröffnung des Suez-Kanals (1869) verkürzte die Fahrzeit der europäischen Schiffe, die immer zahlreicher Java anliefen. Elegante neue Läden, Klubs, Hotels und Wohnhäuser gaben den Städten einen kosmopolitischen Anstrich; Zeitungen, Fabriken, Gasbeleuchtung, Züge, Straßenbahnen, Elektrizität und Autos ließen auch in Indonesien das moderne Zeitalter einkehren. Die Tausenden von holländischen Neuankömmlingen waren von den Bedingungen, die sie in den Kolonien vorfanden, positiv überrascht und fühlten sich wie zu Hause oder sogar noch besser. Das Leben in Niederländisch-Indien wurde mehr und mehr europäisch. In anderen Ländern Asiens war die Modernisierung um die Jahrhundertwende begleitet vom Erstarken des Nationalgefühls, das sich in der Meiji-Restauration und dem Sieg der Japaner über Rußland (1898), der Revolution in China (1911) und den Chulalongkorn-Reformen in Thailand (1873–1910) widerspiegelte.

In Indonesien entwickelte sich dieser Nationalismus langsamer, aber ebenso unaufhaltsam. Eine kleine, aber wachsende Anzahl von Indonesiern wurde in Holland ausgebildet. Um die Jahrhundertwende brachte die erstaunliche Raden Ajeng Kartini (1879–1904), Tochter eines modern denkenden javanischen Aristokraten, ihre Sehnsucht nach Befreiung in Briefen in holländischer Sprache zum Ausdruck (in Englisch unter dem Titel *Letter of a Javanese Princess* mit einem Vorwort von Eleanor Roosevelt erschienen).

Ironischerweise hat der europäische Idealismus des 19. Jahrhunderts die intellektuelle Basis für den indonesischen Nationalismus mit geschaffen. Schon 1908 gründeten Indonesier auf holländischen Schulen regionale Studentenorganisationen, die sich für die Verbesserung der Lage ihrer Kameraden einsetzten. Diese Gruppen waren zwar klein, aristokratisch und sehr idealistisch, brachten aber eine Führungselite hervor und bildeten ein

Vorherige Seiten: Sukarno verliest die Unabhängigkeitserklärung. **Oben**: Eine holländische Familie. **Rechts**: Eine Gruppe von Medizinstudenten, die den Unabhängigkeitskampf unterstützte.

Forum für das sich langsam entwickelnde Nationalgefühl.

Ein nationales Erwachen: 1928 wurde auf der Zweiten Gesamtindonesischen Studentenkonferenz die Idee einer einzigen indonesischen Nation im sogenannten *sumpah pemuda* (Eid der Jugend) propagiert. Der Nationalismus und Idealismus dieser Studenten griff bald auf Zeitungen und nichtstaatliche Schulen über.

In den dreißiger Jahren waren bereits 130 000 Schüler in diesen „wilden" (d.h. nichtstaatlichen) holländisch-malaiischen Mittelschulen eingeschrieben, doppelt so viele wie in den staatlichen.

Die Kolonialbehörden beobachteten dieses Entstehen einer europäisch erzogenen städtischen Elite mit Besorgnis, aber zwei politische Bewegungen jener Zeit bereiteten ihnen viel mehr Kopfzerbrechen. Die schwerwiegendere der beiden war die Panislamische Bewegung, die ihre Wurzeln in dem stetig wachsenden Strom von Pilgern, der seit Mitte des 19. Jahrhunderts nach Mekka zog, und in den religiösen Lehren der *ulama* (arabischen Gelehrten) hatte. Was 1909 in Java als kleine Vereinigung islamischer Kaufleute (*Sarekat Dagang Islamiyah*) begann, wuchs bald zu einer nationalen Konföderation islamischer Gewerkschaften (*Sarekat Islam*) heran, die 1919 angeblich zwei Millionen Mitglieder hatte. Es wurden Versammlungen abgehalten, an denen teilweise bis zu 50 000 Personen teilnahmen, und viele Bauern sahen bald in der Bewegung ihre Hoffnung auf eine Verbesserung ihrer drückenden Situation.

Die indonesische kommunistische Bewegung wurde ebenfalls etwa um 1910 von einer kleinen Gruppe holländischer und indonesischer Radikaler gegründet. Sie berief sich bald sowohl auf den Islam wie auch auf die internationale kommunistische Bewegung. Viele ihrer Führer gewannen in lokalen islamischen Gewerkschaften großen Einfluß, unterhielten aber nach der russischen Oktoberrevolution (1917) auch enge Verbindungen mit der Komintern und übernahmen die Lehren des Marxismus-Leninismus.

Die Zeit zwischen 1910 und 1930 war turbulent. Streiks schlugen oft in Gewalt um, und die Kolonialregierung griff immer härter durch. Viele indonesische Führer wurden verhaftet, gemäßigte moslemische Führer zogen sich bald von politischen Aktivitäten zurück. Die Mitglieder verweigerten ihren Gewerkschaften die Gefolgschaft, und die Kommunisten kämpften noch für mehrere Jahre, inszenierten auch einige schlecht organisierte lokale Revolten auf Java und Sumatra, wurden aber 1927 schließlich zerschlagen.

Dann übernahm die studentische Elite wieder die Führung der antikolonialistischen Bewegung: 1927 gründete ein junger Ingenieur namens Sukarno zusammen mit seinem Bandung-Studienklub die erste größere politische Partei, die die Unabhängigkeit Indonesiens zum Ziel hatte. Binnen zwei Jahren hatte diese *Partai Nasional Indonesia* (PNI) über 10 000 Mitglieder. Kurz danach wurde Sukarno wegen „offen staatsfeindlicher Äußerungen" verhaftet, in Bandung öffentlich vor Gericht gestellt und ins Gefängnis gesteckt. Er wurde dann zwar zunächst freigelassen, 1933 aber zusammen mit den anderen Studentenführern auf entfernte Inseln verbannt, wo sie fast zehn Jahre blieben. Bei ihrer Abfahrt hallte ihnen noch der Ausspruch des Generalgouverneurs de Jonge in den Ohren, daß die Holländer „seit 350 Jahren mit dem Stock und

konnten innerhalb weniger Wochen alle Europäer einsammeln und in Konzentrationslager stecken. Die Indonesier jubelten zwar zunächst, merkten jedoch bald, daß die Japaner nicht zu ihrer Befreiung, sondern zu ihrer Ausbeutung gekommen waren.

Während der japanischen Besatzung waren zudem alle Importe abgeschnitten, und durch die Beschlagnahme von immer mehr Reis durch die Japaner kam es zu großen Hungersnöten und kleinen Bauernaufständen, die aber von der japanischen Geheimpolizei, den gefürchteten *Kempeitai,* gewaltsam unterdrückt werden konnten.

Trotzdem mußten sich auch die Japaner bis zu einem gewissen Grad auf die Indonesier

dem Schwert im Land seien und auch weitere 350 Jahre hier bleiben würden".

Die japanische Besetzung: Jayabaya, ein javanischer König des 12. Jahrhunderts, hat prophezeit, daß eines Tages weiße Herren herrschen würden, daß Java aber nach der Ankunft gelber Männer aus dem Norden, die nur so lange bleiben würden, wie der Mais bis zur Reife braucht, für immer die fremde Herrschaft abschütteln und in ein tausendjähriges goldenes Zeitalter eintreten werde.

Die japanische Invasion auf Java im Januar 1942 machte deutlich, daß die holländische Militärmacht nur Täuschung war. Denn die Japaner stießen auf wenig Widerstand und

stützen und förderten ihr Nationalgefühl, um dafür von ihnen das benötigte Kriegsmaterial zu erhalten. Viele Schlüsselstellungen, die vorher von Holländern eingenommen worden waren, besetzten nun die Indonesier.

Als 1944 sich deutlich abzeichnete, daß Japan den Krieg verlieren würde, versprachen die Japaner den Indonesiern die Unabhängigkeit, um sich ihre Unterstützung weiterhin zu sichern. Nationalistische Slogans wurden zu-

Links und **Rechts**: Demonstrationen und Versammlungen waren Teil des Kampfes um Unabhängigkeit, die 1950 gegen den Willen der Holländer erlangt wurde.

gelassen, und die indonesische Nationalhymne gespielt *(Indonesia Raya)*. Die indonesische rot-weiße Fahne flatterte neben der „Aufgehenden Sonne". Indonesische Führer erhielten Einladungen zu Diskussionsveranstaltungen, und hastig wurde eine paramilitärische Gruppe von etwa 200 000 jungen Menschen aufgestellt.

Die Revolution, 1945 – 1950: Am 9. August 1945, dem Tag, an dem die zweite Atombombe über Japan abgeworfen wurde, flogen drei indonesische Führer nach Saigon, um dort den japanischen Kommandanten für Südostasien, Marschall Terauchi, zu treffen. Der Marschall versprach ihnen Unabhängigkeit für alle früheren holländischen Besitzungen in Asien

Zeit völlig am Boden und die Weltmeinung war gegen sie.

Aber auch die indonesischen Führer waren unentschlossen und uneinig, ob sie auf einen schnellen Sieg setzen oder einen Kompromiß aushandeln sollten. Die folgende Auseinandersetzung war daher eine merkwürdige Kombination von bitteren Kämpfen und ruhiger Diplomatie.

Die heroischen Opfer von Zehntausenden von indonesischen Jugendlichen auf den Schlachtfeldern brachten Holland aber zuletzt in eine unhaltbare Lage. Drei „Polizeiaktionen" gaben den zurückkehrenden holländischen Kolonialtruppen die Herrschaft über die Städte zurück, aber jedes Mal wehrte sich die

und ernannte Sukarno zum Vorsitzenden des Vorbereitungskomitees und Mohammed Hatta zu seinem Stellvertreter. Sie kehrten am 14. August nach Jakarta zurück, und am nächsten Tag ergab sich Japan bedingungslos den Alliierten. Nach zwei Tagen Unentschlossenheit wurden Sukarno und Hatta überredet, am 17. August *merdeka*, die Unabhängigkeit, auszurufen.

Die nun folgenden Monate waren chaotisch: Die Nachricht von der Kapitulation der Japaner verbreitete sich mit Windeseile, und Millionen Indonesier nahmen den Ruf nach *merdeka* auf. Die Holländer kehrten zwar schließlich zurück, doch waren sie zu dieser

zerlumpte indonesische Armee mutig, und es wurde für alle deutlich, daß die Revolution Jahre dauern würde, wenn man nicht eine politische Lösung fände.

Im Januar 1949 stoppten die USA daher die Zahlung der Gelder aus dem Marshall-Plan an Holland, und der UNO-Sicherheitsrat befahl dem Land, ihre Truppen zurückzuziehen und einen Vertrag auszuhandeln. Danach schwand der holländische Einfluß in Indonesien rapide, und am 17. August 1950 – am fünften Jahrestag der *merdeka*-Proklamation – wurden alle vorherigen Regierungen und Verträge einseitig durch die neue Regierung der Republik Indonesien für ungültig erklärt.

Das unabhängige Indonesien

Nach dem Abzug der holländischen Truppen und der Erreichung der Souveränität breitete sich in den Städten Euphorie aus. Fahnenschwingende Menschenmengen zogen durch die Straßen und riefen „Merdeka, Merdeka" (Freiheit!). Sie waren endlich unabhängig, und wenn es auch noch viele Probleme zu lösen gab, glaubten sie doch, daß nichts unmöglich sei, jetzt wo ihr Schicksal in ihren eigenen Händen lag.

In Jakarta hatte inzwischen der langsame und mühsame Prozeß der Regierungsbildung begonnen. Die Revolution hatte zwar dazu beigetragen, die einzelnen Teile des Landes zu einem Staat zusammenzuschmieden, doch blieben die großen ethnischen, religiösen und ideologischen Unterschiede bestehen. Darüber hinaus hatten der Kolonialismus und der Krieg dem Land schwierige wirtschaftliche und soziale Probleme hinterlassen.

Da keine einzelne politische Gruppe in der Lage war, die anderen klar zu dominieren, mußte eine Regierung gebildet werden, die vielen Interessen gerecht wurde. Vor allem wegen des großen Anteils von holländisch erzogenen Intellektuellen in der nationalistischen Bewegung wurde ein westlich geprägtes Staatssystem eingeführt. Dieses System war jedoch von Anfang an durch das Vorhandensein von über 30 miteinander rivalisierenden Parteien gelähmt. Schwache Koalitionskabinette stürzten meist in Jahresfrist; Koalitionsbildungen wurden nicht nur wegen der wachsenden ideologischen Polarisation, sondern auch wegen religiöser und regionaler Loyalitäten immer schwieriger. Die Parteien waren immer mehr mit ihrem eigenen Überleben und immer weniger mit den dringenden ökonomischen und sozialen Bedürfnissen des Landes beschäftigt. Diejenigen, die sich von der Revolution greifbare Resultate erwartet hatten, waren enttäuscht. Am ungeduldigsten waren Sukarno, dessen Befugnisse als Präsident durch die vorläufige Verfassung von 1950 eingeschränkt wurden, und die Armeeführung, die der Ansicht war, daß ihr ein größeres Mitspracherecht zustünde.

Eine Reihe von Aufständen unzufriedener Gruppen in Sumatra, Nordsulawesi und Westjava in den späten fünfziger Jahren waren das Signal: Der populäre Sukarno verhängte das Kriegsrecht und ermächtigte die Armee, die Aufstände niederzuschlagen. 1959, als alles wieder unter Kontrolle war, setzte Sukarno die

Verfassung von 1945 wieder in Kraft und rief die „gelenkte Demokratie" aus.

Die gelenkte Demokratie", 1959–1965: Das neue System vereinigte die politische Macht in den Händen des Präsidenten und der Armeeführung, und zwar auf Kosten der politischen Parteien, die Sukarno jetzt als konterrevolutionär betrachtete. Ein militanter Nationalismus war Sukarnos Rezept für die nationale Einigung, die Schuld für die ökonomischen und politischen Probleme wurden dem ausländischen Imperialismus und Kolonialismus zugesprochen. Auf der internationalen Bühne hatte Sukarno 1955 durch die Einberufung der Bandung-Konferenz der asiatischen und afrikanischen Länder großen Eindruck dersetzung mit dem erst kürzlich unabhängig gewordenen Malaysia. Sukarnos Verwegenheit und wachsende Ablehnung der Vereinigten Staaten („Geht doch zum Teufel mit eurer Hilfe") brachte ihm den Ruf des *enfant terrible* unter den asiatischen Politikern ein.

Sukarnos nationaler Elan war in mancher Hinsicht genau das, was Indonesien brauchte. Viele sahen in ihm eine Vaterfigur – den geborenen Führer, der den Traum eines starken und unabhängigen Indonesiens verkörperte. Doch Sukarno verließ sich zu sehr auf sein Charisma und versäumte es, sich um die täglichen Regierungsgeschäfte zu kümmern, was dem Land großen Schaden brachte. Während Sukarno versuchte, dem wachsen-

gemacht. Die Konferenz, an der Politiker wie Zhoi Enlai, Nehru und Nasser teilnahmen, führte zur losen Vereinigung der blockfreien Staaten und stellte Indonesien in die vordere Front der Staaten der Dritten Welt.

In den frühen sechziger Jahren nahm Sukarnos antikolonialistische Haltung eine militante Wendung. Dem langen und erfolgreichen Kampf um West-Neuguinea gegen die Holländer folgte 1963 die militärische Auseinan-

Links: Die Gunung Sahara Street in Jakarta während der fünfziger Jahre. **Oben:** Sukarno (Mitte) mit seinem ersten Kabinett, rechts von ihm Vizepräsident Hatta.

den Einfluß der Militärs durch eine stärkere Hinwendung zur aktivsten Partei, der kommunistischen PKI, entgegenzuwirken, brach die Wirtschaft zusammen. Das ausländische Kapital zog sich zurück, die Staatsschulden führten zum Bankrott und die jährliche Inflationsrate schnellte auf 680 %. 1965, das Jahr, das Sukarno „das Jahr des gefährlich Lebens" nannte, gärte es überall im Land.

Der Staatsstreich von 1965: Die Explosion kam, als am Morgen des 1. Oktober 1965 junge radikale Armeeoffiziere mit offensichtlicher Billigung der PKI sechs führende Generäle entführten und brutal ermordeten; ihre Begründung: diese hätten eine Verschwörung

Unabhängig 57

gegen den Präsidenten geplant. Da Sukarno sie jedoch nicht unterstützte, mußten die Offiziere die Initiative an General Suharto abgeben. Innerhalb weniger Stunden übernahm Suharto die Kontrolle über die Armee und schlug den Aufstand nieder.

Das Land war über die Hinrichtung der Generäle schockiert, und obwohl bis heute nicht ganz klar ist, inwieweit die PKI beteiligt war, wurden die Kommunisten beschuldigt, die Regierung stürzen zu wollen. Anarchie brach aus, die Gemäßigte, Moslems und Teile der Armee für ihre Ziele zu nutzen versuchten. Als sich die lang aufgestaute Enttäuschung in Ausschreitungen erst in Nordsumatra, dann auch in Java, Bali und Lombok Luft machte,

Suharto wurde zwar erst 1968 zum zweiten Präsidenten Indonesiens ernannt, es wurden aber sofort Reformen unter seiner Leitung eingeleitet. Das Kriegsrecht wurde verhängt und die Ordnung wiederhergestellt.

Die kommunistische Partei und der Marxismus-Leninismus wurden verboten. Die Verwaltung wurde von Grund auf umstrukturiert und von Militärpersonal übernommen. In der Außenpolitik nahm man enge Beziehungen zu den Vereinigten Staaten und dem Westen auf, während man sich von der Sowjetunion und China abwandte.

Die ökonomische „Neue Ordnung": Da die politische Legitimation Suhartos auf dem Versprechen beruhte, die am Boden liegende

mußten Tausende sterben. Das Blutvergießen dauerte Monate, und die Jahre 1965 und 1966 gelten heute als die schwärzeste Zeit in der Geschichte der Republik.

Währenddessen kam es in Jakarta zu politischen Auseinandersetzungen zwischen der Armee, unterstützt von Studenten, Intellektuellen, Moslems und anderen bürgerlichen Gruppen auf der einen, und Sukarno mit seiner beträchtlichen nationalistisch-populistischen Anhängerschaft auf der anderen Seite. Sukarno wurde schließlich am 11. März 1966 dazu überredet, ein Dokument zu unterzeichnen, das General Suharto weitgehende Machtbefugnisse einräumte.

Wirtschaft des Landes wieder aufzurichten, machte sich die neue Regierung sofort daran, die grundlegenden Probleme der Inflation und Stagnation anzugehen. Westliche Fachleute wurden hinzugezogen, um das Land wieder in die Weltwirtschaft einzubinden, ausländische Investitionen gesetzlich erleichtert, monetäre Kontrollen eingeführt und westliche Hilfe zur Aufstockung der erschöpften Devisenreserven in Anspruch genommen. Dies waren die Ecksteine Suhartos „Neuer Ordnung". Es gelang ihm tatsächlich, die Inflation drastisch zu senken und dem Land bis zu den frühen siebziger Jahren ein schnelles Wirtschaftswachstum zu bescheren.

Der erste indonesische Fünfjahresplan, *Repelita I,* war darauf ausgerichtet, Wachstum durch ausländische Investitionen zu fördern. Er konnte im wesentlichen erfüllt werden – eine erste Welle ausländischer Investoren kam, um die riesigen Rohstoffvorräte an Kupfer, Zinn, Holz und Öl auszubeuten und in Sumatra, Sulawesi, Kalimantan und Irian Jaya Werke zu ihrer Gewinnung zu errichten.

Als die politische Stabilität der Region gesichert schien, kam ein zweiter Schub, hauptsächlich Japaner und Chinesen, die eine vielseitige Industrie in den Städten aufbauten. Bis 1975 wurden allein in die Textilindustrie 708 Millionen US-$ investiert, und das Wirtschaftswachstum ging steil nach oben.

entfielen 44 Prozent auf die verarbeitende Industrie, 33 Prozent auf Erdöl und Erdgas sowie 7 Prozent auf Nahrungsmittel. Die Einnahmen verwendete der Staat zur Finanzierung von Arbeitsprogrammen und zur Verbesserung öffentlicher Dienstleistungen. Vor allem auf dem Ausbildungssektor tat sich viel. Zwischen 1972 und 1978 baute man 26 677 Grundschulen und erhöhte so den Prozentsatz der Kinder, die zur Schule gehen konnten, von 69 auf 84 %. Der Anteil der Analphabeten fiel dadurch auf 23 Prozent. Der öffentliche Dienst Indonesiens ist jedoch nicht ohne Probleme. Trotz beträchtlicher Lohnsteigerungen Anfang der siebziger Jahre ist das Lohnniveau immer noch niedrig.

Die größten Einnahmen konnten jedoch durch das Öl erzielt werden. Es wurde erstmals 1883 auf Nordsumatra entdeckt, als ein Holländer während eines Sturms Schutz suchte und bei seinem einheimischen Gastgeber eine nasse Fackel hell brennen sah. Auf seine Frage hin, wurde er zu einer nahen Quelle geführt, bei der eine schwarze zähflüssige Substanz auf dem Wasser schwamm.

Die Exporte stiegen von 323 Millionen US-$ 1966 auf 36,8 Milliarden US-$ 1993. Davon

Links: Nehru (links) als Staatsgast bei Sukarno (1957). Oben: Sukarno verkündet die Machtübergabe an den neben ihm stehenden Suharto.

Ein anderes Problem gab es bei den für das Öl verantwortlichen staatlichen Organisationen, der State Oil and Natural Gas Corporation, Pertamina. Anfang der siebziger Jahre steckte die Pertamina unter der Leitung von Oberst Ibnu Sutowo riesige Summen in Projekte, die Indonesiens Abhängigkeit von ausländischer Technologie und Importen verringern sollten, darunter eine schwimmende Düngerfabrik, die über Erdgasfeldern im Meer verankert werden sollte, das riesige Stahlwerk von Krakatau auf Westjava, eine drei-Millionen-Tonnen-Tankerflotte, petrochemische Werke und Raffinerien sowie verschiedene Einrichtungen, wie ein Krankenhaus erster

Unabhängig 59

Klasse, ein Sportstadion, eine Hotelkette und eine Fluggesellschaft.

Ibnu Sutowos großzügige Ausgaben wurden 1975 plötzlich gestoppt, als die Pertamina ankündigte, daß sie einen ausländischen Bankkredit nicht zurückzahlen könne. Es stellte sich heraus, daß Sutowo Geld geliehen hatte, das er nie zurückzahlen konnte und einen gewaltigen Schuldenberg von zehn Milliarden US-$ bei ausländischen Banken angehäuft hatte. Die Regierung sah sich einem der größten Verluste gegenüber, den je ein Land in Friedenszeiten hinnehmen mußte.

Frieden und Fortschritt: Trotz dieser und anderer Probleme waren die siebziger und frühen achtziger Jahre durch relative politische

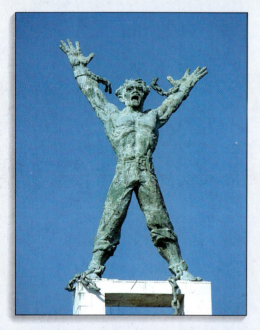

Stabilität gekennzeichnet. Das Motto des Suharto-Regimes wird mit dem Slogan „Entwicklung ja, Politik nein" gut charakterisiert. Die Oppositionsparteien wurden behindert und überwacht und erreichten 1971 40 % der Stimmen, 1989 sogar nur noch 27 Prozent. Der große Gewinner war dagegen die politische „Funktionsgruppe" der Regierung, *Golkar,* die aus Repräsentanten verschiedener religiöser, ethnischer, Armee- und Berufsgruppen besteht.

Die politische Auseinandersetzung war jedoch noch längst nicht beendet. Der Druck auf die Regierung, den Reichtum und Wohlstand besser zu verteilen, die Auslandsschulden zu verringern, die Inflation zu stoppen und die Korruption zu beseitigen, wuchs. Die Enttäuschung über Fehler in der Wirtschaftspolitik wurde immer wieder zum Ausdruck gebracht, besonders im Jahre 1974, als zwei Tage lang Studenten in Jakarta der Polizei Straßenschlachten lieferten.

Die politischen Rechte blieben umkämpft. Erst 1990 hob Präsident Suharto, der übrigens 1993 seine sechste Amtsperiode angetreten hat, nach 27 Jahren das generelle Streikverbot für „Arbeiter bei besonders wichtigen Projekten" auf. Nach wie vor sind nur drei Parteien zugelassen, und Anfang 1994 kam es zu gewalttätigen Zusammenstößen mit den Sicherheitskräften, als Zehntausende von Arbeitern für freie Gewerkschaften und die Erhöhung der Mindestlöhne demonstrierten.

Im einflußreichen Bürgertum wurde die Opposition dagegen durch die Erfolge der „Neuen Ordnung" zum Schweigen gebracht. Vielen Indonesiern geht es heute besser als jemals zuvor. Sie besitzen Konsumgüter wie Kassettenrecorder, Motorräder, Autos, Telefone und Fernsehgeräte.

Fortschritte wurden auch auf so wichtigen Gebieten wie der Geburtenkontrolle und der Landwirtschaft erzielt. 1994 hatte Indonesien 191 Millionen Einwohner. Java und Bali sind am dichtesten besiedelt – Java hat 850 Einwohner pro Quadratkilometer, Bali 514. Damit leben in Java auf nur sieben Prozent der Fläche rund zwei Drittel der Bevölkerung.

Die Regierung versuchte zunächst das Problem durch Umsiedlung von Javanern und Balinesen auf die nur spärlich bevölkerten Inseln Sumatra, Kalimantan und Sulawesi zu lösen. Diese Politik griff jedoch nicht schnell genug und war zu teuer; so wurde sie seit 1970 durch eine intensive Kampagne zur Familienplanung ergänzt, durch die das Bevölkerungswachstum immerhin von über 2 % auf ca. 1,8 % pro Jahr gesenkt werden konnte.

Mit der Bevölkerungssituation ist direkt das Problem der Nahrungsmittelproduktion verbunden. Reis steht dabei an erster Stelle. Durch Einführung ertragreicherer Sorten, besserer Bewässerung, chemischer Düngemittel und verbesserter Schädlingsbekämpfung ist es gelungen, den Reisertrag um 50 %

Links: Das an die „Befreiung" Irian Jayas erinnernde Denkmal in Jakarta. **Rechts:** Einer der ersten Ölbohrtürme in Sumatra, wo ein Großteil der Ölreserven lagern.

Unabhängig

zu steigern. Durch ein staatliches Vorrats- und Verteilungsnetz wurde außerdem die Gefahr einer Hungersnot beseitigt und Preisstabilität erzielt; die Bauern werden durch Kredite und Subventionen unterstützt.

Dadurch muß das Land schon seit Jahren keinen Reis mehr einführen und liegt heute mit einer Jahresproduktion von knapp 48 Millionen Tonnen hinter China und Indien auf Platz drei in der Welt. Für die Zukunft ist allerdings kaum mit weiteren Steigerungen zu rechnen: Die Anbaufläche auf Java ist in den letzten Jahren geschrumpft, die Böden sind durch langjährige Überdüngung ausgelaugt.

Zwischen 1980 und 1990 aber konnte Indonesien die Nahrungsmittelproduktion insgesamt um 23 Prozent steigern – eine im internationalen Vergleich beeindruckende Leistung. Wichtige Agrarexportgüter sind Maniok, Kaffee, Tee, Gewürze, Palmöl, Garnelen, Edelhölzer und Kautschuk. Mit einer Jahresproduktion von 1,3 Millionen Tonnen war Indonesien 1992 der weltgrößte Erzeuger von Naturkautschuk – noch vor Thailand und Malaysia. Eine positive Tendenz zeigt außerdem die Entwicklung der Zuckerproduktion: Während Indonesien 1981 noch 700 Millionen US-$ für den Import von Zucker ausgeben mußte, senkte sich diese Summe durch verstärkten Anbau und höhere Erzeugerpreise 1982 auf 261 Millionen US-$. Inzwischen gehört Indonesien sogar zu den Ländern, die Zucker exportieren.

Mit dem Anwachsen der Bevölkerung nimmt die Landwirtschaft einen immer kleineren Anteil der Arbeitskräfte auf. 1960 waren in diesem Sektor noch über 75 % beschäftigt, heute sind es nur noch rund 55 %. Dies hat zu einer hohen Arbeitslosigkeit geführt, und Millionen landloser Arbeitskräfte strömten auf der Suche nach Arbeit in die Städte.

Einige von ihnen konnten in der aufblühenden Industrie unterkommen. Denn seit 1988 erzielt die indonesische Wirtschaft alljährlich Wachstumsraten von 6,5 bis 7,5 Prozent. Träger dieser Konjunktur sind eine hohe Investitionstätigkeit und eine anhaltende Nachfrage

aus dem Ausland. Doch obwohl die verarbeitende Industrie schnell wächst, ist sie nicht in der Lage, die 1,4 Millionen Menschen aufzunehmen, die alljährlich neu auf den Arbeitsmarkt drängen. Zwar liegt die Arbeitslosenquote offiziell bei nur 2,7 Prozent, doch 38 Prozent gelten als unterbeschäftigt und 15 Prozent leben unterhalb der Armutsgrenze. Viele Menschen in den Städten leben von der Hand in den Mund und versuchen, sich durch

Oben und <u>rechts</u>: Indonesien ist der achtgrößte Ölproduzent innerhalb der OPEC. Die Wirtschaft ist immer noch stark vom Export von Öl und Erdgas abhängig.

Rikschafahren, den Verkauf von Nudeln und Zigaretten, durch Schuhputzen oder Durchstöbern der Müllhalden über Wasser zu halten. Der gesetzlich festgelegte tägliche Mindestlohn, von der Regierung Anfang 1994 von 3000 auf 3800 Rp. (2,90 DM) erhöht, reicht kaum zum Leben.

Der Erdöl- und Erdgassektor ist weiterhin von entscheidender Bedeutung für die indonesische Wirtschaft. Indonesien ist der größte Erdölproduzent Südostasiens und das einzige OPEC-Land der Region. Während die Erdölförderung nach 1987 vorübergehend stagnierte, wurde Indonesien zum siebtgrößten Erdgasproduzenten der Welt. Die Nettoförderung betrug 1992 über 50 Milliarden Kubikmeter.

über bedeutende Zinn-, Nickel-, Kupfer-, Bauxit-, Gold- und Silbervorkommen.

Die staatliche Wirtschaftspolitik setzt auf die Steigerung der Exporte und will die Importe drosseln. Auch der Aufbau einer eigenen Düngemittelindustrie führte zu entscheidenden Einsparungen bei den Importen.

Ein weiterer Schwerpunkt ist die Zementproduktion. Im vergangenen Jahrzehnt ist diese um das Zwölffache gestiegen. Die übrigen Industriezweige stehen noch in den Anfängen. Fast 90% der dort Angestellten arbeiten in winzigen Fabriken, die Grunderzeugnisse wie Salz, Kokosöl, Möbel, Bekleidung und Textilien herstellen. Ein wichtiges Ziel des Fünfjahresplans *Repelita VI* (1994 bis 1999) ist es,

Mit der Golfkrise und den in der Folge steigenden Rohölpreisen nahm ab 1990 auch die Erdölförderung wieder zu. Ziel der Regierung ist jetzt, die Rohölausfuhren zu vermindern und mehr Erdöl selbst zu raffinieren und zu verarbeiten. Geplant sind zusätzlich zu den bestehenden acht Raffinerien vier weitere.

Neben Erdöl und Erdgas besitzt Indonesien noch viele andere Bodenschätze, darunter rund 25 Milliarden Tonnen Kohle, der größte Teil davon auf Sumatra und Kalimantan. Bisher wird nur wenig gefördert, doch soll der Kohleexport nach den Vorstellungen der Regierung in den nächsten zehn Jahren stark expandieren. Außerdem verfügt das Land

mit ausländischer Kapitalbeteiligung die Produktion von PKWs, LKWs, Bussen und Motorrädern sowie von elektronischen Geräten aufzunehmen.

Für die Zukunft setzt die Regierung auf arbeitsintensive, exportorientierte Industriezweige sowie auf den Ausbau des Dienstleistungssektors – Stichwort Tourismus. 1992 besuchten 3,1 Millionen Gäste den Inselstaat und ließen 3, 2 Milliarden US-$ im Land. So hofft die Regierung, der indonesischen Bevölkerung, die im Jahr 2000 wohl auf 212 Millionen Menschen angewachsen sein wird, genügend Arbeitsplätze und einen höheren Lebensstandard bieten zu können.

Unabhängig

Der riesige Archipel

Der indonesische Archipel ist der weitaus größte auf der Welt und umfaßt 13 677 Inseln, die über 5120 Kilometer tropischer See verstreut sind. In Amerika würde er von Oregon bis zu den Bermudas reichen, in Europa von Irland bis zum Kaspischen Meer.

Natürlich sind vier Fünftel der Fläche Meer, und viele Inseln sind winzig, nicht viel mehr als eine Felsspitze, von ein paar Seevögeln bewohnt. Doch 3000 Inseln sind so groß, daß sie bewohnt werden können, und Neuguinea und Borneo sind nach Grönland die zweit- und drittgrößten Inseln der Welt.

Entsprechend seinem Ruf als berühmte Gewürzinsel des Ostens ist dieser Archipel auch eine der vielfältigsten und biologisch interessantesten Regionen unseres Planeten. Einzigartige geologische und klimatische Bedingungen haben ein tropisches Wunderland geschaffen, von den außergewöhnlich fruchtbaren Reisfeldern Javas und Balis bis zu den üppigen Regenwäldern Sumatras, Kalimantans, Sulawesis und der Molukken, der Savanne Nusa Tenggaras und den schneebedeckten Gipfeln Irians. Hier findet sich eine erstaunliche Vielfalt an Gewürzen, Holzarten (Gewürznelken, Muskat, Sandelholz, Kampfer, Ebenholz, Teak u.v.a.), viele ungewöhnliche Früchte (Durian, Rambutan, Lengkeng, Salak, Blimbing, Nangka, Manggis, Jambu), die größte Blume der Welt *(Rafflesia)*, die größte Eidechse (der Komodo-Waran), viele seltene Tierarten, die es nirgends sonst gibt (Orang Utan, das Java-Nashorn und den *Anoa,* ein Zwergbüffel), Tausende verschiedene Schmetterlingsarten und wilde Orchideen und viele herrliche Vögel, wie den Kakadu und den Paradiesvogel.

Die geologische Geschichte der Region ist sehr interessant. Alle Inseln sind relativ jung, die früheste geht auf das Ende des Miozäns zurück, ist also 15 Millionen Jahre alt – ein Nichts auf der geologischen Zeitskala. Seit dieser Zeit ist der ganze Archipel Schauplatz heftiger tektonischer Aktivitäten gewesen, Inseln wurden von den Superkontinenten abgerissen oder von zusammenstoßenden Platten im Ozean emporgeschoben und dann durch Vulkanausbrüche vergrößert. Dieser Prozeß setzt sich auch heute noch fort – Australien bewegt sich millimeterweise nach Norden, während die riesige Pazifikplatte nach Süden und Westen drückt.

Die Inseln lassen sich in drei Kategorien einteilen. Erstens die großen Inseln im Westen: Sumatra, Kalimantan (Borneo) und Java, die zusammen mit einigen kleineren (der

Riau-Kette, Bangka, Billiton, Madura und Bali) auf dem breiten Sunda-Kontinentalsockel aufliegen, der sich vom südostasiatischen Kontinent herunterzieht. Die dazwischen liegende Java-See ist sehr seicht, nirgends tiefer als 100 Meter.

Das weite Neuguinea und die winzigen Inseln in der Arafura-See sind in ähnlicher Weise durch den Sahul-Kontinentalsockel mit Australien verbunden. Neuguinea wurde ja vor langer Zeit durch eine Bewegung der Erdkruste von Australien getrennt.

Zwischen diesen beiden Kontinentalsockeln liegen Sulawesi (Celebes), die Molukken und Nusa Tenggara (die Kleinen Sunda-In-

Vorherige Seiten: Der Galunggung in Westjava nach einer Eruption. **Links**: Der Gipfel des Mahameru oberhalb einer Wolkendecke. **Rechts**: Auf dem Weg durch den Regenwald im Land der Dayak (Borneo).

seln) – mehrere zerklüftete Inselbögen, die aus einem tiefen Graben emporwachsen.

Geologisch entstanden alle diese Inseln an Verwerfungslinien, an denen die verschiedenen tektonischen Schichten der Erdkruste zusammenstießen und an ihren Rändern aufgefaltet wurden. Später entstanden an einigen dieser Verwerfungslinien dann Vulkane.

Es ist möglich, zwei symmetrische Faltensysteme bei jeder Inselkette des Archipels zu unterscheiden: eine ältere, äußere Falte nichtvulkanischen Ursprungs und eine jüngere, innere mit starker vulkanischer Aktivität. An der Westküste Sumatras zieht sich die nichtvulkanische Mentawei-Inselkette entlang. Diese setzt sich zunächst in den südlichen Küstengürteln Javas, Balis, Lomboks und Westsumatras fort und spaltet sich dann in die nichtvulkanischen Inseln Sumba, Roti, Sawu, Timor und Tanimbar weiter im Osten auf. Parallel dazu verläuft eine innere, stark vulkanische Falte, welche die Gebirgsgrate von Sumatra, Java, Bali, Lombok, Sumbawa und Flores bildet, und durch Alor und Wetar zu den Banda-Inseln im Osten verläuft.

Eine ähnliche, wenn auch weniger ausgeprägte, nichtvulkanische, äußere Falte bilden im Osten die zentralen Gebirge Neuguineas, Cerams, Burus und Ostsulawesis, während sich die innere vulkanische Falte an der westlichen und nördlichen Seite von Sulawesi und Halmahera bis zu den Philippinen hinzieht. Borneo (Kalimantan) bildet in diesem Schema zusammen mit der malaiischen Halbinsel und dem Festland einen alten und stabilen nichtvulkanischen Kern. Sulawesi ist, bedingt durch seine Mittellage, geologisch am meisten gemischt, hier ist ein junger vulkanischer Bogen auf einen älteren, nichtvulkanischen aufgesetzt.

Das vulkanische Erbe: Die Bedeutung der Vulkane für Indonesien kann gar nicht überschätzt werden. Sie dominieren nicht nur die Landschaft vieler Inseln mit ihren majestätischen, rauchenden Kegeln, sondern sie verändern auch deren Größe und Boden, indem sie in unregelmäßigen Abständen Tonnen von

Asche und Gestein über sie ergießen. Vieles davon wird nach und nach davongeschwemmt und bildet sanft gewellte Anschwemmungsebenen. Wo das ausgestoßene Gestein sauer ist, ist der Boden unfruchtbar und für die Landwirtschaft praktisch nutzlos; ist es aber basisch, wie auf Java und Bali und einigen verstreuten Gebieten auf anderen Inseln, bringt es die fruchtbarsten Tropenböden der Welt hervor.

<u>Oben:</u> Portugiesische Karte von Südostasien aus dem 16. Jahrhundert, der indonesische Archipel ist unvollständig. <u>Rechts:</u> Holländisches Gemälde mit einem Vulkan auf Sumatra.

Von den Hunderten von Vulkanen in Indonesien sind noch über 70 aktiv, und es vergeht kaum ein Jahr ohne größeren Vulkanausbruch. Auf so dicht bevölkerten Inseln wie Java bringen Vulkanausbrüche zwangsläufig Tod und Verwüstung. Als 1982 der Mt. Galunggung auf Westjava ausbrach, gab es viele Tote. Etwa vier Millionen Menschen verloren Haus und Land.

Dabei war die Eruption des Mt. Galunggung noch vergleichsweise harmlos. Der winzige Mt. Krakatau vor der Westküste Javas brach 1883 mit einer Wucht aus, die sich mit der mehrerer Wasserstoffbomben vergleichen läßt, und erzeugte eine Flutwelle, die über 35 000 Menschen auf Java das Leben kostete.

noch größere Eruptionen den Toba-See und den Ranau-See auf Sumatra vor Millionen Jahren geschaffen haben.

Das Klima: Alle Inseln des Archipels liegen in den Tropen, und das Meer hat eine ausgleichende Wirkung auf Temperaturen und Feuchtigkeit, so daß Unterschiede mehr durch die Topographie, Höhe oder Regenmenge als durch Breitengrad oder Jahreszeit verursacht werden. Die Durchschnittstemperatur auf Seehöhe beträgt in der ganzen Region und das ganze Jahr über etwa 25 bis 28° C. In den Bergen dagegen fällt die Temperatur pro 200 Meter Höhe um etwa ein Grad, d. h., das Klima in den höher gelegenen Städten wie Bandung (Westjava, 900 Meter hoch) und Bukittinggi

Der Knall der Eruption, 18mal heftiger als der des St. Helen, war noch in Colombo und Sydney zu hören, und die in die Atmosphäre geschleuderten Geröllmassen verursachten noch drei Jahre lang leuchtende Sonnenuntergänge auf der ganzen Welt.

Doch auch dieser Ausbruch war nicht so schlimm – verglichen mit dem gewaltigen Ausbruch des Mt. Tambora auf Sumbawa im Jahre 1815, der größte, den die Geschichte kennt. Damals starben 90 000 Menschen; etwa 100 Milliarden m³ ausgestoßenes Geröll verdunkelte die Sonne monatelang und verursachte so den berühmten „Sommer ohne Sonne" von 1816. Die Geologen meinen, daß

(Westsumatra, 1000 Meter hoch) ist kühl und angenehm.

Große Teile des Archipels liegen innerhalb der regenreichen Äquatorzone, in der jeden Monat mehrere Zentimeter Regen fallen. Die meisten Inseln liegen im Gebiet des Nordostmonsuns. Dieser nimmt auf seinem Weg über das Südchinesische Meer viel Feuchtigkeit auf, dreht dann nach Nordosten Richtung Äquator ab und bringt jedem Stück Land das er berührt, zwischen November und April, überschwemmungsartige Regenfälle.

Der Südostmonsun wirkt dieser allgemeinen Feuchtigkeit eher entgegen, indem er zwischen Mai und Oktober heiße, trockene

Der riesige Archipel 69

Luft vom australischen Festland herüberbläst. Auch wenn dies je nach der örtlichen Topographie unterschiedlich ist, führt es doch auf den meisten Inseln zu einer Trockenperiode mit deutlich verminderten Regenfällen. Je weiter man nach Süden und Osten kommt, desto deutlicher macht sich der Einfluß des austrocknenden Südostmonsuns bemerkbar.

Das Baumdach: Die Vegetation in den verschiedenen Landesteilen variiert stark je nach Regenmenge, Boden und Höhe. Auf den feuchten Inseln in der Nähe des Äquators finden sich üppige Regenwälder, die einzigartig sind. Das Hauptdach der miteinander verwobenen Baumkronen ist etwa 40 Meter hoch über dem Boden, einzelne Bäume ragen aber

Wie kann aber der Regenwald unter diesen Umständen existieren? Die Antwort liegt in der Natur dieses Ökosystems, das sich im Verlauf von Millionen von Jahren an diese Bedingungen angepaßt hat. Im wesentlichen liegen die meisten Mineralien und Nährstoffe bei diesem System in lebenden Pflanzen vor. Wenn diese absterben und zu Boden fallen werden sie sofort zersetzt und in das System absorbiert. Der Regenwald ist daher eine Art „Selbstdünge-System", das vom Boden im wesentlichen unabhängig ist.

Die verschiedenen Pflanzen auf den jeweiligen Ebenen haben ihre ganz besondere Rolle in diesem Ökosystem. Das Baumdach nimmt das Sonnenlicht auf und assimiliert es, wäh-

bis zu 70 Meter hoch empor. Darunter wächst ein Dickicht von Palmen, Lianen, Farnen, Rohr- und Bambusgewächsen, bedeckt mit unzähligen Flechten, Moosen und sonstigen niedrigen Pflanzen.

Man würde annehmen, daß ein solch üppiges Wachstum nur auf sehr fruchtbarem Boden möglich ist, dies ist jedoch nicht der Fall. Die Regenwälder auf Sumatra, Kalimantan, Sulawesi und Irian gedeihen auf einer sehr mageren und dünnen Bodenkrume, die von den ständigen Regenfällen völlig ausgewaschen ist. Werden die Wälder gerodet, tragen sie zwei oder drei magere Ernten, bevor sie völlig ausgelaugt und erodiert sind.

rend es für Kühlung und hohe Feuchtigkeit im darunter liegenden Bereich sorgt. Dort ist das Wachstum sehr langsam. Lianen winden sich vom Boden empor, Rattanrohr hakt sich an anderen Pflanzen fest, Epiphyten wurzeln einfach auf den Ästen großer Bäume.

Alle Pflanzen in diesem System müssen mit Mangel an Mineralien und Wasser fertigwerden und haben deshalb verschiedene Möglichkeiten zur Speicherung von Wasser ent-

<u>Oben</u>: Mangroven entlang des Cihandeuleum River in Ujung Kulon (Westjava). <u>Rechts</u>: Bergwald bei Cibodas (Westjava). <u>Ganz rechts</u>: Früchte des Kakaobaumes.

wickelt. So bieten einige von ihnen Ameisen Schutz und Nahrung; diese deponieren dafür dort ihre nährstoffhaltigen Ausscheidungen.

Manche Pflanzen leben auch als Parasiten, wie z.B. die auffallende *Rafflesia,* die es nur im Süden Zentralsumatras gibt und die keine Blätter hat. Sie lebt auf den *Tetrastigma*-Bodenranken. Ihre kohlartigen Knospen werden immer größer und brechen dann zu riesigen Blüten mit fünf rot-braunen, weißgesprenkelten Blütenblättern auf, die bis zu einen Meter Durchmesser haben können und manchmal an die neun Kilogram wiegen.

Fleischfressende Pflanzen locken ahnungslose Insekten in ihre mit einer Flüssigkeit gefüllten Kelche, wo sie aufgelöst werden und als Nahrung dienen. Und die Würgefeige läßt sich auf einem hohen Ast nieder und streckt ihre Luftwurzeln nach unten und erwürgt damit schließlich ihren Gastbaum.

Die Regenwälder in den Ebenen bieten die größte Pflanzenvielfalt. Selten gibt es Baumbestände einer einzigen Art, meist bestehen diese Wälder aus einem phantastischen Mosaik verschiedenster Arten. Auf Borneo allein kennt man 3000 verschiedene Baumarten. Auf dieser und vielen anderen Inseln gedeihen viele wirtschaftlich wertvolle Hartholz- und Gewürzbäume – darunter Teak-, Ebenholz-, Sandelholz-, Kampfer-, Gewürznelken- und Muskatbäume und verschiedene exotische Obstbäume, wie Durian, Rambutan, Salak, Jambu, Tamarinde, Brotfrucht sowie Hunderte von Bananen- und anderen fruchttragenden Palmen. In den Regenwäldern Neuguineas wachsen über 2500 Arten wilder Orchideen, darunter die größte Orchidee der Welt, die Tigerorchidee *(Grammato-phyllum Speciosum)* mit ihrem drei Meter langen Zweig mit gelb-orangen Blüten.

Bergwälder und Mangrovensümpfe: In größeren Höhen fällt die Temperatur und die Wolkendecke wird dichter, so daß hier das Wachstum langsamer ist und es weniger Arten und weniger komplexe Strukturen gibt. Die Regenwälder weichen Bergwäldern mit Kastanien-, Lorbeer- und Eichenbäumen. Weiter

oben finden sich Rhododendren und Krüppelwälder aus mit Flechten bewachsenen Zwergbäumen. Noch weiter oben dann Bergwiesen mit riesigen Edelweiß und anderen Pflanzen, die mehr an die Schweiz als an Indonesien denken lassen. Diese erstaunlich anmutende Vegetation gibt es z.B. im Mount Gede National Park, nur 100 Kilometer südlich des heißen, feuchten Jakarta. Indonesiens höchste Berge, die Lorentz Mountains auf Irian Jaya, sind über 5000 Meter hoch und ständig mit Schnee und Eis bedeckt, die einzigen Gletscher übrigens in den östlichen Tropen.

Andere besondere Waldarten gibt es auf besonders basischem Felsboden, auf verkarsteten Kalksteinböden, in den jüngeren vulkanischen Gebieten und den schlecht entwässerten Sümpfen, wo der Sauerstoffmangel zur Bildung von saurem Torf führt. In den breiten Flutbereichen an der Ostküste Sumatras, Kalimantans und der Südküste Irians gedeihen Mangroven mit ihren Wurzelschleifen und luftatmenden Knollen.

Kommt man von Zentraljava weiter nach Osten durch Bali und Nusa Tenggara, wird das Klima immer trockener und die Regenwälder weichen Monsunlaubwäldern und offener Savanne. Je nach Trockenheit bestehen die Wälder teilweise oder vollständig aus Laubwäldern mit weniger Arten und vielen breitblättrigen Bäumen, wie dem Teakbaum, der ten Reisanbaus in Gebieten, die sich bereits durch ideale klimatische und Bodenbedingungen auszeichneten.

Bali und Java gehören ja nicht nur zu den wenigen Inseln, auf denen das Vulkangestein basisch ist, so daß die häufigen Vulkanausbrüche jeweils zur Verbesserung und Anreicherung des Bodens geführt haben, sondern sie liegen auch in einer klimatisch ausgesprochen günstigen Mittelzone zwischen den ununterbrochenen Regenfällen am Äquator und den langen Dürren von Nusa Tenggara.

Java und Bali erhalten während der Trockenzeit ausreichend Sonne, während der Regenzeit genügend Niederschläge, jeweils abwechselnd im Halbjahres-Rhythmus.

seine Blätter während der Trockenzeit abwirft. Dadurch sind sie sehr leicht brennbar und die meisten natürlichen Wälder auf Sumbawa, Komodo, Flores und Timor wurden auch in den letzten Jahrhunderten vom Menschen abgebrannt oder geschlagen. Das abgeholzte Land wurde von *alang-alang* (Elefantengras) überwuchert, so daß es heute nutzloses Grasland und Gestrüpp ist.

Der Mensch hat jedoch nicht nur negativ auf seine Umwelt eingewirkt. Seit seiner frühesten Geschichte hat er ausgesprochen fruchtbare landwirtschaftliche Gebiete auf Inseln wie Java und Bali geschaffen. Dies geschah vor allem durch die Einführung des bewässer-

Der Mensch mußte also diese günstigen Bedingungen nur noch für seine Zwecke ausnützen und ein Bewässerungssystem sowie die arbeitsintensiven Reisfelder anlegen. Das Ergebnis war phänomenal – die weitaus höchsten Reiserträge der Welt unter traditionellen Bedingungen.

Diese außergewöhnliche Fruchtbarkeit, die auf der einen Seite die zahlreichen kulturellen Leistungen der Javaner und Balinesen ermög-

Oben: Beim „Pflügen" eines Reisfeldes mit Wasserbüffeln (Sumba). **Rechts**: Tuak-„Ernte" auf einer Lontarpalme. **Ganz rechts**: Tee-Ernte im kühlen Hochland von Java.

lichten, hat auf der anderen Seite aber auch zu einem enormen Bevölkerungswachstum geführt. Java muß heute 107 Millionen Menschen ernähren, fast zwei Drittel der indonesischen Gesamtbevölkerung, und das auf nur sieben Prozent der Gesamtfläche. Das heißt, es leben hier durchschnittlich über 800 Menschen auf einem Quadratkilometer, das ist mehr als das Doppelte wie in den dichtbesiedelten Industrieländern Japan oder Holland. In manchen Gebieten Javas kommen sogar 2000 Menschen auf den Quadratkilometer. Auf den anderen Inseln ist die Lage jedoch völlig anders: Die übrigen 74 Millionen Indonesier verteilen sich auf über 90 Prozent der Fläche des Archipels mit einer durchschnittlichen Be-

Gemeinschaften und flußgebundener Handelsnetze. Heute stammen von hier außerdem fast alle Exportgüter, wie Kautschuk und Palmöl (Sumatra), Erdöl, Kupfer, Zinn und Bauxit (Sumatra, Bangka, Billiton und Irian Java) sowie Holz (Kalimantan).

Heute werden die ernsten ökologischen Probleme des überbevölkerten Innerindonesiens in das äußere Indonesien exportiert. Java leidet seit einiger Zeit unter Erosion, Auslaugung des Bodens und Umweltverschmutzung. Jetzt, wo die Exportgüter der Nation in zunehmendem Maße für die Versorgung der wachsenden Bevölkerung dienen sollten, beginnt man große Flächen abzuholzen, was zu Erosion und der Entstehung von Steppe führt.

völkerungsdichte von nur 40 Menschen pro Quadratkilometer.

Teils wegen dieser ausgeprägten Unausgewogenheit, teils wegen der historischen Bedeutung Javas als politisches Zentrum des Archipels, unterscheiden manche zwischen einem inneren (d.h. Java und Bali mit Madura und Westlombok) und einem äußeren Indonesien (alle übrigen Inseln).

Während sich also das innere Indonesien seit Jahrhunderten durch eine hohe Bevölkerungsdichte und arbeitsintensive Anbaumethoden auszeichnet, ist das äußere Indonesien die Heimat dichter Regenwälder, weniger, z.T. nomadisierender landwirtschaftlicher

Die indonesische Regierung hat diese Probleme bereits erkannt. So hat sie zum Beispiel in Kalimantan Maßnahmen zum selektiven Fällen der Bäume und zur Wiederaufforstung ergriffen, da klar wurde, daß bis zum Ende des Jahrhunderts kein Regenwald mehr vorhanden sein würde, wenn man weiter im bisherigen Umfang roden würde. Außerdem wurden mehr als sechs Prozent des Landes zu Naturschutzgebieten und Nationalparks erklärt. Diese sollen nicht nur bedrohte Tierarten schützen, sondern ein genetisches Erbe bewahren, dem viele wertvolle Arten angehören; nicht zuletzt dienen sie als Wasserscheide und als Erholungsgebiete.

Der riesige Archipel

SCHMELZTIEGEL INDONESIEN

Die Vielfalt der Völker, Sprachen, Bräuche und Kulturen auf dem indonesischen Archipel ist wirklich phänomenal, es leben hier über einhundert verschiedene ethnische Gruppen, die eine jeweils eigene kulturelle Identität besitzen und insgesamt über dreihundert Sprachen sprechen. Dabei handelt es sich noch um vorsichtige Schätzungen, die von holländischen Wissenschaftlern in den dreißiger Jahren aufgestellt wurden. Es wird nach wie vor noch heftig diskutiert, wie diese einzelnen Gruppen zu definieren sind.

gestellt war, und enthält eine ähnliche Vielzahl hübscher Details über Geographie, Flora und Fauna sowie über die Bewohner dieser abwechslungsreichen Insel.

Sir Stamford Raffles monumentale *History of Java* (1817) schließlich enthält den ersten umfassenden Überblick über die Kultur dieser Insel einschließlich solcher Einzelheiten wie das Rezept für die traditionelle javanische Garnelenpaste *(terasi)*.

Die Frage der Rasse: Gegen Ende des 19. Jahrhunderts lenkten die Europäer ihre Auf-

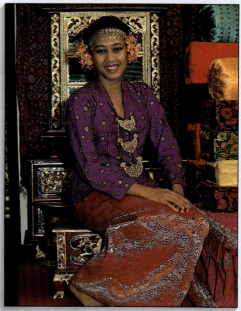

Die ersten ethnographischen Untersuchungen wurden im 18. und 19. Jahrhundert von Missionaren und Kolonialbeamten im Rahmen umfassenderer Studien über das Land und seine Bewohner angestellt. Konfrontiert mit dieser Vielzahl bisher unbekannter Völker, Orte und Dinge, registrierten die Pioniere erst einmal alles, was ihnen auffiel. Resultat waren eine Reihe wertvoller Bücher von enzyklopädischer Breite, die auch heute noch interessant zu lesen sind.

William Marsdens *History of Sumatra* (1783) entstand während der Zeit, als er bei einem winzigen englischen Außenposten, Bengkulu an der Südwestküste Sumatras, an-

merksamkeit bei der Untersuchung der indonesischen Völker und ihrer Kulturen fast ausschließlich auf die Frage der soziokulturellen Evolution und Typenlehre. Angesichts der Art dieser Untersuchungen und dem geistigen Tenor dieser Zeit waren diese Fragen größtenteils unter dem Blickwinkel der Rasse angegangen worden.

Jeder, der durch Indonesien reist, wird bald feststellen, wie unterschiedlich die verschie-

Vorherige Seiten: Spielende indonesische Kinder. **Oben links:** Javanerin. **Oben rechts:** Frau aus Südsumatra. **Rechts:** Minangkabau-Frau. **Ganz rechts:** Dayak-Frau.

denen Völker in Bezug auf Haartyp, Statur, Physiognomie und andere Dinge aussehen. Um diese leicht feststellbare Vielzahl verschiedener Typen zu erklären, entwickelten die Wissenschaftler die Theorie mehrerer Einwanderungswellen auf den Archipel. Nach dieser Theorie sollen die jeweiligen indonesischen Gruppen in einzelnen, aber durchaus großen Einwanderungswellen im Abstand von mehreren Jahrhunderten vom asiatischen Festland herübergekommen sein.

Die erste Welle, so dachte man, seien die primitiven, dunkelhäutigen Negritos mit den borstigen Haaren gewesen – Pygmäen, die heute in abgelegenen Waldgebieten auf der Malaiischen Halbinsel, auf den Andamanen sammelten, aber auch schon etwas Ackerbau und Viehzucht betrieben. Sie fertigten auch schon Tongefäße und Fasergewebe.

Die dritte Welle, die sogenannten „Protomalaien", sollen über Indochina aus China gekommen sein. Sie sind im Grunde „Mongolen" – hellhäutige mandeläugige Menschen, die aber auch bestimmte australoide Züge wie krauses Haar und braune Haut angenommen haben. Zu ihnen gehören die Batak und die Kubu-Stämme auf Sumatra, die Badui und Tenggeresen auf Java, die Aga-Stämme auf Bali, die Dayak auf Borneo, die Toalan und Toraja auf Sulawesi und verschiedene andere Völker im östlichen Archipel. Die meisten dieser Gruppen wohnen immer noch im Hoch-

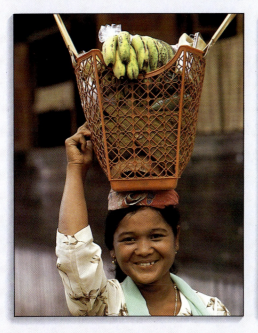

nördlich von Sumatra und auf verschiedenen philippinischen Inseln leben. Wegen ihrer Ähnlichkeit mit den afrikanischen Pygmäen glauben manche, daß sie vor Tausenden von Jahren irgendwie am eurasischen Kontinent entlanggewandert seien.

Auch die zweite Welle soll aus Afrika oder Indien gekommen sein. Diese Menschen – dunkelhäutig mit wolligem Haar, betonten Brauenbögen und breiten, flachen Nasen – wurden als „Australoide" bezeichnet und sind die einheimische Bevölkerung Neuguineas, Melanesiens und Australiens. Sie lebten traditionellerweise in halbfesten Siedlungen in abgelegenen Gebieten, wo sie jagten und Früchte

land oder in abgelegenen Inselregionen, sind aber keineswegs primitiv. Sie sind in alten hochentwickelten Kulturen verwurzelt, mit komplizierten religiösen Riten, Opferfesten, Tänzen, Musik, alten Handwerkskünsten wie Schnitzen, Stoffherstellung und Metallarbeit, mit Geschichtenerzählern und manchmal sogar einer eigenen Schrift.

Die letzte Einwanderungswelle, die „Deuteromalaien", werden als reinrassige Mongolen, damit den Chinesen verwandt und sehr ähnlich, beschrieben. Diese Völker bewohnen heute die Ebenen und Küstenregionen aller größeren Inseln und viele haben große hierarchische Königreiche hervorgebracht, deren

Schmelztiegel

vormoderne Kultur hinter keiner auf der Welt zurückstehen muß. Beispiele für die Gruppe, die heute die Mehrheit der indonesischen Bevölkerung ausmacht, sind die Acehnesen, die Minangkabau und die Malaien auf Sumatra, die Sundanesen, Javaner, Balinesen und Maduresen auf Java, Madura und Bali, die Sasak auf Lombok und die Makassar und Bugi auf Sulawesi. Bei ihrer Ankunft sollen diese Malaien alle früheren Völker in die unwegsameren Gebiete zurückgedrängt und die besten Anbaugebiete und wichtigen Flußmündungen selbst in Besitz genommen haben.

Eine positive Seite dieser jetzt verworfenen Theorie ist, daß sie wenigstens versucht, die vielen unterschiedlichen äußerlichen Merkmale mit der ähnlichen breiten Palette an verschiedenen Kulturen in Indonesien zusammenzubringen. Doch sind „Rasse" und „Kultur" nicht so einfach aufeinander zu beziehen, wie man glaubte. Das Grundproblem ist, daß niemand genau weiß, was der Begriff „Rasse" eigentlich bedeutet. Man weiß heute, daß in Indonesien, wie anderswo, äußere Erscheinungsbilder nicht in systematischer Weise mit Sprache oder Kultur in Beziehung stehen.

Das wirkliche Bild ist viel, viel komplizierter. Erstens weisen die Funde des *Homo erectus* (Java-Mensch) in Indonesien darauf hin, daß sich die sogenannten Negritos und Australoiden mit ihrer sonneabschirmenden Pigmentierung zum Teil oder überhaupt in den tropischen Regenwäldern Südostasiens entwickelt haben, so wie die hellhäutigen Mongoliden in den kalten, gemäßigten Regionen Ost- und Zentralasiens entstanden sind. Während der letzten Eiszeit, als die größeren Inseln des Sundasockels durch Landbrücken mit dem Festland verbunden waren, konnten diese Völker natürlich frei umherwandern, sie überquerten sogar den Ozean und besiedelten vor ungefähr 50 000 Jahren Australien. Es besteht kein Zweifel, daß auch die mongoliden Völker viel später in die Region eingewandert sind, die Frage ist nur wie.

Die Theorie koordinierter, zusammenhängender Einwanderungswellen erscheint aus mehreren Gründen unwahrscheinlich. In einer so zerstückelten Region wie dem indonesischen Archipel waren die Dorf- und Stammesgemeinschaften zumindest in der bekannten Geschichte immer in Bewegung, lösten sich auf oder schlossen sich mit anderen Gruppen zusammen. Es war daher wahrscheinlich eher so, daß kleine Gruppen mongolider Jäger, Sammler und nomadisierender Bauern langsam in die Region einsickerten und dabei die australoide Urbevölkerung im Verlauf von

 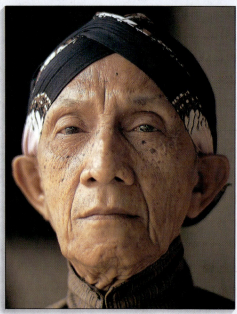

Oben links: Balinese. **Oben rechts**: Javaner. **Rechts**: Minang-*haji*. **Ganz rechts**: Batak aus dem Gebiet um den Lake Toba in Sumatra.

mehreren Jahrtausenden absorbierten. Das Endergebnis kann am besten als Abstufung von Typen beschrieben werden, wobei die australoiden Züge in den Bewohnern der abgelegenen Berg- oder Dschungelgebiete, besonders gegen Osten hin, noch stärker ausgeprägt sind. Eine solche vielschichtigere Sicht der ethnischen Ursprünge der Indonesier wird auch durch vergleichende Sprachuntersuchungen unterstützt.

Das indonesische Babel: Die Indonesier sprechen eine Vielzahl verschiedener Sprachen, und der Bestimmung der exakten Anzahl müßte eine Definition, was man unter einer Sprache – im Unterschied etwa zum Dialekt – versteht, vorausgehen. Die meisten

Philippinen und den Inseln Ozeaniens beheimatet. Eine andere Sprachfamilie, die Papua-Sprachen, umfaßt ebensoviele verschiedene Sprachen, die allerdings nur von etwa drei Millionen Menschen gesprochen werden, von denen die meisten auf der riesigen Insel Neuguinea leben.

Statistische Untersuchungen haben ergeben, daß die Sprachenvielfalt zunimmt, je weiter man auf dem Archipel nach Osten kommt, so daß es auf den östlichen Inseln nicht nur mehr Sprachen gibt, sondern diese sich auch stärker voneinander unterscheiden. Dies scheint mit der äußerlichen Erscheinung übereinzustimmen, hat aber noch eine andere, ziemlich überraschende Ursache.

gehen von über 300 Sprachen aus, von denen erst einige wenige genauer erforscht wurden. Sprachen wie Javanisch, Balinesisch und Indonesisch (die Landessprache, die auf einen Literaturdialekt des Malaiischen zurückgeht) sind eng miteinander verwandt und gehören zum malayo-polynesischen Zweig der melanesischen Sprachfamilie, unterscheiden sich aber ebenso stark wie Französisch, Englisch und Spanisch.

Die melanesische Sprachfamilie umfaßt etwa 800 Sprachen von Madagaskar im Westen bis zu den ostpazifischen Inseln. Ungefähr 200 davon werden in Indonesien gesprochen, die übrigen sind hauptsächlich auf den

Sprachforscher weisen seit langem darauf hin, daß große Sprachenvielfalt in einem Gebiet bedeutet, daß dieses seit langem besiedelt und stabil ist. Eines der Ziele lexikalisch-statistischer Untersuchungen (Vergleich verwandter Sprachen zur Bestimmung des Anteils gemeinsamer Wörter) ist es ja, das Ursprungsland einer Sprachfamilie festzustellen, das man dort vermutet, wo die größte Vielfalt herrscht. Bei der verstreuten melanesischen Sprachfamilie scheint die Heimat in Westmelanesien (einem Gebiet zwischen der Nordküste Neuguineas und den Soloman-Inseln) zu liegen – dies nimmt zumindest Isidore Dyen aufgrund seiner umfassenden, in den

Schmelztiegel

frühen sechziger Jahren mit Hilfe von Computern durchgeführten Untersuchungen an.

Deshalb haben Wissenschaftler neuerdings die Theorie aufgestellt, daß die mongoliden Bewohner Indonesiens nicht über das südostasiatische Festland (Indochina), wie man bisher angenommen hatte, sondern eher aus Südchina über Taiwan, Hainan und die Philippinen nach Melanesien gekommen sind. Von hier aus, so diese Theorie, seien einige der melanesisch Sprechenden nach Osten zu den pazifischen Inseln gesegelt, andere nach Westen nach Indonesien gezogen, manche sogar über den Indischen Ozean bis nach Madagaskar gekommen. Für diese Wanderungen wird kein genauer Zeitrahmen gegeben, sie sollen aber wohl vor etwa 7000 Jahren begonnen und sich in den 3000 Jahren vor Christus verstärkt haben.

Dies ist zwar eine interessante Hypothese, die noch näher untersucht werden muß, doch gibt auch sie keine genaueren Informationen über die ethnischen Gruppen Indonesiens. Tatsächlich verwirrt die Frage der Sprachen manchmal eher, als daß sie zur Klärung des Problems der ethnischen Unterschiede dieser Gruppen beiträgt. Ganz einfach deshalb, weil eng verwandte Völker oft ganz unterschiedliche Sprachen sprechen (und umgekehrt einige sehr unterschiedliche Völker nah verwandte Dialekte). Wir müssen uns also daher bei der Kulturanthropologie nach einer klareren Erläuterung dieses Problems umsehen.

Die typologische Debatte: Bei der Definition und Klassifizierung ethnischer Gruppen gibt es im wesentlichen zwei Schulen. Die eine geht davon aus, daß jede Gruppe, jeder Stamm, jedes Volk als Einzelfall betrachtet und eine umfassende, ganzheitliche Sicht der betreffenden Kultur angestrebt werden solle. Nach dieser Schule können erst dann eine sinnvolle Typologie erstellt bzw. sinnvolle Vergleiche gezogen werden, wenn genügend indonesische Kulturen erforscht wurden.

Es spricht viel für ein solch vorsichtiges Herantasten. Das Problem ist natürlich, daß ethnographische Informationen von Natur aus nie vollständig sind. Was wir über eine fremde Kultur erfahren, hängt von den Fragen ab, die wir stellen. Daher sagt die andere Schule, man solle erst bestimmte allgemeine Richtlinien für die Klassifizierung der indonesischen ethnischen Gruppen erarbeiten und diese dann vertiefen und verbessern.

Ein wichtiges Unterscheidungsmerkmal, das von Clifford und Hildred Geertz während ihrer Arbeit entwickelt wurde, bezieht sich auf die zwei Hauptarten der Landwirtschaft, die

Bildergalerie aus dem Osten des Archipels. Von links nach rechts: Mann aus Timor, Flores, Siberut und Irian Jaya.

man in Indonesien fand – *ladang* und *sawah*. Die *ladang*-Wirtschaft, zu beschreiben mit dem Ausdruck „Schlagen und Verbrennen", wird in den abgelegenen bzw. stark bewaldeten Gebieten, meist außerhalb Javas und Balis betrieben. Die *ladang*-Bauern benutzen neben ihren Äxten und Buschmessern auch Feuer, um einen Teil des Waldes zu roden. Indem sie den Zeitpunkt des Niederbrennens kurz vor das Einsetzen der Regenfälle legen, wird gleichzeitig das Land gedüngt und von Unkraut befreit.

Je nach Bodenbedingungen und Geschmack pflanzen sie entweder eine Getreidesorte wie Reis oder Mais, Wurzeln wie Yams oder Taro oder stärkeproduzierende

Kalimantan, Heimat der bekannten Iban- und Dayak-Stämme, durchschnittlich nur 16 Menschen auf einem Quadratkilometer. Auch sind Größe und Struktur der sozialen Organisation dieser *ladang*-Gemeinschaften begrenzt. Die Kernfamilien sind gewöhnlich autonom, wo nötig, wird anderen Mitgliedern der Dorfgemeinschaft oder Verwandten bei der Arbeit zu genau festgelegten Bedingungen geholfen. Kriege, Kopfjägerei und Sklavenraubzüge hielten die einzelnen Dörfer traditionell isoliert und auf Distanz.

Während also diese *ladang*-Bauern weniger als ein Zehntel der indonesischen Bevölkerung ausmachen, sind sie über mehr als zwei Drittel der Gesamtfläche verstreut. Da-

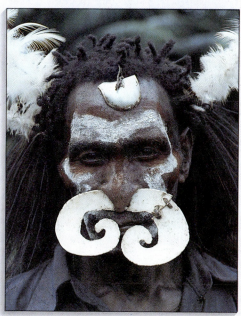

Palmen wie Sago oder Lontaran. Dabei werden auf den westlichen Inseln Reis, auf den östlichen und südöstlichen die Wurzeln und Sagopalmen bevorzugt. Neben diesen Hauptnahrungsmitteln bauen die Bauern noch viele andere Lebensmittel an und ahmen dabei das natürliche symbiotische System der Tropenwälder nach. Daneben schaffen sie sich selbst damit eine größere Nahrungsvielfalt. Nach einigen Jahren ist jedoch der Boden in diesen Gebieten, der sowieso nicht sehr fruchtbar ist, ausgelaugt und es müssen neue Rodungen vorgenommen werden.

Es ist klar, daß diese Methode nur kleine Gemeinschaften ernähren kann. So leben auf

gegen wohnt die Mehrheit der Indonesier auf den schmalen Ebenen und in den Küstenregionen der größeren Inseln, wo die bewässerte Reiskultur, *sawah,* die Hauptanbaumethode ist. Insgesamt leben ja knapp zwei Drittel der Indonesier auf Java und Bali, die zusammen nur etwa sieben Prozent der Gesamtfläche Indonesiens ausmachen.

Hier kann die Bevölkerungsdichte bis zu 2000 Menschen pro Quadratkilometer ausmachen, höher als irgendwo sonst auf der Welt! Der *sawah*-Anbau ist eine sehr arbeitsintensive Methode, die nur unter ganz besonderen Voraussetzungen (fruchtbarer Boden, viel Wasser) erfolgreich betrieben werden kann,

Schmelztiegel

die aber scheinbar schier unbegrenzte Erträge liefern kann. Die seßhaften Reisbauern, die die Reisfelder anlegen und bepflanzen, wirken damit über einen Zeitraum von mehreren Generationen auf ihre Umgebung ein – sie roden das Land, legen Terrassen und Umfassungen für die Felder an und konstruieren komplizierte Bewässerungssysteme. Dies alles erlaubt mehrere Ernten im Jahr und sehr hohe Erträge, da die Produktivität eines Reisfeldes sehr stark auf besondere Sorgfalt und Pflege während des Anbauzyklus – Aussäen, Umsetzen, Jäten, Wasserstandsregelung und Ernte – reagiert.

Dementsprechend hat dieses Anbausystem ein hohes Maß an sozialer Kooperation zur Voraussetzung gehabt und belohnt. Besonders auf Java und Bali sind die großen Dörfer schon seit langer Zeit wirtschaftlich und kulturell mit Städten über ein hierarchisch bestimmtes System verbunden, das die Arbeitskräfte dirigierte und koordinierte, so daß das anfällige Bewässerungssystem aufrechterhalten werden konnte. Der Nahrungsmittelüberschuß, der von diesen Dörfern erzielt wurde, erlaubte wiederum eine Kultivierung der Städte, die für dieses Gebiet einmalig ist.

Wie man erwarten kann, unterscheiden sich die *sawah*-Gemeinschaften auf Java und Bali deutlich von den *ladang*-Gemeinschaften der äußeren Inseln. So legen die Javaner z.B. großen Wert auf Zusammenarbeit und soziales Verhalten. Beschlüsse werden nicht durch Mehrheitsbeschluß oder autokratische Entscheidungen herbeigeführt, sondern durch Übereinstimmung der Dorfältesten oder hochgeschätzter Einzelpersonen. *Rukun* (Harmonie) ist das oberste Ziel, das dadurch erreicht wird, daß jeder seinen Platz in der Gemeinschaft kennt und die ihm zugedachte Rolle erfüllt. Gutes Benehmen zu haben *(so-pan-santun)*, ist eine feste soziale Norm, die durch eine ausgefeilte Etikette, die Körpersprache, Selbstkontrolle und subtile Riten der Achtung und des Stolzes umfaßt, erfüllt wird.

Die hier vorgenommene Unterscheidung zwischen den beiden Gemeinschaften ist natürlich stark vereinfachend. Es gibt natürlich auch zahlreiche andere Mittel der Nahrungsbeschaffung, z.B. Jagen, Fallenstellen, Fischen und Sammeln, um nur einige zu nennen, wobei jedes Gebiet und jedes Volk seine eigene Art entwickelt hat.

Beispielsweise wird auf verschiedenen fruchtbaren Hochebenen von Sumatra, der Heimat der Batak, Minangkabau und Besemah, die traditionell *ladang*-Bauern waren, schon seit mehreren Jahrhunderten Reisanbau betrieben und doch gleichen die Dörfer immer noch eher den alten *ladang*-Gemeinschaften.

Darüber hinaus ergänzen die *ladang*-Bauern ihre Ernte normalerweise noch mit anderen Nahrungsmitteln. Stämme wie die Punan in Zentralborneo und die scheuen Kubu in Westsumatra jagen oft Schweine und andere wilde Tiere, wobei sie Fallen, Netze und Blasrohre mit vergifteten Pfeilen benutzen. Zum Fischfang wird oft ein Stück *derris*-Wurzel in einen Bach gehängt; die Fische werden dadurch betäubt und kommen an die Oberfläche, wo sie nur noch eingesammelt werden müssen. Die tägliche Ausbeute an wilden Früchten, Nüssen, Kräutern, Muscheln, Schnecken, Fröschen und Schlangen liefert die Zutaten für die Wurzel- oder Sagogerichte.

Die Jäger und Sammler sind oft extrem scheu, da sie lange von ihren höher entwickelten Nachbarn schlecht behandelt wurden. In der Vergangenheit wurden jedoch auch sehr wertvolle Handelswaren wie aromatische Hölzer und Harze, Rinden, Gewürze, Federn, Vögel, Wachs, Rhinozeroshorn und Bezoarsteine von den Urwaldbewohnern gesammelt und gegen Metallwerkzeuge, Glasperlen, Ohrringe und ähnliches an den Handelsposten entlang der Flüsse getauscht.

Daneben gibt es natürlich noch die *orang laut* (Meeresnomaden), die auf kleinen Einfamilienbooten leben, an den Küsten und Flußmündungen fischen und auch an den Stränden nach Nahrung suchen. Sie trocknen Fisch, tauchen nach Perlen und sammeln auch Schwalbennester in den Höhlen bestimmter Felsküsten.

Die farbigen Boote haben heute nur noch einen begrenzten Bewegungsbereich, doch die *orang laut* leben an allen Küsten und Inseln des Archipels, von der Mergui-Kette vor Burma über den Riau-Archipel südlich von Singapur, die Küsten von Borneo und Sulawesi entlang zur Sulu-Kette der südlichen Philippinen. Ihr Lebensstil ist ähnlich dem der ersten melanesischen Siedler, jenen mutigen Seefahrern, die vor Jahrtausenden große Entfernungen über das Meer zurücklegten und die Inseln des Archipels besiedelten.

Rechts: Eine Dayak-Frau (Borneo) mit ihrem Sohn. Der ganze Familienbesitz ist an der Tragetasche befestigt.

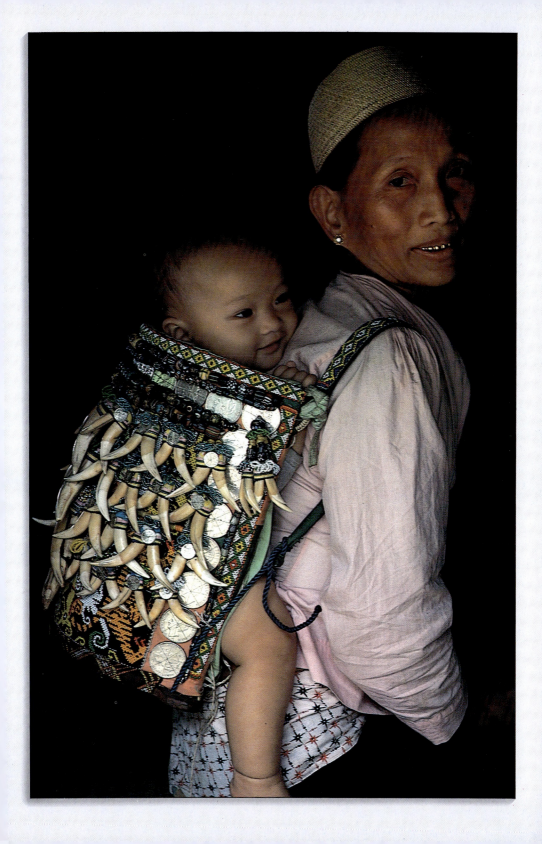

RELIGION UND BRAUCHTUM IN INDONESIEN

Die über 190 Millionen Einwohner Indonesiens sind offiziell alle Angehörige einer der vier großen Weltreligionen (Islam, Christentum, Hinduismus, Buddhismus), wobei die meisten, knapp 90 Prozent, Anhänger des Islam sind (was Indonesien übrigens zur weitaus größten moslemischen Nation macht). Tatsächlich hängen die Indonesier jedoch einer Vielzahl verschiedener Glaubensrichtungen an. Das hat seine Ursache darin, daß hier, wie wohl überall, die religiösen Überzeugungen und Handlungen ganz stark von lokalen Christ oder Moslem wird, nicht mehr als Balinese. Und bei den Javanern werden Kinder, die noch nicht mit den sozialen Werten und mystischen Gefühlen der Erwachsenen vertraut sind als *durung Jawa* – „noch nicht Javaner" bezeichnet.

Eine überlieferte Tradition: Zum großen Bedauern religiöser Puristen sind *adat* und Religion der einzelnen Gruppen erstaunlich eklektisch. Klassisches Beispiel ist der durchschnittliche Javaner, der sich selbst als Moslem bezeichnet und doch fest an indische

Traditionen beherrscht sind. Dieser Fundus privater Riten, öffentlicher Rituale, gemeinsamen Wissens und Gewohnheitsrechte wird von Generation zu Generation weitergegeben und macht das charakteristische Gepräge einer Gesellschaft aus; in Indonesien wird es als *adat* (Brauch) einer ethnischen Gruppe oder Gemeinschaft bezeichnet.

Die Identifikation der Indonesier mit ihrem jeweiligen *adat* und ihrer Religion ist so groß, daß diese allgemein als entscheidendes Merkmal der ethnischen Identität angesehen werden. Für einen Malaien z.B. ist der Übertritt zum Islam gleichbedeutend mit *masuk Melayu* – Malaie werden. So gilt ein Balinese, der

Gottheiten oder die im populären Schattenspiel *wayang kulit* dargestellten einheimischen Volkshelden sowie an eine Vielzahl von Göttinnen, Geistern, Dämonen etc., die alle seine Umwelt bevölkern sollen, glaubt. Deshalb wird er nicht nur die Gebote des Islam erfüllen, sondern darüber hinaus auch verschiedene andere Bräuche einhalten – Räucherstäbchen abbrennen, kleine Gaben für lokale Geister niederlegen, häufig Gemein-

Vorherige Seiten: Teilnehmer an einem balinesischen Tempelfest in Trance. **Oben:** Schlußtag des Sekaten-Festes. **Rechts:** Prozession während des Eka-Desa-Rudra-Rituals (Bali).

schaftsfeste feiern *(selamatan)* an Festtagen, bei Geburten, Hochzeiten oder Geschäftserfolgen und zur Abwehr der Folgen unangenehmer Ereignisse. Er wird den Rat lokaler *dukun* (Mystiker) in Unglückszeiten suchen und befolgen, auf die magische Kraft eines ererbten *keris*-Dolches oder anderer Talismane vertrauen und gelegentliche Pilgerreisen zu einer heiligen Quelle, einem heiligen Grab oder Hügelheiligtum durchführen, um die geistigen Strahlungen *(semangat)* in sich aufzunehmen, zu meditieren und sonstwie seine spirituelle Energie zu vermehren.

Ähnlich bei den Balinesen: Sie sind Hindus, deren Tempel voller Schreine sind, die nicht nur den drei wichtigsten Hindugöttern (Shiva, viele sicherlich viel älter als der indonesische Hinduismus sind.

Auch bei den vielen christlichen Gemeinden in Indonesien stellt man fest, daß Schamanen und Medien häufig konsultiert werden, daß Feste in der alten traditionellen Art begangen werden und daß auch die christlichen Messen und Feiern meist viele lokale Elemente mit aufgenommen haben, so zum Beispiel die berühmte Schwarze Jungfrau, die an der jährlichen Osterparade in Larantuka teilnimmt (siehe Teil III „Nusa Tenggara").

Manche Wissenschaftler vergleichen diese synkretistischen *adat*-Gesetze und synkretistischen religiösen Bräuche mit kulturellen Schichtkuchen, wobei sie die einzelnen

Brahma, Vishnu) geweiht sind, sondern auch einheimischen Berggeistern, zu Göttern gewordenen Ahnen, Reis- und Wassergöttinnen, himmlischen Boten und anderen übernatürlichen Wesen. Die wenigsten Balinesen sind mit den höheren Hindu-Gottheiten vertraut, noch weniger mit ihrem Kult, dies wird den gelehrten Brahmanen überlassen. Für die meisten ist es ausreichend, an den vielen Dorf- und Inseltempelfesten teilzunehmen, die Rituale zu befolgen und die von Tempelpriestern und Dorfmedien vorgeschriebenen Opfergaben zu hinterlegen, sowie die komplizierten Riten bei Geburt, Eintritt in die Pubertät, Hochzeit und Tod durchzuführen, von denen

Schichten historisch deuten. Für sie ist die unterste Schicht der Animismus, Hinduismus, Islam oder Christentum kamen später dazu. Die Soziologen wiederum betrachten diese Muster lieber strukturell und klassifizieren die verschiedenen Überzeugungen und Bräuche nach den Menschen, die sie teilen und ausüben und nach ihrem offensichtlichen oder vermeintlichen Zweck. Viele kommen so zu dem Schluß, daß Aristokraten eher zur Mystik neigen, die Mehrheit der Bauern eher abergläubisch ist, während die städtische Bevölkerung mehr orthodoxe Moslems oder Christen sind.

Feste und Opfer: Es läßt sich jedoch nicht leugnen, daß es sich dabei nicht um akademi-

Religion und Brauchtum 87

sche Vorstellungen, sondern um lebendige Traditionen handelt, und es gerade das Fließende, Komplizierte und Widersprüchliche ist, die sie so faszinierend und lebendig macht. Natürlich sind viele lokale Riten auch hochdramatische Spektakel und außergewöhnliche Ereignisse im Leben der Gemeinschaft, einige zählen sicher zu den großartigsten Ereignissen dieser Art auf der Welt.

Eine zentrale Rolle bei der Erfüllung des *adat* spielen rituelle Opfer und Gemeinschaftsfeste, bei denen Nahrungsmittel (darunter meist frischgeschlachtete Tiere) den Geistern und Heiligen dargeboten und dann verzehrt werden, um das Wohlergehen der Teilnehmer zu sichern und den Zusammenhalt der Gruppe zu stärken. Das bekannteste Beispiel ist das gewöhnliche javanische *selamatan*, bei dem bestimmte Nahrungsmittel gegessen werden (meistens ein *tumpeng*, ein umgedrehter Kegel aus gefärbtem Reis mit verschiedenen Fleischgerichten), Weihrauch verbrannt, islamische Gebete gesungen und vom Gastgeber formelle Ankündigungen oder Aufforderungen verlesen werden. Ein *selamatan* kann jederzeit und aus einer Vielzahl von Gründen abgehalten werden, meistens aus Anlaß einer Geburt, Hochzeit, Beschneidung oder eines Jahrestags, der Erinnerung an einen Toten, der Inangriffnahme eines neuen Projekts, Einweihung eines neuen Gebäudes, zum Zweck der Vertreibung von Unglück oder der Beschwörung des Glücks.

Die Königshöfe von Yogyakarta und Surakarta in Zentraljava halten jährlich üppige *selamatan* ab. Das größte, das sogenannte Sekaten, fällt auf den Geburtstag des Propheten Mohammed. Schon einen Monat vor Beginn strömen die Javaner zu Zehntausenden in die Städte, um an den Volksfesten auf dem Platz vor dem Palast teilzunehmen. Während der letzten Woche spielen in der nahen Moschee abwechselnd zwei heilige königliche *gamelan*-Orchester, und die Bauern glauben, daß das Zuhören das Leben verlängern kann. Die kleinen Peitschen, die man hier kaufen kann, sollen das Vieh fruchtbar machen.

Am letzten Tag des Sekaten zieht eine lange Prozession von elegant gekleideten Adligen, Hofbeamten, Palastwachen, Tänzern und Musikanten mit zwei eindrucksvollen *gunungan* – Bergen aus Reis und Gemüse in der Form von *lingga* und *yoni* – vom Palast zur Moschee. Hier werden die *gunungan* durch das Verlesen von Koransuren gesegnet und dann an die versammelten Volksmassen verteilt. Der Ritus ist im wesentlichen ein vom Islam aufgenommener alter Fruchtbarkeitsri-

Oben: Hinduistische Verbrennung eines balinesischen Raja. **Rechts**: Die Heirat ist ein wichtiger Schritt im Lebenszyklus.

tus. Die Bauern lassen einige Brocken übrig und legen sie auf ihre Felder, um eine gute Ernte zu erzielen.

Ein gemeinsamer Geburtstag: In Bali konzentrieren sich die festlichen Aktivitäten um den Dorftempel, in dem alle 210 Tage ein gemeinschaftliches Geburtstagsfest *(odalan)* am Jahrestag seiner Einweihung gefeiert wird. Schon Tage vorher ist das gesamte Dorf mit der kunstvollen Ausschmückung und dem Aufstellen von Altären und Opfertischen beschäftigt. Man betet und der Tempelpriester *(pemangku)* besprengt alle mit heiligem Wasser. Am Tag des Festes werden feingeschnitzte Sandelholzidole in heilige Gewebe eingehüllt; dann wird ihnen der Schutzgeist des heraufzieht, führt der *pemangku* die Einwohner zu einem Sonnenanbetungsritual, und anschließend gehen alle zu Bett.

Erhaltung der Lebenskraft: Diese und andere Feste haben häufig mit der Erhöhung der Fruchtbarkeit und des Wohlstandes der Teilnehmer zu tun, indem etwas, was die meisten Indonesier als *semangat* bezeichnen, gestärkt, gereinigt oder vermehrt wird. Semangat sind die Lebenskräfte oder Lebensgrundlagen, die nicht nur in den Menschen, sondern auch in Pflanzen, Tieren, heiligen Gegenständen und sogar ganzen Dörfern, Königreichen, Inseln oder Nationen wohnen und diese beleben sollen. Sie sind sowohl negativ wie positiv, verursachen gute wie schlechte Folgen, und man

Dorfes eingegeben. Sie werden in einer feierlichen und farbigen Prozession zum Meeres- oder Flußufer geleitet, wo symbolische Waschungen vorgenommen und alle mit heiligem Wasser gesegnet werden. Anschließend kehrt die Prozession zum Tempel zurück, wo die Geister ihre Gaben erhalten und über Medien den Versammelten mitteilen, ob die Feiern und Opfer zufriedenstellend waren, Fragen beantworten und Ratschläge erteilen. Nun feiert das gesamte Dorf, und die ganze Nacht hindurch wird etwas vorgeführt – eine Chance für junge Tänzer, Puppenspieler und *gamelan*-Musiker, ihre Kunst zu zeigen. Wenn schließlich die Morgendämmerung glaubt, daß der Mensch ein zerbrechliches Gleichgewicht erreichen und bewahren kann, wenn er sein eigenes lebensspendendes *semangat* stärkt.

Dieses soll sich im Kopf befinden und deshalb haben viele indonesische Völker (wie die Toraja auf Sulawesi, die Dayak auf Kalimantan und die Dani auf Irian Jaya) früher versucht, ihr eigenes *semangat* durch Kopfjägerei bei ihren Gegnern zu fördern. Schädeltrophäen wurden als mächtige Talismane betrachtet, die den Wohlstand der Gemeinschaft und die Fruchtbarkeit der Felder fördern und alle Krankheiten, Kriege und Unglücksfälle fernhalten könnten.

Religion und Brauchtum

Auch das Kopfhaar soll große Mengen von *semangat* enthalten. Deshalb wird ein kleines Kind oft durch ein rituelles erstes Haareschneiden in die menschliche Gesellschaft aufgenommen und das Austauschen abgeschnittener Haare oder das Zusammenknoten der Haare von Braut und Bräutigam sind Bestandteil vieler indonesischer Hochzeitsriten.

Fast überall werden abgeschnittene Haare (oder Nägel) sorgfältig vernichtet, damit sie nicht in die Hände von Zauberern fallen können. Auch bei den Kostümen übernatürlicher Wesen spielt menschliches Haar eine Rolle.

Die Macht des Blutes: Das *semangat* im Blut soll besonders leicht übertragen werden können. Auf vielen Inseln werden die Säulen eines neuen Hauses mit dem Opferblut eines Tieres bespritzt. Bei den Makassar auf Sulawesi wurden früher die königlichen Waffen und andere Insignien *(pusaka)* regelmäßig in Blut gebadet, damit sie sozusagen spirituell „geladen" bleiben. Die Sieger eines Kampfes sollen in vielen Teilen des Archipels das Blut oder die Galle des Gegners getrunken oder sich damit beschmiert haben, um ihr *semangat* durch das des Toten zu vermehren. Auch heute noch werden auf vielen Inseln rituelle Kämpfe ausgeführt (wie z.B. die *caci*-Peitschenduelle auf Flores, die Pasola-Kämpfe zu Pferd auf Sumba und die Perang Pandan von Tenganan auf Bali).

Die Seele der Pflanzen: Viele Indonesier glauben, daß auch die Pflanzen eine Seele bzw. ihr *semangat* haben, das bei der Reispflanze besonders stark und empfindsam sein soll. Es gibt viele Versionen der Legende über den Ursprung der Nutzpflanzen, die meisten erzählen jedenfalls von einer schönen Frau, die vor die Wahl gestellt wird, zu sterben oder ihrem Stiefvater, ihrem Zwillingsbruder oder einem schrecklichen Riesen zu Willen zu sein. Sie entscheidet sich für den Tod und aus ihrem Grab wachsen Reis, Palmen, Früchte und eßbare Wurzeln. In Bali sind ihr viele Tempel geweiht und ihr Symbol, das dreieckige *cili*, aus Palmwedeln oder gefärbtem Reisteig hergestellt, schmückt die Tempel und Gaben.

Während des ganzen Wachstumszyklus werden rituelle Vorsichtsmaßnahmen getroffen, damit die Reisseele auch wirklich das Reisfeld erreicht und dort geschützt und erhalten wird. Denn stößt ihr etwas zu oder wird sie auch nur erschreckt, so könnte sie das Feld verlassen und es gäbe keine Ernte. Bei der Ernte wird die Reispflanze mit ihren Körnern besonders respektvoll behandelt. So werden

<u>Oben</u>: Stiere halten sich die Toraja nur für rituelle Zwecke. Dieser Stier wird als Opfer bei einem Bestattungsritual geschlachtet. <u>Rechts</u>: Die Toraja bestatten ihre Toten in Höhlen, vor denen ihre Abbilder stehen.

oft kurze, gebogene Messer verwendet, die in der Hand verborgen werden können, so daß der Reisgeist nicht „merkt", daß ihm Gewalt angetan werden soll. Außerdem werden beruhigende Worte oder Entschuldigungen beim Reisschneiden gemurmelt und oft wurden früher während der Ernte in einigen Dörfern Musik- und Tanzdarbietungen vorgeführt. Körner, die als Samen wiederverwendet werden sollen, werden oft eingewickelt und wie Neugeborene behandelt. Oder es werden zwei Reisgarben miteinander „verheiratet" und bis zum Beginn des nächsten Pflanzzyklus in der Tenne aufgehängt.

Auch andere ökonomisch wichtige Pflanzen sollen eine Seele haben. Auf den Molukwelt angesehen und die neolithischen Steinäxte werden in manchen Gegenden als „Donnerzähne" bezeichnet. Bezoarsteine, Mineralablagerungen in Tieren und in den Knoten bestimmter Bambussorten, werden für magische und Heilzwecke verwendet, und ganz allgemein wird jeder Gegenstand, der als *pusaka* oder heiliges Erbstück bestimmt ist, wegen seiner ihm innewohnenden Lebenskraft mit besonderer Ehrfurcht und Sorgfalt behandelt. Alte *keris*-Dolche, Lanzen, Speerspitzen, Kanonen, Edelsteine, Schmuck, Stoffe, Keramik, Manuskripte, Grabsteine, Skulpturen und Masken können alle als *pusaka* bestimmt werden und entweder eine eigene Seele oder die ihres früheren Besitzers haben.

ken wird ein Gewürznelkenbaum in Blüte wie eine schwangere Frau behandelt. Auf Sumatra sprechen diejenigen, die den Kampfer einsammeln, untereinander eine Geheimsprache, damit der Baum nicht seine wertvollen Kristalle versteckt. Auch beim Harz- oder Honigsammeln muß darauf geachtet werden, damit die Bäume, in denen diese Produkte zu finden sind, nicht zornig werden. Viele Blätter werden wegen der angeblichen Kraft ihres *semangat* zum Heilen verwendet.

Auch alle alten und ungewöhnlichen Gegenstände, Berge und Gewässer sollen ein *semangat* bzw. eine Seele haben. Einige Felskristalle werden als „Fenster" in die Geister-

Diese Gegenstände werden unter der Obhut eines Königs, Priesters, Häuptlings oder Ältesten aufbewahrt, der Verbindungsglied zwischen Lebenden und Ahnengeistern ist.

Seelen, Schamanen und Dämonen: Der menschliche Geist wird natürlich als wichtig angesehen, und so konzentriert sich ein Großteil der Rituale einer Gemeinschaft auf den Umgang mit den Seelen der Lebenden und Toten. Dabei gibt es immer bestimmte Personen, die besonderes Wissen oder Fähigkeiten haben. Besondere Aufmerksamkeit gilt den Begräbnisriten, durch die die Toten geehrt und in Schutzgottheiten eines Clans oder Dorfes „umgewandelt" werden können.

Es wird beispielsweise allgemein geglaubt, daß sich die Seele eines Menschen schon zu seinen Lebzeiten loslösen kann, was zum Nachlassen seiner Kraft, zu Krankheit oder zum Wahnsinn führt. Schon unter normalen Bedingungen wandert die Seele während des Schlafs, wodurch die Träume verursacht werden. Durch Hexerei können nichtsahnende Seelen fortgelockt werden, ein plötzlicher Schreck kann sie verletzen oder desorientieren. Gewisse Bäume sollen die Seele Unachtsamer fangen können. In diesen Fällen muß der Schamane, oft auch eine heilkundige Frau, gerufen werden, damit die verlorene oder verstörte Seele wieder zurückgeholt oder beruhigt wird.

des Schamanen, einen solchen bösen *hantu* zu besänftigen und zu vertreiben.

Auf Bali werden jedes Jahr Massenexorzismen durchgeführt, um böse Hexen und Dämonen aus den Dörfern zu vertreiben. Mehrere Tage vor der Tag- und Nachtgleiche im Frühjahr werden auf der ganzen Insel die Häuser geputzt, die Dorfgötter in einer Prozession zum symbolischen Bad geleitet, große Altäre und Opfertische vorbereitet und überall Hahnenkämpfe durchgeführt. Am Tag vor dem balinesischen Neuen Jahr werden die bösen Geister von den Priestern in eine Opfergabe in der Form eines Sterns (*mecaru*) gelockt und dann ein Riesenlärm veranstaltet, um sie zu vertreiben. Danach folgt ein Tag absoluter

Gute und böse Geister: Praktisch überall wird zwischen „guten" und „bösen" Geistern unterschieden, die durch „gute" und „böse" Todesfälle entstehen. Ein „böser" Tod, gewöhnlich ein vorzeitiger oder gewaltsamer Tod, verursacht einen rachsüchtigen Geist oder *hantu*, der Unglück über eine Familie oder Gemeinschaft bringen kann. Die Seele einer im Kindbett gestorbenen Frau z.B. wird als ein Vogel mit langen Krallen dargestellt, der die Bäuche schwangerer Frauen zerfetzt. Dieser *pontianak* kann auch die Gestalt eines hübschen Mädchens annehmen, das in der Nacht Männern auflauert, um sie zu verführen und zu kastrieren. Es bedarf komplizierter Rituale

Stille (*nyepi*), an dem kein Feuer brennt und alle normalen Tätigkeiten eingestellt werden, damit sie nicht zurückkehren.

Begräbnisriten: Auch „gute" Todesfälle müssen von einer Reihe komplizierter Begräbnisriten begleitet werden. Man glaubt, daß die Seele beim Tod eines Menschen zunächst verärgert und daher möglicherweise gefährlich ist. Einige Riten sind daher dazu da, sie zu verwirren und sie von einer Rückkehr in die Gemeinschaft der Trauernden abzuhalten.

<u>Links</u>: Christin zu Ostern (Flores). – Balinesisches Trance-Ritual. <u>Rechts</u>: Reinigungsritus mit Neugeborenen über einem Schweinekadaver.

So ist es ein auf Sumatra, Kalimantan, Südsulawesi und auf Halmahera weitverbreiteter Brauch, die Leiche durch eine Öffnung in der Wand oder dem Boden eines Hauses hinauszubringen, die dann verschlossen wird, so daß die Seele nicht zurückfindet. Auch der Weg zum Friedhof ist oft mit Hindernissen bestückt, um die Rückkehr der Schatten ins Dorf unmöglich zu machen. Oft müssen nach einem Todesfall ungewöhnliche Speisen oder Kleidungsstücke gemieden werden.

Über das Schicksal der Seele eines Menschen nach dem Tod gibt es in Indonesien viele verschiedene Ansichten. Viele glauben, daß sich die Seele drei Tage lang ihres Todes nicht bewußt ist. Verläßt sie den Körper des Toten, dann normalerweise durch den Mund, oft in Gestalt eines Insekts oder Vogels. Allgemein glaubt man, daß sie die letzte Reise ins Land der Ahnen (oft als Bootsfahrt oder Flug auf dem Rücken eines heiligen Vogels dargestellt) erst antreten kann, wenn ein angemessenes Begräbnis stattgefunden hat, durch das zum einen der Tote geehrt und zum anderen die Seele für eine sichere und geordnete Reise ins Reich der Toten gerüstet wird.

Meist ist es schwierig und teuer, alles Notwendige für ein solches Begräbnis herbeizuschaffen, und die Familie muß ihre ganzen Mittel zusammenwerfen. Manchmal muß sie auch die Hilfe der Gemeinschaft in Anspruch nehmen und Schulden machen, um das bestmögliche Begräbnis auf die Beine zu stellen, was oft Monate, ja Jahre dauern kann. Während dieser Zeit bleibt die Leiche, in spezielle Leichentücher gehüllt, im Haus, einem Totenhaus oder auf einem Baum liegen.

Die Gebeine werden dann irgendwann ausgewickelt oder ausgegraben, gesäubert und in einer festlichen Zeremonie endgültig begraben oder verbrannt. Dazu gehören viele wertvolle Opfergaben und ein Fest mit Tanz, Prozessionen, Musik und verschiedenen Riten, die von Begräbnisspezialisten ausgeführt werden. Die berühmtesten Begräbnisfeiern sind die der Toraja in Südsulawesi (siehe Teil III „Reisen in Tanah Toraja"), obwohl viele

Besucher die aufregenden und bunten Verbrennungszeremonien auf Bali noch eindrucksvoller finden.

Die endgültige Grabstätte kann eine Höhle (wie bei den Toraja), eine große Steinurne oder ein riesiger Sarkophag (wie im Batak-Land auf Niah und auf Sumba) sein. Nach einer Verbrennung wird die Asche entweder in einer Tonurne aufbewahrt oder ins Meer gestreut. Die Schädel und Knochen der Toten werden bei manchen Stämmen auf Kalimantan und Irian Jaya auch konserviert und verehrt. Viele Indonesier glauben, daß die Gräber oder Darstellungen der Toten von wohlwollenden Geistern zeitweilig bewohnt werden.

Religion und Brauchtum

REISEN IN INDONESIEN

Selamat Datang! Willkommen in Indonesien! Indonesien ist nicht bloß ein tropisches Paradies, in dem freundlich lächelnde Menschen leben. Es ist mehr, viel mehr. Indonesien kann von sich behaupten, daß es eine solch breite Spanne der menschlichen Zivilisation und Weltgeschichte umfaßt wie sonst kein Land der Welt. Sie reicht von den uralten hinduistisch-javanischen Tempeln bis zu den modernen Luxushotels, von der steinzeitlichen Lebensweise der Bergstämme in Irian Jaya bis zur modernen Metropole Jakarta. Deshalb bedeutet Reisen in Indonesien, ständig mit unerwarteten und oft verblüffenden Gegensätzen konfrontiert zu werden. Indonesien – das ist ein faszinierendes Nebeneinander von Ost und West, Armut und Reichtum, Altem und Neuem, Vertrautem und Exotischem. Es kann zu einem aufregenden Erlebnis werden oder in Verwirrung stürzen. Vor allem aber bedeutet es die Möglichkeit, zu lernen – komplizierte überlieferte Kulturen zu verstehen und zu beobachten, wie sie in die moderne Welt integriert werden.

Es waren schon viele da. Anthropologen, Künstler, Musiker, Schriftsteller und Politiker haben den Archipel besucht. Seit Ende der sechziger Jahre kommen immer mehr Touristen – 1993 waren es bereits über 3,4 Millionen. Und die Zahl steigt weiter. Die Regierung will den Tourismus weiter ausbauen, um zusätzliche Devisen ins Land zu holen. Bis zum Ende des laufenden Fünfjahresplans *Repelita VI* im Jahr 1999 sollen alljährlich 6,5 Millionen Touristen das Land besuchen und dabei 8,9 Milliarden US-Dollar ausgeben..

Folgen des Tourismus: Gottseidank bedeutet all das nicht, daß Indonesien vom Tourismus überrollt wird. Indonesien ist ein riesiges Land, flächenmäßig und bevölkerungsmäßig. In den Weiten des Archipels verlieren sich selbst Zigtausende von ausländischen Besuchern. Bali, diese kleine Insel, die fast die Hälfte aller Touristen aufnehmen muß, hat immerhin

drei Millionen Einwohner, deren uralte und unverwüstliche Kultur in der Vergangenheit schon mehreren ausländischen „Invasionen" standgehalten hat. Außerhalb ihrer beliebten und überlaufenen Treffpunkte sind Touristen ohnehin eine Seltenheit.

Die meisten Besucher folgen der erprobten und bewährten Reisestrecke von Jakarta durch Yogyakarta (Zentraljava) bis nach Bali – nicht zuletzt, weil herausragende Sehenswürdigkeiten und hervorragende Verkehrsverbindungen diesen Reiseweg nahelegen. Aber es gibt auch andere, oft noch kaum erschlossene Inseln, die ebenso faszinierend sind, wenngleich das Reisen dort für den Durchschnittstouristen etwas beschwerlich sein kann.

Ständig verbessern sich die touristischen Einrichtungen, Bequemlichkeit und Komfort werden immer mehr zur Regel. Heute hat jede Provinzhauptstadt oder andere bedeutende Stadt mindestens ein Firstclass-Hotel mit Klimaanlage und eine Reihe anderer Unterkunftsmöglichkeiten.

Mit dem Flugzeug sind alle Inseln täglich in wenigen Stunden erreichbar. Ein dichtes Flugnetz ermöglicht den problemlosen Besuch auch abgelegener Winkel des Archipels, wo wahrhaft abenteuerliche Ausflüge möglich sind. In den dicht besiedelten Gebieten gibt es viele schnelle und billige Busse und Taxis.

Selbst die Sprache ist kein Problem mehr – Sie werden immer einen englisch sprechenden Indonesier finden, der sich Ihnen gern als Führer anbietet oder Ihnen hilft, irgendwelche Reiseprobleme zu lösen.

Aus all diesen Gründen wagen sich inzwischen mehr und mehr Besucher weg von den touristischen „Herzstücken" Java und Bali und fahren in abgelegenere Gebiete, wie Tanah Toraja auf Sulawesi, zum Lake Toba in Nordsumatra, auf Lombok, die Nachbarinsel Balis, und auf die winzige Insel Komodo. Sogar in Java und Bali selbst entdecken viele aufregende Alternativen zu den ausgetretenen Reisepfaden. Buchstäblich Hunderte von Inseln und Reisezielen warten darauf, von Ihnen entdeckt zu werden.

Reisen in Indonesien

JAKARTA: DIE METROPOLE INDONESIENS

Jakarta, Hauptstadt des bevölkerungsmäßig viertgrößten Landes der Welt, hat etwa zehn Millionen Einwohner und ist in jeder Hinsicht eine Metropole. Abgesehen von etlichen Wolkenkratzern und Monumenten im Stadtzentrum besteht es jedoch fast nur aus ein- und zweigeschossigen Gebäuden, die größtenteils während der letzten Jahrzehnte planlos aus dem Boden geschossen sind. Die Leute wohnen überall, selbstgebaute *kampung*-Behausungen und Gemüsegärten bringen einen Hauch von dörflicher Atmosphäre in abgelegene Nebenstraßen.

So ist es nicht erstaunlich, daß die Stadt für Touristen keine große Anziehungskraft hat. „Jakarta ist ein herrlicher Platz zum Leben, aber ich würde es niemals besuchen", witzelte ein Einheimischer. Woher kommt dieser schlechte Ruf? Da ist zum Beispiel die Hitze, der Verkehr und die vielen Menschen. Der Hauptgrund aber ist die Größe der Stadt, auf die viele Besucher nicht vorbereitet sind.

Aber dennoch, Jakarta ist eine Stadt voller Attraktionen. Fragen Sie Einheimische! Einige werden Ihnen viel über die Museen Jakartas, seine Kolonialarchitektur, sein reiches geistiges und kulturelles Leben erzählen. Wieder andere werden Sie mit Geschichten von alten Tempeln und geschäftigen Märkten in düsteren Winkeln der Stadt erfreuen. Lebenskünstler hingegen werden Ihnen von exquisiten Antiquitätenläden, hervorragenden Fischrestaurants und schicken Diskotheken vorschwärmen.

Fast alle werden versuchen, Ihnen klar zu machen, daß hier wie sonst nirgendwo das Leben pulsiert, weil man im Zentrum des wirtschaftlichen, kulturellen und politischen Lebens des Inselstaates wohnt. Und jeder wird seine Freunde so beschreiben: heiter, lebensfroh, unkonventionell und nicht klein zu kriegen – das Faszinierendste an dieser Stadt sind ihre Menschen. Besuchen Sie Jakarta. Es lohnt sich!

Die Königin unter den Städten des Ostens: Das Mündungsgebiet des Ciliwung, in dem Jakarta liegt, ist seit altersher von Menschen bewohnt. Während des 15. und 16. Jahrhunderts entwickelte es sich zu einem bedeutenden Ausfuhrhafen für Pfeffer.

1618 verlegte Jan Pieterszoon Coen, der Architekt des holländischen ostindischen Imperiums, sein Hauptquartier hierher, ließ die alte Stadt Jayakarta niederreißen und unter dem Namen Batavia neu aufbauen.

In der Ära der holländischen Ostindiengesellschaft (VOC, 1602–1799) erlebte Batavia seinen Aufstieg und Niedergang. Im 17. Jahrhundert wurde die Stadt durch den Handel mit Zucker, Pfeffer, Gewürznelken, Muskat, Tee, Textilien, Porzellan, Harthölzern und Reis reich. Nach 1700 aber erschütterten sie eine Reihe ernsthafter Krisen: fallende Marktpreise, mehrere Epidemien, ein grauenhaftes Massaker an den in Batavia lebenden Chinesen (1740), kriegerische Auseinandersetzungen und die seit Gründung der VOC herrschende Korruption. All das führte zum Niedergang der Stadt, die sich einst „Königin der Städte des Ostens" rühmen durfte.

Vorherige Seiten: Präsident Suharto und seine Frau im wieder zugänglichen Borobudur. Zug bei Cirebon. **Links:** Jakarta. **Rechts:** Nationaldenkmal.

Zu Beginn des 19. Jahrhunderts erhielt die Stadt unter dem „eisernen" Generalgouverneur Willem Daendels, einem Anhänger Napoleons, ein neues Gesicht. Die alte Stadt wurde abgerissen, um Baumaterial für eine neue im Süden zu gewinnen, die heutigen Stadtteile Medan Merdeka und Lapangan Banteng. Daendels ließ die Stadt im damals vorherrschenden Baustil des französischen Empire und des Neoklassizismus mit alleeartigen Boulevards und großzügigen Gartenanlagen wiederaufbauen, die ihr eine gewisse Anmut und Eleganz verliehen. Durch große Erfolge einer intensiven Landwirtschaft auf Java kam die Kolonie erneut zu Reichtum. Um die Jahrhundertwende hatten die Wohnhäuser, Hotels und Clubs in Batavia durchaus europäisches Niveau.

Während der japanischen Besatzungszeit (1942 – 45) erhielt Batavia wieder den Namen Jakarta und erlebte eine dramatische Umgestaltung von einer kleinen holländischen Kolonialstadt mit 200 000 Einwohnern zu einer indonesischen Großstadt mit mehr als einer Million Einwohner. Nach der Unabhängigkeit strömten Hunderttausende von Indonesiern aus dem Landesinnern und von den umliegenden Inseln in die Stadt; schon bald übertraf Jakarta alle anderen indonesischen Städte an Größe und Bedeutung und wurde zum unumstrittenen politischen, kulturellen und wirtschaftlichen Zentrum des neuen Staates.

Der alte Hafen: Den malerischen Hafen **Sunda Kelapa** sollte man am besten bei Sonnenauf- oder Sonnenuntergang besichtigen. Seinen Namen hat er von einer Gewürzhandelsstation aus der Hindu-Zeit, die vor mehr als 450 Jahren erobert wurde und unter islamische Herrschaft geriet. Wie Überbleibsel aus vergangenen Tagen liegen hier die traditionellen *pinisi,* nur aus Holz gebaute Segelschiffe, die heute im Wirtschaftsleben Indonesiens eine ebenso wichtige Rolle spielen wie damals. Tag für Tag werden an einem seit 1817 benutzten zwei Kilometer langen Kai 70 bis 80 dieser Schiffe entladen, fast immer ist ihre Fracht Nutzholz aus Kalimantan (Borneo). Am frühen Morgen durch das quirlende Leben am Hafen

Die Kirche in Batavia (1811).

zu spazieren und zu beobachten, wie der Wind die riesigen Segel aufbläht, ist eines der unvergeßlichen Erlebnisse.

Um Sunda Kelapa findet man überall Spuren der Geschichte. Jenseits des Flusses steht der *Uitkijk,* ein Aussichtsturm aus dem 19. Jahrhundert, der auf dem Gelände des Pabean, der ehemaligen Zollbehörde von Jayakarta, erbaut wurde. Hier überreichten die Händler ihre Geschenke und entrichteten ihren Tribut an den Herrscher, der ihnen dafür erlaubte, ihre Geschäfte abzuwickeln. Manchmal ist der Turm zugänglich, und man hat dann einen weiten Ausblick über Stadt und Küste.

Hinter dem Aussichtsturm steht ein langes zweigeschossiges Gebäude aus den Zeiten der VOC, das heute das **Bahari** Museum (täglich außer Montag 9–14 Uhr) beheimatet. 1652 von den Holländern als Lagerhaus erbaut, diente es lange Zeit als Speicher für Kaffee, Tee und indische Textilien. Heute sind darin alle möglichen Segelschiffe aus dem ganzen Archipel und alte Karten von Batavia ausgestellt. Hinter dem Museum, am Ende einer engen Gasse, stößt man auf einen Fischmarkt (Pasar Ikan). In der Umgebung liegen zahllose Läden, die Schiffszubehör verkaufen.

Alt-Batavia: Batavia entstand im dritten Jahrzehnt des 17. Jahrhunderts als kleine, mauerbewehrte Stadt nach dem Vorbild Amsterdams. Der größte Teil des ursprünglichen Batavia wurde zu Beginn des 19. Jahrhunderts zerstört, nur der alte Stadtkern überlebte, wurde später restauriert und in **Taman Fatahillah** umbenannt. Drei der im Umkreis stehenden Kolonialgebäude wurden zu Museen umfunktioniert: das Jakarta History Museum, das Fine Arts Museum und das Wayang Museum. Geöffnet sind sie Dienstag bis Donnerstag 9–15 Uhr, Freitag und Sonntag 9–14 Uhr, Samstag 9 bis 12.30 Uhr. Montags sind sie geschlossen.

Zunächst sollte man das **Jakarta History Museum** an der Südseite des Stadtplatzes besuchen. Es war früher das Rathaus von Batavia, das 1710 vollendet wurde und bis Ende der sechziger Jahre als Regierungsgebäude diente. Heute findet man hier zahlreiche Erinnerungsstük-

Blick auf das heutige Jakarta.

ke aus der Kolonialzeit, vor allem Möbel aus dem 18. Jahrhundert und Porträts der holländischen Gouverneure, aber auch viele frühgeschichtliche, klassische und portugiesische Gegenstände. In den Kerkeranlagen, von der Rückseite des Gebäudes zu sehen, standen einst die Gefangenen in hüfthohen Abwässern und warteten wochenlang auf ihren Prozeß. Damals waren Hinrichtungen und Folterszenen tägliche öffentliche Schauspiele.

Das **Wayang Museum** an der Westseite des Platzes stellt viele, oft seltene Puppen und Masken aus. Hier finden sich *wayang kulit,* Schattenspielfiguren aus Büffelleder; *wayang golek,* dreidimensionale Puppen; *wayang klithik,* flache Puppen; *potehi,* chinesische Handspielpuppen; *wayang siam,* thailändische Schattenspielfiguren; *wayang suluh,* patriotische Schattenspielfiguren; *wayang wahyu,* biblische Schattenspielfiguren und sogar eine Puppe, die J. P. Coen, den Gründer Batavias, darstellt. Sehenswert sind auch die einfachen Puppen aus Reisstroh und Bambus. Außerdem gibt es eine Sammlung von *topeng*-Masken und Grabsteine verschiedener holländischer Gouverneure zu besichtigen. Jeden Sonntagvormittag findet eine Puppenvorführung statt.

Das Fine Arts Museum, auch **Seni Rupa Museum** genannt, beherbergt im früheren Justizgebäude, an der Ostseite des Fatahillah-Platzes, eine Sammlung moderner indonesischer Malerei und Skulptur sowie seltenes Porzellan – darunter wertvolle Keramiken der Song-Dynastie, alte javanische Wasserkrüge *(kendhi)* und Terrakottaarbeiten aus der Majapahit-Periode (14. Jahrhundert).

Ehe man den Platz hinter sich läßt, sollte man zur Nordseite hinübergehen, wo eine Kanone aufgestellt ist. Man nennt sie Si Jago und hält sie für ein Fruchtbarkeitssymbol, vermutlich, weil in ihr hinteres Ende eine Faust eingegossen ist, die eine obszöne Geste symbolisiert – den zwischen Zeige- und Mittelfinger gesteckten Daumen. Ab und zu sieht man junge Liebespaare mit Opfergaben davor. Die jungen Mädchen setzen sich breitbeinig auf das Kanonenrohr, im

Im Hafen von Jakarta.

magischen Glauben, dadurch bald schwanger zu werden.

Hinter dem Wayang Museum sind zwei holländische Häuser aus dem 18. Jahrhundert sehenswert. Auf der anderen Kanalseite steht links ein rotes Ziegelsteinhaus (Jl. Kali Besar Barat, Nr. 11), das vom späteren Gouverneur Van Imhoff erbaut wurde. Die Fassade und vor allem die chinesisch beeinflußte Holzverkleidung ist typisch für die alten Bürgerhäuser Batavias. Drei Häuser weiter links steht das einzige Haus aus der gleichen Zeit, heute Sitz der Chartered Bank. Mehrere Häuserblocks nördlich erinnert eine alte hölzerne Zugbrücke, die den Kanal überquert, an die Zeiten, als Batavia eine holländische Stadt mit vielen Wasserstraßen war.

Wie auch in anderen ehemaligen Kolonial-Städten Asiens, grenzt die Chinatown Jakartas unmittelbar an das alte europäische Stadtzentrum an – in Jakarta heißt sie **Glodok** und liegt südlich der Stadtmitte. Am besten geht man am Glodok Plaza City Hotel in der Jl. Pancoran los.

Das Zentrum Jakartas: Eine Rundfahrt durch das Zentrum von Jakarta beginnt am **National Monument** (Monas), einem 137 Meter hohen Marmorobelisken in der Mitte des Medan Merdeka, dem Platz der Freiheit. An der Spitze des Monumentes befindet sich eine Aussichtsplattform und eine 14 Meter hohe, mit 33 kg Gold überzogene Flamme aus Bronze. Es wurde von Sukarno in Auftrag gegeben und 1961 vollendet – eine Mischung aus olympischer Flamme und amerikanischer Freiheitsstatue, in der die Phallussymbolik der uralten hinduistisch-javanischen *lingga* anklingt. Im Sockel werden Dioramen mit Szenen aus der indonesischen Geschichte gezeigt. Innerhalb weniger Sekunden rast ein Aufzug hinauf zur Beobachtungsplattform. Geöffnet Montag bis Freitag 8.30 bis 17 Uhr, Samstag, Sonntag und an Feiertagen 8.30 bis 21 Uhr.

Vom Nationaldenkmal aus die Jl. Gajah Mada in nördlicher Richtung gehend, kommt man zum **National Archives,** in der letzten Reihe von Villen untergebracht, die von reichen Beamten der hol-

Im National-Museum.

ländischen Ostindiengesellschaft gebaut wurden. Leider braucht man für die Besichtigung des Archivs eine Sondererlaubnis. Aber selbst von der Straße aus kann man die herrlichen Tischlerarbeiten und die gepflegten Gärten bewundern, die charakteristisch für Batavia waren.

Zum Medan Merdeka zurückgekehrt, gelangt man zum **Presidential Palace,** der zwischen der Jl. Medan Merdeka und der Jl. Veteran liegt. Der Präsidentenpalast besteht aus zwei neoklassizistischen Villen. Die ältere von beiden, Istana Negara, liegt nach Norden und wurde von einem reichen holländischen Kaufmann um 1800 erbaut. Sie diente lange Zeit als Stadtwohnung des Gouverneurs, dessen offizielle Residenz sich in Bogor befand. Die nach Süden liegende Istana Merdeka stammt aus dem Jahr 1879. Während Präsident Sukarno lieber im Palast wohnte und üppige Festbankette gab, lebt Präsident Suharto lieber in seiner wesentlich bescheideneren Wohnung in Menteng.

Östlich des Palastes erhebt sich die **Istiqlal Mosque,** eine eindrucksvolle Anlage aus weißem Marmor mit einer riesigen Kuppel und schlanken zum Himmel strebenden Minaretten.

Sie ist die größte Moschee Südostasiens. Ihr gegenüber liegt das hochmoderne Verwaltungsgebäude der staatlichen Ölgesellschaft Pertamina, die 40 Prozent aller Staatseinnahmen erwirtschaftet.

Östlich der Moschee erstreckt sich Lapangan Banteng. Der Platz ist an seiner Nordseite von der neugotischen National Cathedral (vollendet 1901), an der Ostseite vom Obersten Gerichtshof (1848) und dem Finanzministerium (1982), an der Südseite vom bombastischen Borobudur-Hotel begrenzt. In der Mitte des Platzes steht die Statue eines muskelprotzenden Riesen, der seine Ketten zerreißt. Es ist das **Irian Jaya Freedom Memorial,** das Sukarno 1963 hier errichten ließ, um an die Annexion Irian Jayas zu erinnern.

An der Westseite des Medan Merdeka stößt man auf einen der großen Kulturschätze Indonesiens: das **National Museum.** Eröffnet wurde es 1868 von der Gesellschaft für Kunst und Wissenschaft Batavias, die 1778 gegründet wurde und die erste ihrer Art im kolonialisierten

Istiqlal Mosque.

Asien war. Das Museum beherbergt eine ungeheure Fülle wertvoller Antiquitäten, Bücher und volkskundlicher Gegenstände, die von den Holländern zusammengetragen wurden. Die Ausstellungsstücke sind wirklich faszinierend, aber leider schlecht beschriftet. Allein für die hinduistisch-javanischen Steinfiguren, die frühgeschichtlichen Bronzearbeiten und das chinesische Porzellan braucht man einige Stunden. Die Hauptattraktion jedoch ist im Treasure Room, der nur sonntags von 10 bis 12 Uhr geöffnet ist: ein zusammengeraubter Schatz königlicher Erbstücke aus ganz Indonesien. Die Öffnungszeiten des Museums: Dienstag bis Sonntag von 8.30 bis 14.30 Uhr, freitags nur bis 11 Uhr und samstags nur bis 13 Uhr. Montags ist geschlossen.

Kebayoran Baru: Mieten Sie ein Taxi und wappnen Sie sich für eine rasante Fahrt die Jl. Thamrin und Jl. Sudirman hinunter zur neuen Satellitenstadt **Kebayoran Baru.** Entlang des Weges werden Sie eine Menge Denkmäler der neuesten wirtschaftlichen Entwicklung Indonesiens zu Gesicht bekommen: Banken, Hotels, Einkaufszentren und Bürogebäude. Noch vor 20 Jahren war hier nichts zu sehen, heute reihen sich Hochhäuser aneinander.

Kebayoran ist das Wohnviertel für die Upper class Jakartas. Wenn Sie sich eine Vorstellung davon machen wollen, was sich wohlhabende Indonesier heute alles leisten können, sollen Sie einen Supermarkt oder ein Kaufhaus in diesem Stadtteil besuchen, am besten in der Nähe von **Blok METER.** Nach Meinung der Weltbank ist Jakarta nach westlichen Maßstäben eine der teuersten Städte der Welt. Versäumen Sie nicht, in eines der schicken Restaurants oder in einen Pub zu gehen! Und vergessen Sie nicht, sich eine der Wohnungen im westlichen Stil mit Klimaanlage anzuschauen, für die man 1500 US-$ monatlich bezahlen muß, und zwar für drei Jahre im voraus!

Indonesien en miniature: Die Grundidee des **Taman Mini,** des „Parks mit dem schönen Indonesien im kleinen", ist, den ganzen Archipel en miniature vorzustellen. Natürlich ist das ein unmögliches Kunststück, aber zumindest sieht man in diesem Park einige der Abertausenden von Inseln, die man nicht besuchen kann.

Taman Mini liegt sechs Kilometer südlich von Jakarta und umfaßt nahezu 100 ha, auf denen 27 Pavillons stehen – für jede indonesische Provinz einer. Sie stehen dicht gedrängt um einen See herum, in dessen Mitte sich eine dreidimensionale Reliefkarte des indonesischen Archipels befindet. Um den traditionellen Baustil jeder Provinz möglichst getreu wiederzugeben, hat man die Pavillons nur mit authentischem Baumaterial und von einheimischen Arbeitern bauen lassen. Im Innern sind u. a. Handwerksprodukte, traditionelle Kostüme und Musikinstrumente ausgestellt.

Es gibt in Taman Mini mindestens 30 weitere Attraktionen, darunter einen tropischen Vogelgarten, einen Orchideengarten, ein Modell von Borobudur im Maßstab 1:4 und das **Museum Indonesia** – ein dreistöckiger Palast im balinesischen Stil, angefüllt mit traditionellen Kostümen, Häusern, Booten, Puppen, Juwelen und Hochzeitskleidern. Am Sonntag finden in den Pavillons Tanz- und Theateraufführungen statt.

Hochzeitskleidung aus Westsumatra (im Taman Mini in Jakarta).

JAVA: DAS HERZSTÜCK INDONESIENS

Die fruchtbare Insel Java, Heimat unserer frühesten Vorfahren, ist zu einer Welt für sich geworden. Auf einer Fläche der Größe Englands leben 107,5 Millionen Menschen, also über 800 pro Quadratkilometer.

Beeindruckend an Java sind seine reiche Geschichte und sein einzigartiges Kulturerbe. Javanische Tanz- und Bühnenkunst, *wayan*-Puppen, *gamelan*-Musik und Batikstoffe sind ebenso weltbekannt wie Tempel und Paläste.

Weniger bekannt dürfte die überwältigende Schönheit der javanischen Landschaft sein. Hier kann fast jeder etwas für seinen Geschmack finden, ob es nun die tropischen Regenwälder in Ujung Kulon, die Bergwiesen am Mt. Gede/Pangrango, die schwarzen Sanddünen von Parangtritis oder die unvergeßliche Mondlandschaft am Mt. Bromo ist.

Der Garten des Ostens: Seit Menschengedenken ist Java als ein üppiges Inselparadies bekannt. Hier – auf fruchtbaren vulkanischen Böden, getränkt vom Monsunregen und unter den Strahlen der Äquatorsonne – haben sich einst, bevor der Mensch sein Zerstörungswerk begann, die üppigsten Regenwälder der Erde ausgebreitet, ein Gewirr von exotischen Blumen, Palmen, Früchten, Farnen, Lianen, Epiphyten und riesigen Hartholzbäumen.

Seit Jahrtausenden leben hier Nashörner (*badak*), Tiger, Wild (*banteng*), der Zwerghirsch (*kancil*) und der javanische Gibbonaffe. Heute findet man sie nur noch in wenigen Dschungelgebieten, zusammen mit Zibetkatzen, fliegenden Hunden, Kokoseichhörnchen, Waranen, Krokodilen, Pythonschlangen, Eisvögeln, Silberreihern, Nashornvögeln, Seeschwalben, Staren und Pfauen. Der große Naturforscher Alfred Russel Wallace war von der Vielfalt und dem Reichtum der Flora und Fauna in Java so begeistert, daß er Java, „diese prächtige und fruchtbare Insel", den „Garten des Ostens" nannte.

Kennzeichnend für Java sind seine vielen Vulkane. Es gibt fast keinen Punkt auf der Insel, von dem aus man nicht einen der 121 Vulkankegel majestätisch in den Himmel ragen sieht, manchmal bis zu einer Höhe von 4000 Meter. Etwa 30 dieser Giganten sind noch aktiv und produzieren mancherorts brodelnde Sumpfkessel, hochschießende Gasfontänen und heiße Schwefelquellen. Alle paar Jahre verursachen unterirdische Erdspannungen mächtige Eruptionen von Lava und Asche, bei denen giftige Gase, heiße Staubwolken (*ladoes*) und brodelnde Schlammlawinen (*lahars*) freigesetzt werden. Manchmal werden dabei ganze Dörfer ausgelöscht, Hunderte von Menschen getötet und Tausende obdachlos.

Aber trotz ihrer zerstörerischen Kraft sind die Vulkanausbrüche der Grund für die legendäre Fruchtbarkeit Javas. Denn im Gegensatz zu anderen Gebieten der Erde, in denen das ausgestoßene Material säurehaltig ist, ist es auf Java basisch und reich an löslichen Pflanzennährstoffen wie Calcium, Magnesium, Stickstoff und Phosphor. Deshalb bedeuten die Aschenwolken, die mit so zerstörerischer Gewalt in die Atmosphäre gespien werden und über der Landschaft niedergehen, in Wirklichkeit einen Segen. Denn überall, wo sich die Asche absetzt, die von den Monsunregen hingeschwemmt wird, erhöht sie die Bodenfruchtbarkeit.

Links: Sri Sunan Pakubuwana XII. am Jahrestag seiner Krönung. **Rechts:** Bauer aus Zentraljava, einem der fruchtbarsten Gebiete Indonesiens.

Geologisch gesehen sind die Insel und ihre Vulkane außerordentlich jung, höchstens drei Millionen Jahre alt. Sie sind durch tektonische Spannungen entlang einer Erdfalte zwischen zwei sich gegeneinander bewegenden Platten der Erdkruste entstanden. Auf der Erdfalte aufliegendes weiches Sedimentgestein wurde gefaltet und hochgeschoben. So kam die geologische Grundstruktur der Insel zustande.

Dieser Graben ist verantwortlich dafür, daß sich die Vulkane Javas nach oben geschoben haben und heute eine majestätische Phalanx von Gipfeln bilden, die immer wieder das Flachland durch ihre vulkanischen Ablagerungen verändern. Im Westen haben die eng aneinander gereihten Vulkane im Lauf der Zeit ein Gewirr von Hochländern und zwei Becken (bei Bandung und Garut) geschaffen, die lange Zeit kaum zugänglich waren; erst im 19. Jahrhundert wurden sie von den Holländern verkehrsmäßig erschlossen.

Im mittleren und östlichen Teil der Insel sind durch die Verbreiterung des Grabens und die im Umkreis von 30 bis 50 Kilometer stehenden Vulkangruppen eine beeindruckende Kette von fünf sanft ansteigenden Zwischentälern entstanden, die als eine der Wiegen der Menschheit gelten dürfen. Von der Nordküste sind diese Täler durch die Kendeng-Bergkette abgeschnitten, vom Indischen Ozean durch eine Gruppe hochliegender Kalksteinplateaus. Dennoch hat es immer Beziehungen zwischen den Tälern gegeben, und heute sind in allen große städtische Ballungsräume entstanden (Yogyakarta, Surakarta Madiun, Kediri und Malang).

Angesichts der idealen klimatischen und landwirtschaftlichen Bedingungen auf der Insel ist es nicht erstaunlich, daß Java schon sehr früh besiedelt wurde. In Java liegt die Fundstätte des ältesten bekannten *Homo erectus,* bekanntgeworden als „Java-Mensch". (siehe Teil I, „Frühgeschichte"). Erstaunlich jedoch, wieviel Menschen die Insel ernähren kann.

Um 1800 hatte Java etwa 3,5 Millionen Einwohner. Gewiß, diese Zahl wurde niedrig gehalten durch Kriege und Hungersnöte. Aber alles in allem entspricht sie der Bevölkerungszahl der großen hinduistisch-buddhistischen Reiche. Der bewässerte Reisanbau war immer die Grundlage der javanischen Zivilisation, und solange die Bevölkerung klein blieb, konnten selbst bei selektiver Landnutzung enorme Überschüsse erwirtschaftet werden.

Die Macht der ersten javanischen Herrscher beruhte auf diesen Reisüberschüssen, die es ihnen ermöglichten, sich Armeen von Soldaten und Arbeitern zu halten. Später, infolge der fortschreitenden Ausdehnung des Welthandels während der hinduistischen und islamischen Zeit, wurden Überschüsse verschifft und anderswo verkauft. Die Händler brachten dafür wertvolle Metalle, Edelsteine, Textilien, Keramiken und andere Waren nach Java.

Das änderte sich grundlegend, als die Holländer das politische und wirtschaftliche Leben Javas beherrschten. *Cultuurstelsel*-System von Zwangsarbeit und Ertragssteuer (1830 – 1870) war der traurige Höhepunkt. Durch dieses System kam mehr und mehr Brachland unter den Pflug, und die Holländer konnten die Ernten mit fetten Profiten auf den Weltmärkten verkaufen.

Eine unvorhergesehene Nebenwirkung dieser kolonialistischen Politik war das einsetzende unkontrollierte Bevölkerungswachstum. 1900 war die Bevölkerungszahl bereits bei 28 Millionen angelangt, und heute liegt sie, wie erwähnt, bei 107,5 Millionen.

Nicht jeder Einwohner der Insel ist Javaner. Im Hochland von Westjava leben zum größten Teil Sundanesen, ein Volk mit eigener Sprache und Identität. Die Javaner selbst machen etwa zwei Drittel der Gesamtbevölkerung aus. Sie bewohnen die fruchtbaren Ebenen Zentral- und Ostjavas sowie Küstenstriche im Norden, mit Ausnahme der Insel Madura und der ihr nahegelegenen javanischen Küstengebiete (dort wohnen Maduresen). In den abgelegenen Hochländern der West- und Ostspitze der Insel leben die kleineren Volksgruppen der Tengeresen und Badui. In den Handelshäfen an der Nordküste schließlich sind wahrhaft kosmopolitische Gemeinschaften entstanden, wo eingewanderte Chinesen, Araber, Europäer, Händler und Seefahrer aus dem ganzen Archipel zusammenleben.

Jede dieser Gruppen hat ihr eigenes geschichtliches Erbe, ihre eigene Sprache und Kultur. Die Hauptstadt Jakarta hingegen ist inzwischen so sehr zum Schmelztiegel der Kulturen geworden, daß sie unter Indonesiern gar nicht mehr als Teil von Java gilt. Auf der ganzen Insel ist das vom Malaiischen abstammende *Bahasa Indonesia,* die indonesische Nationalsprache, lingua franca. Aber sonst ist die Alltagssprache entweder Sundanesisch, Javanisch oder Maduresisch.

Auch kulturell ist Java ein riesiges Potpourri. Tanz- und Bühnenkunst leben von den Motiven hinduistischer Epen, Heldensagen islamischer Krieger und Legenden, die sich um uralte Volkshelden ranken. In den Moscheen findet man *hajis* mit weißen Kappen und Gebetsketten, vor chinesischen Tempeln passiert man Steinlöwen am Eingang, in den Kirchen hört man christliche Choräle. Es gibt Rituale, um sich in Trance zu versetzen, Puppen aus Holz und Leder, von denen sich das Publikum die ganze Nacht lang in Entzücken versetzen läßt, und schließlich die Klangwellen der Gongs und Glockenspiele.

Doch hat das Bild der Insel auch eine Kehrseite. Kein Land der Welt, das jahrhundertelang von einer fremden Macht unterdrückt war, kann in fünf Jahrzehnten wirtschaftliche und soziale Gerechtigkeit schaffen. Zu behaupten, es gäbe im übervölkerten Java keine Probleme, wäre Augenwischerei. Die Kluft zwischen Arm und Reich ist unübersehbar. Es gibt zu wenig Arbeitsplätze, Schulen und medizinische Einrichtungen. Es gibt Anzeichen für eine Entfremdung der Jugend und religiöse Unzufriedenheit. Immer stärker werden überlieferte Wertvorstellungen abgelehnt, während aus dem Westen importierte nicht Fuß fassen können.

Aber trotz dieser wirtschaftlichen und sozialen Probleme scheint niemand die Hoffnung verloren zu haben. Wer so spontan lachen und sich über kleine Dinge freuen kann wie die Javaner, ist nicht verzweifelt.

Java ist der ideale Ort für alle, die abseits der ausgetretenen Pfade reisen wollen. Die Ankunft eines Ausländers in einem abgelegenen Ort ist immer wieder ein Ereignis im Leben der Einheimischen. Man wird Sie mit einem schrillen „Londo, Londo" empfangen, was ursprünglich „Holländer" bedeutete, aber heute für jedes Bleichgesicht gilt. Eine ausgelassene Kinderschar wird Ihnen durch die Dorfstraßen folgen und immer wieder „Hallo Mister" rufen. Und wenn Sie in einer Garküche einen Berg gerösteten Reis essen, werden Dutzende von Augen auf Sie geheftet sein.

Manchmal, wenn Sie nach einer anstrengenden Tagesreise müde und angespannt sind, ist Ihnen vielleicht zum Losbrüllen zumute. Aber immer, wenn die Stimme schärfer wird und sich die Gemüter erhitzen, ist der überreizte Westler daran schuld, weil er im engen Korsett verplanter Sekunden, Minuten und Stunden steckt – verständnislos für das sanfte Verfließen der Zeit auf Java. Auch vor dem körperlichen Kontakt schreckt fast jeder westliche Besucher zurück. Die Javaner nicht. Auf einem Platz für zwei kommen immer drei unter, denn Nähe bedeutet ihnen Freundlichkeit und menschliche Wärme.

Auch wenn Sie schon eine lange Liste zu besichtigender Tempel, Orte und Tanzvorführungen im Kopf haben oder nach Lektüre der folgenden Seiten zu planen beginnen, sollten Sie immer daran denken, daß es in Java ein schwerer Fehler ist, sich zu viel vorzunehmen und nur noch nach Terminen von Flugzeugen, Zügen und Bussen oder nach Besichtigungszeiten und Veranstaltungskalendern zu leben. Nehmen Sie sich lieber einige Tage frei und machen einen Ausflug in die kühlen Berge, zur abgeschiedenen Südküste oder der von Touristen noch kaum entdeckten Nordküste. Oder besuchen Sie einen der weniger bekannten Tempel auf der Insel. Aber vor allem sollten Sie sich Zeit lassen. Denn wie sonst wohl kaum in der Welt, hat man als Reisender in Java die Chance zu spontanem Sichkennenlernen. Nutzen Sie sie zum Eintauchen in eine Welt voller Vielfalt und Vitalität.

Oben: Reisernte in Zentraljava. Obwohl über 50 % der Bodenfläche Ackerland sind, muß Java Nahrungsmittel importieren. **Rechts:** Lächelnde javanische Kinder.

WESTJAVA

Nach einem kurzen Aufenthalt in Jakarta zieht es den Reisenden auf der Suche nach entspannenderen Landstrichen meist weiter nach Yogyakarta und Bali. Wenige Besucher würden vermuten, daß auch in Westjava, nur wenige Stunden von der Hauptstadt entfernt, sandige Strände und atemberaubende Landschaften zu finden sind, die keinen Vergleich mit den stärker frequentierten Zielen im Osten scheuen müssen.

Es mag zwar zutreffen, daß es den Sundanesen an höfischer Kultiviertheit und Architekturdenkmälern einer hochstehenden Zivilisation mangelt, Westjava ist deshalb noch lange kein kulturelles Armenhaus. Ihre rhythmisch-komplexe *gamelan-* und *angklung-*Musik, die weitverbreiteten *jaipongan-*Tänze, sowie das lebhafte *wayang-golek-*Puppentheater haben mindestens ebensoviel Anerkennung erfahren wie ähnliche Kunstformen Zentraljavas und Balis.

Vor allem zählt das „Sunda-Land" zu den schönsten und zugänglichsten Hochländern Indonesiens. Wer also schöne Bergwanderungen und interessante Beobachtungen seltener Wildtiere dem endlosen Kreislauf der Tempel-, Palast- und Tanzbesuche vorzieht, sollte erwägen, einige Zeit in Westjava zu verbringen.

Westjava kann man grob in zwei abgegrenzte Regionen einteilen; das vulkanische Hochland Parahyangan (Sitz der Götter) und die Ebene an der Nordküste. Die Küstenregion war jahrhundertelang aufgrund ihrer Handelshäfen fremden Einflüssen ausgesetzt.

Obwohl das sundanesische Hochland bis zum 19. Jahrhundert schwer zugänglich und nur spärlich besiedelt war, ist es doch schon seit Jahrtausenden bewohnt. In mehreren Gegenden sind Steinwerkzeuge, Tonscherben und Stufenpyramiden aus dem Neolithikum gefunden worden. Auch die hinduistischen Königreiche von Tarumanegara, Galuh und Pajajaran aus dem fünften Jahrhundert haben eine Handvoll Tempel und Inschriften hinterlassen.

Reisfeld-Landschaft in Westjava.

Anfang des 16. Jahrhunderts eroberten islamische Streitkräfte aus Demak und Cirebon die Städte von Banten und Jayakarta (später Batavia und Jakarta), wodurch Banten zu einem größeren Handelszentrum aufstieg. Sein Wohlstand und Einfluß gründete sich auf der Kontrolle des Pfefferhandels; Pfeffer wurde damals in Südsumatra (Lampung) in großem Umfang angebaut.

Die Holländer versuchten bald nach ihre Ankunft, den Pfefferhandel unter ihre Kontrolle zu bringen, was für einige Jahre zu einem harten Wettbewerb zwischen Banten und Batavia führte, bis sie schließlich Banten angriffen und unterwarfen. Um diese Zeit trat auch der Herrscher Zentraljavas (Amangkurat II.) das rauhe Hochland von Priangan (Parahyangan) an die Holländer ab. Für viele Jahre regierten dort örtliche Herrscher, da es den Holländern nicht gelang, in die unwegsamen Berggebiete vorzudringen.

Erst die zwischen 1808 und 1811 erbaute große Poststraße quer durch Java, die der damalige Generalgouverneur Daendels in Auftrag gab, öffnete das sundanesische Hinterland; sie verband Batavia (über Bogor und Sukabumi) mit dem heutigen Bandung. Nach 1830 wurde das Hochland von Westjava zu einem Eckpfeiler der Kolonialwirtschaft. Dies verstärkt nach 1870, als die Holländer einigen Engländern gestatteten, hier Tee-, Chinchona (Chinarinde)- und Gummibaumplantagen zu betreiben. Schließlich waren es 5000 ha oder zehn Prozent der Fläche Westjavas, die gerodet und mit Nutzpflanzen bebaut waren.

Das kühle Klima zog die Europäer an, und so wurde zunächst Bogor (Buitenzorg) holländisches Verwaltungszentrum, später auch Bandung. Auch heute noch locken diese Städte unverhältnismäßig viele Zuwanderer an, aber auch moderne Industrien. Textil- und Arzneimittelbetriebe und sogar eine Flugzeugfabrik haben sich hier niedergelassen; so ist die Provinz von Westjava, zusammen mit Jakarta, heute eines der wirtschaftlich entwickeltsten Gebiete Indonesiens.

Jakarta entfliehen: Es gibt mehrere Wege, Jakarta zu entrinnen, ohne Westjava verlassen zu müssen. Am einfachsten fährt man per Boot oder Flugzeug zu einer der 600 Inseln nördlich der Stadt, bekannt als **Tausend Inseln** (Pulau Seribu). Einige der nähergelegenen Inseln, erwähnenswert ist Onrust, wurden von der East India Company für Lagerhäuser und Trockendocks genutzt; Ruinen dieser Kolonialeinrichtungen aus dem 17. und 18. Jahrhundert können noch heute besichtigt werden.

Viele Inseln sind in Privatbesitz und dienen als Wochenenddomizile. Eine davon, **Pulau Putri,** ist zu einem Erholungsgebiet mit klimatisierten Bungalows und einer Landebahn ausgebaut worden. Alle Inseln sind von Korallenriffen umgeben und bieten ausgezeichnete Wassersportmöglichkeiten. Man kann schnorcheln, tauchen, Wasserski fahren, windsurfen und segeln.

Ein weiterer schneller Fluchtweg führt über die Schnellstraße Jakarta–Merak, eine Spritztour zu Javas sandigen und einsamen Stränden an der Westküste. Je nach Transportmittel, gewähltem Weg und Verkehrsaufkommen, kann man nach drei bis fünf Stunden ein Bad und den kühlenden Meereswind genießen.

Für geschichtlich Interessierte lohnt es sich, in dem Dorf **Banten** anzuhalten, das im 16. Jahrhundert einer der größten und weltoffensten Handelsplätze ganz Asiens war. Banten wurde 1808 auf Anordnung des holländischen Generalgouverneurs Daendels dem Erdboden gleichgemacht und ist heute nur noch ein kleines Fischerdorf an einem Meeresarm. Dennoch lohnen die Ruinen zweier Paläste und einer holländischen Festungsanlage sowie eine interessante Moschee (samt angeschlossenem Museum) und ein berühmter chinesischer Tempel den Umweg (siehe „Kurzführer").

Ungefähr 110 Kilometer westlich von Jakarta, biegt in Cilegon die Hauptstraße rechts ab und erreicht nach weiteren 13 Kilometern den kleinen Hafen von **Merak,** wo stündlich die Fähren nach Bakauheni auf Sumatra abfahren. Zwar gibt es in Merak einen schmalen Strand und ein gutgeführtes Motel, die breiteren Strände zwischen Anyer und Carita weiter südlich sind jedoch einladender.

20 Kilometer südwestlich von Cilegon findet man hinter dem Dorf **Anyer** hübsche Buchten und kilometerweite, verlassene Sandstrände, aber auch einen Leuchtturm und ein luxuriöses Strandhotel mit Schwimmbad und Kegelbahnen. Sechs Kilometer vom Strandhotel entfernt, bei **Karang Bolong,** bildet ein gewaltiger Felsen einen natürlichen Arkadendurchgang zum Meer. 22 Kilometer weiter südlich bieten in der Nähe des Dorfes **Carita** zwei am Strand gelegene Bungalowanlagen gute Unterkunft, Schwimm-, Tauch- und Segelgelegenheit sowie Speisemöglichkeit.

Außer für Sonne, Meer, Sand und Einsamkeit ist diese Küste berühmt für ihre Sonnenuntergänge und den Blick auf die unbewohnten Vulkaninseln (Rakata Islands) mit dem **Krakatau.** Dieser Vulkan erlangte über Nacht eine traurige Berühmtheit, als er 1883, obwohl seit Jahrhunderten untätig, mit verheerender Gewalt ausbrach und ein riesiges Stück der Erdkruste ausriß, das einen unterseeischen Trichter im Ausmaß von 41 qkm hinterließ. Das hineinrasende Meereswasser hatte Flutwellen von bis zu 30 Meter Höhe zur Folge, die an der Küste

Krakatau und Anak Krakatau.

mehr als 35 000 Menschenleben forderten. Auch in den folgenden Jahrzehnten kam der Vulkan nicht zur Ruhe. Inzwischen hat sich ein neuer Vulkankegel mit klaffendem Halbkrater aus dem Meer erhoben, der Anak Krakatau („Krakataus Sohn"). Im Hafen von **Labuan** kann man ein Boot mieten und vier kleine Inseln der Krakatau-Gruppe besuchen. Die ruhige Fahrt dauert etwa vier Stunden.

In Labuan kann man auch Boote zum **Ujung Kulon National Park** an der Südwestspitze Javas mieten. Dort bietet sich Gelegenheit, durch ursprüngliche, tropische Regenwälder zu wandern und einen Blick auf Javas seltene Wildtiere zu werfen(siehe Teil IV „Die Tierwelt Indonesiens"). Von Labuan aus führt Richtung Osten eine malerische Seitenstraße durch die Ausläufer des Parahyangan nach Rangkasbitung und Bogor. In der Gegend siedelt die geheimnisvolle Badui-Bevölkerung (siehe zu allem auch im „Kurzführer").

Die dritte und vielleicht schönste „Fluchtroute" aus Jakarta ist der Anstieg in die dramatischen Parahyangan-Hochländer im Süden der Stadt. Auf der neuen Jagorawi-Schnellstraße, nur eine Fahrtstunde von Jakarta entfernt, liegt **Bogor.** Etwa 80 Kilometer landeinwärts und 290 Meter über dem Meeresspiegel gelegen, ist es hier angenehm kühler (und feuchter) als in Jakarta.

Hauptanziehungspunkt ist der herrliche **Botanical Garden** (Kebun Raya). 1817 von den Holländern eröffnet, wurde er im 19. Jahrhundert weltberühmt für seine tropischen Pflanzenarten sowie die Erforschung von Nutzpflanzen (Tee, Tabak, Chinarinde). Heutzutage wachsen hier über 15 000 verschiedene Arten von Pflanzen und Bäumen (einschließlich 400 Palmenarten), die sich mit weiten Rasenflächen, Teichen und Hainen abwechseln. In besonderen Gewächshäusern werden über 5000 verschiedene Orchideensorten aus Indonesien und dem Ausland gezüchtet. Es gibt auch ein ausgezeichnetes zoologisches Museum und eine mit reichillustrierter botanischer Literatur ausgestattete Bücherei. Am Nordende des Gartens steht der elegante, weißgetünchte Sommerpalast des Präsidenten, der 1856 für die holländischen Generalgouverneure errichtet wurde. Täglich von 9 bis 17 Uhr geöffnet, an Sonntagen sehr voll.

Östlich von Bogor steigt die Straße stetig zum **Puncak Pass** an und windet sich durch gepflegte Teeplantagen. Beim Rindu Alam Restaurant, rechterhand, kurz vor dem Pass, lohnt sich ein Stopp, um an einem klaren Tag die phantastische Aussicht auf Jakarta und die Küste zu genießen. Über der Straße, ein Stück bergabwärts, beginnt ein Pfad, der zum kleinen **Telaga Warna,** zum „See der vielen Farben"), führt.

Sieben Kilometer hinter dem Pass zweigt rechts eine Straße zum **Cibodas Botanical Garden** ab, einer Erweiterung des Kebun Raya, die berühmt ist für ihre Flora aus Berggegenden und gemäßigten Klimazonen aus aller Welt. Hier ist auch der Ausgangspunkt für die sechsstündige Bergwanderung zu den Gipfeln des Gede und Pangrango mit ihren schönen Aussichten, heißen Quellen, Wasserfällen und interessanten Wildtieren (siehe Teil IV „Die Tierwelt Indonesiens"). In der nahen Berghütte von **Cipanas** ist ausge-

Der Palast in Bogor.

zeichnetes Essen und Unterkunft zu haben. Ein idealer Platz, um ein paar Tage mit Wanderungen durch den Hochwald und die Teeplantagen zu verbringen.

Die wunderschöne, aber gefährliche Südküste Westjavas ist von Bogor aus in ungefähr zwei Stunden mit dem Wagen zu erreichen. Eine gut ausgebaute Straße windet sich von Ciawi südwärts über den Paß zwischen Mt. Pangrango und Mt. Salak. Üppige Gärten mit Gummibäumen, Teeplantagen sowie Reisterrassen säumen den Weg. Eine malerische Seitenstraße zweigt in Cibadak rechts ab und schlängelt sich zum Fischerdorf von **Pelabuhan Ratu** hinunter, wo der aufgewühlte, windgepeitschte Indische Ozean schäumt und auf glatte, schwarzsandige Strände donnert.

Das Dorf selbst ist noch unverdorben und lebhaft. Wenn die Boote am Morgen eingelaufen sind, wird am Fischmarkt ein tosender Handel mit frischem Thunfisch, Garnelen, Haien, Sprotten, Stachelrochen und anderen Delikatessen begonnen. Hinter dem Städtchen erstrecken sich kilometerlange, gute Badestrände mit einigen Hotels (siehe „Kurzführer"). Gewarnt sei allerdings vor der Brandung und den tückischen Unterwasserströmungen, die es angeraten sein lassen, sich nicht weiter als hüfttief hinauszuwagen. In Cisolok, neun Kilometer hinter Pelabuhan Ratu, beginnt eine schmale Straße, die zu einer Schwefelquelle führt. Wer ein robustes Fahrzeug und Abenteuergeist hat, kann bis zu den Goldminen von Citokok und darüber hinaus weiterfahren, um irgendwann bei Labuan auf die Westküste zu stoßen.

Bandung, „Stadt der Blumen": Nur drei Stunden mit dem Zug, vier und mehr Stunden mit dem Auto fährt man von Jakarta aus nach **Bandung,** einer kühlen Alternative zu der drückend heißen Hauptstadt. Bandung liegt 700 Meter über dem Meeresspiegel in einem von allen Seiten mit hohen Gipfeln umgebenen Kessel. Es hat heute mehr als 1,5 Millionen Einwohner und ist das kulturelle und wirtschaftliche Zentrum des Sunda-Lands.

Abgesehen von der charmanten kolonialen Atmosphäre durch holländische

Tangkuban Prahu.

Bauten aus den zwanziger und dreißiger Jahren gibt es wenig Sehenswürdigkeiten. Ein Besuch im **Geological Museum** (in der Jl. Diponegoro, gegenüber dem imposanten Sitz der Provinzregierung von Gedung Sate) lohnt sich auf jeden Fall. Die außergewöhnliche Sammlung von Gesteinsproben, Karten und Fossilien enthält auch Repliken des berühmten „Java-Menschen" oder *Homo erectus*. Übrigens verkauft die Abteilung für Öffentlichkeitsarbeit im ersten Stock des Rückgebäudes Kopien holländischer Landkarten von nahezu ganz Indonesien. Interessant in Bandung ist auch das Gelände des **Institute of Technology** (ITB), der besten und ältesten technischen Universität Indonesiens. Die 1920 erbaute Universitätsbibliothek enthält ein Wabengebilde hölzerner Regalreihen, und ITB-Studenten sind für ihre Mitteilsamkeit bekannt. Ein Vergnügen ist es, durch das holländische Einkaufsviertel in der Gegend der Jalan Braga zu schlendern und sich das renovierte Jugendstil-Hotel Savoy Homann in der Jalan Asia-Afrika anzuschauen. Gleich in der Nähe, in der Jalan Wastukencana, befindet sich der ausgedehnte Blumenmarkt. Wer an sundanesischer Darstellungskunst interessiert ist, kann morgens Schülern des Konservatoriums (Jl. Buah Batu 212) oder an der privaten *angklung*-Schule von Pak Udjo (Jl. Padasuka 118) in den Vororten Bandungs zusehen. Am Abend bieten örtliche Theater und Clubs traditionelle Tanz-, Musik- und Puppenspielvorführungen an (siehe „Kurzführer").

„**Wohnsitz der Götter**": Am lohnendsten ist jedoch ein Ausflug zu den benachbarten Vulkankegeln. Am nahegelegensten ist der **Tangkuban Prahu**, das „gekenterte Boot", 32 Kilometer nördlich der Stadt. Eine steile, schmale Straße zweigt kurz nach **Lembang** rechts ab, und windet sich in Serpentinen bis zum 1830 Meter hohen Kraterrand hinauf. Kalte Bergnebel und Schwefeldämpfe ziehen über gezackte Grate, und Souvenirverkäufer bieten einem seltsame, affenähnliche Gegenstände aus Baumfarnfasern an. Dann macht man sich besser schnell auf den Weg hinunter zu den heißen Quellen von **Ciater,** sieben Kilometer nach dem Ausgang vom Tangkuban Prahu, um sich dort an einem Sprung in einen der siedendheißen Tümpel zu laben. In Ciater findet man ebenso wie in Lembang und im nahegelegenen **Maribaya,** mit heißen Quellen und Wanderwegen, auch eine Unterkunft.

Einige der im Süden gelegenen Gipfel sind noch spektakulärer, da aber höher und wenig besucht, schwierig zu finden. Die Schmiedemeister in **Ciwidey,** 30 Kilometer südwestlich von Bandung, stellen eine faszinierende Auswahl handgefertigter Dolche und Messer her. Ein Besuch ist angebracht, bevor man sich zum malerischen Petenggang-See oder aber zum Ciwidey-Krater aufmacht.

Pengalengan, inmitten scheinbar endloser Hügelketten und 40 Kilometer südlich gelegen, ist der Ausgangspunkt für Ausflüge zu den Cileunca-Seen und zum Mt. Papandayan. Wenn man zusätzlich noch die alte holländische Bergerholungsstation von **Garut** mit ihrem wiederaufgebauten hinduistischen Tempel besucht, kann man gut und gern Wochen in den südlichen Parahyangan-Bergen verbringen.

Mit dem Motorroller durch Bandung.

DIE NORDKÜSTE JAVAS

Die Häfen an der Nordküste Javas zählten einst zu den reichsten und geschäftigsten Städten der Insel. Hier wurde der Export von Agrarprodukten aus dem fruchtbaren Hinterland abgewickelt, hier wurden die großen Gewürzhandelsschiffe gebaut und ausgestattet, hierher kamen Kaufleute aus allen Winkeln der Erde. Zwischen 15. und 17. Jahrhundert, als der Islam zu einer wachsenden Kraft im Archipel wurde, waren sie auch religiöse und politische Zentren.

Die meisten dieser Häfen sind seit langem versandet und nur wenige Denkmäler sind erhalten geblieben. So kommen auch wenig Touristen an die Nordküste, obwohl das Kunsthandwerk dieser Gegend zu dem besten Indonesiens zählt, und hier vieles anzuschauen ist, wie exzentrische Paläste, antike Moscheen, quirlige Märkte, heilige Grabmäler und bunte chinesische Tempel. In jedem Fall ist die Nordküste noch nicht vom Tourismus überlaufen.

Cirebon: Das alte Sultanat von **Cirebon,** einst ein mächtiges höfisches Zentrum, ist immer noch ein faszinierendes Potpourri sundanesischer, javanischer, chinesischer, islamischer und europäischer Einflüsse. Heute ist es ein verschlafener Ort mit einem kleinen Hafen und einer beachtlichen Fischereiindustrie. Cirebon ist bekannt für gute Meeresküche. Das Besondere der Stadt erschließt sich in den Seitengassen, wo seine bunte Vergangenheit schnell lebendig wird.

Cirebons zwei Hauptpaläste wurden beide 1678 erbaut, damit jeder der damaligen Prinzen einen eigenen Hof gründen konnte. Der **Kraton Kesepuhan,** der Palast des „älteren Bruders", wurde auf der Stelle des Pakungwati-Palastes der früheren hinduistischen Herrscher aus dem 15. Jahrhundert errichtet. Einer der königlichen Pavillons im Vorhof trägt das Datum 1425. Zweifellos zählen das gespaltene rote Backsteintor *(candi bentar)* und die kunstvoll behauene Audienzhalle zu den herausragendsten Beispielen noch existierender hindu-javanischer Architektur.

Der Palast selbst ist in seiner Anlage javanisch, in der Ausführung jedoch eine Mischung verschiedenster Stilelemente. Ein mit chinesischen Felsstücken und Wolken geschmückter romanischer Arkadengang öffnet sich zu einer weiten Säulenhalle *(pendopo),* die mit französischen Rennaissancemöbeln bestückt ist. Die Wände des Dalem Ageng (Zeremonienzimmer) sind mit Delfter Kacheln eingelegt, die biblische Motive zeigen. Doch damit nicht genug: Im angeschlossenen Museum steht eine Kutsche in Form eines behuften, gehörnten und mit Flügeln versehenen Elefanten, der einen Dreizack im Rüssel hält.

Gleich neben dem Kesepuhan-Palast steht die **Mesjid Ageng** (Große Moschee), etwa um 1500 erbaut. Ihr zweistöckiges Dach ruht auf einem kunstvollen Holzgerüst, während innen Sandsteinportale und eine Kanzel aus Teakholz zu sehen sind. Zusammen mit der Moschee von Demak, ist sie eines der ältesten Wahrzeichen des Islam auf Java.

Über einen geschäftigen Marktplatz erreicht man den **Kraton Kanoman,** den Palast des „jüngeren Bruders". Der friedvolle Palasthof wird von indischen Feigenbäumen beschattet, und auch hier sind die Möbel europäisch und die Wände mit Kacheln und Keramik aus Holland und China verziert. Das hiesige Museum enthält außer einem Paar schöner Kutschen und Relikten aus Cirebons Vergangenheit auch eine Sammlung von Pfahlstangen, mit denen jedes Jahr zu Mohammeds Geburtstag das Fleisch der Gläubigen „geopfert" wird.

An die Vergangenheit erinnern auch die wiederhergestellten Ruinen des **Taman Arum Sunyaragi,** etwa vier Kilometer außerhalb der Stadt an der südlichen Umgehungsstraße gelegen. Diese Tollheit aus Stein, Mörtel und Korallen war ursprünglich 1702 als Festung gebaut worden und diente als Basis für den Widerstand gegen die Holländer, bevor sie 1852 von einem chinesischen Architekten als Palast und Refugium für die Rajas von Cirebon umgestaltet wurde. Seine vielen Winkel, Ecken, Tunnel, Teiche, Durchgänge, Gärten und der Wachturm erinnern gleichzeitig an taoistische Meditationshöhlen und hinduistische

Nirvana-Darstellungen. Fünf Kilometer nördlich der Stadt, an der Hauptstraße nach Jakarta, befindet sich auf einem Hügel das **Grabmal von Sunan Gunung Jati.** Er herrschte im 16. Jahrhundert über Cirebon und war einer der neun *walis,* die viel zur Verbreitung des Islams auf Java beitrugen. Viele Pilger kommen hierher. Die Wächter des Schreins sollen Nachkommen eines Kapitäns sein, der hier Schiffbruch erlitt, und der Wachwechsel wird wie auf einem Schiff durchgeführt. Scheich Datu Kahfi, der Ratgeber Gunung Jatis, liegt auf einem anderen Hügel, auf der anderen Seite der Straße begraben. Dort wurde auch Gunung Jatis fünfte Frau, die chinesische Prinzessin Ong Tien, bestattet.

Bevor man Cirebon verläßt, sollte man unbedingt eines der Handwerksdörfer im Westen der Stadt besuchen. Hier wird nach den unterschiedlichsten Taman Arum Traditionen gearbeitet: kalligraphische Sunyaragi, Malereien, *wayang-*Puppen, *gamelan-*Instrumente, *topeng-*Masken und einige einzigartige Batiken (siehe hierzu auch den „Kurzführer").

Taman Arum Sunyaragi.

In östlicher Richtung entlang der Küste sind die Reiseaussichten eher uninteressant. Gelegentlich tauchen hier kleine, an Meeresarmen gelegene Städtchen auf, wo bunte Boote auf den Wellen schaukeln und eingerollte Fischernetze im grellen Sonnenlicht wie riesige Kokons roher Seide schimmern. **Tegal** hat wenig Interessantes zu bieten.

Pekalongan, die Batik-Stadt: Das 220 Kilometer oder vier Stunden östlich von Cirebon gelegene **Pekalongan** kündigt sich schon auf Säulen am Stadteingang als „Kota Batik", als Batik-Stadt an. Es gibt unzählige Fabriken und Verkaufsläden. In Pekalongan wird eine der schönsten und teuersten *batiken* hergestellt. Der Pekalongan-Stil, einzigartig wie der von Cirebon, verbindet muslimische, javanische, chinesische und europäische Motive in Pastellfarben (rosa, orange, blau und senf-, ocker-, oliven- und malvenfarben). Erkennungszeichen der Pekalongan-Batik ist ein Blumenstrauß mit Kolibris und Schmetterlingen, eine Zeichnung, die auf holländisches Tafelgeschirr aus dem 18. Jahrhundert zurück-

geht. Wer die feinen *tulis* anschauen möchte, muß einzelne Batik-Künstler besuchen (siehe „Kurzführer").

Weitere 90 Kilometer östlich breitet sich **Semarang,** eine recht große Stadt, auf einem schmalen Küstenstreifen bis hinauf zu einem Vorgebirge aus. Während islamischer Zeiten bekannt für seine geschickten Schiffbaumeister und reichlichen Nachschub an Harthölzern, wurde Semarang später zu einem holländischen Verwaltungs- und Handelszentrum. Heute ist die Provinzhauptstadt Dreh- und Angelpunkt des Wirtschaftslebens und viertgrößte Stadt Zentraljavas.

Die wenigen erhaltenen Zeugnisse der Vergangenheit weisen auf die einstmals große Anzahl holländischer Kaufleute und Verwaltungsbeamter sowie auf großzügige und reiche chinesische Händler hin. An der Jl. Suprapto steht die alte holländische Kirche, Dutch Church, mit ihrer kupferverkleideten Kuppel und griechischen Kreuzen. Sie wurde 1753 geweiht und bildet den Mittelpunkt des europäischen Handelsviertels aus dem 18. Jahrhundert. Entlang der Jl. Pemuda („Bojong") wurden im 19. Jahrhundert elegante Bürgerhäuser erbaut, die man später jedoch in großer Zahl abriß und durch Ladenfronten ersetze. Einer dieser Läden, **Toko Oen,** ist heute ein mit Schaukelstühlen und Deckenventilatoren ausgestattetes, reizendes Café, dessen Speisekarte seit der Kolonialzeit unverändert geblieben ist.

Geht man auf der Jl. Suari, von der alten Kirche aus, immer Richtung Süden zur Jl. Pekojan, erreicht man den interessantesten Stadtteil Semarangs, **Chinatown** (Pacinan). In dem Gewirr schmaler und versteckter Gassen stehen noch einige Häuser im Nanyang-Stil mit kunstvoll geschnitzten Türen und Fensterläden. Ein halbes Dutzend bunter chinesischer Tempel und Clan-Häuser drängen sich auf engstem Raum. Der größte und älteste Tempel, Thay Kak Sie, steht in der **Gang Lambok** (rechts an der Brücke in der Jl. Pekojan abbiegen). Er wurde 1772 erbaut und beherbergt mehr als ein Dutzend wichtiger Gottheiten. Wer sich für Chinesisches interessiert, wird auch die berühmten Grotten **Gedung Batu** im

Löwentanz in Gedung Batu.

Westen der Stadt besuchen, die dem zum Gott erhobenen Ming-Admiral Cheng Ho (Sam Po Kung) geweiht sind (siehe auch „Kurzführer").

Auf dem Weg nach Surabaya und Bali oder auf Tagesausflügen können noch einige Städte entlang der Küste aufgesucht werden. **Demak** war im frühen 16. Jahrhundert die Hauptstadt des wichtigsten Königreiches an der Küste Javas. Heute ist nur noch die alte Moschee zu sehen. Das benachbarte Kudus war zu dieser Zeit Demaks heilige Stadt. Kunstvolle Teakholzschnitzereien an den Häusern und eine Moschee aus dem 16. Jahrhundert, deren rotes *candi bentar* aus Backstein und Minarett jedoch eindeutig hinduistisch-javanischen Stils sind, haben die Zeit überstanden. Heute ist Kudus besser als „Kota Kretek", als Hauptstadt der Kretek-Zigaretten auf Java bekannt.

Das 33 Kilometer nördlich von Kudus gelegene Dorf **Jepara** ist berühmt für seine Teakholzschnitzereien. Von alten Stühlen und Tischen werden originalgetreue Kopien ohne einen einzigen Nagel hergestellt. Anscheinend besteht auch eine große Nachfrage nach großen Holztafeln, die mit sehr ausführlichen Darstellungen aus dem Ramayana-Epos und anderen hinduistisch-javanischen Erzählungen überladen sind. Heute arbeiten an die 5000 Schnitzer und Schreiner in über 500 Werkstätten.

Zu den ältesten chinesischen Niederlassungen auf Java zählen die Zwillingsstädte **Rembang** und **Lasem** weiter im Osten. In den schmalen Gäßchen liegen anmutige chinesische Landhäuser, deren geschwungene Dächer über Hofgängen und weißgetünchten Mauern schweben. Auch gibt es in beiden Städten vortreffliche chinesische Tempel.

Von Semarang aus Richtung Süden führt eine schnell ansteigende Straße durch den stilvollen holländischen Vorort von **Candi Baru** hinauf in die Ausläufer des Mount Ungaran. Falls die Zeit bleibt, sollte man von Ambarawa aus unbedingt einen Abstecher nach **Bandungan**, einem Erholungsort in den Bergen, machen. Hier befinden sich einige der ältesten und sicherlich am schönsten gelegenen Altertümer ganz Javas.

Holzschnitzer in Jepara.

YOGYAKARTA

Der breite, grüne, halbmondförmige Teppich fruchtbaren Reislandes, der sich südlich des Mount Merapi ausbreitet – mit Yogyakarta als Brennpunkt – , wird heute von ungefähr zehn Millionen Javanern bewohnt. Die Bevölkerungsdichte erreicht hier über 1000 Einwohner pro Quadratkilometer, und in manchen Gegenden ernährt ein Quadratkilometer Land erstaunliche 2000 Personen. Die Bewirtschaftungsintensität ist auf dieser Erde ohne Beispiel.

Der Landstrich bietet auch unverhältnismäßig viele kulturelle Attraktionen. Die dunkle Stille seiner wunderbaren hinduistischen und buddhistischen Tempel aus dem achten bis zehnten Jahrhundert findet man auch in den abgeschiedenen Höfen der islamischen Paläste aus dem 18. Jahrhundert, während die fließenden Tonfolgen der erhabenen *gamelan*-Musik Zentraljavas mit dem Lärm in den Straßen und Märkten kontrastieren.

Die meisten „offiziellen" Touristensehenswürdigkeiten sind um und in den beiden Königsstädten von Yogyakarta (Yogya) und Surakarta (Solo) konzentriert. Denn hier war es, an den Ufern mehrerer angrenzender Flüsse, daß die beiden großen Mataram-Reiche blühten.

Obwohl das sich ausbreitende Yogyakarta (500 000 Einwohner) erst 1755 gegründet wurde, liegt es doch mitten im Herzen der als Mataram bekannten Gegend, wo die ersten zentraljavanischen Großreiche entstanden. Vom achten bis ins frühe zehnte Jahrhundert hinein wurde diese fruchtbare Ebene zwischen den Flüssen Progo und Opak von indisch geprägten Königen regiert, den Erbauern des Borobudur, Prambanan und Dutzenden anderer kunstvoller Denkmäler aus Stein. Um das Jahr 928 jedoch verlegten diese Herrscher plötzlich und ohne ersichtlichen Grund ihre Hauptstadt nach Ostjava, wodurch Mataram für sechs Jahrhunderte relativ verlassen blieb.

Erst Ende des 16. Jahrhunderts wurde die Gegend durch ein neues, in Kota Gede gleich östlich von Yogyakarta ge-

Vorherige Seiten: *Wayang kulit*-**Schattenspiel in Yogyakarta. Unten: Bedoyo-Tänzerinnen im Kraton von Yogya, um 1860.**

gründetes islamisches Reich wiederbelebt. Begründer der Neuen oder Zweiten Mataram-Dynastie war 1584 Panembahan Senapati, dessen Nachkommen bis heute Zentraljava regieren, allerdings sehr unterschiedlich stark und mächtig.

Das muslimische Mataram erreichte seine größte territoriale Ausdehnung unter Senapatis Enkel, Sultan Agung. Er regierte von 1613 bis 1645. Danach jedoch wurde es in endlose und blutige Auseinandersetzungen rivalisierender Gruppen bei Hofe verwickelt, später auch in Kämpfe mit den Holländern und Maduresen. 1680 verlegte man die Hauptstadt 50 Kilometer nach Osten, ins Becken des Solo River nahe des heutigen Surakarta, nachdem maduresische Streitkräfte Mataram erobert hatten. Die Palastintrigen und -kämpfe gingen jedoch weiter, bis schließlich 1755 das Königreich zweigeteilt wurde. Im von den Holländern vermittelten Vertrag von Giyanti (1755) wurden dem rebellischen Bruder des Mataram-Herrschers die Hälfte des Landes, der Apanagen und Einkommen des Hofes zugestanden. Er nannte sich nun Hamengkubuwana I. und begann während seiner Regierungszeit von 1749 bis 1792 bei den Gräbern der Dynastiegründer (in Yogyakarta) einen kunstvollen Palastkomplex zu errichten.

Später wuchs im Sultanat von Yogyakarta stetig der Widerstand gegen die Zunahme kolonialen Einflusses in Zentraljava. Zweimal wurde Yogyakarta eingenommen – 1810 von holländischen und 1812 von britischen Truppen –, weil man Anordnungen der Kolonialmächte nicht befolgt hatte. Höhepunkt der gewalttätigen Auseinandersetzungen war der Java-Krieg von 1825 bis 1830. Führer des Aufstands war der charismatische Kronprinz aus dem Herrscherhaus von Yogyakarta, Prinz Pangeran Diponegoro.

In jüngerer Zeit, von Januar 1946 bis Dezember 1949, war Yogyakarta die Hauptstadt der belagerten indonesischen Republik im Unabhängigkeitskrieg gegen die Holländer. In dieser Zeit außergewöhnlichen sozialen Aufruhrs verwandelten sechs Millionen Flüchtlinge, dazu eine Millionen junger Freiwilliger und der aufgeklärte junge Sultan Hamengku-

Sultan Hamengkubuwana IX. im Jahr 1946.

Sri Sultan Hamengkubuwono IX.

buwana IX. die ehrwürdige Residenzstadt in eine Brutstätte revolutionären Eifers und Idealismus'.

Im Herzen von Yogyakarta: Trotz der großen Umwälzungen in den vergangenen Jahrzehnten, sind es die überlieferten Zeugnisse javanischer Kultur, wie *batik*-Werkstätten, alte Tempel und Paläste, *gamelan*-Musik, höfische Tänze und *wayang*-Schattenspielaufführungen, die Touristen anziehen.

Erster Besichtigungspunkt ist der königliche **Kraton,** die zweihundert Jahre alte Palastanlage im Herzen der Stadt. Der überlieferte kosmologische Glaube sieht den javanischen Herrscher als „Nabel" oder zentrale „Achse" des Universums an, um den das Weltgeschehen kreist, und der mit dem mystischen Reich der mächtigen Götter in Verbindung steht. Die sorgsam ersonnenen Anordnungsprinzipien der Palastanlage lassen den Kraton als Hauptstadt des Reiches und Mittelpunkt des Universums erscheinen. So beherbergte der Palast nicht nur die königliche Familie, sondern auch die machtvollen dynastischen Krönungsinsignien, privaten Meditations- und Zeremonienzimmer, einen prachtvollen Thronsaal sowie mehrere Audienz- und Aufführungspavillons und eine Moschee. Eingebunden in den sorgsam geplanten Komplex von Mauern, Höfen, schmalen Gängen und massiven Toren, sind ausgedehnte königliche Lustgärten, Stallungen, eine Waffenschmiede und zwei mit heiligen Banyan-Bäumen bewachsene Paradeplätze. Die ganze Anlage ist von einer an jeder Seite zwei Kilometer langen Befestigungsmauer umgeben.

Mit dem Bau des Kraton wurde 1755 begonnen, seine Fertigstellung dauerte jedoch fast 40 Jahre und umfaßte somit nahezu die ganze Regierungszeit Hamengkubuwanas I. Heute zählen nur noch die inneren Bezirke des Palastes zum eigentlichen Kraton, während das Labyrinth von Wegen, Höfen und Plätzen in die Stadt integriert ist. Große Teile der Befestigungsmauer sind erhalten geblieben. Fast alle Wohnräume im Inneren sind noch im Besitz der königlichen Familie und werden von ihr bewohnt.

Thronsaal im Kraton.

Kommt man in die mächtigen inneren Mauern des Kraton (täglich von 8.30 bis 12.30 Uhr, an Freitagen und Samstagen bis 11 Uhr geöffnet), betritt man eine Welt voller Eleganz und Grazie. In der ersten Hälfte dieses Jahrhunderts wurde die klassisch javanische Ausgestaltung ziemlich unzeitgemäß mit italienischem Marmor, gußeisernen Säulen, Kristallüstern und Rokokomöbeln „angereichert". Am beeindruckendsten ist die Architektur des zentralen Thronsaales (Bangsal Kencana), ein *pendopo*, eine freistehende offene Halle mit kühn geschwungenem Dach, das von vier mächtigen Holzsäulen gestützt wird. Hierbei handelt es sich um eine Entwicklung, die auf Versammlungshallen aus Stammeszeiten *(balai)* zurückgeht, und die man überall in der Welt des östlichen Pazifikbeckens, einschließlich Japan, findet. Der javanische *pendopo* ist Ausdruck indischer Kosmologiekonzeptionen, nach denen sie gleichzeitig weltliche Autorität und das Universum symbolisiert, in dessen Mittelpunkt der mystische Berg Mahameru steht.

Innerhalb des Kraton ist jedoch noch viel mehr zu sehen: Das angeschlossene Museum, alte *gamelan*-Instrumente, zwei mit *kala*-Köpfen geschmückte Tore sowie überraschende Innenhöfe lohnen den Rundgang. Sonntags ab zehn Uhr proben Tänzer zu den Klängen der *gamelan*-Musik.

Ein kunstvoller Vergnügungspalast: Gleich westlich hinter dem Kraton liegen die Ruinen von **Taman Sari.** Diese üppigen und erfinderisch geplanten königlichen Lustgärten wurden jahrelang von Hamengkubuwana I. erbaut, jedoch nach dessen Tod jäh verlassen. Holländische Konstrukteure am Hofe des Sultans schufen dies Wunderwerk. Ein künstlicher See, unterirdische Gänge und Wasserleitungen, Meditationsräume und eine Reihe von eingelassenen Badeteichen gipfeln in einem eindrucksvollen Haus im europäischen Stil. Dies nannten sie *watterkasteel* (Wasserschloß), da es befestigt und zu allen Seiten von einem künstlichen See umgeben war.

Das **Wasserschloß** steht am nördlichen Ende des riesigen Taman-Sari-Komplexes auf einer Anhöhe und blickt heute auf einen bevölkerten Vogelmarkt und eine *batik*-Maler-Kolonie hinab. Obwohl die Stufen zerfallen sind, kann man auf die zerbröckelnde Mauer hinaufklettern, um den eindrucksvollen Blick auf Yogya und das Umland zu genießen.

Ein Tunnel hinter dem „Schloß" endet bei drei teilweise wiederhergestellten **Badeteichen** (*umbulumbul*). Der große Teich in der Mitte, mit einem *naga*-Kopf als Brunnen, war einst für Königinnen, Konkubinen und Prinzessinnen gedacht, während der kleine, südliche Teich für seine Majestät reserviert war.

Durch einen verzierten Arkadengang, westlich des Badeplatzes, stößt man auf einen links abzweigenden, gewundenen Pfad, der am königlichen Zufluchtsort **Pesarean Pertapaan** endet. Der Hauptbau ist ein kleiner Tempel im chinesischen Stil mit einem Vorhof und Galerien auf beiden Seiten. Es wird berichtet, daß der Sultan und seine Söhne hier einmal sieben Tage und sieben Nächte lang meditierten.

Der bemerkenswerteste Bau des Taman Sari ist der **Sumur Gumuling,** der

Sumur Gumuling.

kreisrunde Brunnen. Von den Einheimischen als *mesjid* (Moschee) bezeichnet, ist es jedoch wahrscheinlicher, daß dieser Ort als Treffpunkt des Sultans mit der mächtigen Göttin des Südlichen Meeres, Kyai Loro Kidul, diente, der vom Gründer der Dynastie alle Herrscher von Mataram als Ehemänner versprochen worden waren. Von ihr beziehen sie auch ihre mystischen Kräfte. Zugänglich ist der Sumur Gumuling durch einen unterirdischen Gang (früher unter Wasser), der unmittelbar westlich des Wasserschlosses beginnt. Der „Brunnen" ist in Wirklichkeit auch ein abgesunkenes Atrium – rundherum führen Galerien auf einen kleinen runden Teich zu

Bevor Sie das Gelände verlassen, bummeln Sie über den Pasar Ngasem, den **Vogelmarkt,** wo javanische Vogelliebhaber um Papageien, Kakadus, Aras, Sittiche, Lori, Menningvögel, Honigsauger, Perlhühner und andere Vögel feilschen.

Neben dem Markt liegt die **Kolonie der Batikmaler,** das Heim vieler junger, unbekannter Stoffkünstler. Zwei klar zu unterscheidende Motivgruppen werden hier zu Stoff gebracht. Einmal Szenen aus dem Ramayana (allerdings nicht in den überlieferten Farben), zum anderen Versuche in einem simplen Expressionismus. Das meiste ist Kitsch, wenn auch in einer besonders exotischen Variante. Talentierte Künstler, die Erfolg haben, suchen schnell das Weite und eröffnen Ateliers anderswo.

Die „Girlanden tragende" Straße: Yogyakartas Hauptverkehrsstraße die **Jalan Malioboro,** beginnt direkt an der königlichen Audienzhalle vor dem Palast und endet zwei Kilometer nördlich an einem *lingga* (Phallussymbol)-Schrein des örtlichen Schutzgeistes Kyai Jaga. Sie wurde von Hamengkubuwana I. als Prachtstraße für bunte Prozessionen angelegt, hatte aber auch symbolische Orientierungsfunktion als Meridian seines Reiches. Einheimische Volksetymologen bestehen darauf, daß der Name irgendwie mit Herzog von Marlborough zu tun hat, vielleicht als Folge der beschämenden Eroberung Yogyakartas durch die Engländer 1812. Tatsache jedoch ist, daß sich „Malioboro" aus einem Sanskrit-Begriff mit der Bedeutung „Girlanden tragend" herleitet. Der königliche Prozessionsweg war immer mit Blumengirlanden geschmückt.

Heute ist die Jalan Malioboro eine Einkaufsstraße, wo sich ein Laden an den anderen reiht und lärmende Fahrzeuge und Rikschas im wimmelnden Verkehr voranzukommen suchen. Es finden sich jedoch auch historische und kulturelle Sehenswürdigkeiten. An der nordwestlichen Seite des Stadtplatzes *(alun-alun)* liegt das **Sono Budoyo Museum.** 1935 vom Java-Institut, einer Vereinigung reicher javanischer und holländischer Mäzene, eröffnet, enthält es heute eine wichtige Sammlung prähistorischer Artefakte, hinduistisch-buddhistischer Bronzen, *wayang*-Puppen, Tanzkostümen und javanischer Waffen. Geöffnet Dienstag bis Donnerstag 8 bis 13.30 Uhr, Freitag bis 11.15, Samstag und Sonntag bis 12 Uhr, Montag und an Feiertagen geschlossen.

Die königliche Bibliothek befindet sich hinter dem Museum. Auch sollte man die nahegelegene **Grand Mosque** (Große Moschee, 1773 vollendet) besuchen und die beiden, umzäunten Banyan-

Vogelmarkt.

Bäume in der Mitte des Platzes beachten. Sie symbolisieren das stabile Gleichgewicht der gegensätzlichen Mächte im javanischen Königreich.

Folgt man der Straße nordwärts durch die Haupttore hinaus über Yogyas große Straßenkreuzung, sieht man auf der rechten Seite die alte holländische Garnison, **Fort Vredeburgh.** Heute füllen Dioramen, die Stationen der indonesischen Geschichte veranschaulichen, die beiden Hauptsäle. Gegenüber auf der Linken steht das ehemalige holländische Statthalterhaus, das während der Revolution Präsidentenpalast war und heute als Gouverneurspalast genutzt wird. Weiter entlang der Straße auf der rechen Seite, hinter dem Fort, beginnen die Hallen des Zentralmarkts, das **Pasar Beringan,** eine schummerige Welt kleiner, meist von Frauen geführter Verkaufsstände.

Wieder auf der Jalan Malioboro, sind beide Straßenseiten von Handwerksläden gesäumt, die eine große Bandbreite traditioneller Stoffe, Lederwaren, Körbe, Schildkrötenpanzer, Schmuck und eine nie endende Palette von nutzlosen Kleinigkeiten anbieten. Viele der hiesigen Restaurants sind auf ausländische Touristen eingestellt und haben erfrischende, eisgekühlte Fruchtsäfte, sowie chinesische, indonesische und westliche Gerichte auf der Speisekarte (siehe „Kurzführer" für weitere Einkaufs- und Restaurantshinweise). Im **Tourist Information Office,** nicht weit vom Hotel Mutiara, kann man ein Informationsblatt über die aktuellen Tempelrundfahren erhalten.

Yogyas einzigartige Kunst: Von allen Kunstformen Javas liegt das **wayang kulit** oder Schattenpuppenspiel den Javanern wohl am meisten am Herzen. Am wichtigsten ist der *dalang* oder Puppenspieler: Bühnenarbeiter, Schauspieler, Imitator, Orchesterdirigent, Historiker, Berater, Komödiant und Erzähler in einem. Die Grundzüge der alten Geschichten, meist Episoden aus dem Mahabharata-Epos, sind dem Publikum bereits bekannt. Der *dalang* haucht ihnen jedoch neues Leben ein, indem er Gegenwartsbezüge durch unflätige Bemerkungen und frevelhaften Spott herstellt. Die Harmonie und Balance der widerstreitenden

Silberschmied in Yogyakarta.

Charaktere wird dabei jedoch immer wieder aufs neue gesucht – Ausdruck der javanischen Weltanschauung.

Trotz zunehmender Beeinträchtigung durch Film und Fernsehen bleibt das *wayang kulit* in und um Yogya lebendig. Aufführungen finden anläßlich ritueller Feste wie des *selamatan,* bei Hochzeiten und Beschneidungszeremonien regelmäßig und häufig statt, oft im bescheidenen Rahmen auf den Dörfern. Die Aufführung beginnt immer um 21 Uhr und dauert bis zum Morgengrauen.

Am nachhaltigsten wird Ihnen aber der weiche Klang der *gamelan*-Musik in Erinnerung bleiben (siehe Teil IV „Gamelan"). Ihre einschmeichelnden, fließenden Melodien können über die Mauern einer ruhigen, sonnendurchfluteten Seitenstraße schwingen, oder aus Transistorradios in Verkaufsbuden am Straßenrand plärren. Sie mag auch auf einem Spaziergang im Kraton (montags und dienstags finden dort zwischen 10 und 12 Uhr Proben statt) oder in der Hotelhalle zu hören sein. In den Läden an der Jl. Malioboro sind bespielte Kassetten zu erwerben, oder man kann in den *gamelan*-Gießereien Yogyas ganze Orchesterausstattungen bestellen. Mit altertümlichen Methoden und Werkzeugen werden hier diese alten Bronzeinstrumente gegossen, geschmiedet und poliert (siehe auch „Kurzführer").

Ein anderer Höhepunkt der Kulturszene in Yogya ist der **klassische javanische Tanz.** Höfische Tänze werden heute nicht mehr nur in den *kratons* (siehe auch Teil IV, „Tanz und Schauspiel"), wo sie immer noch lebendig sind, sondern auch in privaten Schulen und Kunstakademien gelehrt. Nicht versäumen sollte man eine Probe im *kraton* (sonntags 10 bis 12 Uhr); aber es gibt auch eine Anzahl regelmäßiger Abendvorstellungen, und interessierte Besucher sind bei Tanzkursen in den Schulen willkommen.

Das vielleicht größte Erlebnis javanischer Tanzkunst bietet jedoch das **Ramayana Ballett,** eine moderne Fassung des prächtigen *wayang-orang*-Tanzdramas. Während der Trockenzeit (Mai bis Oktober) wird es jeden Monat an vier Vollmondnächten hintereinander vor der

Unten links: *Wayang klithik,* **eine Art** *wayang kulit* **ohne Schatten. Unten rechts: In einer Batikfabrik in Yogyakarta.**

eleganten Fassade des Loro Jonggrang, des meisterhaften Shiva-Tempels von Prambanan (9. Jahrhundert) aufgeführt.

Boutiquen und Batik: Die Liste traditioneller Handwerkskünste, die heute noch in den Vorstädten und Städten um Yogyakarta ausgeübt werden, hat praktisch kein Ende. Zum einen gibt es genügend geschulte, billige Arbeitskräfte, zum anderen war der Hof schon immer ein Förderer der dörflichen Handwerker. Die meisten Dörfer haben sich spezialisiert, die einen stellen irdene Töpferwaren her, andere Filigransilberarbeiten, andere wieder lederne Taschen, Webarbeiten, Körbe, Rohrmöbel und handgeschmiedete *keris*-Klingen. All diese Produkte kann man auch in Yogya in Läden und Boutiquen kaufen, aber doch ist es interessant, bei der Herstellung zuzusehen.

Das berühmteste Handwerk Yogyakartas ist ohne Zweifel immer noch *batik*, und wer sich nicht gerade für einen Kenner dieser außergewöhnlich vielschichtigen Kunst hält, sollte vorher das **Batik Research Centre** (Balai Penelitian Batik) aufsuchen (in der Jl. Kusumanegara 2, 15 Minuten zu Fuß vom Hauptpostamt Richtung Osten) (siehe auch Teil IV, „Javanische Batik").

Batikstoffe werden überall in Yogya hergestellt und verkauft, insbesondere jedoch in der **Jl. Tirtodipuran** im Süden der Stadt. Die meisten der über 25 Manufakturen und Verkaufsläden, die die Straße säumen, gestatten gerne einen Blick in die Arbeitsräume. Das Geschäft mit der größten Auswahl an Batik von ganz Java ist das **Toko Terang Bulan** in der Jl. Malioboro (nahe beim Zentralmarkt). Hier kann man sich umsehen und zu vernünftigen Festpreisen aus einer großen Vielfalt von Tuchen, *sarungs*, Tischtüchern, Hemden und Kleidungsstücken auswählen.

Viele der bekannteren und aufstrebenden Künstler der Stadt stellen auch **Batikmalereien** her, die gerahmt und aufgehängt werden können. Die bekanntesten (und teuersten) Verkaufsateliers sind: Amri Gallery (Jl. Gampingan 67), Bambang Oetoro (Jl Taman Siswa 55) und Saptohudoyo (gegenüber dem Flughafen).

Tanzvorstellung im Dalem Pujokusuman.

ALTERTÜMER ZENTRALJAVAS

Für die Javaner sind *candis* oder alte Denkmäler in Stein der Beweis für die große Tatkraft und Kunstfertigkeit ihrer Vorfahren. Für die ausländischen Besucher bietet die Begegnung mit den tausend Jahre alten Tempeln die Gelegenheit, über die Errungenschaften einer anderen Kultur nachzusinnen. Für nahezu jedermann aber ist der Besuch eines der knapp hundert *candis*, die verstreut in der Vulkanlandschaft Zentraljavas liegen, ein unvergeßliches Erlebnis.

Seit der Jahrhundertwende sind erhebliche Anstrengungen unternommen worden, diese Zeugnisse der Vergangenheit auszugraben, die Reliefs wiederherzustellen und zu restaurieren, die Bildersprache zu studieren und die Inschriften zu entziffern. Doch immer noch bleiben Fragen hinsichtlich ihrer stilistischen Anlehnung an die indische Kunst und ihrer Funktion innerhalb der alten indonesischen Gesellschaft, ja sogar hinsichtlich ihrer zeitlichen Bestimmung offen. Immerhin wissen wir, daß sie zu den technisch vollkommensten Baudenkmälern der Vergangenheit zu zählen sind und daß die Ehrfurcht, die ihr bloßes Vorhandensein einflößt, immer wesentlicher Bestandteil ihrer Botschaft war.

Der Welt größtes buddhistisches Denkmal: Eine bequeme einstündige Fahrt durch die Reisfelder und über die Flußbetten der Kedu-Ebene führt zu den Stufen des sagenumwobenen **Borobudur,** 42 Kilometer nordwestlich von Yogyakarta. Dieser gewaltige Stupa wurde schon während der verhältnismäßig kurzen Regentschaft der Sailendra-Dynastie auf Zentraljava, zwischen 778 und 856, erbaut (300 Jahre vor Angkor Wat und 200 Jahre vor Notre Dame). Nur 100 Jahre nach seiner Vollendung wurde der Borobudur, wie ganz Zentraljava, unerklärlicherweise verlassen. Damals brach auch der benachbarte Mt. Merapi aus und bedeckte den Borobudur mit Asche, die ihn ein Jahrtausend lang verbarg.

Die Geschichte der „Wiederentdeckung" des Borobudur beginnt im Jahre

Sonnenuntergang am Borobudur.

1814, als dem englischen Vizegouverneur von Java, Thomas Stamford Raffles, bei einem Besuch in Semarang Gerüchte über „einen Berg buddhistischer Steinskulpturen" in der Nähe von Magelang zu Ohren kamen. Raffles beauftragte seinen militärischen Ingenieur, H.C.C. Cornelius, der Sache nachzugehen. Cornelius entdeckte einen kleinen, mit Bäumen und Buschwerk bewachsenen Hügel, auf dem sonderbarerweise Hunderte von behauenen Blöcken aus Andesitgestein verstreut waren. Zwei Monate lang ließ er daraufhin die Gegend roden und eine Erdschicht entfernen, bis deutlich wurde, daß sich unter der Oberfläche ein ausgedehntes Bauwerk befinden mußte. In den folgenden Jahren wurde der Borobudur völlig freigelegt, war aber dann für nahezu ein Jahrhundert Plünderungen und Mißbrauch ausgesetzt.

Tausende von Steinen wurden von Dorfbewohnern „entliehen", und große Mengen wertvoller Skulpturen endeten als Schmuck in den Gärten der Reichen und Mächtigen. Bezeichnend für die Haltung der holländischen Kolonialverwaltung ist die Tatsache, daß dem zu Besuch weilenden König von Siam, Chulalongkorn, 1896 acht Wagenladungen mit Borobudur-Andenken, darunter 30 Reliefplatten, fünf Buddhastatuen, zwei Löwen- und eine Wächterfigur geschenkt wurden. Viele dieser unersetzbaren indojavanischen Kunstwerke endeten in privaten Sammlungen oder befinden sich heute in Museen auf der ganzen Welt.

Im Jahre 1900 schließlich reagierte die holländische Regierung auf zunehmende Entrüstung in den eigenen Reihen und setzte eine Kommission für die Erhaltung und Restaurierung des Borobudur ein. Zwischen 1907 und 1911 nahm der holländische Militäringenieur Dr. Th. Van Erp den Wiederaufbau in Angriff. Verstreute Steine wurden ersetzt, zusammengefallene Mauern und *stupas* wiederaufgerichtet, schwache Stellen verstärkt und das Entwässerungssystem verbessert. Dabei fand man heraus, daß der Borobudur lediglich aus einer Schicht von Steinblöcken um einen natürlichen Erdhügel bestand. Van Erp war sich bald darüber im klaren, daß dadurch seine Sanierungsanstrengungen keinen dauernden Erfolg haben würden.

In den fünfziger und sechziger Jahren wurde immer deutlicher, daß das Gesamtgefüge des Borobudur gefährdet war. Teile der Nordmauer auf der untersten Terrasse begannen sich zu wölben und zwei Erdbeben im Mai 1961 hinterließen schwere Schäden. Einige der niedrigeren Brüstungen wurden 1965 abgebaut, die Arbeiten jedoch aus Geldmangel bald wieder eingestellt. Auf dem internationalen Orientalistenkongreß 1967 in Ann Arbor richtete der Leiter des indonesischen Archäologie-Instituts, Professor Soekmono, einen Hilfsappell an die Delegierten. Zu seiner Überraschung wurde eine Resolution, die die indische Delegation daraufhin vorlegte und in der die UNESCO zu einer Rettungsaktion aufgefordert wurde, einstimmig angenommen. Der Hilferuf „Rettet den Borobudur" verbreitete sich wie ein Lauffeuer unter Kunstliebhabern auf der ganzen Welt. Technische und finanzielle Unterstützung wurde zur Verfügung gestellt, und 1973 wurde offiziell mit der Sanierung begonnen.

Restaurationsarbeiten am Borobudur.

Altertümer Zentraljavas 135

Ein gigantisches Restaurierungsprojekt fing an. Zehn Jahre lang arbeiteten 700 Männer sechs Tage in der Woche, um 1 300 232 Steinblöcke abzutragen, zu katalogisieren, fotografieren, säubern, instandzusetzen und wieder zusammenzusetzen. Zusätzlich erstellte man ein völlig neues Fundament aus armiertem Beton, Teer, Asphalt, Epoxitharz und Zinn, das mit einem Entwässerungssystem aus PVC-Röhren versehen wurde. Jeder einzelne Stein wurde begutachtet, abgebürstet und chemisch behandelt, bevor er wiedereingesetzt wurde.

Schließlich war das Werk in der veranschlagten Zeit beendet, die Kosten in Höhe von 25 Millionen US-$ waren jedoch dreimal so hoch wie geschätzt. In seiner Ansprache zur offiziellen Wiedereinweihung am 23. Februar 1983 erklärte denn auch Präsident Suharto, daß die indonesische Regierung die zusätzlichen Kosten übernehmen würde, um das indonesische Volk nicht seines alten und glorreichen Erbes zu berauben. „Es bleibt nun zu hoffen", sagte er, „daß Borobudur weitere tausend Jahre Bestand hat."

Die wahre Bedeutung des Borobudur als religiöses Denkmal wird wohl nie zu entschlüsseln sein. Man schätzt, daß 30 000 Steinschleifer und Bildhauer, 15 000 Träger und Tausende von Steinmetze zwischen 20 und 75 Jahre brauchten, um das Bauwerk zu errichten. Zentraljava hatte damals etwa eine Millionen Einwohner. So wurden vielleicht für ein einziges Bauwerk etwa zehn Prozent aller Arbeitskräfte beansprucht. Was trieb all diese Menschen zur Erschaffung des Steinmonumentes?

Klar ist, daß die Bevölkerung den Sailendra-Herrschern Reisabgaben und Arbeitskräfte liefern mußte. Am einfachsten war es sicherlich, die Bevölkerung zu überzeugen, es sei zu ihrem eigenen Besten, den Göttern Tribut zu zollen. So gesehen, mag es Aufgabe des Borobudur gewesen sein, gerade die Glaubensüberzeugungen zu verkörpern, die Auslöser für seine Erschaffung waren.

Von der Luft aus gesehen, bildet der Borobudur ein *mandala,* d.h. eine geometrische Meditationshilfe. Aus der Entfernung gesehen, ist er ein *stupa,* ein

Borobudur auf einer Radierung aus dem 17. Jahrhundert.

Modell des Kosmos' in drei Ebenen. Auf einer rechteckigen Ebene ruht ein halbkugeliger Körper mit krönender Spitze. Nähert man sich von Osten, auf dem überlieferten Weg der Pilger, und erklimmt das Monument, indem man um jede Terrasse im Uhrzeigersinn herumgeht, wird durch jedes Relief und jede Bildhauerarbeit die Symbolkraft des Ganzen lebendig.

Von den ursprünglich zehn Ebenen des Borobudur war jede einem der drei Existenzprinzipien des Mahayana-Buddhismus zugeordnet. Dem *khamadhatu,* der niederen wirklichen Sphäre menschlicher Existenz, dem *rupadhatu,* der Sphäre (noch) körperlicher Existenz, und dem *arupadhatu,* der höheren Sphäre des Losgelöstseins von der Welt. Die unteren, jetzt bedeckten Galeriereliefs schilderten einst, wie das Leben in einer dieser Existenzformen wohl aussehen könnte.

Die nächsten fünf Ebenen (die Prozessionsterrasse für Aufzüge und vier konzentrische Galerien) zeigen auf den Reliefs (beginnend an der östlichen Treppe und den Gängen im Uhrzeigersinn folgend) das Leben des Prinzen Siddharta auf dem Weg zur Buddhaschaft, Szenen aus den Jataka-Erzählungen über frühere Inkarnationen des Gautama Buddha und Szenen aus dem Leben des Bodhisattva Sudhana (nach dem *Gandavyuha).* In Stein gehauene Prinzen und Gemeine, Musiker und tanzende Mädchen, Schiffe, heilige Männer und himmlische Heerscharen illustrieren diese fesselnden und vergnüglichen Geschichten und geben Einblick in viele Details des javanischen Alltagslebens dieser Zeit. In Nischen oberhalb der Galeriegänge stehen 432 steinerne Buddhas, jede Figur mit einer der fünf *mudras* (Handhaltungen: Beweisführung, Mitleid, Meditation, Furchtlosigkeit und Lehren).

Oberhalb der Galerien ruhen auf drei weiteren Terrassen 72 durchbrochene *dagobas* (Miniatur-*stupas),* die einzigartig in der buddhistischen Kunst sind. Die meisten von ihnen enthalten einen meditierenden *dhyani*-Buddha. Zwei Statuen sind unverhüllt geblieben, und ihr Blick ist auf die nahen Menoreh-Berge gerichtet, wo eine Reihe von Kuppen den göttlichen Erbauer des Tempels, Gunadharma, darstellen soll. Diese drei Terrassen symbolisieren denn auch die Übergangsstufen zur zehnten Ebene, zur höheren Sphäre der Formlosigkeit *(arupadhatu),* die in dem großen, krönenden *stupa* verkörpert ist.

Mendut und Pawon: Zwei kleinere und weniger bedeutende *candi* liegen in der Nähe (östlich) des Borobudur. Nur etwa 1,7 Kilometer entfernt ist **Pawon** (bedeutet vielleicht „Küche" oder „Krematorium"), auf einer schattigen Lichtung gelegen. Wegen seiner Nähe zum Borobudur wird er oft als „Vorhalle" bezeichnet und mag letzte Station auf der ziegelstein-gepflasterten Pilgerstraße gewesen sein. Die äußeren Mauern des Pawon sind mit himmlischen „Geldbäumen" und Musikanten bedeckt, ein bärtiger Zwerg über dem Eingang schüttet aus seinem Sack Reichtümer aus, vielleicht für die Pilger. Ansonsten ist wenig über die eigentliche Funktion und Symbolik bekannt.

Nur 1,1 Kilometer weiter östlich, jenseits des Zusammenflusses der heiligen Flüsse Progo und Elo, liegt der wunder-

Im Candi Mendut, während der Feierlichkeiten zum Geburtstag Buddhas.

Altertümer Zentraljavas

schöne **Candi Mendut.** Ein mächtiger indischer Feigenbaum (Banyan) beschattet den Vorhof, und während die meisten anderen javanischen Denkmäler nach Osten ausgerichtet sind, öffnet sich Mendut nach Nordwesten. Die mittlere und eine Reihe kleinerer *dagobas,* einst das Dach krönend, sind nicht mehr vorhanden, so daß die Anlage aus der Entfernung eher schlicht aussieht. Kommt man jedoch näher, erwachen Basreliefs auf den Außenmauern zum Leben.

Der Unterbau und beide Seiten der Treppe sind mit Szenen aus Fabeln und Volkserzählungen geschmückt, in denen Tiere eine Rolle spielen. Der Hauptbau enthält herrlich behauene Steinplatten, auf denen *bodhisattvas* und buddhistische Göttinnen dargestellt sind. In keinem anderen indonesischem Tempel sind größere Reliefs zu bewundern. Die Wände des Vorraums sind mit „Geldbäumen" und himmlischen Wesen verziert. Hier sind auch zwei eindrucksvolle Platten mit einem Mann und einer Frau inmitten einer spielenden Kinderschar zu sehen, von denen angenommen wird, daß sie durch die Bekehrung zum Buddhismus von kinderfressenden Ungeheuern zu Beschützern wurden.

Im überwältigenden Inneren befinden sich drei der schönsten Buddhastatuen dieser Welt: Ein drei Meter hoher, prachtvoller, sitzender Sakyamuni-Buddha, eingerahmt zur Rechten und Linken von den Bodhisattvas Vajrapani und Avalokitesvara, jeweils 2,5 Meter hoch. Ein kleines Relief mit einem Rad zwischen zwei Hirschen und die Handhaltung (*dharmachakra mudra*) symbolisieren die erste Rede des Buddha nach seiner Erleuchtung im Hirschpark bei Benares, mit der das „Rad der Lehre" angedreht wurde. Die Bodhisattvas blieben, obwohl erleuchtet, aus freien Stücken in dieser Welt, um die Anhänger des Buddha zur Erleuchtung zu geleiten. Vier Nischen in den Wänden enthielten früher wohl *dhyani*-Buddhas. (Die Tempel auf dem **Dieng-Plateau** sind im „Kurzführer" beschrieben.)

Prambanan, „Das Tal der Könige": Östlich von Yogyakarta, hinter dem Flughafen, durchschneidet die Yogya-Solo-Schnellstraße eine Ebene, die geradezu mit antiken Ruinen übersät ist. Da die Javaner diese *candis* als königliche Grabstätten ansehen, ist die Gegend als „Tal der Könige" oder „Tal der Toten" bekannt. In der Mitte der Ebene, 17 Kilometer von Yogyakarta entfernt, liegt das kleine Städtchen **Prambanan.** Ein Schild an der Kreuzung weist auf einen nördlich gelegenen hinduistischen Tempelkomplex gleichen Namens hin, den viele für den schönsten ganz Javas halten.

Prambanan wurde irgendwann um das Jahr 856 fertiggestellt, um den Sieg Rakai Pikatan's, Nachkomme von Sanjaya und Anhänger Shivas, über den letzten Sailendra-Herrscher Zentraljavas, Balaputra (der daraufhin nach Sumatra floh und Herrscher von Srivijaya wurde), zu feiern. Auch Prambanan wurde innerhalb weniger Jahre nach Fertigstellung verlassen und verfiel. Restaurierungsvorbereitungen begannen 1918, 1953 war die Restaurierung vollendet.

Der zentrale Hof des Komplexes enthält acht Gebäude. Die drei größeren sind in nord-südlicher Richtung angeordnet: Der prachtvolle, 47 Meter lange Shiva-

Tempel auf dem Dieng-Plateau.

138

Tempel wird von zwei nur wenig kleineren Tempeln eingerahmt; der nördliche ist Vishnu, der südliche Brahma geweiht. Gegenüber stehen drei kleinere Tempel, die vormals die „Fahrzeuge" oder "Reittiere" enthielten: Shivas Stier *(nandi)*, Brahmas Schwan *(hamsa)* und Vishnus Sonnenvogel *(garuda)*. Lediglich der *nandi* ist erhalten. Am nördlichen und südlichen Eingangstor stehen zwei 16 Meter hohe identische Hoftempel.

Meisterstück ist der größte der Tempel, der Shiva geweiht ist. Er wird auch als Loro Jonggrang („schlanke Jungfrau") bezeichnet, ein volkstümlicher Name, der manchmal dem gesamten Komplex gilt. Der Legende nach war Loro Jonggrang eine Prinzessin, die von einem unerwünschten Verehrer umworben wurde. Sie trug ihm auf, innerhalb einer Nacht einen Tempel zu bauen, verhinderte aber seine fast erfolgreiche Bemühung dadurch, daß sie das Morgengrauen durch Stampfen im Reismörser zu früh ankündigte. Der Freier verwandelte sie daraufhin im Zorn zu Stein und sie steht seitdem als Statue der Begleiterin Shivas, Durga, im nördlichen Raum des Tempels. In den anderen drei Räumen stehen Statuen von Agastya, dem „himmlischen Lehrer" (südlich), von Ganesha, dem elefantenköpfigen Sohn Shivas (westlich) und eine drei Meter hohe Statue von Shiva selbst (östlich).

Die ausgewogene Symmetrie und die feinfühligen Proportionen sowie der Reichtum bildhauerischer Einzelheiten machen die Anziehungskraft des Loro Jonggrang aus. Auf dem Unterbau der Hauptterrasse sind die sogenannten Prambanan-Motive abgebildet: Neben Nischen mit kauernden kleinen Löwen stehen Lebensbäume, die von einer liebenswerten Tiermenagerie bevölkert werden. Oberhalb sind an der äußeren Balustrade himmlische Wesen und 62 Szenen aus dem Handbuch klassischen indischen Tanzes, des Natyasastra, zu sehen. Schließlich erzählen Basreliefs, beginnend am östlichen Tor und im Uhrzeigersinn fortschreitend, die wundervoll lebendige, fesselnde Geschichte des *Ramayana* (die Fortsetzung findet sich auf der Balustrade des Brahma-Tempels).

Der Loro Jonggrang (Prambanan), während einer totalen Sonnenfinsternis im Jahr 1983.

Altertümer Zentraljavas

SURAKARTA

Für das 60 Kilometer östlich von Yogyakarta gelegene **Surakarta** interessieren sich wesentlich weniger Touristen als für Yogyakarta. Für einen Javaner ist das ziemlich unverständlich, denn für ihn ist Surakarta die ältere und vom höfischen Glanz vergangener Zeiten erfüllte Stadt, die Königin des traditionellen Kulturlebens in Java.

Vielleicht ist die Stadt weniger populär, weil sich schon die Herrscher von Surakarta nicht ins Rampenlicht der Geschichte gedrängt haben. Vor allem im stürmischen 18. Jahrhundert hatten sie dazu auch wenig Gelegenheit, denn das damals regierende Pakubuwana-Herrscherhaus war wirtschaftlich und militärisch völlig von den Holländern abhängig. Später verwandelte sich die königliche Familie in wohlhabende Großgrundbesitzer und Zuckerrohrmagnaten, die sich wie alle javanischen Adligen im 19. Jahrhundert nach dem Vorbild europäischer Könige kleideten.

Unbekümmert um das Gemecker so manchen Einwohners von Yogyakarta kann der Susuhunan von Surakarta (ein islamischer Fürstentitel) mit gutem Recht behaupten, der rechtmäßige Nachfolger auf dem Thron von Mataram (Zentraljava) zu sein. Denn 1680 wurde der königliche Regierungssitz aus Yogyakarta ins Tal des Solo River verlegt – zuerst nach Kartasura und 1745 nach Surakarta. Von hier aus hat die Mataram-Dynastie ohne Unterbrechung regiert, auch wenn sie durch einen von den Holländern aufgezwungenen Frieden ihr halbes Reich 1755 an den Herrscher von Yogyakarta abtreten mußte.

Aber die eigentlichen Gründe für die geringe Attraktivität der Stadt dürften die schlechten Flugverbindungen und die größere Entfernung von Borobudur und Prambanan sein. Doch mit Zug oder Auto ist man von Yogyakarta aus in einer Stunde da. Schon ein Tagesausflug lohnt sich.

Der **Kraton** von Surakarta wurde zwischen 1743 und 1746 an den Ufern des mächtigen Bengawan Solo, dem längsten Fluß Javas, erbaut. Ähnlich wie der Palast in Yogyakarta bezeichnet der *kraton* nicht nur den Mittelpunkt der Stadt und des Reiches, sondern auch den des Universums. In der Tat gibt es auch sonst verblüffende Ähnlichkeiten zwischen beiden Palästen.

Die am Nordeingang beginnende Straße überquert den Hauptplatz *(alunalun lor),* zwischen zwei Banyanbäumen hindurch, und endet vor einem hellblauen Bühnenpavillon, der mit kühlen Marmorfliesen verkleidet ist. Hinter diesem Pavillon liegt der königliche Empfangspavillon *(Siting gil),* hinter dem wiederum ein riesiges Tor den Weg zum Eingang des eigentlichen Palastes weist.

Als normaler Tourist steht man allerdings vor verschlossener Tür, denn dieser Eingang wird nur bei bestimmten Anlässen geöffnet. Otto Normalverbraucher muß bis zur Ostseite des Palastes laufen, wo er für wenig Geld eine Führung durch das Museum und das eigentliche Heiligtum geboten bekommt. Hier, überschattet von Laubbäumen, durch die barschultrige Dienerinnen *(abdidalem)* huschen, befindet sich der Thronsaal des

Links: Hauptmann der Wache vor dem Palast in Surakarta.
Rechts: Tari-Topeng-Tänzer in Surakarta.

Susuhunan. Er fiel, wie auch ein großer Teil des *kraton sanctum,* am 6. Februar 1985 einem Feuer zum Opfer. Der Brand wurde von einem Kurzschluß in einer elektrischen Leitung verursacht. Glücklicherweise forderte er keine Todesopfer und verschonte weitgehend unersetzbare Erbstücke und Manuskripte. Inzwischen wurde der Kraton wieder restauriert und kann wieder besichtigt werden.

Das dem Kraton angeschlossene Museum wurde 1963 eingerichtet und besitzt uralte hinduistisch-javanische Bronzearbeiten, traditionelle javanische Waffen und drei herrliche Kutschen. Die älteste stammt aus dem Jahr 1740 und war ein Geschenk der holländischen Ostindiengesellschaft an Pakubuwana II. Das Museum beherbergt auch einige bemerkenswerte Gallionsfiguren alter königlicher Barkassen, darunter Kyai Rajamala, ein Riese von unvorstellbarer Häßlichkeit, der einst den Bug des Privatschiffs des Susuhunan schmückte und von dem man behauptet, er stinke immer noch nach Fisch, wenn die täglichen Opfergaben ausbleiben.

Wenn Sie genug vom Kraton haben, sollten Sie einen Bummel durch die außerhalb liegenden engen Gassen machen und auf keinen Fall einen Besuch im **Sasana Mulya** versäumen, dem Musik- und Tanzpavillon der Indonesian Performing Arts Academy (ASKI), westlich vom Haupteingang des Palastes. In dieser geschichtsträchtigen Kunstakademie wurde um die Jahrhundertwende die erste Notenschrift für *gamelan*-Musik entworfen. Hier kann man jeden Tag beflissene Studenten treffen, die zu Vorträgen oder Proben mit *gamelan*-Musik, traditioneller Tanzkunst oder *wayang kulit* eilen. Falls Sie nicht stören, können Sie gern daran teilnehmen.

Der „andere" Palast Surakartas: Etwa ein Kilometer nordwestlich des Kraton hat ein Nebenzweig der königlichen Familie einen eigenen, kleineren und intimeren Palast gebaut. Er wurde unter Mangkunegara II. am Ende des 18. Jahrhunderts begonnen und 1866 vollendet. Auch der **Pura Mangkunegaran** ist öffentlich zugänglich. Am besten wenden Sie sich an das Büro am östlichen Ein-

Hauptsaal des einstigen Kraton in Surakarta.

gang und bezahlen die niedrige Gebühr für eine Führung. Geöffnet ist täglich von 8.30 bis 12 Uhr.

Der äußere Empfangspavillon, *pendopo*, ist angeblich der größte seiner Art in Java. Er ist aus Teakholz und in der traditionellen Bauweise, also ohne einen einzigen Nagel, gebaut. Sehenswert ist die in leuchtenden Farben bemalte Decke mit den acht mystischen Farben Javas in der Mitte, die um ein Flammensymbol gruppiert und von den javanischen Tierkreiszeichen umringt sind. Die *gamelan*-Instrumentensammlung im südwestlichen Teil des *pendopo* ist bekannt unter dem Namen Kyai Kanyut Mesem, zu Deutsch: bezauberndes Lächeln. Soweit möglich, sollte man den Palast am Mittwochvormittag besuchen, weil dann eine Tanzprobe stattfindet.

Das Museum in der Zeremonienhalle des Palastes, unmittelbar hinter dem *pendopo*, zeigt vor allem Stücke aus der Privatsammlung von Mangkunegara IV.: Tanzschmuck, *topeng*-Masken, Schmuck (unter anderem zwei silberne Keuschheitsgürtel), alte Münzen aus Java und China, Bronzefiguren und eine ausgezeichnete Sammlung von *keris*, rituellen Schwertern.

Surakarta ist ideal für alle, die ohne Hektik einkaufen wollen und auf der Suche nach unbekannten Schätzen sind. Hier gibt es zum Beispiel eine richtiggehende „Antiquitätenindustrie" – zahllose Händler sammeln und restaurieren alte Möbel und Nippessachen aus China, Java und Europa. Ausgangspunkt für jeden „Schatzsucher" ist der **Pasar Triwindu** südlich des Mangkunegaran-Palastes (hinter den Elektronikläden an der Jl. Diponegoro).

In Surakarta haben auch die bedeutendsten Batik-Hersteller ihren Sitz und drei davon verkaufen ihre Kollektion in Ausstellungsräumen zu akzeptablen Preisen (die Adressen finden Sie im „Kurzführer"). Entlang der Hauptstraßen finden Sie viele kleinere Batikläden. Wenn Sie jedoch wissen wollen, warum Surakarta sich die „Stadt des Batik" nennt, dann sollten Sie unbedingt dem **Pasar Klewer,** dem riesigen Markt für Textilien neben der Großen Moschee in der Nähe des Kraton, einen Besuch abstatten. Hier treffen sich Hausfrauen und Händler aus den Dörfern, um ihre Stoffe zu verkaufen. Auf vollgestopften kleinen Verkaufsständen finden Sie ein fast unglaublich vielfältiges Sortiment von Batikstoffen mittlerer oder minderer Qualität. Aber überlegen Sie sich genau, was Sie kaufen wollen! Die Preise liegen zwischen einem und 100 US-$ für die Meterware.

Surakarta gilt auch als das unumstrittene Zentrum für traditionelle javanische Bühnen- und Tanzkunst. Hier können Sie zu einer der abendlichen *wayangorang*-Tanzvorführungen, zu einem *wayang-kulit*-Schattenspiel oder zu einem *gamelan*-Konzert gehen. Selbstverständlich können Sie hier auch die dazugehörigen Kostüme, Puppen und Instrumente kaufen. Reichverzierte Schattenspielpuppen, gräßlich verzerrte Holzmasken, vergoldeter Kopfschmuck und sogar riesige Gongs aus Bronze sind überall zu bekommen und eignen sich hervorragend als Geschenk oder Dekoration für Ihre Wohnung. Einzelheiten finden Sie dazu im „Kurzführer".

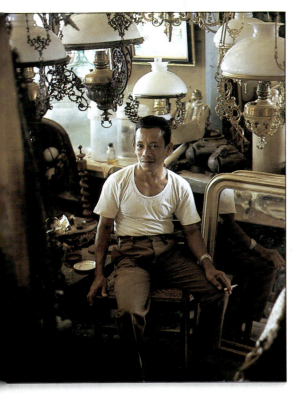

Antiquitätenhändler am Pasar Triwundu.

OSTJAVA UND MADURA

In Ostjava fehlen viele touristische und öffentliche Einrichtungen. Aber gerade deshalb ist es ein Paradies für Reisende, die das Ungewöhnliche lieben, für zu allem entschlossene Individualisten auf der ständigen Suche nach unbekannten Altertümern, die den Blick von einem einsamen Kraterrand genießen wollen.

Die Provinz läßt sich in drei Gebiete einteilen: die Nordküste einschließlich der Insel Madura mit alten islamischen Hafenstädten, das Tal des Brantas River mit Baudenkmälern und Erholungsorten aus der Kolonialzeit und den früher unter dem Namen Blambangan bekannten östlichen Teil mit atemberaubenden Vulkanen, Naturschutzgebieten und unvergeßlichen Landschaften.

Der breite Brantas windet sich in einem weiten Bogen durch die fruchtbaren Reisanbaugebiete des östlichen Zentraljava um mehrere hohe Berge wie den Mt. Arjuna, Mt. Kawi und Mt. Kelud herum. Ab 930 v. Chr. war dieses Tal fünf Jahrhunderte lang der unumstrittene Schwerpunkt der Zivilisation und Machtzentrum auf der ganzen Insel. Die großen Königreiche dieser Zeit – Kediri, Singhasari, Majapahit – haben ein reiches Erbe in Tempelkunst, Literatur, Musik und Drama hinterlassen.

Als sich im 15. Jahrhundert auf Java der Islam und ein aufblühender Handel mit Gewürzen und Textilien auszubreiten begannen, kam es zu gewaltsamen Auseinandersetzungen zwischen den reisanbauenden Königreichen im Landesinneren und den neuen islamischen Handelsmächten an der Küste. 1527 wurde das Brantas-Tal von islamischen Truppen erobert, viele Hindus flohen Richtung Osten nach Blambangan und Bali. Noch heute halten sich die Tenggeresen am Mt. Semeru für die Nachkommen dieser indo-javanischen Flüchtlinge.

Surabaya, die Stadt der Helden: Bis zur Jahrhundertwende war die ostjavanische Hauptstadt **Surabaya** der größte und bedeutendste Seehafen im ganzen Archipel.

Surabaya – alte holländische Lagerhäuser im Kali-Mas-Kanal.

Der Aufstieg Surabayas begann 1525, als seine Herrscher zum Islam übertraten und in kurzer Zeit alle anderen Küstenstaaten unterwarfen. Ende des 16. Jahrhunderts jedoch dehnte sich das zentraljavanische Königreich von Mataram nach Osten aus und zettelte einen blutigen und langwierigen Krieg mit Surabaya an.

Die Holländer beschrieben die Stadt 1620 als einen wohl ernstzunehmenden Gegner, der von einem Kanal und schwer einzunehmenden Festungsanlagen mit einem Gesamtumfang von immerhin 37 Kilometern umgeben war. 30 000 Soldaten soll Surabayas Armee umfaßt haben. Das macht verständlich, daß die Stadt erst im Jahre 1625, nach der Verwüstung ihrer Reisfelder und der Umleitung des Flusses durch Sultan Agung, dem Ansturm erlag.

Mitte des 18. Jahrhunderts wurde Surabaya an die Holländer abgetreten und entwickelte sich schnell zum wirtschaftlichen Zentrum des Archipels. Es war die Zeit der Rahsegler, reicher chinesischer und arabischer Kaufleute, exzentrischer deutscher Hotelbesitzer und kräftiger Seeleute, die sich um die Schönheiten von Surabaya prügelten.

Die heutige Realität ist vergleichsweise banal – Surabaya ist eine heiße, wildwuchernde Stadt mit knapp 2,5 Millionen Einwohnern. Man nennt sie die „Stadt der Helden", weil hier im November 1945 die bedeutungsvolle erste Schlacht um die Unabhängigkeit ausgetragen wurde. Obwohl die indonesischen Rebellen von den besser ausgerüsteten britischen Truppen aus der Stadt vertrieben wurden, fügten sie diesen schwere Verluste zu und bewiesen sich und der Welt, daß man um die Unabhängigkeit kämpfen konnte und mußte.

Die interessantesten Gegenden in Surabaya sind die alten Chinesen- und Araberviertel im Norden der Stadt, unweit des Hafens. Nehmen Sie sich die Zeit für einen Spaziergang durch die engen Gassen östlich der Jl. K. H. Mas Mansyur, wo sich die Moschee und das **Heilige Grab des Sunan Ampel** befinden, einem der „neun Heiligen", die den Islam auf der Insel verbreitet haben.

Stierrennen in Madura.

Südlich davon, in der Jl. Dukuh 11/2, liegt der **Hong Tik Hian Temple,** in dem jeden Tag eine chinesische Handpuppentheateraufführung *(potehi)* stattfindet. Jenseits der Jl. Kembang Jepun, in der Jl. Selompretan, steht das älteste chinesische Heiligtum von Surabaya – der **Hok An Kiong Temple** aus dem 18. Jahrhundert, den einheimische chinesische Handwerker in der traditionellen Bauweise ganz aus Holz gebaut haben.

Vom Chinesenviertel aus, die Jl. Kembang Jepun in westlicher Richtung entlang, kommt man zur berühmten „Roten Brücke" über den Kali-Mas-Kanal. Sie liegt im ehemaligen Geschäftsviertel des 19. Jahrhunderts, von dem eine Reihe holländischer Lagerhäuser und Bürogebäude erhalten geblieben sind.

„Fetter Kerl" und ein Drache: Um zu sehen, wie sehr Surabaya sich ausgedehnt hat, muß man von der Roten Brücke aus den Fluß entlang fahren, vorbei am **Heroes Monument.** Wenn Sie von der Hauptgeschäftsstraße Jl. Tunjungan in die Jl. Pemuda einbiegen, kommen Sie zum früheren **Governor's Mansion,** das nach der Jahrhundertwende erbaut wurde und damals im Zentrum des kolonialen Surabaya stand. Genau gegenüber, in einem kleinen Park, steht eine jahrhundertealte Statue des 1292 verstorbenen Königs Kertanegara, offiziell **Joko Dolog,** im Volksmund liebevoll „fetter Kerl" genannt. Fährt man weiter in südlicher Richtung durch gepflegte Vororte, kommt man zum Zoo von Surabaya, der viele exotische Tierarten beherbergt.

Biertrinkende Stiere: Die meisten Besucher versuchen, aus der Hitze und dem Gewimmel Surabayas in die kühlen Hügel südlich der Stadt zu entkommen. Aber manche überqueren die schmale Meerenge zur benachbarten **Insel Madura** – vor allem im August und September, wenn die aufregenden alljährlichen Stierrennen stattfinden.

Ein merkwürdiger Sport, dieses *kerapan sapi!* Den Maduranern zufolge maßen ursprünglich Pflugmannschaften über die Länge eines Reisfeldes hinweg ihre Kräfte miteinander. Die heutigen Stiere brauchen nicht mehr zu pflügen, sie werden speziell für die Rennen gezüchtet und sind der Stolz der ganzen Gegend. Teilnehmen dürfen nur Stiere, die hinsichtlich Kraft, Gewicht, Aussehen und Schnelligkeit bestimmten Ansprüchen genügen. Den ganzen August über finden überall in Madura und Ostjava Vorentscheidungsrennen statt, ehe es schließlich in **Pamekasan,** der Inselhauptstadt, zum großen Finale kommt.

Dann endlich ist der langersehnte Höhepunkt gekommen: ein donnernder 100-Meter-Sprint, vor den Augen brüllender Menschenmassen. Normalerweise bewegen sich die riesigen Tiere nur schwerfällig, aber „gedopt" durch eine Mischung von Bier, Eiern und Peperoni erreichen sie eine Geschwindigkeit von fast 50 km/h. Einige fanatische Zuschauer machen sich einen Sport daraus, sich ans Ende der Rennstrecke, genau in die Bahn der anstürmenden Bullen zu stellen, so daß es immer wieder zu Unfällen kommt.

Schon immer waren die Maduresen bekannt für ihre Zähigkeit, die möglicherweise mit dem trockenen Kalksteinboden ihrer Heimat zusammenhängt. Ihre Haupterwerbszweige sind Fischen,

Badeteich aus dem 11. Jahrhundert in Belahan.

Tabakanbau und Salzgewinnung. Hier und im Osten gibt es einige schöne Strände. Der bescheidene Palast in **Sumenep** hat ein kleines Museum und eine Sammlung von Manuskripten.

Die Suche nach Altertümern macht auf Madura ungeheuren Spaß. Selbst wenn Sie nichts für alte Steinhaufen übrig haben, werden Sie immer irgendwo abgelegene und schöne Landschaften entdecken, die noch kein Touristenbus erreicht hat. Ein guter Ausgangspunkt für die Suche nach einsamen Tempeln oder andere Erkundungstouren ist der herrlich gelegene Gebirgsort **Tretes,** 55 Kilometer südlich von Surabaya.

Hier ist die Luft frisch, die Nächte sind kühl und die Berglandschaft ist begeisternd. Ganz in der Nähe sind drei sehenswerte Wasserfälle, zu denen man vormittags laufen oder reiten kann. Anschließend können Sie den Nachmittag an einem von Quellen gespeisten Swimmingpool verbringen, versorgt mit einem guten Buch und einem riesigen Topf Tee oder Kaffee. Vielleicht treibt Ihr Tatendrang Sie sogar den 3340 Meter hohen Mt. **Arjuna** (hinter Tretes) hinauf und führt Sie dabei durch üppige wachsende Bergwälder. Vielleicht auch über das Lalijiwa Plateau auf einem schmalen Pfad zum benachbarten Mt. **Welirang,** wo die Einheimischen aus zischenden Quellen Schwefel gewinnen.

Die ganze Gegend ist übersät mit alten Baudenkmälern. Eines davon ist **Candi Jawi,** sieben Kilometer hinter Tretes, an der Hauptstraße. Dieses buddhistische Heiligtum (vollendet um 1300) ist einer der Bestattungstempel, die man dem 1292 verstorbenen König Kertanegara aus der Singhasari-Dynastie zu Ehren errichtet hat.

Vom Candi Jawi aus blickt man hinüber zum Mt. Penanggungan im Norden, einem vollkommen geformten Kegel, der von kleineren Gipfeln umgeben ist und wegen seiner Form als Kopie des heiligen Berges Meru gilt. Der Mt. Penanggungan ist übersät mit Dutzenden von Heiligtümern, Meditationsgrotten und heiligen Weihern. Die meisten dieser insgesamt 81 Besichtigungsstätten liegen an der Nord- und Westflanke des Berges.

Tretes – Candi Jawi.

Am bezauberndsten und leicht zugänglich ist **Belahan,** ein kleiner Badesee am östlichen Fuß des Berges.

Spuren der Vergangenheit: Von Tretes oder Surabaya aus kommt man in knapp einer Stunde zum Dorf **Trowulan,** einstmals Hauptstadt des größten Reiches auf javanischem Boden – des Majapahit-Reiches des 14. Jahrhunderts. Leider sind von den Bauwerken dieser Zeit nur noch die Fundamente und einige Tore erhalten, weil die meisten aus weichen Ziegelsteinen und Holz gebaut waren. Dennoch bietet das **Trowulan Museum,** täglich von 8 bis 13 Uhr, eine faszinierende Sammlung von Terrakottafiguren und -fragmenten sowie ein Reliefmodell des ganzen Gebietes; hier kann man einige Sehenswürdigkeiten ausmachen: **Candi Tikus,** eine königliche Badeanstalt, **Candi Bajang Ratu,** ein großes Eingangstor aus Ziegeln, und **Wringin Lawang,** ein Palasttor. Auch den Friedhof bei **Iralaya,** zwei Kilometer südlich von Trowulan, sollten Sie besuchen – hier finden Sie die ältesten islamischen Gräber Javas.

Die eindrucksvollsten Statuen werden im **Mojokerto Museum** aufbewahrt, darunter auch die berühmte Skulptur von König Airlangga, dargestellt als Vishnu auf einem beeindruckenden *garuda* – einst Herzstück von Belahan.

Viele weitere Altertümer kann man in der Umgebung der attraktiven Stadt Malang finden, dem blühenden Zentrum des Tabak- und Kaffeeanbaus südlich von Surabaya. Wenden Sie sich am Garuda Cinema am nördlichen Rand von Singosari, zehn Kilometer nördlich von Malang, nach Westen und folgen Sie einer schmalen Straße bis zum **Candi Singhasari.** Wahrscheinlich sollte dieses unvollendete Baudenkmal der Hauptbegräbnistempel für König Kertanegara werden, dessen Palast ebenfalls in dieser Gegend gelegen sein muß. Bekannt ist er wegen seiner ungewöhnlichen Konstruktion (die Grabkammern sind in die Tempelfundamente eingelassen) und wegen zwei monströsen Wächterfiguren *(raksasas).*

Malang: Malang selbst ist mit seiner Kolonialatmosphäre und seinem kühlen

Sundoro – Sonnenaufaufgang, vom Mt. Bromo aus beobachtet.

Klima sehr schön (siehe „Kurzführer"). Östlich der Stadt liegen zwei interessante Tempel. Vom Dorf Blimbing, am Nordrand von Malang, aus fährt man eine ausgeschilderte Straße nach Osten, etwa 20 Kilometer bis Tumpang. Kurz vor dem Marktplatz biegt eine enge Straße links ab zum **Candi Jago,** einem terrassenförmig angelegten Heiligtum, das 1268 als Gedenkstätte für den König Vishnuvardhana erbaut wurde. Jede der Terrassenstufen ist mit Reliefs im *wayang*-Stil, dem typisch javanischen Schattenspiel-Stil, versehen. Sie zeigen Szenen aus dem Mahabharata und eine furchterregende Prozession von Dämonen aus der Unterwelt.

Etwa fünf Kilometer südwestlich von Tumpang liegt **Candi Kidal,** ein hoher, schlank gebauter Tempel zu Ehren von Anushapati, einem anderen Singhasari-Herrscher, der 1248 starb.

Die einzige relativ große Tempelanlage Ostjavas ist **Candi Penataran.** Sie liegt 80 Kilometer westlich von Malang, unmittelbar im Norden der Stadt Blitar, zu der man lieber die längere, aber landschaftlich schönere Straße durch die Berge über Kediri nehmen sollte.

Bemerkenswert ist, daß die Baumeister von Penataran auf die formale Symmetrie ihrer indischen Vorbilder verzichtet und ihre Tempelkonstruktion im wesentlichen an die landesüblichen Paläste angeglichen haben, also mit Empfangspavillons im Vorhof und einem kunstvoll gestalteten Badebecken im hinteren Teil. Der Haupttempel steht an der Rückseite der Anlage, möglichst dicht zum Berg hin (wie in Bali) und die Dachstufen tragen kühne *wayang*-Reliefs mit Szenen aus dem Ramayana und Krishnayana.

In der Nähe von Penataran, an der Straße nach Blitar, steht das **Präsident Sukarno Mausoleum,** die letzte Ruhestätte des 1970 verstorbenen „Vaters der indonesischen Unabhängigkeit". Auf dem Weg von oder nach Blitar (über die schöne Straße von Malang nach Kediri) empfiehlt sich ein Abstecher nach **Selekta,** einem für seine Kolonialvillen, Swimmingpools und Apfelgärten bekannten Erholungsort.

Die Tierwelt Ostjavas: Die östliche Landzunge Javas ist geprägt von drei noch tätigen Vulkanen, an denen jeweils ein Nationalpark oder ein Naturschutzgebiet liegt. Am meisten besucht ist der Mt. **Bromo,** ein Vulkankegel innerhalb des riesigen Tengger-Kraters, mit einem günstig gelegenen Hotel (siehe Teil IV „Die Tierwelt Indonesiens"). Die anderen beiden, **Yang Plateau und Ljen Crater,** sind zwar ebenfalls zugänglich, erfordern aber eine umfassendere Vorbereitung (siehe „Kurzführer").

Es gibt drei weitere Tierreservate in Küstennähe, die man auf dem Weg nach oder von Bali aufsuchen kann. Leicht erreichbar ist der **Baluran National Park** an der Nordostspitze Javas (siehe Teil IV „Die Tierwelt Indonesiens"). Auch an der Südostspitze Javas befindet sich ein Reservat, das **Banyuwangi Selutun Reserve,** in das allerdings keine Straßen hineinführen. Am Westufer haben Surfer Bambushütten errichtet, die sie bewohnen, wenn sie von Bali kommen, um hier auf den Brandungswellen zu surfen. Verlockender für alle Nicht-Surfer dürfte das **Meru Betiri Reserve** an der Südküste bei Sukamade sein.

Malang.

BALI: DIE GRÜNE INSEL

Bali ist in vielerlei Hinsicht die schönste Insel im Archipel. Vor allem ist sie ein hinreißendes Kunstwerk der Natur. Von Ost nach West verläuft eine Kette von Vulkanen, die von den Gipfeln des Mt. Batur und des Mt. Agung überragt werden. Von Nord nach Süd ziehen sich tiefe Schluchten. Die vulkanischen Böden Balis sind außerordentlich fruchtbar und von Dezember bis April bringt der Nordwestmonsun reichliche Regenfälle.

Schon immer haben die Balinesen versucht, sich diese Gaben der Natur zunutze zu machen. Auch noch am steilsten Hang sind in mühevoller Arbeit Terrassenfelder angelegt worden. Jeder fruchtbare Fleck wird durch ein kunstvolles System von Aquädukten, Dämmen und Schleusen, das schon seit Jahrhunderten funktioniert und von *subaks*, dörflichen Arbeitsgemeinschaften, betrieben wird, bewässert. Die Natur belohnt all diese Anstrengungen mit reichen Ernten, die es den Balinesen ermöglichen, sich ihren ausgeprägten kulturellen Bedürfnissen zu widmen.

Die Balinesen sehen ihre Umwelt mit religiösen Augen. Reiche Ernten werden Dewi Sri zugeschrieben, der Göttin des Reis und der Fruchtbarkeit. Ihr Symbol ist *cili*, zwei Dreiecke, die in Gestalt einer wohlgeformten Frau zusammengefügt sind. Leicht abgewandelt taucht ihr Bild fast überall auf. In den Bergen wohnen gute Geister, im Meer lauern dunkle und feindliche Mächte. Die Welt der Menschen liegt zwischen diesen beiden Extremen. Deshalb ist in Bali jedes Haus, jedes Dorf und jedes Königreich entlang der Achse zwischen Meer und Bergen ausgerichtet.

Die Kinder des Mythos: Als die Erde als menschliche Wohnstätte geeignet war, besprach sich der große Lehrer Batara Guru mit seinem anderen Ich über die Notwendigkeit und Beschaffenheit des Menschen. Sie beschlossen, in einen Wettstreit miteinander zu treten und Modelle aus Ton zu formen. Jeder von beiden gab zu, daß er dabei experimentiere und verspottete jeweils die Bemühungen des anderen. In der Tat ging so mancher Versuch daneben: Die ersten Menschen kamen zu hell aus dem Brennofen die nächsten waren fast schwarz gebrannt. Erst die nächste Produktion – die Balinesen – waren rundum gelungen und goldbraun. Durch Meditation hauchten Batara Guru und Brahma den Balinesen Leben ein.

Diese humorvolle Schöpfungsgeschichte paßt gut zu den Balinesen, die in Wirklichkeit aus der Verschmelzung verschiedener mongolischer Stämme hervorgegangen sind, die vor Jahrtausenden auf der Insel einwanderten.

Ihre Sprache ist eng verwandt mit der der Sasak auf Lombok, aber auch mit dem Javanischen. Bali wurde schon früh in der Geschichte besiedelt und zivilisiert, was Steinmegalithen wie Gunung Kawi und die ausgefeilte Bronzetrommel „Mond von Pejeng" bezeugen, die man auf einige Jahrhunderte vor unserer Zeitrechnung datiert.

Vor fast 1000 Jahren wurde Bali Vasall der großen hinduistischen Reiche auf Ostjava. Airlangga (Regierungszeit 1019–1049), einer der frühesten Herrscher, war der Sohn Udayanas, eines balinesischen Königs und dessen javanischer Gattin. Aber vorher hatten die Balinesen in einem Jahrhunderte währenden

Vorherige Seiten: Besakih, Balis heiligster Tempel, schriftlich erwähnt in einer Inschrift aus dem Jahr 1007. **Links:** Am Morgen in Tampaksiring. **Rechts:** Sanghyang-Dedari-Trancetänzerin.

Prozeß kultureller Osmose ihren ursprünglichen Animismus in die Riten, die Kosmologie und das Wissen des Hinduismus integriert.

Seinen Höhepunkt erreichte der Einfluß des javanischen Hinduismus Ende des 16. Jahrhunderts, als angeblich fast der gesamte hinduistische Adel vor dem Islam nach Bali flüchtete. Tatsächlich gründet sich vieles von dem, was wir über Sprache und Bräuche des alten Java wissen, auf Texte und Traditionen, die nur in Bali gefunden wurden.

Dennoch hat die balinesische Kultur ihren eigenständigen Charakter bewahrt und ein hochstehendes und glanzvolles Niveau erreicht. Nach der islamischen Eroberung Javas kam es 1550 zur politischen Einigung Balis

unter dem Herrscher Batu Renggong, dem vierten großen Gott-König oder *Dewa Agung* von Gelgel. Zwar hielt die politische Einheit nur zwei Generationen lang, aber in dieser Zeit erlebte Bali sein goldenes Zeitalter, in dem gesellschaftliches Leben und Künste in voller Blüte standen.

Unter Batu Renggong wurden die spirituelle und die irdische Welt Balis miteinander verschmolzen durch den Bau von neun großen Tempelanlagen (Pura Agung oder Sad Kahyangan). Haupttempel war der Pura Besakih an den Hängen des Mt. Agung. Zur gleichen Zeit wurden der *saka*-Kalender Javas und der 30wöchige balinesische *wuku*-Kalender mit-einander kombiniert. Auf diese Weise entstand die heute noch gültige komplizierte Abfolge ritueller Vorschriften.

Die unumstrittene Herrschaft und Autorität des Dewa Agung nahm bereits unter Batu Renggongs Sohn und Enkel ab. Sie splitterte sich später in ein Dutzend von Raja-Reiche auf, die etwa drei Jahrhunderte Bestand hatten. Acht davon sind heute noch Regierungsbezirke: Bandung, Bangli, Tabanan, Gianyar, und Klungkung in Zentral- und Südbali; Buleleng, Karangasem und Jembrana im Norden, Osten und Westen.

Wegen ihrer Furcht vor dem Meer und ihrem ständig gegenwärtigen Mißtrauen gegenüber Ausländern lebten die Balinesen von 1600 bis 1900 isoliert von der restlichen Welt. Während dieser Zeit entwickelten und verfeinerten sie ihre Tanzkunst, Musik, Malerei, Skulptur, Dichtung, Baukunst und das Drama – immer zu Ehren der zahlreichen Götter und Gottkönige Balis.

Obwohl der Insel weitgehend die Zerstörungen des 19. Jahrhunderts erspart blieben, wurde Bali um die Jahrhundertwende zum Schauplatz einer Reihe von grauenhaften Selbstvernichtungsschlachten *(puputan)*, in denen sich die Könige und Adligen in ihre *keris* stürzten oder ungeschützt in die holländischen Gewehrsalven rannten, weil sie den Tod der Unterwerfung vorzogen.

1908 war die Eroberung Balis durch die Holländer abgeschlossen, die eine Reihe einheimischer Herrscher als Regenten unter ihrer Oberherrschaft einsetzten. Einigen, wie dem König von Karangasem in Ostbali, wurde sogar eine gewisse Unabhängigkeit zugestanden. Im wesentlichen blieb die Autorität und der Reichtum der einheimischen Herrscher bis in die fünfziger Jahre dieses Jahrhunderts erhalten, ehe sie durch die Landreform und die republikanische Staatsform ihrer Ländereien und feudalen Rechte beraubt wurden. Dennoch genießen die balinesischen Adligen auch heute noch hohes Ansehen, allerdings nur noch als *pengamong*, als Hüter der über 5000 Tempel auf der Insel.

Auf dem Weg in die moderne Welt: Seit seiner Entdeckung durch holländische Gelehrte und westliche Künstler zu Beginn des 20. Jahrhunderts ist Bali gleichgesetzt worden mit Shan-

<u>Oben</u>: **Eine der zahllosen Skulpturen im weichen Vulkangestein Balis.** <u>Rechts</u>: **Nahaufnahme eines kunstvoll gestalteten Speiseopfers aus Reisbrei.**

gri-La, dem letzten Paradies auf Erden. Hollywoodfilme, exotische Zigarren, Restaurants und Weine benutzen den Namen der Insel, um etwas von dem Zauber wachzurufen, der sich mit der Kultur dieser Insel verbindet. Inzwischen ist Bali so sehr als „Wunderinsel" abgestempelt, daß bei denen, die nach dem Paradies suchen, Zweifel aufkommen. Wie echt ist heute noch der Glanz einer der glanzvollsten traditionellen Kulturen der Welt?

Die rasche Eingliederung Balis ins 20. Jahrhundert und die touristische Invasion der sechziger und siebziger Jahre fand in anderen tropischen Idyllen unglückselige Parallelen, die fast immer zum Verlust der kulturellen Identität und Ursprünglichkeit führten. Aber Bali hat in der Vergangenheit fast immer kultureller Überfremdung widerstanden, indem es fremde Einflüsse einem Prozeß der Assimilation und Integration in seine eigenen lebendigen Traditionen unterworfen hat.

Ein schlagendes Beispiel für die Fähigkeit zur Einverleibung und Anverwandlung ist die balinesische Kunst, in der sich indische, hinduistisch-javanische, chinesische, islamische und europäische Einflüsse niedergeschlagen haben. Charakteristisch ist auch die Eigenschaft, alles auszuscheiden, das unvereinbar mit der balinesischen Lebensphilosophie ist.

Fälschlicherweise glauben viele Ausländer, daß die balinesische Kunst weitgehend ihre Ausstrahlungskraft verloren habe, daß die *gamelans* in den Pavillons verrosten und daß die Tänzer der Bühne den Rücken kehren. Nichts davon ist wahr. Bali erlebt in vielerlei Hinsicht eine kulturelle Renaissance – die Tempelfeste werden größer und farbenfroher, alte Kunstformen werden wiederbelebt und es gibt mehr Musikgruppen als jemals zuvor.

Ein Glaube an Harmonie: Religion, Riten und Feste begleiten einen Balinesen von der Geburt bis zum Tod und sogar darüber hinaus. Sie sind die verbindende Kraft innerhalb der Familie und Grundlage für Zusammenleben und Zusammenarbeit in den Dörfern. Religiöse Bräuche bestimmen die Stadtplanung, die Architektur eines Tempels, die Bauweise eines Hauses und die Verteilung der Verantwortlichkeiten innerhalb der Gemeinschaft. Ob es nun der Urlaub, die Freizeitgestaltung oder das gesellige Beisammensein ist – alles hängt ab vom religiösen Kalender und ist mit religiösen Vorschriften verknüpft.

Jeder Balinese wird in ein kompliziertes soziales Gefüge hineingeboren. Kinder genießen fast unbegrenzte Privilegien, weil man glaubt, daß ihre Seelen noch rein und dem Himmel näher seien. Babys dürfen die unreine Erde nicht berühren und werden überall herumgetragen. Balinesische Kinder sind nie allein, werden nie geschlagen und sind selten quengelig. In Abständen sind Zeremonien vorgeschrieben, vor allem am ersten Geburtstag (nach 210 Tagen), an dem ein Priester Opfergaben darbringt. Damit beginnt ein lebenslanger Kreislauf von Riten, die Wendepunkte im Leben markieren wie Pubertät, Eheschließung, Geburt eines Kindes oder Tod. Dazwischen liegen regelmäßige Opfergaben für die Vorfahren. In jedem Dorf gibt es drei Tempel: Im *Pura Puseh* (Tempel des Ursprungs) wer-

Bali
16 km / 10 miles

den die Gründerahnen des Dorfes verehrt; *Pura Desa* dient Zeremonien für die Lebenden; *Pura Dalem* ist dem Totenkult geweiht und Terrain der Totengöttin Durga.

Innerhalb der *desa,* der Dorfgemeinschaft, existieren kleinere Gemeinschaften, die *banjar.* Es sind Nachbarschaftskooperativen zur gegenseitigen Unterstützung bei Heiraten, Festlichkeiten und vor allem bei Todesfällen. Jeder Erwachsene ist Mitglied sowohl der *desa* wie seiner *banjar.* Die *banjar* hat die Verfügungsgewalt über das Gemeineigentum, ein *gamelan*-Orchester und Tanzutensilien. Sie verfügt über eine Gemeinschaftsküche für Festlichkeiten, einen Trommelturm *(kulkul)* zur Einberufung von Zusammenkünften und einen Gemeinschaftstempel. Die Versammlungshalle der *banjar* ist ein offener Pavillon mit einem großen Vordach *(bale)*. Hier treffen sich die Männer, um mit ihrem *gamelan*-Ensemble zu üben, Tanzproben anzuschauen oder zu beratschlagen.

Erfreulicherweise ist für jede neue Generation die überlieferte Lebensweise so neu und voll innerer Kraft wie für die vorhergehende. Deshalb machen sich die Balinesen auch keine Sorgen um ihre Religion, die sie nur als *adat,* als Brauch betrachten.

Der mexikanische Künstler Covarrubias bemerkte in seinem 1937 erschienen Buch *Bali:* „Was in einem Dorf die Regel ist, kann im anderen schon die Ausnahme sein."

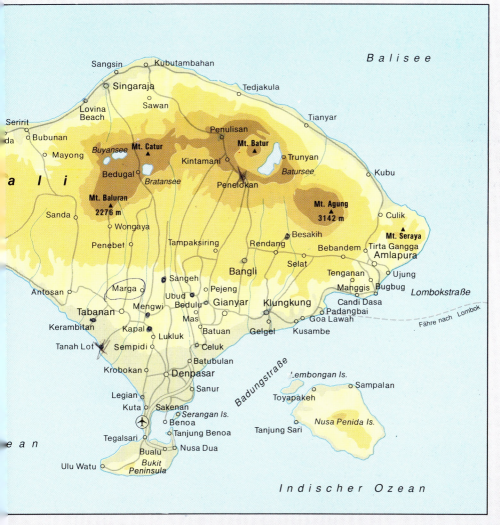

SÜD- UND WESTBALI

Der Süden ist das mit Abstand belebteste Gebiet, denn er ist das touristische, wirtschaftliche und politische Zentrum Balis. Tagtäglich strömen Hunderte von Touristen aus den Düsenjets, die auf dem Ngurah Rai International Airport landen. Die meisten dieser Paradiesbesucher ziehen sich sofort in einen der drei Badeorte in der Nähe zurück: Kuta, Sanur oder Nusa Dua. Nicht zuletzt durch den enormen Touristenstrom hat Denpasar, die Provinzhauptstadt, während des vergangenen Jahrzehnts ein beispielloses Wirtschafts- und Bevölkerungswachstum erlebt.

Aber lassen Sie sich nicht vom modernen Anstrich täuschen. Nach wie vor sind die Tempelfeste Südbalis wegen ihrer Trancetänze und Riten legendär. Die Palastzeremonien in Denpasar sind würdevoll wie ehedem und in Kuta Beach finden Nacht für Nacht perfekt inszenierte Tanzvorführungen statt. Währenddessen halten die Priester von Sanur die kosmische Ordnung auf der Insel aufrecht.

Der wegen seiner Lage und Schönheit berühmteste Tempel der ganzen Gegend ist der Pura Uluwatu. Er liegt fast 100 Meter hoch auf einem Felsen über dem Meer, den die Balinesen für das versteinerte Schiff der Meeresgöttin Dewi Danu halten, und unterhalb dessen Meerschildkröten schwimmen. Der Strand ist bei Surfern einer der beliebtesten.

Vor allem an Nyepi, dem balinesischen Neujahr, ist Südbali überschwemmt von Abertausenden von Dorfbewohnern in ihren Festtagsgewändern, die mit Opfergaben an die Strände strömen, um die *melis*-Reinigungsriten zu begehen.

Der Luxusstrand von Sanur: Die südlichen Strände vor allem locken seit Generationen ausländische Touristen an. **Sanur,** zehn Kilometer südöstlich von Denpasar, liegt an einer Lagune am Ende des fruchtbaren Reisanbaugebietes Renon-Kepaon-Legion. Früher war es eine Enklave für Fischer und heilige Brahmanen und eher berühmt wegen seiner Dämonen und Magie als wegen seiner landschaftlichen Schönheit. Seit den dreißiger Jahren jedoch haben die einzigartigen Strände von Sanur ganze Kolonien westlicher Intellektueller und Künstler angelockt.

Mit dem Bau des pompösen **Bali-Beach-Hotels** begann in den frühen sechziger Jahren der Massentourismus, aber erst in den siebzigern kam der eigentliche Touristenboom durch den Bau von mehr als einem Dutzend Luxushotels in Gang. Sie sind unterschiedlich groß; der Komplex des **Bali Hyatt** breitet sich in einer geschmackvoll gestalteten Strandlandschaft aus; das mittelgroße **Sanur Beach** hat eine freundliche Atmosphäre; das im Bungalow-Stil gebaute **Tanjung Sari** liegt in einem traumhaften Garten mit einmaligen balinesischen Altertümern und Grotten; 1982 hat es den Aga-Khan-Preis für herausragende Leistungen in islamischer Architektur halten.

Angeschmiegt an einen Berg nördlich des Bali-Beach-Hotel, wo der Sand merkwürdigerweise schwarz wird, liegt das **Le Mayeur Museum.** Einst Studio und Wohnung des belgischen Impressionisten Le Mayeur und seiner dem Tanz

Links: Traditionelle Auslegerboote transportieren heute Touristen. Rechts: im Sanur Beach Hotel.

verschriebenen Frau Ni Pollock, beherbergt es heute eine Reihe farbenfroher Ölgemälde. Von hier aus bietet sich ein atemberaubender Blick über die Bucht von Sanur bis hinüber nach Ostbali mit dem majestätischen Mt. Agung.

Nachbarinseln: Sanurs Hauptattraktion jedoch ist die Freizeitgestaltung. Man kann den ganzen Tag ausfüllen mit einem Spaziergang am Strand, um ihn schließlich mit einem ausgezeichneten Essen und einer Tanzvorführung am Abend zu beschließen. Wenn Sie mehr Aktivität entfalten wollen, sollten Sie eines der *prahus* mieten, die vor den Hotelstränden kreuzen, damit in zwei Stunden über die schmale Meerenge bis zur Insel Lembongan fahren und dort in der kristallklaren See schnorcheln. Beeindruckend ist die mittelalterliche Architektur und Kultur, die man in Dörfern auf der Insel findet.

Fahren Sie anschließend hinüber zur größeren Nachbarinsel Nusa Penida und machen dort einen Spaziergang durch die fast vergessenen Bergdörfer der früheren Strafkolonie Balis – der Blick hinüber nach Bali wird Ihnen unvergeßlich bleiben. Die Insel gilt als Heimat des Dämonenkönigs Ratu Gede Mencaling, der einst weite Teile Südbalis in Angst und Schrecken versetzt haben soll. Er lebt fort in den Legenden und Festen der Insel – vor allem in dem Riesenpuppentanz *Barong Landung,* der an bestimmten Festtagen auf Tempelplätzen und Dorfstraßen aufgeführt wird.

Weiter südlich kommt man nach Desa Tanjung, einem malerischen Fischerdorf. Hier werden in einem Nebengebäude des ältesten chinesischen Tempels ganz Balis noch immer Bronzebilder angebetet, Überreste eines Schiffbruches im 15. Jahrhundert.

Wenn man nach Sanur zurückkehrt und den Belanjong-Tempel besucht, entdeckt man auf einer Säule eine Inschrift, die an die Siege des großen Königs Sri Kesari Warmadewa im Jahr 913 erinnert.

In Sanur kann man Ausflüge auf *prahus* organisieren zum eindrucksvollen Pura Sakenan auf *Pulau Serangan* (Schildkröteninsel). Zweimal jährlich während des Kuningan, der die festliche Galungan-Zeit abschließt, versammeln sich hier Hunderttausende Balinesen, die Opfergaben wie *barong*-Masken oder sogar komplette *gamelan*-Orchester mitbringen. Am Strand legen nachts riesige Schildkröten ihre Eier ab, die von Dorfbewohnern eingesammelt und ausgebrütet werden, um später von Schildkrötenfleisch und -panzern zu profitieren. Auch wunderschöne Seemuscheln werden an Besucher verkauft.

Balis Südspitze: Südlich des Flughafens geht die schmale Landzunge in die Halbinsel Bukit über, einstiges Jagdgebiet der Rajas von Denpasar. Geologisch und klimatisch ist es vergleichbar mit dem Mittelmeerraum – ein trockenes, weitgehend unfruchtbares Plateau hoch über dem Meeresspiegel. Entlang der Süd- und Ostküste ragen Klippen steil aus dem Meer. Hier liegt auch Pura Uluwatu, von dem aus man herrliche Sonnenuntergänge beobachten kann.

Entlang der Nordostküste der Halbinsel weichen die Mangroven, die den Hafen von Benoa säumen, allmählich herrlichen Stränden. Wir befinden uns in der Nusa Dua Tourist Development Area, die 1970 mit Unterstützung der Weltbank

Klippen beim Pura Uluwatu.

geschaffen wurde. Eine neue Schnellstraße verbindet das Dorf Bualu mit dem Flughafen, Kuta und Sanur. Entlang der Straße gibt es inzwischen ein gutes Dutzend Luxushotels – das erste waren 1983 das palastartige Nusa-Dua-Hotel und das luxuriöse 50-Betten-Hotel Bualu Beach.

Spaß am Strand von Kuta: Sanur und Nusa Dua bieten dem Besucher in erster Linie ruhige Abgeschiedenheit und Bequemlichkeit. **Kuta** an der Südostküste Balis hingegen hat sich in letzter Zeit zu einer Art kommerzieller Stranddauerparty entwickelt.

Anfang der siebziger Jahre von australischen Surfern „entdeckt", zeichnet sich Kuta heute durch seinen breiten, welligen Strand, seine Surfwellen und seine spektakulären Sonnenuntergänge aus. Die Unterkunftsmöglichkeiten waren einfach – oft war es nur ein schnell hingesetzter Betonkasten hinter dem Haus eines Dorfbewohners, in dem die Übernachtung nur wenige US-Dollar kostet. Inzwischen werden immer mehr Ferienbungalows angeboten. Die Straßen in Kuta und dem benachbarten Legian sind vollgestopft mit Restaurants, Cafés, Pubs, Boutiquen, Diskos, Fahrradläden, Kunstläden und kleinen Reisebüros. Hauptsaison ist zwischen Juli und Januar.

Einsame Strände oder ein Stück heitere balinesische Landschaft ist aber nie weit entfernt. Nehmen wir zum Beispiel die Strecke von Kuta über Legian nach Seminyak und weiter. Schon bald bleiben belebte Strände und lärmender Verkehr hinter Ihnen zurück und Sie fahren durch menschenleere Gegenden. Am **Bali-Oberoi-Hotel** vorbei, das im traditionellen Stil aus Korallenfelsen gebaut wurde, kommt man zum Tempel von Peti Tenget. Das Schicksal wollte es, daß an dieser Stelle sowohl der erste hinduistisch-javanische Priester als auch der erste holländische Missionar landeten.

Ein Stück weiter die Hauptstraße entlang liegt das Dorf **Kerobokan,** ein Außenposten mit dörflichem Charme, der sich Ihnen so präsentiert, wie Sie sich Bali schon immer vorgestellt haben. Die zum reich verzierten Palast führende Hauptstraße ist von zehn Tempeln gesäumt. Auch den „art nouveau"-Tempel

Laissez fair am Strand von Kuta.

im nahegelegenen **Kaji,** an der Straße nach Sempidi, sollten Sie sich nicht entgehen lassen.

Stadtbummel in Denpasar: Seit **Denpasar** 1945 die nördliche Hafenstadt Singaraja als Hauptstadt der Insel abgelöst hat, ist es zu einer kleinen Metropole mit über 300 000 Einwohnern angewachsen. Vor allem das letzte Jahrzehnt hat enorme Veränderungen gebracht – Dutzende neuer Läden im Stadtzentrum florieren und einst selbständige Dörfer werden zu Vororten der Stadt.

Aber auch in Denpasar gibt es eine Menge zu sehen. Sollten Sie das Glück haben, eine Zeremonie in der Innenstadt mitzubekommen, dann halten Sie an und beobachten Sie, wie gut die vom Landleben geprägten Balinesen in der Stadt zurechtkommen. Wenn Sie nachts etwas Besonderes erleben wollen, sollten Sie zum *pasar malam* gehen, dem Nachtmarkt auf dem Parkplatz des Kusumasari-Einkaufszentrum. Probieren Sie *babi guling* (geröstetes Spanferkel), javanisches Ziegen-*sate* oder chinesische Nudeln.

Der Hauptplatz Denpasars war Schauplatz des grauenhaften Massenselbstmordes *(puputan)* im Jahr 1906, als nahezu das ganze Königshaus von Denpasar, bewaffnet mit Zeremoniendolchen und -lanzen, ganz in Weiß gekleidet, in das mörderische Gewehrfeuer der Holländer rannte. Zum Gedenken an dieses Ereignis haben spätere Regierungen Denkmäler errichtet. In der Mitte einer Kreuzung an der Nordwestecke des Platzes befindet sich eine fünf Meter hohe Statue von Bhatara Guru, dem Lehrer und Verweser des Königreiches. Genau auf dem Platz steht eine Skulpturengruppe aus Bronze, die Sukarno errichten ließ. Sie symbolisiert die Rolle des einfachen Bürgers im indonesischen Unabhängigkeitskampf.

An der Ostseite des Platzes steht der aus weißen Korallen gebaute neue Pura Jagatnata, in dessen Innern die allmächtige Gottheit Tintya thront. Das **Bali Museum** nebenan zeigt eine sehenswerte Ausstellung archäologischer Funde und Beispiele balinesischer Handwerkskunst.

Das neue Kulturzentrum in Denpasar.

Am Vormittag sollten Sie Balis führendes Konservatorium für Musik, Tanz und Puppentheater kokar/SMKI in der Jalan Ratna besuchen. Hier können Sie Balis anmutige und graziöse Nachwuchsstars bei den Proben in Polyestermidis und Röhrenjeans beobachten.

ASTI, die Oberstufe der Schule, befindet sich auf dem weit auseinandergezogenen Gelände des am Abian Kapas liegenden Werdi Budaya, dem Performing Arts Centre. Dieser Gebäudekomplex ist ein Meisterwerk barocker balinesischer Architektur, in den Museen, Freibühnen und Vortragssäle integriert sind. Besucher in den Musik- und Tanzklassen sind gern gesehen.

Hier fand 1979 das erste **Arts Festival** der Insel statt, mit einem Riesenprogramm: *gamelan*-Wettbewerbe, Kunstwettbewerbe neben Theateraufführungen, Kunsthandwerksausstellungen und eine siebenteilige Inszenierung des allseits beliebten Ramayana-Ballett. Seither ist das Festival zu einer ständigen Einrichtung geworden, die jedes Jahr von Mai bis Juli hier stattfindet und zu dem Kunstliebhaber aus der ganzen Welt herbeiströmen.

Westbali: Verglichen mit den dicht beieinanderliegenden, tempelreichen Tälern Zentral- und Südbalis, bietet die Landschaft des Westens ein ungemein dramatisches Bild. Ein ständiges Bergauf, Bergab und zahlreiche Biegungen und Windungen prägen den Charakter der drei westlichen Distrikte **Mengwi, Tabanan** und **Jembrana** in unterschiedlicher Weise. Zusammen nehmen sie fast die Hälfte der Inselfläche ein und sind bekannt für ihre schönen Gartentempel, *gamelan*-Orchester, Tänzer, Stierrennen und traditionellen Webarbeiten.

Versuchen Sie auf keinen Fall, den Westen auf einem Ausflug kennenzulernen. Schlagen Sie lieber Ihr Quartier im Süden auf und machen von dort aus kurze Ausflüge zu einzelnen Sehenswürdigkeiten wie z. B. dem **Affenwald** von Sangeh, dem **Pura Taman Ayun** oder dem Inseltempel **Tanah Lot.** Längere Tagesausflüge führen zum Bergheiligtum bei **Batukau** oder zu den Stierrennen in **Negara.**

Die benachbarten Ortschaften **Sempidi, Lukluk** und **Kapal** westlich von Denpasar sind bekannt wegen ihrer interessanten Tempelreliefs mit Alltags-, aber auch mythischen Szenen in lebendigen Farben. Der bedeutendste Tempel der Gegend, **Pura Sada,** steht in Kapal und stammt aus dem 12. Jahrhundert. Seine 64 Steinplätze haben Ähnlichkeit mit megalithischen Ahnenschreinen, und man glaubt, daß sie zu Ehren gefallener Krieger errichtet wurden.

Mengwi: Hinter Kapal zweigt ein Straße ab nach **Mengwi,** bis 1891 Hauptstadt des mächtigen Königreiches Gelgel. Hier steht der großartige Gartentempel **Taman Ayun,** den der Raja I Gusti Agung Anom 1634 bauen ließ.

Die weiträumige Tempelanlage liegt inmitten eines aufgestauten Flußbettes. Der erste Hof wird von der riesigen Hahnekampfarena *(wantilan)* dominiert. Im mittleren Hof befinden sich der Kulkul-Turm sowie zwei offene Hallen. Der Götterhof ist seit einiger Zeit nur noch für Hindugläubige zugänglich, doch ein Weg führt um ihn herum und ermöglicht den Blick auf das prachtvoll geschmück-

Darbringung von Opfergaben im Pura Taman Ayun.

Süd- und Westbali 163

te gedeckte Tor *(kori agung)*, zahlreiche *merus* und einen dreigeteilten Thron für die *trimurti*.

Nordöstlich von Mengwi, bei Sangeh, erstreckt sich der berühmte **Affenwald** von Bali. Der balinesischen Fassung des Ramayana zufolge sind hier Teile der Affenarmee Hanumans gelandet, als der Affenkönig den heiligen Berg Mahameru hochhob, um damit Rawana zu zerschmettern. Die großen Muskatbäume in der Umgebung gelten als heilig. Tief im Dschungel versteckt liegt ein moosbewachsener Tempel, der **Pura Bukit Sari** aus dem 17. Jahrhundert, in dessen Innenhof eine große Statue des mythischen Vogels *garuda* steht.

Höhlen mit Wächterschlangen: Wenn man die Hauptstraße in Richtung Tabanan entlangfährt und bei der Stadt Kediri links abbiegt, kommt man auf ein schmales, aber gut ausgeschildertes Sträßchen, das nach einigen Kilometern in einen Parkplatz mündet, von dem aus ein Gehweg hinunter zum Strand führt. Hier thront pittoresk auf einem Felsen vor der Küste der Tempel von **Tanah Lot,** den der Hindu-Heilige Naratha während seiner Pilgerschaft gegründet hat.

Die weiter westlich gelegene Bezirkshauptstadt **Tabanan** war einst Hauptstadt eines mächtigen, im 17. Jahrhundert entstandenen Königreiches. **Puri Tabanan,** die ehemalige Residenz des Raja, erinnert auf eindrucksvolle Weise an den ungeheuren Reichtum, über den die früheren balinesischen Herrscher verfügten. Die Stadt selbst steht wirtschaftlich im Schatten von Denpasar, aber sie rühmt sich noch immer ihrer Musikensembles, ihrer Tanzgruppen und ihres belebten Nachtmarktes. Das Kulturzentrum Gedung Mario hat seinen Namen von dem gefeierten Tänzer der dreißiger und vierziger Jahre, dem legendären I Nyoman Mario.

Erstaunlich unbekannt scheinen die traumhaft schönen Strände Tabanans zu sein, obwohl sie auf zahlreichen Nebenstraßen mühelos zu erreichen sind. Eine dieser Straßen führt in südöstlicher Richtung durch die Ortschaft Kerambitan, die für ihre schönen Mädchen und *joged-*Tänzer berühmt ist. Der örtliche Palast

Tanah Lot.

Puri Kerambitan ist ein weiteres Beispiel für die ornamentale Baukunst in dieser Gegend.

Kerambitan wird heute von zwei Enkelsöhnen des letzten Raja verwaltet, die 1974 einen neuen Tanz kreiert haben – den *Tektekan,* bei dem sich das Geklapper eines die Geister besänftigenden Bambus-Ensembles mit der Dramatik eines Calonarang-Theaterstückes verbindet. Der Tanz wird im Vorhof des Palastes aufgeführt, und im Schlußakt ist das ganze Orchester in Trance, mit *keris* bewaffnet und stürzt sich auf den bösen Rangda.

Batukaro und Negara: In allen Tempeln Westbalis stehen Heiligtümer, die dem Geist des Mt. Batukaro geweiht sind, dem höchsten Vulkan im Westen. Wenn man einige Kilometer westlich von Tabanan nach rechts abbiegt, kommt man, vorbei an den heißen Quellen von Yeh Panas, nach Wongaya Gede, dem Dorf, das dem Tempel Pura Luhur an den Hängen des Batukaro am nächsten liegt.

Unbewohnbarer Dschungel umgibt diesen einsam daliegenden Tempel, dessen siebengeschossiger *meru* als Sitz der Berggottheit gilt. Nicht weit davon ist ein rechteckiger Teich, der den Ozean symbolisiert. Von der angrenzenden Ortschaft Jati Luwih aus hat man einen phantastischen Blick über die Küste und das Meer.

Wenn Sie wieder zur Hauptstraße zurückkehren und etliche Kilometer weiter nach Westen fahren, kommen Sie in die Bezirkshauptstadt Negara, die vor allem wegen ihrer Stierrennen berühmt ist. Diese finden alljährlich zwischen Juli und Oktober statt und sind im vorigen Jahrhundert von Java und Madura übernommen worden.

Während man auf die Westspitze Balis zufährt, ähnelt die Landschaft immer mehr einer Savanne. Hier ernährt sich die Bevölkerung weitgehend von der Jagd oder vom Fischfang. Die Korallengärten rund um die Insel **Menjangan** im **Bali Barat National Park,** nördlich von Gilimanuk, sind ein wahres Paradies für Sporttaucher. Von Gilimanuk aus kommt man mit der Fähre in einer halben Stunden nach Banyuwangi auf Java.

Tempel am Mt. Batukaro.

ZENTRALBALI

Das Zentrum der Insel, besonders die Region nördlich von Ubud, war einst die Heimat der ersten nachweisbaren Königsgeschlechter Balis, an deren Blütezeit noch zahlreiche heilige Stätten aus der Zeit zwischen dem 10. und 14. Jahrhundert erinnern. Aber auch fruchtbare Reisterrassen, dramatische Schluchten und das vielfältige Kunstschaffen der Region locken die Besucher.

In den Ortschaften Singapadu, Batubulan und Batuan gibt es ein breites Spektrum an Theater- und Tanzgruppen, wohingegen Ubud und Mas allein im letzten Jahrzehnt soviele Maler und Bildhauer hervorgebracht haben, daß noch im nächsten Jahrhundert die Sammler und Kunstliebhaber voll auf ihre Kosten kommen werden.

Der feste Glaube der Balinesen an die Wiedergeburt ist eine der Quellen der Inspiration, die sich immer wieder neu mit ihrem bemerkenswerten künstlerischen Talent verbindet und nie zu versiegen scheint.

Von Denpasar aus windet sich die Straße auf Ubud zu, vorbei an Reisfeldern und Tempeln, hinauf zu Dörfern mit fröhlich lächelnden Menschen. Bei Tohpati überquert die Hauptstraße den Sasagan (Grenzfluß zwischen den Bezirken Badung und Gianyar) und führt in das Dorf **Batubulan.** Obwohl der *barong*-Tanz des Dorfes tagtäglich vor ganzen Busladungen von Touristen aufgeführt wird, ist er bis heute nicht nur ein überzeugendes Beispiel professioneller Theaterkunst, sondern auch eine anschauliche Zusammenfassung des moralischen Theaters, das eine so große soziale Rolle auf Bali spielt. Der Überlieferung zufolge will der *barong* jeden Tag tanzen und deshalb hört man sein zorniges Rasseln, wenn die Vorstellung wegen Regen oder Touristenmangel abgesagt werden muß.

Eine glaubwürdige Geschichte, die man in Batubulan erzählt, berichtet von der Entstehung des beliebten *kecak*-Tanzes. 1928 waren der deutsche Künstler Walter Spies und Baron von Plessen,

Reisfelder bei Batubulan.

der Regisseur des ersten Filmfeature über Bali, Augenzeugen eines *Sanghyang-Dedari*-Trancetanzes, in dessen Verlauf einer der Sänger plötzlich in einen spontanen *baris*-Tanz verfiel. Spies war davon so begeistert, daß er die Anregung gemeinsam mit der frisch von der Martha-Graham-Tanzschule in New York eingetroffenen Kathryn Myerson weiter entwickelte zum *kecak*-Tanz, einer Verbindung von Szenen aus dem *Ramayana* und *Sanghyang*-Chor.

Batubulan ist auch wegen seiner herrlichen Tempel bekannt. Der in nahegelegenen Steinbrüchen gewonnene weiche Speckstein ist ein ideales Material für die Bildhauer Balis, die so gern ihre Tempel und Heiligtümer mit reichverzierten Reliefs bedecken. Besonders interessant ist der **Pura Puseh**. In das massive Tempeltor sind auf einer Seite das hinduistische Götterpantheon und auf der anderen ein meditierender Buddha eingemeißelt.

Gold, Silber, Puppen und Tänze: In **Celuk,** einem Zentrum für Gold- und Silberwaren, können Sie ein Armband in Form eines silbernen Drachen kaufen, der sich zweimal um das Handgelenk windet. Originalentwürfe feinster Filigranarbeiten geben dem balinesischen Schmuck sein besonderes Gepräge.

Angesichts der kunstvollen Gegenstände ist man erstaunt, wie einfach die Herstellungsmethoden sind. Die Handwerker benutzen einen Baumstumpf mit einer Metallspitze als Amboß, und die zum Schmelzen und Schmieden notwendigen Temperaturen erzeugen sie mit einem handbetriebenen Blasebalg. Wie alle Handwerkskünste in Bali wird auch das Gold- und Silberhandwerk von Generation zu Generation weitergegeben.

Nach Überquerung des Oos River kommt man in die Ortschaft **Sukawati,** einst Regierungssitz eines Königreiches und während der Dalem-Dynastie Umschlagplatz der chinesischen Kaufleute. Eine Phalanx von Läden und ein Markt verwehren den Blick auf den Puri Sukawati, hinter dem einige der bedeutendsten Meister des Schattenspieltheaters wohnen. Der Palast gilt als Mekka des balinesischen *wayang-kulit*-Schattenspiels, und der Auftritt eines *dalang* aus Suka-

Ankündigung einer *kecak*-**Tanzveranstaltung.**

wati bei einer Hochzeit oder bei einem Tempelfest ist ein Ereignis.

Je näher man der Ortschaft **Batuan** im Norden von Sukawati kommt, desto eindrucksvoller wird der Ausblick auf den Mt. Agung. Die Stärke der Einwohner von Batuan liegt in Malerei und Tanz. Unter der Schirmherrschaft von Walter Spies entstanden in Batuan während der dreißiger Jahre die ersten epochemachenden balinesischen Gemälde – halbrealistische Dorfszenen und einfühlsame Studien von Musikern und Tänzern.

Mit schöner Regelmäßigkeit gewinnen die jungen Tänzer aus Batuan die in Denpasar stattfindenden Wettbewerbe. Wenn Sie das Glück haben sollten, während der *odalan*-Riten im Dorftempel anwesend zu sein, können Sie hervorragende *Baris-, Legong-, Aria-* und *Cambuh-*Tänze miterleben und Vorstellungen mit *topeng*-Masken und Schattenspielpuppen beiwohnen. Die ganze Zeit spielen dabei bis zu sechs Musikgruppen, und im Vorhof unterziehen sich Scharen von Großmüttern in Trance dem *medek*-Ritual, um die Götter willkommen zu heißen. Dies zu erleben, ist zweifellos einer der Höhepunkte in Bali.

Holzschnitzer, Tänzer und Maler: Jedes Dorf hat sich auf eine bestimmte Kunst spezialisiert. Aus historischen Gründen ist die Ortschaft **Mas** bis heute weitgehend eine Enklave der Brahmanen geblieben, was sich sowohl im Charakter der Ortschaft als auch in der Besonderheit ihrer Festlichkeiten ausdrückt. Es ist das Dorf der Holzschnitzer. Früher haben die Holzschnitzer nur im religiösen oder königlichen Auftrag gearbeitet, heute stellen sie auch bloße Dekorationsartikel für den Export her. Der berühmteste Holzschnitzer des Dorfes war Ida Bagus Nyana, dessen visionär-modernistische Skulpturen der vierziger Jahre heute in der riesigen Galerie seines ebenfalls sehr begabten Sohnes Ida Bagus Tilem ausgestellt sind. Weiter nördlich befindet sich die Galerie von Ida Bagus Anom, dessen ausdrucksstarke *topeng*-Masken bei den mehr als 100 *topeng*-Tanzgruppen der Insel sehr begehrt sind. Das stille Dorf Pengosekan ist bekannt wegen seiner 1969 von Dewa Nyoman Batuan gegrün-

Lotosteich im Herzen von Ubud.

deten **Malerkooperative.** Sie wird ideell und materiell von ausländischen Mäzenen unterstützt und entnimmt ihre Motive der Natur und dem Alltagsleben. Der inzwischen blühende Handel mit Gemälden, Wandschirmen und Haushaltswaren erstreckt sich auch auf Schirme bis zu einer Spannweite von zwei Meter mit aufgemalten Szenen aus dem Ramayana. Dewa Mokoh, der Bruder des Gründers der Kooperative, hat dessen wundervoll einfache Beschreibungen der balinesischen Flora und Fauna fortgesetzt.

Das Dorf **Peliatan** am Ortsrand von Ubud ist der Wohnsitz einer besonders aktiven **Tanztruppe** und ihres *semar pegulingan*-Orchesters. Im Zuge der Vorbereitungen für eine 1953 stattfindende Tournee in Europa und Nordamerika (organisiert, nachdem die Truppe im Lamar-Hope-Crosby-Film *Road to Bali* mitwirkte) kreierte der berühmte Tänzer und Choreograph Mario eigens für den weiblichen Star der Peliatantruppe, Gusti Ayu Raka, den *Oleg*-Tanz.

Im *Puri* (Palast) des Dorfes wird die Tradition der Bühnen- und Tanzkunst fortgesetzt. Hier werden unter Leitung von A. A. Mandera junge Talente ab fünf Jahren zu Tänzern ausgebildet. Es ist ein echtes Vergnügen, eine anmutige *legong*-Lehrerin über die Tanzfläche gleiten zu sehen – hinter sich einen Schwarm junger Mädchen, die bemüht sind, jede ihrer Tanzbewegungen nachzuahmen.

Ubud: Seit langer Zeit ist **Ubud** das Mekka für ausländische und einheimische Künstler, die von der schöpferischen Atmosphäre in diesem Teil Balis profitieren wollen. Heute ist die Hauptstraße von Ubud gesäumt von Läden, die jede Art von Malerei, Schnitzerei, Weberei und Nippessachen verkaufen. Aber die umliegenden Dörfer und die Landschaft haben nichts von ihrem Charme verloren, und in den Werkstätten der meisten Künstler sind Besucher jederzeit willkommen.

Seit den dreißiger Jahren fühlen sich Künstler in Ubud wohl. Damals gründete ein Adliger namens Cokorda Sukawati zusammen mit dem Deutschen Walter Spies und dem Holländer Rudolf Bonnet die Pita-Maha-Kunstgesellschaft. Im **Puri Lukisan Museum** sind viele der besten Werke aus dieser Zeit ausgestellt, in denen sich deutlich der Übergang von der traditionellen zur modernen balinesischen Malerei ausdrückt.

Der wohl bedeutendste unter den Pita-Maha-Künstlern war I Gusti Nyoman Lempad. Noch heute bewundert man seine Federzeichnungen von Verbrennungstürmen, *Barong*-Köpfen und Tempelreliefs. Er starb 1978 im Alter von 121 Jahren. Einige seiner bedeutendsten Werke kann man im **Neka-Museum** im Ortsteil Campuan bewundern.

Aber auch viele andere bekannte Künstler leben in Ubud – zum Beispiel der Amerikaner Antonio Blanco, der Holländer Hans Snel, der Javaner Abdul Azziz und der balinesische Bildhauer Wayan Cemul.

Wenn man die Hauptstraße entlang über die Brücke geht und am Campuan Hotel links abbiegt, kommt man nach einem zehnminütigen Spaziergang durch die Reisfelder ins Dorf **Peneslanan.** Hier lebte und arbeitete die Künstlervereinigung der *Young Artists* um den Holländer Arie Smit. Ihre Bilder sind im Stil der

Junges Mädchen aus Bali.

„naiven" Malerei gehalten und zeigen Tänzer, Ernte- und Dorfszenen.

Altertümer Zentraljavas: Die meisten Überreste der balinesischen Geschichte findet man in dem schmalen Landstreifen zwischen den beiden heiligen Flüssen Pakrisan und Petanu.

Wenn man der Straße nach Bedulu folgend, unmittelbar östlich von Peliatan den Petanu überquert, erblickt man unterhalb der Straße, gegenüber einer Reihe von Souvenirständen, die geheimnisvolle **Goa Gajah** (Elefantenhöhle). Der Eingang ist ein weitaufgerissenes Maul mit einzigartig gestalteten Blättern, Felsen, Tieren, Wellen und Dämonen verziert, weshalb diese Reliefs 1923 von ihren Entdeckern fälschlicherweise als Elefanten gedeutet wurden (daher der Name). Im näheren Umkreis entdeckte man 1954 noch Badeanlagen.

Mit ziemlicher Sicherheit dürfte sich hier eine Einsiedelei hinduistisch-buddhistischer Mönche befunden haben, worauf auch die drei *linggas* in der Höhle hindeuten. Nicht weit davon hat man auch zwei Buddhastatuen gefunden, die vermutlich aus dem achten oder neunten Jahrhundert stammen. Nach dem Höhlenbesuch empfiehlt sich ein stärkender Imbiß im nahegelegenen Restaurant Puri Suling.

Das hinter Goa Gajah an einer Kreuzung liegende Dorf **Bedulu** war einst Mittelpunkt des mächtigen und hochzivilisierten Pejeng-Reiches. Vom Südrand der Ortschaft aus führt ein Weg zu den selten besuchten Ruinen von Yeh Pulu, einem Erbe aus dem 14. Jahrhundert. Man erzählt, das zwei Meter hohe und 25 Meter lange einzigartige Felsrelief sei mit dem Daumennagel eines Riesen eingeritzt worden. Am hinteren Ende befinden sich eine kleine Nische und eine Quelle.

Zwei Kilometer nördlich von Bedulu liegt an der Hauptstraße das **Archäologische Museum**, in dem neolithische Äxte, Sarkophage, Waffen, Bronzeschmuck und chinesische Keramiken gesammelt sind. Als 1981 Dorfbewohner zufällig die Spitze eines Steinturmes ausgruben, kam etwas Licht in das Dunkel der Geschichte der Pejeng-Dynastie.

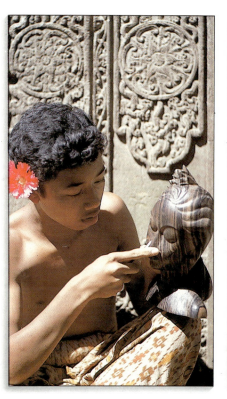

Links: Balinesischer Holzschnitzer. **Rechts:** Eingang zur Gao Gajah.

In mehreren Tempeln nördlich des Museums sind interessante Objekte zu finden. Im Pura Kebo Edan steht eine 3,6 Meter hohe Statue. Im Pura Pusering Jagat findet sich ein steinernes Schiff mit der eingemeißelten Erzählung von Göttern und Dämonen, die auf der Suche nach *amrta,* dem Lebenselixier, den Ozean aufwühlten.

Der Pura Penataran Sasih beherbergt den bedeutendsten indonesischen Fund aus der Bronzezeit, die 2000 Jahre alte Trommel mit dem Namen **Mond von Pejeng.** Sie hat die Form einer Sanduhr und ist wundervoll graviert. Sie ist die größte aus einem Stück gegossene Trommel der Welt.

Der Legende zufolge ist sie vom Himmel gefallen, aber die Entdeckung einer ähnlichen Steinform beweist, daß die Kunst des Bronzegusses in Bali schon früh hochentwickelt war.

Ein Grab und eine Quelle: Von Pejeng aus windet sich die Straße hinauf zum Krater des Mt. Batur. Etwa auf halbem Weg, genau an der Quelle des heiligen Flusses Pakrisan, liegen zwei der heiligsten Orte Balis. Der erste, **Gunung Kawi,** beherbergt königliche Ehrenmale in einem feuchten Canyon, zu dem man über eine lange, steile Treppe hinab durch einen steinernen Torbogen gelangt. Die aus dem Fels herausgehauenen Schreine wurden wahrscheinlich zu Ehren des vergötterten balinesischen Herrschers Anak Wungsu aus dem 11. Jahrhundert geschaffen.

Die Balinesen verstehen ihre Religion als *Agama Tirta* – die Religion des Wassers. Deshalb ist es keineswegs überraschend, daß die Pilgerreise zur Quelle Pura Tirta Empul bei **Tampaksiring,** zwei Kilometer stromaufwärts von Gunung Kawi, eine der wichtigsten balinesischen Kulthandlungen ist. Denn der Überlieferung zufolge hat der Gott Indra diese Quelle geschaffen, als er den feindlichen König Maydanawa, der vorgab ein Stein zu sein, durchbohrte, um mit dem daraus sprudelnden *amrta* seine vergiftete Armee wieder zum Leben zu erwecken. Bis heute werden dem Wasser von Tampaksiring magische Heilkräfte zugesprochen.

Gunung Kawi.

RUNDFAHRT DURCH NORDBALI

Eines der hervorstechendsten Merkmale Balis ist das enge Nebeneinander von Verschiedenartigem. Hier können Sie am Vormittag an einem der Sandstrände baden und am Nachmittag bereits am Kraterrand eines über 1700 Meter hohen Vulkans stehen.

Der Mt. Batur: Zwei Paßstraßen führen durch das zentrale Hochland Balis, die eine über Kintamani, die andere über Bedugul. Beide treffen sich an der Nordküste Balis. Die meisten organisierten Ausflüge dauern nur einen Tag und führen nach Kintamani und zurück. Wesentlich mehr Spaß macht es jedoch, die Insel in aller Ruhe auf einer Rundreise zu erkunden. Normalerweise dauert eine solche Rundreise drei Tage, mit Übernachtungen in Ubud und Lovina Beach (westlich von Singaraja). Aber man kann auch gut eine Woche oder länger herumfahren; für viele wird es der denkwürdigste Teil ihrer Bali-Reise werden.

Den Aufstieg auf den Mt. Batur sollten Sie so früh wie möglich beginnen, weil sonst die unvermeidlich aufziehenden Nebelschwaden die Sicht erschweren. Hinter Tampaksiring steigt die Straße steil an, bis man plötzlich einen der überwältigendsten Anblicke ganz Balis hat: der 100 Meter tiefer liegende **Lake Batur** mit dem rauchenden, schwarzen Kegel des Mt. Batur im Hintergrund.

Der lavabedeckte Batur selbst ist ein noch junger und tätiger Vulkan in der Mitte eines vulkanischen Beckens, das zu einem Drittel von dem mondförmigen See ausgefüllt wird.

Die Hauptstraße von Penelokan aus verläuft entlang des Kraterrandes in Richtung Norden. Es gibt aber auch eine kleine Straße hinunter zum Seeufer. Unten angelangt, kann man – falls nicht schon Nebel im Tal liegt – ein Motorkanu mieten und quer über den See hinüberfahren zu dem merkwürdigen Dorf Trunyan, einer der wenigen prähinduistischen Ortschaften der Insel, in der die Bali Aga, Angehörige der balinesischen Urbevölkerung, leben. Bei ihnen gelten noch viele der uralten Bräuche. Zum Beispiel beerdigen oder verbrennen sie ihre Toten nicht, sondern setzen sie auf einem Friedhof am See den Naturelementen aus. Auf dem Rückweg können Sie in den heißen Schwefelquellen von **Toya Bungka** ein Bad nehmen.

Weiter im Norden liegt **Kintamani,** bedrohlich nah am Batur-Kegel. 1917 kam es hier zu einem verheerenden Vulkanausbruch, der 1000 Todesopfer forderte und ein ganzes Dorf auslöschte. Wie durch ein Wunder blieb der Dorftempel unversehrt. Die Überlebenden hielten dies für ein göttliches Zeichen und beschlossen, weiterhin hier zu leben. Aber schon 1926 begrub ein neuer Vulkanausbruch das Dorf unter Lava und Asche – diesmal auch den Tempel. Nur das der Göttin Dewi Danu geweihte Heiligtum blieb erhalten. Daraufhin siedelten sich die Überlebenden weiter oben an. Heute steht das Heiligtum im dortigen Pura Ulun Danu.

Kurz hinter Kintamani wendet sich die Straße nach links und führt steil hinunter zur Nordküste. Vorher jedoch sollten Sie anhalten und die zahlreichen Stufen

Links: Reichverzierte *kala*-köpfige Torbögen sind charakteristisch für balinesische Tempel. *Unten:* Mt. Batur.

Nordbali 173

rechts der Straße hinauf zum Gipfel des Mt. **Penulisan** erklimmen. Dort oben liegt der höchstgelegene Tempel Balis, der vermutlich das Bergheiligtum der Könige von Pejeng war.

Die Nordküste: Das heutige Netz von Pflasterstraßen in Bali wurde erst in den zwanziger Jahren von den Holländern angelegt. Bis dahin waren die Einwohner von Buleleng weitgehend isoliert von ihren südlichen Verwandten. 1848 wurde Nordbali, schon immer ein Zentrum des Außenhandels, von den Holländern annektiert, und die Herrscher von Buleleng traten zum Christentum über. Das war 60 Jahre bevor ganz Bali unter holländische Herrschaft geriet.

Deshalb ist die Kultur des Nordens anders: die Sprache ist weniger kultiviert, die Musik ist mehr allegro, die Tempelverzierungen sind bizarrer. In der Hafenstadt **Singaraja,** ehemalige holländische Hauptstadt Balis, leben viele Moslems und Chinesen.

Hinter Penulisan scheint die gewundene Straße förmlich vom Himmel herabzusteigen, ehe sie mehrere Kilometer vor der Ortschaft **Kubutambahan** in flaches Gelände übergeht. Der wichtigste Tempel des Ortes ist der Pura Maduwe Karang; er ist guten Erdgeistern geweiht, die für reiche Ernten sorgen sollen. Der örtliche Raja trat Anfang des 20. Jahrhunderts zum Christentum über und überließ alle Tempelangelegenheiten den Dorfbewohnern. Wohl deshalb sind die Tempelreliefs in gewisser Weise so „volkstümlich" – sie zeigen Menschen mit schaurigen Gelüsten, Szenen aus dem Alltagsleben, Liebende und sogar einen Beamten auf dem Fahrrad.

Andere Tempel in der Gegend fallen durch ihre ungewöhnlichen Reliefs auf. Der landeinwärts gelegene **Tempel Jagaraga** ist mit Reliefs verziert, auf denen man Europäer in einem Ford Modell T, ein ins Meer stürzendes Propellerflugzeug und ein von Meeresungeheuern angegriffenes Dampfschiff sehen kann. Der Pura Beji in **Sangsit** westlich von Kubutambahan, ist bekannt wegen seiner Rabelaise-artigen Bilder – einem Inferno von Flammen, Arabesken und Spiralen auf rosafarbenem Sandstein.

Das Zeitalter des Automobils in einem Tempelrelief verewigt.

Von Kubutambahan aus haben Sie die Möglichkeit, auch einen Abstecher nach **Air Saneh** zu machen, wo Sie entweder im Meer baden oder die heilige Quelle besichtigen können. Angeblich ist die Quelle ein Jungbrunnen für Liebende – nutzen Sie die Gelegenheit!

Die besten Unterkunftsmöglichkeiten aber bietet Lovina Beach, elf Kilometer westlich von Singaraja an der Küstenstraße. Hier plätschert die ruhige See an die Sandstrände, und einfache Bungalows sind immer noch zu günstigen Preisen zu haben. Es ist das ideale Refugium für müde Reisende.

Die einstige Geschäfts- und Verwaltungsstadt **Singaraja** (25 000 Einwohner) macht heute einen etwas verschlafenen Eindruck. Zwar lassen die breiten Boulevards und Kolonialvillen den Glanz früherer Zeiten erahnen, aber ansonsten bietet die Stadt wenig Sehenswertes. Das **Gedung Kertya** an der Jl. Veteran unweit vom Hotel Singaraja, dem ehemaligen Gouverneurspalast, beherbergt eine Sammlung von Manuskripten auf Palmblättern, *lontar* genannt. Der Hafen, in dem früher Segelschiffe Kaffee, Reis und Getreide entluden, ist mittlerweile versandet.

Anschließend verläuft die Straße weiter durch dichtes Dschungelgelände, das den **Lake Bratan** umsäumt, einen meist in Nebel gehüllten Kratersee. Im Tempel von Ulu Danu, auf einer kleinen Landzunge am Westufer, verehren die Dorfbewohner die Göttin Dewi Danu. Am Südufer steht ein von der Regierung unterhaltenes Gästehaus mit einem Restaurant. Seit kurzem kann man hier auch Motorboote und Wasserski mieten. Hier ist es friedlich und kühl. Die Kinder fangen Elritzen und über das Wasser gleiten Kanus mit Brennholz für die Dörfer am fernen Ufer. Unterhalb des Sees liegt das Dorf **Bedugul,** auf dessen Marktplatz, Bukit Mungsu, man wilde Orchideen, Baumfarne und frisches Gemüse kaufen kann. Wenn man entlang einer Seitenstraße nach Westen fährt, kommt man zum botanischen Garten Lila Graha, in dem Bergorchideen gezüchtet werden. Von Bedugul führt die Straße hinunter in die Ebenen um Mengwi.

Strand bei Singaraja.

OSTBALI

Die Himmelsrichtung „Osten" genießt in Bali große Verehrung, denn dort liegt das Reich des Sonnengottes Surya, einer Inkarnation des hinduistischen Gottes Shiva. Ein balinesischer Mythos erzählt, daß die Götter im Osten den Mt. Agung formten und ihren Thron auf seinem Gipfel errichteten. Jahrtausende später führte die göttliche Vorsehung und tiefer Glaube eine Gruppe javanischer Adliger, Priester, Baumeister und Handwerker dorthin; sie bauten das Heiligtum von Besakih, in dem alle balinesischen Religionen und Kasten den Göttern dienen können.

Auch die mächtigsten Königreiche lagen früher in Ostbali. Die Höfe in Gelgel, Klungkung und Karangasem waren Stätte der Kultiviertheit und der Pracht, an denen Rajas und Adlige die Künste förderten und Musik- und Tanztraditionen begründeten, die heute noch in voller Blüte stehen. Daß hier im Osten noch immer das aristokratische Hochbalinesisch als *lingua franca* gilt, gibt Ostbali sein unverwechselbares Gepräge.

Die große Rundreise durch Ostbali beginnt im Palast von Klungkung, führt hinauf zum „Mutter"-Tempel von Besakih, von dort die Küste entlang vorbei an Goa Lawah (Fledermaushöhle) zum abgeschiedenen Dorf Tenganan und dem Wasserpalast von Karangasem. Auf dem Rückweg fährt man durch die atemberaubend schönen, smaragdgrünen Hügel um den Mt. Agung. Um alles sehen zu können, braucht man mindestens zwei Tage.

Himmel und Hölle in Klungkung: Alle von Ubud oder dem Süden ausgehenden Straßen nach Klungkung führen durch **Gianyar,** das Zentrum der berühmten balinesischen Webindustrie. Noch immer werden in den zahlreichen Fabriken und Werkstätten handgewebte und -gefärbte Textilien hergestellt, die in Qualität, Farbgebung und Design den maschinell produzierten und chemisch gefärbten Stoffen weit überlegen sind.

Neben dem Stadtplatz von Gianyar befindet sich der königliche Palast, einer

Bima Suarga – ein balinesisches Epos von Verbrechen und Strafe verziert die Kerta Gosa.

der wenigen, in dem tatsächlich noch immer eine Königsfamilie wohnt. Seine Holzsäulen mit den komplizierten Schnitzereien, seine Steinmetzarbeiten und die großzügig angelegten Innenhöfe sind typisch für den Baustil, den alle balinesischen Herrscher einst bevorzugten. Auf dem Markt gibt es viele Läden mit dem traditionellen Goldschmuck.

Die 20 Kilometer östlich gelegene Stadt **Klungkung** war früher der politische Mittelpunkt ganz Balis. Im 15. Jahrhundert ließen sich hier nach der Flucht aus Java die Nachkommen des hinduistisch-javanischen Königshauses von Majapahit nieder. Zuerst war das drei Kilometer weiter südlich gelegene Gelgel ihre Hauptstadt, aber 1710 wurde der Palast nach Klungkung verlegt. Seiner Herkunft wegen galt der Raja von Klungkung immer als der verehrungswürdigste unter allen balinesischen Herrschern und spielte in der Verwaltung ebenso wie in der Kunst stets eine große Rolle.

Genau im Zentrum des heutigen Klungkung befinden sich die Gerichtshalle **Kerta Gosa** aus dem 18. Jahrhundert und der schwimmende Pavillon Bale Kambang. Kerta Gosa ist bekannt wegen ihrer Deckengemälde im traditionellen *wayang*-Stil. Die unteren Bilder schildern in blutrünstiger Weise die Bestrafung der Bösen in der Hölle, während man auf den oberen Bildern die Belohnung der Tugendhaften im Himmel sehen kann.

Auf dem Hauptmarkt von Klungkung können Sie günstig Körbe und Haushaltswaren kaufen. Vier Kilometer südlich, hinter Gelgel, liegt das Dorf **Kamasan,** das bekannt ist für seine Gold- und Silberarbeiten sowie Gemälde im *wayang*-Stil mit Motiven aus den klassischen hinduistisch-javanischen Epen.

Besakih, das heiligste der Heiligtümer: Nördlich von Klungkung windet sich die Bergstraße fast eine Stunde lang durch herrlich gelegene Terrassenreisfelder und mehrere Ortschaften hinauf zum heiligsten Ort der ganzen Insel, dem **Pura Besakih.** Mit dem gewaltigen Massiv des balinesischen Olymp, dem Mt. Agung im Hintergrund, den breiten, abgestuften Granitterrassen und den

Pura-Besakih – Schauplatz des Eka-Dasa-Rudra-Rituals.

schlanken Pagoden ist dieser 60 Tempel umfassende Komplex eine würdige Wohnstätte für die Götter.

Seit frühgeschichtlichen Zeiten gilt dieser Ort als eine heilige Stätte, wenngleich erst eine Inschrift aus dem Jahr 1007 n. Chr. die Existenz von Besakih ausdrücklich erwähnt. Spätestens im 15. Jahrhundert wurde Besakih zum Heiligtum der vergöttlichten Vorfahren der Gottkönige von Gelgel und ihrer weitverzweigten Familien bestimmt. Seither gilt Besakih als der wichtigste, als „Muttertempel" der ganzen Insel. Hier ist das umfangreiche Pantheon der balinesischen Götterwelt versammelt, zu dem alle Balinesen ihre regelmäßigen Pilgerfahrten unternehmen.

Jede der vielen Kasten Balis, sogar die nicht-hinduistischen Bali-Aga-Stämme, haben einen eigenen *pedarmaan*-Schrein, der jeweils zum Hauptinnenhof hin liegt. Für jeden Schrein gibt es besondere *odalan*-Jahresrituale und jeder nimmt an der allgemeinen *turun-kabeh*-Zeremonie teil, die an dem Tag des Vollmonds abgehalten wird.

Einmal im Jahrhundert findet in Besakih das *Eka-Dasa-Rudra*-Ritual statt – eine Zeremonie von wahrhaft kosmischem Ausmaß, deren Ziel die Reinigung und Aufrechterhaltung des ganzen Universums ist. Sie verschlingt Millionen von Arbeitsstunden für die Herstellung der Opfergaben und Tausende von Tieren als Schlachtopfer. Kein Brahmane und kein Balinese darf bei den sich über drei Monate hinziehenden Riten und Kulthandlungen fehlen. 1963 konnte die Zeremonie nicht abgehalten werden, weil kurz vorher der jahrhundertelang untätige Mt. Agung heftig ausbrach. 2000 Menschen wurden getötet, Abertausende wurden obdachlos und der Tempel war monatelang in schwarze Aschenwolken gehüllt. Deshalb fand das *Eka Dasa Rudra* erst 1979 statt, ohne Zwischenfälle und mehrere Monate lang.

Ostküste: Östlich von Klungkung fällt die Straße ab hinunter zur Küste bei Kusambe, wo in großen Trockenbecken Meersalz gewonnen wird.

Mehrere Kilometer hinter Kusamba, am Fuß eines felsigen Steilhanges, klafft

Fischer am frühen Morgen.

der Eingang zur Goa Lawah (Fledermaushöhle), einem der neun großen Tempel in Bali. Angeblich besteht zwischen Goa Lawah und dem fernen Tempel Besakih eine unterirdische Verbindung. Den meisten balinesischen Tempeln werden jeweils bestimmte dort lebende Tiere zugeordnet, die sogenannten *duwe*. Hier sind es nicht nur Tausende von Fledermäusen, sondern angeblich lebt hier auch Naga Basuki, die sagenhafte heilige Schlange des Mt. Agung. Eine der interessantesten Geschichten über Naga Basuki berichtet von einem Trupp holländischer Soldaten, die sie in der Höhle erschossen. Sie wurden schnell weggebracht, ehe die entsetzten Einheimischen sie zu Tode steinigen konnten. Aber noch in derselben Nacht erhellte ein leuchtend weißer Lichtstrahl den Hof des Denpasar-Hotels und die Soldaten lösten sich in Nichts auf.

15 Kilometer hinter Goa Lawah biegt rechts eine Nebenstraße ab zum malerischen Hafenstädtchen **Padang Bai.** Hier – in einer traumhaft schönen Bucht mit Sandstränden und grünen Hügeln – legt die Fähre nach Lombok ab und ankern Kreuzfahrtschiffe.

Von hier kommt man in östlicher Richtung zum idyllischen Küstendorf **Manggis**, in dem Holzpuppen und Wasserspeier von weißgetünchten Mauern herabstarren. Kurz hinter der Straßenkreuzung von Tenganan sollten Sie in **Candi Dasa** eine Rast einlegen, schwimmen, oder einen der zehn Tempel besichtigen. Candi Dasa machte den Strandorten des Süden Mitte der achtziger Jahre Konkurrenz. Die Natur rächte sich jedoch für den ihr zugefügten Raubbau: die Wellen fraßen den Strand, und so blieb Candi Dasa klein und beschaulich.

Tenganan: Von Candi Dasa kann man eine Erkundungsfahrt in das faszinierende Dorf Tenganan, den Wohnort eines prähinduistischen Bali-Alga-Stammes, machen. Tenganan liegt mehrere Kilometer landeinwärts in einem hügeligen Gebiet mit üppig wachsenden Bambuswäldern und geheimnisumwobenen Banyanbäumen. Erstaunlicherweise war Tenganan nie Teil der hinduistisch-balinesischen Kultur, sondern hat seine eigenen Traditionen der Verwandtschaftsbeziehungen, der Verwaltung, der Religion, der Musik, des Tanzes und der Baukunst bewahrt.

Der Ortskern ist rechteckig und von Mauern umgeben, die vier Hauptpunkte haben große Tore. Innerhalb dieser Mauern leben höchstens 200 Familien, und alle Wohnhäuser stehen symmetrisch entlang von zwei terrassenförmig ansteigenden Pflasterstraßen. In den zentral gelegenen Versammlungspavillons drückt sich ein starker Gemeinschaftssinn und eine starke Abwehrhaltung gegenüber allem Fremden aus. Jedenfalls blieben Fremde bis vor kurzem von allem ausgeschlossen, und die Dorfbewohner scheinen dem Touristenstrom gegenüber sehr skeptisch zu sein, auch wenn einige in ihren Läden sogar alkoholische Getränke an die Touristen verkaufen.

Den Einwohnern von Tenganan gehören gemeinsam große Flächen von Ackerland, aber bearbeitet werden die Felder von Bewohnern anderer Dörfer. Ihre eigene Arbeitszeit verwenden die Tenganesen lieber auf die Herstellung von *tuak bayu,* einem Palmbier, und *kamben-ge-*

Balinesin in einem *kain geringsing*.

Ostbali

ringsing-Stoffen. Letztere sind in Bali sehr gefragt, denn angeblich schützen sie vor Krankheiten und bösem Zauber. Berühmt ist auch das jährliche *usaba-sembah*-Fest von Tenganan mit seinen vielen ungewöhnlichen Zeremonien, Tänzen und musikalischen Darbietungen.

Lassen Sie sich Zeit, das Dorf zu erkunden und nutzen Sie die Gelegenheit, einem der weisen Dorfältesten dabei zuzuschauen, wie unter seinen Händen eines der bebilderten *lontar*-Palmblattbücher in der alten balinesischen Schrift entsteht. Solche Bücher waren früher in ganz Indien und Südostasien in Gebrauch. Hinter der Ortschaft liegt im Schatten von zwei riesigen Banyanbäumen ein alter Tempel mit schwarzem Dach.

Die Paläste von Karangasem: 25 Kilometer weiter östlich durchquert die Straße ein breites Lavafeld, ehe sie nach **Amlapura** kommt, einer mittelgroßen Stadt, die früher Karangasem hieß und die Hauptstadt des kunstbegeisterten Königs von Bali war. Nach der blutigen Eroberung der Insel durch die Holländer um die Jahrhundertwende durfte der Herrscher von Karangasem als einziger balinesischer Raja seinen Titel und seine Machtbefugnisse behalten. Er beteiligte sich am Kolonialhandel und vermehrte seinen Reichtum, so daß er seinen Palast in Karangasem erweitern und zwei neue Vergnügungspaläste bauen konnte.

Puri Agung Karangasem, die traditionelle Residenz der Könige von Karangasem, ist ein schmuckloser Gebäudekomplex, umgeben von einer roten Ziegelsteinmauer, durch die ein dreistöckiges Haupttor führt.

Acht Kilometer südlich, in **Ujung,** stehen die Ruinen seines ersten Palastes – ein riesiger Teich, begrenzt von kleinen Pavillons, die Sonne und Mond symbolisieren. In der Mitte „schwimmt" der mit bemalten Glasfenstern ausgestattete Steinbungalow des Königs. Wenn es stimmt, daß er den inmitten des hinduistischen Kosmos ruhenden heiligen Mt. Meru versinnbildlicht, dann hat sich der Raja offenbar selbst damit symbolisch als Bewohner des heiligen Berges verewigen wollen. Der Palast wurde 1921 fertiggestellt. In seinen alten Tagen zog

In Tenganan, Wohnort eines prähinduistischen Bali Aga Stammes.

sich der König zu religiösen Studien hierher zurück. 1963 wurde der Palast durch den Vulkanausbruch und das Erdbeben schwer beschädigt.

1946 wurde ein weiteres Bauvorhaben des Königs fertiggestellt: Tirta Gangga (Wasser des Ganges), ein 15 Kilometer nördlich von Amlapura liegender Teich in der Nähe einer heiligen Quelle und eines früher unter dem Namen Embukan bekannten Tempels. Es wurde damals als ein hydraulisches Meisterwerk gefeiert und war der ganze Stolz des Raja und seiner Frauen.

Wie der Palast in Ujung steckt er voller verrückter königlicher Einfälle. Auch heute noch kann man in den drei klaren Teichen baden, deren Zufluß unter einem riesigen Banyanbaum liegt, von dem aus sich ein herrlicher Blick über die Hügel im Osten bis zum Mt. Agung bietet. Von hier führt ein landschaftlich reizvoller Weg nach Norden entlang der dünn besiedelten Küste.

Von Subagan aus, einem Dorf inmitten der erstarrten Lavafelder am Westrand von Amlapura, klettert die Bergstraße in Richtung Westen bis hinauf nach **Sibetan,** einer für ihre *salak* berühmten Ortschaft – eine tränenförmige Frucht mit dem Geschmack eines süßsauren Apfels und einer Schale, die aussieht wie die Haut einer Kobra. Hinter Sibetan wird es wieder flacher und die Straße windet sich durch eine aufregende Landschaft mit Terrassenfeldern und traumhaft schönen Tälern.

Am besten legen Sie in **Putung** eine kleine Rast ein. Hier biegt eine Straße links ab zu einem kleinen staatlichen Gästehaus und Restaurant in malerischer Lage auf einem Kliff über dem Meer. Hinter Putung gabelt sich die Straße. Sie können entweder geradeaus über Selat nach Rendang und von hier nach Besakih fahren, oder linksabbiegend die Straße über Iseh nach Klungkung nehmen.

Im idyllischen Bergdorf **Iseh** hat einige Zeit der Maler Walter Spies gewohnt. Nach dessen frühzeitigem Tod lebte der Schweizer Maler Theo Meier jahrelang in diesem Haus. Hier hat man immer den majestätischen Mt. Agung vor Augen – für viele das Schönste in ganz Bali.

Tirta Gangga in Karangasem (Amlapura).

Ostbali 181

LOMBOK

Östlich von Bali, jenseits einer tiefen Meerenge mit gefährlichen Strudeln und ausgelassenen Delphinen, liegt Lombok – eine Insel, deren Geschichte und Kultur eng mit der Balis verflochten ist. Trotzdem unterscheidet sich Lombok in vielen wichtigen Punkten erheblich von der Nachbarinsel. Das Klima ist trockener und die Landschaft zerklüfteter. Lombok ist nur halb so dicht besiedelt und die Mehrheit seiner 1,6 Millionen Einwohner sind Moslems. Wie auf Bali zieht sich auch auf Lombok eine hohe

Vulkankette im Norden entlang, in deren Mitte sich der 3800 Meter hohe Mt. Rinjani, der zweithöchste Berg Indonesiens, erhebt. Eine weitere, nicht-vulkanische Bergkette durchzieht den unfruchtbaren Süden der Insel (analog zur balinesischen Halbinsel Bukit). Der größte Teil des fruchtbaren Akkerlandes liegt in dem schmalen Landstreifen zwischen den beiden Bergketten, wo auch die Mehrheit der Bevölkerung lebt.

Bergflüsse und artesische Brunnen bewässern etwa ein Drittel dieser Ebene, die in manchem Ostbali ähnelt. Die fruchtbaren, alluvialen Hügel am Fuß des Mt. Punikan hinauf ziehen sich weitgeschwungene Terrassenreisfelder, angelegt von Sasak und Balinesen. In malerischen Dörfern wetteifern hinduistische Tempel mit weißleuchtenden Moscheen. Hier liegen auch die zwei großen Städte der Insel, Mataram und Ampenan, in unmittelbarer Nähe zur altehrwürdigen Residenz Cakranegara. Nur eine Stunde entfernt liegen der Hafen, die abgeschiedenen Erholungsorte und die begeisternden Strände von Lombok.

Einblick in die Geschichte: Aus frühen einheimischen Chroniken geht hervor, daß Lombok von Ostjava aus besiedelt wurde und daß die Sasak wahrscheinlich ihren Namen ableiteten von *sesek,* einer bestimmten Art von Bambusflößen, mit denen sie die Meerenge überquerten.

Einem 1894 gefundenen *lontar*-Manuskript aus dem 14. Jahrhundert zufolge – dem berühmten *Negarakertagama,* der wichtigsten Informationsquelle über die alten ostjavanischen Reiche – geriet die Insel durch Pati Gajah Mada, den mächtigen Ministerpräsidenten von Majapahit, unter javanische Oberherrschaft, bevor er 1365 starb. Daran erinnern heute allenfalls einige Stämme, die noch oben an den Hängen des Mt. Rinjani in der Nähe von Sembalun leben und behaupten, Nachfahren hindu-javanischer Siedler zu sein. Noch heute pflegen sie das Grab eines Bruders des Majapahit-Königs.

Im 17. Jahrhundert wurde Lombok gleich aus zwei Richtungen erobert und kolonisiert. Der Westen wurde von den balinesischen Königen von Karangasem erobert, die bis zum Sieg der Holländer im Jahr 1894 diesen Teil der Insel kontrollierten.

Etwa zur gleichen Zeit geriet die Ostküste, damals politisches Zentrum der Sasak, unter den Einfluß von islamischen Kaufleuten aus Makassar, die es verstanden, die Aristokratie der Sasak zum Islam zu bekehren.

1677 besiegte eine Armee aus Sasak und Balinesen die Makassar und vertrieb sie aus Ostlombok. Anschließend konnte der Sasak-Adel 150 Jahre lang alle balinesischen Angriffe abwehren und etliche unabhängige islamische Königreiche im Osten der Insel

<u>Oben</u>: *kecodak*-Tanz. <u>Rechts</u>: Fischerboote in Lombok in der Morgendämmerung.

aufrechterhalten. In Westlombok war das 18. Jahrhundert ein von Bali beeinflußtes „Goldenes Zeitalter". Die Hindu-Tempel wurden verschönert und der herrschende Raja Agung Made Gege Ngurah entwickelte einen Baustil und ein glanzvolles höfisches Leben, das dem balinesischen in nichts nachstand. 1744 verlegte er seinen Palast nach Cakranegara, wo er einen imposanten Staatstempel, den Pura Meru, und ein herrliches Wasserschloß, Taman Mayura, bauen ließ.

1849 wurde ganz Lombok und Ostbali unter der Herrschaft des balinesischen Raja von Karangasem, Ratu Agungagung K'tut vereint. Doch schon 1894 landeten in Am-

Die überwältigende Mehrheit der Inselbewohner sind Sasak, die sich selbst in zwei unterschiedliche Gruppen einteilen: die Waktu-telu und die Waktu-lima. Die Waktu-telu leben in den Bergdörfern und standen lange unter islamischer Herrschaft, was aber nur wenig an ihren heidnischen Gebräuchen geändert hat. Die Waktu-lima hingegen leben im Tiefland und an der Küste und sind heute gläubige Moslems.

Im bunten Nebeneinander der Hindu- und Sasakgemeinschaften in Westlombok wird der Reisende nur schwer die vorhandenen Gegensätze erkennen können (bestellen Sie in einem islamischen Sasak-Restaurant auf keinen Fall Alkohol!). Auffallend jedoch ist

penan holländische Truppen, die die Insel unter ihre Kontrolle brachten. Unterstützt wurden sie von Sasak-Führern in Ostlombok, die damit versuchten, sich von der Vorherrschaft zu befreien. Die Eroberung Lomboks forderte einen hohen Blutzoll – von 4400 Holländern fielen 1000 Mann, die Balinesen verloren etwa doppelt so viele Soldaten und die gesamte Königsfamilie von Sasari in dem berühmten rituellen Massenselbstmord (*puputan*). Heute sind nur 10 Prozent der Inselbewohner Hindu-Balinesen und fast alle leben in den Dörfern und Städten der schmalen Ebene im zentral-westlichen Teil der Insel.

das breite Spektrum der Gebräuche und das Nebeneinander verschiedener Baustile. Einerseits stößt man auf mauerumgebene balinesische Dörfer mit ihren *kulkul*-Trommeltürmen und ihrem *banjar*-Sozialsystem. Andererseits trifft man ständig auf die offene Bauweise der weißgetünchten *kampungs* der islamischen Sasak.

Bei den Bergstämmen der Waktu-telu wiederum – z.B. in Pujung und Sengkol in Südlombok – findet man einen völlig anderen Dorftyp: Hyperbelartige, strohgedeckte Hütten aus grob behauenen Holzstämmen und Zäune aus miteinander verflochtenen Baumästen und Bambusfasern.

Lombok 183

REISE DURCH LOMBOK

Verglichen mit dem unter seiner Überbevölkerung nahezu zerberstenden Java und dem hochzivilisierten, neuerdings kosmopolitischen Bali, wirkt Lombok ruhig und ländlich. Es ist eine Insel der Kontraste und Widersprüche. In islamische Zeremonien sind hinduistische Rituale integriert worden. Üppige Regenwälder grenzen an trockene Ebenen. Lombok wurde bisher weitgehend vor einer Überschwemmung westlicher Kultur bewahrt. Die vielsprachige Bevölkerung Lomboks – Sasak, Balinesen, Chinesen und Araber – geht ruhig und bedächtig ihren Geschäften nach. Hier steckt der Tourismus noch in den Kinderschuhen und eine an Attraktionen reiche Kultur ist noch weitgehend intakt.

Ein großer Vorteil für den Reisenden ist die Tatsache, daß fast alle Sehenswürdigkeiten Lomboks – Tempel, Paläste und Dörfer – in Westlombok konzentriert sind, und zwar im Umkreis von 15 Kilometern um Cakranegara, der früheren Königsresidenz. Genießen Sie die Morgendämmerung im Puri Mayura in Cakranegara und bewundern Sie den Teppich von Seerosen und die Spiegelung der Pagode des Pura Meru auf dem Wasser. Besuchen Sie den Hafen und das Maritime Museum in Ampenan, um sich anschließend in den kühlen Bergort Suranadi zurückzuziehen. Oder machen Sie einen Tagesausflug zum südlichen Strand von Kuta und sehen sich traditionelle Sasak-Dörfer am Weg an. All das ist in drei Tagen zu schaffen. Für die Besteigung des einzigartigen Mt. Rinjani, dem zweithöchsten Berg Indonesiens, brauchen Sie allerdings noch etwas mehr Zeit.

Ampenan, Mataram und Cakranegara: Die drei größten Städte auf Lombok – Ampenan, Mataram und Cakranegara – liegen dicht an dicht auf nur sechs Kilometern einer von der Küste landeinwärts führenden Straße. Der Hafen von **Ampenan,** einst wichtiges Bindeglied des Gewürzhandels, ist heute eigentlich nur noch ein halbverrotteter Kai mit verlassenen Lagerhäusern. An der Hauptkreu-

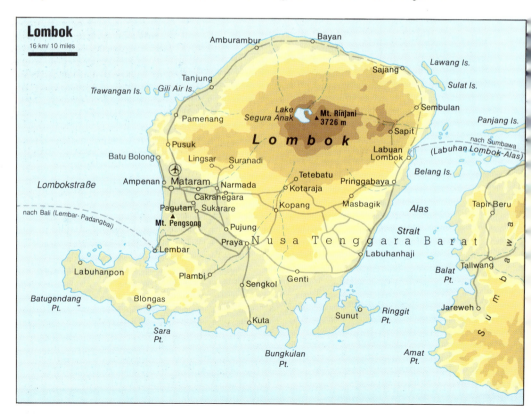

zung steht das **Maritime Museum,** in dem versucht wird, die bewegte Geschichte der Hafenstadt ins Gedächtnis zu rufen.

Das benachbarte **Mataram,** die moderne Provinzhauptstadt, ist geprägt von Regierungsgebäuden und gepflegten Häusern. Aber außer für den Touristen wichtige Dinge wie Banken, Fahrkartenschalter usw. hat es wenig zu bieten.

Cakranegara, ein Stück östlich von Mataram, ist die interessanteste Stadt der Insel. Es war bis zur Jahrhundertwende die königliche Hauptstadt und ist heute noch immer wichtigster Umschlagplatz Lomboks. Vor allem im arabischen Viertel herrscht ein geschäftiges Gewimmel; hier sollte man einen der wunderschönen Baumwoll-*sarungs* kaufen. Im Balinesenviertel, jenseits des Flusses Ancar im Nordteil der Stadt, findet man einzigartige Häuser im Lombok-Bali-Stil.

Vom **Pura Meru,** dem Haupttempel der Hindus auf Lombok, überblickt man das Zentrum Cakranegaras. Er wurde 1720 erbaut, um die Einheit der verschiedenen Hindugruppen auf der Insel zu dokumentieren. Die drei Innenhöfe des Tempels symbolisieren *tri loka,* die drei Ebenen des hinduistischen Kosmos: die Erde, das Reich der Menschen und das Göttliche. Die drei Pagoden versinnbildlichen die Dreieinigkeit von Brahma, Vishnu und Shiva. Jedes der 33 Heiligtümer des Tempels wird von einer anderen Hindugemeinschaft Lomboks betreut.

Gegenüber dem Tempel liegt ein von einem Seerosenteich umgebener Pavillon, zu dem man über einen Steindamm gelangt. Es ist der 1744 angelegte königliche Garten **Puri Mayura.** Der unter dem Namen Bale Kambang bekannte Pavillon diente früher als Gerichtshalle und als Versammlungsraum für den Adel von Lombok.

Der **Königspalast** hinter dem Garten ist erstaunlich bescheiden – ein teils im balinesischen, teils im holländischen Stil gebauter Bungalow, der von einem Wassergraben umgeben ist. Heute dient er als ein Museum mit Fotos und Erinnerungsstücken aus der Kolonialzeit.

Nördlich und südlich von Mataram und Ampenan gibt es etliche Sehenswür-

*Unten: kecak-*Tanz in Tanjung.
*Rechts: Odalan-*Ritual im Pura Meru.

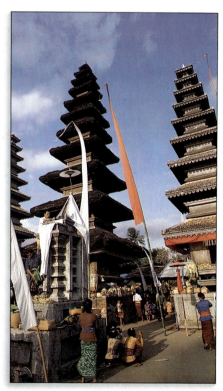

Reise durch Lombok 185

digkeiten zu entdecken, falls man sich dafür etwas Zeit nimmt. Sieben Kilometer südlich von Mataram blinken weiße Schreine an den Felsnasen des **Mt. Pengsong** wie Kalkstalagmiten. Man erreicht sie über eine lange Treppe, die unten an der Straße zwischen uralten Banyanbäumen beginnt. Der Rundblick von oben lohnt den mühsamen Anstieg. An den Hängen spielen Affenhorden, die Tempelwächter.

Früher konnte man im kleinen Dorftempel des nahegelegenen **Pagutan** ein unschätzbares Palmblattmanuskript des *Negarakertagama* aus dem 14. Jahrhundert besichtigen – die wichtigste Informationsquelle über das große Reich von Majapahit. Das Manuskript wurde 1898 von einem holländischen Gelehrten entdeckt und befindet sich heute im Nationalmuseum von Jakarta.

Von Ampenan führt eine kleine Straße nach Norden über Flußarme und durch Kokoshaine zum Tempel **Batu Bolong.** Er liegt hoch oben auf einem Felsvorsprung, der weit in die Meerenge von Lombok hineinragt, und ist nur über eine natürliche Felsbrücke erreichbar. Von diesem unvergleichlichen Aussichtspunkt aus können Sie erleben, wie sich das Licht der untergehenden Sonne in den bunten Segeln dahingleitender Schiffe fängt.

Eine große Versuchung für Sporttaucher dürfte der Strand von **Pemenang** an der Nordwestküste sein, etwa eine Stunde von Mataram entfernt. Tauchen Sie in den Korallengärten vor der Küste oder mieten Sie ein Boot zu den Inseln **Gili Air** oder **Gili Terawangan,** wo noch herrlichere Korallengärten und ein einzigartiges Meeresleben auf Sie warten.

Narmada und Suranadi: Kleine weiße Moscheen sprenkeln die Terrassenreisfelder zwischen Cakranegara und Narmada, zehn Kilometer östlich. Der Markt rechts von der Straße gilt als der größte von ganz Lombok und ist bekannt für seine Körbe, Tonwaren und andere Handwerkswaren aus den Dörfern.

Die Kleinstadt Narmada wird von einem künstlichen Plateau, auf dem ein vom König von Karangasem entworfener und gebauter Sommerpalast aus dem

Kratersee am Mt. Rinjani.

späten 19. Jahrhundert steht, dominiert. Der Tempel in **Suranadi,** sieben Kilometer oberhalb von Narmada, ist wegen seiner heiligen Quellen eine hinduistische Pilgerstätte auf Lombok.

Suranadi ist der Name des Flusses quer durch das Nirvana. Wie im balinesischen Tampaksiring kommt man wegen wichtiger Reinheitsrituale an den heiligen Wassern hierher. Die Legende berichtet, daß die heiligen Quellen von dem Hindu-Heiligen Niratha geschaffen wurden, der eine Gruppe von Dorfältesten hierher führte und seinen Wanderstab fünfmal auf den Boden stieß.

Das angrenzende **Suranadi Hotel** stammt noch aus der Holländerzeit und war einst das beste Hotel der Insel. Heute lebt es vom Ruhm vergangener Tage, aber der von Quellen gespeiste Swimmingpool ist sehr erfrischend und rechtfertigt eine Pause.

Von hier aus führen Pfade zu den Bergdörfern, deren Pfahlbauten am Rande von Lichtungen, inmitten des Regenwaldes, errichtet wurden. Wenig westlich schwimmen in den Teichen des innersten Heiligtums des Tempels von Lingsar Albinofische – nach altem javanischen Glauben ein Zeichen höchster *Narmada,* Geistigkeit.

Auf dem Weg zur Südküste: Von Narmada aus kommt man in südlicher Richtung, durch **Mangang** und **Praya** fahrend, zu den weiten Sandstränden an der Südküste. Die Fahrt dauert etwa vier bis fünf Stunden, weshalb man früh aufstehen sollte, um unterwegs einige Male halt machen zu können, ehe man sich ins Meer stürzt. In **Sukarere** sollte man unbedingt die *ikat-* und *lambung-*Stoffe begutachten.

Bevor Sie das Meer erreichen, sollten Sie in **Rambitan** ein typisches Sassak-Dorf mit seinen strohgedeckten Reisspeichern besuchen.

Weiter südlich zieht sich die Straße kilometerweit durch ein Reisanbaugebiet – je nach Jahreszeit sattgrün oder trocken und braun. Schließlich kommen Sie nach **Kuta,** einem kleinen, abgelegenen Dorf am Beginn eines herrlichen, 100 Kilometer langen goldenen Sandstrandes.

Auf dem Rückweg von Kuta sollten Sie das ehemalige holländische **Tetebatu** besuchen. Hier steht inmitten von Obst- und Gemüsegärten eine Vorkriegsvilla mit einem quellengespeisten Teich, heute Hotel.

Auf große Höhe hinauf: Der Aufstieg auf den 3800 Meter hohen **Mt. Rinjani** ist ein Erlebnis. Er ist anstrengend und gewiß nicht jedermanns Sache. Man muß sich, auch für die Vorbereitung, viel Zeit nehmen. Möglich ist es nur während der Trockenzeit, also von April bis Oktober.

Mehrere kleine Reisebüros in Senggigi bieten den Vulkanaufstieg inzwischen als Ausflug an und kümmern sich sowohl um Ausrüstung als auch Bergführer.

Die beliebteste Aufstiegsroute beginnt im Dorf Sapit in Ostlombok, wo man auch einen Führer und Träger engagieren kann. Steigen Sie die Hänge bis unterhalb des Kraterrandes hinauf, kampieren Sie dort und bewältigen Sie das letzte Stück in den Stunden vor Sonnenaufgang – dann werden Sie den atemberaubenden und unvergeßlichen Anblick über die gesamte östliche Inselwelt des Archipels genießen können.

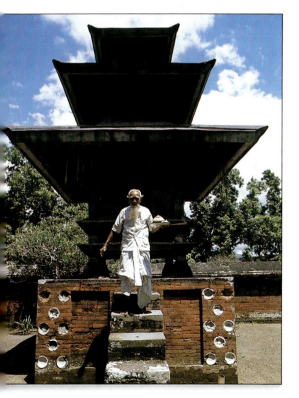

Narmada.

NUSA TENGGARA (KLEINE SUNDA-INSELN)

Als Nusa Tenggara (altjavanisch: „südöstliche Inseln") wird die dichte Kette kaum bewohnter Inseln östlich von Bali bezeichnet. Zu holländischen Zeiten nannte man sie die „Kleinen" oder „Östlichen" Sundas, eine Inselgruppe, zu der damals auch Bali gerechnet wurde. Bali erhielt jedoch 1951 von der neuen Republik Indonesien den Status einer eigenen Provinz, während die anderen Inseln in zwei getrennte Provinzen eingeteilt wurden.

Das westliche Nusa Tenggara umfaßt Lombok und Sumbawa, das östliche Nusa Tenggara Sumba, Flores, Timor und nahegelegene Inseln. Eine 27. Provinz verschaffte sich Indonesien 1976 durch Annexion der ehemaligen portugiesischen Kolonie Ost-Timor.

Die Inseln von Nusa Tenggara werden von den aus dem Wasser ragenden Gipfeln eines Gebirgsmassivs gebildet, das von der Nordspitze Sumatras über Java und Bali ostwärts reicht. Eigentlich sind es zwei Gebirgszüge: ein südlicher, der älter und nicht-vulkanischen Ursprungs ist (Sumba, Sawu, Roti und Timor) und ein nördlicher, vulkanischer Gebirgszug, der Sumbawa, Flores und eine Kette kleinerer Inseln umfaßt. Während Java, Sumatra und Borneo (die „Großen Sunda-Inseln") von einer sehr seichten See umgeben sind (maximale Tiefe 100 Meter), ragen die Inseln östlich von Bali aus tiefem Meeresgrund auf.

Je weiter man ostwärts in den Sunda-Archipel vordringt, desto fühlbar trockener wird das Klima; Ursache sind die heißen austrocknenden Winde, die vom australischen Kontinent herwehen. Der feuchte, nordwestliche Monsun kämpft im November und Dezember gegen die trockenen Winde an und erreicht relativ spät und oft nur für ein paar Wochen die östlichen Inseln Nusa Tenggaras. So sind jahrelange Trockenperioden auf Sumba und Timor nicht ungewöhnlich. Die an den Luvseiten der Berghänge niedergehenden Regenfälle haben inmitten ausgedehnter und ausgedörrter Busch- und Graslandschaft Flecken üppiger Wälder und Vegetation geschaffen.

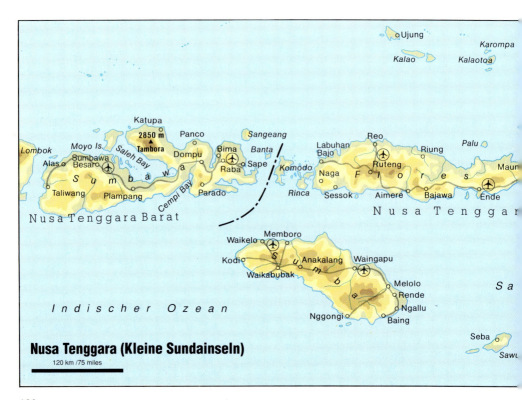

Nusa Tenggara (Kleine Sundainseln)
120 km / 75 miles

Die seltsamen Tiere von Wallacea: Die See um die Inseln ist derart tief, daß selbst auf dem Höhepunkt der Eiszeit, als weltweit der Meeresspiegel 200 Meter tiefer lag, keine Landverbindungen zwischen den Inseln entstanden. Der große Naturforscher des 19. Jahrhunderts, Sir Alfred Russel Wallace, verbrachte mehrere Jahre mit Studien im indonesischen Archipel und bemerkte einen ausgeprägten Unterschied zwischen der eurasischen Tierwelt der Großen Sunda-Inseln (Affen, Elefanten, Tiger, Schweine, Nashörner, Büffel, Hirsche usw.) und den australischen Arten der östlichen Inseln.

Zwischen Bali und Borneo auf der einen und Lombok und Sulawesi auf der anderen Seite zog er eine Linie als Grenze zwischen den beiden Faunagruppen („Wallace-Linie" genannt).

Neuere Studien haben jedoch gezeigt, daß auch viele eurasische Arten, insbesondere Vögel und Insekten, auf den Kleinen Sunda-Inseln vorkommen und nur in Neuguinea und Australien nicht mehr anzutreffen sind. Bei den östlichen Inseln handelt es sich demnach um eine Übergangszone (als Wallacea bekannt), in der sowohl eurasische als auch australische Arten vorkommen. In dieser Zone leben neben australischen Beuteltieren, bunten Papageien und Kakadus aus Neuguinea auch große urtümliche Reptilien, deren spektakulärster Vertreter der sogenannte Komodo-Waran (*varanus komodoensis*) ist.

Eine spärlich besiedelte Region: Nusa Tenggara ist die ärmste und unfruchtbarste Gegend Indonesiens. Die Bevölkerung verteilt sich sehr ungleichgewichtig. So leben auf der großen Insel Timor wegen des gebirgigen Geländes, der schlechten Böden und des sehr trockenen Klimas nur 1,3 Millionen Menschen. Dank der intensiven Kultivierung der *lonlar*-Palme, deren Saft reich an Kohlehydraten ist, bietet das winzige Sawu dagegen über 50 000 Einwohnern eine wichtige Lebensgrundlage.

Die meisten Bewohner Nusa Tenggaras sind Bauern und Fischer. Einige Agrarprodukte wie Kaffee, Kopra, Reis, Bohnen und Zwiebeln sowie Nutztiere und Fische werden auf andere Inseln exportiert und einige Lebensmittel, meist aus Java, eingeführt.

In letzter Zeit hat die indonesische Regierung große Anstrengungen unternommen, um die Nachrichtenwege zu verbessern, Schulen

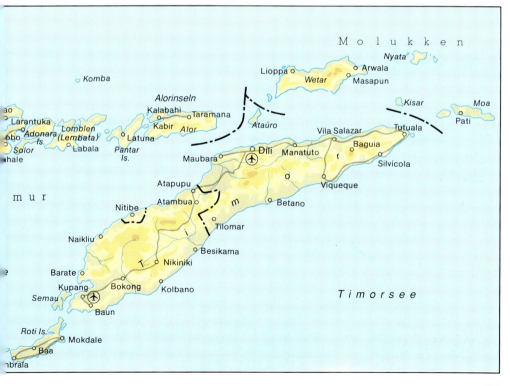

zu bauen und Gesundheitseinrichtungen zu schaffen. Dies hat in einigen städtischen Gegenden zu einem raschen Wandel geführt. Viele der im Hinterland gelegenen Dörfer sind jedoch aufgrund ihrer isolierten Lage abgeschieden und von der modernen Zivilisation verhältnismäßig unberührt geblieben.

Geschichte: Seit frühen Zeiten waren die Küstengegenden Nusa Tenggaras am Handel im Archipel beteiligt. Zwar gibt es keine Gewürze, Sandelholz und andere aromatische Harthölzer sind jedoch seit fast 2000 Jahren begehrte Exportartikel. Kleine Küstenkönigreiche entstanden an den Flußmündungen und tauschten diese Hölzer gegen Metallwaren, Textilien und Keramikprodukte ein. Chinesische und arabische Händler wagten sich über Borneo und Sulawesi hinaus und erreichten Nusa Tenggara vermutlich im 11. oder 12. Jahrhundert.

Im 14. Jahrhundert erhob das Majapahit-Reich auf Java Anspruch auf die gesamte Nusa-Tenggara-Kette. Da sich heute aber nur wenig Belege einer „Hinduisierung" finden lassen, handelte es sich ohne Zweifel lediglich um eine Vasallenbeziehung im Hinblick auf den Handel und nicht um irgendeine Form politischer Kontrolle.

Im 15. und 16. Jahrhundert gewann der Islam, zunächst von Java und Ternate (Molukken), später auch von Makassar aus, zunehmend an Einfluß, und Sklaven wurden zu einem wichtigen „Exportgut".

Der erste portugiesische Entdecker, Antonio de Abreu, segelte 1512 an Flores vorbei und gab ihr den heutigen Namen. Während des 16. Jahrhunderts mischten sich die Portugiesen in den Sandelholzhandel von Timor ein und errichteten Festungen auf Flores und Solor. Dominikanische Mönche bekehrten viele Inselbewohner in der Nähe der Handelsniederlassungen zum katholischen Glauben, so daß heute noch große christliche Gemeinden auf Flores und Timor fortbestehen.

Mit Hilfe ihrer überlegenen Schiffe gelang es den skrupellosen Holländern im 17. Jahrhundert, den größten Teil des Handels an sich zu reißen, der Sandelholznachschub war zu jener Zeit jedoch schon fast erschöpft. Bis Mitte des 19. Jahrhunderts zeigten sich die Holländer deshalb wenig an Nusa Tenggara interessiert.

Es waren statt dessen Portugiesen, Mestizen und muslimische Makassar, die im 18. Jahrhundert auf den Inseln den Ton angaben. Die holländische Zurückhaltung endete jedoch abrupt um die Jahrhundertwende, als eine

Vorherige Seiten: Die dünn besiedelten Inseln östlich von Bali. **Oben:** Menschen aus dem Archipel. **Rechts:** Katholischer Missionar in Lela, Südflores.

Reihe militärischer Expeditionen ausgesandt wurden, um die gesamten Ostindischen Inseln unter Kontrolle zu bringen. Auf einigen Inseln stießen sie zwar auf sporadischen bewaffneten Widerstand, der nach 1910 jedoch bald zum Erliegen kam. Trotz des Baus von Straßen, Schulen und Verwaltungseinrichtungen durch die Holländer blieben viele Dörfer und abgelegene Gegenden bis in neuere Zeit ohne direkten Kontakt zur Außenwelt.

Die Bevölkerung Nusa Tenggaras mag zwar in vieler Hinsicht rückständig sein (Gesundheitsversorgung, Ernährung und Ausbildung), sie ist deshalb aber in keiner Weise „unzivilisiert". Ihre soziale, wirtschaftliche von Hochzeiten, Aussaat und Ernte fließt bei Ritualkämpfen – Boxkämpfe, Peitschenduelle oder Reitergefechte – manchmal auch menschliches Blut.

Bis vor kurzem noch waren die Bewohner in drei klar voneinander getrennte Klassen von hohen Adligen, Gemeinen und Sklaven eingeteilt. Der Herrscher eines Handelshafens bezeichnete sich oft als „Raja" oder „Sultan", in den meisten Gegenden herrschte jedoch eine Art Stammesorganisation vor, deren Führer sich meist nicht von anderen Stammesmitgliedern unterschieden.

Ritualpraktiken und Besitzstatus hoben die Noblen von den anderen ab. Der Brautpreis war dabei ein wesentlicher kultureller und

und spirituelle Kultur steht auf einem hohen Niveau, Musik-, Tanz-, Literatur- und Handwerkstraditionen bestehen überall, und das komplexe Clansystem baut auf strengen Regeln auf.

Die Kraft der Tradition: Der Glaube an Natur- und Ahnengeister ist auf Sumba und Timor noch weitverbreitet. Anderswo verdeckt ihn lediglich ein Anstrich von Christentum oder Islam. Übernatürliche Wesen steuern die Ernte, bringen Krankheit oder schützen vor Mißgeschick.

Oft werden den Geistern Geflügel, Schweine und Büffel geopfert und anschließend auf großen Gemeindefesten verzehrt. Anläßlich ökonomischer Faktor. Um der Braut einen hohen sozialen Status zu gewährleisten, mußte ein adliger Bräutigam Geld und exotische Gegenstände wie z. B. Bronzetrommeln (auf Alor), Elfenbeinstoßzähne (auf Flores und Lembata), elfenbeinerne Armreifen und Wasserbüffel (auf Sumba) liefern. Die Familie der Braut übergab im Gegenzug fein gewobene *ikat*-Stoffe, die oft auch rituelle Bedeutung hatten.

Ikat-Webereien aus Nusa Tenggara sind denn auch weithin gerühmt im Archipel, und Textilsammler auf der ganzen Welt zahlen dafür hohe Preise (siehe auch Teil IV, „Indonesische Stoffe: Gewebte Tradition").

SUMBAWA

Die Insel Sumbawa ist größer als Bali und Lombok zusammen. Ihre Form ist das Ergebnis mehrerer Vulkanausbrüche, die sie auf der Karte als zufälligen Zusammenwurf zweier oder dreier Inseln erscheinen lassen. Die heutigen Verwaltungsbezirke entsprechen in etwa dem Gebiet der ehemaligen Sultanate: Bima im Osten, Sumbawa im Westen und Dompu in der Mitte.

Die meisten der 800 000 Einwohner sind Bauern oder Fischer. Agrarprodukte wie Reis, Erdnüsse, Bohnen, dazu Nutzvieh und neuerdings auch Rohholz im Rahmen einer Zusammenarbeit mit den Philippinen, werden exportiert.

Die Bewohner Sumbawas sind fromme Moslems. Der Bezirk Bima hält den höchsten Anteil an Mekkapilgern in ganz Indonesien. Dies spiegelt außer Frömmigkeit auch Wohlstand wieder, denn eine von der Regierung geförderte einmonatige „haj" nach Mekka kostete immerhin mindestens 3500 US-Dollar oder den Gegenwert von 10 Wasserbüffeln. In den Straßen von Bima überwiegt der Anblick von orthodox mit dem *kerundung* gekleideten Frauen, und leistungsfähige Lautsprecher verstärken in allen größeren Orten der Insel den Ruf des *muezzin* zum Vier-Uhr-Gebet.

Trotz der festen Verankerung des Islam auf Sumbawa gibt es dennoch starke Strömungen traditioneller Bräuche und Glaubensüberlieferungen. Der Glaube an die Macht des *dukun* oder Schamanen, der Krankheiten heilt, Wasserbüffel schneller laufen läßt oder einem jungen Mann bei den Ernte-Boxkämpfen zum „100-Tonnen-Schlag" verhelfen kann, ist ungebrochen.

Sumbawa Besar und Bima: Nur wenige Besucher verbringen längere Zeit in Sumbawa Besar und Bima, den größten Orten auf Sumbawa. Dabei haben beide Städte ein Palastmuseum, in denen die heiligen *pusaka*, die Machtinsignien des Sultans, ausgestellt sind. In den Häfen außerhalb der Stadt kann man zudem geschickten Schiffbauern zusehen, wie

Markt in Sape.

sie mit einfachsten Werkzeugen große hölzerne Boote konstruieren.

Die ehemalige Residenz des Sultans in **Sumbawa Besar** wurde 1885 in traditioneller Holzbauweise errichtet. Der Dalem Loka genannte Pfahlbau wird von zwei ungewöhnlichen Holzschnitzarbeiten gekrönt und ist vollständig restauriert worden.

Der Palast in **Bima** beherbergt eine außergewöhnliche Sammlung mit der königlichen Krone und einer großen Anzahl kostbarer *keris,* deren goldene und elfenbeinerne Griffe mit Edelsteinen besetzt sind. Im nahegelegenen Dorf von **Tolobali** liegt das Dantara, Grabmal des ersten zum Islam bekehrten Sultan.

Das Hinterland: Fruchtbare Flußtäler mit schimmernden samtgrünen Reisfeldern umgeben die beiden Städte. Entlang der einzigen befestigten Straße durch die Insel jedoch wird die endlose Folge versengter, brauner Hügel nur gelegentlich von einem spektakulären Küstenstreifen unterbrochen. Zweimastige Katamarane *(bagans)* ankern hier in malerischen Buchten und Häfen.

Die meisten Häuser außerhalb der Städte sind hölzerne Pfahlbauten, um dem Wasser und Schlamm der Regenzeit zu entgehen. Männer und Frauen tragen kunstvoll geschlungene *sarungs,* und in der Gegend von Sape, an der östlichsten Küste, leuchten dem Reisenden des öfteren buntbemalte, konische Sonnenhütten aus geflochtenen Palmblättern entgegen.

Für die dreistündige Fahrt zur Insel **Moyo** kann man in Sumbawa Besar ein Motorboot chartern. Die Jagd auf das dortige Wild, insbesondere Hirsche und Wildschweine, ist mit polizeilicher Genehmigung erlaubt. Für Nichtjäger bestehen ausgezeichnete Tauchmöglichkeiten. Mangels Einrichtung auf der Insel sind Essen, Trinken und Schlafsachen für das Boot mitzubringen. Eventuell kann man in kleinen Dörfern frischen Fisch und Kokosnüsse kaufen.

Wanderer und Kletterer können zum Krater des **Gunung Tambora** hinaufsteigen, Ort der größten vulkanischen Eruption der Erde. 1815 wurden hier rund 100 Mrd. m^3 Asche und Steine in die Atmosphäre geschleudert mit einer Kraft, die mehreren Wasserstoffbomben gleichkommt, wodurch es 1816 zum berühmten „Jahr ohne Sommer" kam.

Heute bietet der klaffende, 2820 Meter hohe Trichter eine überwältigende Aussicht auf das Meer und die Insel. Von Dempu aus ist es ein Tagesmarsch zum Kraterrand, Teile des Weges können auch mit einem Jeep befahren werden.

In der Nähe des Dorfes von **Batu Tering,** östlich in den Hügeln von Sumbawa Besar, finden Archäologie-Interessierte große Steinsarkophage. Mit menschlichen Figuren und Krokodilen verziert, nimmt man an, daß sie königliche Grabstätten einer späten neolithischen Kultur sind, die hier vor vielleicht 2000 Jahren existierte. *Bemos* fahren regelmäßig nach Batu Tering, und die Dorfbewohner führen Sie gerne auf der eineinhalbstündigen Besichtigungstour.

Während man in **Sape** auf die wöchentliche Fähre nach Komodo wartet, kann man für die 25 Kilometer Fahrt zu einigen nordwärts am Meer gelegenen Dörfern einen Minibus mieten.

Verblichener Königsglanz im Dalem Loka.

Sumbawa 195

KOMODO: DIE „DRACHENINSEL"

Inmitten der mit Inseln übersäten Meeresenge zwischen Sumbawa und Flores liegt **Komodo,** die Heimat eines der größten Reptilien dieser Erde, des Komodo-Warans, auch Komodo-Drachen genannt *(varanus komodoensis).* Diese riesige Waranechse (von den Bewohnern *ora* genannt) gehört zu den ältesten Arten der Erde und ist ein naher Verwandter der Dinosaurier, die vor 100 Millionen Jahren lebten.

Komodo liegt 500 Kilometer östlich von Bali, ist in Nord-Süd-Richtung 30 Kilometer und am breitesten Punkt 16 Kilometer weit. Auf ihren zerklüfteten Hügeln (höchster Punkt 735 Meter) wachsen dürre *lontar*-Palmen und buschiges Unterholz.

Auf Komodo gibt es nur ein einziges kleines Dorf mit 500 Einwohnern. Manche behaupten, sie seien vor Hunderten von Jahren aus Sumbawa eingewandert, andere glauben, sie seien die Nachkommen ausgesetzter Verbrecher. An der trockenen Küste der unfruchtbaren Insel wächst wenig, so daß sich die Einheimischen dem Fischfang zuwenden mußten, nachdem sie von der Regierung aufgefordert wurden, die Gärten im Inneren zu verlassen.

Abgesehen von den berühmten Echsen gibt es auf Komodo noch andere exotische Arten, wie den Hügel bauenden *megapode*-Vogel, den gelbbrüstigen Kakadu und den lärmenden Mönchsvogel. Die auf der Insel auch anzutreffenden Wildschweine, Wasserbüffel und das Rotwild dienen den Waranen als Beute.

Von den mehreren Hundert erwachsenen Echsen auf der Insel werden die Männchen bis zu drei Meter lang und wiegen bis zu 150 kg. Weibchen erreichen zwei Drittel dieser Größe und legen zur Brutzeit bis zu 30 Eier.

Höhepunkt eines Besuches auf Komodo ist die Beobachtung der Warane in ihrer natürlichen Umgebung. Mit etwas Glück mag man beim Spaziergang über die Insel eine Echse entdecken, sicherer und ungefährlicher ist es, sich bei der Naturschutzbehörde (bekannt als PHPA, nach den indonesischen Anfangsbuchstaben) anzumelden und einen Besuch arrangieren zu lassen.

Vom PHPA-Lager auf Komodo sind es zwei Kilometer Fußweg zu einem Aussichtspunkt. Hier wird eine Ziege (im Preis inbegriffen) geschlachtet. Von einer erhöhten Hütte aus kann man die Warane dann beim Fressen fotografieren. Eine sichere Entfernung (Teleobjektiv!) ist anzuraten, denn ihre Schwänze sind tödliche Waffen und ihr Speichel außerordentlich giftig.

Eine Ziege als Köder hat diese „Drachen" angelockt.

Abgesehen von der „Drachen-Tour" bieten sich Wanderungen in den Hügeln, insbesondere zum **Mt. Ara** an. Schöne Aussichten auf die smaragdgrüne See lohnen den Weg. Trotz markierter Pfade sollte man nie ohne Führer losgehen.

Die ausgezeichneten Schwimm- und Schnorchelbedingungen am **Red Beach** östlich von Loho Liang, und bei der **Lasa Island,** gegenüber von Komodo-Ort, kann man mit einem gemieteten Boot erkunden. ■

SUMBA

Sumba liegt südlich der anderen Inseln der Nusa-Tenggara-Kette. Von äußeren Einflüssen weitgehend unberührt, bietet das im wesentlichen flache, während der Trockenzeit unfruchtbare und kaum auf Touristen eingestellte Sumba Gelegenheit, die Überbleibsel einer alten, heidnischen Kultur kennenzulernen.

Sumba hatte nie große historische Bedeutung und entging deshalb den Wellen hinduistischen, moslemischen und christlichen Einflusses. War Sumba für Jahrhunderte nur als Quelle von Sandelholz, Sklaven und Pferden bekannt, ist es heute berühmt für seine behauenen megalithischen Grabmale, für die Kriegsspielrituale der Stämme und die *ikat*-Stoffe.

Sumba hat eine fast ovale Form, ist ungefähr 300 Kilometer lang bzw. 80 Kilometer breit und sowohl politisch als auch klimatisch von zwei sehr unterschiedlichen Hälften geprägt.

Der Osten und der Westen: Das während der Regenzeit üppige und grüne **Westsumba** zählt 300 000 Einwohner, ist kulturell vielfältig und weist zwei ausgeprägte Sprachgruppen auf, die insgesamt acht Dialekte sprechen.

Seine Bewohner leben in traditionellen Pfahlhütten mit strohgedeckten, runden Dächern. In den blühenden Dörfern ist die Verehrung der Ahnen und des Grund und Bodens sehr lebendig.

Zwei Drittel der Bevölkerung befolgen noch die überlieferten Riten, insbesondere den gemeinsamen Bau von Steinplattengräbern und das *pasola*-Ritual (Hunderte von berittenen Kriegern schleudern sich hierbei Speere entgegen).

Das trockene, felsige und unwirtliche **Ostsumba** hat 150 000 Einwohner, die alle dieselbe Sprache sprechen. Die meisten leben an oder in der Nähe der Küste, wo sich über Jahrhunderte eine ausgedehnte Stoffmanufaktur entwickelt hat, wo hochwertige *ikat*-Webereien hergestellt werden.

Megalithen in Westsumba: Über ganz Westsumba verstreut findet man traditio-

Unten links: An solchen Webereien wird oft monatelang gearbeitet. Unten rechts: Behauener Megalith.

nelle Dörfer mit kunstvoll behauenen megalithischen Gräbern. Allein in **Waikabubak,** der kleinen 15 000 Einwohner zählenden Bezirkshauptstadt, sind drei solcher Gräber: Kadung Tana, Hatu Karagate und Bulu Puka Mila.

Nur einen kurzen Spaziergang westlich von Waikabubak liegt auf einem Hügel das Dorf von Tarung, ein wichtiges rituelles Zentrum. Hier befinden sich weitere Gräber, und die vielen traditionellen Häuser sind mit Wasserbüffelhörnern geschmückt, Überbleibsel vergangener Opferfeste.

Im Bezirk von **Anakalang,** 22 Kilometer östlich von Waikabubak an der Hauptstraße nach Waingapu, liegt im Dorf **Pasunga** ein Grabmal mit ungewöhnlichen Steinschnitzereien.

Ein wenig weiter östlich, ein paar Minuten abseits der Straße, liegt in einem der größten dieser Gräber (Resi Moni) der ehemalige Raja von Anakalang begraben. Im nahegelegenen Dorf **Lai Tarung** findet alle zwei Jahre die bedeutungsvolle *Purunga Ta Kadonag*-Zeremonie statt.

18 Kilometer südlich von Waikabubak, im Bezirk Wanukaka, rühmt sich das Dorf **Prai Goli** der ältesten Megalith-Gräber der Gegend, der sogenannten *Hatu Kajiwa* (Geistersteine).

Das vielleicht interessanteste Dorf in der Nähe der Südküste, 25 Kilometer südwestlich von Waikabubak bei Lamboya gelegen, ist **Sodan.** Wie in Tarung findet hier während des Oktobervollmondes eine wichtige Neujahrs-Zeremonie statt. Das Dorf besitzt eine heilige Trommel, die mit Menschenhaut bespannt ist.

Mit den üblichen *bemos* gelangt man in all diese Ortschaften, wobei es vielleicht am besten ist, danach zu fragen, welches Dorf gerade seinen Wochenmarkt abhält.

Abenteuerlustige Besucher können abseits der Straßen auch zu entlegeneren Dörfern wandern. Am besten, Sie fahren in die südlich von Waikabubak gelegenen Orte von Hanokaka, Lamboya oder Padedewatu, da diese günstige Ausgangspunkte sind: Von hier aus können Sie die Dörfer in einer halben Stunde zu Fuß erreichen. Wem danach ist, kann in

Traditionelles Dorf in Sumba.

drei oder mehr Stunden zum tatsächlichen Ende der Zivilisation wandern.

Pasola: Das spannendste Ritual in Westsumba ist das *pasola*, bei dem Hunderte buntgekleideter Reiter einander mit Lanzen von ungesattelten Pferden aus bekämpfen. Im Februar wird es in **Lamboya** und **Kodi** (an der Westspitze der Insel), im März in **Gaura** und **Hanokaka** abgehalten. Es beginnt einige Tage nach Vollmond. Zwar hat die Regierung jetzt verordnet, daß die Speere stumpf sein müssen, dennoch gibt es gelegentlich Tote.

Am weißen Sandstrand von **Rua**, 21 Kilometer südlich von Waikabubak, oder in den quellengespeisten Teichen bei **Haikelo Sawah**, zehn Kilometer westlich, kann man zur Entspannung baden gehen, während man auf das *pasola* oder andere Rituale wartet. Beide Orte sind mit dem *bemo* erreichbar.

Webstoffe Ostsumbas: Ostsumba ist seit Jahrhunderten für seine ikat-Stoffe bekannt. Hierbei werden die Kettfäden eingefärbt, bevor die Schußfäden verwebt werden. Der langwierige und ermüdende Herstellungsvorgang nimmt oft mehrere Monate für ein einziges Tuch in Anspruch.

Viele Hände werden gebraucht, wenn zunächst die Baumwolle gekämmt und gesponnen wird, bevor die Kettfäden auf den Rahmen gespannt und mit farbabweisenden Fasern abgebunden werden, um das Muster zu erzeugen. Daraufhin taucht man das gewebte Stück in Töpfe voller Farbe, etwa örtlich angebautem Indigo, und trocknet es an der Sonne.

Im Dorf **Praliu**, gleich außerhalb von **Waingapu**, kann man den Frauen beim Färben und Weben zuschauen. Andere größere *ikat*-Zentren sind an der Südostküste. Von Waingapu fährt ein Bus ins 69 Kilometer entfernte, südöstlich gelegene **Rende,** wo zudem ungewöhnlich behauene Megalith-Gräber zu sehen sind. In der Nähe von Ngallu und Baing, 125 Kilometer von Waingapu entfernt, produzieren ganze Dörfer die berühmten *hinggi kombu*-Webereien. Am nahen **Strand von Kalala,** 5 Kilometer von Baing entfernt, kann man zwischen Dezember und Mai ausgezeichnet surfen.

Das *Pasola*.

FLORES UND DIE ÖSTLICHEN INSELN

Am östlichen Ende des Sunda-Archipels liegen die Inseln Flores und Timor sowie eine Reihe kleinerer wie Solor, Adonara, Lembata, Pantar und Alor (östlich von Flores). Südlich und westlich von Timor liegen Sawu und Roti. Die Bewohner haben seit Urzeiten miteinander Verbindung, so daß sich über die Jahrhunderte hochstehende Kulturen entwickelten, die sich auf den Anbau von Palmen und Tarowurzeln sowie den Handel mit Sandelholz und Sklaven gründeten.

Da Flores sehr viel leichter bereist werden kann, ist ihr mehr Platz gewidmet als Timor und den kleineren Inseln, die nur kurz erwähnt werden.

Eindringlinge und Missionare: Flores, die größte Insel im östlichen Nusa Tenggara, bekam ihren Namen 1512 von vorbeisegelnden portugiesischen Entdeckern, die sie *Cabo das Flores* (Kap der Blumen) nannten. Den javanischen Händlern war sie als Steininsel bekannt.

Über Jahrhunderte war Flores ein lebenswichtiges Glied in der Handelskette zwischen den östlichen Inseln. Im 14. Jahrhundert wurde sie in die wirtschaftliche und politische Einflußsphäre des hindu-javanischen Majapahit-Reiches miteinbezogen. Handelskontakte mit dem Sultanat von Ternate führten im 15. und 16. Jahrhundert zur Bekehrung einiger Küstengemeinden zum Islam.

Mitte des 16. Jahrhunderts kamen die Portugiesen. Sie richteten in Larantuka eine Missionsstation ein und erbauten 1566 auf der östlich gelegenen Insel Solor eine Festung, um ihre Handelsinteressen in Timor zu schützen. Bereits 1570 gab es in Larantuka ein Priesterseminar und der Katholizismus breitete sich aus. 1664 brachten moslemische Eindringlinge aus Goa (Südsulawesi) die Stadt Ende unter Kontrolle, um das Vordringen des Katholizismus zu stoppen. Als sich dann in Ende viele Makassar ansiedelten, wurde die Stadt zu einer islamischen Hochburg, die Sandelholzhandel mit Timor und Sklavenraub betrieb.

1859 überließen die Portugiesen ihre Niederlassungen den Holländern unter der Bedingung, daß die katholische Kirche weiterhin gefördert werde. Ende wurde zweimal angegriffen, doch erst nach Niederschlagung eines blutigen Aufstands 1907/1908 gelang es den Holländern, ganz Flores zu kontrollieren. Katholische Missionare kamen daraufhin verstärkt und lösten eine neue Bekehrungswelle aus.

Eine katholische Tradition: 90 Prozent der einen Million Einwohner auf Flores bekennen sich heute zur katholischen Kirche. Vom Klerus geduldet, sind eine Vielzahl an tradierten Bräuchen noch heute lebendig und machen den Besuch der Insel so interessant.

Nitu, die Geister der Ahnen, leben in Bäumen, Steinen, Flüssen und Bergen. Wahrscheinlich wird diesen Geistern noch heute geopfert. Die Ahnen zeigten sich erkenntlich, indem sie ihre Nachkommen mit Hilfe von Schlangen vor drohenden Gefahren warnten. Schlangen werden deshalb seit jeher angebetet, und die Insel trug früher den Namen „Schlangeninsel".

In vielen Gegenden hat der Brautpreis immer noch überragende soziale Bedeutung. Die Gaben für den Brautvater sind je nach Sozialstatus feine handgewebte Stoffe, Geld, Wasserbüffel, Pferde, Schweine oder elfenbeinerne Stoßzähne. Ohne Bezahlung des Brautpreises und der Ausführung bestimmter alter Rituale findet keine Hochzeit statt, sei nun eine kirchliche Trauung vorausgegangen oder nicht.

In verschiedenen Teilen von Flores findet man noch die im überlieferten Stil gebauten *kada*-Häuser, in denen Opfergaben dargebracht und Reliquien aufbewahrt werden. In die Balken sind meist Schlangen und lebensgroße weibliche und männliche Gestalten eingeschnitzt, die entweder als Jesus und die Jungfrau Maria oder als männliches Sonnenprinzip und weibliches Erdenprinzip gedeutet werden; so bestehen Katholizismus und alte Kosmologie nebeneinander fort.

Von Labuhan Bajo im Westen nach Larantuka im Osten führt eine 667 Kilometer lange, nur ganz selten einmal gepflasterte Straße quer durch die Insel.

Manggarai heißt das westliche Drittel der Insel, in dem fast die Hälfte der

Mädchen aus Flores mit Armringen aus Elfenbein. Flores ist ein Zentrum für Elfenbeinschnitzereien.

Einwohner lebt. Der Reisanbau des Gebietes deckt den Eigenbedarf, Kaffee und Vieh werden sogar exportiert. Die Landwirtschaft leidet etwas unter dem Mangel geeigneter Straßen, was man auf der Fahrt schmerzhaft zu spüren bekommt, Fortschritte sind aber zu erwarten.

Labuhan Bajo ist die westlichste der drei größeren Hafenstädte der Insel. Im wunderschönen Hafen tummeln sich viele Katamarane.

Von hier aus windet sich die Straße zum angenehm kühlen, 1100 Meter hoch in den westlichen Hügeln gelegenen **Ruteng** hinauf. Es gibt einige ganz gute Hotels, und auf dem Markt kann man buntbestickte *sarungs* finden.

Mit Glück kann man Zeuge eines der spektakulären *caci*-Peitschenduelle werden, die gelegentlich als Teil einer Hochzeits- oder anderen Zeremonie stattfinden. Die Kämpfer tragen Kopftücher und Schilde aus Büffelhaut, während sie mit ledernen Peitschen aufeinander losgehen. Zweck ist es, die physische und psychische Verteidigungsfähigkeit des Gegners zu brechen. Striemen und Narben als Folge des *caci*-Kampfes werden bewundert, und das geflossene Blut den Ahnengeistern geopfert.

Nächster Halt, nach einer malerischen, aber Rückenschmerzen verursachenden, 8stündigen Fahrt, ist **Bajawa,** Ort der jährlichen Maha-Kudus-Messe. Die Messe ist zwar nach Form und Inhalt im wesentlichen katholisch, dennoch führen Schwertkämpfer die lebhafte Prozession tanzender Dorfbewohner durch die Stadt an. Das Datum der Messe bestimmt sich nach dem traditionellen Kalender und geht unmittelbar einer rituellen Hirschjagd in benachbarten So'a voraus.

Die Hirschjagd ist ein Fruchtbarkeits- und Pubertätsritual. Die Jungen werden beschnitten und den Mädchen die Zähne gefeilt. Während der Jagd sind starke sexuelle Enthaltsamkeitstabus in Kraft, selbst eben geschlossene Ehen dürfen nicht vollzogen werden. Nach der Jagd tauchen junge Frauen ihre Hände in das Blut des erlegten Hirsches, um ihre Fruchtbarkeit zu erhöhen.

In der Gegend um Bajawa sind sehr viele Traditionen erhalten geblieben, un-

Kelimutu.

ter anderem einige Megalithen. Auch findet man schöne, gelb auf schwarz bestickte *sarungs*. Unterkunft und Essen in Bajawa allerdings sind einfach.

Von Bajawa sind es 125 Kilometer oder fünf Stunden Fahrt nach **Ende,** der wichtigsten Stadt auf Flores. Vom späten 17. Jahrhundert bis hinein ins 19. Jahrhundert zählte sie zu den bedeutenden islamischen Handelshäfen. Noch heute ist eine ausgeprägt islamische Atmosphäre zu spüren. Während der japanischen Okkupation war Ende regionale Hauptstadt des östlichen Archipels. Sukarno lebte hier eine Zeitlang im Exil, und es gab auch einige Bombenangriffe der Alliierten. Heute ist der Handel weitgehend in chinesischer Hand.

In der Stadt stehen gute Übernachtungsmöglichkeiten zur Verfügung und die köstliche chinesische Küche bietet Abwechslung.

Kelimutu, drei nebeneinander liegende, verschiedenfarbige vulkanische Seen, mehrere Stunden nördlich von Ende (abseits der Hauptstraße nach Maumere), werden als die Haupttouristenattraktion auf Flores erachtet. Die Seen sind nur durch niedrige Bergkämme getrennt und ihre Wasser haben eigenartigerweise verschiedene Farben. Vor kurzem noch waren zwei der Seen burgunderrot, während der andere hell-türkisgrün leuchtete. Wie ein Chamäleon seine Farben wechselt, scheinen sich auch die Farben der Seen ständig zu verändern.

Zauberer, Sünder, Kinder und Jungfrauen: Eine wissenschaftliche Untersuchung der Seen hat noch nicht stattgefunden. Eine mögliche Erklärung ist jedoch, daß die Färbung von gelösten Mineralien herrührt. Es könnte sein, daß das Wasser aufgrund wechselnden Säuregehaltes in immer neue Mineralschichten vordringt. Für die Bewohner der Gegend aber tummeln sich in den beiden roten Seen die Seelen von Zauberern und Sündern, während im türkisgrünen See die Seelen von Kindern und Jungfrauen leben.

Von Ende nach Larantuka: 12 Kilometer östlich von Kelimutu biegt man in Wolowara südlich zur Küste nach **Japo** ab, wo herrliche Webarbeiten, oft noch mit Naturfarben, hergestellt werden. Ähnliche

Unten: Krieger. Rechts: Osterprozession.

Flores 203

Erzeugnisse sind auch in Ende erhältlich, meist aber zu höheren Preisen bei minderer Qualität.

Von Ende nach **Maumere** schneidet die Straße diagonal durch die Insel zur Nordküste hin. Die letzte Etappe nach **Larantuka** an der Ostspitze von Flores, ist ein 137 Kilometer langes Stück heißer und staubiger Straße, für das man eine Fahrtzeit von zehn Stunden einkalkulieren muß.

Larantukas Geschichte ist eng mit dem Geschick der Portugiesen und der Verbreitung des iberisch geprägten katholischen Glaubens verbunden. 300 Jahre lang war die Stadt in portugiesischem Kolonialbesitz. Während der Osterprozession tragen Männer den schwarzen Sarg des Heilands durch die Straßen der Stadt. Eine weitere Prozession während der Nacht folgt einer Art *Via Dolorosa:* Immer wieder hält der Zug an und singt und betet. Auch einige spezifische christliche Elemente haben sich herausgebildet: Eine schwarze Statue der Jungfrau Maria soll an den Strand gespült worden sein; eine schöne Frau soll einem Einheimischen im Traum die entsprechende Stelle gezeigt haben. Eine Jesus-Statue wird jedes Jahr vor Ostern gewaschen, und das Wasser zur Heilung von kranken Kindern und zur Erleichterung schwerer Geburten aufbewahrt.

Die Inseln östlich von Flores: Larantuka ist das Ausfallstor zu den unzähligen Inseln im Osten. Boote aller Formen und Größen befahren die Handelswege zwischen den Inseln und Dörfern. Um diese Gegend zu erforschen ist zwar viel Zeit und Geduld nötig, die Fahrpreise sind dafür niedrig. Im Nachfolgenden erwähnen wir nur einige der interessanteren Inseln.

Auf **Solor** ist eine alte, 1566 erbaute, portugiesische Festungsanlage zu sehen, die erstaunlicherweise noch in gutem Zustand ist. Mächtige Steinmauern, einige zwei Meter dick und vier Meter hoch, umschließen das rechteckige Innere. Über dem Eingang wölbt sich ein eindrucksvoller Torbogen, und in einer Ecke der Anlage stehen noch verrostete Kanonen, die einst an der Meerseite Wache hielten.

Portugiesische Kanone auf Solor.

Die Insel **Lembata** (auch Lomblen genannt) ist vor allem für den primitiv betriebenen Walfang bekannt. Hierzu werden hölzerne Segel- oder Ruderboote mit wenig Tiefgang eingesetzt. Ist ein Wal gesichtet, balanciert der Harpunier bedenklich auf einem schmalen Steg am Bug des Bootes und stürzt sich dann mit der Harpune in der Hand auf den Rücken des Tieres. Die Inselbewohner weben zudem aus selbstgesponnenen Garnen unvorstellbar schöne *ikat*-Stoffe.

Bemerkenswert an den weiter östlich gelegenen Inseln **Pantar** und **Alor** sind die bronzenen Kesseltrommeln, die heute noch zu Hunderten, wenn nicht zu Tausenden, von den Bewohnern als Erbstücke aufbewahrt werden. Sie werden *moko* genannt und zur Zahlung des Brautpreises verwendet. Sie sind den 2000 Jahre alten *Dong-son*-Trommeln nicht unähnlich, die man auf den Inseln ausgegraben hat. Die örtliche Bronzekultur und ihre Bräuche scheinen sich seit Urzeiten kaum verändert zu haben.

Turbulentes Timor: Timor war in seiner Geschichte immer für sein wohlriechendes Sandelholz bekannt. Über viele Jahrhunderte hinweg kamen chinesische, islamische und javanische Händler nach Timor, um das Holz einzukaufen.

Ost-Timor blieb auch nach der Unabhängigkeit Indonesiens bis 1975 im Besitz Portugals. Die politischen Ereignisse überschlugen sich, als 1976 eine linksgerichtete Bewegung ein unabhängiges Ost-Timor ausrief, und sich Indonesien dazu entschloß, einzuschreiten und das Gebiet zu annektieren. Immer wieder flammten Kämpfe auf, so daß Ost-Timor jahrelang für Touristen gesperrt war. Seit 1989 kann Ost-Timor wieder bereist werden, allerdings benötigt man für Aufenthalte außerhalb der Provinzhauptstadt **Dili** eine besondere Genehmigung, in das alle Reiseziele auf dem Ostteil der Insel eingetragen werden sollten. Man bekommt sie bei der Polizei in Dili.

Kupang, die Hauptstadt West-Timors, wird von verschiedenen indonesischen Städten, aber auch zweimal wöchentlich von Darwin in Australien angeflogen; von dort gelangt man auch zu den berühmten *ikat*-Inseln **Sawu** und **Roti**.

Ein Harpunier von der Insel Lembata kurz vor dem Absprung.

SUMATRA: INDONESIENS RÜCKGRAT

Sumatra, Indonesiens drittgrößte Insel, zugleich die fünftgrößte der Welt (etwa von der Größe Schwedens oder Kaliforniens), ist in vielerlei Hinsicht das bedeutendste Territorium des Staates. Sowohl strategisch als auch wirtschaftlich und politisch fiel Sumatra stets die Vorreiterrolle eines „Rückgrats" des Landes zu. Der Einwohnerzahl nach (37 Millionen) nimmt Sumatra die zweite, dem Exportvolumen nach (Öl, Erdgas, Gummi, Zinn und Palmöl, aber auch Tabak, Tee, Kaffee, Edelhölzer) die erste Stelle ein und steht am Scheideweg Asiens: Erbe einer großen, ruhmreichen Vergangenheit und Heimat eines breiten Spektrums dynamischer und auf ihre Selbständigkeit pochender Völker. Inzwischen ist Sumatra nach Bali und Java auch das meistbesuchte Reiseziel Indonesiens.

Eine Kette von Vulkanen: Wie Java wird Sumatra von einem langgezogenen Gebirgszug gebildet – durch eine zweifache Faltung der Erdkruste haben sich Vulkane nach oben geschoben. Die sogenannte **Bukit Barisan Range** erstreckt sich von Nordwesten nach Südosten auf etwa 1600 Kilometer Länge und wird bis zu 3800 Meter hoch (die Mehrzahl der Gipfel hat um die 2500 Meter). Von den 90 Vulkanen des Gebirgszugs sind 15 noch aktiv; anders als auf Java und Bali schleudern diese ihre Eruptionen säurehaltig aus, so daß sie nicht zur Verbesserung der Bodenfruchtbarkeit beitragen. Ausnahmen bilden das Hochland Nordsumatras (im Bereich des Lake Toba) und das Land der Minangkabau um Bukittinggi, wo vorwiegend basisch-neutrales Material ausgestoßen wird.

Das Gebirge fällt nach Westen hin steil ins Meer ab, so daß sich keine Küstenebene bilden konnte. Nach Osten hin läuft es dagegen über eine Anzahl von Vorbergen in einer weiten Ebene aus. Im Laufe der Jahrtausende entstand an Sumatras Ostküste eine weite Schwemmlandebene, die von Norden nach Süden zu immer breiter wird. Leider ist diese Ebene zu wenig entwässert (die angrenzende Straße von Malakka und das Südchinesische Meer sind lediglich 50 Meter tief); über die Hälfte (fast ein Drittel ganz Sumatras) davon nehmen daher unwirtliche Mangrovensümpfe ein – ein malariaverseuchter Streifen säurehaltiger Torfböden, der im Norden nur wenige Kilometer, im Süden jedoch 160 bis 240 Kilometer breit ist, bildete sich.

So kommt es, daß Sumatras Vorgebirge und Hochebenen im allgemeinen fruchtbarer sind als die Tiefebenen. Eine wichtige Ausnahme bildet das sogenannte *Culturgebied* (Plantagengebiet) im Umkreis der Großstadt Medan in Sumatras Nordosten. In diesem Bereich ist der Sumpfgürtel an der Küste schmal, die Schwemmlandböden, die vom Hochland (Umfeld des Lake Toba) ins Tal gespült werden, sind sehr fruchtbar. Das erkannten bereits die holländischen und britischen Pflanzer, die 1863 damit begannen das Land zu roden und Tabak, später auch Kaffee, Gummi, Tee und Ölpalmen anzupflanzen. Aus Java, China und Indien ließen sie Arbeitskräfte für ihre Plantagen heranschaffen; Batak, Malaien und Minangkabau ließen sich bald darauf hier nieder. Der Nordosten ist dadurch die am dichtesten besiedelte Region Sumatras geworden.

Nachdem 1883 in diesem Gebiet auch Erdöl entdeckt worden war, gründeten die Holländer 1902 die Royal Dutch Shell Company. Das Sumatra-Öl deckt heute drei Viertel des indonesischen Rohölbedarfs; Produkte der ölverarbeitenden Industrie (Benzin, Kerosin, Urea, selbst Plastikstoffe) entstehen hier. Die großen Städte an der Küste wie Medan, Pekanbaru, Jambi und Palembang, in denen die ausländischen Ölgesellschaften sowie die Pertamina Niederlassungen haben, erlebten einen kräftigen Aufschwung.

Schiffbau, Seehandel und Fischfang bilden im übrigen das Rückgrat der Wirtschaft Sumatras. Bereits im siebten Jahrhundert n. Chr. hielt das größte Handelsreich Südostasiens das buddhistische Königreich Srivijaya, die Südostküste Sumatras besetzt. Seine Hauptstadt lag in der Nähe des heutigen Palembang. Angebaut wurde damals nur wenig; Srivijaya lebte ausschließlich von der Kontrolle über den Schiffs- und Warenverkehr durch die Straßen von Sunda und Malakka, damals wie

Vorherige Seiten: Die Große Moschee in Banda Aceh. **Links:** Sonnenaufgang am Lake Toba. Der See liegt inmitten eines Kraters, der vor undenklichen Zeiten durch eine gigantische Vulkanexplosion entstanden ist.

heute strategisch wichtige Durchfahrtsstraßen zwischen dem Pazifischen und dem Indischen Ozean.

An der Ostküste Sumatras lebten seit Jahrtausenden Malaien und Orang Laut („Meeresnomaden"), Völker, die noch heute im sumpfigen Küstenbereich von ihren zerbrechlichen Segelbooten aus Fische fangen. Während die Orang Laut als Nomaden auf ihren Booten leben, sind die Malaien seßhaft geworden. In ihren auf Stelzen gebauten Häusern siedeln sie im Bereich der Flußmündungen, inzwischen auch fernab der Küste im Südosten Sumatras, auf dem Riau-Archipel und auf der malaiischen Halbinsel. Manche Dörfer haben sich zwar im Ackerbau versucht; die meisten Bewohner leben jedoch nach wie vor am und vom Meer. Das Malaiische war bei ihnen wie bei den großen Handelsvölkern im Westen des Archipels die *lingua franca*.

Über sieben Jahrhunderte konnte Srivijaya die Kontrolle über die Meerengen aufrechterhalten. Nach wiederholten Auseinandersetzungen und schweren Rückschlägen unterlag es jedoch 1377 der Majapahit-Armee aus Ostjava. Damit war dem raschen Vordringen des Islam aus Indien der Weg bereitet; bis ins 19. Jahrhundert hielten islamische Handelsreiche die Küsten Sumatras in ihrer Hand. Keinem dieser Reiche gelang es, die gesamte Insel unter seine Kontrolle zu bringen.

Die Anhänger des Islam errichteten bereits gegen Ende des 13. Jahrhunderts auf Sumatra ihre ersten Stützpunkte. Mehrere kleine Handelshäfen an der Küste im Nordosten wurden zum Islam bekehrt. Von einem dieser Häfen, Samudra, leitet sich der Name der Insel ab. Ab Ende des 16. Jahrhunderts formierte sich in diesem Teil der Insel das mächtigste Reich in moderner Zeit auf indonesischem Boden – das Sultanat Aceh.

Aceh zog wie Srivijaya aus seiner strategischen Lage Gewinn; Schiffe, die die Straße von Malakka passierten, mußten ihm Tribut zollen. In einem „goldenen Zeitalter" unter Sultan Iskandar Muda (Regierungszeit 1607 bis 1636) expandierte Aceh kräftig und vereinigte schließlich sämtliche großen Häfen Ostsumatras und weitere Häfen der malaiischen Halbinsel unter seiner Herrschaft. Lange halten konnte Aceh die eroberten Gebiete nicht, obwohl es über Jahrhunderte eine starke Flotte und einen aktiven Seehandel unterhielt und den Holländern sehr zu schaffen machte.

Diese marschierten schließlich 1873 mit der größten Streitmacht, die sie je in dieser Ge-

Oben: Holländische Offiziere bei einer Schlacht in den Aceh-Kriegen, durch die Holland Tausende von Soldaten verlor. **Rechts**: Der wiederaufgebaute Palast von König Adityawarman in Batusangkar.

gend eingesetzt hatten (über 10 000 Mann) in Aceh ein und konnten auch bald die Hauptstadt Banda Aceh einnehmen. Die Verluste an Menschen und Material, die sie im Verlauf eines über 25 Jahre andauernden *jihad* (heiliger Krieg), den die vom Islam inspirierten Guerilla-Kämpfer der Aceh führten, hinnehmen mußten, waren enorm hoch. Die heutigen Einwohner von Aceh sind wie ihre Vorfahren fromme Moslems, die auf ihre Unabhängigkeit pochen. Aufgrund des langandauernden Widerstandes gegen die Holländer erhielt Aceh wie Yogyakarta den Status einer autonomen Region.

Das Hochland urbar gemacht: Die Bewohner Sumatras leben in ihrer Mehrheit nicht im gunsten der Bewirtschaftung mit dem Pflug und des Einsatzes von Bewässerung und Düngemitteln aufgegeben. Die Stämme der Minangkabau im westlichen Hochland Sumatras betreiben seit langem den Ackerbau nach diesen entwickelten Methoden.

Die Minangkabau, seßhafte, mit den Malaien an Sumatras Ostküste verwandte Völker, werden für Nachkommen eines Srivijaya-Reiches im Inselinneren bzw. im Westen gehalten. Ihre Sprache weist Ähnlichkeiten mit dem Malaiischen auf. Die Giebel ihrer reich verzierten Häuser sind wie ein Schiffsbug nach oben gezogen. Auch buddhistische Plastiken und Monumente aus dem 12. bis 15. Jahrhundert sind hier zu finden.

Bereich der Küste, sondern als Subsistenzbauern in der langen Kette von Hügeln, Hochebenen, Flußbecken und Plateaus im Zentrum der Insel. Die zwei wichtigsten Volksgruppen, Batak und Minangkabau, sowie eine Anzahl kleinerer Gruppen (Gayo, Alas, Kubu, Kerinci, Rejang, Lampung u.a.) siedeln hier auf einem Landstrich, der einst von dichtem Regenwald bedeckt war und zahlreichen exotischen Tierarten eine Heimat bot (Elefanten, Tigern, Nashörnern, Gibbons, Languren, Orang-Utans, Zwergböckchen, Tapiren, fliegenden Füchsen, Pangolin etc.).

Die traditionelle Brandrodung (*ladang*-Wirtschaft) kurz vor der Regenzeit wird zu-

Andererseits unterscheiden sich die Minangkabau jedoch stark von den anderen Völkern Sumatras. Sie gehören zu den wenigen noch verbliebenen matriarchalischen Gesellschaften; die Besitztümer und Verantwortlichkeiten werden über die Familie der Mutter verteilt, weshalb die Männer für die Kinder ihrer Schwestern mehr Verantwortung tragen als für ihre eigenen. Dieses System wurde seit dem Übertritt zum Islam im 16. Jahrhundert immer mehr ausgehöhlt. Mehr als vier Millionen Minangkabau leben heute in den größeren Ortschaften und Städten auf ganz Sumatra und anderswo in Indonesien. Nur noch drei Millionen leben in den traditionellen Stammesgebieten in den Bergen um Padang. Dies geht zum Teil auf eine weitere Besonderheit des Lebens der Minangkabau zurück: Während die Frauen zu Hause bleiben und die Felder bearbeiten, ziehen die Männer als Händler und Handwerker durchs Land. Da überdurchschnittlich viele Minangkabau lesen und schreiben können und ein großes Organisationstalent besitzen, spielten sie im politischen, wirtschaftlichen und geistigen Leben Indonesiens stets eine wichtige Rolle.

Das zweite der großen Bergvölker Sumatras, die Batak, ist auf dem fruchtbaren vulkanischen Hochland beheimatet, das sich nördlich der Inselmitte, mit dem Lake Toba als Kern, erstreckt. Dieser See liegt in 900 Meter

Höhe, ist 2100 qkm groß und nimmt einen riesigen Krater ein. Die üppig-grüne Insel Samosir liegt mitten im See. Der Kratersee bildete sich bei einer der größten vulkanischen Explosionen, die die Welt erlebte, heraus.

Als die Holländer die Batak entdeckten, galten sie als kannibalisches Urvolk, das viele Jahrhunderte ein isoliertes Dasein gefristet hatte. Tatsächlich waren sie ein seßhaftes, erfahrenes Bauernvolk, das handwerkliche Fähigkeiten, einen eigenen Kalender und ein indisches Alphabet besaß. Buddhistische Stupas und Statuen aus dem 11. bis 14. Jahrhundert wurden in den südlichen Randgebieten des Hochlands entdeckt; offensichtlich hatten die Batak enge Beziehungen zu den Hindu-Reichen auf Sumatra und Java.

Die Batak sind in zahlreiche Stämme mit eigenen Dialekten, Bräuchen und Baustilen untergliedert. Ihre Häuser sind wie die der Minangkabau und der anderen Stämme des indonesischen Berglands massiv gebaut, stehen auf Stelzen, sind mit Stroh gedeckt und bieten Platz für mehrere Familien. Der Ruf der Batak als aggressives Volk geht auf die nicht allzu ferne Vergangenheit zurück, als Batak-Gruppen unablässig mit ihren Nachbarn rituelle Kriege führten und Kopfjägerei und Kannibalismus gang und gäbe waren. Seit 1860 sind in diesen Breiten Missionare am Werk, und die meisten Batak gelten nun als Christen. Nach wie vor aber spielt das traditionelle *adat* (Gesetze und Bräuche) eine wichtige Rolle.

Provinzen und Inseln: Sumatra teilt sich in acht Provinzen: Aceh, Nordsumatra, Westsumatra, Riau, Jambi, Bengkulu, Südsumatra und Lampung. Diesen sind vielfach kleinere Inseln angegliedert, die der Küste vorgelagert sind. Die Provinz Riau in Ostsumatra umfaßt z.B. nicht nur den Riau-Archipel südwestlich Singapurs, sondern auch die ölreichen Anambus- und Natuna-Inseln im Südchinesischen Meer zwischen Ost- und Westmalaysia. Zur Provinz Südsumatra gehören die beiden „Zinn-Inseln" Banka und Belitung (Billiton), wo rund 10 Prozent des Weltbedarfs an Zinn gefördert werden und wo die Nachfahren der chinesischen Kulis leben, die die Holländer im 19. Jahrhundert zur Arbeit in den Bergwerken auf die Insel geholt hatten.

Die lange Kette von Inseln, die vor Sumatras Westküste liegen – Simeulue, Nias, die Mentawai-Kette und Enggano – sind geologisch weit älter als Sumatra selbst und von Völkern bewohnt, die bis vor kurzem Steinwerkzeuge erstellten und megalithische Monumente errichteten. Leider wurden diese Völker die Opfer europäischer Missionare, die Seuchen einschleppten, viele Menschen wurden dahingerafft. Auch der Verlust ihrer Sprache und kulturellen Identität ist den Missionaren zuzuschreiben. Die felsige, bewaldete Insel Nias ist ein Stützpunkt der *adat*-Lebensformen geblieben: Schiffsladungen von Touristen zücken die Kameras, wenn die alten Kriegstänze aufgeführt werden.

Karo-Batak-Frau. Die Holländer hielten die Batak zunächst für primitive Kannibalen. In Wirklichkeit waren sie hochzivilisierte Ackerbauern.

MEDAN UND ACEH

Mit der Industriemetropole Medan, dem bewaldeten vulkanischen Tal des Alas River (der Zuflucht primitiver Stämme) und der leidenschaftlich um seine Selbständigkeit ringenden islamischen Bastion Aceh ist der äußerste Norden Sumatras alles andere als eintönig.

Die Anlaufstelle für Touristen ist die 1,8-Millionen-Stadt Medan. Aus dem Vorort eines alten Gerichtsortes wurde ein wirtschaftliches Zentrum, nachdem 1872 die Holländer das Sultanat Deli überwältigt und 1886 in Medan eine regionale Hauptstadt eingerichtet hatten.

Zahlreich sind die architektonischen Anachronismen aus kolonialer Zeit, Baudenkmäler des Rokoko, Art-deco und Art Nouveau, die der Spitzhacke entgangen sind. Die meisten modernen Zweckbauten stehen an der Jalan A. Yani und um den Merdeka-Platz.

Chinesische Läden säumen die Jalan A. Yani, an der auch die Villa des Millionärs Chong Ah-tie steht, der sich angeblich das Leben nahm, indem er Goldstaub verschluckte. In Wahrheit starb er an Unterernährung in einem japanischen Gefangenenlager auf der Insel. Sein Mausoleum steht auf dem Friedhof von Pulau Brayan.

Das Hauptgeschäftsviertel grenzt an die Altstadt an. Ein unablässiger Strom von Bussen, Lastwagen, PKWs, Motorrädern und Fahrradtaxis wälzt sich durch die großen Märkte: Pasar Kampung Keling, Pasar Ramas, Pasar Hong Kong und den Hauptmarkt.

Am südlichen Ende der längsten Straße Medans erhebt sich die imposante **Masjid Raya.** Die Moschee wurde 1906 im Rokokostil gegenüber dem **Istana Maimun** errichtet. Dieser Sultanspalast wurde 1888 nach den Plänen eines italienischen Architekten erbaut; die Nachfahren des Sultans wohnen noch heute hier.

Auf der anderen Seite des Deli River, im Westen der Stadt, liegt das Viertel der Europäer. An den breiten Straßen mit den protzigen Kolonialbauten wurden blühende Bäume gepflanzt. Die protestantische **Immanuel Church,** 1921 im Artdeco-Stil errichtet, ziert die Jalan Diponegoro, während **Vihara Gunung Timur,** Indonesiens größter chinesischer Tempel, an der Jalan Hang Tua steht. Angeblich wirken hier so starke Kräfte, daß Bilder, die im Tempel gemacht werden, nicht belichtet sind. Fotografieren ist ohnehin nicht gestattet. Buddhisten und Taoisten benutzen einträchtig den Tempel, während Vihara Borobudur neben dem Hotel Danau Toba nur von Buddhisten aufgesucht wird. Der Hindu-Tempel bei der Jalan Arifin ist das geistliche Zentrum der indischen Gemeinde.

Während im Zoo **Taman Margasatwa** die Tiere Sumatras zu sehen sind, findet man im **Medan Fair** Kultur- und Landwirtschaftsausstellungen sowie einen Vergnügungspark. Im **Bukit Kubu Museum** wird gezeigt, wie die Stämme auf Sumatra leben.

Im Norden Medans liegt **Belawan,** Indonesiens drittgrößter Hafen. Mit ausländischem Kapital wird er ausgebaut, um den Export landwirtschaftlicher Produkte und den Import von Industriegütern zügiger abwickeln zu können.

Links: Wachposten im Medan-Palast. **Unten:** Große Moschee in Medan.

Fährt man von Medan über die Plantagenstadt **Binjai** (berühmt für ihre Rambutan- und Durianfrüchte) nach Westen, erreicht man nach 97 Kilometern **Bohorok,** wo der World Wildlife Fund eine Station zur Auswilderung von Orang-Utans unterhält.

Die widerspenstigen Acehnesen: Aceh, Sumatras und Indonesiens nördlichste und westlichste Provinz, war schon immer Eingangstor für äußere Einflüsse. Indische Kaufleute brachten im siebten und achten Jahrhundert den Hinduismus und den Buddhismus ins Land; den Islam führten im 13. Jahrhundert arabische und indische Moslems ein.

Zu Beginn des 16. Jahrhunderts gingen hier die Portugiesen an Land; ihnen folgten die Briten. Mit Ausnahme des sogenannten „Goldenen Zeitalters" unter Sultan Iskandar Muda (1604 bis 1637), als Aceh kurzfristig seinen Einfluß auf die malaiische Halbinsel ausdehnte, standen die folgenden Jahrhunderte im Zeichen des Widerstandes gegen den holländischen Kolonialismus, den man durch Handel, Diplomatie und auch Guerilla-Aktionen zu schwächen suchte.

1873 erklärten die Holländer Aceh offiziell den Krieg, in dem sie 10 000 Soldaten einsetzten. Nach verlustreichen Kämpfen nahmen sie die Festung des Sultans in Banda Aceh ein. Der nachfolgende „Heilige Krieg" gegen Holland endete 1878 mit einer Niederlage. Der Guerillakrieg verlagerte sich ins Stammesgebiet der Gayo; Waffen für die Rebellen lieferten gegen Pfeffer die Briten. Die Holländer rekrutierten schließlich Verbände von Stammeskriegern zum Kampf gegen die Guerillas.

Diese *mareechausse*-Verbände ermöglichten es den Holländern, nach und nach die Eisenbahnlinie von Medan über Langsa, Sigli und Bireuen nach Banda Aceh an der Küste zu bauen. In diesen Orten setzten sich die Kolonialbehörden fest und bauten sie zu Stützpunkten aus. Trotz eines kurzen Wiederaufflackerns – 1896 lief Tungku Omar, ein Häuptling, der das Vertrauen der Holländer genoß, zu den Guerillas über (er wird in Aceh als Nationalheld verehrt) – war der Widerstand in Aceh 1903 gebrochen. Bis zur Invasion Japans 1942 herrschten die Holländer im Schutze starker Truppenstützpunkte. In Anerkennung seines langen Widerstandskampfes wurde Aceh der besondere Status einer Daerah Istimewa (Provinz mit begrenzter Autonomie) zugestanden.

Aceh: eine Rundreise: Die Küstenstraße nach Aceh ist zwar besser ausgebaut und kürzer als die hier vorgeschlagene Tour durch das Alas Valley über den faszinierenden Nationalpark am Mt. Leuser, dafür aber auch sehr verkehrsreich und monoton. Wir unterbrechen die Fahrt zum erstenmal in **Brastagi,** einem Ferienort und Marktflecken, 68 Kilometer südlich von Medan. Die Holländer hinterließen hier Pensionen, Villen und das imposante Hotel Bukit Kubu, in einem Parkgelände am Ortseingang. Das kühle Klima Brastagis eignet sich vorzüglich für den Anbau von grünen Bohnen, Karotten, Tomaten, Passionsfrüchten, Blumen und Orangen.

Die nächste Ortschaft heißt **Kabanjahe** und liegt am Schnittpunkt der Provinz Aceh und der Toba-See-Region. Süd-Aceh und Teile des Batak-Hochlands

Obstmarkt in Brastagi.

sind mit fruchtbaren sumpffreien vulkanischen Böden gesegnet, auf denen Gummibäume und Ölpalmen, Tee und Tabak gedeihen.

Die Batak-Dörfer **Barus Jahe** und **Lingga** sowie die eindrucksvollen Wasserfälle **Sikulap** und **Sipisopiso** liegen in diesem Gebiet.

In **Kutacane** betreten wir das Land der Gayo und der Alas. Die Batak waren Vasallen dieser Bergstämme, als der Sultan von Aceh im 17. Jahrhundert das Gebiet eroberte, ihm den Islam aufzwang und die Gayo und Alas unterwarf. Einige Gayo, die **Orang Lingga,** halten an ihren animistischen Vorstellungen und Verhaltensweisen fest. Sie leben abseits der Hauptstraßen hoch oben in den Bergen und glauben daran, daß sie durch Büffel- und Vogelopfer, durch Früchte- und Gemüseopfer an die Geister der Bäume, Felsen, Berge, Seen und Flüsse die Harmonie der Natur bewahren können.

Kutacane, ein kleiner Marktflecken mit alten Geschäften an seiner Hauptstraße und einem Busbahnhof, ist von hohen dschungelbedeckten Bergen umgeben.

Nach Norden zu windet sich ein Sträßchen im Alas Valley durch dichten Dschungel zum **Mt. Leuser National Park.** Er wurde um den 3466 Meter hohen Mt. Leuser, Sumatras zweithöchsten Gipfel, angelegt, erstreckt sich bis zur Westküste und ist eines der am leichtesten zugänglichen Schutzgebiete Indonesiens.

In **Blangkeseren,** nördlich des Parkgeländes, sind zahlreiche 100jährige Gayo- und Alas-Häuser zu sehen. In den langen flachen Bauten wohnen bis zu 60 Menschen aus mehreren Familien mit einem gemeinsamen männlichen Vorfahren; unverheiratete Männer, pubertierende Knaben und Fremde finden im Gemeindehaus Unterkunft. Den Anbau des hochwertigen Haschisch in dieser Gegend versuchen die Behörden mit Blitzaktionen, den *Operasi Narkotika,* zu unterbinden.

Ein Fußweg, den die Japaner im Zweiten Weltkrieg von Zwangsarbeitern anlegen ließen, verbindet Blangkeseren mit der Gayo-Hauptstadt **Takingon.** Dieser Ort liegt an den Ufern des 25 Kilometer

Sipisopiso-Wasserfall.

Medan und Aceh 217

langen Danau Laut Tawar, dessen Wasser sauber und kühl ist. Dennoch baden die Einheimischen lieber in den Bädern und Thermalquellen von **Kampong Balik,** da sie sich vor einer verführerischen Unterwasserfee fürchten.

Hauptumschlagplatz für den Gayo-Kaffee, für Zimt, Nelken und Tabak, ist **Bireuen** an der Ostküste, auch ein von den Acehnesen angelegter Ort. Die Dörfer in Aceh sind traditionellerweise von Reisfeldern und Kokosplantagen umgeben. Die rechteckigen Häuser stehen auf Stelzen aus *bangka*-Holz und haben ein Dach aus *nipa*-Palmen. Der Rauch zieht durch ein Loch im Dach ab. Die Großfamilien errichten ihre Häuser innerhalb desselben Anwesens; jedes Dorf hat seine Moschee und ein *balairong* (Gemeindehaus), das tagsüber als Versammlungsort und nachts als Schlafhaus dient.

Die Aceh-Gesellschaft ist patriarchalisch aufgebaut, doch leben die Männer nach der Heirat bei der Familie ihrer Frau. Dieser Brauch widerspricht moslemischen Gepflogenheiten (nicht jedoch dem traditionellen *adat* der Acehnesen).

Bürgerkrieg und Eisenbahnruinen: Sigli, im Mündungsbereich der Flüsse Krong Baru und Krong Tuka, hieß einst Padri, als hier noch die *hajis* (Pilger) nach Mekka ablegten. 1804 begann hier der tragische Padri-Krieg. Die Holländer nahmen die Stadt ein und machten sie dem Erdboden gleich. Ruinen der Festung *padri kraton* sind an der Straße nach Banda Aceh zu sehen. Im nahe gelegenen Kampong Kibet ist das Grab des Sultans Maarif Syah, des ersten moslemischen Sultans von Aceh, zu sehen, der 1511 starb.

Sigli wurde wiederaufgebaut und bekam einen wichtigen Bahnhof. Obwohl seit zwanzig Jahren keine Züge mehr auf der Strecke die Küste entlang verkehren, ist der Bahnhof nach wie vor das eindruckvollste Gebäude am Ort: ein kolonialer Holzbau, bei dem Ziegen zwischen den Gleisen grasen und Kinder im leeren Kohlenhof spielen.

Das Klima in Sigli ist mild; man fühlt sich in einen europäischen Kurort um 1900 versetzt. Die von Villen gesäumte Promenade wird auf einer Seite von ei-

Die Große Moschee in Banda Aceh.

nem Kiosk, auf der anderen von den Ruinen des Hauses des Hafenmeisters begrenzt. Drei Friedhöfe – ein islamischer, ein christlicher und ein chinesischer –, deren weiße und graue Grabsteine zwischen Kokospalmen verstreut sind, liegen auf einer Landenge auf der anderen Seite des Krong Baru.

Auch **Banda Aceh,** die Provinzhauptstadt, ist an zwei Flüssen, dem Krong Aceh und dem Krong Daroy, angelegt. Obwohl die Festung und der Palast des Sultans zusammen mit der großartigen Moschee im Verlauf der holländischen Invasion von 1874 zerstört wurden, sind Zeugnisse aus der ruhmreichen Vergangenheit Acehs erhalten geblieben. An der Jalan Tungku Umar steht der **Gunungan,** ein Palast, der unter Iskandar Muda oder dessen Sohn zu Beginn des 17. Jahrhunderts errichtet wurde, sowie die Bäder der königlichen Prinzessinnen aus der gleichen Zeit. An der Jalan Kraton sind die Gräber der Sultane von Aceh aus dem 15. und 16. Jahrhundert zu sehen. Umgeben von Königsgräbern, darunter das Grabmal Iskandar Mudas, ist das **Rumoh Aceh Awe Gentah Museum,** das *keris,* Dolche, Stoffe und Juwelen, zeigt (Jalan Mansur).

Die im Aceh-Krieg gefallenen Holländer sind auf dem christlichen Friedhof an der Jalan Iskandar Muda begraben. Am Eingang sind zwei Marmortafeln mit den Namen aller in Aceh gefallenen Soldaten aufgestellt. Viele kunstvolle Gräber, vor allem die eindrucksvolle Grabsäule zu Ehren der *mareechaussee,* die die Vereinigung der Tabakpflanzer von Ostsumatra errichten ließ, fallen ins Auge.

Die **Mesjid Raya** (Große Moschee) ist ein Holzbau, der ohne einen einzigen Nagel gezimmert wurde. Bei Nacht ist der riesige weiße Bau mit seinen schwarzen Kuppeln angestrahlt. Im Inneren verwendete man Marmor. Der Markt und das Chinesenviertel beginnen hinter der Moschee an der Jalan Perdagangan.

Das Dorf **Kampung Kuala Aceh** ist ein Wallfahrtsort. Zwischen Mangroven und Fischteichen liegt, mit Blick zum Meer, das Grab des Tungku Scheich Shah Kuala (1615 bis 1693), der den Koran ins Malaiische übertrug und religiöse Bücher verfaßte.

Die von starken Winden und Wellen heimgesuchten Strände von **Lohong, Lampuk** und **Lhokinga,** 20 Kilometer westlich von Banda Aceh, sind keine Badestrände. Die Brandung des Indischen Ozeans und die Unterströmung sind so heftig, daß man sich kaum aufrecht halten kann, wenn man auch nur bis zum Knie ins Wasser geht.

Schiffbrüchige Portugiesen: Die Einwohner des etwa 60 Kilometer entfernt gelegenen Dorfes Lamno sollen von Portugiesen abstammen, die vor 300 Jahren vor der Küste Schiffbruch erlitten. Die grünen Augen und die Gesichtszüge weisen sie tatsächlich als Iberer aus.

Banda Aceh ist nicht Indonesiens „Ende der Welt". Diese Auszeichnung gebührt **Pulau Weh,** zu der Flugzeuge und Fährschiffe verkehren. **Sabang,** der Insel größte Ortschaft, besitzt einen zollfreien Hafen mit Anschlüssen nach Kalkutta, Melaka, Penang und Singapur. Der chinesische Tempel Tua Peh Kong Bio ist der nördlichste Indonesiens; das Wasser vor Pulau Weh ist kristallklar und ideal zum Tauchen.

Hochzeitstracht der Acehnesen.

DAS LAND DER BATAK UND DER LAKE TOBA

Die landschaftliche Schönheit des Lake Toba und seiner Umgebung, vor allem die Insel Samosir, machen ihn zum lohnendsten Ausflugsziel auf Sumatra. Der See breitet sich auf einer Hochebene, 160 Kilometer südlich Medans, im Zentrum des Batak-Landes aus. Mehr als drei Millionen Angehörige sechs großer Batak-Stämme sind in diesem Bergland zu Hause, das sich vom Lake Toba 500 Kilometer in nord-südlicher und 150 Kilometer in ost-westlicher Richtung erstreckt. Die Toba, Karo, Pakpak, Simalungun, Angkola und Mandailing unterscheiden sich nach ihrem Brauchtum und ihren Dialekten.

Vor 1500 Jahren wanderten die Batak vom burmesischen Vorgebirge des Himalaya und aus Thailand ein und ließen sich in diesen Bergen nieder, die sie an das Land ihrer Ahnen erinnerten. Von den Völkern im Küstenbereich lernten sie den bewässerten Reisbau und machten sich mit Pflug, Wasserbüffel, Baumwolle und Spinnrad, mit der Schreibweise des Sanskrit und mit einer pantheistischen Hierarchie von Göttern vertraut.

Eingekeilt zwischen den Minangkabau und den Achenesen, beide glühende Verfechter des Islam, lebten die Batak unbehelligt ihr animistisches und kannibalisches Leben, bis Mitte des 19. Jahrhunderts Missionare viele von ihnen zu einer mystischen Spielart des Christentums bekehrten (Die Batak im Norden sind noch heute Animisten, im Süden hängen vor allem die Mandailing-Batak dem Islam an.). Auf den Friedhöfen sind Steinskulpturen der Toten aufgestellt; die Schamanen kommunizieren mit den Geistern, und die Priester befragen astrologische Tafeln, bevor sie Entscheidungen für ihre Clans treffen.

Ein Batak-Clan (*marga*) besteht aus mehreren Familiengemeinschaften (*huta*), die von einem einzigen männlichen Vorfahren abstammen. Die verwandtschaftlichen Bande sind wie überall in Indonesien stark. Die 500 Jahre zurückreichenden Stammbäume spielen bei der Bestimmung der Stellung des einzelnen im Familienverband und bei Zeremonien eine wichtige Rolle.

Die traditionellen Batak-Häuser sind etwa 18 Meter lang und für mehrere Familien gebaut. Nicht Nägel, sondern Seile und Holzstifte halten sie so gut zusammen, daß sie 100 Jahre und länger stehen. Das Dach ist an den Enden höher als in der Mitte. Statt mit Stroh deckt man es jetzt häufiger mit Wellblech. An den Giebelenden sind Mosaiken und geschnitzte mystische Muster sowie mythologische Gestalten angebracht.

Von Medan zum Lake Toba: Die Hauptstrecke von Medan zum Lake Toba verläuft in Küstennähe durch **Tebingtinggi** und **Pematangsiantar**. Nebenstraßen führen auf den ersten 50 Kilometern zu den schönen Stränden **Pantai Cermin** und **Sialangbuah**, bekannt für seine Schlammspringer, die wie ein Fisch schwimmen, aber auch auf Bäume klettern können.

Pematangsiantar, 128 Kilometer von Medan, Nordsumatras zweitgrößte Stadt, ist ein Zentrum der Gummi- und Palmölproduktion. Im Simalungun Museum an der Jalan Sudirman sind Arbeiten der Batak, u.a. Holzschnitzereien, ausgestellt.

Nach **Prapat,** wo die Straße den Lake Toba erreicht, sind es von Medan genau 176 Kilometer. Dieses Touristenzentrum (Hotels, Golfplatz, Wasserski etc.) mit einem Samstagsmarkt und einer erfrischenden Brise schmiegt sich eng ans östliche Seeufer an.

Die Strecke **Medan-Prapat** über Brastagi und das Hochland der **Karo-Batak,** die im vorigen Abschnitt beschrieben wurde, ist länger. Mit dem Bus ist es von Kabanjahe nur ein kurzes Stück zu einem Aussichtspunkt am Nordende des Lake Toba, von dem aus man bis zum fernen Tongging Valley und dem Sipisopiso Waterfall sehen kann. Ab hier folgt die Straße dem Ostufer des Sees; über **Haranggaol** (Montagsmarkt) geht es nach Prapat.

Sumatras schönster Fleck: Der **Lake Toba** ist mit 1707 qkm Südostasiens größter See. Er bildete sich nach einem prähistorischen Vulkanausbruch und ist mit 450 Meter einer der tiefsten Seen der Erde. An den Berghängen und Felsen um den See gedeihen Pinien; das Klima ist kühl und feucht, jedoch niemals naßkalt. Den Zauber des Sees erfährt man am besten auf der 1055 qkm großen Insel **Samosir**. Täglich um neun Uhr legen in Prapat die Schiffe ab, die die Besucher direkt zum Hotel Tuk Tuk oder zu einem der vielen *losmen* in Tomok, Ambarita und auf der Halbinsel Tuk Tuk bringen.

Die meisten *losmen* am See haben keinen Stromanschluß; Fahrzeuge sind selten. Auf Samosir sollen sich die ersten Batak Sumatras niedergelassen haben; die Toba-Batak gelten als der „reinste" Batak-Stamm.

Die wichtigste Anlegestelle für die Boote aus Prapat ist **Tomok** (30 Minuten Überfahrt). Das Grab des animistischen Königs Sidabuta, das wie ein Boot geformt ist, weist ein schönes Vorderteil auf und ist verdächtig blutrot gefärbt. In einer Umzäunung gegenüber dem Grab stehen Ritualplastiken eines Büffelopfers mit *gondang*-Musikanten, einem *raja* und einer Königin sowie mit Henkern, die ihre Messer verloren haben. Ein kleines Museum in einem königlichen Haus wird von einem würdevollen alten Aristokraten geführt. Den Weg von der Bootsanlegestelle säumen Souvenirbuden, die *ulos kain* (schöne gewebte Tücher), Musikinstrumente, Holzschnitzereien und Batak-Kalender verkaufen.

Tuk Tuk ist ein Touristenort, und das gleichnamige Hotel ist Samosirs bestes Nachtquartier mit Stromversorgung, Tennisplätzen und eigenem Strand. Auf der Halbinsel wurden ein neuer Gemeindesaal für Tanzvorführungen sowie zahlreiche *losmen* gebaut, das bekannteste und teuerste ist Carolina.

Die Bataker sind ein musikalisches Volk und singen mit Begeisterung die Kirchenlieder, die die Missionare (ab 1848) mitbrachten. Zu hören sind sie bei den Sonntagsgottesdiensten, aber auch bei vielen anderen Anlässen, bei denen in den Dorfcafes (*warung*) die Stammesballaden (*lure ture*) erklingen.

Von Tuk Tuk geht man eine Stunde bis **Ambarita** mit seinen drei megalithischen Baudenkmälern. Das erste steht über dem Bootshafen: 300 Jahre alte Steinsitze mit dem Grabmal Laga Siallagans, des ersten *raja* von Ambarita.

Ambarita auf Samosir.

Wurde in Ambarita ein Feind gefangen genommen, lud man die benachbarten *rajas* hierher ein. Nach gemeinsamer Beratung zogen sie zum zweiten Stein und entschieden über das Schicksal des Gefangenen. Der Versammlungsort ist heute von einem großen Hof umschlossen. Der dritte megalithische Komplex, südlich Ambaritas, besteht aus einem kannibalischen Frühstückstisch. Hier tötete man den Gefangenen, enthauptete und zerlegte ihn auf einem flachen Stein und kochte ihn mit Büffelfleisch. Mit Blut spülte der *raja* sein „Frühstück" hinunter.

Simanindo, an Samosirs Nordspitze (eine Halbtageswanderung von Tuk Tuk), liegt 16 Kilometer von Ambarita entfernt und ist von Tigaras am Ostufer nördlich von Prapat aus mit der Fähre zu erreichen. Ein riesiges ehemaliges Königshaus ist heute Batak-Museum.

Man beachte die Büffelhörner und die Plastiken im Außenbereich. In zehn Minuten ist man mit dem Boot von Simanindo auf der kleinen Insel Tao, wo man sich in einem der winzigen Bungalows von der Hektik auf Samosir erholen kann.

Pangururan an Samosirs Westküste ist auf dem Uferweg von Simanindo in einem halben Tag zu erreichen; die Wanderung über das bewaldete Hochland ist zwar länger, bietet dafür aber unvergeßliche Ausblicke. Von Tomok dauert der Anstieg auf die Hochebene über das Königsgrab drei Stunden. Nach Pangururan sind es dann noch 13 Kilometer, eine Wanderung von kaum mehr als zehn Stunden. Oben empfiehlt es sich, vor dem Weitermarsch nach Roonggurni Huta und zum Badesee in einem der Dörfer zu übernachten. Zur Sicherheit fragt man immer wieder nach dem Weg. In der Regenzeit ist der steile Anstieg schlammig und rutschig. Einfacher ist es dann, mit der Fähre nach Pangururan zu fahren und zurück nach Tuk Tuk zu wandern.

Pangururan ist über eine Steinbrücke mit Sumatra verbunden. Zu seiner Hauptsehenswürdigkeit, den *air panas* (Thermalquellen), braucht man eine Stunde. Auf dem Dorfplatz sind morgens um 10.30 Uhr Batak-Tänze zu sehen, außerhalb der Mauern wurde ein kleines Museum mit Zeremonialgegenständen eingerichtet.

Toba Batak-Tanz.

WESTSUMATRA

Ist Nordsumatra das Land der Batak und der Acehnesen, so wird Westsumatra von den Minangkabau beherrscht. Von Bukittinggi bis zur Hafenstadt Padang steht die Insel im Zeichen der feinen Minangkabau-Kultur, die sich deutlich von der etwas rauheren Kultur der Batak-Stämme abhebt.

Die Minangkabau halten treu am islamischen Glauben fest und sind zugleich die größte matriarchalische Gesellschaft der Welt. Sie leiten ihren Namen vom Sieg *(menang)* in einem Kampf zwischen Wasserbüffel *(kerbau)* aus Sumatra und Java um den Besitz des Landes her. Damals sollen die Vertreter Sumatras ein Büffelkalb zehn Tage vor dem Kampf nicht mehr gefüttert und eine Eisenspitze an seiner Nase befestigt haben. Das Tier habe sich, außer sich vor Hunger, auf sein javanisches Gegenüber gestürzt und es getötet. Der Büffel ist jetzt das Stammessymbol der Minangkabau.

Die Minangkabau sind gute Reisbauern, geschickte Handwerker und verstehen sich aufs Handeln. Mehrere Familien leben in einem traditionellen Langhaus *(rumah gadang)*. Männer wie Frauen bleiben lebenslang in ihrem mütterlichen *rumah*-Verband. Die Kinder leben im Langhaus der Mutter. Der Mann hat zwar wenig im Langhaus seiner Frau zu sagen, kann jedoch über seine Mutter das Familienvermögen erben und es durch sein Geburts-*rumah* zu einer Führungsposition, sogar zum Häuptling des Clans *(pangulu)* bringen. Obwohl also die Besitzrechte offiziell nach islamischem Gesetz geregelt sind und die männlichen Erben gegenüber den weiblichen im Vorteil sind, halten sich die Minangkabau nur selten daran; normalerweise beerben Töchter ihre Mütter und das Familienvermögen wird unter den weiblichen Mitgliedern aufgeteilt.

Die Clans der Minangkabau heißen u.a. Melayu, Tanjung, Chaniago und Jambak. Durch weitere Untergliederungen sind an einzelnen Orten selbständige Clans entstanden, die teilweise das Stam-

Charakteristische Landschaft im Hochland von Padang.

mesbrauchtum negieren. Der *pangulu*, der seine Stellung von einem Bruder oder einem Onkel mütterlicherseits erbt, entscheidet für seinen Clan in allem, was Eigentumsverhältnisse, Rituale und eheliche Beziehungen betrifft.

Im Hochland der Minangkabau: Fährt man auf dem Trans-Sumatra-Highway vom Lake Toba aus nach Süden, stößt man bei der Hafenstadt **Sibolga,** 73 Kilometer südlich von Prapat, an die Westküste. In diesem Gebiet leben vorwiegend Mandailing-Batak. Der nächste größere Ort weiter südlich heißt **Padangsidempuan**, der in erster Linie für seine saftigen *salak*-Früchte berühmt ist.

Runde zwei Stunden östlich Padangsidempuans und 15 Kilometer vom Marktflecken **Gunung Tua** entfernt stehen die 39 verlassenen **Padanglawas-Ruinen** – Hindu-Tempel aus roten Ziegelsteinen (11. und 12. Jahrhundert). Vier Tempel sind noch in gutem Zustand, andere werden restauriert.

In **Bonjol** verweisen eine große Weltkugel und ein Schild am Straßenrand auf die Überquerung des Äquators. An dieser Stelle ist die Insel Sumatra am breitesten. Das Dorf diente übrigens im 19. Jahrhundert als Hauptquartier des Padri-Anführers Tunku Imam Bonjol, der einen blutigen Aufstand gegen die Holländer anzettelte.

Südlich Bonjols beginnt das Land der Minangkabau. Unterhalb Padangs erreicht es seinen höchsten Punkt im **Mt. Kerinci**, Sumatras höchstem Berg (3850 Meter). Die zahllosen Verwerfungen ließen immer wieder Seen entstehen; die schönsten sind Maninjau, Singkarak und Kerinci.

Das wunderschön auf einem Berg gelegene **Bukittinggi** gilt als „Hauptstadt" der Minangkabau. Staatliche Behörden, ein Museum und eine kleine Universität machen es zum administrativen und kulturellen Zentrum der Region. Es ist ein kühler aber sonniger Ort, dessen Bewohner dem Gast freundlich begegnen. Aus Taxis und Ladengeschäften dringt Musik, während hübsche, von Pferden gezogene *dokars* die Straßen beleben.

Der Markt ist der richtige Ort, um etwas Kunstgewerbliches, eine Antiquität oder ein Reiseandenken zu erwerben. Samstags dehnt sich das Marktgeschehen auf das gesamte Ortszentrum aus. Hinter den Riesenkörben mit Obst und Gemüse zeigen Händler aus Kota Gadang bunte Schals mit Stickereien sowie Gold- und Silberfiligranschmuck.

Das Wahrzeichen Bukittinggis ist der Uhrturm, dessen stilisiertes Dach den Stadtplatz überragt. Das höchste Gebäude ist das **Rumah Adat Baandjuang Museum** *(„Bukittinggi"* bedeutet „Hoher Berg"; das Museum ist der Gipfel). Das 140 Jahre alte Gebäude ist ein klassisches *rumah adat* (Clanhaus). Zu sehen sind alte und traditionelle Hochzeits- und Tanzgewänder, Kopfbedeckungen, Musikinstrumente, kunstgewerbliche Produkte aus verschiedenen Dörfern sowie historische Waffen.

Auf dem Museumsgelände ist auch der Zoo von Bukittinggi untergebracht. Die Vielfalt der in Käfigen gehaltenen Säugetiere und Vögel Sumatras ist beeindruckend, die Pflege der Tiere und das Verhalten der Zoobesucher beklagenswert.

Auf einem Berg im Westen der Stadt steht das von Holländern 1825 erbaute

Uhrturm in Bukittinggi.

Fort de Kock. Die Festung selbst verdient weniger Interesse als der Blick über das umliegende Land und auf den 2400 Meter hohen Gunung Merapi und den Ngarai Canyon.

Diese felsige, tiefe Schlucht ist vier Kilometer lang und wurde schon als „Indonesiens Grand Canyon" bezeichnet. Ein schmaler Weg führt von einem Aussichtspunkt an der Südseite Bukittinggis durch die Klamm nach **Kota Gadang,** wo sehr kunstvoller Silber- und Goldschmuck sowie handgestickte Schals gefertigt werden.

Riesenblumen und Stalaktiten: Von Bukittinggi ist es ein bequemer Tagesausflug zum 36 Kilometer westlich gelegenen **Lake Maninjau,** einem stillen, freundlichen Kratersee. Kanus und Motorboote sind zu mieten. Etwa 12 Kilometer nördlich der Stadt blühen bei **Batang Palapuh** im Juli und August die riesigen Rafflesia. 15 Kilometer weiter erreicht man die 2 Kilometer lange Höhle **Ngalau Kamang** mit herrlichen Stalagmiten- und Stalaktiten-Formationen. Von **Payakumbuh** aus (39 Kilometer östlich) hat man Zugang zu den Felsen und Wasserfällen des **Harau Canyon.**

Mit dem Wagen sind die 92 Kilometer von Bukittinggi nach Padang in zweieinhalb Stunden zurückzulegen. Der Zug braucht acht Stunden. Bahn wie Straße führen durch **Padangpanjang** mit einem Tanz- und Musikkonservatorium der Minangkabau.

Etwas weiter südlich liegt der **Lake Singkarak,** der größer und (mit Bahn und Wagen) leichter zugänglich ist als der Lake Maninjau; **Solok** ist ein Bergort, der für seine Holzschnitzereien und Dächer mit hohen Giebeln berühmt ist. **Batusangkar,** die ehemalige Residenz der Minangkabau-Könige, liegt im Osten von Padangpanjang. Ein wunderschönes, gut erhaltenes *rumah adat* (Clanhaus) ist ebenfalls zu sehen, während fünf Kilometer weiter östlich die Nachbildung eines Palastes entsteht.

Padang ist mit 660 000 Einwohnern die drittgrößte Stadt der Insel und zugleich Hauptstadt der Provinz Westsumatra. Die breiten Straßen, betagten Gebäude und die *dokars* (Pferdewagen) machen den Eindruck verschlafener Rückständigkeit – dabei ist der beliebte Seehafen **Teluk Bayur** nur sechs Kilometer vom Stadtzentrum entfernt. Das scharf gewürzte *nasi padang* machte die Stadt weithin berühmt; es ist eine Zusammenstellung kalter Vorspeisen, zu denen Reis gegessen wird.

Nach etwa 10stündiger Fahrt erreicht man das neu eingerichtete, 1,5 Millionen Hektar große **Kerinci-Seblat Reserve,** in dessen Mittelpunkt der Vulkankegel des Gunung Kerinci aufragt. Bei Tapan kann man von der Küstenstraße abbiegen und bis **Sungaipenuh,** dem Hauptort im Schutzgebiet, vordringen.

Wanderwege führen von hier zum **Gunung Tujuh** und seinem Kratersee, zu den Hochsümpfen von **Danau Bentu** und den wilden Regenwäldern um **Gunung Seblat**, dem letzten Waldgebiet dieser Art in Südsumatra. Elefanten, Nashörner, Tiger, Tapire, gefleckte Bengalkatzen und Malaienbären halten sich in diesem Gebiet auf. Orang-Utans sieht man keine, dafür hin und wieder den rätselhaften *orang pendek* und den *cigau* (halb Löwe, halb Tiger).

Links: Würzige Padang-Küche.

DIE INSEL NIAS

Rund 100 Kilometer der Westküste Sumatras vorgelagert ist eine Kette von Inseln, alle Gipfel einer untermeerischen Bergkette, die von Sumatra durch einen tiefen Graben getrennt sind. Die Inseln Simeulue, Nias, die Batu- und Mentawai-Gruppen sowie Enggano bildeten eine halbe Million Jahre lang eine Welt für sich.

Nias ist die größte, bekannteste und zugänglichste Insel. Sie ist 100 Kilometer lang, 50 Kilometer breit und die Heimat einer der markantesten Kulturen Südostasiens, die sich heute vornehmlich in der überkommenen Bauweise, in Steinskulpturen und dem Ritual des Steineüberspringens ausdrückt.

Seit alters her wird auf Nias Reis angebaut. Einflüsse der Dong-son-Kultur von Annam (Bronzezeitalter) und hinduistischer, chinesischer und islamischer Kaufleute machen sich bemerkbar. 1865 setzten die ersten Missionare ihren Fuß auf die Insel; heute sind die Hälfte der Bewohner Christen.

Auch Tanzvorführungen gibt es – von den Touristen wird erwartet, daß sie dafür bezahlen. Am bemerkenswertesten ist eine *Fahombe*-Vorführung: die Sprünge der Männer über eine 2 bis 2,5 Meter hohe und 50 cm breite Steinsäule erfordern akrobatisches Können.

Tulotolo heißt ein Kriegstanz, bei dem die jungen Männer Riesensätze machen und rituelle Kämpfe ausfechten. Die Dörfer auf Nias sind wahre Festungen mit großen gepflasterten „Fahrbahnen" in der Mitte. Pfahlbauten reihen sich an den Berghängen aneinander; eine Bambusbarrikade bietet Schutz gegen Angriffe von außen.

Der Norden war jahrhundertelang Ziel von Überfällen der Sklavenhändler von Aceh; deswegen ist von der alten Kultur kaum etwas zu finden. Doch liegt hier **Gunungsitoli**, die Hauptstadt von Nias. Dafür ist das abgelegene Zentrum der Insel reich an Kulturschätzen: Die Ruinen von Dörfern mit großen Standbildern stehen mitten im Dschungel. Im Süden findet man noch traditionelle Dörfer.

In **Bawomataluwo,** 15 Kilometer von **Telukdalam** (Touristenbüro) entfernt, steht ein 150 Jahre alter Königspalast. Die reiche Ornamentik der Pfeiler und Vertäfelungen zeigt schöne Krokodile, Bootsfahrer und Prinzessinnen. Vor dem Palast und überall im Dorf stehen behauene Stein-Megalithen

Die 4500 Einwohner von **Hilisimaetano** leben in 140 traditionellen Häusern; ihr gemeinsames „Großhaus" fiel allerdings dem Krieg zum Opfer. Das Großhaus von **Hilimondegaraya** wurde abgetragen und 1922 von einem dänischen Professor weggeschafft, der auch eine Nias-Frau geheiratet hatte.

Von den anderen Inseln vor Sumatras Westküste sei besonders **Siberut** in der Mentawai-Kette hervorgehoben. Die Tätigkeit der Missionare und die rasante Rodung der Wälder haben das Antlitz der Insel für alle Zeiten verändert. Der World Wildlife Fund setzt sich heute dafür ein, daß die Menschen und die einzigartige Tier- und Pflanzenwelt Siberuts erhalten bleiben. ■

Steineüberspringen auf Nias.

DER SÜDEN UND DER OSTEN SUMATRAS

Die Südhälfte Sumatras ist der reichste und zugleich am wenigsten erschlossene Teil der Insel. In der Öl- und Gummiproduktion der Provinz Lampung erwirtschaftet Indonesien 40 Prozent seiner Staatseinnahmen; auf den Fernstraßen wird hin und wieder ein menschenfressender Tiger gesichtet. Während zugewanderte Javaner entlegene Dschungelgebiete roden und neue Siedlungen errichten, durchstreifen die Kudu, Sakai und andere animistische Stämme auf der Jagd das Moorland.

Die Südhälfte der Insel ist in vier große Provinzen aufgeteilt: Lampung, Südsumatra, Bengkulu und Jambi. Jambi und die östlichen zwei Drittel Lampungs bestehen aus Schwemmlandebenen, die kaum 30 Meter über dem Meeresspiegel liegen und bis zu 200 Kilometer breit sind. Zahlreiche Flußläufe, darunter der Batang Hari, der über fast 500 Kilometer schiffbar ist, sowie der Musi, Sumatras größter Fluß, bewässern dieses Gebiet. Der Westen Lampungs ist gebirgig; bis auf 3000 Meter Höhe steigen die Vulkangipfel an und fallen beim einstigen britischen Außenposten Bengkulu jäh zum Indischen Ozean hin ab.

Der neue Trans-Sumatra-Highway durchzieht von Telukbetung bis Aceh die Insel auf voller Länge. Nachdem nun auch die letzten Streckenabschnitte in Südsumatra fertiggestellt sind, ist die Insel verkehrsmäßig gut erschlossen.

Die Schiffe, die von Westjava über die Sunda-Straße Sumatra anfahren, legen in Bakauhuni, dem Hafen Telukbetungs, an. Von der Fähre aus kann man den gewaltigen Inselvulkan Krakatau sehen, bei dessen Ausbruch im Jahre 1883 30 000 Menschen getötet wurden.

Rund zwei Drittel der Bewohner der Provinz Lampung sind eingewanderte Bauern aus Java. Teils freiwillig gekommen, teils auf Betreiben der Regierung umgesiedelt, sollen diese Menschen den großen Bevölkerungsdruck Javas mindern. Vor 50 Jahren verfolgten bereits die Holländer solche Pläne, seit 1970 werden

Ölraffinerie an der Ostküste.

sie von Indonesiens Regierung forciert, aber mit zweifelhaftem Erfolg: Viel zu viele Javaner sind nach wie vor in den Reisanbaugebieten konzentriert.

Von Tanjung Karang gelangt man in das Way Kambas Reserve, an dessen Flußmündungen, Sümpfen und offenem Grasland entlang der Südostküste man am ehesten wilde Elefanten zu Gesicht bekommt. Hier halten sich auch noch Tiger und Wildschweine, und das Beobachten der Vögel bereitet viel Freude (siehe Teil IV „Die Tierwelt Indonesiens").

Es müssen harte Kämpfe ausgefochten werden, wenn diese wertvolle Küstenlandschaft erhalten bleiben soll. Zugewanderte Arbeiter, Holzfäller, Hoteliers und andere Unternehmer aus Jakarta haben Zehntausende von Hektar Land in ihren Besitz gebracht; drei katastrophale Großbrände haben die wertvollen Tropenwaldgebiete nahezu zerstört; bis 1974 war sogar noch die Tigerjagd erlaubt. Die Parkverwaltung in Tanjung Karang nimmt die Besucher mit auf eine vierstündige Bootsfahrt von **Labuhan Meringgi,** 12 Kilometer südlich des Schutzgebietes, in den Mündungsbereich des Way Kambas, der 25 Kilometer weit ins Landesinnere schiffbar ist.

Ölboom: Palembang, Südsumatras Metropole, ist mit knapp 900 000 Einwohnern die zweitgrößte Stadt der Insel. Etwa 200 Kilometer von der Küste entfernt hat es sich an den Ufern des Musi ausgebreitet. Seit 1200 Jahren ist Palembang ein bedeutender Hafen; bis ins 13. Jahrhundert war es das Handelszentrum des gesamten indonesischen Archipels und ein großer internationaler Markt. Tausende von Mönchen des Mahayana-Buddhismus studierten hier und machten die Stadt zu einem bedeutenden Zentrum des geistlichen Lebens.

Den Holländern diente Palembang als Umschlagplatz für das Zinn, das in den Zinnbergwerken auf der Insel Bangka, vis-a-vis der Musi-Mündung, gefördert wurde. Die Edelhölzer, Gummibaum- und Kaffeeplantagen des Umlands stärken heute die städtische Wirtschaft; die eigentliche Quelle des Wohlstands, die Palembang zu Indonesiens reichster Stadt gemacht hat, ist das Erdöl. Für 200 Millionen US-Dollar entstand in Plaju ein petrochemisches Kombinat, in Sungei Gerong eine mächtige Raffinerie (Tageskapazität: 75 000 Barrel). Pertamina, das staatliche Ölmonopol, stattete Palembang mit einem Fernsehsender, einem Sportstadion, einem Uhrturm und die Hauptmoschee der Stadt mit einem neuen, eleganten Minarett aus.

Die Häuser der Stadt sind auf Stelzen über dem Musi gebaut. Verkäufer bieten von Booten aus ihre Waren an, ähnlich wie auf den *klongs* von Bangkok. Am besten kauft man in der Jalan Sudirman ein, die Restaurants stehen an der Jalan Veteran. Der Rotlicht-Distrikt der Stadt ist in Kampung Baru zu finden. In und um Palembang werden feine Stoffe gewebt; Tänze wie der Gending Srivijaya, vergleichbar einem klassischen Thai-Tanz, sind einzigartig. In mehreren Gebäuden beherbergt das **Rumah Bari Museum** bedeutende Steinskulpturen, hinduistische und buddhistische Plastiken, Handwerk und Waffen der Urvölker, chinesisches Porzellan und eine naturgeschichtliche Abteilung.

Jambi, ein Flußhafen am Batang Hari mitten im Dschungel, etwa 200 Kilometer nördlich von Palembang, ist eine erstaunlich kosmopolitische Stadt: etwa 300 000 Chinesen, Japaner, Araber, Inder, Malaysier, Javaner und Angehörige anderer Staaten leben hier zusammen. Gelegentlich verirrt sich ein Tiger aus dem Dschungel in die Stadt und holt sich ein unvorsichtiges Opfer. Wie in Palembang bildet Erdöl das Rückgrat der Wirtschaft. Im Westen der Provinz sind Bohrtrupps von Caltex, Japex, Jambi Oil und Huffco dabei, nach neuen Ölquellen zu suchen.

Ob zu Wasser oder zu Land, der Weg zwischen Jambi und Palembang ist zeitraubend und beschwerlich. Das Flugzeug ist daher das empfehlenswerteste Verkehrsmittel. Wer aber mit Wagen oder Schiff fährt, kommt mit erstaunlich isoliert lebenden Stämmen in Berührung. In den Sümpfen an den Flüssen Batang Hari, Musi, Rawas und Tembesi leben die Kubu in Bambushütten mit Blätterdächern. Obwohl sie vom Wasser eingeschlossen sind, suchen sie es aus Furcht vor Krankheiten zu meiden. In Bambuskörben sammeln sie Bananen und andere Früchte und stellen Wildschweinen und Affen nach.

Nördlich von Jambi hausen in der Nähe der Flüsse Kuantan und Indragiri die Orang Mamaq in Pfahlbauten über den Sümpfen. Diese Jäger und Fischer holen sich auch Früchte aus dem Dschungel und haben begonnen, Reis anzubauen.

Megalithen und Forts: Westlich von Palembang liegt unweit der Bahnlinie nach Lubuklinggau der Ort **Lahat**. Von hier aus kann man zu den behauenen Megalithen, Gräbern, Säulen und Steinruinen auf dem Pasemah Plateau vordringen, die etwa auf 100 n.Chr. datiert werden. Es sollen mit die besten Zeugnisse der prähistorischen Steinskulptur Indonesiens sein. Eigenartig verformte Felsen sind zu bewaffneten Krieger-Gestalten auf Elefanten, zu ringenden Büffeln und kämpfenden Schlangen gehauen. Steingrabmäler (Dolmen), Heiligenschreine und andere Kunstwerke sind im Umkreis des vulkanischen Mt. Dempo zu sehen.

Endstation der Bahn im Nordwesten ist **Lubuklinggau,** Schauplatz eines groß angelegten Umsiedlungsprogramms. Mit dem Bus kann man nach Padang oder Bengkulu an der Westküste Sumatras weiterfahren.

Bengkulu (Bencoolen) ist eine Gründung der Briten (1685). Das Fort York (1690) wurde geschleift, dafür ist das Fort Marlborough (1762) glänzend erhalten. Das als Schloß angelegte Fort besitzt ein altes Wachhaus mit englisch beschrifteten Grabsteinen. Das Fort wird heute von der indonesischen Armee genutzt.

Sir Stamford Raffles, der spätere Gründer Singapurs, war von 1818 bis 1823 Vizegouverneur von Bengkulu. Er förderte den Anbau von Kaffeesträuchern und Zuckerrohr, gründete Schulen und widersetzte sich 1824 einer Anordnung des Königs, Sumatra den Holländern zu überlassen.

Seinem naturwissenschaftlichen Forscherdrang ist die Benennung der größten Blume der Welt, der Rafflesia, zu verdanken; zu bewundern ist sie im **Dendam Taksuda Botanical Garden** in Bengkulu.

Fort Marlborough in Bengkulu.

RIAU

Die tausend kleinen Inseln zwischen der Ostküste Zentralsumatras und Singapur bilden zusammen mit den Tiefländern Ostsumatras die Provinz Riau. Ihre Bewohner leben vom Fischfang und der Holzwirtschaft; Bauxit, Zinn und Erdöl gewinnen an Bedeutung. Ethnographisch gesehen ist es ein interessantes Gebiet. Vom 16. bis ins 18. Jahrhundert bildete die Riau-Kette das Zentrum der malaiischen Zivilisation.

Auf dem Festland siedeln Küstenmalaien, auf den Inseln neben Malaien *orang laut,* Bugi und Chinesen. Da Malaiisch in der Region am verbreitetsten war, hat man es als Bahasa Indonesia zur Staatssprache gemacht.

Das berühmte seefahrende Volk der Bugi lebt hier auf den *pinisi*-Holzseglern im selbstauferlegten Exil (Heimatinsel ist Sulawesi) und treibt auf dem gesamten Archipel und in den angrenzenden Meeren Handel. Die *orang laut* sind seefahrende Frachtschiffe mit großen Segeln, die den Karavellen der Portugiesen und Spanier nachgebaut sind.

Dem Hafen vorgelagert ist eine kleine Insel mit dem chinesischen Tempel Snake River („Schlangenfluß"). Mit einem Wassertaxi – *kapal motor* bzw. *spetboat* (Beiboot mit Außenbordmotor) kann man jederzeit übersetzen.

Die einstige Hauptstadt des Königreichs Malaya auf der kleinen, runden Insel **Pulau Penyengat** erreicht man nach 20 Minuten Fahrt vom Hafen Tanjung Pinang aus. Die 2000 Fischer am Ort sprechen noch die malaiische Hochsprache. Mitten im Dschungel stehen, von Banyanriesen überwuchert, die Ruinen des Sultanspalastes von 1808. Nicht weit davon entfernt ist das Mausoleum der malaiischen Fürsten und eine Moschee, beide aus der zweiten Hälfte des 16. Jahrhunderts.

Auf **Pulau Batam** sind in den letzten Jahren viele Industriebetriebe entstanden, bereits in den achtziger Jahren wurde die Landebahn für Flugzeuge aus Jakarta angelegt. Ein Country Club wurde eröff-

Der Hafen von Tanjung Pinang.

Nomaden, die ihr gesamtes Leben auf ihren kleinen Booten verbringen.

Tanjung Pinang ist die größte Stadt des Riau-Archipels auf Pulau Bintan. Dieser belebte Hafen liegt strategisch günstig am Schnittpunkt der Schiffsrouten zwischen Singapur, Sumatra, Java, Madura und Sulawesi.

Alle möglichen Schiffstypen geben sich im Hafen von Tanjung Pinang ein Stelldichein: Dschunken, Frachtschiffe, Fischerboote, alte Segler aus Sulawesi und Madura sowie die *nade* aus Sumatra, net, an den weißen Sandstränden im Nordosten schossen Hotelbauten in die Höhe.

Die größte Stadt der Provinz heißt **Pekanbaru,** ein Flußhafen 160 Kilometer von der Küste entfernt. Er eignet sich gut zu Ausflügen in den Dschungel, der Heimat der Sumatra-Nashörner, der Tiger, Elefanten und vieler Vogelarten. Vier Stunden flußabwärts erreicht man das Dorf **Siak Sri Indrapura;** der Palast Balai Rung Sari (1723) wurde bis 1968 von Sultan Syarief Kasim II. bewohnt. ■

KALIMANTAN: INDONESIENS BORNEO

Dichter Dschungel, dampfende Sümpfe. Kopfjäger und Flußboote. Der Wilde von Borneo. Manch exotische und schreckliche Vorstellung ist mit Kalimantan, dem unermeßlich großen indonesischen Teil Borneos, verknüpft. Dabei ist Kalimantan längst nicht mehr der gottverlassene Außenposten von einst.

Die großen Öl- und Erdgasvorkommen, die Edelhölzer und Diamanten der Insel (Kalimantan ist von den malaiischen Worten für „Diamantenfluß" abgeleitet) werden längst

Borneo um ein Drittel größer als Frankreich. Doch leben hier nur 10 Millionen Menschen. Borneo ist damit das am dünnsten besiedelte Gebiet Südostasiens. In Kalimantan leben rund 8,5 Millionen Menschen, die meisten im Uferbereich großer Flüsse.

Geologisch gesehen ist Borneo eine der ältesten Inseln des indonesischen Archipels. Im Gegensatz zu den meisten Inseln des Staates weist sie keine Vulkane auf. Der Kern der Insel wird von einer Auffaltung der Erdkruste gebildet – einem zentralen Gebirgszug, der

ausgebeutet, steigern die Exportrate des Landes erheblich und versorgen auch den Binnenmarkt. Es besteht ein reger Flugverkehr zu den Städten im Küstenbereich, wo Touristenhotels und Restaurants entstanden sind. Aber der interessierte Besucher wird auch heute keine Schwierigkeiten haben, Dayak-Dörfer zu finden und wilde Orang-Utans im abgelegenen Dschungel zu erspähen.

Borneo ist die drittgrößte Insel der Welt. Zu Kalimantan gehören etwa zwei Drittel davon, der Süden und der Osten. Im Nordwesten liegen die malaiischen Bundesstaaten Sarawak und Sabah sowie das unabhängige Ölsultanat Brunei. Mit insgesamt 743 000 qkm ist

seit Jahrmillionen der Erosion ausgesetzt ist. Dieses von Westen zum Zentrum verlaufende Gebirge ist nicht sehr hoch – höchster Berg Kalimantans ist mit 2205 Meter Mount Raya in der Schwaner Range. Diese Berge speisen jedoch die großen Flußsysteme Kalimantans, lange und breite Wasserstraßen mit zahlreichen Nebenflüssen, die seit jeher das Verkehrsnetz der Insel bilden. Die Flüsse transportieren enorme Mengen Schlick und Abla-

Vorherige Seiten: Regenwald in Kalimantan. **Oben**: Eingeborene auf Borneo (Holländischer Stich). **Rechts**: Im Klima Borneos sind Kunstwerke aus Holz der Zerstörung ausgesetzt.

gerungen in das seichte Südchinesische Meer, wodurch neues Land aufgeschüttet wird und sich die Insel ständig vergrößert. Aufgrund geringer Entwässerung bei häufigem Niederschlag bildet sich im gesamten Küstenbereich um die Insel herum ein breiter Streifen dichten, unwirtlichen Mangrovensumpfes, auf dem nichts angebaut werden kann und der den Schiffsverkehr erschwert.

Die eingeborene Bevölkerung lebt daher vorwiegend im Inland. Die großen Städte wurden meist 20 bis 50 Kilometer vom Meer entfernt an den großen Flüssen angelegt. Chinesen, Malaien, Javaner und andere Händler, deren Vorfahren vor Jahrhunderten als Bergleute, Händler, Fischer oder auch als Piraten auf die Insel kamen, leben hier. Seinen Lebensunterhalt sichert man durch alle möglichen Handelsgeschäfte oder als Handwerker. Landwirtschaft gibt es praktisch nicht- Kalimantan ist auf Lebensmittelimporte aus Java und Singapur angewiesen. Im Rahmen eines Umsiedlungsprogrammes der indonesischen Regierung sind Tausende von Familien aus Bali und Java nach Kalimantan gekommen. Einigen ist es gelungen, Reis und Gemüse anzubauen und in den Städten zu verkaufen. Weiter flußaufwärts leben im abgelegenen und unerschlossenen Hinterland etwa 1 Millionen Angehörige der mehr als 200 Eingeborenenstämme Borneos. Diese ältesten Bewohner der Insel ziehen meist als Nomaden durch die Wälder, oder sie bewirtschaften das Land nach der Brandrodungsmethode. Man faßt diese verschiedenen Stämme unter dem Begriff der „Dayak" zusammen.

Geschichte auf Sockeln und Keramiken: Die erste schriftliche Aufzeichnung aus Kalimantan findet sich auf einem Steinsockel aus dem frühen fünften Jahrhundert, der bei Kutai an der Ostküste der Insel gefunden wurde. Verfaßt in der südindischen Pallawa-Schrift, erinnert die Inschrift an ein „indisiertes" Königreich, das wahrscheinlich ein wichtiges Glied in der Kette der Häfen auf der Gewürzhandelsroute bildete. Ebenso fand man auf Kalimantan römische und hindu-javanische Spuren und Münzen sowie alte chinesische Keramik.

Gegen Ende des ersten. Jahrtausends scheinen an der Nordwestküste Borneos blühende chinesische Siedlungen bestanden zu haben. Mehrere Jahrhunderte lang wurde dieses Gebiet unter der Song-Dynastie ein Zentrum der Töpferkunst. In späteren Jahrhunderten ließen sich auch an der Süd- und der Westküste Chinesen nieder, diesmal als Gold- und Diamantengräber.

Im 15. und 16. Jahrhundert gerieten die Hafenstädte an der Küste unter den Einfluß des Islam- lange Zeit florierten kleine, selbständige Sultanate (Kutai, Banjar, Pontianak u.a.) als kosmopolitische Gemeinschaften die von Malaien, Bugi, Makassar und eine Elite von Kaufleuten aus dem Nahen Osten beherrscht wurden und die enge Beziehungen zu den islamischen Häfen Javas und des östlichen Archipels unterhielten. Doch Ende des 19. Jahrhunderts wurden die heimischen Herrscher von den Holländern in Verträge gezwungen, die ihnen die wichtigsten Einnahmequellen aus der Hand nahmen. Diese Phase

der Sultanate Borneos und der Vormarsch der europäischen Handelsmächte sind stimmungsvoll eingefangen in Romanen Joseph Conrads, besonders in *Lord Jim*.

Dann wurde es ruhig um Borneo und seine reichen Rohstoffvorkommen; erst in jüngster Zeit werden sie in großem Maße ausgebeutet. Die Insel ist eine wichtige Stütze der indonesischen Wirtschaft. Vor allem in Balikpapan und Bontang an der Ostküste entstanden ganze Kolonien, in denen ausländische Spezialisten wohnen, die ins Land geholt wurden, um die enormen Öl-, Gas- und Holzvorkommen möglichst effektiv auszunutzen. Die Atmosphäre von Boomstädten breitete sich im Küstenbereich aus; fieberhaft legt man neue Straßen und Wasserwege an und baut den Flugverkehr aus.

Die Dayak: Fährt man die Flüsse aufwärts, stößt man auf die Dörfer der Stammesgruppen, an deren Leben sich seit Jahrhunderten nichts geändert hat. Der Sammelbegriff „Dayak" ist bei den Stämmen selbst nicht in Gebrauch. Da jeder Stamm einen eigenen Namen und einen eigenen Dialekt hat und da ein breites Spektrum unterschiedlicher Bräuche und Lebensformen zu finden ist, wird der Ausdruck Dayak als Kränkung empfunden.

Daß diese Menschen eine helle Hautfarbe haben, liegt an ihrer Abstammung von mongolischen Einwanderern, die um etwa 5000

v.Chr. auf die Insel kamen. Die Dayak haben stark chinesische Gesichtszüge und entwickelten sich eigenständig. Als Malaien und Chinesen die Küstenregion besiedelten, zogen sich die Dayak weiter ins Landesinnere zurück. Je weiter die „Zivilisation" ins Hinterland von Kalimantan vordrang, desto stärker wurde der Druck auf die Dayak, sich zu assimilieren. Die Behörden ermuntern sie, Gewürznelken und Pfeffer für den Verkauf anzubauen. Viele Stammesangehörige haben sich am Rand der Großstädte, in den Dörfern und bei den Öl- und Holzfällerlagern in der Hoffnung niedergelassen, dort Arbeit zu finden. Ein typisches Dorf der Dayak besteht aus einem einzigen langen Haus (lamin), einem massiven Holzbau auf Stelzen, in dem bis zu 50 Familien wohnen. Es gibt bis zu 20 Meter breite und 180 Meter lange Häuser. Jeder Stamm baut wieder anders; die meisten Langhäuser bestechen jedoch durch die herrlichen Türrahmen, Balken und Geländer, in die Drachen, Schlangen, Vögel und Dämonen geschnitzt sind. Jedes Haus besitzt einen heiligen Kräutergarten und eine Sammlung von Steinbildnissen der Ahnen. Auf den großen Veranden werden Paddel, Netze, Fallen, Blasrohre und andere Gebrauchsgegenstände gelagert. Die Küche ist meist in einem anderen Bau, der durch eine Holzbrücke mit dem Haupthaus verbunden ist, untergebracht.

Die Dayak haben einen ausgeprägten Sinn für geometrische Muster. Am gebräuchlichsten sind menschenähnliche Figuren und stilisierte Tiermuster, vor allem Reptilien und Vögel. In jeder Abbildung tauchen Spiralen, Haken und Schlangenlinien auf. Rindenstoffe sowie *ikats* aus Gemüsefasern werden hergestellt (siehe auch Teil IV „Indonesische Stoffe").

Auch die Perlenstickereien und Korbwaren der Dayak sind berühmt. Tausende von kleinen Glaskügelchen werden zu Geld- und Tabakbeuteln, Schwertscheiden, Korbdeckeln, Mützen und Kopfbändern verarbeitet. Verschiedene Arten von Schultertaschen und Rucksäcken aus Rattan und Bambusstreifen, meist in zwei Farbtönen gehalten, entstehen bei den Dayak.

Bis vor kurzem hingen in gewebten Körben unter der Veranda eines Langhauses menschliche Schädel; in entlegenen Dörfern findet man sie noch heute, doch gibt es in Kalimantan heute keine Kopfjägerei mehr. Doch früher war die Erbeutung eines Kopfes Grund zum Feiern. Dem menschlichen Schädel, der in einen Korb gelegt und über dem Feuer getrocknet wurde, sprach man besondere magische Kräfte zu. Er sollte das Dorf vor allem Bösen beschützen; deshalb brachte man ihm auch Opfer in Form von Lebensmitteln dar. Mit der Zeit erloschen die magischen Kräfte eines Schädels und man brauchte neue. Stämme ohne Schädel galten als schwach und seuchenanfällig.

Links: Tätowierte Hände und Arme einer Dayak-Frau. Rechts: Die graphischen Muster der Dayak sind bemerkenswert, ihre Perlenstickereien sind weithin bekannt.

STÄDTE AN DER KÜSTE VON KALIMANTAN

In den Küstengebieten von Kalimantan hat das 20. Jahrhundert bereits Einzug gehalten. Die drei wichtigsten Städte – Pontianak im Westen, Banjarmasin im Süden und Balikpapan im Osten – sind die bedeutendsten Häfen der Insel und Ausgangspunkte für Reisen ins Landesinnere. Wer nur wenig Zeit hat, sollte zumindest den Süden und Osten der Insel besuchen. Reisen ins Innere der Insel beginnt man am besten von Banjarmasin oder Balikpapan aus. Alle drei Städte haben einen Flugplatz, von dem aus regelmäßige Flugverbindungen mit Jakarta und Surabaya bestehen.

Pontianak, das Kautschukzentrum Westkalimantans, liegt am Äquator, nur 200 Kilometer von der Grenze zu Malaysia (Sarawak) entfernt. Die rund 350 000 Einwohner sind überwiegend Chinesen. Die Handelsstadt liegt direkt am Landak River; nur 25 Kilometer südlich fließt der breite Kapuas River.

Mit seinem über 1000 Kilometer langen Flußlauf ist er der längste Fluß Indonesiens. Obwohl die indonesischen Behörden davon abraten, fahren gelegentlich Reisende den Fluß hinauf, durchqueren den Dschungel und kommen dann den Mahakam River hinunter bis nach Samarinda in Ostkalimantan.

Von Pontianak aus verläuft nach Norden eine gut ausgebaute Straße nach **Sambas,** das für seine handgewebten *kain-sambas*-Stoffe bekannt ist. Auf der Fahrt dorthin fährt man durch Singkawang, wo man neben chinesischen Tempeln goldene Strände findet, ansonsten eine Seltenheit in Kalimantan. Nur 40 Kilometer nordöstlich von Pontianak entfernt liegt das **Mandor Nature Reserve,** ein 2000 Hektar großes Areal mit Orchideengärten.

Das Venedig Indonesiens: Banjarmasin, die größte Stadt Südkalimantans, liegt auf einer Insel, die sich im Zusammenfluß von Martapura und Barito gebildet hat. Mit den beiden Flüssen verbunden sind unzählige Kanäle, auf denen täglich Tausende von Wasserfahrzeugen in die Stadt kommen. Das Bild der Stadt ist davon geprägt – Banjarmasin trägt den Beinamen „Venedig Indonesiens". Das Wasser ist blutrot gefärbt von den Torfmooren, durch die der Barito auf seinem Weg zum Meer fließt. Denn fast 25 Prozent der Fläche Südkalimantans sind von Mooren und Sümpfen bedeckt.

Die meisten der einheimischen Banjaresen – bis vor ca. 30 Jahren waren sie noch Piraten – sind gläubige Moslems, die streng auf die Einhaltung des Fastenmonats Ramadan achten. In keiner anderen indonesischen Stadt dürfte es pro Kopf der Bevölkerung soviele *hajis,* Mekkapilger, geben wie hier. Sie spielen eine äußerst wichtige wirtschaftliche Rolle, weil viele von ihnen auf ihre alljährliche Mekkareise Edelsteine mitnehmen und gegen Waren aus aller Welt eintauschen.

Banjarmasin ist Zentrum des Edelsteinhandels in Indonesien. Hier sind Halbedelsteine wie Amethyste, Saphire und Achate günstig zu bekommen. Diamanten werden zwar zahlreich angeboten, doch kauft man sie besser im nahegelegenen Martapura. Mehrere empfehlenswerte Souvenirläden entlang der

Rechts: Orchideenblüten im Mandor Nature Reserve.

Jalan Simpang Sudimampir bieten Kunsthandwerk der Dayak an, handgewebte Stofftragetaschen und Messingwaren im hinduistisch-javanischen Stil. Für einen Museumsbesuch empfiehlt sich das Keramikmuseum in der Jalan Kuripan, mit einer eindrucksvollen Sammlung von altem japanischen, chinesischen und Delfter Porzellan.

Zwei Bootsstunden westlich von Banjarmasin liegt der Ort **Mandomai,** Ausgangspunkt für Reisen zu den Dayak-Siedlungen bei **Kandangan.** Kunsthandwerk ist hier wesentlich billiger als in Banjarmasin. Wer auch noch das nahegelegene **Pandu** besucht, kann fest damit rechnen, einige der berühmten wildlebenden Orang-Utans auf Borneo zu Gesicht zu bekommen.

Von Banjarmasin aus sind mehrere Tierschutzreservate mühelos erreichbar, z.B. das **Kaget Island Reserve.** Es liegt zwölf Kilometer stromabwärts von Banjarmasin auf einer Insel im Barito River und ist Heimat zahlreicher langnasiger Proboski-Affen. Das 50 Kilometer östlich von Banjarmasin gelegene **Pleihari Martapura Reserve** umfaßt 30 000 Hektar bergiges Land. Man erreicht es auf einer Straße, die bis zum Wasserreservoir Riam Kanan führt, für dessen Überquerung die Nationalparkbehörde PHPA zuständig ist. Etwa 350 Kilometer westlich beherbergt das **Cape Puting Reserve,** 305 000 Hektar Sumpfgebiet mit einer reichen Fauna, die Camp Leakey Orangutan Rehabilitation Station (siehe Teil IV „Die Tierwelt Indonesiens"). Falls man eines der Reservate besuchen will, wende man sich am besten an das PHPA-Büro in Banjarmasin.

Die Diamanten von Martapura: Um nach **Martapura,** Kalimantans Diamantenzentrum 40 Kilometer östlich von Banjarmasin, zu gelangen, mietet man sich am besten ein Motor-Kanu. Mit ihm fährt man die verschlungenen Wasserwege entlang bis zu den Kais von Martapura, an denen heute leichte Küstenfrachter und Segelschiffe anlegen.

In den Diamantenminen von Martapura arbeiten mehr als 30 000 Menschen. Daneben sind Hunderte in den Schleifwerkstätten beschäftigt, die noch heute

Banjarmasin.

mit jahrhundertealten Techniken betrieben werden. Martapura liegt am wichtigsten Straßenknotenpunkt Südkalimantans, an dem sich Straßen aus Banjarmasin und Batakan, der südlichsten Stadt Borneos, schneiden. Von hier aus kann man nach Balikpapan weiterreisen.

Barabai, 165 Kilometer von Banjarmasin entfernt, ist günstiger Startpunkt für einen Ausflug in das wunderschöne Hügelland um Batu Benawa. Weitere 25 Kilometer entfernt liegt **Amuntai;** dort frage man nach einem Büffelopfer, einem unerläßlichen Bestandteil jeder Begräbnisfeierlichkeit bei den ansässigen Dayak. Vom nördlich gelegenen Magantis aus kommt man nach einem zwei Kilometer langen Fußmarsch dann nach **Tamianglayang.** In den Dayak-Dörfern dieser Gegend werden noch immer die jahrhundertealten Bestattungsriten praktiziert. Selbst wenn gerade kein Begräbnis stattfindet, lohnt sich allemal ein Besuch der uralten Begräbnisstätten. In Tamianglayang findet auch ein Wochenmarkt statt, auf dem sich viele Stammesangehörige aus den Dörfern treffen.

Geschäftiges Balikpapan: Balikpapan, auch Kalimantans Ölumschlagplatz, ist der geschäftige, lebenssprühende Mittelpunkt Ostkalimantans. Hier befindet sich eine moderne Ölraffinerie und ein Hafen. Hier leben Tausende von ausländischen Ölarbeitern in Wohnblöcken der Ölgesellschaft, gehen in modernen Supermärkten einkaufen, schicken ihre Kinder auf Privatschulen und nutzen die gut ausgestatteten medizinischen Einrichtungen. Durch die Gewinne aus dem Ölgeschäft konnten auch die sozialen Einrichtungen für die Bevölkerung verbessert werden. Zu den verfügbaren öffentlichen Errungenschaften zählt auch ein Hotel internationalen Standards, eine Vielzahl von Klubs, Bars und Diskotheken und sogar eine Bowlingbahn.

Die meisten Touristen bleiben jedoch nicht lange in Balikpapan, denn es zieht sie landeinwärts zu abgelegenen Handelsposten, Urwäldern und Dayak-Dörfern. Erste Station ist meistens Samarinda, 200 Kilometer nördlich von Balikpapan und etwa 60 Kilometer stromaufwärts von der Mündung des Mahakam

Die Küste von Kalimantan

gelegen. Eine neue Fähre transportiert Fahrzeuge über den breiten Fluß hin zu dem weitverzweigten Netz von Holztransportwegen und Pipelines (Öl/Gas), die sich bis nach Bontang erstrecken. Für nur zwei US-Dollar kann man die regelmäßig verkehrenden Busse zwischen Balikpapan und Samarinda benutzen. Mehrmals täglich fliegen kleinere Flugzeuge zwischen den beiden Städten hin und her. Eine Alternative dazu sind Taxis oder Busse von Balikpapan nach **Handil II** im Mündungsdelta des Mahakam, von wo aus man mit einem Schnellboot flußaufwärts fahren kann.

Samarinda wurde 1730 als Handelsstation gegründet und ist bis heute die Provinzhauptstadt, obwohl es wirtschaftlich schon längst von Balikpapan überflügelt worden ist. Entlang des Flusses stehen Sägemühlen, Eigentum zahlreicher, oft ausländischer Holzverwertungsgesellschaften, die hier ihren Sitz haben. Überall auf dem Mahakam sieht man Schiffe mit Nutzholzladungen und Baumstämmen auf dem Weg nach Java und anderen indonesischen Inseln.

Die meisten der Baumstämme kommen auf riesigen Flößen vom Oberlauf des Flusses nach Samarinda.

Die Stadt selbst liegt am Nordufer des Mahakam, gegenüber dem Busbahnhof auf der anderen Seite des Flusses. Sie ist schmutzig und hat wenig Interessantes zu bieten, so daß die meisten Touristen am Busbahnhof gleich umsteigen nach **Tenggarong.** Diese Stadt wurde vor fast 200 Jahren gegründet und war bis zur Unabhängigkeit Indonesiens Regierungssitz des Sultans von Kutei. Dessen ehemalige Residenz ist heute das **Mulawarman Museum** mit einer erstaunlichen Sammlung von Keramiken aus China, Japan und Vietnam. Hier findet man auch Erbstücke der Kutei-Dynastie sowie Schmuck und Perlenstickereien verschiedener Stämme. Der Palast ist umgeben von einem Garten mit Holzschnitzereien der Dayak.

Erdgas in Bontang: Ungefähr 80 Kilometer von Samarinda entfernt liegt **Bontang,** das Hauptquartier eines riesigen Projekts zur Verflüssigung von Erdgas, das gemeinsam von ausländischen

Samarinda

Firmen und dem staatseigenen Konzern Pertamina betrieben wird. Der Wert einer Tagesproduktion liegt bei einer Million US-Dollar. Am Rand des riesigen Industriekomplexes wurden mehrere Barakkenstädte aus dem Boden gestampft, in denen die Arbeiter wohnen und verpflegt werden. Im nahegelegenen **Lokh Tuan** befindet sich eine kürzlich fertiggestellte Düngemittelfabrik, ebenfalls ein joint venture.

Es gibt zwischen Bontang, Lokh Tuan und Samarinda Straßen, aber keine regelmäßigen Verkehrsverbindungen. Während der Regenzeit sind die Straßen zudem unpassierbar. Am besten nimmt man eines der Schnellboote, die jeden Morgen um sechs Uhr in Samarinda abfahren (je nach Boot 5–10 Fahrstunden).

Bei einer der Ölgesellschaften in Balikpapan kann man Flüge nach Bontang und Sanggala mit einer Cessna „Skyvan" buchen, falls ein Platz in einer Maschine frei ist.

Der Kutai National Park: Mulawarman, Bontang und Lokh Tuan sind die Pforten zum Kutai-Nationalpark, einem Gebiet von 200 000 Hektar Küstenwald mit reicher Flora und Fauna. Die Dipterocarpus-Wälder des Tieflandes von Kutai gelten als die größten Regenwaldgebiete ihrer Art auf der Erde, bedeutender als alles Vergleichbare in Afrika oder im Amazonasgebiet. Das Tierreservat beherbergt eine Vielzahl von Arten: Orang-Utans, Affen, Gibbons, Wildschweine, Büffelherden, Wildkatzen, mehr als 300 Vogelarten – und vielleicht sogar das seltene Sumatra-Nashorn, das aber schon lange nicht mehr gesichtet wurde.

Trotz seiner ungeheuren Fülle kann der Nationalpark nicht unbedingt als eine touristische Attraktion gelten. Exotische Tiere kann man auch entlang verlassener Straßen und an Anlegeplätzen immer wieder beobachten.

Die Insel Tarakan: Die an Öl reiche Insel **Tarakan** liegt vor der Ostküste von Kalimantan, nahe der Grenze zu Malaysia (Sabah). Sie ist eine wichtige Station auf dem Weg in dieses Land oder – durch die Makassar Strait – nach Sulawesi. Man kann täglich von Balikpapan aus nach Tarakan fliegen. In Tarakan legen Schiffe von und nach Samarinda, Balikpapan, Banjarmasin, Manado und Ujung Pandang an.

Außer einem sehenswerten Markt, auf dem viele Waren aus Sabah (Malaysia) verkauft werden, hat Tarakan nicht viel zu bieten. 57 Kilometer oder vier Bootsstunden südlich von Tarakan entfernt liegt **Tanjung Selor,** eine Stadt am Kayan River, von der aus man Flußreisen ins Gebiet der Dayak unternehmen kann. Der Nachbarort **Tanjung Palas** ist bekannt wegen einer aus dem 16. Jahrhundert stammenden Kanone und dem *Jepen*-Tanz, den die Dorfmädchen für Besucher aufführen.

Südlich von Tanjung Selor, 59 Kilometer den Berau River stromaufwärts, liegt **Tanjung Redep,** heute eine kleine Hafenstadt, früher Hauptstadt eines wohlhabenden Königreiches. Von hier aus regierte vom 14. Jahrhundert bis 1960, als das Königtum durch Parlamentsbeschluß abgeschafft wurde, ein selbständiger Herrscher (seit 1883 sogar zwei Herrscher). In den Palästen von Sabaliung und Gunung Tabur kann man kleine Privatmuseen besichtigen.

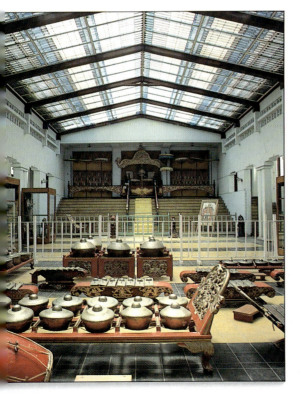

Gamelan-Instrumente im Mulawarman Museum.

Die Küste von Kalimantan

ZU BESUCH BEI DEN DAYAK

Eine Reise ins Gebiet der Dayak ist ein unvergeßliches Erlebnis. Man kann als Tourist in den berühmten Langhäusern wohnen, die Perlenstickereien und Holzschnitzereien bewundern, den religiösen Riten beiwohnen, einem *wadian* (Schamanen) begegnen und vielleicht bei einem der traditionellen Tänze mitmachen. Alles was man braucht, ist Zeit, ein bißchen Geld und Abenteuerlust. Es empfiehlt sich, eine Campingausrüstung mitzubringen (Moskitonetze und Insektenschutzmittel sind unverzichtbar!) und ein *surat jalan,* ein Empfehlungsschreiben einer Regionalbehörde, daß man sich entweder in Jakarta, in Provinzhauptstädten oder bei Polizeibehörden besorgen kann.

Die Fahrt auf dem Mahakam flußaufwärts – zweifellos eines der beliebtesten Abenteuer – beginnt man in der Regel in **Tenggarong,** nahe bei Samarinda in Ostkalimantan. Aber von Banjarmasin und Pontianak aus kann man ähnliche Touren auch auf dem Barito und Kapuas machen, ebenso wie auf dem Kayan und Bahau von Tarakan und Tanjung Selor aus.

Als Einzelreisender hat man die Möglichkeit, jederzeit eines der regelmäßig auf dem Fluß verkehrenden Passagierschiffe zu buchen und an jedem interessanten Platz von Bord zu gehen. Aber man braucht auf jeden Fall viel Zeit, denn die meisten Schiffe sind langsam – vor allem bei der starken Strömung während der Regenzeit.

Wer eine durchorganisierte Gruppenreise vorzieht, kann in Tenggarong ein Arrangement buchen. Angeboten werden drei- bis siebentägige Touren auf Flußbooten, die an die *African Queen* erinnern und auf denen für alles, sei es Übernachtung oder Verpflegung, gesorgt ist. Das Touristenbüro neben dem Mulawarnam Museum in Tenggarong (siehe S. 234) hält Informationen über Flußreisen und lokale Festlichkeiten bereit.

Ob Sie nun allein oder als Mitglied einer Gruppenreise aufbrechen – in jedem Fall dürften die folgenden Vorschläge eine akzeptable Reiseroute garantieren:

1. Tag: Nehmen Sie in Balikpapan den Bus nach Samarinda oder Loa Janan (unmittelbar vor Samarinda) und steigen Sie dort um in Richtung Tenggarong, wo es nur begrenzte Unterkunftsmöglichkeiten gibt. Man kann auch versuchen, eines der Flußboote direkt nach **Muara Muntai** zu erreichen, einem kleinen Dorf stromaufwärts, wo sogar die Straßen aus Holz sind. Schlafen kann man entweder auf dem Boot oder im Dorf selbst.

Viele der Dayak-Langhäuser sind heute verlassen, weil ihre Bewohner in kleine *kampung*-Häuser umgezogen sind. Aber schon bei Ihrer ersten Begegnung mit einer Dayak-Gemeinschaft wird Ihnen auffallen, daß der Geist der Solidarität unverändert geblieben ist. Die Dayak sind monogam. Ein Mann sucht sich eine Frau in einem anderen Dorf und gründet dort einen neuen Hausstand. Die Mahlzeiten werden mit der Familie eingenommen. Man hockt zusammen, häuft dampfenden Reis auf Bananenblätter und nimmt sich Getreidekörner, Fisch, Gemüse und Fleisch mit Sauce aus gemeinsamen Töpfen.

Tanz am Seeufer: 2. Tag: Hinter Longbangun, etwa 140 Kilometer stromaufwärts von Tenggarong, fließt der Mahakam zwischen zwei großen Seen hindurch: dem Jempang und dem Somayang. Beide sind so seicht, daß sie im Mai und Juni, auf dem Höhepunkt der Trockenzeit also, häufig nicht mehr mit Motorbooten befahren werden können.

Wenn Sie den 6000 ha großen **Lake Jempang** mit einem Boot oder Kanu überqueren, werden Dutzende der hier lebenden Süßwasserdelphine Sie bis zum Uferdorf **Tanjung Isuy** begleiten. Hier wohnen Banuaq-Dayak, die für ihre farbenfrohen *ulap-doyoh*-Webereien, ihre Tänze und ihre Gastfreundschaft berühmt sind.

Die Banuaq begrüßen ihre Gäste mit Tänzen, die von jungen Mädchen in traditionellen Kostümen vorgeführt werden. Es kann auch durchaus sein, daß der Dorfhäuptling Sie einlädt, mit ihm zu essen und „als „besondere Ehre", unter seinem Dach zu schlafen.

Im allgemeinen finden die Tänze nachts statt und werden von zahlreichen Musikinstrumenten begleitet. Dazu gehören der *kledi,* eine Art Bambus-Dudelsack, *gamelan*-ähnliche Schlaginstrumente und eine Laute mit zusammengedrehten Rattansaiten. Die rituellen Tänze sind überschwenglich mit viel Lärm und Aufregung gefeierte Ereignisse. Die Männer haben Tierhäute an und tragen Federschmuck, während sie malerische Schwerter, Rasseln und Stöcke über ihren Köpfen schwingen. Vor allem im Landesinnern sind diese Tänze sehr beliebt, und es gibt für sie jede Menge Anlässe – eine Siegesfeier, das Erwachsenwerden eines jungen Stammesmitglieds, die Ernte im Februar oder März, Heiraten, Geburten, die Ankunft von Gästen oder das Anflehen um Schutz gegen Naturkatastrophen und böse Geister.

Mitten im Lake Jempang liegt das schwimmende Dorf **Tanjung Haur** – ein malerischer Fleck, wo die Menschen gemeinsam mit Hunderten von Reihern leben.

Orchideen und Totempfähle: 3. Tag: Nehmen Sie ein Boot oder Kanu nach Jantur und von dort nach **Melak**, der Heimat der Tanjung-Dayak. Ganz in der Nähe, beim Dorf **Kersik Luwai**, wachsen im 2000 Hektar großen Orchideenschutzgebiet die sehr seltenen schwarzen Orchideen (*Cologeneia pandurata*) in verschwenderischer Fülle. Im Dorf **Sekolak Darat** bleiben die meisten Besucher eine Zeitlang.

Halten Sie Ausschau nach den riesigen Phallussymbolen. Diese Totempfähle *(belawang)* werden außerhalb des Dorfes aufgestellt, um böse Geister fernzuhalten, die angeblich Angst vor allem Sexuellen haben. Die Pfähle sind verziert mit teuflisch blickenden Figuren. Sie werden *hampatong,* Sklaven der Toten, genannt, haben entstellte Gesichter, weit herausgestreckte Zungen und Raubtiere, meist Tiger, auf ihren Köpfen.

Trotz aller Bemühungen der christlichen Missionare sind die Dayak Anhän-

ger des Animismus geblieben. Die meisten Stämme verehren Belare, den Donnergeist. Er reitet auf den Sturmwolken; wenn er den Mund öffnet, entsteht der Donner, wenn er blinzelt der Blitz.

Eine wichtige Rolle bei den Dayak spielen die *wadian* oder auch *balian*, weibliche Hexenmeister. Die meisten der Dayak-Schamanen sind ältere Frauen. Sie heilen die Kranken, singen und tanzen nach dem Ritus. Wenn sie sich selbst in Trance versetzt haben, können sie angeblich mit den Geistern reden. Oft tanzen die *wadian* zum schwermütigen Klang des *kledi* tagelang bis zur Erschöpfung.

Ohrringe und Tätowierungen: 4. Tag: Entweder man fährt zurück nach Tenggarang oder weiter stromaufwärts bis **Muara Wahau,** vorbei an den Dörfern Tanjung Manis, Long Noran und Long Segar, den Wohnorten der Kenyah- und Bahaus-Dayak.

Auffällig sind gewisse Unterschiede im Kunsthandwerk, bei den Tänzen und Zeremonien der einzelnen Dörfer. Die beste Besuchszeit sind die Monate Februar und März, weil dann die meisten Feste stattfinden. Noch weiter flußaufwärts liegt **Tanjung Jone,** ein Gebiet mit sechs Dayak-Dörfern, die bekannt sind für ihre Webarbeiten *(sarung)*.

In diesem Gebiet wird die Reise auf dem Fluß beschwerlicher und die Boote verkehren nur noch unregelmäßig. Aber trotzdem kann man bis hinauf nach **Longnawan** fahren und von dort aus dann auf dem Landweg ins Tal des Kayan River gelangen, wo die Stämme der Apo-Kayan in völliger Abgeschiedenheit leben. Auf dem Kayan kann man wieder zur Küste bei Tarakan zurückfahren.

Wenn man sich bis in diese entlegenen Gebiete vorwagt, trifft man mit ziemlicher Sicherheit Dayak-Frauen, die große und schwere Silberohrringe in den Ohrläppchen tragen. Je älter die Frauen sind, desto mehr Ringe haben sie. Man hat schon Frauen im mittleren Alter gesehen, deren Ohrläppchen bis zu den Schultern oder gar bis auf die Brust reichten. Manchmal haben Mis-

Kriegstanz der Dayak.

sionare Frauen dazu überredet, sich ihre monströsen Ohrläppchen zum Zeichen ihrer Bekehrung zum Christentum abschneiden zu lassen.

Fast alle Dayak kauen Betelnüsse und *sirih,* ein narkotisierendes Blatt, weil sie glauben, daß nur Tiere weiße Zähne haben dürfen. Wenn dadurch ihre Zähne nicht dunkel genug werden, helfen sie mit einer lackähnlichen Paste nach.

Sowohl Männer als auch Frauen betrachten Tätowierungen als Zierde. Sie werden mit hölzernen „Druckstöcken" auf die Haut aufgetragen, was meistens die Frauen machen. Einige der Tätowierungen haben nur dekorative Funktion, andere sollen die gesellschaftliche Stellung deutlich machen.

Der meistbefahrene Fluß ist zweifellos der Mahakam, aber in Banjarmasin oder Mandomai in Südkalimantan kann man auch Boote mieten, die den Barito hinauf bis nach **Mauratewe** fahren. Von hier aus kommt man mit dem Kanu bis zum Oberlauf des Flusses, wo man vier bis sechs Tage lang durch Sumpfgebiet und Urwald trecken kann und über **Intu** nach **Longiram** am Mahakam gelangt, von dem aus die Reise flußabwärts bis nach Samarinda führt. Alles in allem braucht man dafür mindestens zwei Wochen.

Die Stämme der Kayan- und Kenyah-Dayak leben am Oberlauf des Kayan in Ostkalimantan, den man von **Tanjung Selor** aus, südlich von Tarakan, gut erreichen kann. Von hier aus verkehren regelmäßig Boote nach **Mara I** und **Mara II**, den Wohnorten der Kenyah. Dieser Stamm feilt noch immer die Zähne ab, und seine Kunst ist unter den Dayak bemerkenswert. An Häusern, Mauern, Säulen und Schilden findet man als vorherrschenden Schmuck den *aso*-Drachen, ein Symbol für Wohlstand.

Es ist in der Regel kein Problem, mit einem der Missionsflugzeuge von Tarakan aus zu Orten wie **Longbawang** oder **Longberini** zu fliegen. Diese entlegenen Siedlungen sind in der Nähe des **Hulu Bahau-Sungai Malinau Reserve,** einem 950 000 Hektar großen Gebiet mit steilen und waldigen Bergrücken entlang des zerklüfteten Oberlaufes des Bahau, einem der Nebenflüsse des Kayan.

Hier kann man Angehörige des Stammes der Punan-Dayak anheuern, die für nur einige Dollar pro Tag als Führer durch die Wildnisse des Reservats fungieren. Falls Sie ein Dorf der Punan besuchen, sollten Sie daran denken, daß dieser Stamm in ganz Kalimantan berühmt für seine gelbschwarzen Perlenstickereien ist.

Von Pontianak in Westkalimantan aus ist der Kapuas mehr als 900 Kilometer weit für kleinere Boote schiffbar. Wer besonders unerschrocken ist und bis zu sechs Wochen Zeit dafür übrig hat, kann stromaufwärts bis zum Dorf **Putussibau** fahren, wo noch eine alte holländische Missionsstation steht. Von hier aus kommt man auf dem Landweg durch den Dschungel in etwa zwei Wochen zum Oberlauf des Mahakam. Von dort kann man mit einem Flußboot bis hinunter nach Samarinda fahren. Nur wenige trauen sich das zu – es ist eines der wenigen großen Abenteuer in der modernen Welt.

Jagd mit dem Blasrohr.

SULAWESI

Sulawesi ist vor allem als Heimat von zwei außergewöhnlichen Volksstämmen bekannt, den Toraja im Hochland und den seefahrenden Bugi. Aber diese eigenartig geformte Insel hat noch mehr exotische Völker, eine außerordentliche landschaftliche Vielfalt und zahlreiche Naturwunder aufzuweisen.

Sulawesi – das sind steile Berge, tiefe Schluchten, schnell fließende Flüsse, blaue Bergseen, üppige Regenwälder, mit *lontar*-Palmen bestandene Savannen und weiße Sandstrände. Hier stößt man auf eine faszinierende Fülle seltener Flora und Fauna; einige Arten sind sonst nirgendwo anzutreffen. Dazu gehören schwarze Makaken, *babirusa*-Wildschweine, *anoa*-Zwergbüffel, exzentrische *maleo*-Vögel, glotzäugige Lemuren und viele herrliche Schmetterlinge. Ebenso verschieden sind die 13 Millionen Einwohner der Insel mit fast 50 verschiedenen Sprachen.

Diese erstaunliche Vielfalt liegt teilweise in der merkwürdigen Geographie der Insel mit ihren vier unabhängigen Armen begründet.

Anders als auf anderen Inseln Indonesiens sind auf Sulawesi nur die nordöstlichen und südwestlichen Spitzen Sulawesis (Minahasa und Makassar) vulkanischen Ursprungs. Hier ist nichts zu sehen von sanften Hügellandschaften oder weiten Ebenen. Der größte Teil der Insel besteht aus zerklüfteten Hochländern und mehr als 500 Meter über dem Meeresspiegel liegenden Plateaus. Die höchsten Gipfel in Zentralsulawesi erreichen bis zu 3455 Meter.

Ein weiterer Grund für die Heterogenität Sulawesis ist seine zentrale Lage innerhalb des Inselarchipels. Der nördliche Archipel Sangihe-Talaud bildet eine natürliche Brücke zu den Philippinen, während die östlichen Archipele Banggai und Sula Sulawesi mit den Molukken verbinden. Das im Westen liegende Borneo und die Kleinen Sunda-Inseln im Süden (Flores, Sumbawa, Lombok) sind zwar durch tiefe Meeresstraßen von Sulawesi getrennt, aber innerhalb weniger Schiffstagereisen von den natürlichen Häfen im Süden Sulawesis aus leicht erreichbar. Jahrhundertelang wurde die Insel deshalb von außen beeinflußt und war eine Art Drehscheibe für Völkerwanderungen und Handelsbeziehungen innerhalb der indonesischen Inselwelt.

Ein Blick in die Geschichte: Vor kurzem wurde an der Westküste von Sulawesi eine neolithische Siedlung entdeckt, die zusammen mit zahlreichen Höhlenzeichnungen, Megalithen, Sarkophagen und anderen frühgeschichtlichen Gegenständen Zeugnis davon ablegt, wie lange schon Menschen auf der Insel gelebt haben. Hochentwickelte Fertigungsmethoden bei Textilien, Holzarbeiten, im Schiffsbau und in der Metallverarbeitung weisen ebenfalls auf einen weit zurückreichenden Zivilisationsprozeß hin.

Im Süden Sulawesis hat man buddhistische Bronzestatuen aus dem vierten oder fünften Jahrhundert gefunden. Gerade dieses Gebiet mit seinen zahlreichen Ankerplätzen war mehr als ein Jahrtausend lang die wichtigste Station entlang der Routen des internationalen Gewürzhandels.

Die Küstenstaaten im Süden von Sulawesi haben zwar erst im 17. Jahrhundert den Islam zur Staatsreligion erhoben, aber schon seit dem 16. Jahrhundert müssen sie Handelsbe-

Vorherige Seiten: Landschaft in Sulawesi. **Links**: Pfahlbauhaus der Bugi. **Rechts**: Der Helm dieses Reiters erinnert an die portugiesische und spanische Kolonialzeit.

ziehungen mit den aufstrebenden islamischen Königreichen an der Nordküste Javas unterhalten haben. Ebenfalls in dieser Zeit festigte das „Gewürznelken"-Sultanat von Ternate auf den benachbarten Molukken seine Macht und brachte den Norden und Osten Sulawesis unter seinen Einfluß.

Als Ende des 16. Jahrhunderts die Islamisierung begann, gab es auf der Insel bereits ein Dutzend bedeutende Häfen. Es waren wahrhaft kosmopolitische Umschlagplätze für Händler aus China, Indien, Siam, Malaya, Java und Portugal. Als erste Besucher aus dem Westen kamen die Portugiesen, die sich kurz nach der Eroberung von Malakka (1511) bis hierher vorwagten. Einige portugiesische

Schiffe liefen auf ihrem Weg nach Ternate denn auch auf Riffe nördlich der Küste von Minahassa, so daß diese Gegend als Ponto des Celebres (Kap der Verrufenheit) bekannt wurde. Den Portugiesen folgten spanische Missionare und predigten im Minahassa-Gebiet und auf den Inseln in der Umgebung. Zu Beginn des 17. Jahrhunderts tauchten die Holländer auf und verdrängten schließlich alle europäischen und asiatischen Konkurrenten. Zunächst versuchten die Holländer erfolglos, den durch ihren Handel mächtigen Sultanaten in Südsulawesi Monopolverträge aufzuzwingen. Erst 1666/67 gelang es Admiral Cornelis Speelman, Sultan Hasanuddin zu besiegen

und den „Schmuggel" mit Gewürzen zu unterbinden. Obwohl die Holländer nun ihr Ziel – ein Handelsmonopol – erreicht hatten, gelang es ihnen erst im 20. Jahrhundert durch entsprechende Verträge mit lokalen Herrschern, auch das Inselinnere politisch unter Kontrolle zu bekommen.

Die meisten anderen Völker an der Küste in Gorontalo, Kendari, Buton und im Süden sind jedoch überzeugte Moslems geblieben. Im zentralen und südlichen Hochland leben heute noch einige heidnische Stämme, die unter den Namen Toalon und Toraja bekannt sind. Schon immer haben ihre farbenfrohen Bestattungsriten und Opferzeremonien Besucher fasziniert.

Heute sind Sulawesi und die angrenzenden Inseln in vier Provinzen aufgeteilt:

Südsulawesi, die am weitesten entwickelte Region, umfaßt die dicht besiedelten Küstengebiete von Luwu und Bone im Osten der Halbinsel, Bantaeng und die Insel Salayar im Süden, Ujung Pandang (das frühere Makassar, heute Provinzhauptstadt) und Pare-Pare an der Westküste. In den zentral und nördlich gelegenen Hochländern leben die berühmten Toraja (siehe auch „Die Toraja im Hochland").

Südostsulawesi umfaßt auch die Inseln Buton und Muna und ist relativ dicht besiedelt von Völkern, die mehr als ein Dutzend verschiedene Sprachen sprechen. Die Provinzhauptstadt ist Kendari; bei Kolaka an der Westküste wird Nickel abgebaut.

Zentralsulawesi ist eine sehr unterentwickelte Region, zu der auch der Banggai-Archipel gehört. Es besteht aus den zerklüfteten zentralen Hochländern und dem östlichen „Arm" der Insel. Seine Hauptstadt ist Palu, das durch eine kürzlich fertiggestellte Schnellstraße mit dem weiter südlich gelegenen Lake Poso verbunden ist.

Obwohl **Nordsulawesi** weniger entwickelt ist als Südsulawesi, ist es wohl die landschaftlich schönste und kultivierteste Gegend auf der ganzen Insel. Hier gibt es atemberaubende Vulkanlandschaften, waldumsäumte Hochlandseen und eine reiche exotische Tierwelt. Die Provinzhauptstadt Manado ist für ihre Sauberkeit bekannt; ihre Bewohner sind teils indonesisch, teils chinesisch, teils europäisch.

Sulawesi ist Lebensraum für eine artenreiche, zum Teil endemische Flora und Fauna, darunter viele Schmetterlinge.

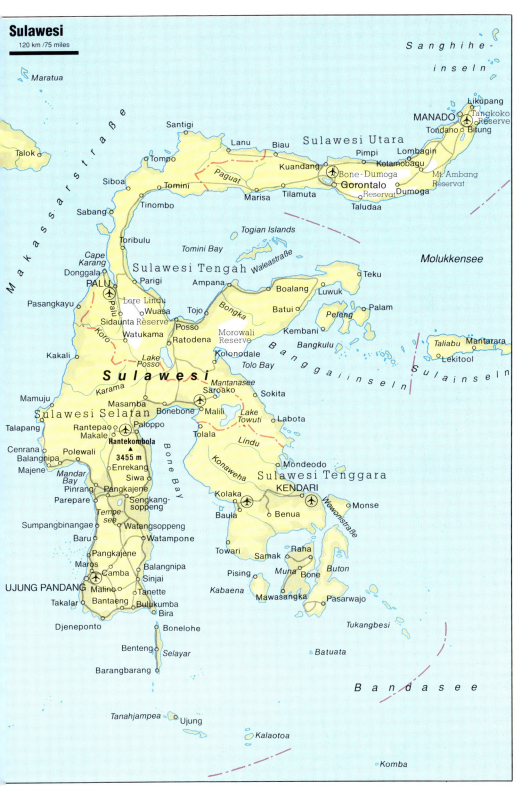

Ujung Pandang und Südsulawesi

Beeindruckende Landschaften und außergewöhnliche Volksstämme – das sind die Kennzeichen von Südsulawesi, einer Provinz, die immer mehr zu einem der beliebtesten Reiseziele Indonesiens wird. Es ist ein Gebiet mit steilen Vulkankegeln, schnell fließenden Flüssen, fruchtbaren Ebenen, weiten Savannen, abwechslungsreichen Küsten und weißen Sandstränden.

Südsulawesi ist eine der am dichtesten besiedelten Provinzen Indonesiens mit einer durchschnittlichen Bevölkerungsdichte von über 125 Einwohner pro qkm. Das ist zwar um einiges weniger als in Java oder Bali, aber wesentlich mehr als in anderen Regionen. Das Grundnahrungsmittel ist Reis, der auf künstlich bewässerten Feldern in den Niederungen angebaut wird.

Im Hochland wird überwiegend Mais, in manchen Gebieten auch Maniok angebaut. Große Pandanus-, Lontar- und Bananenpalmen gibt es ebenso reichlich wie wilde Ananas. So sind zum einen Nahrungsmittel, zum anderen Grundstoffe für die hochentwickelte Kunst des Webens und Flechtens sichergestellt.

Schon früh in der Geschichte siedelten sich seefahrende Völker in den vielen natürlichen Häfen Südsulawesis an. Das Alter der bei Leang-Leang, nördlich von Ujung Pandang, entdeckten Höhlenmalereien schätzt man auf 5000 Jahre. Oft kam es vor, daß Eindringlinge die früheren Siedler ins Hochland vertrieben.

Das Seefahrervolk der Bugi: In den Küsten- und Flachlandgebieten der Provinz lebt heute eine Reihe austronesischer (malaiischer) Volksstämme, bekannt unter dem Namen Bugi. Sie ließen sich vor mehr als 1000 Jahren an den Küsten nieder. Kaum eine der ethnischen Gruppen Indonesiens kann auf eine so bewegte Geschichte zurückblicken.

Schon immer waren sie bedeutende Schiffsbauer und Seefahrer. Vermutlich segelten sie schon vor Jahrhunderten bis nach Madagaskar und Australien, wo man auf Gegenstände und Lehnwörter ihrer Kultur gestoßen ist, und kehrten mit Handelsgütern und Schätzen zurück. Bugi dürften mit ziemlicher Sicherheit auch in einigen der Hafenstädte der hinduistischen Zeit gelebt haben, wie zum Beispiel in Srivijaya auf Sumatra (7.–13. Jahrhundert) oder in den javanischen Städten Kediri, Daha und Majapahit (11.–14. Jahrhundert). Von dort brachten sie neue religiöse Inhalte und Praktiken nach Sulawesi.

Solche Beziehungen bestanden jahrhundertelang; so konnten verschiedene buginesische Königreiche wie Luwu (Palopo), Bone, Soppeng, Goa, Suppa und Mandar zwischen dem 12. und 15. Jahrhundert beträchtliche Macht und Größe entwickeln. Seit 1500 verstärkten sich die Handelsbeziehungen mit den islamischen Sultanaten an der Nordküste Javas. Anfang des 17. Jahrhunderts, als das Königreich der Makassar die Vorherrschaft gewann, konvertierte ganz Südsulawesi offiziell zum Islam.

Obwohl die buginesischen Königreiche später von den Holländern unterworfen wurden, blieb ihr Einfluß noch lange in der malaiischen Welt spürbar. Noch im 18. und 19. Jahrhundert gründeten Bugi auf der malaiischen Halbinsel und im Riau-Archipel neue Sultanate. Es gibt heute kaum eine Mündung oder Bucht in den Gewässern Indonesiens, wo man nicht auf ihre Siedlungen trifft.

Das historische Erbe der Bugi wird heute nur noch teilweise in den Dörfern von Südsulawesi bewahrt. Viele Besucher mögen ihre ungestüme, freimütige und stolze Art nicht und meiden deshalb ihre Gebiete, um möglichst schnell zu den Toraja im Norden zu kommen.

Ujung Pandang: Die moderne, lebenssprühende Stadt mit ihren 1 200 000 Einwohnern ist das wirtschaftliche und politische Zentrum Sulawesis. Nachdem die Holländer das Königreich von Goa erobert und 1667 hier einen befestigten Handelsposten errichtet hatten, nannten sie die Stadt Makassar. Ihren heutigen Namen erhielt sie erst wieder in den frühen siebziger Jahren dieses Jahrhunderts – er bedeutet „Kap des Pandang" (Schraubenpalme). Wie alle wichtigen Städte Indonesiens hat sich auch Ujung Pandang in den letzten Jahren in schmerzlicher Weise verändert.

Ihre Blütezeit erlebte die Stadt als Hafen und Handelszentrum des mittelalterlichen Königreichs von Goa. Die alte Festung in Ujung Pandang war ursprünglich nur eine von elf Befestigungsanlagen dieses Königreiches, als sie 1545 erbaut wurde. 1667 wurde sie von den Holländern erobert, wiederaufgebaut und umbenannt in **Fort Rotterdam.** Heute beherbergt sie Handelsbüros sowie eine Kirche und vermittelt ein anschauliches Bild von der holländischen Festungsarchitektur des 17. Jahrhunderts. Hier kann man auch im **Ujung Pandang Provincial Museum** alte Keramiken, Manuskripte, Münzen, Musikinstrumente und Kleidungsstücke besichtigen. Das Konservatorium für Musik und Tanz ist ebenfalls hier untergebracht, man sollte sich keinesfalls eine der Aufführungen entgehen lassen. Außerdem kann man den Kerker besichtigen, in dem einer der indonesischen Nationalhelden, Prinz Diponegoro von Yogyakarta (1785–1855), 27 Jahre lang gefangengehalten wurde.

Die Grabstätten des Prinzen, seiner Familie und seiner Anhänger liegen an der nach ihm benannten Straße in der Stadtmitte. Er hatte sich sowohl seiner eigenen königlichen Familie wie auch den Holländern widersetzt und zwischen 1825 und 1830 eine Reihe von Volksaufständen in Zentraljava angeführt, wofür er in die Verbannung geschickt wurde. Seither ist niemals einer seiner Angehörigen nach Java zurückgekehrt.

Lohnenswert ist auch eine Besichtigung des Hauses des Deutschen C. L. Bundt in der Jalan Mochtar Lutfi 15. Hier findet man einen großen Garten, Korallen und seltene Orchideen.

Am Spätnachmittag schlendere man an der Makassar Strait entlang, um vom **Paotere Anchorage** den Sonnenuntergang zu beobachten; dieser Anlegeplatz für zahlreiche *pinisi*-Schoner erstreckt sich an der Jalan Penghibur im Norden der Stadt.

Südlich von Ujung Pandang liegt **Sungguminasa,** die frühere Hauptstadt des Sultanats von Tallo. Heute dient der aus Holz gebaute Palast als **Ballompoa Museum,** in dem Waffen und königliche Kleidungsstücke aufbewahrt werden.

Prahu in der Java-See.

In der Nähe von Sungguminassa sind die Könige von Goa begraben. Der berühmteste ist Sultan Hasanuddin (1629–1670) wegen seiner Tapferkeit und Führung im Kampf gegen die Holländer. Unmittelbar vor den Mauern der Grabanlage, innerhalb einer eingezäunten Stelle, befindet sich der **Tomunarang Stone,** der Stein, auf dem die Könige von Goa gekrönt wurden.

Eine Rundreise im Süden: Wenn man der feuchten Hitze in Ujung Pandang entfliehen will, fährt man am besten 71 Kilometer weit nach **Malino** an den Hängen des Bawakaraeng-Berges, der sich etwa 760 Meter über den Meeresspiegel erhebt. Dieser ruhige und kühle Erholungsort inmitten eines Kiefernwaldes ist bekannt wegen seiner *markisa*-Bäume, deren Passionsfrüchte hier ausgepreßt und in ganz Indonesien als Erfrischungsgetränk verkauft werden. Nur vier Kilometer südlich der Stadt kann man den Wasserfall **Takapala** bewundern.

Von Malino aus führt eine Straße nach **Sinjai** an der Ostküste der Halbinsel, gegenüber dem Golf von Bone. Eine wegen ihrer schroffen Abgründe und spektakulären Ausblicke atemberaubende Küstenstraße verläuft von hier aus nach Süden zur Landspitze **Cape Bira,** dem Zentrum der buginesischen Schiffbauindustrie. Hier baut man noch immer die bauchigen *prahu*-Segler mit uralten Werkzeugen, völlig ohne Metall und Nägel. Man behaut Teakholzstämme zu dicken Brettern, die dann mittels Holzzapfen miteinander verbunden werden – eine tradierte Konstruktionsmethode. Anfangs wurden die Segel aus geflochtenen Bananen- und Ananasfasern hergestellt, später aus gewebter Baumwolle und gebügelter Seide. Alle Arbeitsvorgänge – vom Fällen der Bäume bis zum Stapellauf – sind von bestimmten Riten begleitet. Die bis zu 200 Tonnen schweren *pinisi* und die leichteren *bagos* sind unbeladen plump und schwer zu lenken, aber wenn sie mit Holz oder Kopra vollgeladen sind, fahren sie manch anderem Schiff davon.

Entlang der südlichen **Bulukumba-Küste** kommen Sie auf der Straße Richtung Westen zurück nach Ujung Pan-

Dieses buginesische *prahu* wird nach jahrhundertealten holländischen Plänen gebaut.

dang. Man fährt durch kleine Städte wie **Bantaeng, Jeneponto** und **Takalar**, die schon vor 600 oder 700 Jahren in chinesischen Texten erwähnt wurden. Barombong ist ein beliebter Seebadeort mit herrlichen weißen Sandstränden.

Auf einer 180 Kilometer langen, bergigen Straße erreicht man von Ujung Pandang aus **Watampone,** die ehemalige Hafen- und Hauptstadt des Königreiches Bone. Am Weg liegt das **Agricultural Research Centre** bei **Maros** und eine Kette von Wasserfällen bei **Bantimurung**. In den nahegelegenen **Leang Leang Caves** kann man mit blutrotem Henna gezeichnete Felsbilder besichtigen, die über 5000 Jahre alt sind. Weiter östlich atmet man die Bergluft von **Camva,** genießt herrliche Aussichten und kann geheimnisvolle Höhlen besuchen. Nördlich von Camba zweigt eine Nebenstraße nach **Ujunglamuru** ab, wo die heiligen Gräber der frühen islamischen Lehrer und Herrscher von Bone liegen.

Das Museum **Lapawawoi** besitzt die Insignien der Könige von Bone und eine Kopie des 1667 mit den Holländern abgeschlossenen Vertrages von Bonggaya, der die wirtschaftliche Macht der Könige beendete. Beides wird nur auf Wunsch gezeigt. Der Hafen dient noch immer als Drehscheibe für den interinsularen Schiffsverkehr.

30 Kilometer entfernt liegt **Goa Mampu,** das größte Höhlensystem in Südsulawesi. Seine Stalaktiten und Stalagmiten zeigen Menschen- und Tierformen.

Auf einem Bergplateau nordwestlich von Watampone liegt am Ufer des Lake Tempe **Sengkang,** ebenfalls frühere Hauptstadt eines alten Königreiches. Heute ist sie in erster Linie wegen ihrer handgewebten Seidenstoffe bekannt. Das einstmals florierende Fischereiwesen der Stadt ist in den letzten Jahren drastisch zurückgegangen, weil der See allmählich austrocknet.

Im Hügelland südlich von Sengkang liegt die Schwesternstadt **Watang-Soppeng.** Die Insignien der Könige von Soppeng werden in einem kleinen Pavillon aufbewahrt und auf Verlangen gezeigt.

Von Watang-Soppeng führt eine Straße in nordwestlicher Richtung zur Hafenstadt **Pare-Pare.** Hier erstreckte sich einst das mächtige Königreich von Supa, das Ujung Pandang im Süden und die nördlichen Häfen des Königreiches von Mandar mit dem Hochland verband. In den Tagen der *pinisi*-Segler und portugiesischen Galeeren spielte der tiefe Hafen von Pare-Pare eine größere Rolle als der von Ujung Pandang.

Nördlich und westlich breitete sich in früheren Tagen entlang der heutigen Bucht von Mandar das Königreich von Mandar aus. Auch die Mandaresen, die trotz ihrer Andersartigkeit oft mit den Bugi verwechselt werden, sind große Seefahrer. Ihre Schiffbauwerkstätten liegen heute um **Balangnipa** herum, zwischen Polewali und Majene, und sind eine ernstzunehmende Konkurrenz für die buginesischen Nachbarn im Süden.

Die letzte Festung der Moslem im Nordosten von Pare-Pare, an der Schwelle zum Land der Toraja, ist **Enrekang,** das von den umliegenden Städten durch eine tiefe Schlucht getrennt ist. Der engste Nachbar der Toraja an der Ostküste der Halbinsel ist die Bugi-Königsstadt **Luwu** mit der Hafenstadt **Palopo.**

Höhlen von Leang-Leang.

DIE TORAJA IM HOCHLAND

Verstreut über die fruchtbaren Plateaus und die zerklüfteten Berge im südlichen Zentralsulawesi leben zahlreiche Volksstämme, die mit den seefahrenden Bugi, Mandar und Makassar verwandt sind und wegen ihrer abgeschiedenen Lage viele uralte Gebräuche bewahrt haben. Die Küstenbewohner sprechen von diesen Stämmen immer als den Toraja oder nennen sie einfach „Hochlandvölker".

Der Überlieferung nach haben die Toraja vor etwa 25 Generationen die im Südwesten gelegene Insel Pongko verlassen und den Ozean in Kanus *(lembangs)* überquert. In Sulawesi angekommen, fuhren sie den Sa'dan hinauf und ließen sich an seinen Ufern nieder.

Die Toraja sind bis heute in diesem geographisch abgeschlossenen Gebiet geblieben und bauen hier Reis und Gemüse an, seit Beginn des 20. Jahrhunderts auch Kaffee und Gewürznelken. Obwohl es zu begrenzten Kontakten mit Händlern und Missionaren kam, haben sich die Sozialstruktur und die Stammesbräuche der Toraja bis heute kaum verändert.

Die Toraja leben in kleinen Siedlungen. In jedem Dorf wohnen mehrere Großfamilien, die Häuser *(tongkonan)* sind ringförmig um einen leeren Platz angeordnet. In der Mitte befindet sich ein heiliger Stein oder ein Banyanbaum für die rituellen Opfergaben. Gegenüber den Wohnhäusern stehen die *lumbung,* die Getreidespeicher.

Zu den Giebelseiten hin wölben sich die *tongkonan*-Dächer nach oben wie Bug und Heck eines Schiffes. In die Häuser sind herrliche Tiermotive und geometrische Muster eingeschnitzt und in den heiligen Farben Weiß, Rot, Gelb und Schwarz bemalt. Das Haus gilt als Symbol des Universums. Das Dach wird als Himmel angesehen und ist immer von Nordosten nach Südwesten ausgerichtet; in diesen beiden Himmelsrichtungen lagen der Toraja-Kosmologie zufolge die Reiche der Vorfahren.

Obwohl die einzelnen Dörfer weitgehend autonom waren, oft sogar miteinander im Krieg lagen, kam es schließlich doch zur Bildung von größeren politischen Verbänden, die man *wanua* nannte. An ihrer Spitze stand ein Ältestenrat, der *puang*. Zeitweise standen bis zu 40 *wanua* unter der Oberherrschaft des mächtigen *wanua* von Sangalla im Südosten.

Im frühen 20. Jahrhundert drangen holländische Missionare bis zum *Tanah Toraja* (Land der Toraja) vor, und 1905 standen viele Toraja-Dörfer unter holländischer Kontrolle. Die Toraja wurden gezwungen, ihre hochgelegenen Dörfer zu verlassen und sich in leichter zugänglichen Tälern und Ebenen niederzulassen. Um diese Dörfer ziehen sich jetzt keine Steinmauern mehr, sondern nur noch Hecken. Als Indonesien unabhängig wurde, faßte man alle Toraja in einem einzigen *kabupaten* (Bezirk) zusammen, dessen Hauptstadt Makale ist.

Reisen in Tanah Toraja: Seit Ende der siebziger Jahre kann man dank neuer Straßen und Transportmittel gut durchs Toraja-Land reisen. Die Anreise erfolgt von Ujung Pandang aus über Pare-Pare und Enrekang. Dann führt die Straße

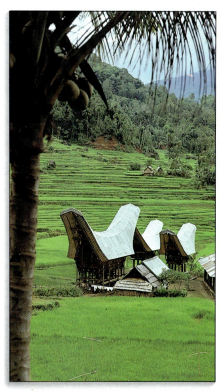

links: Ein „Friedhof" der Toraja mit den Abbildern der Verstorbenen.
rechts: Typischer Baustil im Dorf Ke'te.

durch eine Landschaft mit steilen terrassierten Hügeln, Bambuswäldern und hohen Berggipfeln. Bei der Überquerung des Sa'dan River fährt man unter einem bootsähnlichen Bogen hindurch, der als Tor zum Land der Toraja gilt. Die Straße führt weiter durch das Bambapuang-Tal und vorbei an den wohlgeformten Buttu Kabobong („Erotische Hügel"). Nach etwa 8 Stunden (310 Kilometer) erreicht man die Bezirkshauptstadt **Makale**.

Elf Kilometer nördlich liegt das Touristenzentrum **Rantepao** mit kleinen Hotels, Restaurants und Läden. In den geschäftigen Dörfern der Umgebung kann man Märkte besuchen und traditionelle Häuser anschauen. Hier findet man Torajas beim traditionellen Weben und Holzschnitzen. In der Umgebung findet man Beispiele für die verschiedenen Begräbnisformen der Toraja. Am eindrucksvollsten sind die Felsengräber *(liang)* mit den davor aufgereihten Holzfiguren *(tau-tau)*, die als Wohnorte der Totenseelen gelten.

Die bekannteste Grabstätte liegt bei **Londa,** knapp zwei Kilometer abseits der Hauptstraße zwischen Makale und Rantepao. Sie wird von Bildnissen verstorbener Adliger und anderer hochrangiger Stammesführer „bewacht". Ähnliche Gräber findet man bei **Lemo,** etwa fünf Kilometer von Rantepao entfernt, wo man die Grabkammern in den Felsen hineingehauen hat. Auf einem Hügel in der Nähe von **Ke'te** werden die Toten von lebensgroßen Statuen bewacht.

Besonders schöne Toraja-Häuser zieren das Dorf **Palawa,** etwa neun Kilometer von Rantepao entfernt; auf einem kleinen Hügel gegenüber stehen *lumbung* (Getreidespeicher).

Eine Reise von Makale nach **Sangalla** ist die Mühe wert. Ältere Toraja-Häuser vermitteln hier eine traditionelle Atmosphäre. Und ein Abstecher über 80 Kilometer nach Westen durch die Berge bis **Mamasa** oder 120 Kilometer nach Norden bis **Rongkong** ermöglicht dem Reisenden noch ganz andere Einblicke in das Leben der Toraja. Mamasa ist der einzige Ort in Sulawesi, an dem Kupfer verarbeitet wird. Hier wird eine erstaunliche Vielfalt von Schmuckgegenständen im einzigartigen *dongson*-Stil hergestellt. Die

Bestattungsprozession der Toraja.

Webereien von Rongkong sind bekannt wegen ihrer charakteristischen Farben und kraftvollen Motive.

Die Totenfeier der Toraja: Die Toraja sind für ihre rituellen und farbenfrohen Totenfeiern weithin bekannt, mit denen sie sicherstellen wollen, daß die Seelen der Verstorbenen entsprechend ihrer Rolle im Leben ins *puya*, das Jenseits, eingehen können. Sie glauben, daß nur nach sorgfältiger Durchführung der Totenriten die Vorfahren den Lebenden ihren Segen spenden und daß nur dadurch das empfindliche Gleichgewicht zwischen den verschiedenen Reichen im Kosmos erhalten bleibt.

Diese Feiern verschlingen ungeheure Reichtümer – manchmal muß die Verwandtschaft jahrelang dafür arbeiten und sparen. Deshalb finden die meisten auch im Anschluß an die Erntezeit, im August, September oder Oktober statt. Als Besucher sollte man der Familie mit mitgebrachten Lebensmitteln, Zigaretten, Seife und Geld helfen.

Bei den Toraja gilt jemand erst dann als tot, wenn seine Totenfeier abgehalten wird. Bis dahin wird der Verstorbene lediglich als „krank" betrachtet und seine Leiche wird am südlichen Ende des *tongkonan* aufbewahrt.

Sobald man genügend für den Toten zusammengebracht hat, beginnen die Bestattungszeremonien, die in zwei Phasen ablaufen und sich bis zu einer Woche hinziehen können. Geleitet werden sie von einem *tomabalu*, dem entsprechenden „Spezialisten". Als erstes werden Büffel und Schweine geschlachtet, Betelnüsse, Früchte und *tuak* (Palmwein) angeboten. Anschließend wird der Körper nach Norden gedreht und gilt dadurch offiziell als tot. Die Verwandten müssen eine Reihe von Tabus beachten, während Tänze und Gesänge aufgeführt werden, z.B. eine mehrtägige Fastenkur mit Reis.

Dann folgt die *ma'bolong*-Zeremonie, für die erneut ein Büffel und ein Schwein geschlachtet werden. Die Verwandten tragen jetzt Schwarz. Die Leiche wird in einen Sarg aus Sandelholz in Form eines *tongkonan* gelegt. Umhüllt von einem glitzernden Leichentuch wird sie aus dem Haus und zu einer Plattform unterhalb des Getreidespeichers getragen. In der Zwischenzeit werden ein Abbild des Toten *(tau-tau)* und ein Beerdigungsturm *(lakkian)* vorbereitet. In der Mitte des Festplatzes *(rante)* wird ein großer Stein aufgestellt.

Die zweite Phase der Bestattung findet auf dem *rante* statt, der zu diesem Zweck mit Fahnen und dem Begräbnisturm geschmückt wird. Der Sarg wird nun zum Festplatz getragen und am Begräbnisturm aufgehängt.

Die Begräbnisfeier gipfelt in der rituellen Schlachtung von manchmal mehr als 100 Büffeln, wobei jeder mit einem einzigen Schwertstreich getötet werden muß. Das Blut wird in Bambusgefäßen gekocht und unter den Gästen verteilt. Am letzten Tag der Feierlichkeiten läßt man den Sarg vom Begräbnisturm herab und trägt ihn unter viel Geschrei und Aufregung zur Familiengrabstätte in den Bergen. Von hier aus steigt die Seele des Verstorbenen hinauf zu den göttlich gewordenen Vorfahren *(deata)*. Sein *tau-tau*, sein Abbild, wird auf einem Balkon befestigt, von dem aus es die herrlichen grünen Täler des Toraja-Landes überblickt.

Die Toraja 261

in Sarg wird ie Felswand ochgezogen, der er beiesetzt wird.

Manado und Nordsulawesi

Der Norden von Sulawesi ist so etwas wie eine Anomalität. Weit hinaus in die Molukken-Seen erstreckt sich die schlangenförmige, fruchtbare Vulkanhalbinsel, die mehr als 1000 Kilometer vom nächstgelegenen Ballungsgebiet entfernt und eine der am stärksten vom Christentum geprägten Regionen Indonesiens ist.

Hier leben etwa 2,4 Millionen Menschen, über 200 000 allein in der übervölkerten Provinzhauptstadt Manado. Sie liegt am Rand des gebirgigen **Minahasa-Gebietes** mit seinen tätigen Vulkanen, klaren Hochlandseen, heißen Quellen und Sandstränden. Kilometerweit ziehen sich Kokosplantagen die Küste entlang – Monat für Monat werden in Nordsulawesi 18 000 Tonnen Kopra gewonnen!

Im Landesinnern findet man terrassierte Reisfelder, Gemüsegärten und gelegentlich Maisanbau. Die Minahasan lieben Blumen und immer wieder beleben leuchtend bunte Sträuße entlang der Straße das Grau des Asphalts.

Die Minahasan: Die Minahasan-Völker sind mongolischen Ursprungs und wie die meisten Küstenvölker Indonesiens vor mehreren Jahrtausenden hier eingewandert. Ihre Sprache ähnelt der philippinischen sehr stark. Während der letzten Jahrhunderte haben sich Chinesen und Europäer in ihrem Gebiet niedergelassen und sind mit der einheimischen Bevölkerung teilweise verschmolzen.

Angeblich lag der erste Hafen der Minahasan auf Manado Tua, einer erloschenen Vulkaninsel im Nordteil der Bucht von Manado. Vor 500 Jahren wurde die Stadt in die Gegend des heutigen Manado verlegt und erlebte eine Blütezeit als Station auf der Gewürzhandelsstraße.

Im frühen 16. Jahrhundert tauchten die ersten portugiesischen Kaufleute auf, denen von Manila aus schon bald spanische Missionare folgten, die in Manado landeten und viele Minahasan zum Katholizismus bekehrten. Die meisten von ihnen traten im 19. Jahrhundert unter dem Einfluß holländischer Missionare zum Protestantismus über. Im gleichen Zeitraum machten die Kolonialherren Manado zur Hauptstadt der Region Ternate und versuchten von hier aus die Macht der nordmolukkischen Sultanate zu brechen.

Viel traditionelles Handwerk der Minahasan ist in Vergessenheit geraten, auch die einst berühmten Bentenan-Webereien. Lebendig geblieben sind Volkstänze, obwohl sie viel von ihrem Sinn und ihrer Schönheit verlieren, wenn sie ohne Anlaß nur für Touristen aufgeführt werden. Die heute oft gezeigten Cakalele-Kriegstänze lassen nur schwach ahnen, was sie einmal gewesen sind. Die in den Dörfern noch beliebten Erntetänze Maengket und die koketten „Schleiertänze" sind malaiischen Ursprungs.

Überall dort, wo Landwirtschaft betrieben wird, gibt es verschiedene jahreszeitlich bedingte festliche Ereignisse. Zu Beginn der Aussaat und zur Erntezeit ziehen die Dorfbewohner singend auf die Felder, ein Festival namens Mapalu. Nach der Ernte wird mehrere Tage und Nächte lang das Erntedankfest gefeiert. Es wird mit einer religiösen Versammlung eingeleitet, geht aber schon bald über in ein Festgelage mit Tanz und *saguer* (Palmwein). Die Älteren bevorzugen Walzer, Polka und Quadrille, die jungen Leute frönen etwas moderneren Verrenkungen. Ein Tanzsaal ist überflüssig – eine Kokospalmenlichtung oder ein Sandstrand genügen völlig.

Manado: Früher war Manado eine ruhige, gepflegte Stadt mit breiten Boulevards und sanft schaukelnden Palmen. Heute ist es eine der unpersönlichen modernen Städte, von denen es so viele gibt. Gewiß, man hat zahlreiche Häuserfassaden aus der Kolonialzeit renoviert, um das alte Stadtbild wiederherzustellen. Aber selbst der große Marktplatz, auf dem alle möglichen Waren aus der Umgebung sowie von den Sangihe- und Talaud-Inseln feilgeboten werden, ist nicht mehr der alte und ähnelt eher einem modernen Supermarkt. Die einheimischen Hausfrauen kaufen lieber in **Ranotana** im Außenbezirk der Stadt ein. Auch für Reisende ist Ranotana der richtige Ort, um die traditionelle Lebensweise der Minahasan zu beobachten.

Manado selbst bietet keine Sehenswürdigkeiten. Aber es eignet sich gut als

Ausgangspunkt für Ausflüge zu den landeinwärts gelegenen Bergen und den Koralleninseln vor der Küste. Die Stadt ist über mehrere Hügel oberhalb des Meeres verstreut und verfügt über gute Verkehrsverbindungen.

Von Manado aus führt eine interessante Straße nach Osten durch das Tonsea-Gebiet zur Hafenstadt **Bitung** an der Ostküste, insgesamt eine Strecke von 55 Kilometern. Man kommt dabei durch **Airmadidi** und die Küstenstadt **Kema,** in der vorwiegend *burgher,* Nachkommen aus Verbindungen zwischen Minahasan und Holländern, die alle holländische Familiennamen haben, leben.

Südlich von Kema erstreckt sich ein schöner Küstenstreifen mit idealen Wassersportmöglichkeiten und Korallenbänken in der Umgebung der Insel **Nona**. Jenseits von Bitung liegt **Aertembaga,** das Zentrum des Thunfischfangs. In Bitung kann man ein Boot mieten und die Küste hinauf zum Dorf Batuputih fahren, dem Tor zum **Tankoko-Batuangus-Dua Saudara Reserve** (Näheres siehe Teil IV „Die Tierwelt Indonesiens").

Von **Lembeyan** in der Nähe von Airmadidi schlängelt sich eine Straße durch das Minahasa-Hügelland bis zur Bezirkshauptstadt **Tondano,** einer sehenswerten Stadt mit breiten Boulevards.

Kurz vor Tondano, bei **Sawangan,** kommt man durch einen Park mit zahllosen *waruga,* d.h. 1,5 Meter langen Steinsärgen, geschmückt mit Reliefs und Statuen. Seit frühgeschichtlichen Zeiten bis ins 20. Jahrhundert hinein haben die Minahasan ihre Toten zusammen mit ihren Habseligkeiten in kauernder Stellung in diesen Steinsärgen begraben. Der Tradition folgend wurden sie im Umkreis der Familienhäuser bestattet. Man hat sie in den letzten Jahren an einem Platz zusammengetragen, um sie der Nachwelt zu erhalten.

Auf einem Hügel unmittelbar vor Tondano liegt das Mausoleum des Javaners Kyai Maja.

Bis heute ist dieses **Kampung Jawa** eine islamische Enklave in einem ansonsten christlichen Gebiet.

Rund um den **Lake Tondano** liegen eine Reihe sehenswerter Städte: **Passo,**

In Nordsulawesi leben sehr viele Chinesen. Das Bild zeigt das chinesische Toapekong-Fest.

Manado und Nordsulawesi

Rembokan (beide berühmt für ihre Thermalquellen und Keramiken), **Tandengan** und **Eris.** An der Südspitze des Sees liegt das Dorf **Kolongan Kawangkoan.** Hier finden *kolintang*-Aufführungen und Ochsenkarrenrennen statt.

Südwestlich des Lake Tondano weist bei **Langowan** ein Schild den Weg zum **Watung Pinabetengan,** einem uralten Megalithen dicht neben der Hauptstraße. Noch immer werden hier vorchristliche Helden verehrt.

Strände und Quellen: Westlich von Tondano überwindet die Straße viele Hügel und erreicht **Tomohon,** ein betriebsames Handels-, Schul- und Missionszentrum. Thermalquellen findet man in **Lahendong** und in **Kinilow.** Von hier aus führt die Straße hinunter zur Küste, auf die man bei **Tanawangko,** einem beliebten Badeort, stößt.

Reist man der Küste in südlicher Richtung cntlang, kommt man schon bald nach **Amurang,** einer kleinen Hafenstadt, 80 Kilometer entfernt von Manado. Hier wird ein reger Handel mit Ostkalimantan betrieben. Umgeben von sanften Hügelketten, ist sie das Tor zum südlichen Minahassan-Gebiet und nach **Gorontalo,** das man über den kürzlich fertiggestellten Trans-Sulawesi Highway (Richtung Westen) an einem Tag erreichen kann. Im **Mt. Ambang Reserve** bei **Kotamobagu** (zwei Fahrstunden nach Süden), einem Gebiet mit Bergwäldern, Seen und Kaffeeplantagen, sind erlebnisreiche Wanderungen möglich.

Wählt man für den Rückweg von Amurang nach Manado die Küstenstraße, fährt man durch zahlreiche Dörfer am Meer, ideale Flecken, um zu schwimmen oder ein Picknick zu machen. Das Fischerdorf **Malalayang** entwickelt sich immer mehr zum Badeort; hier mietet man ein Boot für Ausflüge zu den Küsteninseln mit ihren Riffen und Korallenbänken. Am günstigsten für einen kurzen Besuch ist die Insel **Bunaken.** Inmitten eines erloschenen Vulkans auf **Manado Tua** liegt ein Kratersee.

Ab **Pineleng** liegen Dörfer und Häuser immer enger beisammen; von hier aus führt eine Seitenstraße zum Mausoleum von Tuanku, **Imam Bonjol.**

Kriegstanz aus Nordsulawesi.

SÜDOST- UND ZENTRALSULAWESI

Sulawesis südöstliche Provinz Tenggara und die in Zentralsulawesi gelegene Provinz Tengah werden selten besucht und sind touristisch kaum erschlossen. Aber ihre Abgelegenheit hat vieles von dem Charme und den Traditionen überleben lassen.

Die Hauptstadt Südostsulawesis ist **Kendari,** dessen Kunsthandwerker für ihre Silberfiligranarbeiten berühmt waren. Sie liegt an der Ostküste am Banda-See, und der Hafen ist das Tor zu den Molukken. Da sie von Myriaden von Inseln umgeben ist, hat man vom Meer aus den Eindruck, als läge sie an einem See.

Unbedingt zu empfehlen ist die Bootsfahrt von Kendari nach **Wolio** auf der Insel Buton. Es wird Ihnen bestimmt viel Freude machen, zwölf Stunden lang durch Meeresengen zwischen zahllosen Inseln hindurch zu fahren.

Auf einem Hügel über der Stadt liegt **Kraton** – eine mächtige, jahrhundertealte Festung mit phantastischem Blick auf das Meer und die umliegenden Inseln. Die Bewohner leben auf abgelegenen Küstenstrichen bis hinauf zu den Salabangka-Inseln und jagen den riesigen Stachelrochen, dessen giftigen Stachel sie als Harpunenspitze verwenden.

Von Kendari aus führt eine gut ausgebaute Straße quer über die Halbinsel zum Kupferbergbaugebiet von **Kolaka,** wo man mit der Fähre über die Bay of Bone nach **Watambone** in Südsulawesi übersetzen kann. An der Nordseite der Bucht, dicht an der Grenze zwischen Zentral- und Südostsulawesi, liegen die von Nikkelgruben umgebenen Städte **Malili** und **Saroako,** Sitz der International Nickel Co. (INCO). In der Umgebung werden jährlich bis zu 60 000 Tonnen Nickel abgebaut, das sind gut acht Prozent der Weltproduktion.

Eine Reise in dieses Gebiet lohnt sich allein schon wegen der zwei dort gelegenen Seen. Am **Lake Matana** hat die INCO ein Erholungsgebiet geschaffen, wo man schwimmen, segeln, Wasserski fahren oder an Bootsrennen teilnehmen kann. Um den See herum gibt es uralte Grabhöhlen.

Lake Towuti, der größte See Sulawesis, ist umgeben von bergigem Regenwald. Falls man bei INCO keinen Ausflug buchen kann, fährt man mit dem Bus von Malili über Timampu dorthin.

Provinzhauptstadt von Zentralsulawesi ist **Palu.** Diese Handelsstadt liegt an der Westküste, am Ausläufer einer schmalen und tiefen Bucht. Man kann täglich von vielen Städten aus hierher fliegen. Nachtschiffe nach Samarinda (Kalimantan) fahren einmal wöchentlich vom 25 Kilometer nördlich gelegenen Hafen ab. Palu ist zugleich das Eingangstor zum herrlichen Lore Lindu National Park. Nur 35 Kilometer entfernt, am Ausgang der Bucht, liegt **Donggala,** ein malerischer Hafen.

Das Bild Zentralsulawesis ist geprägt von einsamen Berggipfeln, Regenwäldern und abgelegenen Dörfern. Heute verbindet eine Schnellstraße **Tentena** und **Pendolo** oberhalb des schönen **Lake Posso,** so daß man die Gesamtstrecke von Ujung Pandang nach Manado innerhalb einer Woche zurücklegen kann.

Ein Pferdewagen ist noch immer ein gängiges Verkehrsmittel.

MALUKU: DIE GEWÜRZINSELN

Jedes Schulkind hat schon von den legendären Gewürzinseln gehört – jenen Inseln weit im Osten, von denen seit Jahrhunderten Gewürznelken, Muskat, Zimt und Pfeffer kommen und die den Lauf der Geschichte verändert haben. Die Suche nach einem Seeweg dorthin hat das Zeitalter der Entdeckungen eingeleitet, und der damit einsetzende einträgliche Gewürzhandel wurde sehr schnell Grundlage für die Entwicklung der europäischen Handels- und Kolonialreiche.

Weniger bekannt dürfte sein, daß auf dem Höhepunkt der europäischen Gier nach Gewürzen im 16. und 17. Jahrhundert immer zwei verschiedene Schauplätze gemeint waren, wenn von „Gewürzinseln" die Rede war. Zimt und Pfeffer wurden damals vor allem auf Ceylon und Sumatra gewonnen – übrigens auch in Java und Indien –, während Gewürznelken, Muskatnüsse und Nelken in erster Linie von bestimmten Inseln der östlichen Molukken kamen, winzigen Landflecken vulkanischen Ursprungs, die heute zu einer Provinz namens Maluku (Molukken) zusammengefaßt sind.

Muskat, Gewürznelken und Handel: Die Bezeichnung Molukken geht auf das arabische Wort Maluku zurück und bedeutet „Land der Könige". Ursprünglich bezog es sich nur auf die Inselkette Ternate, Tidore, Moti, Mare und Makian. Dieser Mini-Archipel, knapp nördlich des Äquators, ernährte früher auf einer Gesamtfläche von nicht einmal 525 qkm immerhin fast 25 000 Menschen (heute sind es etwa 60 000), die fast alle mit Gewürzanbau und Handel beschäftigt waren.

Eine Schlüsselstellung im Gewürzhandel nahmen die eng nebeneinander liegenden Inseln Ternate und Tidore ein. Die fast symmetrischen Vulkankegel sind von Korallenriffen eingerahmt und erheben sich bis 1600 Meter über den Meeresspiegel. Im 15. und 16. Jahrhundert waren die Inseln rivalisierende Königreiche, deren Einflußbereich sich Hunderte von Kilometern in alle Richtungen erstreckte. Schon Jahrhunderte vorher waren sie Stationen für chinesische, javanische und arabische Kaufleute.

650 Kilometer weiter südlich stießen die Portugiesen auf die noch kleinere Gruppe der Banda-Inseln: Neira, Lonthor, Run, Ai und Rosengain. Wenig später erzeugten hier etwa 15 000 Menschen (heute 25 000) fast die gesamte Weltproduktion an Muskatblüten und -nüssen. 1621 kamen die Holländer, die den Gewürzhandel unter ihre Kontrolle bringen wollten, und unterwarfen die Banda-Inseln

mit brutaler Gewalt. Von da an wurden sie mit unnachsichtiger Strenge von den Holländern verwaltet.

160 Kilometer nördlich der Banda-Inseln und 480 Kilometer südlich von Ternate und Tidore stießen die Portugiesen auf die wesentlich größere Insel Ceram (auch Seram) und ihre winzige Nachbarinsel Ambon. Damals spielte der Gewürzhandel auf beiden Inseln kaum eine Rolle, und deshalb interessierte sich bis ins späte 16. Jahrhundert hinein kaum jemand aus dem Westen für sie. Aber als 1574 die portugiesische Vorherrschaft in Ternate und Tidore gefährdet war, bauten die Portugiesen in der gut geschützten Bucht von

Vorherige Seiten: Karte und Zeichnung von den Molukken aus dem Jahr 1818. **Links:** Mädchen aus Ambon in ihrem Tanzkostüm mit einem Willkommensimbiß. **Rechts:** Diese Festung in Ambon bauten die Portugiesen 1574.

Ambon eine neue Festungsanlage, die zum Kern der später um sie herum wachsenden Stadt Ambon wurde. 1605 jedoch vertrieben die Holländer die Portugiesen, legten ausgedehnte Gewürznelkenplantagen an und trieben die Besiedlung der Insel voran.

Weniger bedeutsam war die geschichtliche Rolle der anderen Inseln der Molukken. Gilolo, das heutige Halmahera, blieb das große Hinterland für Ternate und Tidore. Aber es lieferte nur geringe Mengen minderwertiger Gewürze und wenig Waren für die Märkte. Deshalb hatten selbst die methodisch vorgehenden Holländer kein Interesse an einer effektiven politischen Kontrolle über die Insel. Ceram war die Heimat der stolzen Alfuru, Kopfjäger, die von den Holländern im wesentlichen in Ruhe gelassen wurden. Auf der Insel Buru, westlich von Ambon, wurde Eukalyptusöl hergestellt, die Aru- und Kai-Inseln (südöstlich der Banda-Inseln) lieferten Perlen und Trepang. Alles in allem jedoch haben diese Inseln während der holländischen Herrschaft kaum jemals Aufmerksamkeit erregt. Erst in jüngster Vergangenheit haben die Bodenschätze, die Waldbestände und die reichen Fischgründe der Molukken auch internationales Interesse hervorgerufen.

Während des Zweiten Weltkrieges gerieten die Namen einiger schon fast vergessener Gewürzinseln in die Schlagzeilen der Weltpresse, als sie 1942 zunächst von den Japanern besetzt und ein Jahr später von den Alliierten zurückerobert wurden. Zu einem Paradoxon der Geschichte kam es unmittelbar nachdem die Molukken Teil der unabhängigen Republik Indonesien geworden waren – jetzt erhoffte sich die Bevölkerung ausgerechnet von den ehemaligen Kolonialherren Hilfe gegen den indonesischen Nationalismus. So kam es auch, daß heute etwa 40 000 Molukker im selbstgewählten Exil in Holland leben. Die meisten sind in Holland geboren und haben ihre Heimat nie gesehen. Dennoch versuchen einige, den Traum von einer selbständigen Molukken-Republik zu verwirklichen. Sporadische Aktionen sollen die Welt darauf aufmerksam machen, z.B. besetzten sie 1977 gleichzeitig das indonesische Konsulat und einen holländischen Pendlerbus.

Trotz ihrer glorreichen Vergangenheit bilden die 999 Inseln der Molukken heute eine der abgelegensten und unbekanntesten indonesischen Provinzen. Sie sind verstreut über ein Gebiet, das größer ist als Borneo, obwohl ihre Gesamtfläche mit etwa 87 000 qkm nur knapp zwei Drittel der Größe Javas ausmacht. Die beiden größten Inseln, Halmahera und

Oben: Frauen auf Ambon beim Willkommenstanz.
Rechts: Musikalischer Empfang mit Trompetenschnecken.

Ceram, sind immerhin jeweils 17 000 qkm groß und haben damit die dreifache Fläche Balis. Aber Hunderte von anderen Inseln sind eigentlich nur winzige, unzugängliche und nur dünn besiedelte Atolle, umgeben von Meeresuntiefen, Korallenriffen, Mangrovensümpfen und bewachsen mit Urwäldern.

Administrativ gliedert sich die Provinz Maluku in drei Regionen. Nordmaluku umfaßt die fünf eigentlichen Gewürzinseln, das tintenfischförmige Halmahera, den für seinen Kakao bekannten Bacan-Archipel und die waldbestandenen Archipele Obi und Sula.

Zentralmaluku besteht aus den relativ großen und urwüchsig schönen Inseln Buru und Ceram, der Insel Ambon mit der Provinzhauptstadt Ambon und den Muskat liefernden Banda-Inseln im Süden.

Südostmaluku (in diesem Band nicht behandelt) ist eine lange Kette kleinerer und kaum besuchter Inseln, die sich von der östlichen Spitze Timors bis vor die Küste Neuguineas hinziehen, von Wetar im Westen bis zum Aur-Archipel im Osten.

Die Molukken haben heute eine Gesamtbevölkerung von 1,8 Millionen. Die Vielzahl der Stämme und Sprachen ist kaum überschaubar oder klassifizierbar. Das Aussehen der Molukker liegt etwa in der Mitte zwischen den hellhäutigen, glatthaarigen, mongoliden Völkern in Westindonesien und den dunkelhäutigen, kraushaarigen Australoiden in Neuguinea.

Kulturell deutlich abgegrenzt sind die islamischen und christlichen Mehrheiten in den alten Städten des Gewürzhandels von den zahllosen Stämmen in den entlegeneren Gebieten. Auf Halmahera z.B. leben über 30 Stämme mit jeweils verschiedenen Sprachen. Hinzu kommen etliche Gruppen von *orang laut* (Meeresnomaden), die auf Booten wohnen und im Archipel umherkreuzen.

Die zentralen und nördlichen Inseln sind feucht, grün und häufig vulkanischen Ursprungs. In ihren dichten Urwäldern findet sich eine reiche Flora und Fauna – viele exotische Orchideen, Beuteltiere, Schmetterlinge

und Vögel. Gewürze zählen nach wie vor zu den Hauptprodukten.

Eigentlich wäre hier ein ideales Urlaubsgebiet – das Klima ist gut, es gibt Sandstrände, viele Sehenswürdigkeiten, eine faszinierende Meereswelt und die Menschen sind freundlich und unbeschwert. Trotzdem ist der Tourismus unterentwickelt. Ein Grund dafür ist, daß die Molukken noch immer wenig bekannt sind und abseits des Tourismuspfades liegen, was einen Ausflug dorthin auch teuer macht. Aber wer weiß, vielleicht werden die Gewürzinseln, die in der Geschichte eine große Rolle gespielt haben, noch ein zweites Mal vom Ausland entdeckt, diesmal friedlich.

AMBON UND ZENTRALMALUKU

Regierungssitz, Handelszentrum und Verkehrsknotenpunkt der weit auseinander gezogenen Inselprovinz Maluku ist **Ambon,** ein winziges tropisches Idyll, das lange unter islamischer, portugiesischer und holländischer Herrschaft stand. Die Insel besteht aus zwei parallel liegenden Halbinseln namens Leihitu und Leitimor, die an einem Ende durch einen schmalen Isthmus verbunden sind.

Ambon City: Kota Ambon, die geschäftige Provinzhauptstadt, hat 250 000 Einwohner und liegt auf der Südseite der Bucht. Gegründet 1574 von den Portugiesen, entwickelte sie sich zu einer hübschen Stadt, deren kopfsteingepflasterte Straßen von vielen großen Bäumen gesäumt waren. 1945 wurde Kota Ambon schwer bombardiert. Zwar hat es sich von den Schäden wieder erholt, aber heute ist sein Gesicht ebenso von Betonkästen geprägt wie das anderer aufstrebender Städte Indonesiens. Trotzdem lassen manche Ecken der Stadt noch früheren Charme erahnen.

Am deutlichsten an die koloniale Vergangenheit Ambons erinnert **Victoria Fort** im Stadtzentrum, eine alte holländische Festungsanlage, die von den Portugiesen begonnen wurde. Auf dem Platz vor der Festung zeigt ein Standbild Kapitän Pattimura, der 1817 einen Aufstand gegen die Holländer angeführt hat. Ein Standbild seiner Mitkämpferin Martha Tiahahu befindet sich gegenüber dem Parlamentsgebäude, das die Bay of Ambon überblickt.

Weitere Denkmäler der Kolonialzeit finden sich entlang der Jl. Batu Gajah: die frühere Residenz des holländischen Gouverneurs und des javanischen Prinzen Diponegoro, der einige Zeit hier im Exil lebte, und schließlich das Mausoleum von Sunan Pakubuwana VI. von Surakarta, einem javanischen Herrscher, der hier im Exil 1849 starb.

Wesentlich interessanter dürfte das **Siwalima Museum** sein, auf einem Hügel im östlichen Stadtviertel Karang Panjang. Dort findet man eine umfangreiche

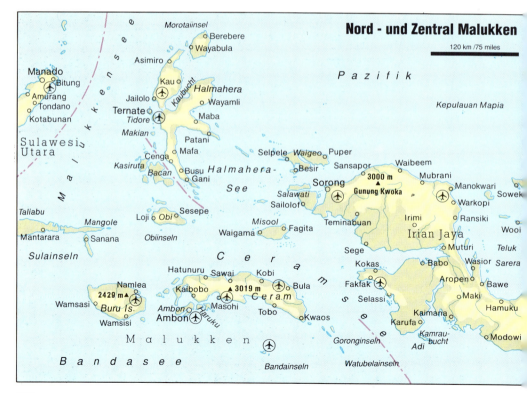

Sammlung traditioneller Stammeskunst, vor allem von den Kai- und Tanimbar-Inseln: geschnitzte Kanubugspriete, Figuren der Vorfahren, Kultgegenstände, Talismane, chinesische Keramiken und andere wertvolle Gegenstände. Am besten vereinbart man im Erziehungsministerium (PDK) in der Jl. Ahmad Yani einen Besuchstermin.

Quer durch die Insel: Eine malerische Straße führt von der Stadt Richtung Westen an der Küste entlang durch eine Reihe alter Dörfer wie **Amahusu, Eri** und **Latuhalat,** deren Gewürznelkengärten, Kirchen und portugiesische Familiennamen allesamt Erbe des 16. und 17. Jahrhunderts sind. Hier findet man auch schöne Strände, vor allem an der Südspitze der Halbinsel. In der riffgeschützten Bucht von **Namanlatu,** einem ehemaligen Ausflugsort der Rajas, kann man schnorcheln.

Eine weitere Straße verläßt Ambon in südöstlicher Richtung und windet sich steil hinauf zu dem sehenswerten alten Dorf **Soya,** in dem sich eine holländische Kirche aus dem Jahr 1817 und die frühere Residenz eines Raja befindet. Soya liegt auf dem wegen seiner prähistorischen Megalithen berühmten Mount Sirimahu. Oberhalb des Dorfes steht ein Felsentisch, der „Thron der Vorfahren".

Am Fuß der Hügel in der Nähe von Soya stößt man auf zahlreiche riesige Felsbrocken und einen von Steinen eingegrenzten Platz. Angeblich stand hier einmal eine Art Versammlungshalle *(baileu)*. Eine angrenzende Steintreppe benutzen die hier lebenden Schamanen, um mit den in nahegelegenen Gräbern bestatteten Vorfahren zu „sprechen". Am zweiten Freitag im Dezember findet hier ein Fest statt, in dessen Verlauf Kirche und *baileu* rituell gesäubert werden.

Der hinter Soya bergauf führende schmale Weg kreuzt ständig Trampelpfade, die als „Straßen von Golgatha" bekannt sind und zu den Dörfern **Ema, Kilang, Naku** und **Hatalai** an den Südhängen des Sirimahu führen. In jedem dieser Dörfer steht ein uralter heiliger Megalith. Der anstrengende Fußmarsch wird belohnt durch atemberaubende Ausblicke über die ganze Insel. In diesen

Hafen von Ambon.

sauberen, freundlichen Dörfern hat sich fast nichts verändert, seit der heilige Francis Xavièr im 16. Jahrhundert hier das Christentum gepredigt hat. Die Höhlen bei **Kusukusu Sereh** sind voll von Megalithen und bezeugen die lange Anwesenheit von Menschen in diesem Gebiet.

Unweit von Ambon liegt im Nordwesten, an der Straße nach Passo, das Moslemdorf **Batumerah,** das bekannt ist wegen seiner alten Moschee und seiner Muschelarbeiten.

An der Landenge, wo die äußere in die innere Bucht von Ambon übergeht, liegt die Stadt **Galala,** Sitz der Pattimura-Universität und Anlegeplatz der Fähre hinüber nach **Pokka** auf der Leihitu-Seite. Die Studenten allerdings mögen lieber die Einbaumkanus mit ihren bunten Segeln.

Alle Straßen führen nach **Passo** und **Baguala,** die sich auf der schmalen Landenge gegenüberliegen, die die beiden Hälften der Insel Ambon miteinander verbindet. **Natsepa Beach,** im Osten von Baguala, eignet sich hervorragend zum Schwimmen und Picknicken.

Weiter im Osten, jenseits des Leihitu-Plateaus, liegt **Tulehu,** eine geschäftige islamische Hafenstadt, von der aus man nach Ceram und zu der Inselgruppe „The Lease" gelangt.

An der Küste im Norden von Tulehu liegt **Waai** („Wasser"), ein blühendes Dorf mit christlicher Bevölkerung, das bekannt ist für seine den großen Dorfteich bevölkernden heiligen weißen Aale. Hinter Waai, im östlichsten Zipfel der Insel, kann man Boote für einen Ausflug zur Insel **Pombo** („Taube") mieten, einem Naturschutzgebiet, das von herrlichen Korallengärten umgeben ist (vorher einen Besucherausweis im Ozeanographischen Institut in Pokka beschaffen).

Die Halbinsel Leihitu hat ihren Namen von der Ortschaft **Hitu,** die man erreicht, wenn man von Passo zunächst in westlicher Richtung und dann quer durch die Insel zur Nordküste fährt.

An der Küste im Osten von Hitu liegt **Mamala,** wo alljährlich eine Woche nach dem Ramadan die Dorfbewohner das traditionelle *baku pukul sapu* aufführen. Während dieses rituellen Kampfes, der von Gongschlägen begleitet wird, schlagen die Gegner mit Peitschen aus Kokosnußfasern aufeinander ein. In regelmäßigen Abständen behandelt ein Schamane ihre offenen Wunden mit einer Salbe und am Abend feiert das ganze Dorf ein Fest.

Nordöstlich von Mamala, hinter Morela, schlängelt sich ein schmaler Pfad durch die Hügel und entlang einer tief abfallenden Schlucht zur alten Festung **Kapahaha,** die auf drei Seiten durch steile Abhänge geschützt und nur über eine Steintreppe zugänglich ist. Im Innern befinden sich eine Quelle und auch die Gräber der letzten Verteidiger von Leihitu.

Westlich von Hitu führt eine belebte Straße zu den beiden Dörfern **Hila** (Moslems) und **Kaitetu** (Christen). In Hila steht auch die älteste, 1646 erbaute Moschee der Insel. In Kaitetu kann man die unter dem Namen **Fort Amsterdam** bekannt gewordene portugiesische Festung aus dem 16. Jahrhundert besichtigen, die allerdings schon verfällt und teilweise zugewachsen ist.

Die Nachbarinseln: Die drei im Osten von Ambon verstreuten Inseln **Haruku, Saparua** und **Nusalaut** sind unter dem gemeinsamen Namen „The Lease" bekannt. Viele der Küstendörfer auf diesen Inseln sind 500 Jahre alt und waren früher wichtige Stationen des Gewürzhandels. Deshalb stößt man auch ständig auf holländische Festungsanlagen. Das vor kurzem restaurierte **Fort Duurstede** in Saparua ist berühmt, weil es damals von der Armee Pattimuras angegriffen wurde.

Die Berge auf der großen Insel **Ceram** ragen bis zu einer Höhe von 3000 Meter auf. Überall verstreut liegen Dörfer und Festungsanlagen, während es nur wenige Städte und Straßen gibt. Man glaubt, daß hier die Heimat des Hitu-Adels war. Das Innere der Insel ist noch nicht erforscht und bis vor kurzem waren die hier lebenden Stämme der Nalulu und der Alfuru noch Kopfjäger.

Ähnlich unerforscht ist die ziemlich große Insel **Buru** im Westen. Sie ist von Riffen und Sümpfen umgeben, dicht bewaldet und ist der Lebensraum riesiger Insekten.

BANDA: DIE MUSKATINSELN

Weit über das Meer verstreut, 160 Kilometer südöstlich von Ambon, liegen die **Banda-Inseln**. Obwohl sie nur winzig klein und dünn besiedelt sind, haben sie jahrhundertelang eine große Rolle in der Weltgeschichte gespielt. Denn von den frühgeschichtlichen Tagen bis hinein ins späte 18. Jahrhundert haben diese kleinen Inseln den Weltmarkt mit Muskatblüten und -nüssen beliefert.

Vermutlich haben hinduistisch-javanische Kaufleute diese beiden Gewürze international verbreitet. Nach Europa gelangten sie erstmals im sechsten Jahrhundert n. Chr. und wurden schnell zum begehrten Speisegewürz. Deshalb zogen die Portugiesen ein Jahrtausend später schnurstracks zu den Bandas.

Lange Zeit waren die Inseln Spielball im Kampf miteinander rivalisierender Handelsmächte bis sich die Holländer die Kontrolle sicherten. Aber es gelang den Franzosen und Engländern, Muskatsämlinge herauszuschmuggeln, so daß die Muskatexporte der Bandas immer mehr zurückgingen.

Die Banda-See ist sehr tief und unglaublich blau. Alle Farben wirken hier besonders intensiv und über den Inseln liegt ein solch unwirklicher Glanz.

Die Hauptinsel **Banda Neira** ist voller Geschichte. Die gleichnamige Stadt zieht sich vom Meeressaum aus eindrucksvoll einen Hügel hinauf und überragt eine schmale Meerenge, auf deren gegenüberliegenden Seite die Insel **Gunung Api** liegt. Gut erhalten sind die Wohnsitze der holländischen Plantagenverwalter *(perkeniers)* und der wohlhabenden chinesischen und arabischen Kaufleute. Im Stadtzentrum steht eine alte holländische Kirche, deren verwitterte Grabsteine 350 Jahre holländischer Herrschaft über die Inseln ins Gedächtnis rufen.

Einen herrlichen Ausblick hat man von dem oberhalb der Stadt liegenden **Fort Belgica.** Neben der Kirche steht eine weitere holländische Festungsanlage, **Fort Nassau.**

Die im mediterranen Stil gestalteten Steinhäuser sind absichtlich niedrig gebaut, weil es in diesem Gebiet häufig Erdbeben gibt. Mehrere waren einst Wohnsitz indonesischer Nationalisten, z. B. lebte hier Mohammed Hatta, der erste Vizepräsident der Republik Indonesien, in den dreißiger Jahren im Exil. Die Familie Baadillah, Nachkommen arabischer Seekapitäne, hat ihren Wohnsitz umgewandelt in ein kleines Museum mit einer bunten Vielzahl von Erbstücken.

Mit einem Boot kann man die benachbarten Inseln erreichen. In nur wenigen Stunden gelangt man auf den 650 Meter hohen rauchenden Gipfel der Insel **Gunung Api,** von dem aus sich ein herrlicher Blick über die gesamte Inselkette der Bandas bietet.

Die Meerenge zwischen den zwei Inseln sieht aus wie ein großer Kratersee, in dem einige der schönsten Korallengärten der Welt liegen. Die hinter Banda Neira liegende größere Insel **Lonthor** ist von Muskatbaumgärten bedeckt und wird von dem auf einem Hügel stehenden **Fort Hollandia** überragt. ■

Muskatbäume auf den Banda-Inseln.

TERNATE UND TIDORE

Obwohl sie heute kaum bekannt sind, haben die Zwillingsinseln Ternate und Tidore jahrhundertelang wegen ihrer Gewürznelken eine Schlüsselrolle in der Machtpolitik um den östlichen Teil Indonesiens gespielt. Diese winzigen Inseln sind vollkommen geformte Vulkankegel mit nicht ganz zehn Kilometern Durchmesser, die sich bis zu einer Höhe von 1700 Meter erheben.

Schon im alten Ägypten spielten Gewürznelken (von den Molukken *cengkeh* genannt) eine Rolle beim Einbalsamieren. Chinesische Höflinge benutzten sie schon vor 2000 Jahren als Mund-„Deo", jahrtausendelang wurden Gewürznelken auf einer begrenzten Fläche im westlichen Halmahera und auf den benachbarten Inseln angebaut. Aber seit dem 14. Jahrhundert konzentrierte sich der Handel mit diesem außerordentlich wertvollen Gewürz, der Trockenblüte eines Baumes, auf Ternate und Tidore, zwei miteinander rivalisierende Königreiche, die später zum Islam konvertierten.

1512 kamen die Portugiesen von Ambon aus nach Ternate – an Bord von königlichen *kora-koras,* großen Eingeborenenbooten mit bis zu 100 Ruderern. Kaum hatten sie die Insel betreten, verkündeten sie eine „Allianz" mit dem König von Ternate. Die Landung Magellans auf der Insel Tidore im Jahr 1521 war der Beginn blutiger Auseinandersetzungen zwischen fremden Mächten in der ganzen Region.

Ende des 16. Jahrhunderts konnte Ternate unter den Sultanen Baabullah und Said eine Zeitlang seine Unabhängigkeit wiederherstellen und die Portugiesen vertreiben (1574). Ternate schickte große *kora-kora*-Flotten bis nach Cebu und Flores, um Bündnisse zu schmieden und Tribut zu fordern. Aber schon 1606 eroberten die Spanier von Manila aus beide Inseln.

Bald mischten sich auch die Holländer und Engländer in den Machtkampf ein. Der Sieg der Holländer hat das Gesicht der Inseln bis heute geprägt.

Alte Radierung die den König von Tidore zeigt, wie er ausländische Kaufleute bewirtet und unterhält.

Verfallende Festungen: Die bedeutendste Stadt ist **Ternate,** ein kleiner Hafen und ein Handelszentrum an der südöstlichen Küste. Sie ist um **Benteng Oranje,** eine befestigte Handelsstation der Holländer aus dem frühen 17. Jahrhundert, herumgewachsen.

Der **Kedaton** oberhalb der Stadt, von dem man einen herrlichen Blick über die Meerengen hat, wurde im 19. Jahrhundert von einem Engländer entworfen. Deshalb hat er mehr Ähnlichkeit mit einer Kolonialvilla als mit einem Sultanspalast. Der letzte Sultan ist 1974 ohne Nachfolger gestorben. Heute dient der Palast als Museum für verschiedene Kunstgegenstände aus vier Jahrhunderten. Die angeblich 700 Jahre alte Königskrone (aus Menschenhaar hergestellt und mit Juwelen verziert) von Ternate wird dem Besucher auf Wunsch gezeigt.

An einem Tag kann man mühelos die ganze Insel erkunden und z.B. an vergessenen Festungen und schönen Stränden Halt machen. Am Meer südlich der Stadt Ternate verwittert eine alte Schanzanlage der Engländer mit dem Namen **Kayu Merah.** Noch weiter im Süden stößt man auf die unterirdische Festung Kota Janji, in der die Portugiesen 1570 Sultan Harun ermordeten.

Nach einer kurzen Fahrt von Ternate aus, vorbei am lotusbewachsenen Lake Laguna, windet sich die Straße hinauf nach **Foramadiaha,** dem einstigen Sitz des Hofes von Ternate. Heute sieht man nur noch die Fundamente des Palastes und die Gräber der Sultane. Weiter westlich, entlang der Hauptstraße, liegt unten am Meer **Kastela,** früher eine der wichtigsten Festungen der Portugiesen und Spanier.

Unmittelbar an der nahegelegenen heiligen Quelle **Akerica** haben Portugiesen und Holländer angeblich den ersten Gewürznelkenbaum der Molukken gefunden. Von hier aus schlängelt sich die Straße an steilen Klippen entlang bis zum Dorf **Aftador,** Schauplatz japanischer Greueltaten im Zweiten Weltkrieg.

Vom nördlichsten Punkt Ternates aus, in **Sulamedeha,** fahren Boote zur Insel Hiri ab. Vom nahegelegenen **Batu Angus** („Verbrannter Felsen") herab bis zum Meer zieht sich eine schwarze Lavaspur. 1983 brach der Vulkan hier aus. Unten bei **Dufa-Dufa** an der Nordküste locken weiße Sandstrände und Korallenriffe Taucher und Strandgutsammler an. Zwischen Dufa-Dufa und Ternate steht die guterhaltene Festung **Toloku,** in der sich ein 400 Jahre altes und noch gut lesbares portugiesisches Siegel befindet.

Die 20minütige Bootsfahrt von Ternate nach **Tidore** ist ein unvergeßliches Erlebnis und führt in eine ganz andere Welt: die Menschen auf Tidore wirken viel entspannter als ihre Verwandten in Ternate. Mit Taxis kann man von der alten Hafenstadt **Rum** aus, die wegen ihres Sonntagsmarktes und einer portugiesischen Festung bekannt ist, zur Ostküste hinüberfahren.

Soa-Siu, die wichtigste Stadt auf Tidore, sieht aus wie ein mediterranes Fischerdorf. Die weißen Häuser sind die Hänge des **Mount Tidore** hinaufgebaut und haben Türen in der Form gegabelter iberischer Torbögen – ein Erbe aus den Zeiten der Spanier. Oberhalb der Stadt liegen die Ruinen des alten Sultanspalastes und die restaurierte Moschee.

Frauen beim Pflücken von Gewürznelken.

IRIAN JAYA: DAS ABGELEGENE INDONESIEN

Irian Jaya, die westliche und indonesische Hälfte der gewaltigen Insel Neuguinea, ist ohne Zweifel das abgelegenste und unterentwickeltste Gebiet der Welt. Die weitläufigen Küsten sind zum großen Teil von undurchdringlichen Mangrovensümpfen eingesäumt.

Das Landesinnere ist von dichten Urwäldern und zerklüfteten Bergen beherrscht und zergliedert, deren Gipfel bis auf 5000 Meter reichen und teilweise schneebedeckt sind. Straßen gibt es so gut wie keine, See- und Luftverbindungen sind spärlich, die meisten

Dörfer im Innern kann man nur auf gefährlichen Trampelpfaden in oft wochenlangen Fußmärschen erreichen. Die mehr als ungewöhnliche Topographie des Landes ist einer der Gründe für die nahezu unübersehbare Mischung von Völkern und Kulturen in dieser Provinz. In Irian werden mehr als 100 einander fremde Sprachen von zahllosen, völlig verschiedenen Stämmen gesprochen, die teilweise noch leben wie in der Steinzeit.

Australien nicht mitgerechnet, ist Neuguinea nach Grönland die zweitgrößte Insel der Erde mit einer Gesamtfläche von rund 785 000 qkm. Der östliche Teil war früher eine englische und deutsche Kolonie, später australisches Protektorat. Seit 1975 ist es ein selbständiger Staat mit 3 Millionen Einwohnern, der den Namen Papua-Neuguinea trägt. Der westliche Teil der Insel, früher unter dem Namen Holländisch-Neuguinea bekannt, fiel 1963 nach einem kurzen, aber blutigen Annexionskrieg unter Präsident Sukarno an Indonesien, dessen Staatsgebiet sich dadurch um 25 Prozent vergrößerte.

Auf der ganzen Insel findet man eine eindrucksvolle Flora und Fauna. Epiphytenfarne, Orchideen und Kletterlianen verschlingen sich miteinander unter dem grünen Baldachin des Dipterocarpus-Regenwaldes. Über 700 Vogelarten hat man bis heute entdeckt, darunter der riesige, aber flugunfähige Kasuar und der legendäre Paradiesvogel (*Paradisea apoda*), dessen leuchtend goldene Federn jahrhundertelang immer wieder Jäger und Sammler angelockt haben. Beuteltiere wie das Baumkänguruh und das Wallaby bevölkern die Wälder und das Grasland. Immer wieder verbreiten gefährliche Reptilien wie das Krokodil und die „Todesviper" bei den Eingeborenen Furcht und Schrecken.

Papuas und Melanesier: Die Urbevölkerung Irians umfaßt etwa eine Million Menschen, die man aus sprachlichen Gründen in zwei Hauptgruppen unterteilt: die Melanesier im Küstenbereich und die Papuas im Hochland. Beide Gruppen sehen sich sehr ähnlich. Sie sind dunkelhäutig, kraushaarig und bärtig. Ihre Gesichtszüge ähneln denen der verwandten australischen Aboriginals. Man nimmt an, daß diese australoiden Völker seit über 40 000 Jahren hier leben und vor der Einwanderung mongolider Völker einen großen Teil Südostasiens bewohnt haben.

Siedlungen der Melanesier, deren Sprachen mit den Sprachen anderer Völker Indonesiens und Polynesiens verwandt sind, finden sich entlang der Nord- und Westküste – in der Nähe von Jayapura (Provinzhauptstadt im Nordosten von Irian Jaya), im oberen Teil der Vogelkop-Halbinsel bei Manokwari und auf

Vorherige Seiten: Die Schilde dieser Asmat-Krieger werden von Liebhabern „primitiver Kunst" hochgeschätzt. Oben: Pfeil und Bogen, immer noch Waffe und Werkzeug. Rechts: Viele Stämme leben in den südlichen Flußgebieten.

dem benachbarten Biak und den Inseln des Schouten-Archipels.

Die verschiedenen Sprachen der Papuas gehören alle zu einer Sprachfamilie, die sich nur in Neuguinea, Australien und einigen Nachbarinseln findet. Heute leben die Papuas verstreut in kleinen Dörfern im Hochland und in den sumpfigen Flußbecken der Insel. Die einzelnen Dörfer haben kaum miteinander zu tun, was an den schwierigen Geländebedingungen und der geringen Bodenproduktivität liegt. Hinzu kommt eine lange Geschichte von Stammesfehden, Kopfjägerei und Kannibalismus. Aus all dem hat sich eine in der Welt einmalige sprachliche und kulturelle Vielfalt entwickelt. In der Regel hat ein Dorf nur einige hundert Einwohner, manchmal bilden mehrere Dörfer zusammen einen Stammesverband mit einer eigenen Sprache und spezifischen Bräuchen.

Die materiellen Lebensbedingungen dieser Stämme werden weitgehend von der Umwelt diktiert. Die Asmat an der Südküste zum Beispiel leben in Holzpfahlbauten inmitten der Mangrovensümpfe. Hier gibt es keine Steine, aus denen man Werkzeuge machen könnte. Ihre traditionellen Steinäxte haben sie von Händlern im Austausch gegen Trockenfisch und Waldprodukte bekommen. Ihr Grundnahrungsmittel ist das hier üppig wachsende Sago.

Die Asmat sind geschickte Holzschnitzer und berühmt für ihre erstaunlich plastischen Schilde, Masken, Totems und geschnitzten Kriegskanus.

Ein ganz anderes Bild zeigt sich bei den Dani-Stämmen im Hochland des Great Baliem Valley. Sie sind erfahrene Ackerbauern, die wahrscheinlich schon seit Jahrhunderten Terrassenfelder anlegen und künstlich bewässern sowie Hausschweine halten.

Aber auch sie unterscheiden sich wiederum ganz wesentlich von ihren Nachbarstämmen, die meistens noch Jäger und Sammler sind oder Pfeilspitzen, Kaurimuscheln, Tierhäute, Schweinezähne und Paradiesvogelfedern tauschen.

Auch in das Hochland dringt die moderne Welt ein – meist vertreten durch Regierungsbeamte und ausländische Missionare. Da die großen Entfernungen und das zerklüftete Gelände einen Straßenbau nicht zulassen, hat die Regierung Tausende von Grundschulen und medizinischen Einrichtungen in den Dörfern geschaffen, die aus der Luft versorgt werden; das Netz ist entsprechend dicht. Viel zur Erschließung des Landes leisten auch die ausländischen Missionare, die zahlreiche Schulen und Kliniken betreiben und über eine kleine Cessna-Flotte verfügen. So sind Lebenserwartung und Bildungsgrad in vielen Dörfern erheblich gestiegen.

Irian Jaya

JAYAPURA UND DIE KÜSTE

Obwohl sich viele Einwohner Irians dem Übergang in die Eisenzeit und erst recht ins 20. Jahrhundert hartnäckig widersetzen, hat sich das Gesicht der Provinz in vielen Teilen einschneidend verändert. Besonders in den Küstengebieten hat der Fortschritt dramatisch Einzug gehalten. Denn hier gibt es wertvolle Bodenschätze, riesige Wald- und reiche Fischbestände, die in wachsendem Maß von indonesischen und ausländischen Firmen ausgebeutet werden. Auf der Insel werden Häfen und Flugplätze angelegt, um all diese Schätze besser zugänglich zu machen. Aus allen Teilen Indonesiens und der Region strömen Arbeiter und Einwanderer hierher.

Wachsende Städte: Vor über 50 Jahren haben die Holländer an der Westspitze Neuguineas Öl entdeckt. Seither hat sich die Hafenstadt **Sorong** sprunghaft von einer Siedlung mit einigen tausend Einwohnern zu einer Stadt mit 40 000 Einwohnern entwickelt. Mit dem Boot kann man von Sorong aus zum **Raja Empat Islands Nature Reserve** fahren. Jede dieser Inseln hat ihre eigenen endemischen Arten von Vögeln und kleinen Beuteltieren; besonders zu erwähnen ist **Waigeo**. Hier kann man am besten den legendären Paradiesvogel in seiner natürlichen Umwelt beobachten.

Das Gebiet um **Manokwari,** einer Stadt, die malerisch auf der Vogelkopf-Halbinsel liegt, ist seit mehreren Jahrhunderten bewohnt von Irianern, Chinesen, Filipinos, Bugi und Molukkern. Inzwischen ist Manokwari eine Ölstadt; in zunehmendem Maße arbeiten hier auch Sägewerke.

Die schnell wachsende Stadt **Biak** liegt auf einer dicht bevölkerten Insel gleichen Namens 200 Kilometer vor der Nordküste Irians. Sie dient als Versorgungsbasis für die Offshore-Ölbohrungen in den Küstengewässern und für den Thunfischfang. Hier gibt es einen faszinierenden Wochenmarkt, Dörfer, Strände und Landschaften von wilder Schönheit. Ein Trampelpfad führt von der Stadt zur

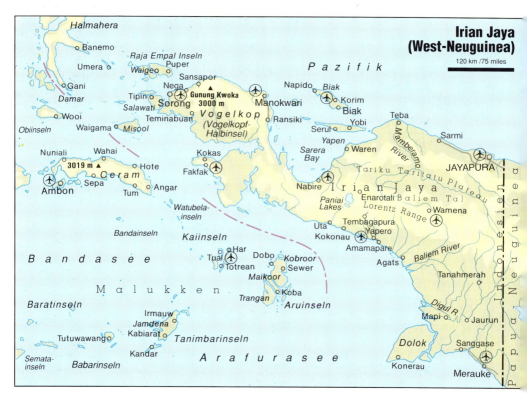

Nordküste der Insel, wo das **North Biak Nature Reserve** Papageien und Kakadus beherbergt. Mehrere Bootsstunden entfernt liegt die Insel **Superiori** mit ihrem großen Naturschutzgebiet.

Zwar ist **Amamapare** an der Südküste immer noch klein, aber zweifellos wird sich diese Stadt schnell entwickeln, weil in den nahegelegenen Sudirman Mountains reiche Kupfervorkommen entdeckt wurden. Die Freeport Copper Company hat Millionen von Dollars in dieser Gegend investiert und einen Tiefwasserhafen, einen Flugplatz und eine spektakuläre Autostraße von der Küste bis zur neuen Kupferstadt **Tembagapura** gebaut; die Stadt liegt am höchsten Berg Irians, dem schneebedeckten **Mount Jaya**, der 5031 Meter hoch aufragt.

Aber die Entwicklung der Städte hängt nicht immer von Bergbau, Fischerei und Forstwirtschaft ab. **Jayapura,** mit 150 000 Einwohnern die größte und Hauptstadt Irians, wurde ursprünglich von den Holländern hier gegründet, um politischen Einfluß über die schöne Nordküste Neuguineas zu gewinnen.

Eingeborener aus Irian Jaya.

Die Hügel um Jayapura haben die Form eines riesigen Amphitheaters, von dem aus man über die Stadt hinweg aufs Meer blicken kann. 1944 und 1945 befand sich hier das Pazifik-Hauptquartier von General MacArthur; die alte Basis G heißt heute „Bestiji" und sein Befehlsstand liegt heute auf dem Gelände einer Fischfarm. Im **Yotefa Nature Reserve,** östlich von Jayapura an der Yos Sudarso (Humboldt) Bay, gibt es herrliche Strände, seltene Vögel, Schmetterlinge und sogar Wracks von Schiffen aus dem Zweiten Weltkrieg. In **Hamadi,** fünf Kilometer östlich von Jayapura, kann man Boote mieten, um zum Strand von Holteken und weiter hinaus zu fahren. Die hier lebenden Sepik sind bekannt für ihre primitiven Rindenbilder und geschnitzten Figuren ihrer Vorfahren.

Westlich von Jayapura, an den Ufern des **Lake Sentani** (wo der Flughafen liegt), lebt ein Stamm, dessen Angehörige hervorragende Töpfer und Bildhauer sind. Sie tauchen in den See hinunter, um Fischfallen aufzustellen. Die Häuser der Häuptlinge sind kunstvoll verziert mit Schnitzereien, die Fische, Vögel, Reptilien und Menschen zeigen.

Die verschiedenen Stämme Irians stellen bemerkenswerte Holzschnitzereien und Gebrauchsgegenstände her: Schilde, Speere, Masken, Körbe, Boote und Kleidungsstücke. Vieles davon ist ausgestellt im **Anthropological Museum** der Cendrewasih-Universität von Abepura, die zwischen dem Flughafen Sentani und Jayapura liegt. Hauptattraktion ist eine Sammlung von auffällig roten, weißen und schwarzen Gegenständen der Asmat, die durch Unterstützung der Rockefeller Foundation erworben werden konnten. Überall in der Welt werden die Waffen und Figuren der Asmat wegen ihrer Ausgewogenheit und Schönheit von Liebhabern „primitiver" Kunst hochgeschätzt. Seit 1969 versucht die indonesische Regierung im Rahmen eines UN-Projekts, Asmat-Künstler auszubilden und zu unterstützen. Obwohl die Asmat mehr als 800 Kilometer von Jayapura entfernt an der Südküste Irians im Umkreis der Stadt **Agats** leben, kann man in Läden in Jayapura Asmat-Schnitzereien kaufen.

IM ZENTRALEN HOCHLAND

Die unzugänglichen Gebiete Irian Jayas sind die ältesten Siedlungsgebiete der Insel. Der Grund wird beim Flug von der feuchtheißen Küste ins gebirgige Landesinnere klar. Während des Fluges weichen dichte Urwälder und undurchdringliche Mangrovensümpfe waldbestandenen Hügeln und zerklüfteten, wolkenumjagten Gipfeln. Und dann, während die Maschine dicht über eine Bergschlucht fliegt, zerreißt die Wolkendecke und gibt den Blick frei in eine andere Welt – ein leuchtend grünes Tal mit Feldern, gesprenkelt mit strohgedeckten Hütten, bewässert von seichten Flüssen. Jetzt erst versteht man, daß die westlichen Entdecker, die in den dreißiger Jahren unseres Jahrhunderts in dieses abgelegene Bergland kamen, glaubten, sie hätten das verlorene Paradies Shangri-La wiedergefunden.

Das größte und heute zugänglichste Berggebiet ist das **Grand Baliem Valley** im Herzen Irian Jayas, ein 1000 Meter hoch gelegener und 72 Kilometer langer, vom Baliem River gebildeter Korridor. Hier leben etwa 100 000 Angehörige des Dani-Stammes, gleichmäßig verstreut in winzigen Dörfern am Talboden. Man kommt nur mit dem Flugzeug hinein und hinaus, es sei denn, man nimmt einen Fußmarsch von einem Monat in Kauf.

Kannibalen und Missionare: In diesem Gebiet sind christliche Missionare besonders aktiv, obwohl ihre Tätigkeit einen unglücklichen Anfang nahm. 1933 fielen nämlich die ersten holländischen Kirchenmänner dem Kannibalismus der soeben zum Christentum bekehrten Dani zum Opfer, weil sie offenbar versucht hatten, den Eingeborenen ihre Schrumpfköpfe, Ahnenfetische und Penishüllen wegzunehmen. Heute gibt es in Irian Jaya etwa 25 verschiedene christliche Gruppen, die den Bräuchen und Mythen der Einheimischen gegenüber wesentlich toleranter sind als früher. Sie unterhalten Schulen, Kliniken und Kirchen und eine eigene Fluggesellschaft. Trotz allem gibt es immer wieder Berichte von Ausein-

Rundhütten im Baliem Valley.

andersetzungen zwischen feindseligen Stämmen und fanatischen Missionaren. Nicht immer geht es ohne Gewalt – am Weihnachtsabend 1974 wurden vier holländische Familien südöstlich des Baliem Valley getötet und aufgegessen.

Aber heute besteht kaum die Gefahr, im Baliem Valley aufgegessen zu werden, auch wenn sich so mancher an Bücher und Filme aus den fünfziger und sechziger Jahren erinnert, in denen es als berüchtigtes Tal der Kannibalen geschildert wurde. Damals waren die Dani ständig in Kriege untereinander verwickelt und frönten noch dem Kannibalismus. Durch Heirat oder verwandtschaftliche Beziehungen gebildete Gruppen lebten in ständiger Fehde mit anderen Gemeinschaften, bauten hohe Wachttürme und unternahmen in regelmäßigen Abständen Raubzüge in feindliches Gebiet, bei denen ahnungslose Opfer getötet wurden. Mittlerweile hat die Regierung all das unterbunden.

Selbst bei niedrigen Temperaturen – in dieser Höhe kann das Thermometer auf 5° C sinken – haben die Dani fast nichts am Leib. Junge Mädchen tragen Schilfröcke, verheiratete Frauen umwickeln sich mit einer geflochtenen Schnur, die Männer haben nur röhrenförmige Penishüllen aus getrockneten Flaschenkürbissen. Armbinden und Halsbeutel aus Schweinehoden, Baumrinde oder Spinnweben sollen böse Geister fernhalten.

Die Dörfer im Tal sind durch Trampelpfade und eine Anzahl befahrbarer Wege mit **Wamena** verbunden. Man muß unbedingt warme Kleidung, festes Schuhwerk und einen Rucksack dabei haben. In den Hotels von Wamena kann man Träger und Führer engagieren.

Von Wamena aus sind interessante Tageswanderungen möglich. Gleich südlich des Flugplatzes spannt sich eine wackelige Hängebrücke über den Baliem. Wenn man, ohne sie zu überqueren, mehrere Stunden lang dem Flußlauf folgt, kommt man zum Salzsee Hetigima, an dem die Dani Salz gewinnen, indem sie Bananenblätter ins Wasser tauchen, anschließend trocknen und schließlich verbrennen. Weiter im Süden, bei **Kurima,** verengt sich das Tal zu einer tiefen Schlucht, mit spektakulären Stellen.

Viele Besucher, die von Wamena nach Norden wollen, überqueren den Fluß und machen einen dreistündigen Treck nach **Akima,** wo der mumifizierte Großvater des Häuptlings gegen eine kleine Gebühr besichtigt werden kann. Mehrere Stunden Fußmarsch weiter liegt **Ywika,** der Wohnort eines bekannten Häuptlings und Sitz einer katholischen Mission mit bequemen Unterkünften. Das Dorf **Woogi,** etwas weiter nördlich am Westufer des Flusses, ist bekannt für seine Hochzeitstänze. Zwei Stunden hinter Woogi liegt ein gleichmäßig geformter Hügel namens **Pyramid,** von dem aus man einen phantastischen Ausblick über das ganze Tal hat.

Wer will, kann von hier aus nach Norden und Westen weiter. Wochenlang geht es abenteuerliche Bergpfade durch das Bokodini Valley hinauf und hinunter, ehe man nach **Illaga** und schließlich nach **Enrotali** am Ufer des bezaubernden **Lake Paniai** kommt. Weniger beschwerlich kann man diese Orte mit den Missionsflugzeugen erreichen (Einzelheiten im Kurzführer).

Dani-Männer mit Penishüllen aus getrockneten Flaschenkürbissen.

DIE TIERWELT INDONESIENS

Während in den dicht besiedelten Gebieten Sumatras, Javas, Balis und Nusa Tenggaras massive Umweltzerstörungen zu beklagen sind, blieben weite Teile Indonesiens, von Menschenhand unberührt, in ihrem unverfälschten Urzustand. In der Erkenntnis, daß dieses kostbare Erbe zu erhalten ist und daß im Bergland allein der Wald die Bodenerosion und Überschwemmungen verhindern kann, hat die indonesische Regierung ein ehrgeiziges Programm zum Schutz von Umwelt und Natur entwickelt.

Für den Touristen von besonderem Interesse ist das System der mehr als 300 Nationalparks, Natur- und Waldschutzgebiete, die eine Fläche von 120 000 qkm, rund 6,5 Prozent der Landmasse Indonesiens, umfassen. Sechzehn Schutzgebiete sind als Nationalparks ausgewiesen und zunehmend mit Freizeit- und Erholungseinrichtungen ausgestattet. Auch die kleineren „Nature Reserves" und „Protected Forests" (Waldschutzgebiete) sind zugänglich und lohnen einen Besuch.

Die Nationalparks sind sehr unterschiedlich in Größe, Flora und Fauna sowie touristischen Einrichtungen. Für den Besuch einiger abgelegener Nationalparks braucht man Wochen, andere sind problemlos zu erreichen.

Der riesige bewaldete **Mt. Leuser National Park** in Nordsumatra zum Beispiel, die Heimat von Elefanten, Tigern, Orang-Utans und einer Menge anderer Säugetiere, liegt nur wenige Stunden von der Stadt Medan entfernt. Kaum zwei Autostunden südlich Jakartas haben die Holländer vor 100 Jahren einen Botanischen Garten angelegt, nach dessen Besichtigung Sie auf den Mt. Gede mit seinen Almwiesen und Edelweiß steigen und die Aussicht über das gesamte westliche Drittel Javas genießen können.

Die Erforschung des kleinen **Ujung Kulon National Park** an der Westspitze Javas dauert dagegen eine Woche. Ujung Kulon ist die Zuflucht der letzten Herde des javanischen Nashorns und weist Reste des dichten Regenwaldes auf, der einst die ganze Insel bedeckte,

Vorherige Seiten: Eine Straße durchschneidet den Urwald. „Operation Ganesha" des World Wildlife Fund in Sumatra. **Links:** Orang-Utan im Mt. Leuser National Park. **Rechts:** Aufruf zum Tierschutz.

bevor er für landwirtschaftliche Zwecke gerodet wurde.

Überwältigend ist der Anblick der vulkanischen Urlandschaft im **Bromo-Tengger National Park** in Ostjava, von Surabaya bzw. von Bali aus ein Zweitagesausflug. Am Rand eines mächtigen Kraters hoch über den Wolken wurde eine Lodge errichtet.

Höhepunkt für den Naturliebhaber ist aber die zweiwöchige Wallfahrt in den Nationalpark der Insel **Komodo** (zwischen Flores und Sumbawa) mit den legendären Komodo-Wa-

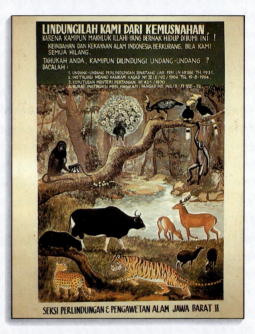

ranen, Nachfahren des Dinosauriers, in ihrem trockenen, felsigen Lebensraum.

In mehrere Parks wurden Meeresabschnitte eingegliedert. Dort kann man in den phantastischen Korallenriffs tauchen und Seite an Seite mit einem Wal schwimmen.

Exotische Pflanzenarten: Die Pflanzenwelt Indonesiens, die fast ausschließlich vom asiatischen Festland herstammt, ist unglaublich reichhaltig, exotisch und vielfältig – 40 000 Arten, die zu 3000 Familien gehören; etwa 10 Prozent der Pflanzen, die weltweit registriert sind, kommen hier vor. Die meisten gedeihen in den ungewöhnlich artenreichen äquatorialen Regenwäldern mit ihren Tausenden von wilden Orchideenarten, Palmen, Farnen, exotischen Früchten, Gewürzbäumen und Besonderheiten wie der *Rafflesia* – der Welt größter Parasitenblume. In den Botanischen Gärten von Bogor und Cibodas südlich Jakartas sind viele dieser Pflanzen zu sehen; eine Wanderung durch den tropischen Urwald können sie jedoch nicht ersetzen.

Die Fauna Indonesiens kommt aus zwei verschiedenen zoologisch-geographischen Zonen. Vom Westen des Archipels stammen die asiatischen bzw. orientalischen Säugetiere – Menschenaffen, sonstige Affen, Zibetkatzen, Schweine, Katzen, Tapire und Elefanten. Diese Tiere leben vorwiegend auf Sumatra, Java, Borneo und Bali – den Inseln, die in mantans sowie die Känguruhs und Wallabies von Irian Jaya.

Hier nur einige der 1500 bekannten Vogelarten Indonesiens: Neben den schönen, seltenen austral-asischen Tieren wie dem flugunfähigen Kasuar, dem Kakadu und zahlreichen Papageien sind dies die mehr als 40 verschiedenen Arten von Paradiesvögeln, die auf den Molukken und auf Irian Jaya beheimatet sind. Daneben bevölkern unzählige Reptilien, Amphibien und wirbellose Tiere Meere und Küstengewässer, so die Riesenschildkröten, die an den Stränden Indonesiens ihre Eier legen, oder die fleischfressenden Warane, die seit Millionen Jahren auf der Insel Komodo leben.

der Eiszeit durch eine Landbrücke mit Festland-Asien verbunden waren.

Vom Osten kommen die Beuteltierarten und buntgefiederten Vögel, die wir aus Australien kennen. Ihre Heimat sind Irian Jaya und die Aru-Inseln des Sahul-Kontinentalschelfs, die alle einmal mit Australien verbunden waren.

Auf diese Tatsache ist der auf der Welt einmalige Artenreichtum des indonesischen Archipels zurückzuführen. Zu den mehr als 500 Säugetieren zählen nicht nur allein die Tiger, Orang-Utans und die Elefanten von Sumatra, sondern unter anderem auch die Süßwasserdelphine und Nasenaffen Kali-

Sulawesi, die Molukken und Nusa Tenggara sind als Übergangsgebiete für Zoologen besonders interessant. Auf diesen Inseln kommen neben heimischen sowohl die asiatischen als auch die austral-asischen Tierarten vor, die sonst nirgends zu sehen sind. Dieses Übergangsgebiet heißt nach dem Zoologen Sir Alfred Russel Wallace Wallacea.

Sulawesi ist biologisch gesehen die interessanteste Insel Wallaceas. Die meisten Säugetiere (Hirsch, Schwein, Zibetkatze, Eichhörn-

<u>Links</u>: *Lorius lory lory* mit schwarzer Kappe. <u>Oben</u>: Paradiesvogel *(Paradisea minor)*. <u>Rechts</u>: Malaienspint *(Merops viridis)*.

chen und Koboldmakis) stammen von Asien her, während wir die beiden Arten von Kuskusen (Kletterbeutler) von Australien kennen.

Manche anderen Tiere kann Sulawesi ganz sein eigen nennen: den Zwergbüffel *(anoa)* etwa, oder den *babirusa,* ein Hirscheber mit gebogenen Eckzähnen, die ihm oben aus der Schnauze wachsen; die große Palmen-Zibetkatze und der schwarze Makake, der zwar wie ein Mini-Gorilla aussieht, jedoch mit dem Makaken von Borneo verwandt ist. Aus der reichen Vogelwelt Sulawesis seien erwähnt: Nashornvogel, Drongo, Eisvogel, Schwätzer, Honigsauger, Kakadu und der erstaunliche *maleo*-Vogel, der seine Eier im warmen Sand vergräbt und wie die Reptilien seine Brut sich selbst überläßt.

In den Parks und Schutzgebieten: Die indonesischen Nationalparks und Naturschutzgebiete unterstehen der Verwaltung des PHPA (indonesische Natur- und Umweltschutzbehörde) mit Sitz in Bogor. Manche Schutzgebiete dürfen gegen eine kleine Eintrittsgebühr betreten werden (Pangandaran im südlichen Zentraljava zum Beispiel) – der Besuch der meisten Gebiete muß jedoch bei der Hauptverwaltung der PHPA, Jl. Juanda 9 in Bogor, links vom Haupteingang des Botanischen Gartens, angemeldet werden (Paß nicht vergessen). In allen 27 Provinzen Indonesiens unterhält PHPA eigene Büros, in denen die Ausflugsreisen in die Parks zusammengestellt und gebucht werden können.

Ob man die genannten Tiere dabei auch zu Gesicht bekommt, steht auf einem anderen Blatt. Da viele Schutzgebiete nur schwer und nur zu Fuß zugänglich sind, muß man eine gute körperliche Verfassung und eine entsprechende Ausrüstung (unbedingt vernünftige Schuhe!) mitbringen. In einigen Parks (z. B. Lore Lindu auf Sulawesi und Bromo-Tengger auf Ostjava) stehen Pferde zur Verfügung. Andere wiederum sind nur per Flugzeug oder Schiff zu erreichen. Mietboote sind teuer; 100 US-Dollar pro Tag kostet ein Boot nach Ujung Kulon an der Westspitze Javas. Gruppenreisen sind zu empfehlen.

Die Unterkünfte sind, sofern überhaupt vorhanden, meist primitiv; Bettwäsche und oft auch Proviant sind mitzubringen, außerdem: Verbandpäckchen, Moskitonetz, Insektenschutzmittel. Malariaprophylaxe ist ebenso wichtig wie die erforderlichen Impfungen einige Wochen vor Antritt der Reise in den Dschungel.

KURZFÜHRER ZU DEN NATIONALPARKS

Im folgenden sind einige der schönsten Schutzgebiete und Parks Indonesiens aufgeführt. Zusätzliche Informationen enthält die Broschüre Indonesia, National Parks & Nature Reserves, die vom Directorate-General of Tourism, Jl. Kramat Raya 81, Jakarta, herausgegeben wird.

Java: Der **Ujung Kulon National Park** an der Westspitze Javas war nicht nur der erste Nationalpark des Landes, sondern ist auch sein bedeutendster. Nur wenigen ist der Anblick des seltenen javanischen Nashorns ver-

gönnt; andere faszinierende Tiere entschädigen dafür reichlich: Leoparden, Gibbons, Langschwanz-Makaken, Krokodile, Muntjakhirsch, Zwergböckchen und die äsenden Herden des *banteng* (Wildrind).

Von der Insel Handeleum aus kann man zum Cigenter-River, einem bevorzugten Gebiet der Nashörner, vordringen. Beide Unterkünfte stellen Bettwäsche, Mobiliar und Kochutensilien, die Lebensmittel muß man mitbringen. Zimmerreservierungen nimmt das PHPA-Büro in Labuan, einer von Jakarta bzw. von Bogor mit Bussen oder Taxis leicht erreichbaren Hafenstadt an der Westküste, entgegen.

Nach Ujung Kulon selbst gelangt man von Labuan aus mit dem Motorrad über Samur und Taman Jaya, wo die Parkverwaltung ihren Sitz hat. Es sind dann noch zwei bequeme Tageswanderungen an der Südküste bis Kalejetan und zur Insel Peucang. Mit dem Boot kann man von Labuan aus direkt nach Peucang bzw. Handeleum fahren. Diese Anfahrt dauert hin und zurück je vier bis fünf Stunden.

Man sollte die Gelegenheit nutzen und die 40 Kilometer nordwestlich von Labuan in der Sunda-Straße, zwischen Java und Sumatra, gelegene Vulkaninsel Krakatau aufsuchen (siehe Teil III „Westjava").

Cibodas/Mt. Gede-Pangrango National Park: Er liegt in den Bergen, zwei Stunden südlich von Jakarta, an der Hauptverbindung Bogor–Bandung (in Pacet hinter dem Puncak Paß und kurz vor Cipanas biegt man ab).

Der sorgfältig angelegte Botanische Garten von Cibodas ist auf Pflanzen aus dem unteren Vegetationsgürtel der Berge spezialisiert. Vom Garten aus steigt man in fünf bis sechs Stunden auf den Mt. Gede. Der Weg führt durch mehrere interessante Vegetationszonen, u. a. Bergwiesen und, in Gipfelnähe, zu dichten Beständen von Edelweiß. Etwa auf halber Höhe zweigt ein Weg zum Cibeureum-Wasserfall ab, bei dem häufig Affen und Gibbons gesichtet werden. Im Bergwald nisten mehr als 245 Vogelarten. Wenn man in einer Berghütte am Sattel zwischen Mt. Gede und Mt. Pangrango die Nacht verbringt und das letzte Stück zum Gipfel in der Morgendämmerung zurücklegt, wird man oben den herrlichen Sonnenaufgang erleben können. Vorzügliche Übernachtungsmöglichkeiten stehen im Botanischen Garten und bei Cipanas zur Verfügung.

Bromo-Tengger National Park: Ein unwahrscheinlich reizvolles vulkanisches Gebiet, rund 4 Stunden von Surabaya entfernt (Ostjava). Die meisten Besucher kommen von Nordosten (westlich Probolinggos geht es gleich nach Süden ab) auf einer Nebenstraße, die nach Ngadisari, drei Kilometer unterhalb des Kraterrands, führt. Eine Lodge mit Re-

staurant, wo man Führer engagieren und Pferde mieten kann, steht oben. Gönnen Sie sich den Ritt in den Tengger-Krater und den kurzen Aufstieg zum Mt. Bromo, um über dem Sandmeer vom Kraterrand aus die Sonne aufgehen zu sehen. Warm anziehen!

Baluran National Park: Er liegt an der Nordostspitze Javas, 32 Kilometer nördlich der Fähre Java – Bali in Ketapang, vier Stunden von Denpasar (inklusive Überfahrt) und 2 Stunden von Surabaya entfernt. Zunächst müssen Sie sich im PHPA-Büro in Banyuwangi (Jl. Jenderal A. Yani 108), acht Kilometer südlich der Anlegestelle, melden. Das Naturschutzgebiet mit seinen Regenwäldern,

Akazienbüschen und offenem Grasland, über denen der Vulkankegel des Mt. Baluran thront, erinnert stark an Afrika. 12 Kilometer innerhalb kann man in Bekol (Aussichtsturm) im Gästehaus übernachten (in Wonorejo biegt man von der Hauptstraße nach Norden ab) und die wundervolle Aussicht über die Weidegebiete der *banteng*, wilder Büffel und von Hirschrudeln genießen.

Bali und Nusa Tenggara: Bali Baral National Park: Im Westen Balis gelegen, ist er über die Straße Gilimanuk – Singaraja (Nordküste) zugänglich. Terima Bay, 20 Kilometer östlich des Fährhafens Gilimanuk, hat einen Parkwächter und provisorische Nachtquartiere. Die letzten der vom Aussterben bedrohten

noch immer beschwerlich; zwei Wochen mindestens sind für Komodo zu veranschlagen. (Siehe Teil 111 „Komodo".)

Sumatra: Mt. Leuser National Park: Die Wälder um das Tal des Alas, im Westen Nordsumatras, gehören zu den schönsten der Insel. Zu sehen sind: Orang-Utans, Sumatra-Nashörner, Gibbons, Makaken, Elefanten, Tiger und unzählige andere Tiere, Vögel, Schmetterlinge und Pflanzenarten. Von Medan empfiehlt sich der Tagesausflug ins Bohorok Orang-Utan Rehabilitation Centre bei Bukit Lawang (ab Medan über Binjai zwei Stunden Fahrt), wo beschlagnahmte zahme Orang-Utans auf das Leben in freier Wildbahn vorbereitet werden. Mit einem Erlaubnis-

Rothschild-Stare und Bali-Rinder finden hier noch Lebensraum. Die Gewässer um die Terima-Bay und die Insel Menjangan, vor allem in deren nördlichem Uferbereich, sind wegen der phantastischen Korallenriffe ebenfalls geschützt. Die Strömung ist nicht stark. An der Westspitze Menjangans finden Taucher einen Schutzraum, weitere Einrichtungen sind geplant.

Komodo Island National Park: Dieses Refugium der berühmten Komodo-Warane wird nun dem Tourismus erschlossen. Der Zugang ist

Links: Javanisches Nashorn. Die letzten Exemplare leben in Ujung Kulon. **Oben:** Sumatra-Tiger.

schein der PHPA in Medan (J. Sisingamangaraja Kilometer 5,5) dürfen die Besucher zweimal am Tag der Fütterung der Tiere zusehen. Das PHPA-Büro ist bei der Planung weiterer Ausflüge ins Schutzgebiet behilflich.

Way Kambas Reserve: Es liegt an der Südostküste Sumatras, nur wenige Stunden von Jakarta entfernt. Obwohl ein Großteil des ursprünglichen Sumpfwaldes gerodet und in Weideland verwandelt wurde, ist das Reservat einer der besten Plätze, wilde Elefanten zu sehen. Außerdem sind im Reservat: Gibbons, Tapire, Makaken, Ottern und viele Vögel. Entweder Sie fliegen von Jakarta nach Tanjung Karang, oder Sie nehmen die Fähre Merak-Bakauhuni, melden sich bei PHPA in Tanjung Karang und fahren über Sukadana direkt zum Gästehaus des Reservats in Way Kanan. Mit dem gemieteten Kanu können Sie die Flußlandschaft erkunden; fahren Sie zur Mündung des Kambas oder in die Sümpfe bei Wako, wo Elefanten weiden und sich Schnepfenvögel tummeln.

Kalimantan: Mt. Palung Nature Reserve: Eines der besten Schutzgebiete der Insel (im Westen) ist auch am leichtesten zugänglich. Hier gedeiht eine typische Regenwaldvegetation, darunter Mangroven und Pflanzen des Sumpfwaldes. Es ist gut möglich, daß man auch OrangUtans, Gibbons und den eigenartig roten und silberfarbenen Nasenaffen zu Gesicht bekommt. Zuständig ist das PHPA-Büro in Pontianak. Von dort geht es im Boot die Küste entlang zur Melanu Bay (eine Tagestour). Mit einem Kahn fährt man etwa vier Stunden flußaufwärts. Dann hat man den Ausgangspunkt für die Besteigung des Mt. Palung (zehn Stunden) erreicht.

Cape Puting Reserve: Es liegt an der Südküste Kalimantans, ist etwas abgelegener, doch ebenfalls leicht zugänglich. Am Nordausgang des Schutzgebiets errichteten Tierschützer an den Ufern des Sekunir das Camp Leakey: ein Orang-Utan-Auswilderungszentrum mit Gästehaus und einem ausgebauten Netz von Waldwegen. Neben den Orang-Utans sieht man hier Gibbons, Makaken und Krokodile. Über Banjarmasin fliegt man zunächst bis Pangkalanbun (PHPA-Büro); mit dem Wagen geht es dann ins 15 Kilometer entfernte Kumai und weiter per Boot in etwa drei Stunden zum Camp Leakey. Mit Proviant muß man sich selbst eindecken und ab Banjarmasin wenigstens vier Tage veranschlagen.

Sulawesi: Tankoko-Batuangus-Dua Saudara: Das nur wenige Stunden von Manado in Nordostsulawesi entfernt gelegene Reservat bietet die Gelegenheit, einer Auswahl der einzigartigen Tiere Sulawesis zu begegnen: Celebes-Makaken, Koboldmakis, Kuskusen, Zwergbüffeln *(anoas)* und *maleo*-Vögeln, deren Lebensraum das Umfeld von Vulkankratern und heißen Quellen ist.

Nach der Anmeldung beim PHPA-Büro in Manado fährt man bis zur Hafenstadt Bitung, etwa eine Stunde weiter östlich. Ab Bitung geht es im Mietboot nach Batuputih, einem 25 Kilometer entfernten Dorf an der Nordgrenze des Reservats, wo für Übernachtungen ein Gästebungalow (keine Bewirtung) zur Verfügung steht. Für Wanderungen innerhalb des Schutzgebiets sollte man sich mehrere Tage Zeit nehmen.

Mt. Ambang Reserve: Dieses malerische Bergwaldgebiet mit Kraterseen und Schwefel-Fumarolen (heiße Schlammteiche) liegt 1100 bis 1800 Meter über dem Meeresspiegel. Die Wälder mit Baumfarnen, *Pigafetta*-Palmen und blühenden Sträuchern sind mit gut ausgebauten Wegen durchzogen. Übernachten sollten Sie in Kotamobagu (zwei Stunden mit dem Bus von Manado) und von dort Tagesausflüge zu den Kraterseen Moaat, Alia und Payapaya sowie zu den Kaffeeplantagen der Umgebung machen.

Lore Lindu National Park: Mit 2500 qkm ist es das größte Naturschutzgebiet Sulawesis, nur wenige Stunden südlich Palus, der Hauptstadt der Provinz Zentralsulawesi. Lore Lindu bietet alles: hohe Gebirgswälder und einen großen Hochlandsee (Lake Lindu) im Norden sowie sanft abfallendes, offenes Grasland in den südlichen Tälern, die Heimat der Toraja sind. Aus der Tierwelt seien die schwarzen Makaken sowie die vielen Vogelarten, der Zwergbüffel *(anoa)* und die *babirusa* (Hirscheber) erwähnt.

Wenn Sie sich bei PHPA in Palu (Jl. S. Parman) gemeldet haben, könnten Sie entweder die Berge im Norden oder die Täler im Süden aufsuchen; zu erreichen über Sidaunta an der Westseite des Parks bzw. über Wuasa im Osten, jeweils in etwa drei Stunden ab Palu. Campingausrüstung, Lebensmittel und einen Träger/Führer braucht man, um an den vielen ausgezeichnet geeigneten Stellen an den Flüssen übernachten zu können. Für Besoa- und Bada-Tal im Süden sollte man eine Woche Zeit haben (zu sehen sind alte Megalithen und Wasserzisternen). Man kann den Park aber auch mit dem Boot auf dem Lake Lindu von Sidaunta nach Wuasa in zwei bis drei Tagen durchqueren.

Molukken und Irian Jaya: Die Schutzgebiete sind nur mit großem Geld- und Zeitaufwand zu erkunden. Einzelheiten erfährt der Unerschrockene bei PHPA in Ambon (Jl. Kapatia) bzw. in Jayapura, und zwar über die Schutzgebiete Manusela auf Ceram, Aru und Banda sowie das 5000 Meter hoch gelegene Lorentz Reserve auf Irian Jaya.

Eine ausgefallene Seltenheit des indonesischen Regenwaldes – die *Rafflesia*, die größte Parasitenblume der Welt.

GAMELAN: MUSIK SO REIN WIE MONDENSCHEIN

Gamelan-Musik ist allein mit zwei Dingen zu vergleichen: mit Mondschein und fließendem Wasser. Sie ist rein und rätselhaft wie das Licht des Mondes und wie Wasser beständigem Wandel ausgesetzt.

Jaap Kunst, *Music of Java*

Seit 1893, als Claude Debussy auf der Pariser Weltausstellung eine Musikantengruppe aus Java hörte, faszinieren die ergreifenden, hypnotisierenden Töne des *gamelan* westliche Ohren. Inzwischen befaßten sich Jaap Kunst, Colin McPhee und andere Musikwissenschaftler mit dem *gamelan*, das nun als eine der entwickeltsten Formen musikalischen Ausdrucks anerkannt wird. In Indonesien dagegen war die *gamelan*-Musik seit jeher Kunst schlechthin, der Klang der Zivilisation.

Karawitan lautet der indonesische Begriff, den Ki Sindusawarno, der erste Direktor des Musikkonservatoriums in Surakarta, in den fünfziger Jahren unseres Jahrhunderts prägte, um damit die ganze Bandbreite der darstellenden Künste auf Bali und Java – den Tanz, das Theater, die Puppenspiele und die gesungene Dichtung – zu denen stets *gamelan*-Musik erklingt, zu erfassen. Spielt das *gamelan*-Orchester meist zur Begleitung von Tanz- und Theateraufführungen, so wird die Musik zunehmend auch Bestandteil königlicher und religiöser Feste. Heute treten *gamelan*-Orchester in Rundfunk und Fernsehen und bei allen wichtigen offiziellen Anlässen auf. Auf Bali ist kaum ein Dorf-*warung,* wo nicht *gamelan*-Musik zu hören sein wird. Trotzdem ist *gamelan* vor allem die Musik für festliche und rituelle Anlässe geblieben.

Das Wort *gamelan* leitet sich vom altjavanischen *gamel* für Handgriff bzw. Hammer ab, denn ein *gamelan*-Orchester spielt fast nur auf Schlaginstrumenten. Die sich gegenseitig durchdringenden Rhythmen und Melodien der *gamelan*-Musik sollen vom Rhythmus des *lesung* abgeleitet sein – dem Stein – bzw. Holzmörser, mit dem der Reis geschält wurde. Eine andere Theorie schreibt diese Klangmuster dem rhythmischen Gesang der Frösche im Reisfeld und dem Konzert krähender Hähne in der Morgendämmerung zu.

Niemand vermag genau zu sagen, wann das erste *gamelan*-Orchester spielte. Metallophone (Instrumente mit tönenden Bronze-, Messing- oder Eisenstäben) gab es schon in frühgeschichtlicher Zeit; Bronze-Gongs und -Trommeln werden mit der Dong-Son-Bronzekultur in Verbindung gebracht, die etwa im dritten Jahrhundert v. Chr. auf Indonesien Fuß faßte. Seitdem bilden die großen Bronze-Gongs den Pulsschlag dieser eigenartigen

Musik; der tiefe, durchdringende Klang ist in einer ruhigen Nacht kilometerweit zu hören.

Das javanische *gamelan*: Auf Java erlebten das *karawitan* und die dazugehörigen Künste ihren Höhepunkt an den islamischen Höfen im 18. und 19. Jahrhundert, obwohl es in Ostjava schon Jahrhunderte zuvor in der Majapahit-Zeit die entsprechenden Instrumentengruppen gab, einzelne Instrumente sogar schon im zehnten Jahrhundert n. Chr.

Die aristokratische Verfeinerung des *gamelan* brachte eine langsame, gemessene Musik hervor, die mystische Gefühle ansprechen sowie Ehrfurcht und Würde ausstrahlen sollte.

Vorherige Seiten: *wayang kulit*-Vorstellung mit gamelan-Begleitung. **Links** und **rechts:** *gamelan*-Spieler in Surakarta.

Ein *gamelan*-Orchester setzt sich aus fünf bis 40 Instrumenten zusammen, von denen nur die wenigsten auch Soloinstrumente sind. Die beiden Instrumente, die immer wieder außerhalb des *gamelan*-Verbandes gespielt werden, das *rebab* (eine zweisaitige Laute, die vermutlich aus dem Nahen Osten eingeführt wurde) und die *suling*-Bambusflöte, sind keine Schlaginstrumente und wurden später ins *gamelan*-Orchester integriert.

Die der *gamelan*-Musik zugrundeliegende Methode der Orchestrierung geht davon aus, daß das Register der einzelnen Instrumente die Dichtheit der gespielten Töne bestimmt – die höheren Instrumente spielen mehr Töne als die niederen. Außerdem sind die Instru-

(Metallophone mit sechs bis sieben Bronzeschüsseln, die über einer Holzmulde als Resonanzkörper liegen) und auf den *slentem* (Metallophonen mit Bambus-Resonanzkörpern) gespielt. Schnellere Variationen auf den *balungan* werden gleichzeitig auch von den Instrumenten gespielt: *bonang* (ein Satz kleiner, horizontal aufgehängter Gongs), *gender* (ähnlich wie die *slentem*), *gambang* (Holzxylophon) und *celempung* (Zither mit Metallsaiten). Diese Instrumente erzeugen zusammen mit den *rebab* und den Vokalisten den komplizierten, sinnlichen Klang, der die *gamelan*-Musik auszeichnet.

Erst seit dem 19. Jahrhundert treten auch Sänger auf, obwohl Solo- und Chorgesang bei

mente nach ihrer Funktion angeordnet. Die Gongs geben die Grundstruktur des Musikstücks an, die Metallophone übernehmen das Thema und die übrigen Instrumente die Variationen. Die *kendhang,* Holztrommeln, führen das Orchester, indem sie das Tempo des Stücks bestimmen. Indonesische Musiker vergleichen den Aufbau des *gamelan* mit einem Baum: Die Wurzeln, kraftvoll und standhaft, sind die unteren Register; der Stamm ist die Melodie, und Äste, Blätter und Blüten repräsentieren das feine Gerüst der Ausschmückung.

In Zentraljava wird das Hauptthema *(balungan)* eines Stückes auf den diversen *saron* Gedichtrezitationen, Volksliedern und in religiösen Zeremonien schon lange üblich waren. Inzwischen gehören Chor und Gesangssolisten zu einem *gamelan*-Ensemble, wobei Frauen *(pesinden)* beliebter als Männer *(gerong)* sein sollen. Allerdings gilt eine Stimme traditionellerweise als zusätzliches Musikinstrument und kann keinen Solopart beanspruchen. Die Texte versteht man deshalb kaum, weil sie meist in einer archaischen Literatursprache abgefaßt sind.

<u>Oben</u>: Das *gamelan*-Orchester Kyahi Bermoro aus Surakarta. <u>Rechts</u>: *gamelan*-Orchester in einem balinesischen Dorf.

Das Mißverständnis, daß *gamelan*-Kompositionen improvisiert werden, ist auch deshalb verbreitet, weil selten Partituren verwendet werden. Dieser Eindruck ist grundfalsch, denn die meisten Stücke (*gendhing*) sind thematisch festgelegt und exakt ausgefeilt. Jede Region hat ihr eigenes Repertoire an Lieblingsstücken. Jedes *gendhing* hat eine Bezeichnung und ein Thema (*balungan*), das meist auf das spezifische *wayang*, den Tanz oder das Ritual, zugeschnitten ist, zu dem es aufgeführt wird. Vor allem an den Palästen von Yogyakarta und Surakarta hatte man für jeden Anlaß eigene Kompositionen. Man unterschied „laute" Stücke, bei denen die Metallophone dominierten, von den „leisen" Stücken, bei denen der Gesang und das *rebab* im Vordergrund standen. In Westjava kennt man diesen Unterschied nicht; hier zieht man Gesang, *rebab* und feine Trommeln den Bronze-Instrumenten vor.

Neben den Stilrichtungen West-, Zentral- und Ostjavas hat sich an der Nordküste eine eigenständige *gamelan*-Musik entwickelt. Bis Borneo und zur Malaiischen Halbinsel reichte der Einfluß des *gamelan*. Dort nahm er, wie in der Region Batavia (Jakarta), chinesische Einflüsse an.

Das balinesische Gamelan: *gamelan*-Orchester auf Bali spielen in den unterschiedlichsten Zusammensetzungen, zum Teil überall auf der Insel, zum Teil nur in einzelnen abgelegenen Gebieten. Diese Vielfalt auf einer so winzigen Insel erscheint eigenartig. Die Ursache liegt teilweise in der Topographie der Insel; zahlreiche Flüsse und tiefe Schluchten gliedern Bali in acht eigenständige Regionen, die im Laufe der Jahrhunderte auch ihre spezifischen kulturellen Ausdrucksformen entwickelten. Das 20. Jahrhundert brachte zwar eine Vermischung der regionalen Kunststile, doch hat sich der westliche Bezirk Jembrana sein traditionelles *jegog*-Orchester bewahrt (es setzt sich aus vier mächtigen Bambusrohren zusammen, auf denen kontinuierlich vier Töne gespielt werden), und in Renon, einem aufstrebenden Verwaltungszentrum, tritt

noch immer das *gong bheri gamelan* auf, dessen Gongs chinesischen Tamtams ähnlich sind und den selten aufgeführten *baris cina*-Tanz begleiten. Gerade da, wo man es am wenigsten vermutet, leben die musikalischen Traditionen weiter. So wird der Streifzug durch die Musikszene Balis zum faszinierenden Abenteuer.

Eines der verbreitetsten Ensembles auf Bali ist das *gamelan gong kebyar*. Der Begriff *kebyar* bezeichnet einen sehr auffälligen, grellen Musikstil, der um 1915 im Norden der Insel praktiziert wurde. Inzwischen haben jedoch die Ensembles ihr Repertoire um andere Stile erweitert. Im *gong kebyar* intonieren vier verschiedene Gongs die Melodie. Es sind dies in der Reihenfolge ihrer Größe: *gong, kempur, kempli* und *ekmong*. Die Thema-Melodie übernehmen zwei Paare großer Metallophone, *jegogan* und *calung*. Eine Gruppe von zehn *gangsa* (hohe Metallophone) malt das Thema aus und das *reong* (die balinesische Version des javanischen *bonang*) wird von vier Musikern gespielt, die einen dahinplätschernden Strom synkopischer Verzierungen hervorbringen. Ein Paar *kendhang*-Trommeln, deren Spiel ineinandergreift, führt die Gruppe an. Der Trommler der unteren *kendhang* ist meist auch der Leiter, Lehrer, Komponist und oft Choreograph des Ensembles. Ein Satz schwach glänzender Zimbeln *(cengceng)* und eine Reihe Bambusflöten vervollständigen das Orchester.

Von den langsamen und maßvollen *gamelan*-Aufführungen auf Java unterscheiden sich die balinesischen durch die schrillen, kapriziösen Töne und die Vitalität des Rhythmus. Die balinesischen Metallophone werden außerdem mit ungepolsterten Schlegeln bearbeitet, die einen schärferen Klang erzeugen. Hinzu kommt, daß das Ineinandergreifen der Rhythmen, die Präzision, mit der die einzelnen Instrumente ihren Part spielen, nirgendwo so komplex ist wie auf Bali.

Die Feinheiten des Stimmens: Das Stimmen der Instrumente ist kompliziert, denn die Mitglieder des *gamelan*-Orchesters wachen eifersüchtig darüber, daß jeder Instrumentensatz einen anderen Klang hat. Das Grundschema geben die beiden eigenständigen Stimm-Systeme *slendro* und *pelog* an: In der *slendro*-Tonleiter unterscheidet man grob nach fünf gleichen Teilen, während im *pelog*-System große und kleine Intervalle nebeneinander stehen. Während das javanische *pelog* meist sieben Töne umfaßt, gibt man auf Bali einem Fünf-Ton-System den Vorzug. Auf Java entwirft man für jedes Orchester eigene *slendro*- und *pelog*-Sätze, auf die die Instrumentalisten während der Aufführung beliebig zurückgreifen können. Balinesische Ensembles verwenden jedoch nie beide Tonleitern. Die *kebyar*-

Instrumente werden z.B. ausschließlich nach *pelog*, das *gamelan gender wayang* (das bei Schattenspiel-Aufführungen auftritt) immer nach *slendro* gestimmt.

Da jedes Instrument einen anderen Klang hat, gibt es auch keine standardisierten *pelog*- bzw. *slendro*-Tonleitern. Jedes Orchester bringt ein Stück auf andere Weise zum Klingen; zusätzliche Variationsmöglichkeiten erschlossen sich die Musiker auf Bali durch das

Oben: Noch heute werden *gamelan*-Instrumente auf ähnliche Weise hergestellt wie im 10. Jahrhundert. **Rechts:** Ein komplettes *gamelan*-Orchester.

„paarweise Stimmen", bei dem immer Paare von Instrumenten leicht unterschiedlich gestimmt werden, um Schwingungen zu erzeugen, die die Klangwirkung entsprechend erhöhen.

Obwohl es mehrere Notensysteme gibt, spielen die meisten Berufsmusiker ohne schriftliche Partituren, wie es seit jeher der Ausbildung von *gamelan*-Musikern entspricht. Zu Beginn des Jahrhunderts erhielten die Musiker an den Höfen Zentraljavas ein spezielles Training für ihre Verpflichtungen am Hofe. Früher, heute noch auf Bali, übten und spielten die Musiker in ihrem Heimatdorf und kamen nur zu speziellen Anlässen in die Stadt. Seit der Unabhängigkeit wurden einige staatlich finanzierten Auslandstournee teilnehmen zu können, bewog viele junge Indonesier, Musiker zu werden.

Die großen Orchester sind nach wie vor das Erbe der Königshäuser, deren Musikstil das jeweilige *gamelan*-Ensemble kennzeichnet.

Auf Java befinden sich die Instrumentensätze auch auf dem Land in Familienbesitz und werden offen als eine Art Statussymbol zur Schau gestellt. Typische javanische Hof-*gamelan*-Instrumente sind im Sasono Budaya Museum in Yogya sowie im Mangkunegaran Palace in Solo zu sehen. Einmal im Jahr treten anläßlich des Geburtstags des Propheten Mohammed die Hof-*gamelans* von Yogya und Solo vor Tausenden von Zuhörern in der

Musikakademien gegründet, die auch auf die formale Ausbildung Wert legen.

In den *gamelan*-Orchestern auf dem Land sind Berufsmusiker von Amateuren kaum zu unterscheiden. Manche Dorfmusiker beherrschen die Musik ihrer Region sehr gut, ohne dafür einen besonderen Status zu genießen oder bezahlt zu werden. Manche *gamelan*-Musiker ziehen durchs Land und spielen turnusmäßig auf traditionellen Festen und *wayang kulit*-Aufführungen. Viele bekannte Musiker führen dieses Leben, ohne jedoch ihren Lebensunterhalt damit bestreiten zu können. Die Aussichten, als Lehrer an einer Musikschule unterzukommen oder an einer

Moschee auf, ein Verstoß gegen islamisches Gesetz, der dokumentiert, daß sich auf Java eine Mischkultur gebildet hat.

Die balinesischen *gamelan*-Orchester werden meist von den dörflichen Musikklubs *(sekaha)* unterhalten. Der balinesische Religionskalender zwingt den Orchestern eine hektische Abfolge von standardisierten Auftritten bei Tempelfesten auf. Die Provinzregierung sah sich daher veranlaßt, gegen das drohende Aussterben bestimmter Musikstile einzuschreiten. Inselweit werden Musikwettbewerbe veranstaltet, die für Komponisten wie Künstler einen Anreiz darstellen, ihre Ausdrucksmöglichkeiten ständig zu erweitern.

TANZ UND SCHAUSPIEL IN INDONESIEN

Tanz, Geschichtenerzählung und jede Art von Theater sind in Indonesien allgegenwärtig. Sie sind Elemente eines allumfassenden, tradierten Kulturlebens und befriedigen eine große Bandbreite religiöser und profaner Bedürfnisse. Tänzer, Schamanen, Schauspieler, Puppenspieler, Priester, Geschichtenerzähler, Dichter und Musiker spielen lebensnotwendige Rollen, indem sie ihre Mitmenschen informieren, unterhalten, beraten und sie in den Regeln der Tradition unterweisen. Ohne sie ist für den Indonesier ein soziales Zusammenleben völlig undenkbar.

Es finden sich derart viele Tanz- und Schauspieltraditionen in der Inselwelt, daß man unmöglich von einer gemeinsamen Tradition sprechen kann. Jede ethnische und sprachliche Gruppierung Indonesiens nennt eine Form der darstellenden Künste ihr eigen. Nichtsdestotrotz hat es eine Reihe von Anleihen gegeben, so daß alle Gruppierungen einige Dinge gemeinsam besitzen. Ritual- und Trancetänze etwa gibt es als soziale Tanzform überall. Erzähler, seien sie Dorfälteste oder berufsmäßige Puppenspieler, berichten in allen Gemeinden von der Vergangenheit, den unsichtbaren Welten der Ahnen und mächtigen Gottheiten.

In den verschiedenen, historisch gewachsenen Königreichen haben sich gleichzeitig höfische und dörfliche Überlieferungen entwickelt. In den stark javanisch beeinflußten Gebieten (hauptsächlich auf Java und Bali, aber auch auf Sumatra, Lombok und an der Küste von Kalimantan) ist die *wayang*-Darstellungskunst verbreitet, für die Indonesien bestens bekannt ist: Scherenschnittspiele, verschiedene Arten von Puppentheatern, stilisierte Dichtungslesungen, Maskentänze und Tanzdramas. Oft von *gamelan*-Musik und rituellen Opfergaben begleitet, werden die alten indischen und javanischen Epen dargeboten.

In der Hoffnung, daß Besucher zur Beobachtung, Würdigung und Unterstützung angeregt werden, können wir lediglich einen kurzen Überblick über die lebendigsten und verständlichsten Tanz- und Theaterkünste geben.

Überall im Archipel gibt es Tänze. Links: Legong-Tänzerin aus Bali. **Rechts:** *zaiwo* (Männertanz) mit Schwert und Schild in Anakalang (Sumba).

Tanz und Ritual: Es scheint, daß Tanz und Ritual in allen frühen Gesellschaftsformen dieser Erde untrennbar sind. Offensichtlich ist ein solcher Zusammenhang bei den sogenannten „primitiven" Stämmen in Indonesien, deren Schamanentänze von Medizinmännern oder Priesterinnen zur Austreibung und Besänftigung von Geistern getanzt werden. Der *dutuk* (Zauberer) bei den Batak im Hochland Sumatras hält einen Zauberstab in der Hand, während er über zuvor auf den Boden gemalte magische Zeichen tänzelt. Auf dem Höhe-

punkt des Tanzes hüpft er hin und her, wobei er mit dem angespitzten Ende seines Stabes ein am Boden liegendes Ei durchbohrt.

Die meisten Stämme haben auch rituelle Gruppentänze, die anläßlich wichtiger Lebensereignisse wie Geburt, Tod, Hochzeit und Pubertät, jährliche Aussaat und Ernte aufgeführt werden. Getanzt wird auch bei der Amtseinführung von Stammesältesten, wenn der Stamm ein neues Dorf gründet. Selbstverständlich sind Tänze zur Austreibung von Krankheit und bösen Geistern zur Vorbereitung auf Kämpfe und um Siege zu feiern. Ausgenommen zur rituellen Werbung tanzen Männer und Frauen getrennt.

Manchmal ist nur eine ausgewählte Gruppe, meist jedoch sind alle Männer oder Frauen eines Dorfes beteiligt. Die Bewegungen der Frauen sind langsam, die Schritte klein, die Handbewegungen anmutig. Männer dagegen imitieren oft Kampfestechniken, wobei Hände und Knie als „Waffen" eingesetzt werden. Zur Begleitung wird gesungen, Bambusflöte gespielt oder eine Art Glockenspiel aus Bambus geschlagen, während der Reismörser *(lesung)* dumpf den Rhythmus angibt.

Die rhythmische Musik versetzt viele Tanzende in einen Trancezustand. Margret Mead hat dem balinesischen Trancetanz *Barong* in ihrem Film „*Trance und Tanz in Bali*" zur Unsterblichkeit verholfen.

Hahns und abgebrannter Räucherstäbchen die Geister ausgetrieben werden müssen. Das *Barong*-Drama wird heutzutage täglich für Hunderte von Touristen aufgeführt, hat aber nichts von seiner Faszination verloren.

Eine andere balinesische Tanzform ist der *Sanghyang*. Auch hier sind die Tänzer von Göttern und Göttinnen oder Tiergeistern besessen. Am bekanntesten ist der *Sanghyang Dedari* oder „himmlischer Nymphentanz". Zwei weißgekleidete junge Mädchen betreten einen von 40 bis 50 singenden Männern gebildeten Kreis, den sogenannten *kecak*-Chor. Sie beginnen sich im Rhythmus der Gesänge zu bewegen, wobei die geschlossenen Augen die Besessenheit durch eine Göttin anzeigen.

Im *Barong*-Tanzdrama wird die Auseinandersetzung zwischen Gut und Böse, zwischen *Barong* (einer Art chinesischer Löwe, jedoch offensichtlich ein Abkömmling des Hindu-Gottes *Banaspati*, wie er in alten javanischen Tempelskulpturen dargestellt ist) und *Rangda*, der bösen Hexe, dargestellt.

Eine Gruppe mit Schwertern *(keris)* bewaffneter Männer versucht *Rangda* zu töten. Sie werden jedoch von ihr verhext und wenden die Schwerter gegen sich selbst. Dank des Eingreifens des guten *Barong* werden sie aber gerettet. Am Ende der Aufführung sind einige der Tänzer oft derart in Trance versetzt, daß ihnen mit Hilfe eines über ihnen geopferten

Schließlich werden sie in glitzernde Kostüme gehüllt und auf den Schultern von Männern durchs Dorf getragen, um Krankheiten und böse Einflüsse auszutreiben.

Während auf Bali Trancetänze wie der *Barong* oder *Sanghyang Dedari* ihre Bedeutung und ihren Einfluß nicht verloren haben, sind sie auf dem islamischen Java zu kommerziellen Spektakeln herabgesunken. Hier bekannt als *Kuda Kepang, Kuda Lumping, Reog*

<u>Oben</u>: Dieser Tanz in Mollo (Timor) findet vor einem Kampf statt. <u>Rechts</u>: Bedoyo Ketawang – der heiligste und geheimnisvollste javanische Tanz.

und *Jatilan,* nehmen an den Aufführungen ein oder mehrere Reiter auf Spielpferden aus Leder oder Bambus, Musiker, maskierte Clowns und auch mal eine Löwen-, Tiger- oder Krokodilmaske, ähnlich wie beim *Barong*, teil.

Einst waren solche Spielpferdtruppen häufig auf Wochenmärkten und Stadtplätzen während der Festtage zu sehen, heutzutage findet man sie jedoch nur noch selten. Derartige Spielpferdtänze wurden früher auch auf Sumatra und Sulawesi bei Beerdigungen getanzt. Das Pferd (manchmal ein Vogel) hatte hier die symbolische Funktion, die menschliche Seele in die andere Welt zu bringen.

Höfische Tänze Zentraljavas: Noch vor der Jahrhundertwende hatte nahezu jeder indonesische Herrscher ein eigenes Theater- oder Tanzensemble an seinem Hof. Infolge der holländischen Eroberungen gerieten jedoch die meisten höfischen Überlieferungen in Vergessenheit. Lediglich in Zentraljava sind einige höfische Darbietungsformen von Tanz, Schauspiel und Musik erhalten geblieben.

Java besitzt die weitaus ältesten Theater und Tanztraditionen Indonesiens. Steininschriften aus dem achten und neunten Jahrhundert beschreiben häufig Tänze, Masken, Musiker und Schauspiele. Auf den Mauern der großen javanischen Tempel dieser Zeit – Borobudur, Prambanan und anderen – finden sich zahllose Reliefdarstellungen von Tänzern und Unterhaltungskünstlern, seien es einfache Bänkelsänger und wegelagernde Zecher oder sinnliche Hofkonkubinen und einherstolzierende Prinzessinnen.

Wie die neueren javanischen und balinesischen Tänze, verraten diese Reliefs starken indischen Einfluß. So finden sich an der Außenseite der Hauptbalustrade in Prambanan die 62 Illustrationen des *Natyasastra* (Handbuch des klassischen indischen Tanzes) eingemeißelt. Große Betonung haben hier die Haltung des Kopfes und die Stellung der Hände. Im klassischen indischen Tanz wurden mit den Händen durch eine komplexe Zeichensprache ganze Geschichten erzählt. Jede Handstellung *(mudra)* hatte einen genau definierten Bedeutungswert. Obwohl im javanischen ebenso wie im balinesischen Tanz die „wörtliche" Bedeutung der *mudras* verlorengegangen ist, bleibt die reiche Ausdruckskraft der Handgestik beim Tanz ein prägendes Element in ganz Südostasien.

Die meisten Tänze Zentraljavas werden dem einen oder anderen islamischen Herrscher, besonders den Dynastiegründern des 16. bis 18. Jahrhunderts, zugeschrieben. Zweifellos sind die Bewegungen und Musikformen jedoch älteren Ursprungs. Aus dem 19. Jahrhundert ist bekannt, daß viele Tänze und Stücke zu besonderen Gelegenheiten geschaffen wurden. Meist bedeutete dies jedoch lediglich, daß der Tanzmeister des Hofes angewiesen wurde, eine vorgegebene Musik mit einem bestimmten Stück zu kombinieren. Einige Herrscher waren jedoch selbst vorzügliche Tänzer und Musiker.

Der berühmteste aller javanischen Hoftänze ist der *Bedoyo Ketawang.* Er wird alljährlich im Palast von Surakarta zum Jahrestag der Krönung von Susuhunan aufgeführt. Es wird

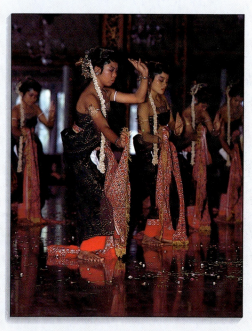

berichtet, daß dieser heilige Ritualtanz von Sultan Agung (Regierungszeit 1613 bis 1645), dem größten der Mataram-Könige, eingeführt wurde. *Bedoyo Ketawang* preist die Wiedervereinigung der Nachkommen des Dynastiegründers Senopati mit der machtvollen Göttin des südlichen Meeres Kyai Loro Kidul.

Neun weibliche Palastwachen in königlichen Hochzeitskleidern führen diesen erhaben-prächtigen Ritualtanz aus. Nur an einem vorgegebenen Tag, einmal in fünf Wochen, darf der Tanz geprobt werden, damit das heilige Ritual nicht geschändet wird. Bis vor kurzem durften keine Fremden dem Tanz beiwohnen, da Loro Kidul selbst erscheinen würde, um sich mit dem König zu vereinigen. Auch im Palast von Yogyakarta wurde früher einmal der *Bedoyo* getanzt. Man nimmt an, daß der Tanz auf alte javanische Fruchtbarkeitsriten zurückgeht.

Der andere wichtige javanische Hoftanz, der *Serimpi*, wurde nur von Prinzessinnen und Töchtern der Herrscherfamilie getanzt. Er zeigt den Zweikampf eines Amazonenpaares, das sich im Bewegungseinklang anmutig mit winzigen Dolchen und Pfeil und Bogen bekämpft. Ein Relief des Borobudur zeigt zwei Tänzerinnen in gleicher Haltung, und in Prambanan ist eine tanzende Kriegerin zu sehen, so daß angenommen wird, daß der *Serimpi* auf

Dörfern, nicht viel übriggeblieben. Dies ist vermutlich auch auf den Einfluß des Islam seit dem 17. Jahrhundert zurückzuführen. Die holländische Kolonialherrschaft und die einsetzende Bevölkerungsexplosion taten ihr übriges.

Heute gibt es kommerzielle javanische Tanzvorführungen, wie die der *Ronggeng*-Straßentänzer, außerdem die der *Talèdèk* Tanzmädchen oder die der erwähnten Spielpferdensembles. Sie mögen ein Nachhall früherer dörflicher Tanztraditionen sein, wie sie heute noch auf Bali zu finden sind.

Prachtvolle balinesische Tänze: Das traditionelle balinesische Gemeinwesen hat man als „Theaterstaat" beschrieben. Wenn auch Balis

diese Traditionen zurückgeht. Nachdem zu Beginn des Jahrhunderts auch außerhalb der Paläste Tanzschulen entstanden, ist der *Serimpi* zu einem Standardtanz geworden, der allen jungen Frauen gelehrt wird.

Es gibt jedoch zusätzlich einige höfische Tänze Javas, die ausschließlich für Männer gedacht sind, so etwa der *Beksan Lawung*. Meist sind es Kriegs- oder Prozessionstänze, die heute allerdings nur noch selten aufgeführt werden.

Die Reliefs des Borobudur legen den Schluß nahe, daß einst der Tanz eine entscheidende Rolle im javanischen Leben spielte. Davon ist heute, abgesehen von unberührten

lebendige und lebhafte Kultur sicherlich Veränderungen unterworfen war, ist sicher, daß sowohl Tanz als auch Theater seit Menschengedenken eine zentrale Rolle im Leben der Balinesen gespielt hat. Nach dem Niedergang der Königreiche zu Beginn dieses Jahrhunderts verlagerte sich der Schwerpunkt von Tanz und Theater aus den Palästen in die Dörfer.

Auch im balinesischen Tanz ist der indische Einfluß offensichtlich. Seine Tänzer ähneln ihren Vorbildern auf den Tempelreliefs Ostjavas weit mehr, als es die Palasttänzer Javas tun. Die Kostüme, die glitzernden Kopfbedeckungen und der feingearbeitete Schmuck sind hindu-javanischen Ursprungs. Wie auf Java ist die Tanzhaltung auf Bali „indisch": Die Knie sind angewinkelt, die Füße nach außen gestellt, der Oberkörper gerade, der Kopf schräg, die Gestik der Hände ausdrucksvoll, die Fingerbewegungen flatternd.

Balinesischer Tanz vermittelt jedoch völlig andere Eindrücke. Entwickelte sich auf Java ein langsamer, kontrollierter, fließender Bewegungsstil, bei dem die Augen niedergeschlagen und die Glieder am Körper gehalten werden, so ist der balinesische Tänzer mit Energie geladen, hat die Augen weit aufgerissen, springt hier und dorthin, schreitet mit weitausholenden Schritten, wirft die Arme in die Höhe und bewegt sich schnell und katzenhalten, haben heute auch in das zeremonielle Repertoire der Dorfbewohner ihren Eingang gefunden.

Der zum königlichen Vergnügen entstandene *Legong Keraton*-Tanz ist heute häufig auf dörflichen Tempelfesten zu sehen und wird zusehends zu einer Attraktion für Touristen. Zwei sehr junge Mädchen, die in golden glitzernde Kostüme gekleidet sind und deren Frisuren mit Frangipani-Blüten geschmückt sind, werden von einem Zeremonienmeister *(condong)* vorgestellt. Die beiden tanzen dann eine Geschichte vor, von denen es etwa ein Dutzend verschiedene gibt. Diese traditionelle Form wird heutzutage dadurch abgeändert, daß auch mehr als zwei Tänzerinnen

gleich; ein Javaner würde bei diesem Anblick zurückprallen.

Ein Tempelfest auf Bali ohne eine Tanz- oder Theateraufführung zur Unterhaltung der Götter (und natürlich der Besucher) ist undenkbar. Es wird jedoch fein unterschieden zwischen den sogenannten religiös-heiligen *(wali)*, zeremoniell-rituellen *(bebali)* und lediglich unterhaltenden *(bali-balihan)* Tänzen. Letztere, ursprünglich der Aristokratie vorbe-

Links: Die Sriwedari-Truppe bei einer *wayang orang*-Vorstellung in Surakarta. **Rechts:** I Nyoman Mario, legendärer Tänzer der dreißiger Jahre, bei einer Kebyar-Vorführung.

teilnehmen, die nicht unbedingt jung sein müssen.

Die *Baris* oder Kriegertänze dagegen haben sich anscheinend aus alten, rituellen Kampfestänzen entwickelt. Der überlieferte *Baris Gede*-Tanz wird von Männergruppen ausgeführt. Die Männer erwarten angespannt, mit weit aufgerissenen Augen und bereitgehaltenen Lanzen oder Schilden, den Angriff des Feindes. Ohne Waffen wird der *Solo-Baris* getanzt, dessen konzentrierte Abläufe Selbstvertrauen und geistige Kontrolle suggerieren. Eine gute *Baris*-Aufführung ist eine echte Herausforderung für Tänzer und Musiker, da sie exakt auf die Signale ihrer Mitspieler achten müssen, um die vibrierenden Ausbrüche synchroner Energie abgeben zu können, die die Höhepunkte dieses Tanzes ausmachen.

Ununterbrochen entstehen neue Tanzformen. Der machtvolle *Kecak*-Tanz entwickelte sich Anfang des Jahrhunderts aus dem *Sanghyang Dedari*. In Szenen aus dem indischen Ramayana-Epos spielt der Chor nun die Rolle der Armeen des Affengottes Hanuman.

In den dreißiger Jahren schuf der legendäre Tänzer und Choreograph I Nyoman Mario den *Kebyar*-Tanz. Zu den Klängen einer neuen Art *gamelan*-Musik, die um 1915 im Norden Balis entstand, bewegt der ausschließlich sitzende Künstler den Oberkörper im kapriziösen Rhythmus dieser schillernden Musik.

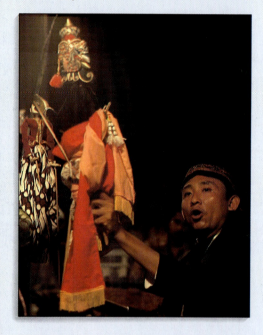

Eine andere Kreation Marios ist der *Oleg Tambulillingan,* in dem das Liebesleben zweier Hummeln in einem Blumengarten geschildert wird!

Überlieferte Theaterformen auf Bali und Java: Traditionelles Theater ist in Indonesien schon immer eine enge Bindung mit örtlichen Musik-, Tanz- und Erzählformen eingegangen. In Java etwa scheint jedes Theater seine Wurzeln im *wayang*-Puppenspiel zu haben, insbesondere im *wayang kulit,* einer Kombination aus Schattenspiel und Puppentheater. *Wayang* nennt man auf Java jede Theaterdarbietung, seien die Akteure nun Schauspieler oder Puppen. *Wayang* heißt eigentlich „Schatten" und bezieht sich im engeren Sinn nur auf das Schatten-Puppenspiel. In einem weiteren Sinn bezieht es sich auch auf konventionelles Theater mit Schauspielern. Am bekanntesten sind das *wayang topeng,* ein Maskenschauspiel, und das *wayang orang,* ein Tanzdrama. Auch hier sind viele der Geschichten und charakteristischen Bewegungen vom Schattenspiel ausgeborgt.

Das *wayang topeng*-Maskenspiel ist offensichtlich die älteste von den noch existierenden Theaterformen. Erste Spuren finden sich in Ostjava bereits im 14. Jahrhundert. Themen des *wayang topeng* sind Geschichten aus dem Panji-Zyklus, Erzählungen von der Gründung der *Singhasari*-Dynastie im 13. Jahrhundert. Es scheint auch der Vorläufer des balinesischen *gambuh*-Dramas zu sein. Gelegentlich wird dies heute noch mit Masken und altertümlichen *gamelan*-Instrumenten gespielt; die Dialoge – in altjavanisch – versteht allerdings niemand.

Während in Bali Maskenschauspiel noch sehr populär ist, hat es sich auf Java nur spärlich in Dörfern der nördlichen Küste (insbesondere um Cirebon) erhalten; in Zentraljava verschwand es bereits ab dem 16. Jahrhundert unter den islamischen Herrschern. Auch die Konkurrenz durch Tanzdramen scheint zum Niedergang beigetragen zu haben.

Die Beantwortung der Frage, wer das *wayang orang* (auch *wayang wong*)-Tanzdrama eingeführt hat, hat zu einer Rivalität zwischen den Einwohnern Surakartas und den Einwohnern Yogyakartas geführt. Surakarta schreibt es dem Prinzen Mangkunegara I. zu, Yogyakarta ihrem Prinzen Hamengkubuwana I.

Tanzdramen gab es jedoch schon lange vor dem 18. Jahrhundert. Allerdings waren beide Herrscher äußerst engagiert, neue Stücke entstehen zu sehen und deren Aufführungen zu fördern. Und schon zu damaliger Zeit bestand eine starke Konkurrenz zwischen verschiedenen Höfen bezüglich der neuesten Stücke und besten Aufführungen. Es war fast eine Fortsetzung des Bürgerkriegs zwischen 1740 und 1755, nur diesmal auf der Bühne. Der Wettbewerb verstärkte sich gar noch im 19. Jahrhundert, als sich javanische Herrscher mehr und mehr kulturellen Prestigevorhaben zuwand-

Das javanische Theater hat seine Wurzeln im Puppenspiel. Links: *wayang golek*-Vorstellung. **Rechts:** ASTI-Absolventen bei einem Tradition und Moderne verknüpfenden Fächertanz.

ten; Zeit und die entsprechenden Mittel waren reichlich vorhanden.

Im Laufe der Jahre wurde das *wayang orang* zu einem festen Bestandteil des staatlichen Protokolls in diesen Königreichen. Anläßlich des Jahrestages der Dynastiegründung, bei Königskrönungen oder prunkvollen königlichen Hochzeiten wurde es in offenen Pavillons aufgeführt. Die große Zeit des *wayang orang* kam dann in den zwanziger und dreißiger Jahren dieses Jahrhunderts, als die Aufführungen mehrere Tage dauerten und zwischen 300 und 400 Akteure eingesetzt wurden. Bei diesen Aufführungen stand Musik und technisch exakte Ausführung von Tanzbewegungen im Vordergrund. Stilisierung und Abstraktion wurden über Dialoge und Handlungsabläufe gestellt.

Die heutigen Aufführungen sind weniger aufwendig und dauern nur wenige Stunden. Bühnenscheinwerfer, Schminke und bunte Kulissen gehören nun zum Standard der meist in freistehenden Hallen stattfindenden Vorführungen. Es gibt auch drei professionelle *wayang wong*-Ensembles – in Surakarta, Semarang und Jakarta. Die Betonung der allabendlichen Stücke liegt eher auf langatmigen Dialogen und komödienhaften Szenen als auf den tänzerischen Elementen.

Der Tanz heute: Das traditionelle indonesische Theater läuft heute Gefahr, von den modernen, städtischen Vergnügungen überrollt zu werden. Selbst die Paläste sind nicht mehr in der Lage, für den Unterhalt der Musik- und Tanzgruppen aufzukommen. Zwar gibt es einige private Theaterensembles, doch scheint die allgemeine Bereitschaft, die alte „Palast"-Kunst zu unterstützen, nicht gerade sehr groß zu sein.

Von Regierungsseite bemüht man sich, Abhilfe durch die Einrichtung von Kunstakademien (ASTI) in verschiedenen Städten zu schaffen. Aufführungen sind jedoch selten, und die finanzielle Ausstattung ist dürftig. Zudem haben die Absolventen dieser Akademien wenig Berufsaussichten. Nichtsdestotrotz werden sie von vielen willigen Studenten besucht.

Neuerdings hat der Tourismus die Rolle eines Impulsgebers übernommen, was nicht immer im traditionellen Rahmen stattfindet (etwa am Hotelswimmingpool). Eine Ausnahme bildet Bali, wo seit jeher die Tanztradition tiefverwurzelt war. Doch auch hier beeinflußt der Tourismus die in jedem Dorf bestehenden Tanztruppen, die ihr Repertoire erweitern und verbessern. So tanzt die Truppe von Batubulan morgens den *Barong* für Busladungen von Touristen, während sie abends den *Topeng* oder *Arja* vor hingerissenen Dorfbewohnern im Tempel zum besten gibt.

Auch ist inzwischen eine neue Generation indonesischer Choreographen herangewachsen, die gut ausgebildet und mit westlichem klassischen und modernen Tanz vertraut ist. Seit den fünfziger Jahren versuchen Künstler wie Bagong Kussudiardjo in Yogyakarta, Wayan Dibia in Bali und der aus Sulawesi stammende Wiwiek Siepala in Jakarta traditionelle Tänze in eine modernere Form zu bringen.

Ein Resultat von Bearbeitungen überlieferten Tanzgutes war der *Sendratari,* ein altes Tanzdrama, ohne Dialoge, aber mit neuen Bewegungsabläufen und modernen Kostümen. Die erste Aufführung des *Sendratari,* einer abgewandelten Fassung des javanischen *wayang orang,* fand in den frühen sechziger Jahren angeblich auf Drängen eines Reiseleiters statt. Während der Vollmonde in der Trockenzeit (Juni bis September) wird dieses spektakuläre Ramayana-Ballett mit über 200 Mitwirkenden vier Nächte lang auf einer eigens vor dem eleganten Prambanan-Tempel aus dem neunten Jahrhundert errichteten Bühne in Szene gesetzt.

INDONESISCHE STOFFE: GEWEBTE TRADITION

Jeder Kenner von Textilien wird sofort darauf hinweisen, daß Indonesien weltweit die größte Mannigfaltigkeit an traditionellen Stoffen aufzuweisen hat. Die Anzahl verschiedener Stoffe und technische Virtuosität der Herstellung sind unübertroffen. Erwähnt seien nur die farbenprächtigen Kleidungsstücke aus Rinde von Borneo, Irian Jaya und Sulawesi oder die schlichten Webereien und exquisiten Seiden Sumatras *(songket)*, aber auch die wunderschönen Batiken Javas und die berühmten *ikats* der östlichen Inseln.

Feine Stoffe sind in Indonesien mehr als Material für Kleidung. Sie können Macht und Status symbolisieren, werden als Ritualobjekte, als Geschenke im Handelsverkehr und nicht zuletzt als eine Art Währung und Sparkasse verwendet.

Weitverbreitete Kunstfertigkeit: Jede der über 350 ethnischen und sprachlichen Gruppierungen Indonesiens hat zu irgendeinem Zeitpunkt eine eigene, klar abgegrenzte Stoffherstellungstradition besessen. Einige dieser Traditionen sind möglicherweise über 2000 Jahre alt und in unwegsamen Gebirgsgegenden erhalten geblieben. Viele sind auch von auswärtigen Einflüssen (insbesondere indischen) geprägt. Seit dem 14. Jahrhundert werden indische Stoffe im großen Stil importiert, im 16. und 17. Jahrhundert vor allem *patola*-Stoffe. Später begannen die Europäer hier mit indischen Stoffen zu handeln; sie hinterließen ihre Spuren in den verschiedenen Mustern.

Auswanderer und Händler haben bei der Verbreitung von Techniken und Motiven ebenso eine Rolle gespielt. So findet man beispielsweise an den Nordküsten von Ceram und Irian Jaya traditionelle Weber-Gemeinschaften, deren Ursprünge auf den Banggai-Inseln (östlich von Sulawesi) vermutet werden. Hier leben auch Alune-Stämme (wörtlich: „Leute, die weben") inmitten von Gruppen, die Rindenstoffe und Flechtarbeiten herstellen, aber keine traditionellen Weber sind.

Und es wird die Geschichte der Prinzessin von Wolio, dem alten Königreich auf Buton (dem südöstlichen Sulawesi vorgelagert) erzählt. Als diese Mitte des 17. Jahrhunderts den Sultan von Ternate (Molukken) heiratete, waren drei *kora-kora*-Auslegerboote mit bis zu 100 Ruderern erforderlich, um ihr Gefolge aufzunehmen. Unter diesem war auch eine Gruppe von Webern, die ihre Heimat in Koloncucu verließ. In Ternate gab man ihnen ein Stück Land, und sie nahmen ihre Webarbeit für den neuen Hof wieder auf. Das Sultanat von Ternate erstreckte sich damals von Mindanao im Norden bis Flores im Süden, so daß

man heute noch in Halmahera und auf benachbarten Inseln Webarbeiten im Koloncucu-Stil finden kann.

Rituale und Symbolik: Das Spinnen, Färben und Weben von Stoffen wurde ursprünglich als symbolischer Schöpfungsakt, gleich der Geburt eines Menschen, angesehen. Gewebt wurde ausschließlich von Frauen. Männer durften, entsprechend ihrem Beitrag zur Zeugung, nur bestimmte Färbearbeiten an den Fäden vornehmen. Das Färben selbst erfolgte in absoluter Abgeschiedenheit. Färbende durften nicht vom Tod sprechen und schwangere, kranke oder menstruierende Frauen waren ausgeschlossen.

Vorherige Seiten: Königliche Insignien – Symbole der Macht. **Links:** Frauen im traditionellen *hinggi (kat* von Sumba). **Rechts:** *ikat-* und *songkei-*Stoffe aus Limar.

Der Faden wurde nur an günstigen Tagen auf den Webstuhl gespannt, um zu verhindern, daß er reißt. An der Küste wurden Vollmondtage und die Stunden der Flut als günstig angesehen. Bei einem Todesfall wurden sämtliche Webarbeiten eingestellt, damit sich der Geist des Verstorbenen nicht rächen würde.

Ein fertiges Erzeugnis war derart mit metaphysischen und psychologischen Assoziationen beladen, daß es der Überlieferung nach als machtvoller Gegenstand angesehen wurde. Er konnte nicht nur den Webenden schützen, sondern auch bei den magischen Lebenszyklus-Ritualen Verwendung finden.

Im Laufe der Zeit entwickelte sich eine richtige „Stoffsprache". Bei den Batak auf Sumatra zum Beispiel legen Verwandte einer im 7. Monat mit dem ersten Kind schwangeren Frau das braun-weiße *ragidup* („Lebensmuster") als „Seelentuch" *(ulos ni tondi)* um.

Bei den Toraja auf Sulawesi ist für jedes größere Ritual das heilige *maa*-Tuch notwendig. Den Fäden wird göttlicher Ursprung zugeschrieben, und es wird sorgfältig in besonderen Körben aufbewahrt. Einige *maa*-Tücher sind für die Anrufung von Fruchtbarkeitsgeistern geeignet, die Entfaltung von anderen soll sofortigen Regen bringen.

Auf vielen Inseln sind bestimmte Stoffe erforderlich, um den Brautpreis entrichten zu können. Auf Buton wurden kleine Rechtecke aus Stoff über Jahrhunderte als Währungseinheit benutzt.

Die bekanntesten indonesischen Ritualstoffe sind die sogenannten „Schiffs-Tücher". Diese einst in Südsumatra hergestellten Stoffe zeichnen sich durch ein Schiffs-, manchmal auch ein Vogelmotiv aus. Ähnlich einer Arche Noah sind menschliche Figuren zusammen mit Tieren und Pflanzen sowie wertvollen Gegenständen darauf abgebildet. Das Schiffsmotiv ist in der indonesischen Kunst und Architektur oft anzutreffen und symbolisiert Veränderung und Vergänglichkeit.

Bestimmte Stoffarten, Farben und Motive waren ausschließlich den Königen und der Aristokratie vorbehalten. Solche Verwendungsvorbehalte sind typisch für fast alle früheren Gesellschaftsformen. Das Tragen von Markenzeichen kann selbst heute noch als Versuch interpretiert werden, seinen sozialen Rang anzuzeigen.

„Primitive" Stoffe: Textilien aus allen Perioden werden heute noch in einer lebendigen Weiterführung der Traditionen hergestellt. Allerdings ist hier mit dem Aufkommen neuer Stoffe ein starker Rückgang zu beobachten.

Oben: Frau am Handwebstuhl. **Rechts**: Frau aus Lembata beim Baumwollspinnen. **Ganz rechts**: Handwebstuhl mit ‚koffo'-Gewebe aus Sangihe (Nordostsulawesi).

Die Rindenstoffe aus Kalimantan (Borneo), Sulawesi (Celebes) und Irian Jaya (Neuguinea) gehen auf prähistorische Entwicklungen zurück. Dennoch weisen sie ein hohes Niveau handwerklicher Fertigkeiten auf.

Die Toraja zum Beispiel stellen außerordentlich geschmeidige Stoffe aus der Innenrinde der Schraubenpalme (Pandanus), des Maulbeerbaums und anderer Bäume her, indem sie die gewonnene Pflanzenmasse mit Schlegeln aus Stein oder Holz flachschlagen. Anschließend wird der Stoff *(fuya)* mit natürlichen Farben koloriert, bemalt oder gestempelt. Die daraus hergestellten Kopftücher, Blusen, Ponchos und Taschen werden mit Stickereien und Applikationen verziert.

bus, Palmen und anderen Pflanzenfasern sind auch heute nicht unbekannt. Auf dem nordöstlichen Sulawesi (Minahassa) und auf den nahegelegenen Sangir- und Talaud-Inseln findet man anspruchsvollere Webarbeiten aus Wildbananen- und Ananasfasern. Sie werden hier *hote* genannt (früher auch *koffe* oder „Manilahanf"). Die meisten haben geometrische Muster (Schnörkel, Sterne, Karos), die entstehen, indem man kurze Faserabschnitte einfärbt und dann mitverarbeitet.

Die Verwendung von anderen Grundstoffen als Baumwolle muß nicht unbedingt eine ältere Entwicklungsstufe der Textilherstellung sein. Viele der „primitiven" Stoffe zeigen ein außergewöhnliches Maß an hochentwik-

Webtechniken waren wohl schon zu prähistorischen Zeiten weit entwickelt. Dies dokumentieren die einfachen Gewebe aus Pflanzenfasern, die man noch in einigen Gegenden findet. Viele dieser Webstücke erfordern zur Herstellung keinen Webstuhl und sind als Mischform von Web- und Flechtarbeit zu bezeichnen. Bis vor kurzem noch stellten einige Stämme auf Kalimantan, Sulawesi und Timor Kriegerumhänge aus Bast- und Rindenfaserzwirn her, indem sie abwechselnd oben und unten einen Querfaden um einen Längsfaden schlangen.

Kleidungsstücke aus geflochtenen Gräsern, Pandanus- oder Sagopalmenblättern, Bam-

kelter Kunstfertigkeit. Weil Baumwolle bei den meisten fortgeschrittenen Textilien verarbeitet wird, was einen Anbau, ein Verspinnen und einen Webstuhl voraussetzt, wird allgemein angenommen, es handle sich hier um ein späteres Entwicklungsstadium. Baumwolle jedoch ist in der Region seit langem heimisch und wird von vielen sogenannten „Primitiven" angebaut und verarbeitet.

Mit der einsetzenden Baumwollverarbeitung in Indonesien kam auch das Kettfädenikat auf. Hierbei handelt es sich um eine überlieferte Gestaltungsmethode, bei der das Kettfädengarn eingefärbt wird, ehe man es verwebt. In vielen indonesischen Sprachen be-

Stoffe

deutet *ikat* „knüpfen". Meistens wird der nicht zu färbende Abschnitt der Fäden mit farbresistenten Fasern abgebunden, um die Muster zu erzeugen. Ein Meister der *ikat*-Technik kann wahrhaft komplizierte Muster und Motive in satten Farben in den Stoff zaubern.

Solche *ikat*-Webarbeiten finden sich heute hauptsächlich auf den östlichen Inseln des Sunda-Archipels, aber auch in unzugänglicheren Gegenden Sumatras, Borneos und Sulawesis. Ihre Herstellung setzt ein ungeheures Maß an Geduld und Kunstfertigkeit voraus. Die Garne zu spinnen und die Farben vorzubereiten, die Kettfäden abzubinden und diese immer wieder einzutauchen und zu trocknen, um die erwünschten Farben zu erzielen, stellt keine geringeren Anforderungen als der eigentliche Webvorgang.

Zwischen acht und zehn Jahren dauerte es, ein feines Tuch mit Naturfarben herzustellen. Rezepte zur Produktion dieser Farben sind außerordentlich kompliziert; bei einigen müssen hochentwickelte Träger- und Beizflüssigkeiten verwendet werden. Hauptfarben waren Indigo, *mengkudu* (eine rote Farbe aus einer Wurzel) und *soga* (aus braunen Wurzeln und Rinden). Islamische Händler verbreiteten aber auch Türkischrot und Koschenille. Alle Kettfäden-*ikats* zeichnen sich durch horizontale oder vertikale Streifen von Muster- und Motivgruppen aus.

Das berühmteste *ikat* ist der *hinggi* von der Ostküste Sumbas. Reiche Farben, genaue Details und kühne, waagerechte Felder stilisierter menschlicher und tierischer Figuren charakterisieren diese *ikats*. Sie werden im Regelfall paarweise hergestellt, wobei das eine um den Körper geschlungen und das andere um die Schultern drapiert wird. Über Jahrhunderte waren *hinggis* wertvolle Handelsgegenstände, die auch von den Holländern im 19. Jahrhundert in großem Umfang ausgeführt wurden.

Während mittlerweile alte, echte *hinggis* selten und nur zu astronomischen Preisen zu haben sind, hat die Produktion von billiger, chemisch gefärbter Massenware eingesetzt,

die auf Bali und Java als „Sumba-Tücher" an Touristen verkauft werden.

Auch auf den kleinen, unfruchtbaren Inseln Roti und Sawu (zwischen Sumba und Timor) überlebt eine besondere *ikat*-Art. Sie ist an den schmalen Längsstreifen zu erkennen, auf denen weiße und rote, zart gestaltete Blumen, Sterne oder Karos symmetrisch auf Indigogrund angeordnet sind. Ebenso werden Tulpen und Rosen, wie sie auf holländischen Tuchen und Porzellanen zu finden sind, darge-

Oben: Beim Abbinden des Kettfadens vor dem Färben. **Rechts:** *ikat*-Stoff von der Insel Sawu westlich von Timor.

stellt. In der Regel werden zwei oder mehr Stücke zu einer Decke oder einem *sarung* zusammengenäht, wobei – vor allem auf Sawu – auf eine ungerade Zahl der Streifen geachtet wird.

Die *ikats* auf Roti ähneln denen von Sawu, doch zeigen sie anstelle von Längsstreifen das indische *patola*-Muster: an jedem Ende sind Felder von achtzackigen Sternen oder Blumen mit gestreiften Rändern und Bändern von Dreiecken *(tumpal)*.

Gewebt werden die *ikats* auf einem einfachen Webstuhl, bei dem die Kettfädenspannung durch einen um den Rücken führenden Riemen erreicht wird, während ein Bambuskamm den Garnabstand reguliert.

Schußfäden- und Doppel-*ikats*: Derartige *ikats* findet man nur vereinzelt und es wird angenommen, daß die Technik wohl aus Indien stammt. Indonesische Schußfäden-*ikats* zeichnen sich durch die Verwendung von Seidengarn für die durch Abbinden gefärbten Schußfäden aus. Seidenraupenzucht war vermutlich schon lange aus China eingeführt worden, doch erst als islamische Händler indische Seiden-*ikats* verkauften, begannen die Indonesier, eigene Seiden herzustellen.

Schußfäden-*ikats* tauchen vor allem in den islamischen Handelsgegenden der Küsten auf, wie in Palembang, Gresik, Ujung Pandang und in der Provinz Riau, sowie auf Bali. Diejenigen aus Palembang und von Bangka sind außergewöhnlich anspruchsvoll, in kräftigen Rot-, Blau- und Gelbtönen gehalten, wobei die Schußfäden oftmals mit Goldfäden durchwirkt sind. Indische, javanische und chinesische Motive, manchmal gleichzeitig verwendet, spiegeln die Weltoffenheit dieser Handelshäfen wieder. Weniger wertvolle Exemplare werden heute noch in der Nähe von Palembang produziert und an Festtagen oder zu Hochzeiten getragen.

Tenganan Pageringsingan im Osten Balis ist weltweit einer der drei Orte (außer Indien und Japan), wo die fabelhaften Doppel-*ikats* hergestellt werden. Sowohl Kett- als auch Schußfäden werden durch Abbinden gefärbt. Diese *geringsing* sind mit Indigo und Mengkudu-Wurzeln gefärbt; so entsteht ein rotes Muster auf cremefarbenem Hintergrund. Hervorzuheben ist das *geringsing wayang kebo* mit seinen symmetrischen *wayang*-Figuren um einen vierzackigen Stern.

Auf ganz Bali wird das *geringsing*-Tuch bei allen wichtigen Zeremonien verwendet, auch beim Zähnefeilen und bei den Leichenverbrennungen. Es hatte einst den Ruf, vor bösen Einflüssen (wörtlich heißt *geringsing* „ohne Krankheit") zu schützen; doch anscheinend glauben die Bewohner Tenganans heute nicht mehr so recht daran.

Überhaupt ist Tenganan ein fesselnder Ort, was daher rühren mag, daß es eines der wenigen *Bali Aga*-Dörfer (eigentlich „nicht Hindu") auf der Insel ist. Entweder stammt das *geringsing*-Tuch aus sehr alten, vorhinduistischen Zeiten, oder aber die Herstellung ist von Tabus umgeben, die nur die *Bali Aga* geringschätzen.

Als nach dem 14. Jahrhundert islamische (und später europäische) Kaufleute Indonesi-

en mit indischen Stoffen überschwemmten, scheint dies dort eine Umwälzung der Stofferzeugung in Gang gesetzt zu haben. Importe indischer Webereien hatte es vermutlich schon seit Jahrhunderten für die Aristokratie gegeben, das Ausmaß dieses Handels und seine Auswirkungen auf den einheimischen Textilgebrauch waren jedoch ohne Beispiel.

Seit alters her war der Besitz von Baumwoll- und Seidenstoffen dem indonesischen Adel vorbehalten. Die Herstellung der *ikats* aus diesen Materialien ist sehr zeitaufwendig, arbeitsintensiv und damit so teuer, daß nur Herrscher und Adel die Mittel besaßen, diese Erzeugnisse zu bezahlen.

Eine Veränderung trat hier durch den Gewürzhandel ein. Die Händler hatten entdeckt, daß sie für indische Baumwoll- und Seidenstoffe Gewürze eintauschen konnten, die in anderen Winkeln der Erde mit Gold aufgewogen wurden. Die indonesische Bevölkerung auf der anderen Seite stellte fest, daß sie für leicht zu sammelnde Nelken, Pfefferschoten, Muskatnüsse und aromatische Hölzer Textilien von hoher Qualität erwerben konnte: ein Vorteil, der begreiflicherweise nicht ungenutzt blieb.

Einmal auf den Geschmack gekommen, begann man selbst Stoffe für den Hausgebrauch herzustellen, insbesondere einfache Baumwollwebereien wie den *sarung*, der

heute überall in Indonesien und von der Mehrzahl der Bevölkerung getragen wird. Im Verhältnis zu den groben Erzeugnissen aus Rinde und geflochtenen Pflanzenfasern stellten die einfachen, meist gestreiften oder karierten Baumwollstoffe einen bedeutenden Fortschritt dar.

Sie werden heute in den großen Handelszentren aus der islamischen Zeit (Nordküste Javas, Nord- und Ostküste Sumatras und Südküste Sulawesis) hergestellt und sind unter einer Vielzahl von Namen bekannt. Man findet sie aber auch in Zentraljava (den gestreiften *lurik*) und im Minangkabau-Gebiet des westlichen Zentralsumatras.

Die Umwälzung durch indische Stoffe weitete sich auch auf wertvolle oder gar magische Produkte aus. Das indische *patola*, ein Doppel-*ikat* aus Seide, wurde zum meistimitierten Erzeugnis Indonesiens. Es wurde in das rituelle Leben von vielen Bevölkerungsgruppen integriert und fand Eingang an vielen Höfen. In Java wurde es als *cinde* bekannt.

Im Vergleich zu den mehr dunkelroten, -braunen und -blauen Farben der einheimischen *ikats* müssen die leuchtenden, schimmernden Farben der *patolas* ungewöhnlich gewirkt haben.

Als um 1800 die Importe nachließen, bemühten sich mehr und mehr indonesische Weber, Nachbildungen aus Baumwolle und Seide herzustellen. Heute ist das achtstrahlige Blumendessin überall zu sehen.

Das *songket* ist ein weiteres Produkt des blühenden Handels mit der islamischen Welt; das weinrote, mit Silber- und Goldfäden durchwirkte Tuch stammt auch aus Indien.

Die berühmtesten *songkets* stammen aus Palembang: ein geometrisches Muster aus glitzernden Goldfäden bedeckt oft das ganze leuchtend-rote Tuch. Während beim üblichen Weben Kett- und Schußfäden regelmäßig alternieren, „fließen" die metallischen Schußfäden über und unter mehreren Kettfäden gleichzeitig hindurch. Die Kettfäden werden zu einzelnen Abschnitten abgezählt, bevor mit Hilfe eines Schiffchens, genannt *lidi*, die Schußfäden durchgeführt werden. Ursprünglich waren die Garne aus echtem Gold, heute jedoch ist es nur noch Glitter; echte Goldfäden werden nur noch für besondere Stücke verwendet.

Für silberdurchwirkte weinrote *songkets* sind die Minangkabau Westsumatras bekannt. Auf Bali wird eine ganze Bandbreite von *songkets* hergestellt, angefangen von einfachen *sarungs* mit kleinen geometrischen Silber- oder Goldmustern bis hin zu ausschweifenden Festtagsgewändern, die Gold- und Silberzeichnungen auf purpurnem, grünem, gelbem und blauem Seidengrund aufweisen. Auch balinesische Tier- und *wayang*-Figuren zieren *songkets*, und vor einigen Jahren hat ein italienischer Modeschöpfer rauschgoldgestreifte *songket*-Webereien aus Baumwolle für eine Disco-Kollektion verwendet.

Links: Stoff aus Timor mit den charakteristischen Farben. **Rechts**: *geringsing*-Stoff aus Tenganan; in Bali gilt er als heilig.

JAVANISCHE BATIK

Batiken sind ein wesentlicher Bestandteil heutiger javanischer Kultur. Dennoch ist die Batikherstellung, wie wir sie kennen, vermutlich nicht sehr alt. Fachleute streiten sich darüber, ob sie aus Indien stammt oder sich unabhängig auf Java entwickelte. Ein Vorläufer könnte das *kain simbut* aus Westjava sein, bei dem Reispaste als Farbabweiser auf den Stoff gestrichen wird. Andere meinen, daß das knüpfgefärbte *kain kembangan* letztlich zur Verwendung von Wachs und Harzen als Farbabweiser führte. Zwar hat man Bezeichnungen für verschiedene Batikmotive in der javanischen Literatur bis ins 12. Jahrhundert zurückverfolgt, doch tauchen die Begriffe *batik* und *tulis* (auf Stoffmuster bezogen) in den javanischen Aufzeichnungen erst während der islamischen Epoche auf, als indische Kaufleute bereits Handel im Archipel betrieben.

Einig sind sich jedoch alle, daß javanische Batik bei weitem die vortrefflichste auf dieser Erde ist. Einer der Gründe ist, daß bereits früh, wahrscheinlich im 17. oder 18. Jahrhundert, ein als *canting* bekanntes Werkzeug zur Verfügung stand. Hierbei handelt es sich um einen Stift, mit dem das Wachs auf den Stoff aufgetragen und sehr feine Muster gezeichnet werden konnten. Hinzu kamen eine ausgefeilte Technik zur Wachs- und Harzmischung, zur Farbenbereitung und -fixierung, sowie der ganze Fundus an ausgearbeiteten Motiven. Die nötigen festgewebten, feinen Stoffe wurden bis vor kurzem importiert.

Die Batik-Herstellung: Batik wird außer auf Java auch auf anderen Inseln – Sumatra, Sulawesi und Bali zum Beispiel – hergestellt, aber keine kann sich mit der javanesischen vergleichen – aus dem einfachen Grund, daß schöne Batik nur mit viel Geduld entsteht. Zunächst muß auf den weißen Baumwoll- oder Seidenstoff ein Rohentwurf aufgetragen werden. Alle Flächen, die keine Farbe annehmen sollen, müssen mit Wachs bedeckt werden. Je nach Muster kann das hunderte Stunden an sorgfältiger Arbeit bedeuten. Anschließend wird der Stoff in eine Farblösung gegeben und getrocknet.

Verschiedene Stoffmuster. Links: Zwei Entwürfe aus Zentraljava mit *ceplok*-Motiv und *garuda*-Motiv. **Rechts:** Zwei Muster aus Nordjava mit den typischen leuchtenden Farben.

Bei der Verwendung von Naturfarben waren lange, wiederholte Eintauchvorgänge erforderlich, und ein einziger Färbegang konnte Monate dauern. Für jeden weiteren Färbevorgang muß der Stoff wieder ent- und entsprechend gewachst werden. Entweder man kocht dafür das gesamte Wachs aus und trägt wieder neues auf, oder aber man kratzt das Wachs nur von bestimmten Flächen ab und trägt neues auf andere auf. Dies wird so oft wiederholt, bis die gewünschte Anzahl Farben erzielt ist.

Allgemein nimmt man an, daß die Batikkunst ihren Höhepunkt um die Jahrhundertwende erreichte. Für diese These gibt es mehrere Erklärungen: die Bevölkerung Javas war sprunghaft angestiegen und so gab es genügend billige Arbeitskräfte; die Nachfrage war durch reiche javanische, chinesische, arabische und holländische Stadtbewohner groß; die Versorgung mit feinen, importierten Seiden- und Baumwollstoffen war gesichert; die Zahl der begabten Künstler war groß.

Drachen und Wolken: Damals zählte man über 1000 verschiedene Muster und über 20 regionale Stilformen – in Zentraljava (Yogya und Solo) und entlang der Nordküste (Indramayu, Cirebon, Tegal, Pekalongan, Demak, Kudus, Rembang, Lasem, Tuban, Gresik, Madura). In Zentraljava war die Batikherstellung eine Domäne adliger Damen, während an der Küste chinesische, arabische und sogar indo-holländische Kunsthandwerker tätig waren.

Es bestanden erhebliche Unterschiede in der Farb- und Musteranwendung. In Zentraljava waren einige Motive ausschließlich für Mitglieder des Hofes und des Adels reserviert. Darunter zum Beispiel *kawung* (große Ovale, angeordnet wie ein vierblättriges Kleeblatt), das *ceplok* (ein von der ursprünglichen indischen *patola* abgeleitetes achtstrahliges Blumenmotiv), die *sawat*- oder *garuda*-Schwingen (des mythischen Vogels) sowie das *parang ru-sak barong*-Motiv („zerschlagenes Schwert").

Vorwiegend kamen Indigo und *soga* (ein aus Baumrinde gewonnenes Braun) in vielen verschiedenen Schattierungen zur Anwendung. Oft wurden den ausgeklügelten Farbrezepten Substanzen wie Palmzucker, Bananen oder Hühnerfleisch zugegeben.

An der Nordküste waren Gelb, Malven- und Ockerfarben, Grün und ein blasses Blau beliebter, und die Motive wiesen chinesische, europäische sowie islamische Einflüsse auf.

Auf allen Batiken des Hofes von Cirebon ist ein chinesisches Wolkenmotiv zu sehen, das mystische Energien symbolisiert. Wie ein überirdischer Sturm wirkt das *mega*

Javanische Batik 325

mendung („bedrohliche Regenwolken"), das in Schattierungen von Grün, Rosa, Rot oder Blau leuchtet. Chinesische Drachen und Phönixe geben sich mit hinduistischen *nagas,* Elefanten und europäischen Löwen ein Stelldichein.

Am beliebtesten jedoch waren Motive europäischen Ursprungs: Blumensträuße oder elegante langbeinige Störche und Reiher.

Weniger bekannt sind die verwandten Färbemethoden *plangi* und *tritik.* Beides sind Knüpffärbetechniken und dem *ikat* ähnlich, nur daß hier der Stoff nach dem Weben eingefärbt wird. Bei *plangi* wird ein Stoffabschnitt mit farbabweisenden Fasern abgebunden, wodurch kreisförmige Muster ent-

stehen. Bei *tritik* wird der Stoff bestickt, um geradlinige Muster zu erzielen. Beide Techniken werden oft mit Batik kombiniert. Früher verwendete man Seidenstoffe, auf denen mit Gelb, Indigo und Burgunderfarben regenbogenartige Effekte erzielt wurden. Tänzer an den Höfen Zentraljavas tragen solche Tücher.

Um die Jahrhundertwende trug nahezu jeder Einwohner Javas irgend ein Batiktuch; Frauen häufiger als Männer, weil man ein Batiktuch für den *sarung* und kebaya brauchte, während Männer in wichtigen Positionen europäische Kleider trugen. Zu Hause aber schlüpften alle in einen bequemen Baumwoll-*sarung.* Das Aufkommen des ba*tik cap* (mit einem Wachsstempel – *cap* – hergestellte Batik) belebte die Batikindustrie in den neunziger Jahren des letzten Jahrhunderts, da sich nun auch einfache Bauern diese gröbere Massenware leisten konnten. Batik wurde von Java auch auf andere Inseln exportiert, auch nach Singapur und Malaysia, wo sie von den chinesischen und malaiischen Frauen noch heute getragen wird.

Trends: Seit dem Zweiten Weltkrieg hat die Batikindustrie mehrere Rückschläge erlitten. Während der japanischen Besatzung waren importierte Baumwollbatiste nicht erhältlich, was einen vollständigen Produktionsstop zur Folge hatte. Auf Grund des andauernden Mangels dieses Schlüsselrohstoffes während der fünfziger Jahre verbesserte sich die Situation nur geringfügig. Während der sechziger und siebziger Jahre entstand eine schnell wachsende Textilindustrie, die zwar ausreichend Stoffe zur Batikherstellung lieferte, aber auch billige synthetische und bedruckte Massenware. Diese Wettbewerbssituation hatte für die *batik cap*-Manufaktur katastrophale Auswirkungen und gefährdet nun ernsthaft ihre Existenz. Tausende von Handwerkern sind seitdem ohne Arbeit.

Besser ist es den feineren *batik tulis* ergangen; für das Zweimetertuch zahlt man zwischen 20 und 100 US-Dollar. Allerdings wird seit kurzem in Jakarta eine Batikimitation im Seidensiebdruckverfahren hergestellt, die von der echten Batik praktisch nicht zu unterscheiden ist und nur einen Bruchteil kostet. Auch scheint Batik bei den jungen Indonesiern außer Mode zu kommen. Sie bevorzugen westliche Kleidung und bügelfreie Polyestererzeugnisse.

Der einzige Lichtblick auf der Batikszene ist die Tatsache, daß feine *tulis* in der Modebranche Jakartas eine Rolle spielen, und daß *batik cap* – Stoffe aus Baumwolle und Kunstseide – nach Europa, Australien und Amerika exportiert werden. Doch zweifellos wird die Batik-Herstellung nie wieder die überragende Bedeutung erreichen, die sie vor dem Zweiten Weltkrieg hatte.

Links: Javanische Batikfabrik. **Rechts:** Batik ist heute in anspruchsvollen Modekreisen anerkannt. Indonesische und westliche Designer experimentieren damit.

INSIGHT GUIDES
Reisetips

FÜR LEUTE, DIE DEN WERT DER ZEIT ZU SCHÄTZEN WISSEN.

Bevor Sie sich für eine Patek Philippe *Abb. 1* entscheiden, sollten Sie ein paar grundsätzliche Dinge wissen. Anhand von Stichworten wie Präzision, Wert und Zuverlässigkeit erklären wir Ihnen, warum die Uhr, welche wir für Sie anfertigen, vollkommen anders ist als alle anderen Uhren.

"Pünktlichkeit ist die Höflichkeit der Könige", pflegte Louis XVIII. zu sagen.
Wir glauben in aller Bescheidenheit, daß wir beim Thema Pünktlichkeit auch den Ansprüchen der Könige gewachsen sind. So haben wir unter anderem ein mechanisches Laufwerk hergestellt, das in vollkommener Übereinstimmung mit dem gregorianischen Kalender die Schaltjahre der nächsten fünf Jahrhunderte berücksichtigt: Es fügt den Jahren 2000 und 2400 jeweils einen Tag hinzu, überspringt aber die Jahre 2100, 2200 und 2300 *Abb. 2*. Allerdings sollte so eine Uhr von Zeit zu Zeit neu justiert werden: Denken Sie bitte alle 3333 Jahre und 122 Tage daran, die Uhr um einen Tag vorzustellen, damit sie wieder mit der Himmels-Uhr übereinstimmt. Solche Dimensionen erreichen wir natürlich nur, weil wir bei der Herstellung jeder Uhr, also auch Ihrer, zu den absoluten physikalischen Grenzen der Präzision und des Machbaren vorstoßen.

Fragen Sie bitte nicht "wieviel?"
Versetzen Sie sich einmal in die Welt der Sammler, die bei Auktionen Höchstpreise bieten, um eine Patek Philippe zu erwerben. Vielleicht schätzen sie die Einzigartigkeit der Feinmechanik und des Laufwerks, vielleicht die Schönheit einer Patek Philippe oder weil es eine Rarität ist. Wir glauben jedoch, daß hinter jedem Mehrgebot von US$ 500'000.– auch die Überzeugung steht, daß eine Patek Philippe, selbst wenn sie 50 Jahre oder älter ist, auch für zukünftige Generationen noch mit äußerster Präzision arbeiten wird. Falls wir nun in Ihnen den Wunsch nach einer Patek Philippe geweckt haben, versichern wir Ihnen folgendes: Die Uhr, die wir für Sie herstellen, wird besagten Sammlerstücken technisch noch überlegen sein. Schließlich ist es bei uns Tradition, daß wir laufend nach noch perfekteren mechanischen Lösungen für höchste Zuverlässigkeit und perfekte Zeitkontrolle suchen. Darum wird Ihre Patek Philippe über Neuerungen verfügen *Abb. 3*, von denen die Meisteruhrmacher, welche diese großartigen Armbanduhren vor 50 Jahren schufen, nicht einmal zu träumen wagten *Abb. 4*. Gleichzeitig sind wir natürlich bestrebt, Ihre Finanzkraft nicht über Gebühr zu strapazieren.

Besitz als Erlebnis.
Stellen Sie sich vor, heute wäre der Tag, an dem Ihnen Ihre Patek Philippe überreicht wird. Das Gehäuse birgt die Huldigung des Uhrmachers an das Geheimnis "Zeit". Er hat jedes Rädchen mit einer Kehlung versehen und es zu einem strahlenden Ring poliert. Die Platten und Brücken aus Gold und kostbaren Legierungen sind fein gerippt. Kleinste Oberflächen wurden facettiert und auf das Mikron genau geschliffen. Ganz zum Schluß, nach monate- oder jahrelanger Arbeit, prägt der Uhrmacher ein kleines Zeichen in die Hauptbrücke Ihrer Patek Philippe: das Genfer Siegel – die höchste Auszeichnung großer Uhrmacherkunst, verliehen von der Regierung des Kantons Genf *Abb. 5*.

Äußerlichkeiten, die innere Werte verheißen. *Abb. 6*.
Wenn Sie Ihre Uhr bestellen, legen Sie zweifellos Wert darauf, daß deren Äußere die Vollendung und die Eleganz des Uhrwerks im Innern widerspiegelt. Darum ist es gut für Sie zu wissen, daß wir Ihre Patek Philippe exakt nach Ihren Wünschen künstlerisch gestalten können. Unsere Graveure sind beispielsweise in der Lage, ein subtiles Spiel von Licht und Schatten auf die goldene Rückseite unserer einzigartigen Taschenuhren zu zaubern *Abb. 7*. Wenn Sie uns Ihr Lieblingsbild bringen, fertigen unsere Emailleure davon eine Miniatur mit den feinsten Details an *Abb. 8*. Unsere Gehäusemacher sind stolz auf die perfekt guillochierte Lunette ihrer Armbanduhr und unsere Kettenschmiede auf ihr kostbares Geschmeide *Abb. 9 und 10*. Wir möchten Sie noch auf die Meisterschaft unserer Goldschmiede aufmerksam machen und auf die Erfahrung unserer Edelsteinspezialisten, wenn es darum geht, die schönsten Steine auszuwählen und einzupassen *Abb. 11 und 12*.

Es gibt Dinge, die bereiten schon Freude, bevor man sie besitzt.
Sicher verstehen und schätzen Sie es, daß Uhren, wie wir sie herstellen, immer nur in begrenzter Stückzahl gefertigt werden können. (Die vier Calibre 89-Uhren, an denen wir zur Zeit arbeiten, benötigen neun Jahre bis zur Fertigstellung.) Darum wollen wir Ihnen nicht versprechen, daß wir Ihren Wunsch sofort erfüllen können. Die Zeit, während der Sie auf Ihre Patek Philippe *Abb. 13* warten, ist jedoch die schönste Gelegenheit, sich in Gedanken über die philosophischen Dimensionen der Zeit zu ergehen.

Falls Sie weitere Informationen zu einer bestimmten Patek Philippe Uhr oder zur Uhrmacherkunst im allgemeinen wünschen, würden wir uns freuen, Ihnen weiterzuhelfen. Schicken Sie uns Ihre Visite-

Abb. 1: Eine klassische Patek Philippe in ihrer dezenten Schönheit.

Abb. 4: Armbanduhren von Patek Philippe, links um 1930, rechts von 1990. Echte Uhrmacherkunst hat Tradition und Zukunft.

Abb. 6: Ihre Freude am Besitz einer kostbaren Patek Philippe ist das höchste Ziel all jener, die an ihrer Entstehung mitarbeiten.

Abb. 9: Harmonie im Design als Symbiose von Schlichtheit und Perfektion an einer Calatrava Damenarmbanduhr.

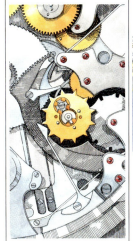

Abb. 2: Eine der 33 Komplikationen der Calibre 89 ist ein Satellitenrad, das alle 400 Jahre eine Umdrehung macht.

Abb. 3: Bis heute die fortschrittlichste mechanisch regulierte Vorrichtung: Patek Philippe Gyromax demonstriert die Äquivalenz von Einfachheit und Präzision.

Abb. 5: Das Genfer Siegel wird nur Uhren verliehen, welche dem hohen Standard der Uhrmacherkunst entsprechen, wie sie in der Genfer Gesetzgebung verankert ist.

Abb. 7: Eine zeitlose Arabeske ziert eine zeitlose Patek Philippe.

Abb. 10: Der Kettenschmied formt mit Kraft und Feingefühl das Band für eine Patek Philippe.

Abb. 8: Vier Monate lang arbeitet ein Künstler täglich sechs Stunden, bis eine Email-Miniatur auf dem Gehäuse einer Taschenuhr vollendet ist.

Abb. 11: Goldene Ringe: ein Symbol für vollendete Einheit.

Abb. 12: Daran erkennen Sie den wahren Meister des Edelsteines: Er bringt die ganze Schönheit seiner wertvollen Steine vollendet zur Geltung.

PATEK PHILIPPE
GENEVE

Abb. 13: Das diskrete Zeichen jener Leute, die den Wert der Zeit zu schätzen wissen.

mit dem Vermerk «Bücherkatalog», damit wir Ihnen ein Verzeichnis unserer Publikationen zustellen können. Patek Philippe, 41 rue du Rhône, 1204 Genf, Schweiz, Tel. +41 22/310 03 66.

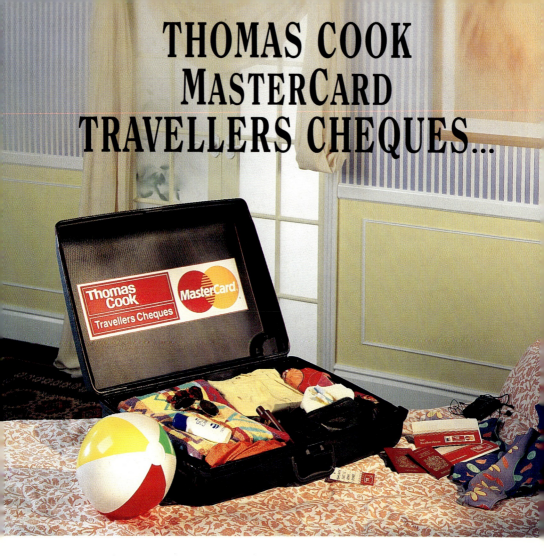

REISETIPS

Reiseplanung

Anreise 330
Reisedokumente 330
Auskünfte 330
Gesundheitsvorsorge 330
Geldfragen 331
Telefon 331
Inlandsflüge 331
Inlandsschiffsverkehr 332
Sprache 332
Literaturhinweise 332

Java

Inselkunde 333
Reiseplanung 333
Jakarta 336

Westjava

„Tausend Inseln" 344
Banten & Westküste 344
Krakatau 345
Ujung-Kulon-Nationalpark ... 345
Bogor 346
Puncak-Paß & Cibodas 346
Pelabuhan Ratu 347
Bandung 347
Berge um Bandung 348

Nordjava

Cirebon 348
Pekalongan 349
Semarang 350
Yogyakarta 351
Surakarta (Solo) 362

Ostjava

Surabaya 365
Tretes 366
Malang 367
Batu/Selecta 367

Bali

Sanur 371
Kuta Beach 374
Nusa Dua 376
Denpasar 376
Ubud 378
Candi Dasa 379

Weitere Inseln

Lombok 379
Nusa Tenggara 381
Sumbawa 382
Komodo 383
Sumba 384
Flores 385
Molukken 397

Sumatra

Banda Aceh 388
Samosir 389
Bukittinggi 389
Padang 390
Palembang 390
Pekanbaru 390
Riau-Archipel 391

Kalimantan

Pontianak 391
Banjarmasin 392
Balikpapan 392
Samarinda 393
Tarakan 393

Sulawesi

Ujung Pandang 394
Pare-Pare 396
Kendari 396
Palu 396
Manado 397

Irian Jaya

Jayapura 399
Wamena 399

Reiseplanung

Anreise

Mit dem Schiff

Wenn Geld und Zeit keine Rolle spielen, könnten Sie sich eine Schiffsreise nach Indonesien gönnen. Sie können aber auch das kombinierte Angebot wahrnehmen und Bali oder eine der Hafenstädte anfliegen, dort die Sonne und das Meer genießen und mit dem Schiff die Heimreise antreten (oder umgekehrt). Wer es vornehm liebt, kann im Luxusschiff reisen: Er bucht die 14tägige Kreuzfahrt zu den Inseln Indonesiens, die die *Pearl of Scandinavia* unter der Regie von Mansfield Travel in Singapur (Tel.: 732 00 88) antritt. Singapur ist Ausgangs- und Zielhafen dieser Kreuzfahrt, die nach Penang, Belawan, Sibolga, Nias, Jakarta, Padang Bay, Bali und Surabaya führt. Harpers Travel (in Singapur Tel.: 25 08 118) bietet die *Coral Princess* zur Fahrt von Hong Kong nach Bali, Jakarta, Penang und Phuket an (nur im Winter). Per Frachtschiff kann man von Europa aus bis Penang (Malaysia) oder Singapur reisen (Polish Ocean Line, Ost-West-Str. 59, 20457 Hamburg).

Zwischen Singapur und Java gibt es keine direkte Fährverbindungen. Man kann aber von Finger Pier an der Prince Edward Road mit dem Schiff oder Schnellboot nach Batam oder Tanjung Pinang auf der Insel Bintan im Riau Archipel übersetzen. Die Überfahrt dauert drei bis fünf Stunden. Von Kijang, dem Hafen von Tanjung Pinang, geht es dann weiter mit dem PELNI-Boot nach Jakarta. Die Überfahrt dauert rund 18 Stunden. Unterbringung in Zwei- oder Vierbettkabinen bzw. Sälen mit numerierten Sitzplätzen und Gemeinschaftswaschräumen. Alle Räume sind klimatisiert, es gibt ein Restaurant und eine Bar. Wer nicht ständig Reis mit Fisch essen möchte, sollte sich allerdings sein Essen – zumindest einen Teil – selbst mitbringen. Kabinen sollten mindestens zwei Wochen im voraus gebucht werden, Plätze in der Economy-Class sind in der Regel kurzfristig zu bekommen.

Tickets für die Fähren zwischen Singapur und Tanjung Pinang gibt es im Pier Building in der Prince Edward Road in Singapore. Reservierungen und Tickets: **PELNI Office Singapore**, Telok Blangah Road 50, Citiport Centre Singapore, Tel.: 27 26 811 und **PELNI Office Tanjung Pinang**, Jalan Ketapang 8, Tel.: 215 113.

PELNI und andere Gesellschaften setzen große und kleine Schiffe in den Hunderten von Häfen Indonesiens ein. Es sind meistens Frachtschiffe, die nur wenige Passagiere mitnehmen. Die Fahrpreise erfährt man beim Hafenmeister. Billiger wird es manchmal, wenn man sich direkt an den Kapitän wendet und bei ihm bezahlt.

Mit dem Flugzeug

Wer mit dem Flugzeug nach Indonesien kommt, wird in der Regel über einen der beiden großen internationalen Flughäfen, Sukarno-Hatta in Cengkareng bei Jakarta oder Ngurah Rai bei Denpasar auf Bali, einreisen. Darüber hinaus gibt es zahlreiche kürzere internationale Flugverbindungen aus den Nachbarländern auf die indonesischen Inseln, so beispielsweise von Singapur nach Medan, Padang oder Pekanbaru, von Wewak (Papua New Guinea) nach Jayapura und von Penang (Malaysia) nach Medan. Auf alle internationalen Flüge wird eine Flughafensteuer von 20 000 Rp. erhoben.

Reisedokumente

Wer nach Indonesien einreisen will, muß im Besitz eines Reisepasses sein, der noch mindestens sechs Monate gültig ist, und ein Ausreiseticket vorlegen, Deutsche, Österreicher und Schweizer benötigen kein Visum. Die Aufenthaltsgenehmigung gilt nur für zwei Monate und wird nicht verlängert. Nach Ausreise in ein Nachbarland kann man allerdings bereits am nächsten Tag wieder einreisen

Visa sind bei indonesischen Botschaften und Konsulaten erhältlich.

DEUTSCHLAND:
Botschaft der Republik Indonesien, Bernkasteler Str. 2, 53175 Bonn, Tel.: 02 28/3 82 99-0.

Generalkonsulat der Republik Indonesien, Bebelallee 15, 22299 Hamburg, Tel.: 040/51 20 71, 24 45 41.
Honorarkonsulat der Republik Indonesien, Widemayerstr. 24, 80538 München, Tel.: 089/29 46 09.

ÖSTERREICH:
Botschaft der Republik Indonesien, Gustav Tschenmakgasse 5-7, 1180 Wien, Tel.: 01/34 25 33.

SCHWEIZ:
Botschaft der Republik Indonesien, Elfenauweg 51, 3006 Bern, Tel.: 031/44 09 83.

Visumfreie Ein- und Ausreise ist nur über die Flughäfen von Jakarta, Bali, Medan, Manado, Biak, Ambon, Surabaya, Batam, Pekanbaru bzw. über die Seehäfen von Semarang, Jakarta, Bali, Pontianak, Balikpapan, Tanjung Pinan, Surabaya und Batam möglich. Ansonsten ist ein Visum erforderlich. Delegierte, die an einer den Behörden gemeldeten Konferenz teilnehmen, brauchen kein Visum.

Geschäftsvisa werden für fünf Wochen ausgestellt und können auf Antrag von den Einwanderungsbehörden verlängert werden.

Surat jalan: Ein *surat jalan* ist eine Bescheinigung der Polizei, die den Besuch bestimmter Stätten ermöglicht. Ein solches Papier sollte man auf den abgelegenen Inseln mit sich führen; in Java braucht man es allenfalls am Ijen-Plateau (siehe Kurzführer „Ostjava"). In Zweifelsfällen wendet man sich an ein Reisebüro. In Jakarta bekommt man ein *surat jalan* auch direkt bei der POLISI, Jl. Trunojoyo, oder bei DINAS INTEL, Jl. Sudirnam.

Auskünfte

Zuständig für Europa ist das **Indonesische Fremdenverkehrsamt,** Wiesenhüttenstraße 17, 60329 Frankfurt, Tel.: 069/23 36 77, Fax: 23 08 40.

Gesundheitsvorsorge

Impfungen gegen Gelbfieber und Cholera werden nur von Reisenden verlangt, die aus einem Infektionsgebiet kommen. Empfehlenswert sind jedoch Impfungen gegen Typhus und Paratyphus sowie Malariaprophylaxe und Hepatitisschutz.

Eduard Zimmermann:

„Gestohlenes Bargeld sehen Sie nie wieder. Gestohlene American Express Reiseschecks *binnen 24 Stunden.*"

Vor Dieben im Urlaub ist niemand sicher. Keine Sorge, wenn Sie American Express Reiseschecks haben. Die werden bei Verlust oder Diebstahl ersetzt – direkt, weltweit, kostenlos. *Und schnell: in der Regel in nur 24 Stunden. Ein Anruf beim American Express Notruftelefon genügt, und Sie erhalten Ihre Ersatz-Reiseschecks an Ihrem Urlaubsort. Bestehen Sie also auf American Express Reiseschecks. Kein Geld ist sicherer.

AMERICAN EXPRESS Reiseschecks
Das sicherste Geld der Welt.

American Express Reiseschecks gibt es bei den meisten Banken, Sparkassen, Postämtern sowie in allen American Express Reisebüros.

Was tun Sie, wenn Ihr Partner gerade nicht auftaucht, um für Sie einen **Reisescheck** zu unterschreiben?

Unterschreiben Sie ihn selbst – den neuen **American Express Reisescheck** *für Zwei.*

Erhältlich bei allen American Express Reisebüros und ausgewählten Banken, Sparkassen und Postämtern.

Auch im gemeinsamen Urlaub ist Ihr Partner vielleicht nicht immer zur Stelle, wenn Sie einen Reisescheck einlösen möchten. Doch auf sicheres Geld müssen Sie trotzdem nicht verzichten, denn es gibt jetzt die neuen **American Express Reisechecks** *für Zwei. Weil sie jeder von Ihnen mit seiner Unterschrift allein einlösen kann, sind Sie in der Nutzung der neuen Reisechecks voneinander völlig unabhängig. Und sollten Ihnen die Reisechecks abhanden kommen, sind unsere Ersatz-Reisechecks schnellstens zur Stelle – weltweit kostenlos und in der Regel innerhalb von nur 24 Stunden.*

„Nehmen Sie *American Express Reisechecks für Zwei*. So sind Sie beide mit Sicherheit flexibel."

Eduard Zimmermann

 Reisechecks
Das sicherste Geld der Welt.

Wer längere Zeit in Indonesien bleiben möchte und vor allem außerhalb der großen Städte lebt, sollte sich zum Schutz gegen Hepatitis Gamaglobulinspritzen geben lassen. Die Infcktionsgefahr wird dadurch in jedem Fall geringer. Gegen Durchfallprobleme schützt man sich durch eine tägliche Dosis Doxycycline, ein Antibiotikum zur Vermeidung der „traveller diarrhea", das man sich vom Hausarzt verschreiben läßt. Bei den ersten Anzeichen von Magenbeschwerden trinke man heißen Tee und übe Geduld. Es ist normal, wenn der Magen auf Veränderungen der Kost und des Klimas reagiert. Lomotil und Imodium sollten in der Reiseapotheke genauso wenig fehlen wie ein Mittel zur Malariaprophylaxe, das gegen alle Arten von Malaria wirksam sein muß. Am besten, Sie lassen sich von Ihrem Hausarzt oder einem Institut für Tropenmedizin beraten.

Wasser sollte grundsätzlich nur abgekocht bzw. entkeimt getrunken werden (gilt auch für Brunnenwasser und Eiswürfel). Zehn Minuten kochen lassen gilt als ausreichend. Jod (Globolin) und Chlor (Halazon) sind ebenfalls geeignet, Wasser trinkbar zu machen. Obst sollte nur sorgfältig geschält gegessen werden. Rohes Gemüse unbedingt meiden!

Gegen die starke Sonneneinstrahlung empfiehlt sich eine Kopfbedekkung. Sonnenschutzmittel sind teuer; man sollte sie daher mitbringen.

Geldfragen

Im April 1995 lag der Wechselkurs für einen US-Dollar bei etwa 2100 *Rupiah* (Rp.), für eine D-Mark erhielt man rund 1600 Rp.

Umtausch

Bargeld oder Schecks wechselt man am besten in großen Banken oder in lizensierten Wechselstuben, die in den Touristenzentren zahlreich vertreten sind und einen unbürokratischeren Service bieten als die Banken. In den Hotels ist der Wechselkurs in der Regel ungünstiger. Die Banken in kleineren Orten haben nicht von allen Währungen Banknoten vorrätig, weshalb man in den großen Städten umtauschen sollte. Bei der Ausreise können *rupiah* wieder in ausländische Währungen zurückgetauscht werden.

Reiseschecks

Reiseschecks werden in großen Hotels, Banken und auch einigen Geschäften als Zahlungsmittel akzeptiert. In den Haupttouristenregionen sind DM-Reiseschecks genauso willkommen wie US-Dollar-Reiseschecks. Kreditkarten kann man beim Aufenthalt in großen Hotels verwenden. Die internationalen Fluggesellschaften, einige große Restaurants und in der Regel auch Kunstgeschäfte akzeptieren sie als Zahlungsmittel.

Telefon

Inlandsvorwahlen

Ambon	0911
Balikpapan	0542
Banda Aceh	0651
Banjarmasin	0511
Bandung	022
Bogor	0251
Bukittinggi	0752
Cirebon	0231
Denpasar	0361
Medan	061
Nusa Dua	0361
Padang	0751
Palembang	0711
Prapat	0625
Jakarta	021
Malang	0341
Manado	0431
Samarinda	0541
Semarang	024
Solo	0271
Sumbawa Besar	0371
Surabaya	031
Tarakan	0551
Ternate	0921
Ujung Padang	0411
Yogyakarta	0274

Auslandsvorwahlen

Deutschland	00037
Österreich	043
Schweiz	041

Unterwegs

Inlandsflüge

Für denjenigen, der es sich leisten kann, ist in Indonesien das Flugzeug das beste Fortbewegungsmittel. **Garuda**, die nationale Fluglinie, bedient Inlands- wie Auslandsrouten. Auf Inlandsrouten verkehren darüber hinaus die Garuda-Tochter Merpati sowie Sempati, Bouraq, Mandala, DAS und Airfast. Um die Kapazität zu vergrößern, werden derzeit auf den wichtigsten Inlandsrouten die alten DC 9-Flugzeuge durch Maschinen vom Typ Airbus und Boeing 737 ersetzt. Dafür hat Indonesien allein von der Lufthansa 32 Maschinen gekauft.

Mandala und vor allem DAS und Airfast sind die Spezialisten für abgelegene Routen und Pionierstrecken. Bei Airfast sind die Flugzeuge oft umgerüstet: Die ersten Sitzreihen sind Passagieren vorbehalten, im hinteren Teil wird Frachtgut geladen. Die Adressen der Fluglinien sind in den Abschnitten über die einzelnen Regionen aufgeführt. Die Flughafensteuer für Inlandsflüge ist abhängiug vom Abflugshafen und beträgt derzeit zwischen 4300 Rp. (Cirebon) und 8200 Rp. (Denpasar).

Auf den inner-indonesischen Routen bieten Garuda und Merpati seit 1993 (bis 2003) einen *Visit Indonesia Decade Pass* an. Er umfaßt mindestens drei, höchstens zehn Teilstrecken, kostet zwischen 300 und 1000 US-Dollar und ist 60 Tage gültig – also exakt so lange, wie man sich ohne Visum in Indonesien aufhalten kann.

Die Pässe werden nur von Garuda ausgestellt und sind in Europa, Australien, Neuseeland, den USA, Japan, Korea und Taiwan, aber auch bei der Einreise in Indonesien erhältlich. Die Airport-Taxen sind in den genannten Preisen noch nicht enthalten.

Wer mindestens eine Strecke seines Intercontinental-Fluges mit Garuda fliegt, erhält viele Anschlußflüge in Indonesien auch ohne Air Pass um 25 bzw. 50 % ermäßigt; vorausgesetzt, er legt die Strecke vorab fest und kauft die Tickets zum selben Zeitpunkt und beim gleichen Agenten wie den Langstreckenflug. Terminlich muß man sich nicht festlegen, die Tickets werden „open date" ausgestellt.

Infos: **Garuda Indonesian Airways**, Deutschland, Poststr. 2, 60329 Frankfurt, Tel: 069/238 06-29 oder -39.

Wer den indonesischen Archipel bereist, kommt ums Fliegen kaum herum. Schneller und zuverlässiger als mit dem Schiff kann man mit dem Flugzeug Reiseziele zwischen Banda Aceh in Nordsumatra und Jayapura in Irian Jaya ansteuern. Das ist in Nusa Tenggara besonders nützlich; man kann eine Route über Sumba, Sumbawa, Flores und Timor planen und nach Osten zu den Molukken weiterreisen.

ADRESSEN

Garuda Indonesian Airways, Jl. Merdeka Selatan 13, Jakarta 10110, Tel.: 570 61 06; weitere Ticket-Verkaufsstellen in Jakarta im Hotel Indonesia, Tel.: 310 05 68, Hotel Borobudur, Tel.: 38 05 55 und im BDN Building, Jl. M.H. Thamrin 5, Tel.: 33 44 25.
Merpati Nusantara Airlines, Jalan Angkasa 2, Jakarta, Tel.: 424 74 04.
Bouraq Indonesia Airlines, Jalan Angkasa 1-3, Jakarta, Tel.: 629 53 64.
Mandala Airlines, Jl. Garuda 76, Jakarta Pusat, Tel.: 424 34 80, Fax: 419 419
Sempati Airlines, Ground Floor Terminal Building, Halim Perdana Kusuma Airport, Jakarta, Tel.: 386 16 11, Fax: 809 44 20.

Inlandsschiffsverkehr

Zwischen den indonesischen Inseln verkehren die modernen Passagierschiffe der staatlichen PELNI-Linie, die regelmäßig 30 verschiedene Häfen anlaufen – eine immer noch abenteuerliche und erstaunlich preiswerte Art, die Inselwelt kennenzulernen.

Die Schiffe gelten als sicher und sind durchweg in einem guten Zustand. Jedes Schiff kann 1000 bis 1500 Passagiere befördern. Angeboten werden fünf Klassen, von der Kabine erster Klasse mit Fernseher und eigenem Bad bis hin zur Deckssklasse mit Gemeinschaftswaschräumen.

Die PELNI-Boote laufen alle großen Häfen Indonesien an. Hier einige Routenbeispiele:

• Padang (Westküste Sumatras), Tanjung Priok (Jakarta), Surabaya, Ujung Padang (Sulawesi), hinüber nach Balikpapan (Kalimantan) und wieder zurück an die Westküste Sulawesis, nach Palu und Toli Toli bis Tarakan im Osten von Kalimantan.
• Belawan (Medan), Tanjung Priok (Jakarta), Surabaya, Ujung Pandang, Balikpapan, Palu und Bitung (Manado, Nordsulawesi).

PELNI-Büros
Jakarta: Jalan Angkasa 18, Tel.: 384 43 42 oder 421 19 21-25.
Jl. Gajah Mada 14, Jakarta, Tel.: 343 307, Fax: 381 03 41.
Tanjung Priok: Jalan Palmas, Tel.: 491 035.

Sprache

Der indonesische Leitsatz *Bhinneka Tunggal Ika* („Einheit in der Vielfalt") entfaltet seinen Sinn am nachhaltigsten auf dem Gebiet der Landessprachen. Über 250 verschiedene Sprachen und Dialekte werden auf dem Archipel gesprochen, und wer die Nationalsprache *Bahasa Indonesia* beherrscht, kommt im äußersten Norden Sumatras genauso zurecht wie auf den Inseln vor Irian Jaya.

Bahasa Indonesia ist eine alte und zugleich neue Sprache. Sie basiert auf dem Malaiischen, das viele Jahrhunderte die *lingua franca* in Südostasien gewesen ist. In den letzten Jahrzehnten hat es sich stark verändert, um den Bedürfnissen einer modernen Nation zu entsprechen.

In Indonesien gibt es viele sprachliche Wendungen, mit denen die Menschen einander Respekt zollen. Einen älteren Mann spricht man als *bapak* bzw. *pak* (Vater), eine ältere Frau als *ibu* (Mutter) an; selbst gegenüber jüngeren Leuten, die dem Anschein nach eine hohe Stellung innehaben, ist diese Anredeform angemessen. *Bung* (auf Westjava) und *mas* (in Zentral- und Ostjava) bedeutet soviel wie „Bruder"; so redet man Gleichaltrige und Menschen an, mit denen man noch nicht vertraut ist. (Hotelangestellte, Taxifahrer, Reiseführer).

Literaturhinweise

LAND & GESCHICHTE

Arm durch Reichtum. Sumatra, eine Insel am Äquator. Ausstellungskatalog. Frankfurt/M. 1979.
Das Sparschwein unter dem Reisfeld. Java zwischen Gestern und Heute. Ausstellungskatalog. Frankfurt/M. 1987.
Kubitschek, Hans Dieter/Wessel, Ingrid: *Geschichte Indonesiens*. Berlin 1981.
Siebert, Rüdiger: *5mal Indonesien*. München 1987.
Studienkreis für Tourismus: *Indonesien verstehen*. Starnberg 1989.
Südostasien Informationsstelle (Hrsg): *Indonesien. Eine kritische Annäherung*. Bochum 1994.
Wallace, A.R.: *Das Malayische Archipel*. Reprint Frankfurt 1983.

FLORA & FAUNA

Bernard, Hans-Ulrich (Hrsg.): *Südost-Asien – Erlebnis Natur*, APA Publications, 1994.

KUNST/KULTUR/RELIGION

Magnis-Suseno, Franz: *Neue Schwingen für Garuda. Indonesien zwischen Tradition und Moderne*. München 1989.
Java und Bali. Ausstellungskatalog. Mainz 1980.
Ramseyer, Urs: *Kultur und Volkskunst in Bali*. Fribourg und Zürich 1977.
Spitzing, Günter: *Das indonesische Schattenspiel*. Köln 1981.
Stöhr, Waldemar/Zoetmulder, Piet: *Die Religionen Indonesiens*. Stuttgart 1965.
Uhlig, Helmut: *Bali, Insel der lebenden Götter*. München 1979.
Wagner, Frits A.: *Indonesien – Die Kunst eines Inselreichs*. Baden-Baden 1961.

KÜCHE

Widjaya, Kusuma/Marske Roland: *Indonesien (Küchen der Welt)*. München 1993.

BELLETRISTIK

Anwar, Chairil: *Feuer und Asche*. Sämtliche Gedichte. Wien 1978.
Baum, Vicky: *Liebe und Tod auf Bali*. Köln 1984.
Conrad, Joseph: *Der Verdammte der Inseln*. Frankfurt 1979.
Dauthendey, Max: *Erlebnisse auf Java*. München 1924.

Swatch. The others just watch.

seahorse/fall winter 94-95

shockproof
splashproof
priceproof
boreproof
swiss made

swatch 🇨🇭
SCUBA 200

Dubuvska, Zorica/Stovicek, Vratislav (Hrsg.): *Indonesische Märchen.* Hanau 1979.

Multatuli (Eduard Douwes Dekker): *Max Havelaar oder Die Kaffeeversteigerung der Niederländischen Handelsgesellschaft.* Zürich 1965.

Toer, Pramoedya Ananta: *Bumi Manusia. Garten der Menschheit.* Reinbek 1987.

ders.: *Kind aller Völker.* Zürich 1994.

Java

Inselkunde

Die einzelnen Teile der Insel weisen große Unterschiede auf. Die Verwaltung unterscheidet zwischen Zentral-, West- und Ostjava, doch innerhalb dieser geographischen Einheiten trifft man auf große Unterschiede der Sprache, des Brauchtums und der Kost. Die Gebiete um die alten Hauptstädte Yogya, Solo und Cirebon haben auf kulturellem Gebiet weit mehr zu bieten als andere Teile der Insel. Das Flachland ist meist dichter besiedelt (und heißer!) als das Hochland. Außerdem sollte man folgendes beachten:

• Die Ferienorte in den Bergen Javas sind erfrischend kühl und landschaftlich reizvoll gelegen – man findet auch welche in der Nähe von jeder größeren Stadt.

• Die einzigen erschlossenen Touristenstrände liegen in Westjava.

• Kunsthandwerkliches, antike Tempel, Paläste, Wayang-Schattenspiele und Tänze findet man vor allem im zentraljavanischen Gebiet um Yogyakarta/Surakarta.

• Java besitzt mehrere Nationalparks und Naturschutzgebiete, teilweise mit Übernachtungsmöglichkeiten (siehe Teil IV „Die Tierwelt Indonesiens").

• Die Nordküste ist für Batik-Textilien (Cirebon und Pekalongan) und Teakholzschnitzereien (Jepara) bekannt.

• Bandung ist das Zentrum der sundanesischen Kultur – die *angklung-Musik* und die *wayang-golek*-Schattenspiele gehören dazu. In der Nähe erheben sich mehrere Vulkane.

• Ostjava verfügt über abgelegene, bis zu 1000 Jahre alte Tempelruinen und bietet die spektakulärste Naturerscheinung der Insel – den Krater des Mt. Bromo.

Reiseplanung

Eine zweiwöchige Indonesien-Pauschalreise umfaßt meist nur Jakarta, Yogyakarta und Bali. Besucher mit etwas mehr Zeit hängen gerne ein paar Tage in Bandung, Yogya und Solo an, bevor sie dann nach Bali übersetzen.

Nicht einmal zu allen Reiseveranstaltern ist bisher durchgedrungen, daß sich in den letzten Jahren einiges wesentlich verändert hat. Der innerindonesische Tourismus hat sich manche neuen Gebiete, vor allem die Bergregionen und die Strände im Umkreis der großen Städte, erschlossen. Das heißt, neue Straßen führen in ganz neue, modern eingerichtete Ferienzentren. Die meisten mittelgroßen Städte können inzwischen ein komfortables Hotel vorweisen, was das Reisen in unbekanntere Gegenden Javas attraktiver macht.

Fahrpläne und -preise der Buslinien konnten aus Platzgründen hier nicht aufgenommen werden. Es genügt zu wissen, daß sämtliche Städte durch ein dichtes Netz von Linienbussen verbunden sind und daß das Reisen mit dem Bus billig ist. Kleinbusse – nach dem Mitsubishi-Modell „Colt" oder auch *oplet* genannt (letzteres ist eine indonesische Verballhornung von „Opelette", ein Opelmodell aus den dreißiger Jahren) – stehen in den kleineren Ortschaften zuzätzlich als Verkehrsmittel zur Verfügung.

Wenn Sie sich entschieden haben, wie lange Sie auf Java bleiben möchten, können Sie festlegen, was Sie auf jeden Fall besichtigen möchten. Dabei wird es allerdings nicht ohne Kompromisse abgehen. Man könnte ohne weiteres zwei Wochen beim Bergsteigen und Wandern in Westjava oder noch länger mit der Besichtigung von Tempeln und anderen historischen Stätten um Yogya verbringen.

Sollte man sich für Java aber nur wenig Zeit gönnen, empfiehlt es sich, gleich direkt nach Yogyakarta zu fahren und von da aus nach Bali überzusetzen. Ein zweiwöchiger Java-Aufenthalt allerdings sollte auch einen Abstecher nach Bandung enthalten und vielleicht auch zur Nordküste, wenn man unterwegs von Jakarta nach Yogya und Solo (oder umgekehrt) ist.

Im folgenden haben wir zusammengestellt, was für und wider die einzelnen Verkehrsmittel spricht.

• **Flugzeug:** Die bei weitem schnellste und einfachste Möglichkeit, die Inseln zu bereisen: täglich mehrere Flüge. Von Jakarta nach Yogyakarta fliegt man eine halbe Stunde, während der Bus 10 bis 12 Stunden unterwegs ist. Das Flugticket kostet oft das Zwei- und Dreifache einer Erste-Klasse-Bahnfahrt und bis zu zehnmal mehr als die Busfahrt. Folgend **Flugtarife** (Economy, One-Way) der Garuda Indonesian, Merpati Nusantara und Sempati Air auf den wichtigsten Inlandstrecken (Stand April 1995):

Route	Preis
JKT – BDO	63 200 Rp.
JKT – DPS	223 000 Rp.
JKT – JOG	131 400 Rp.
JKT – SUB	187 000 Rp.
JKT – SRG	119 000 Rp.
JKT – SOC	132 500 Rp.
JKT – CBN	87 400 Rp.
JOG – SUB	93 000 Rp.
SRG – SUB	89 600 Rp.
BDO – SUB	119 200 Rp.

(Alle Preise inklusive 10 % Steuern.)

CITY CODE: JKT – Jakarta; BDO – Bandung; JOG – Yogyakarta; SUB – Surabaya; SRG – Semarang; SOC – Solo (Surakarta); CBN – Cirebon.

• **Fernzüge:** Sind recht bequem, wenn auch etwas langsam. Die erste Klasse ist klimatisiert; im Speisewagen bekommt man passables Essen, meist ein Gericht aus Huhn, Reis und eingelegtem Gemüse sowie Tee. Die Züge sind zwar aus Deutschland importiert, verkehren jedoch nicht so pünktlich wie dort. Da zwischen vielen großen Städten nur eine eingleisige Verbindung besteht, kommt es oft zu stundenlangen Verspätungen: Wenn ein Zug aufgehalten wird, verspäten sich auch alle anderen.

Javas Haupt-Eisenbahnlinien verbinden Jakarta und Surabaya miteinander; die südliche Route führt über Yogyakarta und Solo, die nördliche über

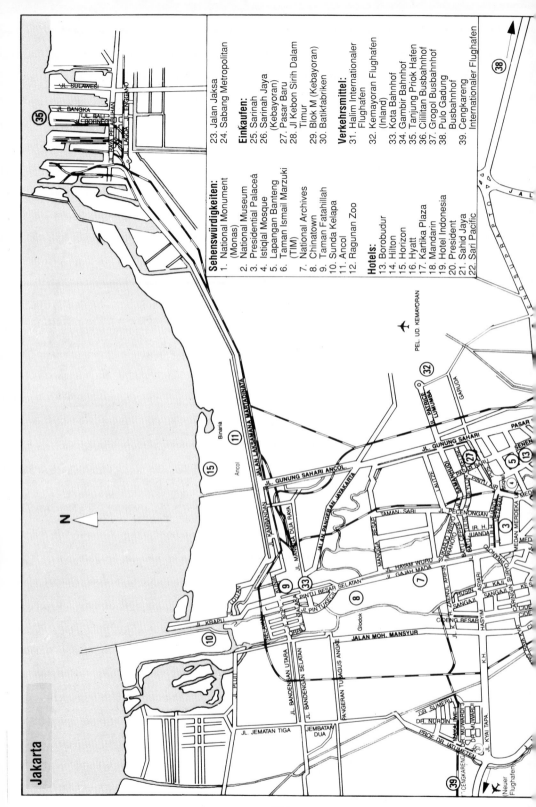

Cirebon und Semarang. Für alle, die gerne mit der Bahn unterwegs sind, empfiehlt sich die Fahrt mit dem **Pajajaran-Express** von Bandung nach Yogyakarta auf einer der landschaftlich reizvollsten Strecken Javas. Abfahrt von Bandung täglich um 7.30 Uhr, Ankunft in Yogyakarta um 15.20 Uhr (17 000 Rp. in der ersten Klasse).

Die komfortabelsten Züge auf diesen Strecken sind der Birma Express (Südroute) und der Mutiara Express (Nordroute). Beide fahren nachts, sind voll klimatisiert, und der Bima Express hat sogar Schlafwagen.

• **Überland-Busse:** Im allgemeinen schneller, pünktlicher und billiger als die Züge. Die meisten Indonesier durchqueren Java im Bus für 10 US–Dollar. Die Überlandstrecken werden nachts von Expreßbussen gefahren, die am späten Nachmittag in den großen Städten am jeweiligen Ende der Insel abfahren, in Zentraljava weitere Fahrgäste aufnehmen und morgens am anderen Ende der Insel ankommen. Es geht eng zu, denn in einer Reihe sind sechs Sitzplätze angebracht. Manche Busse bieten Klimaanlage und Videofilme. Die Busfahrer lenken das Fahrzeug im allgemeinen rücksichtslos und verursachen zahlreiche Unfälle. Eine solche Fahrt ist nichts für Leute mit schwachen Nerven.

• **Mietwagen:** Können stunden- oder tageweise, mit oder ohne Fahrer gemietet werden. Die Mietwagenpreise bewegen sich zwischen 30 und 60 US-Dollar pro Tag.

• **Gemietete Kleinbusse** („Colt"): Mit Fahrer sind sie wohl das bequemste und zweckmäßigste Verkehrsmittel. Bei Überlandfahrten bezahlt man zusätzlich die Verpflegung des Fahrers (pro Tag etwa 10 US-Dollar) sowie einen Teil oder auch das gesamte Benzin. Immerhin läßt sich mit dem Kleinbus eine Gruppe von vier, fünf Leuten über Bandung nach Yogyakarta und eine Woche lang für 300–400 US-Dollar durch Java transportieren. Die Hotels in Jakarta und Yogyakarta helfen Ihnen, einen „Colt" zu mieten. Das könnte unter Umständen eine zeitraubende Prozedur sein; es sollte alles vertraglich geregelt sein, auch die Summe, die dem Fahrer täglich für Unterkunft und Verpflegung zusteht.

Die wenigsten Fahrer sprechen englisch; eventuelle Sprachkenntnisse sollte man mit einem Zuschlag honorieren. Tritt der Fahrer die Heimreise allein an, muß man die Mietwagengebühr für einen Tag und eine Tankfüllung extra einkalkulieren.

Jakarta

Stadtkunde

Viele Sehenswürdigkeiten von Jakarta sind zwar ein touristisches „Muß", doch sollte man sich nicht zu viel vornehmen. Zwei sehenswerte Stätten bzw. Stadtteile pro Tag sind genug. In der Mittagszeit ist es sinnvoll, wegen der Hitze zu ruhen oder ein Bad zu nehmen. Frühmorgens sollte man sein Besichtigungsprogramm und die Einkäufe erledigen, mittags im Hotel bleiben und am späten Nachmittag, wenn es kühler geworden ist und die Straßen ruhiger sind, wieder ausgehen.

Der **Medan Merdeka** („Freiheitsplatz") im Zentrum Jakartas ist ein großer Paradeplatz mit dem Nationaldenkmal in seiner Mitte. Die Hauptverkehrsader nach Norden ist die Jl. Gajah Mada/Jl. Hayam Wuruk, zwei Einbahnstraßen, die durch einen Kanal getrennt sind. Dies ist der ältere Teil der Stadt mit zahlreichen Geschäften und meist hoffnungslos verstopften Straßen, die am Abend wie ausgestorben sind. Am Nordausgang dieser Verkehrsader liegen die alte Kolonialstadt und der alte Hafen, bedeutende Sehenswürdigkeiten Jakartas. Im Osten breitet sich an der Küste das Vergnügungsviertel Ancol sowie der Hafen Tanjung Priok aus.

Die „Hauptstraße" Jakartas ist heute die **Jl. Thamrin/Jl. Jendral Sudirman**, die den Medan Merdeka mit der sich im Südwesten anschließenden Trabantenstadt Kebayoran Baru verbindet. Viele internationale Hotels, Ämter, Theater, Restaurants und Nachtklubs liegen an dieser Straße. Östlich der Jl. Thamrin kommt man in die Wohnviertel **Menteng, Cikini** und **Gondangdi** mit luxuriösen Villen und baumbestandenen Straßen. **Jl. Imam Bonjol/Jl. Diponegoro** ist die „Straße der diplomatischen Vertretungen". Hier liegen einige der schönsten Villen Jakartas, die einen kleinen Abstecher im Wagen oder zu Fuß lohnen; hier findet man auch viele Geschäfte, Boutiquen und Restaurants, ebenso Jakartas Kunstzentrum TIM.

Reiseplanung

Jakarta verfügt über fünf große Bahnhöfe, zwei Flughäfen und drei Intercity-Busbahnhöfe. Bei der Buchung erfährt man, an welchem „Terminal" man zusteigen muß.

• **Mit dem Flugzeug:** Die meisten Flüge von und nach Jakarta werden jetzt über den internationalen Flughafen in Cengkareng abgewickelt. Eine Schnellstraße verbindet Cengkareng mit dem westlichen Stadtrand Jakartas, doch durch den starken Verkehr kann die Fahrt zum Hotel bis zu einer Stunde dauern. Mit dem Taxi kostet das rund 12 US-Dollar, hinzu kommen drei Dollar Mautgebühr für die Schnellstraße.

Die bequemen, klimatisierten Flughafenbusse sind eine echte Alternative. Sie kosten wenig und fahren die wichtigen Punkte in der Stadt an (Gambir Train Station, den alten Flughafen Kemayoran, Blok M in Kebayoran u.a.). Von dort kann man ein Taxi zum Hotel nehmen. Diese Busse können überall vor dem Terminal angehalten werden. Sie haben keinen regelmäßigen Fahrplan, und sie beenden den Betrieb um 20 Uhr.

• **Mit dem Schiff:** Alle Ozeanschiffe legen im Hafen **Tanjung Priok** an, etwa zehn Kilometer nordöstlich der Stadt. Mit dem Taxi erreicht man die Stadt in einer halben Stunde.

• **Mit der Bahn:** Nur in zwei der fünf großen Bahnhöfe Jakartas werden Intercity-Züge erster Klasse abgefertigt: in der **Kota Station** im Norden und der **Gambir Station** an der Ostseite des Medan Merdeka.

Die Fahrkarten kauft man einen Tag vor der Fahrt beim Carnation-Reisebüro, Ecke Jl. Kebon Sirih und Jl. Menteng Raya (Jl. Menteng Raya 24, Jakarta Pusat, Tel.: 344 027, 356 728 und

Jl. Kyai Maja 53, Kebayoran Baru, Tel.: 713 943) oder am Tag der Reise am Kartenschalter des Bahnhofs.
Gambir Station, Jl. Merdeka Timur, Tel.: 348 612, 342 777.
Jakarta Kota Station, Jl. Station 1, Tel.: 278 515, 277 275.

• **Mit dem Bus:** Es gibt drei Busbahnhöfe für Busse in den Süden, den Westen bzw. Osten Javas. Die Busse nach Sumatra und der Westküste Javas fahren vom **Kalideres Terminal** (Tel.: 592 274) am westlichen Stadtrand ab. Die Busse nach Bandung, Bogor und anderen Städten des Südens stehen am **Cililitan Terminal** (Tel.: 884 554) hinter dem Flughafen Halim. Am **Pulo Gadung Terminal** (Tel.: 881 763), dort, wo die Jl. Bakasi Timur Raya in die Jl. Perintis Kemerdekaan mündet, werden die Busse nach Zentral- und Ostjava abgefertigt. Städtische Busse verkehren zwischen diesen Busbahnhöfen und dem Stadtzentrum. In die Intercity-Busse kann man auch an deren Standplätzen im Zentrum zusteigen. Wenn man weiß, wann und wo die Busse abfahren, kann man sich die Fahrt vom Zentrum zum jeweiligen Ausgangsbahnhof sparen.

• **Kleinbusse/Intercity-Taxis:** Sie sind die beste Möglichkeit, nach Bogor, Bandung oder Cirebon zu gelangen. Sie kostet etwa soviel wie die Bahnfahrt und etwas mehr als der klimatisierte Bus. Man wird abgeholt und am Hotel etc. abgesetzt. In entferntere Orte verkehren sie nicht. Lassen Sie die Plätze über Ihr Hotel mindestens einen Tag vorher reservieren
„4848" Intercity-Taxi, Jl. Prapatan 34, Tel.: 348 048, 364 488, 364 448.
Media, Jl. Kebon Sirih 32, Tel.: 345 348.
Parahyangan, Jl. Wahid Hasyim 13, Tel.: 353 434.
Metro, Jl. Kopi 2C, Tel.: 672 827, 674 585.
Perkasa, Jl. Merdeka Barat 18, Tel.: 354 497.

Fortbewegung in der Stadt

• **Taxis:** Die zweckmäßigste Art, sich in der Stadt fortzubewegen. Für den ersten Kilometer bezahlt man jetzt im klimatisierten Wagen 900 Rp. (rund 0,40 US-Dollar), für jeden weiteren 450 Rp. Fahrten innerhalb der Stadt kosten meist zwei bis fünf US-Dollar. An jedem Hotel ist ein Taxistandplatz.

An den Hauptstraßen kann man ein Taxi heranwinken. President und Blue Bird sind die größten und zuverlässigsten Taxi-Unternehmen. Funktaxis kann man telefonisch bestellen. Achten Sie darauf, daß der Taxameter eingeschaltet ist. Taxifahrer bieten auch Rundfahrten für Touristen an.

Wenn man sich viel vorgenommen hat, lohnt sich das Mieten eines Taxis auf Stundenbasis. Trinkgelder sind unüblich, doch die Fahrer haben selten Kleingeld, so daß es sich anbietet, Beträge auf 500 Rp. aufzurunden.

• **Mietwagen:** Avis, Hertz und andere sowie alle großen Hotels vermieten Wagen stunden- bzw. tageweise für Stadtfahrten. Für Überlandfahrten gelten spezielle Tarife.
Avis, Jl. Diponegro 25, Tel.: 314 29 00, Vertretungen am Soekarno-Hatta International Airport und im Borobudur Intercontinental Hotel.
Blue Bird, Jl. Cokroaminoto 107, Tel.: 332 064.
Garuda Limousine Service, Jl. Agkasa 3, Tel.: 410 114, 413 070.
Hertz, Plaza Podium, Jl. Jend. Sudirman, Tel.: 570 36 83.
National Car Rental, Hotel Kartika Plaza, Jl. M.H. Thamrin 10, Tel.: 333 423.
Toyota Rentacar, Jl. Hasym Ashari 31, Tel.: 362 672.

• **Städtische Busse:** Sind sehr billig, meist überfüllt und nicht ungefährlich, da die Busse an den Haltestellen nicht immer völlig zum Stehen kommen. Vorsicht, Taschendiebe! Im Hotel erfahren Sie, welche Buslinien wohin fahren. Auch eine Karte, in der die Strecken und Buslinien verzeichnet sind, existiert, erhältlich (nicht immer) beim **Tourist Information Centre** im **Jakarta Theatre Building** an der Jl. Thamrin (Tel.: 354 094).

Nützliche Adressen

Fluggesellschaften

Cathay Pacific, Borobudur Inter-Continental, Jl. Lapangan Banteng, Tel.: 380 55 55, Fax: 380 65 33.
Garuda Indonesia, Jl. Merdeka Selatan 13, Tel.: 380 19 01.
KLM, Plaza Indonesia, Jl. M.H. Thamrin, Tel.: 320 708, 320 053.
Lufthansa, Panin Centre Bldg., Jl. Jend. Sudirman, Tel.: 570 20 05, Fax: 571 14 76.

Malaysian Airlines System, Hotel Indonesia, Jl. M.H. Thamrin, Tel.: 320 909.
Singapore Airlines, Chase Plaza, Ground Fl., Jl. Jend. Sudirman, Tel.: 570 44 11.
Swissair, Hotel Borobudur, Jl. Lapangan Banteng, Tel.: 373 608
Thai International, BDN Bldg., Jl. M.H. Thamrin, Tel.: 320 607.

Diplomatische Vertretungen

Bundesrepublik Deutschland, Jalan M.H. Thamrin 1, Jakarta Pusat, Tel.: 323 908.
Burma, Jalan H. Agus Salim 109, Jakarta Pusat, Tel.: 327 204.
Japan, Jalan M.H. Thamrin 24, Jakarta Pusat, Tel.: 324 308.
Korea, Jalan Jenderal Gatot Subroto, Jakarta Selatan, Tel.: 52 01 919.
Malaysia, Jl. H.R. Rasuna Said Kav. X No. 6, Tel.: 522 49 47.
Österreich, Jalan Diponegoro 44, Jakarta Pusat, Tel.: 338 090, 338 101.
Philippinen, Jalan Imam Bonjol 6-8, Jakarta Pusat, Tel.: 384 89 17.
Schweiz, Jl. H.R. Rasuna Said, Blok X 3/2, Tel.: 516 061.
Singapur, Jl. H.R. Rasuna Said, Blok X /4, Tel.: 5201 489.
Thailand, Jalan Imam Bonjol 74, Jakarta Pusat, Tel.: 390 42 25.

Apotheken

Titi Murni, Jl. Kramat Raya 128, Tel.: 343 647.
Raden Saleh, Jl. Raden Saleh 2, Tel.: 353 807, 378 063, 322 309.
Mampang, Jl. Teuku Cik Ditoro 56, Tel.: 351 446.
Menteng, Jl. Dr. Sam Ratulangi 6, Tel.: 347 240.
Mahakam, Jl. Mahakam 1/6, Kebayoran Baru, Tel.: 717 108.
Melawai, Jl. Melawai Raya 191, Tel.: 716 109.
Prima, Jl. Let. Jen. S. Parman 19, Tel.: 541282, 543 870.
Gs. Wijaya, Tanjung Duren Timur V1/ 212.
Kimia Farma, Jl. Majapahit 18, Tel.: 346 844.

Krankenhäuser

British Medical Scheme, Setia Building, Kuningan, Tel.: 51 54 81, 51 53 67, 35 91 01.

Cipto Mangunkusumo Hospital, Jl. Diponegro 71, Tel.: 33 20 29.
Fatmawati Hospital, Jl. R.S. Fatmawati, Tel.: 76 01 24, 76 41 47.
Gatot Subroto Hospital, Jl. Abdul Rachman Saleh, Tel.: 37 10 08.
Husada Hospital, Jl. Mangga Besar 137-139, Tel.: 62 01 08, 62 25 55.
Medikaloka (24-Stunden-Notdienst), Kuningan Plaza South Tower, Jl. H.R. Rasuna Said Kav. C 11-14, Tel.: 52 02 12, 51 11 60.
Metropolitan Medical Centre, Wisata International Hotel, Jl. M.H. Thamrin, Tel.: 32 04 08.
Mintaharja Hospital, Jl. Bendungan Hilir, Tel.: 58 10 31.
Persahabatan Hospital, Jl. Raya Persabahatan, Tel: 48 17 08.
Pertamina Hospital, Jl. Kyai Maja 43, Tel.: 77 58 90.
St. Carolus Hospital, Jl. Salemba Raya 41, Tel.: 858 00 91.
Sumber Waras Hospital, Jl. Kyai Tsps Grogol, Tel.: 59 60 11, 59 16 46.
Tjikini Hospital, Jl. Raden Saleh 40, Tel.: 37 49 09, 36 52 97.
Yayasan Jakarta Hospital, Jl. Jend. Sudirman, Tel.: 58 22 41, 58 45 76.

Unterkunft

Hotels

Seit den sechziger Jahren hat sich auf diesem Gebiet in Jakarta einiges getan. Das **Hotel Indonesia**, das Japan im Rahmen der Reparationszahlungen errichtete, war einst das einzige Hotel mit internationalem Standard. Von den Vorkriegshotels stehen allein noch das **Transaera** und das **Royal**; sie haben ihr „koloniales" Flair jedoch eingebüßt.

Luxushotels

Jakarta besitzt inzwischen eine Reihe von Fünf-Sterne-Hotels. Sie verfügen z. T. über ausgedehnte Garten- und Sportanlagen, so das **Borobudur Inter-continental,** das **Grand Hyatt Jakarta** als auch das **Hyatt Aryaduta**. Neben großen Schwimmbädern, Tennisplätzen, Squashplätzen, Sauna, Jogging–Wegen und großen Grünanlagen stehen Diskotheken und europäische wie asiatische Restaurants zur Verfügung. Das **Mandarin,** ein modernes „City"-Hotel, rühmt sich seiner zentralen Lage und versucht, sich durch hervorragenden Service und Küche hervorzutun. Das **Hyatt Aryaduta** besitzt ein ausgezeichnetes französisches Restaurant, das Restaurant des **Sahid Jaya** ist auf Meeresfrüchte spezialisiert.

Borobodur Inter-Continental, (866 Zimmer), Jl. Lapangan Banteng Selatan, P.O. Box 329, Tel.: 370 333, Fax: 380 95 95.
Hyatt Aryaduta, (340 Zimmer), Jl. Prapatan 44-46, P.O. Box 3287, Tel.: 376 008, Fax: 349 836.
Mandarin Oriental, (504 Zimmer), Jl. M.H. Thamrin, P.O. Box 3392, Tel.: 314 13 07, Fax: 314 86 80.
Sahid Jaya, (514 Zimmer), Jl. Jendral Sudirman 86, P.O. Box 46 331, Tel.: 587 031, Fax: 583 161.
The Jakarta Hilton, (645 Zimmer), Jl. Jendral Gatot Subroto, P.O. Box 3315, Tel.: 587 981, Fax: 583 091.
Grand Hyatt Jakarta, (450 Zimmer), Jl. Thamrin Kav. 28-30, Tel.: 310 74 00, Fax: 334 321.

First Class

Das **Sari Pacific** ist zentral gelegen; sein Coffee Shop und seine Delikatessen haben einen guten Namen. Das **President Hotel** unter japanischer Regie mit mehreren japanischen Restaurants sowie das ehrwürdige **Hotel Indonesia** mit hervorragendem Supper Club und Swimmingpool gehören in diese Kategorie.

Horison Hotel, (350 Zimmer), Jl. Pantai Indah, Taman Impian Jaya Ancol, P.O. Box 3340, Jakarta, Tel.: 680 008, Fax: 684 004.
Hotel Indonesia, (666 Zimmer), Jl. M.H. Thamrin, P.O. Box 54, Jakarta, Tel.: 314 00 08, Fax: 314 15 08.
President Hotel, (354 Zimmer), Jl. M.H. Thamrin 59, Jakarta, Tel.: 390 11 22, Fax: 333 631.
Sari Pacific Hotel, (500 Zimmer), Jl. M.H. Thamrin, P.O. Box 63 138, Jakarta, Tel.: 323 707, Fax: 323 650.

Mittlere Preisklasse

Von den teureren Hotels der mittleren Kategorie sind das **Transaera** und das **Sabang Metropolitan** (ab 35 US-Dollar das Doppelzimmer) am zentralsten gelegen. Das **Transaera** ist besonders ruhig, die Zimmer sind geräumig. Das **Sabang Metropolitan** ist für Geschäftsleute günstig gelegen.

In Kebayoran Baru hat man die Wahl zwischen **Kemang** und **Kebayoran Inn,** zwei ruhigen, preisgünstigen Häusern. Auch das **Interhouse**, zentral im Geschäftsviertel von Kebayoran, Blok M, gelegen, sowie kleinere, saubere, klimatisierte Hotels wie das **Menteng Hotel** oder das **Marco Polo** in Menteng sind in diese Kategorie einzureihen.

City Hotel, (196 Zimmer), Jl. Medan Glodok, Jakarta, Tel.: 627 008.
Garden Hotel, (100 Zimmer), Jl. Kemang Raya, P.O. Box 41, Kebayoran Baru, Jakarta, Tel.: 799 58 08, Fax: 798 07 63.
Jayakarta Tower, (435 Zimmer), Jl. Hayam Wuruk 126, Jakarta, Tel.: 629 44 08, Fax: 629 50 00.
Kartika Plaza, (331 Zimmer), Jl. M.H. Thamrin 10, P.O. Box 2081, Jakarta, Tel.: 321 008, Fax: 322 547.
Kebayoran Inn, (61 Zimmer), Jl. Senayan 57, Kebayoran Baru, Jakarta, Tel.: 716 208.
Kemang Hotel, (100 Zimmer), Jl. Kemang Raya, P.O. Box 163, Kebayoran Jakarta Baru, Tel.: 799 32 08.
Marco Polo Hotel, (181 Zimmer), Jl. Teuku Cik Ditro 19, Jakarta, Tel.: 325 409, Fax: 310 71 38.
Menteng I, (82 Zimmer), Jl. Gondangdia Lama 28, Jakarta, Tel.: 314 41 51, Fax: 314 41 51.
Menteng II, (70 Zimmer), Jl. Cikini Raya 105, Jakarta, Tel.: 326 312, 325 543, 326 329.
Orchid Palace, (85 Zimmer), Jl. Letjen S. Parman, Slipi, P.O. Box 2791, Jakarta, Tel.: 593 115, 596 911.
Putri Duyung Cottages, (102 Hütten), Taman Impian Jaya Ancol, Jakarta, Tel.: 680 611, 680 108.
Sabang Metropolitan, (157 Zimmer), Jl. H.A. Salim 11, P.O. Box 2725, Jakarta, Tel.: 354 031.
Transaera Hotel, (50 Zimmer), Jl. Merdeka Timur 16, P.O. Box 3380, Jakarta, Tel.: 351 373, 359 336, 357 059.
Wisata International, (165 Zimmer), Jl. M.H. Thamrin, P.O. Box 2457, Jakarta, Tel.: 320 308, 320 408, Fax: 324 597.

Wisma Bumi Asih Guesthouse, Jl. Solo 4, Menteng, Jakarta, Tel.: 350 839.

Preiswerte Hotels

Indonesien-Reisende mit schmalem Geldbeutel treffen sich meist an der Jalan Jaksa No. 5 (im **Wisma Delima**) oder in einer der anderen Herbergen an dieser Straße. Das **Borneo Hostel** um die Ecke und das **Pondok Soedibyo** derselben Preisklasse sind etwas sauberer. Etwas teurer kommen das **Bali International** in der Nähe und das **Royal**. Ein klimatisiertes Zimmer im **Srivijaya** kostet auch nicht viel mehr.

Bali International, (31 Zimmer), Jl. K.H. Wahid Hasyim 116, Tel.: 345 058.
Borneo Hostel, Jl. Kebon Sirih Barat Dalam 35, Jakarta, Tel.: 314 00 95.
Pondok Soedibyo, Jl. Kebon Sirih 23, Jakarta.
Royal Hotel, Jl. Juanda 14, Jakarta, Tel.: 348 894, 357 068.
Srivijaya Hotel, Jl. Veteran 1, Jakarta, Tel.: 370 409.
Wisma Delima, Jl. Jaksa 5, Jakarta, Tel.: 337 026.
Wisma Esther, Matraman Raya 113, Jakarta.

Essen & Trinken

Indonesische Küche

Der Reisende interessiert sich natürlich für die indonesische Küche – am liebsten jeden Abend was anderes, sozusagen eine kulinarische Rundreise von Insel zu Insel.

Beginnen wir mit der Nord-West-Spitze Sumatras und essen als erstes im **Sinar Medan** an der Jl. Sabang. Spezialitäten aus der Provinz Aceh kommen wie Padang-Gerichte auf kleinen Tellern kalt auf den Tisch, sollen jedoch feiner gewürzt und abwechslungsreicher im Geschmack sein.

Die Padang-Küche ist am besten vertreten im **Roda** und im **Sari Bundo**. 10 bis 15 gut gewürzte Gerichte werden dem Gast vorgesetzt, der nur das bezahlt, was er ißt. Von der Atmosphäre her ist das (etwas teurere) **The Pepper Pot** zu empfehlen.

Die javanische Küche stellt sich in vier Varianten vor: sundanesisch (westjavanisch), zentraljavanisch, ostjavanisch und maduresisch. Im beliebten **Sari Kuring** bekommt man ausgezeichneten gegrillten Karpfen *(ikan mas bakar* auf sundanesisch), Huhn vom Grill *(ayam bakar)*, Garnelen *(udang pancet)*, gebratenen Tintenfisch *(cumicumi bakar)* und einen Salat aus frischem Gemüse mit Krabbenpaste und Chilisoße *(lalap/sambal cobek)*. Hier erhält man den besten Fisch der Stadt und dazu ein herrlich erfrischendes Gurken-Limonen-Getränk.

Von den Gerichten aus Zentraljava sind das Brathuhn und *gudeg* hervorzuheben. Die javanischen Hühner haben freien Auslauf und sind daher geschmackvoller, aber auch zäher als die Produkte der Massentierhaltung in Europa. Auf Java wird das Huhn zunächst mehrere Stunden in einem Gewürz- und Kokoscremesud gekocht, anschließend bei hoher Temperatur kurz gebraten, damit es außen knusprig wird. Die bekanntesten Huhngerichte Jakartas werden im **Ayam Bulungan** und im **Ayam Goreng Mbok Berek** serviert, die beide in Kebayoran liegen.

Gudeg, die Spezialität aus Yogyakarta, besteht aus Jackfrüchten, die in Kokoscreme und Gewürzen gekocht und zusammen mit Chilisoße gekochter Büffelhaut, Hühnerfleisch, Eiern und Soße aufgetischt werden. Das beste *gudeg* wird in einem Ableger des Yogya-Restaurants **Bu Tjitro's** gekocht.

Ostjava und Madura sind für ihre guten Suppen und das *sate* bekannt. Man probiere einmal im **Pondok Jawa Timur** das *soto madura* (scharfe Hühnerbrühe mit Nudeln). Geflügel bzw. Hammel-*sate* (Fleischspieße vom Rost) schmecken im **Senayan Satay House** am besten, das gleich drei Filialen in der Stadt hat.

Restaurants

Die Restaurants Jakartas sind, gemessen an indonesischen Maßstäben, teuer (man bezahlt das Zwei- und Dreifache dessen, was in der Provinz verlangt wird). Manch einer hat sich auf der Suche nach dem besonders feinen *soto* oder *sare* in einem der obskuren Essensstände an der Straße *(warung)* den Magen und damit eine Woche seines Urlaubs verdorben.

Es kommt vor, daß man in einem sauberen Restaurant für 2 US-Dollar gut essen kann und daß man für 5 US-Dollar ein ausgezeichnetes indonesisches oder chinesisches Essen aufgetischt bekommt. Mit Ausnahme der europäischen Spezialitätenrestaurants bezahlt man selbst in den besten Restaurants durchschnittlich etwa 10 US-Dollar pro Person. Besonders Fischgerichte sind in Jakarta ein heißer Tip.

Indonesisch

Angin Mamiri (makassaresisch), Jl. K.H. Hasyim Ashari 49, Roxy.
Ayam Bulungan (Huhn auf Javanisch), Jl. Bulungan I No. 64, Kebayoran Baru.
Ayam Goreng Mbok Berek (Huhn auf Javanisch), Jl. Panglima Polim Raya No. 93.
Gudeg Bu Tjilro, Jl. Cikajang 80, Blok Q2 Kebayoran Baru.
Gudeg Bu Tjitro, Jl. Senen Raya 25A.
Happy (makassaresisch), Jl. Mangga Besar Raya 4C.
Jawa Timur (ostjavanisch), Jl. Jenderal A. Yani 67.
Marunda Restaurant, Hotel Wisata International.
Natrabu Restaurant (Padang), Jl. H. Agus Salim 29A.
The Pepper Pot (Padang und javanisch), 18. Stock, Wisma Metropolitan, Jl. Jendral Sudirman.
Pondok Jawa Timur (ostjavanisch), Jl. Prapanca Raya, Kebayoran.
Ratu Sari (sundanesisch), Glodok Plaza, Jl. Pinangsia Raya.
Roda (Padang), Jl. Matraman Raya 65-67.
Sari Bundo (Padang), Jl. H. Juanda 27.
Sari Kuring (sundanesische Fischgerichte), Jl. Batu Ceper No. 55A.
Senayan Satay House, Jl. Pakubuwono VI/No. 6, Kebayoran Baru.
Sinar Medan (Aceh-Küche), Jl. H.A. Salim (Sabang).
Tamalatea (makassaresisch), Jl. Krekot I/No. 40G, Pasar Baru.
Tinoor Asli (menadonesisch), Jl. Gondangdia Lama 33A.

Fischrestaurants

Früher aß man Fisch entweder in Tanjung Priok, am Hafen also, oder an der Jalan Pecenongan an Verkaufsständen. Beliebt sind diese Plätze noch immer, doch sind die Preise so gestiegen, daß man den Fisch im Restaurant auch nicht teurer, jedoch in angenehmerer Umgebung verzehrt. Das **Yun Njan** ist am berühmtesten. Wen das viele Plastik und die Hektik nicht stören, kann sich dort an den garantiert frischen Krabben, gegrillt oder gekocht, an Garnelen, Tintenfischen etc. erfreuen. In der Nähe steht das **Sanur** mit einer ganzen Palette chinesischer Spezialitäten. Das obenerwähnte **Sari Kuring**, nicht weit vom Yun Njan, ist ein weiteres ausgezeichnetes Fischrestaurant. Etwas teurer ist das **Mina Seafood Restaurant** im Sahid Jaya Hotel. Auch das **Hotel Horison** betreibt am Meer ein reizendes Fischrestaurant.

Anging Mamiri Garden, Horison Hotel, Ancol.
Mina Seafood Restaurant, Sahid Jaya Hotel, Jl. Jendral Sudirman 86.
Sanur, Jl. Ir. H. Juanda III/No. 31.
Sari Kuring, Jl. Batu Ceper No. 55A.
Yun Njan, Jl. Batu Ceper 69.

Chinesische Küche

Die China-Restaurants in Jakarta halten zwar einem Vergleich mit der Küche Singapurs, Hong Kongs oder Taiwans nicht stand, sind jedoch besser als die meisten chinesischen Restaurants in Europa. Am üppigsten kann man im **Cahaya Kola**, im **Islana Naga** und im **Ekaria** dinieren. Die nordchinesisch-mongolische Küche ist vertreten im **Barbeque Restaurant**, Blok M, Kebayoran. Sichuan-Küche bietet nur das sündteure, aber ausgezeichnete **Spice Garden** im Mandarin Hotel.

Wer in Chinatown oder Kota ist, oder wer Appetit auf einen kleinen Lunch hat, probiere chinesische Nudeln mit eingelegtem Gemüse und Rindfleischbällchen *(mee bakso)*. Das größte Nudelrestaurant in Chinatown ist das **Bakmi Gajah Mada**.

Bakmi Gajah Mada, Gajah Mada 92.
Bakmi Gajah Mada, Jl. Melawai IV/25, Blok M, Kebayoran Baru.
Cahaya Kota, Jl. Wahid Hasyim 9.
Ekaria (Yit Lok Yun), Jl. Hayam Wuruk, Pasar Lindeteves Bldg.
Istana Naga, Jl. Gatot Subroto, Kav. 12, Case Building.
Spice Garden Restaurant (Sichuan-Küche), Jakarta Mandarin Hotel.

Europäische Küche

Wer auch in Jakarta auf die europäische Küche nicht verzichten mag, kann – nicht zuletzt auch wegen des kolonialen Ambiente – im hervorragenden **Oasis Restaurant** die Küche des holländischen Batawia probieren. Die Spezialitäten des Hauses sind *shishkabob* („flammendes Schwert") und die traditionelle *rijsttafel* („Reistafel"), die aus 20 Gängen besteht und von 16 attraktiven jungen Damen aufgetischt wird. Die *rijsttafel* ist auch die Spezialität im **Club Noordwijk** mit nostalgischer *tempo-doeloe*-Atmosphäre und etwas weniger royaler Umgebung. Etwas preiswerter ißt man im **Arts and Curios Restaurant** und Art Shop, in günstiger Lage beim TIM, dem Zentrum der darstellenden Künste.

Die französische Küche mit indonesischem Einschlag ist in Rima Melati's **Le Petit Bistro** zu Hause. Eingeweihte zieht es eher hierher als in das elegante französische Restaurant im Mandarin, wo sowohl die traditionelle als auch die neue Küche (Nouvelle Cuisine) vertreten sind. Im **Sari Pacific Coffee Shop** trifft man sich zum Frühstück und Brunch, vor allem wegen des Brotes und der Croissants, die in Jakarta nirgends besser schmecken. Für einen wohlschmeckenden englischen Lunch oder eine Pizza empfehlen sich **George & Dragon** hinter dem Hotel Indonesia oder das **Jaya Pub**. Die Freunde eines guten Steak seien auf **The Ponderosa**, **The Raffles Tavern** in Ratu Plaza – oder auf **La Bodega Grill & Bar** verwiesen, letzteres ist etwas abgelegen.

Natürlich bekommt man in den Coffee Shops der Hotels sowohl Frühstück als auch Lunch: Der beliebteste ist der **Java Room** im Hotel Indonesia.

Außerdem gibt es ein italienisches Restaurant **(Rugantino)**, ein deutsches **(Old Heidelberg)**, ein Schweizer Fondue-Restaurant **(The Swiss Inn)** und ein schottisches Gasthaus **(The Thistle)**, die jedoch alle etwas enttäuschend und völlig übertäuert sind – nur etwas für heimwehkranke Ausländer. **The Green Pub** heißt ein mexikanisches Lokal mit Country-Rock bzw. Jazzmusik und durchschnittlicher Küche.

Art und Curio Restaurant (holländ.), Jl. Kebon Binatang 111/8A, Cikini.
Club Nordwijk (holländ.), Jl. Ir. H. Juanda 5A.
The Club Room (französisch), Jakarta Mandarin Oriental.
George & Dragon Pub & Restaurant (englisch), Jl. Telukbelung 32.
Green Pub (mexikanisch), Jakarta Theatre Bldg., Jl. M.H. Thamrin.
Java Coffee Shop, Hotel Indonesia.
Jaya Pub (Sandwiches, Suppen), Jaya Bldg., Jl. M.H.Thamrin 12.
Jayakarta Grili, Sari Pacific Hotel, Jl. M.H. Thamrin 6.
La Bodega (kontinental), Caringan Shopping Centre, Cilandak.
Le Bistro (französisch), Jl. K.H. Wahid Hasyim 75.
Oasis Restaurant (kontinental), Jl. Raden Saleh 47.
Old Heidelberg (deutsch), Prince Theatre, Jl. Jendral Sudirman 3-4.
The Ponderosa (Steaks), Widjoyo Centre, Jl. Jend. Sudirman 57
Raffles Tavern (englisch), Ratu Plaza, 3. Stock.
Rugantino (italienisch), Jl. Melawai Raya 28.
The Stable (Steaks), 4. Stock, Wisma Hayam Wuruk, Jl. Hayam Wuruk.
The Swiss Inn, Arthaloka Building, Jl. Jenderal Sudirman 2.
The Thistle Bar & Restaurant (schottisch), Wisma Metropolitan, 18. Stock, Jl. Jenderal Sudirman.

Asiatische Küche

Auch die Handvoll **japanischer, koreanischer, indischer** und **Thai-Restaurants** soll hier erwähnt werden. Die großen japanischen Ketten sind vertreten mit dem **Ginza Benkay** (President Hotel), **Okoh** (Horison Hotel) und **Keio** (Borobudur Inter-Continental), wobei das standardisierte Mobiliar, die Lebensmittel, Köche und Preise jeweils mitgeliefert werden. Ein kleines japanisches Lokal ragt deshalb heraus, weil es das älteste Jakartas ist und den heimischen Fisch auf köstliche Weise zubereiten kann: das **Kikugawa** in einem umgebauten Haus unweit des TIM. Ordentlich sind die koreanischen Restaurants der Stadt, allesamt im Besitz von Koreanern. Außerdem: **Omar Khayyam** (nordindische Gerichte) und **Ayothaya Thai** (Thai-Küche).

Ayothaya Thai, Jl. Ir. Juanda 35A.
Keyaki (jap.), Sari Pacific Hotel, Jl. M.H. Thamrin.
Ginza Benkay (jap.), President Hotel, Jl. M.H. Thamrin.

Jakarta Okoh (jap.), Horison Hotel.
Jakarta New Hama (jap.), 4. Stock, Ratu Plaza, Jl. Jenderal Sudirman.
Jakarta Nippon Kan (jap.), Jakarta Hilton.
Keio (jap.), Borobudur Intercontinental Hotel.
Kikugawa (jap.), Jl. Kebon Binatang III/No. 3.
Korean International, Jl. Melawai VI/No. 3 (Blok M), Kebayoran.
Omar Khayyam (indisch), Jl. Anlara 5.
Shima (jap.), 17. Stock, Hyatt Aryaduta Hotel.
Yamazalo (jap.), Hotel Indonesia.

Unternehmungen

Einkaufen

Jakarta gilt nicht gerade als Einkaufsparadies. Importwaren sind hoch besteuert, und die heimischen Produkte sind zwar billig, aber von geringerer Qualität. Was sich zu kaufen lohnt, sind kunsthandwerkliche Produkte, Antiquitäten und modische Kleidung aus heimischer Produktion.

Batik

Batik Keris hat in Jakarta die größte Batik-Auswahl, besonders an Meterware und preisgünstigen kain. Danar Hadi ist auf die feineren tulis-Gewebe sowie Fertighemden und Kleider spezialisiert. Die staatliche Government Batik Cooperative (GKBI) enttäuscht, da lediglich zentraljavanische Batiken mittlerer Qualität erhältlich sind. Der Kenner wird im Geschäft des Modedesigners Iwan Tirta vorbeischauen. Der bekannteste Batik-Maler ist Amri aus Yogya. Von den kleineren Modeboutiquen seien das Srikandi und mehrere Geschäfte an der Jl. Palatehan I (Blok M, Kebayoran) sowie im Hilton Bazaar erwähnt. Im Gebiet um Palmerah kann man beim Batiken zusehen. Wenden Sie sich an die Betriebe Berdikari oder Hayadi.

Batik Berdikari, Jl. Masjid Pal VII, Palmerah Barat.
Batik Hayadi, Jl. Palmerah Utara 46.
Batik Keris, Danar Hadi Jl. Radan Saleh 1A.
Batik Semar, Jl. Tomang Raya 54.
Danar Hadi, Jl. Raden Saleh IA.
GKBI, Indonesian Government Batik Cooperative, Jl. Jendral Sudirman 28.
Iwan Tirta, Jl. Panarukan 25.
Iwan Tirta, Borobudur Intercontinental Hotel, Geschäftsarkade.
Maison Young, Jl. Palatehan 1/39B, Kebayoran Baru.
Royal Batik Shop, Jl. Palatehan 1/41.
Srikandi, Jl. Melawai V1/6A.
Srikandi, Jl. Cikini Raya 90.
Intisari, Jl. Melawai V/8, Blok M Kebayoran Baru.

Kunsthandwerk

Mit Ausnahme von Rattanmöbeln und etwas Batik wird es außerhalb Jakartas produziert. Dennoch sind die heimischen Produkte sehr günstig zu haben. Die erste Adresse für Kunsthandwerkliches aller Art ist das Handicraft Centre im Kaufhaus Sarinah Jaya in Kebayoran, wo man vom Korb bis zum Rohrsessel einschließlich Ledersandalen alles erhält. Bilder, Schnitzereien, wayang-Puppen und andere „Kunst"-Gegenstände sollte man auf dem Art Market (Pasar Seni) in Ancol begutachten. Hier kann man stundenlang flanieren, den Handwerkern bei der Arbeit zusehen und mit ihnen ins Gespräch kommen. Der Indonesian Bazaar im Hilton besteht aus einer Anzahl Boutiquen, die Batik, Schmuck und wayang-Puppen führen. Viele der Antiquitäten- und Kunstgeschäfte an der Jl. Kebon Sirih Timur Dalam, der Jl. Majapahit und der Jl. Palatehan (Kebayoran) verkaufen auch Kunsthandwerkliches. Einige Geschäfte wie der Irian Art and Gift Shop sind auf Stammesprodukte und primitive Kunst spezialisiert (Namen und Adressen der Geschäfte weiter unten).

Antiquitäten, Raritäten

Sie sind überall in der Stadt erhältlich, vor allem jedoch an der Jl. Kehon Sirih Timur Dalam, wo eine Anzahl winziger Läden mit Namen wie Bali, Bima, Djody und Nasrun alte Möbel, Webarbeiten, Puppen und Porzellan auf Lager haben. Das Johan Art führt eine Riesenauswahl an altem chinesischen Porzellan, späterer Umtausch möglich – eine Seltenheit in Jakarta. Im weiteren Verlauf der Jl. Wahid Hasyim steht The Banka Tin Shop, wo vor allem Zinnwaren angeboten werden. Weitere Geschäfte findet man an der Jl. Haji Agus Salim (Jl. Sabang). Alle genannten Antiquitätengeschäfte sind vom Sarinah bzw. vom Sari Pacific Hotel bequem zu Fuß zu erreichen. Hier eine Auswahl der zahlreichen Antiquitäten- und Kunstgeschäfte in anderen Stadtteilen:

Der Antique Market an der Jl. Surabaya, unweit der Embassy Row (Jl. Diponegoro), besteht aus etwa 20 Ständen. Porzellan, Puppen, Fliesen, Messing- und Silber-Antiquitäten, manches neu, doch auf alt gemacht, ist ausgebreitet. Nicht weit ist es zu Alex Papadimitriou und dem Srirupa Shop, die wahre Schätze an alten holländischen Möbeln gelagert haben. Drei Geschäfte haben sich seit den Tagen der Holländer an der Jl. Majapahit gehalten: Arjuna, Garuda und Lee Cheong, die Qualitätsware führen.

Die neuen Boutiquen, Galerien und Studios an der Jl. Palatehan I in Kebayoran (Djelita, Maison Young, Urip, Pura, Pigura, Royal Tony's und Oet's) wenden sich an das ausländische Publikum und das wohlhabende Jakarta. Das neue Kaufhaus Sarinah Jaya steht nebenan, und das Aldiron Plaza/Blok M ist zu Fuß leicht zu erreichen.

Alex Papadimitriou (Antiquitäten), Jl. Pasuruan 3.
Arjuna Craft Shop, Jl. Majapahit 16A.
Bali Art & Curio, Jl. Kebon Sirih Timur Dalam 42.
Bandung Art Shop, Jl. Pasar Baru 18C.
Bangka Tin Shop, Jl. Wahid Hasyim 178.
Bima Arts & Curios, Jl. Kebon Sirih Timur Dalam 257.
Djelila Art Shop, Jl. Palatehan I/37.
Djody Art & Curio, Jl. Kebon Sirih Timur Dalam 2.
Garuda, Jl. Majapahit 12.
Irian Art and Gift Shop, Jl. Pasar Baru 16A.
Johan Art, Jl. Wahid Hasyim 80.
Johan Art Curios, Jl. H. Agus Salim 59A.
Lee Cheong, Jl. Majapahit 32.
Lindungan Store, Jl. H. Agus Salim 48.
Made Handicraft, Jl. Pegangsaan Timur 2.
Magasin L'Art, Jl. Cikini Raya 71.

Majapahit Arts & Curios, Jl. Melawai 111/4, Blok M, Kebayoran Baru.
Naini's Fine Arts, Jl. Palatehan 1/20, Kebayoran Baru.
Pigura Art & Gift Shop, Jl. Palatehan 1/41, Kebayoran Baru.
Ramayana, Jl. Ir. H. Juanda 14A.
Srirupa Shop, Jl. Pekalongan 16.
Tony's Gallery, Jl. Palatehan 1/31, Kebayoran Baru.
Urip Store, Jl. Palatehan 1/40, Kebayoran Baru.

Schmuck

Es gibt in Jakarta viele Juweliere, die Gold- und Silberschmuck aus eigener Herstellung anbieten. Die Preise liegen höher als in Kota Gede (Yogyakarta) und Bali, doch Qualität und künstlerische Gestaltung sind weit besser – besonders wenn Sie an indonesischen Edelsteinen interessiert sind: Diamanten aus Borneo, purpurnen Amethysten, Naturperlen und der unlängst entdeckte, westjavanische, schwarze Opal. Auch Ketten, Filigran- und getriebene Arbeiten sind zu haben. Die Arbeitskraft ist billig, die Verarbeitung kann gut sein. Vor dem Kauf sollte man sich nach den Gold- und Silberpreisen erkundigen, um auszurechnen, was für Verarbeitung und künstlerische Gestaltung verlangt wird.

Jay's Jewellery, Jakarta Mandarin Hotel.
Joyce Spiro, Sari Pacific Hotel.
Judith Tumbelaka, Jl. H.A. Salim 94.
Linda Spiro, Borobudur Inter-Conti.
Spiro Jewellers, Jakarta Hilton Hotel.
Kevin's Jewellery, Jakarta Hilton Hotel.
Olislaeger Jewellers, Jl. Juanda 11.
Pelangi Jewellery, Jakarta Hilton Hotel.
Pelangi Opal & Jewellery Centre, Jl. R.S. Fatmawati 42, Cilandak.
Sesotya, Sahid Jaya Hotel.
Sri Sadono, Hotel Indonesia.

Indonesische Malerei

Man unterscheidet grob drei Kategorien: traditionelle und moderne Bilder sowie Kitschposter. In der **Harris Art Gallery** stellen moderne Künstler aus, die **Oet's Gallery** präsentiert alle paar Wochen das Werk eines anderen Künstlers. Manche Künstler haben ihre eigene Galerie, z. B. **Adam Lay.** In den Tageszeitungen steht, welche Ausstellungen indonesischer Kunst im TIM bzw. in den Kulturzentren ausländischer Botschaften gerade zu sehen sind. Alte balinesische Malereien führen auch die Antiquitätengeschäfte. Kitsch ist konzentriert im **Taman Suropati** an der „Embassy Row" zu sehen. Auf dem **Art Market** in Ancol kann man den Künstlern bei der Arbeit zusehen und sich porträtieren lassen. Auf dem Gehsteig vor dem Hauptpostamt an der Jl. Veteran können Sie ein Schnellporträt anfertigen lassen.

Adam's Gallery, Sari Pacific Shopping Arcade.
Harris Art Gallery, Jl. Cipete 41, Kebayoran Baru.
Oel's Gallery, Jl. Palalehan I/33, Kebayoran Baru.

Einkaufszentren

Gehen Sie einfach einmal in die großen Geschäftsstraßen und Einkaufszentren Jakartas, um das Warenangebot zu begutachten und Menschen zu beobachten. Die beste Zeit dafür ist der frühe Abend, wenn es abgekühlt ist. Der **Pasar Baru** („Neuer Markt") sowie das elegantere Blok M in Kebayoran Baru sind die besten Adressen. Durch einen Besuch im klimatisierten **Gajah Mada Plaza** oder dem **Ralu Plaza** kann man sich der Mittagshitze entziehen.

Aldiron Plaza, Blok M, Kebayoran Baru.
Gajah Mada Plaza, Jl. Gajah Mada (zehn Etagen mit klimatisierten Geschäften und Restaurants).
Glodok Shopping Centre (sechs Etagen, in Jakartas Chinesenviertel).
Glodok Plaza, Jl. Pinangsia, (fünf Etagen mit klimatisierten Geschäften).
Hayam Wuruk Plaza, Jl. Hayam Wuruk.
Pasar Baru, (mehrere Straßenzüge mit Ladengeschäften, wo Alles und Jedes zu haben ist).
Ralu Plaza, Jl. Jenderal Sudirman, Senayan, (eines der neueren und hellsten Geschäftszentren, mit Klimaanlage, Supermarkt, Buchhandlung, Computern, Restaurants und Kino).
Sarinah Department Store, Kebayoran Baru.

Nachtleben

Im Gegensatz zu anderen indonesischen Städten gehen in Jakarta an spätem Abend die Lichter noch nicht aus; ein weiterer Grund für eine Ruhepause in der Mittagshitze. Frisch gestärkt geht man, wenn es abgekühlt hat, am Abend aus.

Kulturelles in jeder Form bietet in jedem Fall das **Taman Ismail Marzuki** (TIM), Jakartas Zentrum für Kultur und Theater. Im TIM finden wayung-kulit und wayang-orang-Veranstaltungen statt, treten Gesangsgruppen auf, finden Dichterlesungen statt, werden modernes und traditionelles Theater, Ballett, moderne Tänze, klassischer und moderner Jazz aufgeführt. Das genaue Programm entnehmen Sie bitte den Zeitungen.

Demjenigen, der nicht vorhat, nach Zentraljava zu reisen, empfiehlt sich der Besuch einer wayang-orang-Aufführung im **Bharata Theatre** an der Jl. Pasar Senen 15. Das überaus dankbare Publikum besteht im Gegensatz zu Aufführungen in Yogya und Solo fast nur aus Indonesiern. In der Provinz wird meist schlechter gespielt, denn dort sitzen mehr Touristen als Einheimische im Publikum. Das allein spricht dafür, wayang orang in Jakarta zu sehen. Gespielt wird allabendlich zwischen 20 und 23 Uhr.

Sollten Sie ein Freund des volkstümlichen Theaters sein, besuchen Sie einmal das **Theater Miss Tjihtjih** an der Jl. Stasion Angke, in einem bescheidenen Vorort im Westen der Stadt. Es ist ein ziemlich düsterer schäbiger Saal, und wer nicht Sundanesisch spricht, versteht kein Wort. Die Zuschauer scheinen an der Darbietung populärer Stoffe ihre helle Freude zu haben.

Drei- oder viermal die Woche finden auf dem Gelände des **Art Market** (Pasar Seni) in Ancol Aufführungen im Freien statt; daneben kann man in aller Ruhe durch die Pavillons schlendern und das Angebot an Kunsthandwerk und Bildern begutachten, mit den Künstlern reden und in einem Straßencafé eine schmackhafte Suppe, einen Hamburger oder ein Nudelgericht zu sich nehmen. Ancol liegt rund zehn Kilometer vom Stadtzentrum. Im Hotel bzw. im Tourist Information Office erfährt man das genaue Programm.

Um ein Lustspiel bzw. eine moderne Posse auf indonesisch zu erleben und dabei den Dialogen (natürlich nicht) folgen zu können, sollten Sie ins **Sri Mulat** im Jugendzentrum (Taman Ria Remaja) in Slipi gehen. Zunächst kommen da aufgetakelte und unfreiwillig komisch wirkende Sänger auf die Bühne. Nach dieser farcenhaften Ouvertüre geht es über zwei Akte recht ausgelassen zu. Geboten wird eine Mischung aus Monty Python und dem javanischen *ketoprak*-Theater. Meist treten javanesische Aristokraten und Dienstpersonal in absurden Situationen auf, oder aber eine Familie ausgefallen gekleideter Transvestiten betritt die Bühne. Jeden Donnerstag ist Dracula-Tag. Dracula wird von einem Mann – als Frau verkleidet – gespielt.

Zum Programm dieser Repertoirebühnen kommen die Veranstaltungen der großen Hotels und der ausländischen Botschaften. Das Hilton und das Borobudur sind kulturell besonders aktiv, während die französische, britische, holländische, amerikanische, australische und deutsche Botschaft in ihren Kulturzentren Ausstellungen und Filme zeigen sowie Gastspielreisen und Vorträge organisieren.

Alliance Francaise (franz. Kulturzentrum), Jl. Salemba Raya 25.
The British Council, Jl. Jenderal Sudirman 57, Tel.: 58 74 411.
Erasmus Huis (holländ. Kulturzentrum), Jl. Menteng Raya 25.
Goethe Institut, Jl. Matraman Raya 23, Tel.: 882 798, 884 139.
Indonesisch-Amerikanische Freundschaftsgesellschaft, Jl. Pramuka Kav. 30, Tel.: 881 241, 883 536 883 867.
Italienisches Kulturzentrum, Jl. Diponegoro 45.
Spanisches Kulturzentrum, Cemara 1.

Radio Republik Indonesia (RRI) sendet aus seinem Jakarta-Studio an der Jl. Medan Merdeka Barat Live-Aufführungen alter indonesischer Musik, klassischer Musik sowie *wayang*-Vorstellungen mit Studio-Publikum. Im Hotel bzw. telefonisch bei RRI erfahren Sie, ob und wo Karten dafür zu haben sind. In mehreren Restaurants treten Musikgruppen auf; beliebt sind die Batak-Spieler im Restaurant Oasis (siehe unter „Restaurants"). Sonntags spielen und musizieren in **Taman Mini** im Süden Jakartas Gruppen aus den verschiedenen indonesischen Provinzen. Ebenfalls Sonntag vormittags findet im Wayang-Museum eine Schattenspielaufführung statt.

Nächtliche Vergnügungen im Stil westlicher Großstädte werden auch in Jakarta im Überfluß geboten. In den siebziger Jahren erfaßte die Diskowelle die Stadt. Ihr verdanken die Klubs ihre Existenz, in denen sich am Wochenende die modisch herausgeputzte Schickeria Jakartas ein Stelldichein gibt. Zwei Hotel-Etablissements sind es, die seit einiger Zeit die Szene beherrschen: **Pitstop** im Sari Pacific und der **Oriental Club** im Hilton. Für das Gedeck bezahlt man zehn bis 15 US-Dollar, die Getränke sind teuer, doch Geld spielt beim Stammpublikum offenbar keine Rolle. Man läßt sich in eine Phantasiewelt aus Plüsch, Beleuchtungseffekten und dröhnender Musik entführen. Sandalen, Jeans und T-Shirts sind hier fehl am Platze.

Im **Tanamur** trifft sich in lockerer Atmosphäre (außerdem nicht so teuer) ein vorwiegend ausländisches Publikum (Jl. Tanah Abang Timur 14). Der alteingesessene Rock-Club hat etwas Patina angesetzt, doch die Musik ist gut, das Licht gedämpft, niemand schert sich um die Kleidung. Das **Bali International,** Jl. Wahid Hasyim 116, hat auch eine Diskothek, in der vorwiegend ausländische Touristen und einheimische Motorradfans verkehren.

Das **Jaya Pub,** eine lebendige Musikkneipe (Pianobar mit Gesang), liegt an der Jl. Thamrin, Rima Melati's **Le Petit Bistro** sowie **George & Dragon** an der Jl. Telukbetung (hinter dem Hotel Indonesia).

Bekannte Ausländerkneipen sind die **Hotmen Bar** (Menteng Hotel), **Tankard** (Kebayoran Theatre, Blok M) und **The Club** (Jl. Hasanuddin 52, Blok M, Kebayoran). Das **Green Pub** im Jakarta Theatre bietet passablen Country Rock oder Jazzbands.

Die beliebtesten „girlie"-Bars mit Massagesalon sind an der Jl. Blora **(Aloha, Shinta, Paradise)** oder man geht in die **Columbus Bar** (Hotel Marco Polo). In den Bars der Hotels Mandarin und Hyatt wird Jazz geboten, im **Nirwana Room** des Hotels Indonesia australische und europäische Entertainer.

Ein bizarres Abendprogramm erlebt man in den chinesischen Varietés in Jl. Gajah Mada und Jl. Hayam Wuruk (Blue Ocean, Sky Room, Paramount oder Tropicana), wo lüsterne alte Männer zum chinesischen Dinner Sängerinnen aus Taiwan lauschen.

Zu guter Letzt: Zweit- und drittrangige italienische und amerikanische Filme (die meisten auf Englisch mit indonesischen Untertiteln) sind auch in Jakarta zu sehen. Wo und wann erfährt man aus den Zeitungen.

Nachtklubs

Shamrock, Jl. Pantai Indah, Taman Impian Jaya Ancol, Tel.: 68 30 05.
Sea Side, Taman Impian Jaya Ancol, Tel.: 68 15 12.
New Flamingo, Taman Impian Jaya Ancol, Tel.: 68 32 27.
Blue Ocean, Jl. Hayam Wuruk 5, Tel.: 36 66 50.
Marco Polo, Jl. Cik Ditiro, Tel.: 32 66 79.
Blue Moon, Jl. Gajah Mada 37, Tel.: 639 40 08.
L.C.C., Silang Monas, Tel.: 35 35 25.
The Grand Palace, Jl. Gajah Mada 19b26, Tel.: 35 42 03.
Nirwana Supper Club, Hotel Indonesia, Jl. M.H. Thamrin, Tel.: 32 00 08.

Diskotheken & Kneipen

Café Batavia, Taman Fatahillah, Kota. 24 Stunden geöffnet.
Ebony, Kuningan Plaza, Jl. H.R. Rasuna Said, Tel.: 51 37 00.
Executive Club Le Mirage, Hotel Said Jaya, Tel.: 68 70 31.
Faces, Jl. K.H. Wahid Hasym.
Green Pub Rest & Bar, Jakarta Theatre Building, Tel.: 35 93 32.
Hard Rock Café, Jl. Thamrin, Sarinah Department Store.
Hollywood East, Harmont Plaza Blok B, Jl. Gajah Mada No. 1.
Hotmen Bar Diskotik, Hotel Menteng, Tel.: 32 52 08.
Jaya Pub, Jaya Building, Jl. H.R. Rasuna Said.
Manhattan Disco, Jl. Pantai Indah, Copacobana Building, Ancol.
New Oriental Diskotik, Hotel Hilton, Tel.: 830 51.
Pink Panther, Hotel Intercontinental, Tel.: 33 49 67.
Pitstop Diskotik, Hotel Sari Pacific, Tel.: 32 37 07.
Stardust, Jayakarta Tower Hotel, Tel.: 629 44 08.
2001 Executive Club, Garden Hotel, Tel.: 79 58 08.

Westjava

Reiseplanung

Anreise

Am Schiffshafen Jaya Ancol Marina, im ausgedehnten Vergnügungspark „Dreamland" in Jakarta, werden Motorboote vermietet. Nach Pulau Onrust und zu den anderen Inseln vor der Küste sind es 20–30 Minuten Fahrt, so daß man einen Tagesausflug auf eine der Inseln planen kann. Bis Pulau Rambut fährt man von Ancol eine Stunde. Die Fahrt nach Pulau Puteri bzw. Pulau Melinjo dauert drei Stunden. Die Besitzer der Bungalows bieten ab Jakarta auch Flüge zu diesen Inseln an.

Die Linienfähre legt morgens am Sanggar Bahari Pier von Tanjung Priok ab und läuft die näher gelegenen Inseln (Onrust etc.) an. Die Rückfahrt ist am Nachmittag. Zu den entfernteren Inseln (Pulau Puteri, Pulau Genteng und Opak Besar) kann man mit dem Boot ab Kartika Bahari Pier fahren.

„Tausend Inseln"

Drei Gruppen von Inseln, die zu dieser Kette von 600 Inseln in der Java-See nördlich von Jakarta gehören, werden gerne angesteuert. Die erste ist eine Ansammlung winziger Inseln fünf Kilometer nördlich der Stadt, unmittelbar vor der Küste: u.a. Pulau Onrust, Pulau Kelor, Pulau Kahyangan, Pulau Bidadari (oder Pulau Sakit) und Pulau Damar.

Pulau Onrust diente früher als Trokkendock für die Asienflotte der VOC. 1770 ließ Captain Cook hier sein Schiff reparieren und lobte die Zimmerleute als die besten im Osten. Aus einer späteren Periode stehen noch ein paar Häuser, eine Befestigungsanlage wurde vom Denkmalschutz als historisches Bauwerk restauriert.

Auf den benachbarten Inseln **Pulau Kelor** und **Pulau Kahyangan** sind die Ruinen einer holländischen Festung zu sehen. **Pulau Bidadari** („Himmlische Nympheninsel") diente einst als Leprakolonie, und auf **Pulau Damar** („Fackelinsel") stehen ein Leuchtturm, der bei Nacht Flugzeugen als Orientierung dient, sowie die Überreste eines Hauses von 1685, das Gouverneur Camhuijs, einer der wenigen VOC-Führer, dem intellektuelle Ambitionen nachgesagt werden, errichten ließ.

Viel weiter draußen, etwa 100 Kilometer von Jakarta entfernt, liegen **Pulau Puteri** („Prinzen-Insel") und **Pulau Melinjo**, die zu Tauch- und Wassersportzentren ausgebaut wurden. Auf Pulau Puteri stehen luxuriöse, klimatisierte Bungalows und Wohnhütten, die zwischen 60 und 170 US-Dollar (plus 21 Prozent Steuer) die Nacht kosten. Außerhalb der Hauptsaison ist es um 25 Prozent billiger. Die Nachbarinsel **Pulau Melinjo** verfügt über ein sogenanntes „Taucherlager" – schlichte Strohhütten mit Toiletten, Trinkwasseranschluß, Duschen, Grillplatz und Stühlen; Essen, Bettwäsche und Kochutensilien sind mitzubringen.

Die beiden Inseln bieten kristallklares Wasser mit spektakulären Korallenriffen, Tropenfischen und anderen Meerestieren. Auf Pulau Puteri kann man eine Tauchausrüstung mieten und etwas zu essen bekommen; am Abend ist auch Unterhaltung geboten; auf Pulau Melinjo ist man auf sich allein gestellt; die Einheimischen sind über Funk mit der Hauptinsel verbunden.

Ohne Schuhe sollte man auf den Inseln nicht herumlaufen – auch im Wasser nicht: Die Korallen sind messerscharf, es gibt Seeigel und hochgiftige Steinfische. (Schnitte und offene Wunden entzünden sich in den Tropen schnell und heilen schlecht.) Die bis zu einem Meter langen Eidechsen der Insel sind übrigens harmlos.

Schließlich noch ein Hinweis auf das Vogelschutzgebiet von **Pulau Rambut** („Haarinsel"), das auf zwei winzigen Inseln westlich Jakartas, etwa 15 Kilometer vor der Küste, eingerichtet wurde. Zwischen März und Juli brüten hier zahlreiche Seevögel. Auch große Reiher-, Storchen- und Kormoran-kolonien halten sich im Schutzgebiet auf. Zwei Chalets können über die Ranger des Reservats gemietet werden.

Am Wochenende sind viele der „Tausend Inseln" überlaufen; das gilt jedoch nicht für die Monate November bis März, wenn der starke Nordwest-Monsun am Nachmittag Regenwolken heranführt und die Rückfahrt im Boot zum Abenteuer macht. In den Monaten Mai bis September macht ein solcher Inselausflug bestimmt Spaß.

Den Aufenthalt auf Pulau Puteri bzw. Pulau Melinjo bucht man im voraus im Reisebüro oder direkt bei: **P.T. Pulau Seribu Paradise**, Jl. KH. Wahid Hasyim 69, Jakarta 100829, Tel.: 021/348 533, 324 039, Fax: 021/344 039 oder: Jl. M.H. Thamrin, Jakarta Pusat, Tel.: 320 807, 320 982.

Lassen Sie sich keinen Luxusbungalow auf Pulau Putéri einreden, wenn Sie ins Tauchercamp nach Pulau Melinjo wollen. Es gibt im übrigen auf Nachbarinseln weitere „Camps". Das Reisebüro bucht auch die Fahrt mit Boot oder Flugzeug für Sie.

Banten und die Westküste

Der Ausflug zur dünn besiedelten Westküste Javas ist durch die Fertigstellung der Schnellstraße Jakarta–Merak einfacher geworden. Die Brandung und der Sand sind zwar nicht so schön wie auf Bali oder in Pelabuhan Ratu, doch dafür entschädigen ein Besuch der Ruinen und Baudenkmäler in Banten, der aktive Vulkan Anak Krakatau und der Nationalpark Ujung Kulon. Wenn irgend möglich, fährt man unter der Woche, da ist die Westküste nicht so überlaufen und die Hotels bieten ermäßigte Tarife an.

Anreise

Die Ruinen von Banten liegen etwas abseits der Hauptstraße, und es empfiehlt sich, ein Taxi zu nehmen (Mietwagenfirmen und Taxiunternehmen s. Abschnitt „Jakarta"). Sie können auch im Hotel nachfragen oder mit einem ortskundigen Taxifahrer auf eigene Faust hinfahren). Die Busse Richtung Banten fahren vom Busbahnhof Grogol Terminal in Jakarta ab. Alle Busse nach Merak, Labuan bzw. Sumatra kommen durch Serang und halten in der Ortsmitte. An der Abzweigung der Straße nach Norden wartet man in Serang, bis ein Kleinbus nach Banten kommt, der die Fahrgäste zum Dorf bringt. Ab Tanah Abang Station in Jakarta verkehrt auch ein Zug nach Serang.

Die Fahrt im Taxi oder im Mietwagen bis zu den Stränden von Anyer und Carita an der Westküste dauert runde vier Stunden. Der gemietete Kleinbus („Colt") ist billiger und kann mehr Fahrgäste aufnehmen (im Hotel ist man

Ihnen behilflich, wenn Sie ein Fahrzeug brauchen). Wie immer Sie fahren, Sie können den Abstecher nach Banten einplanen; das sollte beim Aushandeln des Fahrpreises angegeben werden.

Ab Kalideres Terminal in Jakarta verkehren stündlich Linienbusse nach Labuan an der Westküste (Fahrzeit rund fünf Stunden über Serang und Pandeglang). Ab Labuan bietet sich die Fahrt im „Colt" die Küste entlang zu den Stränden an. Als Alternative kommt der (langsame) Zug ab Tanah Abang Station in Jakarta in Frage, der bis Cilegon durchfährt. Hier steigt man in den Colt-Bus um und läßt sich nach Süden bringen. Für den Besuch des Nationalparks Ujung Kulon braucht man eine Genehmigung, die von den PHPA-Büros in Bogor (Department of National Conservation – siehe unten bei Ujung Kulon) ausgestellt wird.

Sie können aber auch gleich das Jakarta-Büro eines großen Hotels an der Westküste anrufen und den Ausflug insgesamt planen lassen. Das Hotel kümmert sich auch um den Transport, wenn man die Übernachtung bucht. Auch Reisebüros bieten Rundfahrten nach Ujung Kulon, Krakatau und zur Westküste an (man wende sich z.B. an Vayatour, Jl. Batu Tulis 38, Jakarta, Tel.: 38 00 202).

Unterkunft

Serang ist ein ziemlich kleiner Ort und hat lediglich einige *losmen* zu bieten. Wer besser unterkommen möchte, muß nach Cilegon, Merak oder an die Strände der Westküste ausweichen.

Das **Krakatau Guest House** steht jedermann offen. Die Übernachtung in einem klimatisierten Bungalow kostet etwa 20 US-Dollar; der motelähnliche Betrieb ist schon etwas schäbig, dafür eben preisgünstig. Das **Merak Beach Motel,** direkt am Wasser neben dem Fährhafen Bakauhuni an der Nordwestspitze der Insel, ist sauber. Man verlangt für die Übernachtung im klimatisierten Zimmer 25–30 US-Dollar.

Von den Unterkünften an der südlichen Westküste ist das **Anyer Beach Motel** am komfortabelsten. Saubere kleine Betonbungalows stehen in einem Garten mit Bäumen an einem breiten Privatstrand. Die Übernachtung kostet, zuzüglich 21 Prozent Steuern und Bedienung, 30–80 US-Dollar.

Noch etwas weiter südlich stehen im Umkreis von Carta die **Selat Sunda Wisata Cottages,** ein kleiner, leicht rustikaler Ferienhauskomplex mit mehreren klimatisierten Bungalows direkt am Meer, sowie das größere **Carita Krakatau Beach Hotel**.

Anyer Beach Motel (30 Zimmer), Jl. Raya Karang Bolong, Anyer, Serang Banten, Jakarta, Tel.: 649 24 92, Fax: 629 50 00. Buchung: Gedung Patra, Jl. Jendral Gatot Subroto, Kav. 32-34, Jakarta, Tel.: 510 322.

Carita Krakatau Beach Hotel (150 Zimmer), Carita, Labuan, Pandeglang, Westjava, Tel.: 812 06. Jakarta-Büro: Hotel Wisata, Jl. M.H. Thamrin, Tel.: 320 408, P.O. Box 2457, Jakarta.

Guest House Krakatau Steel Kompleks P.T. Krakatau Steel, Kota Baja, Cilegon, Banten, Westjava.

Merak Beach Hotel (30 Zimmer), Jl. Raya Merak, Banten, Westjava, Jakarta Tel.: 310 64 40.

Selat Sunda Wisata Cottage, Cibenda, Carita Beach, Labuan, Banten, Westjava. Jakarta-Büro: Jl. Panglima Polim Raya 21, Kebayoran Baru, Tel.: 714 683.

Sehenswürdigkeiten

Von Serang, 90 Kilometer westlich Jakartas, sind es noch zehn Kilometer bis Banten. Etwa zwei Kilometer vor dem Dorf sieht man rechter Hand das Grabmal des zweiten Sultans von Banten, Maulana Yusup, der etwa 1590 starb. Etwas weiter liegen linker Hand die Ruinen des **Istana Kaibon**, des Palastes der Königin Aisyah, der Mutter des letzten Sultans von Banten.

Wenn man eine schmale Brücke überquert hat und auf einem Feldweg nach links abbiegt, erreicht man nach einem Kilometer den alten Stadtplatz von Banten. Die Ruinen des **Surasowan Palace** breiten sich an der Südseite des Platzes aus, die renovierte **Große Moschee** steht im Westen.

Um den früheren Stadtplatz breiteten sich ein großer Markt und die Stadtviertel der Malaien, Chinesen, Gujarati, Abessinier und Annamesen aus. Den Palast hat man freigelegt und stieß dabei auf ein vier Kilometer langes System aus Terrakotta-Röhren und zwei Filterbecken, das den versunkenen Königspalast mit dem Tasik Ardi, einem Stausee mit Lustgarten, etwa ein Kilometer südwestlich, verband.

Nordwestlich des Platzes stehen die Ruinen des **Fort Speelwijk**, das die Holländer 1682 bauten und 1685 und 1731 erweiterten.

Westlich der Befestigungsanlage führt eine Asphaltstraße zum rotgelben **Wan-De Yuan**, einem der ältesten und größten chinesischen Tempel auf Java. Kuanyin (Avolokitesvara), die Göttin der Mildtätigkeit, besitzt hier mit mehreren anderen Gottheiten einen Schrein; unablässig strömen die Gläubigen mit Weihrauchkerzen herbei und lassen sich von den berühmten Wahrsage-Stäbchen die Zukunft deuten.

Krakatau

In Labuan sind Boote zu mieten, mit denen man zu den vier unbewohnten Inseln der Krakatau-Gruppe übersetzen kann. Preis: ab 60 US-Dollar für das kleine Fischerboot, bis 200 US-Dollar für ein Motorboot, das bis zu zehn Personen aufnimmt. Entweder über eines der genannten Hotels oder direkt am Hafen kann man sich ein Boot besorgen, Lunchpaket und Erfrischungsgetränke einpacken, denn es ist heiß, und auf den Inseln gibt es kein Wasser! Die Bootsfahrt dauert jeweils fünf Stunden; um Zeit für die Erkundung der Inseln zu haben, sollte man früh aufbrechen.

Meistens wird die Ostseite des Anak Krakatau angesteuert. Nach dem Aufstieg zum Gebirgszug hat man einen schönen Blick in den rauchenden Krater des Vulkans und über die drei anderen Inseln: Sertung im Westen, Small Krakatau im Osten und Big Krakatau im Süden. Von November bis März sollte man diesen Ausflug wegen der rauhen See nicht machen.

Ujung-Kulon-Nationalpark

Als Lektüre ist Hoogerwerfs Standardwerk über die Tier- und Pflanzenwelt in Ujung Kulon zu empfehlen – zu beziehen über den Verlag E.J. Brill in Leiden. Das Directorate-General of Tourism in Jakarta (staatl. Tourismus-Behörde) offeriert eine sehr informative Broschüre über Ujung Kulon. Vayatour (Jl. Batu Tulis 38 Jakarta, Tel.: 36 50 08, 37 73 39) bietet eine dreitägige Tiefseeangeltour mit allen Schikanen an.

Als erstes besorgt man sich in der Hauptverwaltung von PHPA (staatl. Naturschutzbehörde) in der Jl. Juanda

Nr. 9 in Bogor, links vom Botanischen Garten (Kebon Raya), die Genehmigung. Den Paß nicht vergessen und morgens hingehen (8–12 Uhr). Man muß Formulare ausfüllen und eine Gebühr entrichten. Sorgen Sie dafür, daß in Ihrer Anwesenheit das PHPA-Büro in Labuan angerufen und für die Dauer Ihres Aufenthalts im Park ein Gästebungalow freigehalten wird.

Vor dem Ausflug nach Ujung Kulon muß man sich mit Lebensmitteln eindecken. Die Bungalows im Park sind mit Bettwäsche und Kochutensilien ausgestattet, selbst ein Koch ist da, Lebensmittel aber nicht. Fliegennetz sowie Insektenschutzmittel sind ein Muß. Sie könnten zusätzlich ihre eigene Bettwäsche, ein Verbandskästchen und, falls Sie die zweitägige Wanderung an die Süd- und Westküste machen wollen, etwas Campinggeschirr mitnehmen. In den Geschäften Labuans bekommt man das Wichtigste (Dosen, Getränke, Reis), in Jakarta ist die Auswahl an entsprechenden Reiseutensilien natürlich bedeutend größer.

In Labuan geht man als erstes ins PHPA-Büro und legt die Genehmigung vor, bevor man Boot und Bungalow mietet. Es empfiehlt sich, im voraus sämtliche Preise festzulegen, auch die Bedienungsgelder für Köche, Führer und Parkverwalter. Wenn das unter staatlicher Regie laufende Boot nicht zur Verfügung steht, mietet man mit Hilfe der PHPA-Beamten ein Fischerboot. Lassen Sie sich zu einer fest vereinbarten Zeit abholen. Sollten Sie bei der Rückfahrt einen Abstecher über Krakatau einlegen wollen, um den Vulkankrater zu sehen, sollten Sie es von vornherein sagen. Falls das Boot frühzeitig genug nach Labuan zurückkehrt, können Sie noch das Boot nach Ujung Kolon erreichen; andernfalls müssen Sie in einem Hotel im nahe gelegenen Carita Beach im Norden übernachten.

Bungalows für die Gäste des Parks stehen auf zwei kleinen Inseln. **Handeleum** liegt etwas näher an Labuan (fünf Stunden) und verfügt über einen älteren, zweistöckigen Bungalow für acht Personen. **Peucang** (sieben Stunden) besitzt zwei neuere Wohnkabinen für insgesamt 16 Personen mit einem geräumigen Vorraum. Auf beiden Inseln begegnet man Waranen, wilden Hirschen und langschwänzigen Makaken (Affen). Streifzüge auf den Inseln lohnen sich also. Die Parkangestellten wohnen bei den Bungalows, und für Fahrten flußaufwärts und über die Meerengen stehen kleine Motorboote zur Verfügung. Bei PHPA in Labuan sollte man im voraus klären, ob der Treibstoff mitzubringen ist. Wenn ja, muß man sich in Labuan mit ein paar Fünf-Liter-Kanistern eindecken.

Bogor

Erstaunlich wenige ausländische Touristen besuchen trotz der guten Verkehrsverbindungen von Jakarta aus Bogor. In Bogor steht eine der wenigen verbliebenen *gamelan*-Gießereien (Jl. Pancasan 17) Javas. Vom Ortszentrum geht man nach links zur Jl. Empang und biegt dann an der nächsten Kreuzung nach rechts ab. Überquert man die Brücke, sieht man bald Zimmerleute bei der Arbeit. Sie stellen die Gußformen für die Instrumente her. Die Gießerei ist dann auf der anderen Seite der Straße.

Anreise

Ein Taxifahrer, der Sie für 25 US-Dollar nach Bogor und zurück nach Jakarta bringt, findet sich leicht. Er wartet, bis Sie in Ruhe (zwei Stunden) den Botanischen Garten angesehen haben. Wer mehr Zeit braucht, sollte sich gleich für einen Tag einen „Colt" mieten.

In kurzen Abständen fahren am Busbahnhof Cililitan Terminal, im Süden Jakartas, Busse nach Bogor ab. Die Busse mit dem Schild „Jl. Tol Jagorawi-Bogor" sind am schnellsten (eine Stunde) und am billigsten. Sie halten am Ciawi Terminal. Ab hier verkehren Busse nach Bogor.

Jabotabek (JAkarta-BOgor-TAnggerang-BEKasi) heißt der Pendelzug nach Bogor (billiger, aber auch langsamer als der Bus). Zusteigen kann man an den Bahnhöfen Gambir, Pegangsaan und Mangarai in Jakarta.

Unterkunft

Das **Hotel Salak** (54 Zimmer), ein alter Kolonialbau, gegenüber dem Sommerpalast des Präsidenten (Jl. H. Juanda 8, Bogor, Tel.: 32 20 92, Fax: 32 20 93) ist zwar etwas schäbig geworden, bietet inzwischen aber auch einige klimatisierte Zimmer an.

Puncak-Paß, Cibodas

An der Straßengabelung in Ciawi, zehn Kilometer hinter Bogor, kann man entweder nach Süden durch Sukabumi (mit einer Abzweigung zu den faszinierenden schwarzen Sandstränden von Pelabuhan Ratu) oder aber nach Osten über den Puncak-Pass zum Ferienort Cipanas fahren. In Cianjur treffen sich die beiden Straßen zur Weiterfahrt nach Bandung.

Der Puncak-Pass und Cipanas liegen in einer reizvollen Umgebung. An schönen Tagen hat man einen herrlichen Rundblick auf die benachbarten Täler und Berge. In der trockenen Jahreszeit (von Mai bis September) ist das Bergklima besonders angenehm. Der Botanische Garten in Cibodas lohnt ebenfalls einen Besuch.

Anreise

Die Gebühr für Mietwagen bzw. Taxi zum Puncak Pass oder nach Cipanas beträgt etwa 50 US-Dollar; von Jakarta sind es zwei Stunden Fahrt. Die Überland-Taxis („4848") nach Bandung nehmen diesen Weg und bieten die Mitfahrt für rund 6 US-Dollar pro Person an.

Unterkunft

Im Gebiet von Puncak und Cipanas stehen zahlreiche gute Hotels, eines direkt über dem Steilhang unterhalb des Passes. Wer in der Gruppe reist oder länger bleiben möchte, kommt mit einem eigenen Bungalow besser weg (20–100 US-Dollar die Nacht). Unter der Woche ist fast alles frei, fragen Sie herum. Besonders günstig ist die Jugendherberge unterhalb des Botanischen Gartens von Cibodas.

Bukit Indah (41 Zimmer), Jl. Raya 116, Cilolo, Cianjur, Tel.: 29 01-4.
Bukit Rayy (92 Zimmer), Jl. Raya 219, Cipanas, Cianjur, Tel.: 2505.
Evergreen (101 Zimmer), Jl. Raya, Puncak, Tugu, Bogor, Tel.: 4075.
Puncak Pass Hotel (45 Zimmer), Jl. Raya, Puncak, Sindanglaya, Cianjur, Tel.: 51 25 03, Fax: 51 21 80.
Sanggabuana (29 Zimmer), Jl. Raya 4-6, Cipanas, Cianjur, Tel.: 2227.
Sindanglaya (22 Zimmer), Jl. Raya 43, Pasekon, Cianjur, Tel.: 2116.

Tunas Kembang (66 Zimmer), Jl. Raya, Cipanas SDL, Cianjur, Tel.: 2719.
USSU International (180 Zimmer), Jl. Raya, Cisarua, Bogor, 4499 Gadog.
Wisma Remaja Youth Hotel, Kebon Raya Cibodas, Pacet, Cianjur.

Pelabuhan Ratu

Kilometerweit erstrecken sich die herrlichen Strände schwarzen Sandes. Vorsicht beim Baden: Die Unterströmung ist gefährlich, und der Meeresgrund fällt plötzlich ab. Am Morgen begutachtet man auf dem Fischmarkt den nächtlichen Fang: riesige Garnelen und Thunfische. In einem der kleinen Restaurants kann man sich „seinen" Fisch zubereiten lassen und dazu süße Chilisoße und Reis bestellen.

Anreise

Aufgrund der ausgezeichneten Straßen ist man mit dem Auto von Jakarta aus schon in vier Stunden in Pelabuhan Ratu. Taxi bzw. Mietwagen kosten rund 60 US-Dollar, wobei man klären muß, wann und wo die Rückfahrt beginnt. Die Busse nach Sukabumi, die am Cililitan- oder Ciawi Terminal abfahren, halten an der Kreuzung in Cibadak. Mit dem „Colt" geht es dann weiter nach Pelabuhan Ratu hinunter.

Unterkunft

Das Hotel **Bayu Amyrta** vermietet kleine Zimmer mit Meeresblick und bietet auch preiswert einen Bungalow mit sechs Schlafplätzen an. Das Haus ist renovierungsbedürftig, der Strand vorzüglich, ebenso der Fisch. Das Hotel **Karangsari** gegenüber ist etwas sauberer, dafür ohne Meeresblick. Auch das **Samudra Beach Hotel** (erste Klasse) bietet für ca. 30–90 US-Dollar Übernachtung; zuzüglich 21 Prozent Steuer- und Bedienungszuschlag, nicht überwältigend viel. Näher zum Ort ist das **Pontok Dewata** gelegen; es hat klimatisierte Bungalows mit bis zu vier Betten am Meer.

Bayu Amyrta (12 Zimmer), Pelabuhan Ratu, Sukabumi, Tel.: 31.
Karangsari, Pelabuhan Ratu, Sukabumi, Tel.: 78.
Pondok Dewata Seaside Cottage, Pelabuhan Ratu, Sukabumi, Tel.: 22. In Jakarta: Tel.: 772 426 (Buchung)

Samudra Beach Hotel (106 Zimmer), Sangkawayana, Pelabuhan Ratu, Sukabumi, Tel.: 23. In Jakarta kann man über das Hotel Indonesia buchen. Tel.: 322 008, App. 171.

Bandung

Stadtkunde

Die Meinungen über Bandung sind geteilt – ist es eine alte Kolonialstadt mit kühlem Bergklima, die Hauptstadt der sundanesischen Kultur, oder eine hektische Industriemetropole, die man besser meidet? Zweifellos hat Bandung durch die Industrialisierung viel von seinem Reiz verloren. Hatte die Stadt vor dem Krieg 150 000 Einwohner, so sind es heute über zwei Millionen. Doch ein bißchen vom kolonialen Charme ist geblieben, und auch auf kulturellem Gebiet tut sich einiges.

Anreise

Die Flugverbindungen (Bouraq Merpati und Garuda) von und nach Jakarta sind gut. Doch da die Strecke kurz und die Berglandschaft zwischen beiden Städten spektakulär ist, ist es fast zu schade zu fliegen. Die Einheimischen nehmen den Bus oder den Zug. Der Parahiangan Express braucht ab Jakarta etwas über drei Stunden.

Das zweitschnellste Verkehrsmittel ist das Kollektivtaxi („4848" oder eine andere Firma, siehe unter Jakarta, „Ankunft/Abreise"), das vier Stunden unterwegs ist und etwa soviel wie die Bahnfahrt kostet. Die Expreßbusse brauchen wegen der Haltestellen etwas länger. Die Fahrzeuge nach Bandung fahren ab Cililitan Terminal.

Information

Das **Tourist Information Office**, Jl. Asia-Afrika in der Nord-Ost-Ecke des Stadtplatzes *(alun-alun)*, informiert über Bandung und verteilt einen Stadtplan. Studenten stehen bereit, den Besucher durch Bandung zu begleiten und die günstigsten Verkehrsmittel ausfindig zu machen.

Unterkunft

In Bandung gibt es mehrere Hotels mit internationalem Standard, die meisten aber fallen in die mittlere Kategorie.

Das neuere **Sangkuriang Guesthouse** ist ein angenehmes Haus in einem Wohnviertel oberhalb des Universitätsgeländes. Das **Hotel Istana** ist sauber und preisgünstig und hat zudem ein ausgezeichnetes Restaurant. Das **Hotel Trio** hat makellos saubere Zimmer, ausgezeichneten Service, reichhaltiges Frühstück, kostenlosen Transport vom und zum Flughafen bzw. Bahnhof, Kaffee und Tee, soviel man will. (Leider ist es meist voll belegt.) Für rund 12 US-Dollar bekommt man im **Hotel Dago** ein passables Zimmer.

FIRST CLASS

Grand Hotel Preanger (103 Zimmer), Jl. Asia Afrika 81, Tel.: 431 631, Fax: 430 034.
Kumala Panghegar (65 Zimmer), Jl. Asia-Afrika 140, P.O. Box 507, Bandung, Tel.: 445 141, Fax: 438 852.
New Naripan (33 Zimmer), Jl. Naripan 31-33, Bandung, Tel.: 444 167, Tlx.: 28 274 SA BD.
Panghegar Hotel (201 Zimmer), Jl. Merdeka 2, P.O. Box 506, Bandung, Tel.: 432 286, Fax: 431 583.
Patra Jasa Motel (33 Zimmer), Jl. Ir. H. Juanda 132, Bandung, Tel.: 250 26 64, Fax: 250 49 95.
Savoy Homann (153 Zimmer), Jl. Asia-Afrika 112, P.O. Box 9, Bandung, Tel.: 43 22 44, Fax: 43 15 83.
Sheraton Inn (112 Zimmer), Jl. Juanda 390, Bandung, Tel.: 210 303, Fax: 210 301.

MITTLERE PREISKLASSE

Arjuna Plaza Hotel (30 Zimmer), Jl. Ciumbuleuit 128, P.O. Box 171, Bandung, Tel.: 813 28, 847 42.
Bumi Asih (27 Zimmer), Jl. Cilamaya, Bandung, Tel.: 443 419.
Cisitu's Intern. Sangkuriang Guesthouse (44 Zimmer), Jl. Cisitu (Jl. Sangkuriang) 45 B, Bandung, Tel.: 824 20.
Istana Hotel (90 Zimmer), Jl. Lembang 44, Bandung, Tel.: 433 025, Fax: 432 757.
Lugina Hotel, Jl. Jendral Sudirman 526, Bandung, Tel.: 520 57.
Trio (91 Zimmer), Jl. Gardujati 55, Bandung, Tel.: 631 055, Fax: 431 126.

Preiswerte Unterkünfte

Brawijaya, Jl. Pungkur 28, Bandung, Tel.: 443 673.
Dago, Jl. Ir. H. Juanda 21, Bandung, Tel.: 434 267.

Dewi Sartika, Jl. Dewi Sartika 18, Tel.: 431 190.
International, Jl. Veteran 32, Bandung.
Sahara, Jl. Otto Iskandarinata 3, Bandung, Tel.: 444 684.

In den Bergen um Bandung

Der Vulkan Tangkuban Prahu, die Thermalquellen von Lembang und der Wasserfall in Maribaya liegen kaum eine Stunde nördlich von Bandung. Mit dem Mietwagen oder dem „Colt" kann man einen schönen Tagesausflug machen. Für Übernachtungen stehen einige Hotels zur Verfügung. Das im kolonialen, wenn auch verblaßten Pavillonstil gehaltene **Grand Hotel** in Lembang (Jl. Raya 227, Lembang, Tel.: 286 671 und 286 670) bietet ein geräumiges Doppelzimmer mit Frühstück für nur 12 bis 20 US-Dollar an (die ramponierten Tennisplätze und das Schwimmbecken darf man mitbenutzen).

Eine komfortable Alternative zur Übernachtung bieten die schön gelegenen Puteri Gunung Cottages, Jl. Raya Tangkuban Prahu km 16/17, Lembang, Tel.: 286 650 und 286 390, Fax: 286 902.

Das **Panorama Panghegar** ist ein Luxushotel zwischen Lembang und Tangkuban Prahu (Reiten, Tennisplätze, großes Schwimmbad in zauberhaft schöner Umgebung, 60 Zimmer).

Das Hochland südlich von Bandung ist noch reizvoller. Wer sich dafür interessiert und Zeit für Ausflüge in die Berge erübrigen kann, sollte sich das Buch *Bandung and beyond* von Richard und Shila Bennett besorgen (über Bandung Man, Jl. Cihampelas 120; Preis: 7 US-Dollar). Das schmale Bändchen enthält zahlreiche detaillierte Wegbeschreibungen und Angaben über Sehenswürdigkeiten.

Essen & Trinken

Tizi's (Jl. Hegarmanak 14), hoch oben beim Institute of Technologie (ITB) an, Jl. Ir. H. Juanda, wird von der Frau eines ehemaligen indonesischen Botschafters in Deutschland geführt; dort kann man auch im Garten essen; die deutschen Spezialitäten, das ausgezeichnete Brot und das süße Gebäck sind hervorzuheben. Das **Sukarasa** (Jl. Tamblong 52) ist ein feines, teures Lokal, gekocht wird nach französischem Vorbild. Der **Coffee Shop** gegenüber dem Hotel Kumala Panghegar an der Jl. Asia-Afrika hat bei Europäern einen guten Ruf.

Braga Permai (Jl. Braga 58) heißt das populäre Straßencafé, in dem man Eis, Kuchen, Joghurt, Sandwiches und Reisgerichte bekommt. Und das **Dago Teahouse** sollte sich in Bandung keiner entgehen lassen: Am Ende der Jl. Ir. H. Juanda biegt man links ab und folgt einer Straße durch das Gelände der Universität, die in den Parkplatz des Teehauses mündet (schöner Blick auf die Stadt).

Das sundanesische Gartenrestaurant **Babakan Siliwangi**, inmitten grüner Reisfelder und großer Fischteiche unterhalb des ITB-Campus (Jl. Siliwangi 7), lockt die Feinschmecker Bandungs an. Sämtliche Köstlichkeiten der sundanesischen Küche (gegrillter Karpfen – ikan *mas bakar;* Huhn vom Grill in süßer Sojasauce – *ayam panggang;* Fisch mit Kokosnuß und Gewürzen in Bananenblättern – *ikan mas pepes* und die saure Gemüsesuppe – *sayur asem*) kommen auf den Tisch.
Bale Kambang, Jl. Bungur 2, und **Ponyo,** Jl. Malabar, heißen zwei weitere sundanesische Restaurants.

Die bekanntesten unter den chinesischen Restaurants sind das **Queen** (Jl. Dalem Kaum 53 A – unweit des *alunalun*), das **Tjoan Kie** (Jl. Jenderal Sudirman 46) sowie das **Restaurant Trio** (Hotel Trio).

Sundanesische Kunst

Die Sundanesen besitzen eine eigenständige Literatur (besonders gesungene Verse) und Musik, das *wayang-golek*-Puppenspiel sowie Tänze.

Wayang-golek (golek heißt „rund") sind aus Holz geschnitzte, bemalte und mit alten Gewändern bekleidete Puppen. Eine *wayang-golek*-Aufführung wird jeden Samstagabend ab 21 Uhr im Yayasan Pusat Kebudayan (dem städtischen Kulturzentrum Bandungs; Jl. Naripan 7-9, nur ein paar Häuser von Jl. Braga) geboten; oft dauert sie bis 4 Uhr morgens. Im Kulturzentrum finden auch regelmäßig *jaipongan*-Tanzabende statt; dabei fordern die zierlichen Tänzerinnen (sie sitzen auf einer Seite des Saals und tragen das traditionelle Brautkleid der Sundanesen, *sarung kebaya*) die Männer im Saale, die normal gekleidet sind und auf der anderen Seite sitzen, zum Tanz auf. Am Ausgang entrichten dann die Männer bei der Kassiererin, die beobachtet, wer mit wem getanzt hat, ihren Obolus. *Jaipongan* gibt es auch allabendlich im Sanggar Tari Purwa Setra, Jl. Otto Iskandarinata 541 A.

Angklung-Musik (Bambusrohrinstrumente) erklingt nachmittags gegen 15.30 Uhr in Pak Ujo's Saung Angklung im äußersten Osten der Stadt (Jl. Padasuka 118, Tel.: 71 714). Hier wird *angklung* unterrichtet, auf Wunsch werden auch *wayang-golek-* oder Tanzvorführungen geboten.

Cirebon

Stadtkunde

Cirebon (sprich „Tschir-i-bon") ist in letzter Zeit etwas mehr ins Rampenlicht gerückt; die Historiker entdeckten seine reiche Vergangenheit, die Künstler wissen, daß Theater und Kunsthandwerk in Cirebon eine lange Tradition haben. Einige unserer Autoren haben an einer Studie über Geschichte und Kultur Cirebons mitgewirkt, die als Buch erschien und allen Java-Besuchern zu empfehlen ist (Sinar Harapan/Mitra Budaya: *Cerbon*, Jakarta, 1982), erhältlich in nahezu allen Buchhandlungen Jakartas. Die Geschichte Cirebons, seine Baudenkmäler, Musik, Malerei, Theater, Küche und Batik werden vorgestellt.

Anreise

Von Jakarta sind es rund vier Stunden Autofahrt (260 Kilometer), von Bandung aus nur drei Stunden. Bequemer ist die Fahrt mit der Bahn oder dem Bus. Der Ciberon Express (zweimal täglich) und der Gunung Jati (einmal täglich) benötigen knapp drei Stunden von Jakarta.

Die Fahrt im „Colt"-Kleinbus dürfte bequemer sein. In Jakarta wird der Fahrgast abgeholt und etwa vier Stunden später am Hotel in Cirebon abgesetzt. Gefahren wird täglich zwischen 6 und 16 Uhr im Abstand von einer Stunde. Ein, zwei Tage im voraus sollte Ihr Hotel die Mitfahrt buchen (etwa bei **Libra Express**). Auch zwischen Bandung und Cirebon verkehren Kleinbusse, die Weiterfahrt über Pekalongan nach Semarang ist möglich. Dafür muß man in Yogya umsteigen.

Zahlreiche Überland-Busse in Richtung Osten fahren am späten Nachmittag in Jakarta ab (am Pulo Gadung Terminal). Sie brauchen bis Cirebon runde vier Stunden. Ab Cicaheum Terminal in Bandung gehen Busse nach Cirebon am frühen Abend (von 18 bis 20 Uhr) (Fahrzeit: zwei Stunden).

Stadterkundung

Man kann alles Sehenswerte in Cirebon bequem zu Fuß erreichen oder für wenig Geld ein Pedicab *(becak)* mieten. Für die Fahrt nach Gua Sunyaragi, Trusmi und Gunung Jati bestellt Ihr Hotel einen „Colt", der pro Tag 20 bis 25 US-Dollar kostet. Sie können aber auch in einen regulären Kleinbus in diese Richtung einsteigen.

Unterkunft

Das altehrwürdige **Grand Hotel** ist immer noch eine gute Wahl, die Zimmerpreise sind gestaffelt, die klimatisierte Präsidenten-Suite kostet 50 US-Dollar, das kleine Zimmer mit Ventilator im Rückgebäude nur etwa 10 US-Dollar. Das **Patra Jasa Motel** ist moderner, verfügt über einen Swimmingpool und Tennisplätze. Es kostet zwischen 30 und 70 US-Dollar die Nacht. Ähnliches gilt für **Omega** und **Cirebon Plaza**.

Billige Unterkünfte findet man an der Jl. Siliwangi im Bahnhofsbereich und hinter dem Grand Hotel (5–10 US-Dollar pro Nacht): **Hotel Baru, Hotel Familie, Losmen Semarang, Hotel Damai** u.a. Um die Ecke steht am Kanal an der Jl. Kalibaru das **Hotel Asia**.

Der **Pertamina Cirebon Country Club** (Ciperna) liegt am Berg hinter dem Flugplatz, elf Kilometer von Cirebon an der Straße nach Kuningan, und besitzt ein 50-Meter-Schwimmbecken sowie einen 18-Loch-Golfplatz. Hier gibt es auch preiswerte Bungalows mit schöner Aussicht.

FIRST CLASS

Cirebon Park Hotel, Jl. Siliwangi 107, Cirebon, Tel.: 205 411, Fax: 205 407.
Cirebon Plaza Hotel (34 Zimmer), Jl. Kartini 46, Cirebon, Tel.: 202 062, Fax: 204 258.
Grand Hotel (66 Zimmer), Jl. Siliwangi 98, Cirebon, Tel.: 208 867.
Patra Jasa Motel (55 Zimmer), Jl. Tuparev 11, P.O. Box 68, Cirebon, Tel.: 209 400, Fax: 207 696.

MITTLERE, UNTERE PREISKLASSE

Hotel Asia, Jl. Kalibaru Selatan 33, Cirebon, Tel.: 221 93.
Hotel Baru, Jl. Siliwangi 159, Cirebon, Tel.: 21 96.
Hotel Cordova, Jl. Siliwangi 75-77, Cirebon, Tel.: 46 77.
Hotel Damai, Jl. Siliwangi 130, Cirebon, Tel.: 30 45.
Hotel Familie, Jl. Siliwangi 76, Cirebon, Tel.: 279 35.
Hotel Priangan, Jl. Siliwangi 122, Cirebon, Tel.: 229 29.

Essen & Trinken

In Cirebon ißt man ausgezeichneten Fisch (wörtlich heißt Cirebon „Garnelenfluß"). Die beste Adresse am Ort ist das Restaurant **Maxim** (Jl. Bahagia 45-7 – etwas abseits der Straße unweit des chinesischen Tempels Thay Kak Sie). Die riesigen Krabben und Garnelen sind herrlich frisch und unglaublich preisgünstig. Man bekommt darüber hinaus auch ausgezeichnete chinesische Gerichte.

Die scharf gewürzte Padang-Küche präsentiert das **Sinar Budi** (Jl. Karang Getas 20) nicht weit vom Grand Hotel, wo man auch gute, frische Obstsäfte serviert. Die heimische Spezialität *nasi lengko* (Reis mit gebratenem *tempe*, *tahu*, Gemüse und *sambal*) im **Kopyor** gegenüber (Jl. Karang Getas 9) ist gerade das richtige für eine etwas bescheidenere Mittagsmahlzeit.

Frühstück und Abendessen im westlichen Stil servieren die Coffee Shops des **Grand Hotel** bzw. des **Patra Jasa**. Um sich von der Hitze oder in der Moschee zu erfrischen, kann man im klimatisierten **Corner Restaurant** (Jl. Pasuketan 31) etwas Kaltes trinken und einen (westlichen) Imbiß zu sich nehmen.

Einkaufen

Wenn Sie *batik* erstehen möchten, raten wir dringend zum Besuch von **Ibu Masina's** Studio in Trusmi, 12 Kilometer westlich von Cirebon, unweit der Straße nach Bandung; ein kleines Schild verweist auf den Seitenweg in Weru, zu dem man nach rechts von der Hauptstraße abbiegt – es ist dann nur noch ein Kilometer zum Fertigungsbetrieb und Ausstellungsraum. Masina bemüht sich um Muster, die früher am Hof von Cirebon verwendet wurden.

Topeng-Masken aus Cirebon sind bei Pak Kandeg in Suranenggala Lor, rund fünf Kilometer nördlich von Cirebon an der Straße nach Gunung Jati, zu sehen. Ein Bus, der vor dem Grand Hotel anhält, befährt diese Strecke.

Topeng-Masken und Glasmalereien (auch arabische Kalligraphie) stellt man in den Dörfern Palimanan und Gegesik nordwestlich Cirebons her. Hier wird auch noch das traditionelle Theater und das Trance-Ritual *sintren* gepflegt.

Pekalongan

Nach Pekalongan sind es von Cirebon aus mit Bus drei bis vier, von Semarang aus zwei Stunden. Man erkundet die Stadt zu Fuß oder im *becak*.

Unterkunft

Das **Hotel Nirwana** beim Busbahnhof ist die erste Adresse. Die klimatisierten Zimmer kosten ca. 25 bis 35 US-Dollar die Nacht (Swimmingpool). Zentraler liegt das **Hayam Wuruk** direkt an der Hauptstraße; für das Doppelzimmer mit Frühstück bezahlt man nur 15 bis 20 US-Dollar. Das Hayam Wuruk bietet auch angenehme Doppelzimmer mit Ventilator ab 10 US-Dollar (für Einzelpersonen 8 US-Dollar) an – inklusive Frühstück, Steuer und Bedienung. Gegenüber dem Bahnhof sind am Westrand der Stadt auch billigere Unterkünfte zu finden: **Istana, Gajah Mada** und **Ramayana**.

Istana Hotel (33 Zimmer), Jl. Gajah Mada 23-25, Pekalongan, Tel.: 61581.
Gajah Mada, Jl. Gajah Mada 11 A, Pekalongan, Tel.: 41185.
Hayam Wuruk (56 Zimmer), Jl. Hayam Wuruk 152-158, Pekalongan, Tel.: 22823.
Losmen Sari Dewi, Jl. Hayam Wuruk 1.
Nirwana Hotel (63 Zimmer), Jl. Dr. Wahidin 11, Pekalongan, Tel.: 41691, 41446, Fax. 61841.
Ramayana, Jl. Gajah Mada 9, Pekalongan, Tel.: 21043.

Restaurants

Hier ist die chinesische Küche am besten. Man gehe ins **Remaja** (Jl. Dr. Cipto 20) oder ins **Serba Ada** (Jl. Hayam Wuruk 125). Brot, Eis und Snacks schmecken vorzüglich in der Bäckerei **Purimas,** Jl. Hayam Wuruk. Eine Cafeteria steht unweit des *alun-alun*.

Einkaufen

BATIK

In den Geschäften an Jl. Hayam Wuruk und Jl. Hasanuddin ist eine gute Auswahl an Geweben und Mustern zu haben; daneben sollte man folgende Werkstätten beachten:

Tobal Batik, Jl. Teratai 24, Klego, arbeitet für den Export: Viele Strandkleider und Hemden in den Boutiquen Kaliforniens und Australiens werden hier gefärbt und genäht. Da für Großkunden gearbeitet wird, findet normalerweise kein Einzelverkauf statt. Manchmal ist man aber froh, wenn man Restbestände an Besucher verkaufen kann.

Dasselbe gilt für **Ahmad Yahya** (Jl. Pesindon 221). Sie nehmen den kleinen Weg neben dem Restaurant Sederhana, bei der Brücke an Jl. Hayam Wuruk. Seine Kreationen werden seit Jahren in New York angeboten und zieren Jackie Onassis's Bad sowie das Schlafzimmer Farah Fawcett-Majors.

Achmaid Said, Jl. Bandung 53, hat ebenfalls einen guten Namen; die kühnen, hellbunten *cap*-Stoffe werden unter dem Etikett „Zaky" vertrieben.

Salim Alaydrus (Jl. H. Agus Salim 31) präsentiert Stücke mit Blumenmustern und oft auch alte Materialien.

Hochwertige handgemachte *tulis*-Arbeiten bekommt man bei **Jane Hendromartono,** Jl. Blimbing 36, zu Gesicht. Ihre glänzenden Kreationen sind im Textil-Museum in Washington und in vielen Privatsammlungen zu sehen. Meist sind einige *sarungs* und *kains* für 25 bis 100 US-Dollar neben gebatikten chinesischen Altartüchern und verschiedenen, weniger kostspieligen *batik caps* vorrätig.

Der berühmteste Batiker in Pekalongan ist **Oey Soe Tjoen,** der berechtigt ist, viele Muster der legendären Eliza von Zuylen herzustellen, deren Arbeiten aus den zwanziger und dreißiger Jahren von eifrigen Sammlern in Holland und New York für Tausende von Dollars gehandelt werden. Oey Soe Tjoens Frau und ihr Sohn führen das Geschäft in ihrer Atelierwohnung in Kedungwuni, neun Kilometer südlich von Pekalongan (Jl. Raya 104, Kedungwuni), weiter. Sie liegt 200 Meter vor der Polizeistation auf der linken Straßenseite.

Semarang

Anreise

Semarang ist von Jakarta aus mit dem klimatisierten Expreßzug **Mutiara Utara** (ab Kota Station) zu erreichen. Außerdem fliegen täglich mehrere Maschinen von **Merpati** und **Mandala** diese Route. **Bouraq** bedient die Strecken Semarang–Kalimantan und Semarang–Sulawesi.

Von Bandung verkehren nur Busse, während sich ab Cirebon, Pekalongan, Yogya bzw. Solo der bequemere und auch günstigere Überland „Colt"-Bus anbietet.

Unterkunft

Das beste Hotel Semarangs heißt **Patra Jasa** und liegt auf einer Anhöhe in Candi Baru mit Blick über die Stadt. Das alte **Candi Baru Hotel** liegt näher zur Stadt, doch auch in den Bergen; es bietet geräumige Zimmer mit guter Aussicht für weniger Geld (20 bis 30 US-Dollar das Doppelzimmer, 40 US-Dollar für eine riesige Hotelsuite); noch um einiges günstiger ist das **Green Guest House** in der Nähe, denn seine klimatisierten Doppelzimmer kosten (inkl. Frühstück und Service) zwischen 14 und 18 US-Dollar.

Im Zentrum der Stadt ist das beste Hotel **Metro Grand Park** (Doppelzimmer für 35–45 US-Dollar plus 21 Prozent Steuer). Die alte, etwas heruntergekommene holländische Pension **Dibya Puri** liegt auf der anderen Seite einer verkehrsreichen Kreuzung (25 US-Dollar das klimatisierte Doppelzimmer). Das **Queen Hotel** um die Ecke an der Jl. Gajah Mada ist jünger und im Preis etwa gleich.

Die günstigsten Übernachtungsmöglichkeiten bieten die Hotels an Jl. Imam Bonjol im Bahnhofsviertel, z.B. **Dewa Asia, Tanjung** und **Singapore,** alle in der Kategorie von 5 bis 10 US-Dollar die Nacht.

FIRST CLASS

Graha Santika, Pandanaran 116, Semarang, Tel.: 413 115, Fax: 413 113.
Metro Grand Park (80 Zimmer), Jl. H. Agus Salim 2-4, Semarang, Tel.: 547 371, Fax: 510 863.
Patra Jasa Hotel (147 Zimmer), Jl. Sisingamangaraja, P.O. Box 8, Semarang, Tel.: 314 441, Fax: 314 448.
Siranda Hotel (61 Zimmer), Jl. Diponegoro 1, Semarang, Tel.: 313 271.
Sky Garden Motel (64 Zimmer), Jl. Setiabudi, Grogol, Semarang, Tel.: 312 733-6.

MITTLERE PREISKLASSE

Candi Baru (23 Zimmer), Jl. Rinjani 21, Semarang, Tel.: 315 272.
Candi Indah (31 Zimmer), Jl. Dr. Wahidin 122, Semarang, Tel.: 312 515, 312 912, Fax: 312 515.
Dibya Puri Hotel (72 Zimmer), Jl. Pemuda 11, P.O. Box 562, Semarang, Tel.: 547 812, Fax: 544 934..
Green Guesthouse (20 Zimmer), Jl. Kesambi 7, Candi Baru, Semarang, Tel.: 312 528, 317 87, 316 42-3.
Merbaru Hotel (46 Zimmer), Jl. Pemuda 122, Semarang, Tel.: 274 91.
Queen Hotel (24 Zimmer), Jl. Gajah Mada 44, Semarang, Tel.: 547 063.
Telomoyo Hotel (66 Zimmer), Jl. Gajah Mada 138 Semarang, Tel.: 545 436, Fax: 547 037.

PREISWERTE HOTELS

Grand (25 Zimmer), Jl. Plampitan 39, Semarang, Tel.: 217 39.
Islam (23 Zimmer), Jl. Pemuda 8, Semarang, Tel.: 205 38.
Dewa Asia (21 Zimmer), Jl. Imam Bonjol 1, Semarang, Tel.: 225 47.
Nan Yon/Nendrayakti, Jl. Gang Pinggir 68, Semarang, Tel.: 225 38.
Rama Losmen (16 Zimmer), Jl. Plampitan 37, Semarang, Tel.: 288 951.
Singapore (27 Zimmer), Jl. Imam Bonjol 12, Semarang, Tel.: 543 757.
Tanjung (15 Zimmer), Jl. Tanjung 9-11, Semarang, Tel.: 226 12.

Essen & Trinken

Semarang ist für seine China-Restaurants berühmt. An erster Stelle dürfte das **Pringgading** stehen (Jl. Pringgding 54), auch wenn das **Gajah Mada** (Jl. Gajah Mada 43) etwas zentraler liegt. Ebenfalls an der Jl. Gajah Mada gelegen ist der **Kompleks Warna Sari,** der aus einer Gruppe chinesischer und indonesischer Freiluftrestaurants besteht.

An der **Gang Lombok** im Chinesenviertel in Nachbarschaft des Tempels „Thay Kak Sie" steht eine Reihe recht ordentlicher Restaurants.

Am späten Abend bauen die fliegenden Händler auf beiden Seiten der **Jalan Depok** ihre Essenstände auf –

die Gelegenheit, Fisch sehr günstig zu erstehen: Garnelen vom Grill und gedünstete Krabben, aber auch Huhn vom Rost und andere Gerichte.

Fisch und Huhn vom Grill, auf sundanesische Art zubereitet, präsentiert das **Lembur Kuring** an der Jl. Gajah Mada; *sate* gibt es gegenüber im **Sate Ponorogo** (Jl. Gajah Mada 107).

Das originellste Restaurant am Platze ist das **Toko Oen** (Jl. Pemuda 52) – ein Relikt aus der Kolonialzeit mit *Paprika-Schnitzel, Uitsmijter Roastbeef* und *Biefstuk Compleet* auf der Karte. Die Eisspezialitäten (*Vruchten Sorbet, Cassata* und *Oen's Symphony*) sowie die Kuchen und die chinesischen Gerichte sind auch nicht zu verachten.

Kulturelles

Semarang ist eine theaterfreudige Stadt; allabendlich kommen an drei Stätten die volkstümlichen *wayang orang* und *ketoprak* zur Aufführung (es gibt mehr Ensembles als in jeder anderen Stadt auf Java!).

Ngesti Pandowo, Jl. Pemuda 116.
Sri Wanito, Jl. Dr. Dipto.
Wahyu Budoyo, Kompleks Tegal Wareng, Jl. Srivijaya.

Im Osten Semarangs

Für die Fahrt zu Orten im Osten Semarangs – **Demak** mit seiner berühmten Moschee aus dem 16. Jahrhundert; **Kudus** mit seinen alten Teakholz-Schnitzereien, der markanten alten Moschee mit einem javanisch-hinduistischen Minarett und der *kretek*-Zigarettenfabrik; **Jepara** mit seinen holzverarbeitenden Betrieben sowie **Rembang** und **Lasem** mit schönen chinesischen Tempeln *(klenteng)* – nimmt man entweder am zentralen Busbahnhof Semarangs den „Colt"-Kleinbus (Ecke Jl. M.T. Haryono und Jl. H. Agus Salim), oder aber man fährt mit einem Linienbus vom gegenüberliegenden Bus-Bahnhof nach Osten.

Unterkunft

Hotels erster Klasse sucht man hier vergebens, doch das **Asri Jaya** und das **Notosari** in Kudus sind gut geführt. Bei Fahrten nach Rembang und Lasem sollte man in Pati übernachten.

Ein staatliches „Resthouse" (Pesanggrahan) steht in Colo, sechs Kilometer oberhalb Kudus, an den Hängen des Mount Muria.

Air Mancur, Jl. Pemuda 70, Kudus.
Anna, Jl. Jenderal Sudirman 36, Pati.
Asri Jaya Hotel, Jl. Agil Kusumadya, Kudus, Tel.: 224 49, Fax: 218 97.
Duta Wisata, Jl. Sunan Muria 194, Kudus.
Kurnia, Jl. Tondonegoro 12, Pati.
Menno Jaya Inn, Jl. Diponegoro 40/B, Jepara, Tel.: 143.
Mulia, Jl. Kol. Sunandar 17, Pati, Tel.: 21 18.
Notosari, Jl. Kepodang 17, Kudus, Tel.: 212 45.
Pati, Jl. Jenderal Sudirman 60, Pati.
Pesanggrahan Colo/Gunung Muria, Jl. Sunan Muria, Colo, Kudus, Tel.: 557 Kudus.

Von Semarang nach Yogya

Diese reizvolle, zweistündige Fahrt durch die schmale „Hüfte" Javas könnten Sie auf halbem Wege, im Ferienort **Bandungan**, in den Bergen unterbrechen, um die zehn Kilometer von hier gelegenen Tempel von **Gedung Sanga** zu besichtigen. Vor allem frühmorgens-bei Sonnenaufgang bieten sie einen herrlichen Anblick. Am Ende des Bergpfads, hinter dem Tempelbereich, sprudeln Thermalquellen, also Badekleidung und Handtuch nicht vergessen.

Anreise

Am Verkehrsschild mitten in Ambarawa biegt man nach rechts ab, oder man steigt hier vom Bus in den Kleinbus um und erreicht Bandungan sieben Kilometer oberhalb Ambarawas.

Unterkunft

Am oberen Ende der Straße in Bandungan stehen zahlreiche Hotels. **Wina** und **Gaya** haben die meisten Zimmer. Überall kann man für 20 US-Dollar übernachten, vielfach kosten die Zimmer auch unter 10 US-Dollar. Die beste Adresse ist das **Rawa Pening Hotel** – oben am Berg geht es nach links ab; ein Kilometer außerhalb von Bandungan gelangt man zu der Kolonialvilla mit Bungalows. Eine Übernachtung kostet im Bungalow 20–25 US-Dollar, im Doppelzimmer 12 US-Dollar.

Yogyakarta

Kleine Stadtkunde

Es ist einige Jahre her, da tauchte Yogyakarta aus dem Schatten der überlaufenen Touristeninsel Bali auf und war plötzlich mehr als eine Zwischenstation auf dem „Weg ins Paradies". Immer mehr Touristen sehen in den majestätischen Tempeln und Palästen Yogyakartas, in seinem vielfältigen Kunsthandwerk und seinem Musik- und Tanzleben ein Gegengewicht zum Angebot Balis. Viele Touristen, die beides kennengelernt haben, ziehen inzwischen die alte Sultansstadt vor.

Ein bescheidener Aufschwung des Touristengeschäfts überrollte daher die Stadt: es gibt mehr und bessere Hotels, neue Restaurants, Führungen und andere Dienstleistungen; die regionale Tourismusbehörde fördert seit 1974 das kulturelle Veranstaltungsprogramm nachhaltig. Die von der UNESCO getragene Restaurierung Borobudurs wurde rechtzeitig zur Wiedereröffnung dieser 1200 Jahre alten Tempelanlage durch Präsident Suharto am 23. Februar 1983 abgeschlossen. In Borobudur und in Prambanan wurden Freizeitparks angelegt.

Anreise

MIT DEM FLUGZEUG

Die meisten der ausländischen Yogya-Besucher fliegen mit einer **Garuda**-Maschine von Jakartas internationalem Flughafen. Ausländische Besucher können gewöhnlich ohne langen Zwischenaufenthalt in Jakarta mit einer der zahlreichen Maschinen nach Yogya weiterfliegen.

MIT DER BAHN

Der **Bima Express** (erste Klasse), der nachts auf der Strecke Jakarta–Yogyakarta–Surabaya verkehrt, führt die bequemsten klimatisierten Schlafwagenabteile Javas. Jedes kleine Abteil hat zwei Schlafplätze, Waschbecken und Tisch. Die einfache Fahrt ist mit 25 US-Dollar (das sind etwa 50 Prozent eines Flugtickets) nicht gerade billig. Der **Senju Utama** und der **Senjs Yogyu**, zwei Züge zweiter Klasse, sind erheblich billiger (8 US-Dollar), dafür jedoch noch wesentlich langsamer und nicht klimatisiert.

Yogyakarta

1. Kraton Ngayogyakarta
2. Taman Sari
3. Pasar Ngasem Vogelmarkt
4. Batik-Malerkolonie
5. Agastya-Institut für Kunst
6. Tirtodipuran Batikfabriken
7. Diponegoro Monument
8. Dalem Pujokusuman (Mardawa Budoyo Tanzschule)
9. Sasono Suko (THR-Ramayana Ballet)
10. Sono Budoyo Museum
11. Postamt
12. Batik-Forschungsinstitut
13. Benteng Budaya Nationales Kunstmuseum (Fort Vredeburgh)
14. Touristinformation
15. Pasar Beringan (Zentraler Markt)
16. Garuda Airways
17. Asri Akademie der schönen Künste
18. Asti Akademie für Tanz
19. Gaya-Mada- Universität
20. Busbahnhof
22. Einwanderungsbehörde
23. Bank Negara Indonesia
24. Affandi's Gallery
25. Bahnhof
26. Gembiraloka-Zoo
27. Ambarrukmo Palace Hotel
28. Garuda Hotel
29. Mutiara Hotel
30. Gasthäuser (Jl. Prawitotaman)

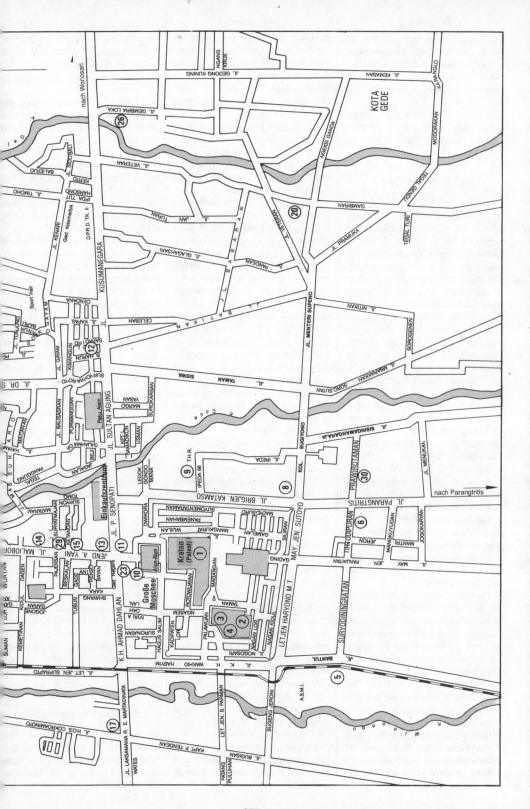

MIT DEM BUS

Die Überland-Busse fahren stets in der Nacht. Zwischen Jakarta und Yogyakarta sind sie etwa neun Stunden unterwegs. Von Bandung sind es nur sechs Stunden. Die Fahrt in Mercedes-Bussen ist teurer.

Von Semarang, Solo oder einer anderen nahegelegenen Stadt läßt man sich am besten im Kleinbus nach Yogya bringen.

Unternehmungen

STADTFÜHRUNG

In Teil III wurde die **Jalan Malioboro** bereits als Yogyas Hauptstraße beschrieben. Sie verläuft von der Vordertreppe des **Kraton** (Sultanspalast) von Nord nach Süd zum Tugu-Monument, das in der Mitte der Kreuzung von Jl. Jenderal Sudirman und Jl. Diponegoro steht. Ein Blick auf die Karte zeigt, daß die nördliche Hälfte der Jl. Malioboro inzwischen Jalan Mangkubumi, der südliche Abschnitt Jl. Jenderal Ahmad Yani heißt. Bahngleise teilen die Hauptstraße in zwei Teile, und hier steht auch der **Bahnhof**. Der **Busbahnhof** für die Überlandbusse liegt in der südöstlichen Ecke der Stadt an der Jl. Veteran; allerdings besteht zu den meisten Expreß-Bussen an der Jl. Sosrowijayan, gleich bei der Jl. Malioboro, Zusteigemöglichkeit. Die „Colt"-Büros in Yogyakarta befinden sich an der Jl. Diponegoro, gleich links vom Tugu-Monument.

Jalan Pasar Kembang heißt eine kleine Straße mit billigen Hotels und Geschäften. Hier lag der Rotlicht-Distrikt, den man „gesäubert" hat. An der **Jalan Sosrowijayan** und in Seitenstraßen im Süden der Stadt sind billige Quartiere zu haben.

Die etwas feineren Wohnviertel um Yogyakarta liegen östlich der Jl. Malioboro/Mangkubumi auf der anderen Flußseite. Etwa 1,5 Kilometer sind es von dort zur **Gajah Mada University**. Die Verbindungsstraße **Jalan Solo** hat sich zum Geschäftsviertel entwickelt. Auf beiden Seiten stehen Läden, Restaurants und Hotels – eine zweite Jl. Malioboro, und vor allem wegen der Fotospezialgeschäfte eine Ergänzung zu dieser Hauptgeschäftsstraße. Das **Ambarrukmo Palace Hotel** sowie der **Adisusipto Airport** liegen mehrere Kilometer vor der Stadt an der Verlängerung dieser Straße.

VERKEHRSMITTEL

Mietaxis und **Kleinbusse** sind infolge des Touristenstroms teurer geworden. Die Fahrer halten sich an festgelegte Tarife, von denen nur manche nach längerem Feilschen abgehen. In jedem Fall muß der Fahrgast den Fahrpreis im voraus aushandeln.

Die meisten Hotels, auch die billigen Pensionen an der Jl. Prawirotaman, sorgen dafür, daß ihre Gäste (nach Voranmeldung) vom Flughafen abgeholt werden. Ein Anruf vor dem Abflug in Jakarta genügt.

Für die Fahrt vom Flughafen zur Stadt werden 5 US-Dollar verlangt. Wer nicht viel Gepäck hat, kann zu Fuß zur Hauptstraße gehen und einen vorbeifahrenden Kleinbus heranwinken.

Ein Taxi (für bis zu vier Personen) bzw. einen Kleinbus bestellt jedes Hotel, jedes Reisebüro sowie das Tourist Information Office jederzeit für Sie. Sie können aber auch zum Taxistand östlich des General Post Office an der Jl. Senopati gehen und versuchen, für eines der älteren Fahrzeuge einen günstigeren Tarif auszuhandeln.

Das **Pedicab** *(becak)* eignet sich für kurze Entfernungen innerhalb der Stadt. Die Einheimischen benutzen dieses Verkehrsmittel überall. Die *becak*-Fahrer sind darauf gekommen, daß Touristen viel Geld haben und fordern horrende Fahrpreise. Auch wenn der Fahrgast die Tarife kennt, gehen manche nicht von ihren Forderungen ab. Das Feilschen um eine günstige *becak*-Fahrt ist eine besondere Kunst, die Ausländern doppelt schwerfallen muß. Man sollte ein breites Lächeln aufsetzen, wenn ihm der erste (völlig überhöhte) Preis genannt wird, und sein Gegenangebot nennen. Dann sollte er einfach weggehen; ist sein Angebot akzeptabel, wird der Fahrer einwilligen und ihn zurückrufen.

Von den Fahrern, die sich im Bereich der Jl. Malioboro und dem Kraton bewegen, sprechen einige gebrochen englisch; unternehmungslustige englisch sprechende junge Leute haben sich ebenfalls aufs *becak*-Fahren verlegt und hoffen, mit Stadtführungen gutes Geld zu machen. Das ist keine schlechte Sache, wenn man nicht mehr als ein paar Dollar für eine Vormittags- bzw. Nachmittagstour bezahlt. Viele wollen dabei den Fahrgast zum Einkaufen in bestimmten Geschäften animieren.

Linienbusse verkehren auf 17 Routen kreuz und quer durch das Stadtgebiet, zusätzlich verkehrt eine ganze Flotte von **Kleinbussen** auf anderen Rundstrecken. Hier einige interessante Strecken:

- **Gegen den Uhrzeigersinn um die Stadt (Campus)** wird das nordöstliche Stadtviertel bedient, die Jl. Malioboro hinunter, über Jl. Senopati und Jl. Sultan Agung nach Osten, über Jl. Dr. Sutomo zur Jl. Jenderal Sudirman; ein kleiner Abstecher über Jl. Cik Ditiro führt zur Universität, dann geht es wieder die Jl. Mangkubumi/Malioboro hinunter; empfiehlt sich für die Fahrt zum ASTI und zur Jl. Solo.
- **Im Uhrzeigersinn** verläuft eine Strecke im Westen der Stadt, über Jl. Bhayangkara zur Jl. Diponegoro und zurück auf die Jl. Mangkubumi/Malioboro, bis es auf der Jl. K.H. Ahmad Dahlan nach Westen geht.
- Für die Fahrt auf der Jl. Malioboro zum Kraton/Taman Sari nimmt man die **Ngasem-Linie**, die um den *alun-alun* zur Jl. Ngasem hinunterführt. Von Malioboro zur Südostecke der Stadt nimmt man die **Pojok Beteng-Linie**.

Nach Borobudur bzw. Prambanan oder Parangtritis mit öffentlichen Verkehrsmitteln zu gelangen, fällt nicht schwer, wenn man den Stadtplan studiert und sich erkundigt, wo die Busse und Kleinbusse jeweils halten. Die Menschen sind meist sehr hilfsbereit und erklären, wo Sie aus-, ein- bzw. umsteigen müssen, auch wenn sie kein Englisch können. Im Hotel oder im Tourist Information Office sollte man sich vergewissern, daß man die richtige Route ausgesucht hat.

Schließlich steht noch der **Andang**- bzw. **Dokar**-Ponywagen für beschauliche Überlandfahrten auf Nebenstraßen nach Kota Gede oder gar nach Imogiri oder Parangtritis zur Verfügung. Für Hin- und Rückfahrt sind zwei Stunden einzuplanen. Dokars stehen östlich des Postamts an Jl. Senopati oder an Seitenstraßen am Stadtrand, da sie für die Fahrt zur Stadt von den Dorfbewohnern gerne benutzt werden.

Rundfahrten, Reisebüros

Die organisierte Stadtrundfahrt ist immer noch die bequemste Art, die Stadt zu besichtigen, obwohl es nicht jedermanns Sache ist, mit unbekannten Leuten eine große Busfahrt zu unternehmen. Für die Rundfahrt auf eigene Faust mietet man ein Auto und engagiert einen Führer über ein Reisebüro bzw. das Tourist Information Office. **Intan Pelangi** u.a. Veranstalter bieten täglich Busrundfahrten (*wayang*-Aufführung, Taman Sari, Kraton, ein Batik-Betrieb, Borobudur, Dieng Plateau und Prambanan) an. Genauere Einzelheiten erfährt man im **Tourist Information Office** (Jl. Malioboro 16).

Intan Pelangi, Jl. Malioboro 18, Yogyakarta, Tel.: 562 985.
Matrav Matahari Tours & Travel, Ambarrukmo Palace Hotel, Jl. Adisucipto, Yogyakarta, Tel.: 566 488.
Nitour, Jl. K.H.A. Dahlan 71, Yogyakarta, Tel.: 513 165.
Pacto Ltd, Ambarrukmo Palace Hotel, Jl. Adisucipto, Yogyakarta, Tel.: 562 906.
Royal Holiday, Ambarrukmo Hotel Arcade, Jl. Adisucipto, Yogykarta, Tel.: 566 488.
Sri Rama Tours, Wisma LPP, Jl. Demangan Baru 8, Yogya, Tel.: 588 480.
Vayatour, Ambarrukmo Hotel Arcade, Jl. Adisucipto, Yogyakarta, Tel.: 566 488, Ext. 121.
Vista Express, Hotel Garuda, Jl. Malioboro, Yogyakarta, Tel.: 561 353.

Unterkunft

Yogya bietet jedermann eine passende Herberge, von der 350 US-Dollar-Präsidentensuite im Ambarrukmo bis zum 1 US-Dollar-Nachtquartier im „Home Sweet Homestay" an der Gang Sosrowijayan I. Sie können sich auch die Adresse einer englisch oder holländisch sprechenden Familie geben lassen (im Reisebüro Indraloka), und im Haus einer javanischen Familie die heimische Kost und die Gastfreundschaft der Javaner genießen.

FIRST CLASS

Das 1994 eröffnete Melia Purosani, erstes Fünf-Sterne-Hotel in Yogyakarta, in zentraler und ruhiger Lage unweit der Hauptgeschäftsstraße Jalan Malioboro bietet, wenn auch nicht den meisten Charme, so doch den mit Abstand höchsten Komfort zu entsprechenden Preisen (Standard-Doppelzimmer ab 125 US-Dollar).

Das **Ambarrukmo Hotel** (vier Sterne), Anfang der sechziger Jahre von japanischen Firmen gebaut, war Yogyas erstes Hotel mit internationalem Standard. Die Zimmer kosten 60 US-Dollar und mehr (plus 21 % Steuer und Bedienung). Symbolträchtig steht es auf dem Grund des einstigen *pesanggrahan* („Rest House") des Königshofes im Osten der Stadt. Manche der alten Gebäude des Komplexes stehen noch, z.B. das elegante *pendapa* und die *dalem agung* (Zeremonienkammern).

Das alte **Hotel Natour Garuda** (ab 50 US-Dollar die Nacht) an der Jl. Malioboro wurde um ein siebenstöckiges Rückgebäude erweitert; die geräumigen kolonialen Suiten hat man modernisiert (riesige Räume und Badezimmer, hohe Wände und überdachte Balkone mit Blick auf einen großen Innenhof). Während der indonesischen Revolution (1946–1949) waren in diesem Hotel mehrere Ministerien untergebracht.

Das neuere **Mutiara Hotel** liegt nur zehn Minuten zu Fuß vom Kraton und dem Museum entfernt. Die Preise entsprechen etwa denen des Hotels Garuda. Ein motelähnliches „Cottage"-Hotel ist **Sahid Garden**. Das im javanischen Stil geführte Haus gehört einer Aristokratenfamilie.

Ambarrukmo Palace Hotel, Jl. Adisucipto, P.O. Box 10, Yogyakarta, Tel.: 566 488, Fax: 563 283.
Hotel Aquila Prambanan, Jl. Adisucipto 48, PO Box 82, Barbarsari 55281, Yogyakarta, Tel.: 650 05, Fax: 650 09.
Natour Hotel Garuda, Jl. Maliboro 72, Yogyakarta, Tel.: 512 113, Fax: 630 74.
Melia Purosani, Jl. Suryotomo 31, Po Box 1246, Yogyakarta, Tel.: 589 521, 589 523, Fax: 588 070.
Mutiara Hotel (170 Zimmer), Jl. Malioboro 18, P.O. Box 87, Yogyakarta, Tel.: 514 531, Fax: 561 201.
Puri Artha, Jl. Cendrawasih 9, Yogyakarta, Tel.: 563 288, Fax: 627 65.
Sahid Garden, Jl. Babarsari, Yogyakarta, Tel.: 513 697, Fax: 631 83.
Hotel Santika, Jl. Jend. Sudirman 19, Yogyakarta, Tel.: 563 036, 562 743, Fax: 563 669.
Sri Manganti, Jl. Urip Sumoharjo, P.O. Box 46, Yogyakarta, Tel.: 512 881.
Sriwedari (70 Zimmer), Jl. Adisucipto, P.O. Box 93, Yogyakarta, Tel.: 882 88.

MITTLERE PREISKLASSE

Der nachstehend erwähnte **Indraloka Homestay Service,** den Mrs. B. Moerdiyono gründete, vermittelt den Aufenthalt in einer holländisch oder englisch sprechenden Familie (Doppelzimmer mit Frühstück, auf Wunsch auch Mittag- und Abendessen.) Meistens sind es Akademikerfamilien, die ein Zimmer (mit Ventilator) zur Verfügung stellen, das westlichem Standard entspricht. Mrs. Moerdiyono organisiert Ausflugsfahrten durch Java und nach Bali, wobei sie für Übernachtungen jeweils Gastfamilien ihres Indraloka-Netzes anbietet. Alles Weitere teilt Ihnen Mrs. Moerdiyono auf Anfrage schriftlich mit.

Das **Arjuna Plaza** und das **New Batik Palace** liegen zentral an der Jl. Mangkubumi (Doppelzimmer 25 bis 30 US-Dollar plus 21 Prozent Steuer). Das **Gajah Mada Guesthouse** mit klimatisierten Doppelzimmern ist ein ruhiges Haus auf dem Universitätsgelände im Norden der Stadt. Mrs. Sardjlto, die Witwe des ersten Rektors der Gajah-Mada-Universität, vermietet einige Zimmer ihres vornehmen Hauses an der Jl. Cik Ditiro gegenüber dem Indraloka-Büro.

Zahlreiche kleinere Hotels und Pensionen liegen an der **Jalan Prawirotaman** im Süden Yogyas. Einige verfügen über klimatisierte Zimmer für 15 bis 25 US-Dollar (plus 21 Prozent Steuer) mit Frühstück. Angenehm sind **Airlangga** und **Duta**.

Airlangga (25 Zimmer), Jl. Prawirotaman 4, Yogyakarta, Tel.: 563 344, Fax: 371 427.
Arjuna Plaza (25 Zimmer), Jl. Mangkubumi 48, Yogyakarta, Tel.: 513 036, Fax: 868 62.
Batik Palace Hotel (26 Zimmer), Jl. Pasar Kembang 29, P.O. Box 115, Yogyakarta, Tel.: 512 149.
Duta Guest House (15 Zimmer), Jl. Prawirotaman 20, Yogyakarta, Tel.: 515 064.
Indraloka Homestay, Jl. Cik Ditiro 14, Yogyakarta, Tel.: 513 614.
Koba Cottages (48 Zimmer), Jl. Babarsari 1, Tambakbayan Baru, Yogyakarta, Tel.: 513 697.
Gajah Mada Guest House (20 Zimmer), Jl. Bulaksumur, Kampus Universitas Gajah Mada, Yogyakarta, Tel.: 588 461, 588 688, App. 625.
New Batik Palace Hotel, Jl. Mangkubumi 46, Yogyakarta, Tel.: 625 10.
Wisma LPP, Jl. Demangang Baru 8, Yogyakarta, Tel.: 588 386.

PREISWERTE HOTELS

Die Pensionen an der **Jalan Prawirotaman** (umgebaute Privathäuser) sind meist ruhig, sauber und komfortabel. Für rund 8 US-Dollar kann man hier bereits ein Zimmer mit Frühstück (inkl. Steuer und Bedienung) bekommen. Die meisten Preise variieren zwischen 10 und 20 US-Dollar.

Die vielen kleinen Hotels im Bereich **Jalan Pasar Kembang** (oder auch an der Jl. Sorowijayan und den kleinen Straßen dazwischen) liegen zentral und sind noch billiger, doch die Gegend ist nicht allzu einladend. Das **Kota** am Ende der Jl. Pasar Kembang sei als sauberes Hotel hervorgehoben.

Agung Guesthouse, Jl. Prawirotaman 68, Yogyakarta, Tel.: 512 715.
Asia Afrika, Jl. Pasar Kembang 25, Yogyakarta, Tel.: 514 489.
Aziatic Hotel, Jl. Sosrowijayan 6, Yogyakarta.
Kota Hotel, Jl. Gandekan Lor 79, Yogyakarta.
Metro Guesthouse, Jl. Prawirotaman MG 7/71, Twl.: 723 64.
Rose Guesthouse, Jl. Prawirotaman 22, Yogyakarta, Tel.: 27 15.
Sumaryo Guesthouse, Jl. Prawirotaman.
Vagabond Youthhostel, Jl. Prawirotaman MG 3/589, Tel.: 712 07
Wisma Indah Guesthouse, Jl. Prawirotaman 12, Tel.: 760 21.

Essen & Trinken

Das **Nyonya Suhartis** (auch Ayam Goreng „Mbok Berek" nach den Frauen, die das berühmte Brathühnchenrezept kreierten) ist ein Wallfahrtsort für Liebhaber gebratenen Hühnerfleisches auf Java (inzwischen gar aus aller Welt) geworden. Das Restaurant liegt sieben Kilometer östlich Yogyas an der Straße zum Flughafen (nicht weit vom Ambarrukmo auf derselben Straßenseite). Das Rezept gilt als eines der bestgehüteten kulinarischen Geheimnisse Indonesiens – das Huhn wird zunächst gekocht, dann mit Gewürzen und Kokosnuß bestreut, knusprig gebraten und zu einer süßen Chilisoße und Reis serviert. Besonders gut passen dazu die scharfen *petai*-Bohnen und rohes Kraut. Die Einheimischen stehen häufig Schlange nach diesem Huhngericht, und viele nehmen eine extra Portion für ihre Freunde mit nach Hause.

Wer auf Nasi Padang schwört, geht zum **Sinar Budi Restaurant** an der Jl. Mangkubumi 41, rund 500 Meter nördlich der Bahnlinie auf der linken Seite. Hammelhirn *opor*, Rind-*rendang* und *gulai ayam* (Huhncurry) werden aufgetischt. Besonders schmackhaft sind die Kartoffelchips *(kentang goreng)*.

Die Spezialität der Yogya-Küche ist *gudeg*, eine Kombination aus in jungen Jackfrüchten *(nangka muda)*, gekochtem Reis, einem Stück Hühnerfleisch, Ei, Kokoscreme und einer scharfen Soße mit gekochter Büffelhaut *(sambal kulit)*. Das beste *gudeg* in Yogya serviert man im Juminten an der Jl. Asem Gede 22, Kranggan 69, nördlich der Jl. Diponegoro. Gutes *gudeg* bekommen Sie auch im **Bu Citro's** gegenüber dem Flughafeneingang an der Jl. Adisucipto. Auch in den meisten anderen Restaurants steht *gudeg* auf der Speisenkarte, ausgezeichnet schmeckt es z.B. gleich nördlich des Taman Sari.

Die westliche Küche hat nicht nur in den großen Hotels Einzug in Yogya gehalten. Das **Legian Garden Restaurant** ist für seine ausgezeichneten Steaks und Koteletts, den sautierten Fisch, die Avokado-Fisch-Cocktails, den Joghurt sowie die Mais- und Krabbensuppe bekannt. Der weithin sichtbare Eingang ist um die Ecke an der Jl. Malioboro/Jl. Perwakilan 9 (Tel.: 587 985). Das Legian Garden hat auf der Südseite der Jl. Solo mit **The Rose** ein zweites Restaurant eröffnet, das dieselbe Speisenkarte und Preise, aber mehr Atmosphäre hat. Für entsprechend höhere Preise bietet das **Gita Buana** klimatisierte Räume und gedämpftes Licht: einmal an der Jl. Diponegoro 52 A und dann an der Jl. Adisucipto 169 beim Hotel Ambarrukmo. Das **French Grill** im Hotel Arjuna Plaza (Jl. Mangkubumi 48) ist ebenfalls gut; hier werden außerdem allabendlich Puppen- und Tanzvorführungen geboten.

Zu beiden Seiten der Jl. Malioboro bemühen sich zahlreiche Restaurants um das jugendliche touristische Publikum. Geboten wird überall das Kuta-Beach-Menü aus Fruchtsäften, Yoghurt, Sandwiches, vegetarischen Tellergerichten, Desserts, Eis und westlichem Essen, daneben jede Menge chinesischer und indonesischer Spezialitäten.

Wer wenig Geld hat, geht zu Supirman's (bei Ausländern als **Superman's** bekannt) an der Gang Sosrowijayan 1, einem schmalen Weg parallel zur Jl. Malioboro zwischen Jl. Pasar Kembang und Jl. Sosrowijayan.

Nicht ganz so billig, dafür aber besser ist **Mama's Gado-Gado** an der Jl. Pasar Kembang hinter dem Bahnhof. Mama gibt sich allabendlich mit einer königlichen italienischen Pasta die Ehre. Auch Papa schaut gelegentlich vorbei, versorgt seine Singvögel und sammelt das Brot ein. Die einheimischen Insider lassen sich *nasi campur*, einen Fruchtsalat, und ein kühles Bier schmecken; das Lokal ist oft überfüllt. Als Frühstück zu empfehlen: französischer Toast, Bananen-Pfannkuchen mit Honig, frische Obstsäfte und Kaffee mit frischer Milch.

Von den feinen chinesischen Restaurants der Stadt ist das **Tiong San** (Jl. Gandekan 29, eine Straße westlich der Jl. Malioboro) bei einheimischen Chinesen am beliebtesten. Das **Moro Senang,** Jl. Solo 55 (an der Nordseite neben dem Supermarkt Miroto), ist auch sehr gut. Den besten Fisch und wohl auch das beste chinesische Essen bekommen Sie im **Sintawang,** Jl. Magelang 9.

Stimmungsvoll läßt es sich in den folgenden Gartenrestaurants essen:
Baleanda Garden Restaurant, Jl. Tirtodipuran 3, Tel.: 876 114.
Lotus Restaurant, Jl. Prawirotaman MG III/93, Tel.: 776 49.
Bladok Restaurant, Jl. Sosrowijayan 76, Tel.: 604 52.

Einkaufen

Yogyakarta genießt zwar den Ruf eines „Einkaufsparadieses". Wer jedoch genau hinsieht, wird das meiste, was angeboten wird, als Ramsch entlarven. Alles ist extrem billig, weshalb wohl nur die Touristen zugreifen. Halten Sie nach dem wenigen, was an guter Qualität vorhanden ist, Ausschau, und Sie werden es nicht bereuen.

BATIK

Zu einer Stadtrundfahrt gehört die Besichtigung eines Batikbetriebes in der Gegend der **Jalan Tirtodipurun** im Süden Yogyas. Man kann beim Batiken zuschauen und wird dann in den Verkaufsraum geschleust. Tulis-Arbeiten werden kaum angeboten, das meiste hier wird nach dem schnelleren Kupferstempel-Verfahren *(batik cap)* hergestellt. Das Angebot an Meterware ist ordentlich; Batiken, die auf schwere Baumwollstoffe aufgedruckt sind, eignen sich als Vorhang- und Bezugsstoff für Polstermöbel.

Batik Gurda, Jl. Parangtritis 77 B, Yogyakarta.
Batik Plentong, Jl. Tirtodipuran 28, Yogyakarta.
Rara Djonggrung, Jl. Tirtodipuran 6 A, Yogyakarta.
Sumiharjo, Jl. Mandkuyudan 15 A, Yogyakarta.
Surya Kencana, Jl. Ngadinegaran MD V11/98, Yogyakarta.
Tjokrosoeharto, Jl. Panembahan 58, Yogyakarta.
Winotosastro, Jl. Tirtodipuran 34, Yogyakarta.

Hochwertige traditionelle *batik tulis* sind bei **Toko Terang Bulan** (Jl. Ahmad Yani 76) neben dem Central Market erhältlich. Die Preise sind festgelegt und entsprechend hoch. Die Auswahl ist nirgends in Zentraljava größer.

Im übrigen sollte man die Boutiquen der bekannteren Batik-Künstler der Stadt aufsuchen. Meistens bieten sie Batik-Gemälde und -Meterware an. Manche halten auch einwöchige Einführungskurse ab. Einige der bekannten Namen: **Kuswadji**, **Amri**, **Sapto Hudoyo** und **Bambang Oetoro**. Der Tänzer **Bagong Kussudiardjo** und der berühmte expressionistische Maler **Affandi** zeigen auch gebatikte Bilder: zu sehen im Haus der Batik-Malerei in **Taman Sari,** vor allem in der **Gallery Lod** am Westausgang des *kampung*.

Affandi Gallery, am Fluß bei Jl. Solo, vor dem Ambarrukmo Hotel.
Agus, Jl. Taman Siswa Mg. 111/102, Yogyakarta.
Amri Gallery, Jl. Gampingan 67, Yogya.
Bagong Kussudiardjo, Jl. Singasaren 9, bei Jl. Wates, Yogyakarta.
Bambang Oetoro, Jl. Taman Siswa 55, Yogyakarta.
Gallery Lod, Taman Sari, Yogyakarta.
Kuswadji K., Jl. Alun-Alun Utara, Pojok Barat Daya, Yogyakarta.
Sapto Hudoyo, Jl. Solo Km 9, Maguwo, Yogyakarta.

SILBERWAREN

Kota Gede, südwestlich von Yogya, ist ein Zentrum der Silberverarbeitung. Neben den großen Werkstätten **M.D.** **Silver** und **Tom's Silver** gibt es eine Anzahl kleinerer Betriebe, wo man (ohne Kaufzwang) zusehen kann, wie das Silber gehämmert, geklopft, erhitzt, gereinigt und poliert wird. Geschickte Finger gestalten feinste Filigranarbeiten, die Ambosse dröhnen, bis einem die Ohren schmerzen. Sachte fällt der Hammer und läßt elegante Repousse-Arbeiten entstehen.

Fühlen Sie sich nicht gezwungen zu kaufen, was gerade ausgestellt ist. In jeder Silberschmiede macht man gerne Spezialanfertigungen, wenn man Muster oder Zeichnung vorlegt. Meist wird genau nach Gewicht und Grad des Silbers abgerechnet, es sei denn, es handelt sich um außergewöhnlich schwierige Muster bzw. Vorlagen. Sonderbestellungen gibt man außer bei den beiden großen Silberschmieden am besten im Atelier **Tan Jam An** in Yogya, nördlich des Tugu-Monuments auf der rechten Seite, auf.

MD Silver, Jl. Keboan, Kota Ged, Yogyakarta.
Sri Moeljo's Silver, Jl. Mentri Supeno UH XII/I, Yogyakarta.
Tan Jam An, Jl. Mas Sangaji 2, Yogyakarta.
Tjokrosoeharto, Jl. Panembahan 58, Yogyakarta.
Tom's Silver, Jl. Kota Gede 3-1 A, Kota Gede, Yogyakarta.

LEDERWAREN

Die Qualität der braungelben, handgemachten Koffer, Aktenmappen, Hand- und Brieftaschen, Sandalen, Gürtel und Geldbeutel aus Büffelleder wird zwar langsam besser, doch ist das Material leider nach wie vor nach einem groben Verfahren gegerbt; feines, weiches Leder findet man hier noch nicht; außerdem: Die Metallteile sind oft schlampig angebracht.

Zu den besseren Geschäften an der Jl. Malioboro zählt **Toko Setia**. Gute Ware führen **Kusuma** bzw. **Moeljosoehardjo** (Nähe Taman Sari).

Aus Büffelleder sind auch die **Wayang-Kulit-Puppen** gemacht; das dünne, durchsichtige *kulit*, das dabei verwendet wird, ist überhaupt nicht gegerbt und verdient eher die Bezeichnung Pergament. Hochwertige Puppen führen **Ledjar** und **Swasthigita**.

Aris Handicraft, Jl. Kauman 14, Yogya.
B.S. Store, Jl. Ngasem 10, Yogya.
Budi Murni, Jl. Muja-muju 21, Yogya.
Kusuma, Jl. Kauman 50, Yogyakarta.
Ledjar, Jl. Mataram DN 1/370, Yogya.
Moeljosoehardjos, Jl. Taman Sari 37 B, Yogyakarta.
Swasthigita, Jl. Ngadinegaran MD 7/50, Yogyakarta.
Toko Setia, Jl. Malioboro 79, Yogya.
Toko Setia, Jl. Malioboro 165, Yogya.

ANTIQUITÄTEN, RARITÄTEN

Die besten „Jagdgründe" stellen die zahlreichen Läden an der Jl. Malioboro dar (**Edi Store** und **Naga** sind die besten) sowie ein weiteres Geschäft hinter den Bahngleisen an der Jl. Mangkubumi (**Jul Shop**). Auch an den Straßen südlich und westlich des Kraton und in den kleinen Läden beim Ambarrukmo Palace Hotel versuchen Sie Ihr Glück versuchen. In Batik-Geschäften werden auch Antiquitäten angeboten. Wertvolle Ware führt **Ardianto,** aber auch die neue Kunstgalerie an der Jl. Pramuka.

Was vielen Touristen besonders ins Auge fällt, sind die geschnitzten und vergoldeten Schatullen für Kräutermedizin oder die buntfarbigen *loro blunyo*, sitzende Hochzeitspaar-Figuren, die früher die Zeremonienkammer eines javanischen Aristokratenhaushalts zierten. Eine Handvoll Kupfermünzen mit den VOC-Insignien der holländischen Ostindiengesellschaft können zu einer reizvollen Dekoration zusammengestellt werden; sehr fein gearbeitete alte holländische und chinesische Teakholzmöbel verschiedenster Machart sind erhältlich: Hochzeitsbetten mit Seitenwänden und Baldachin, vergoldete Täfelungen, Tische mit Marmorplatten, geflochtene Stühle, massive Schatullen und reizvoller Tand.

Dann sind da die *naga*-umkränzten Stände mit *gamelan*-Instrumenten, Bronze-Statuetten, die Durga, Nandi, Shiva, Ganesa, Agastya, Buddha und unzählige andere *bodhisattvas* darstellen, derbe *wayang-klitik*-Figuren und altes, weißblaues Ming-Porzellan aus Annam und aus China. Vieles ist in Solo billiger zu bekommen.

Antiques Art Shop, Kota Gede, Yogya.
Ardianto, Jl. Pejaksan 21, Yogyakarta.
Arjuna Art Shop, Jl. Solo 110, Yogya.
Asmopawiro, Jl. Let Jendral Haryono 20, Yogyakarta.
Edi Store, Jl. Malioboro 13 A, Yogya.
Ganeda Art Shop, Jl. Abdul Rahman 69, Yogyakarta.

Hastirin Store, Jl. Malioboro 99, Yogyakarta.
Jul Shop, Jl. Mangkubumi 29, Yogya.
Ken Dedes, Jl. Sultan Agung, Yogya.
La Gallerie, Jl. Kota Gede, Kota Gede, Yogyakarta.
Mahadewa Art Shop, Jl. Taman Garuda, Yogyakarta.
Pusaka Art Shop, Jl. Taman Garuda 22, Yogyakarta.
Seni Jaya Art Shop, Jl. Taman Garuda 11, Yogyakarta.
Sidomukti Art Shop, Jl. Taman Kampung 111/103 A, Yogyakarta.
The Ancient Art, Jl. Tirtodipuran 30, Yogyakarta.

Masken & Holzpuppen

Die hochwertigen Arbeiten eines der wenigen verbliebenen Kunsthandwerker, der noch heute für die Schauspieler und *dalangs*, nicht für Touristen, schnitzt, sind bei **Pak Warno Waskito** zu sehen. Der freundliche alte Herr betreibt sein Handwerk seit über 50 Jahren. Schulen hat er nie besucht.

Pak Warno wohnt abgelegen. Bei Kilometer 7,6 der Straße Yogya-Bantul im Süden geht es rechts ab, nach 300 Meter ist es links das erste Haus. Der Weg ist ausgeschildert.

Keramik

Auf der Rückfahrt von Pak Warno biegt man bei Kilometer 6,5 nach links ab und fährt etwa einen Kilometer auf einer Seitenstraße. Wenn Sie ein Bewunderer der keck bemalten „piggy banks" in Elefanten-, Hahnen-, Fabeltier- bzw. Reitpferdgestalt sind, auf die man in Yogya vor allem um Pasar Ngasem stößt: in **Kasongan** können Sie verfolgen, wie sie von Hand geformt, am offenen Feuer gebrannt und dann mit Schwung bemalt werden, fast wie in Mexiko. Nahezu in jeder Familie kann hier jemand töpfern. Wer bereit ist, bis zu zehn Tagen zu warten, kann sich etwas anfertigen lassen.

Gemälde

Affandi (1907–1990), dem „großen alten Mann" der indonesischen Malerei, ist das Affandi Museum in der Jalan Laksda Adisucipto gewidmet. Hier sind die Werke des international bekannten Malers (und die seiner Tochter Kartika) ausgestellt, und hier ist er auch begraben. Ab und zu gibt es im Affandi Museum auch Ausstellungen anderer Künstler zu sehen.

Um sich ein Urteil über die moderne Kunstszene des Landes zu bilden, könnte man Yogyas **Academy of Fine Arts (ASRI)** an der Jl. Gampingan aufsuchen. Sie gilt als die beste Kunstakademie des Landes.

Kulturelles

Musik & Theater

Man unterscheidet zwischen Aufführungen speziell für Touristen und solchen, die von und für die Einheimischen gespielt werden. Vorführungen für Touristen müssen keineswegs weniger authentisch sein, obwohl manchmal dem ausländischen Publikum gekürzte Versionen oder nur Auszüge präsentiert werden.

Ihr größter Mangel ist das fehlende javanische Publikum, das wie die Spieler selbst Bestandteil einer Aufführung ist, vor allem auf Java. Sie sollten daher versuchen, einem *kampung*-Schattenspiel oder einem Tanzdrama irgendwo auf dem Lande beizuwohnen. Man muß Glück haben, den richtigen Zeitpunkt zu erwischen. Aktuelle Veranstaltungshinweise bekommt man im **Tourist Information Office** (Jl. Malioboro 16) und in den Reisebüros.

Gamelan

Alle Tänze und Schattenspiele werden von einem Gamelan-Orchester untermalt; darüber hinaus erklingt *gamelan*-Musik überall in Yogya.

Wie bereits erwähnt, empfiehlt es sich, jeweils am Montag- und Mittwochvormittag den **Kraton-Gamelan-Proben** beizuwohnen.

Konzerte finden auch im **Pakualaman** an der Jl. Sultan Agung statt (an jedem fünften Sonntag um 10 Uhr; Eintritt frei).

Sollten Sie tatsächlich alle einschlägigen Aufführungen verpaßt haben, dann können Sie immer noch im Hotel Ambarrukmo Palace dem *gamelan*-Ensemble zuhören, das dort täglich von 10.30 bis 12.30 Uhr sowie von 15.30 bis 17.30 Uhr auftritt (Eintritt frei).

Wayang Kulit

Diese künstlerische Ausdrucksform hat seit je das Denken und Fühlen der Javaner nachhaltig beeinflußt. Es wundert daher nicht, daß immer wieder auch Ausländer vom Schattenspiel fasziniert sind, obwohl sie von den Dialogen nichts verstehen, und daß es eine umfangreiche Literatur auf holländisch und englisch zum Thema gibt. Gespielt wird stets während der Nacht; eine Aufführung beginnt um 21 Uhr und dauert bis zum Morgengrauen.

Das **Agastya Art Institute** (Jl. Gedong Kiwo MD 111/237), eine private *dalang*-(Vorführ-)Schule, bietet täglich außer samstags um 15 und 17 Uhr Ausschnitte für Touristen.

Ähnliche Aufführungen zeigt das **Ambar Budaya** im Zentrum des Kunsthandwerks, gegenüber dem Hotel Ambarrukmo Palace, montags, mittwochs und freitags von 9.30 bis 10.30 Uhr.

An jedem zweiten Samstag des Monats überträgt Radio Republik Indonesia live eine hervorragende Aufführung aus dem Pavillon südlich des Kraton, dem **Sasono Hinggil Dwi Abad.** Eintritt frei; Beginn: 21.00 Uhr.

Gelegentlich wird in der **Habiranda Dalang School** im Pracimasono auf der Nordostseite des *alun-alun* am Abend geübt und geprobt: außer donnerstags und sonntags jeweils um 19 und 22 Uhr (bei freiem Eintritt). *Wayang kulit* zum Abendessen im klimatisierten Restaurant ist die neueste Errungenschaft, zu sehen im French Grill im **Arjuna Plaza Hotel** (Jl. Mangkubumi 48) jeweils Dienstag und Sonntag abend.

Wayang Golek

Hier wird mit dreidimensionalen runden Figuren gespielt, die in Westjava beliebter als in Zentraljava sind. Die Stimmen und Inszenierungen, selbst ein Großteil der Dialoge, ähneln denen des *wayang kulit*.

Das **Reisebüro Nitour** veranstaltet täglich außer sonntags Aufführungen von *wayang-golek*-Ausschnitten (von 10–12 Uhr in den Büroräumen Jl. Ahmad Dahlan 71).

Das **Agastya Art Institute** (Jl. Gedong Kiwo MD 111/237), eine private *dalang*-Schule südwestlich von Taman Sari, hat samstags zwischen 15 und 17 Uhr kurze „Probe"-Aufführungen angesetzt.

Wayang golek beim Dinner bietet wiederum das Restaurant French Grill im Arjuna Plaza Hotel (Jl. Mangkubumi 48), jeden Donnerstag um 19 Uhr.

Javanischer Tanz

Die **Kraton Dancers** proben öffentlich jeden Sonntag von 10.30 bis 12 Uhr. Die Mardawa Budaya School, eine der besten in Yogya, bringt ein breites Repertoire von Tänzen in einer aristokratischen **Pendapa, Dalem Pujokusuman,** Jl. Brig. Jend. Katamso 45, auf die Bühne (montags, mittwochs, freitags von 20 bis 22 Uhr).

Wer seinen Urlaub zwischen Mai und Oktober hier verbringt (z. Zt. des Vollmond), der sollte sich natürlich das **Ramayana-Ballett** in Prambanan nicht entgehen lassen. Geboten wird von Tausenden von Tänzern ein *sendratari* ohne jeden Dialog. Die Reisebüros und das Tourist Information Office organisieren Busfahrten nach Prambanan und besorgen die Eintrittskarten. Beim Zusehen gleichzeitig speisen kann man in der „cultural show" im **Ambarrukmo Palace Hotel**.

Die hier aufgeführten Vorführungen sind allesamt ausgezeichnet. Um sich ein Bild von der Ausbildung der javanischen Tänzer zu machen, besuchen Sie eine der Schulen, die meist in schöner Umgebung liegen (ehemalige Villen der Königsfamilie).

Krido Bekso Wirama, Dalem Tejokusuman, Jl. K.H. Wahid Hasyim. Erste Tanzschule außerhalb des Kraton.
Siswo Among Bekso, Dalem Poerwodiningratan, Jl. Kadipaten Kidul 46. Hier finden häufig Vorführungen der Schüler statt.
Mardawa Budaya, Jl. Brig. Jen. Katamso 45. Vorführungen für Touristen.
Bagong Kussudiarjo, Jl. Singosaren 9, bei Jl. Wates. Der bekannteste „moderne" Tänzer und Choreograph Javas. Er gehörte zu den Künstlern, die in den fünfziger Jahren die neue Form des Kunst-Tanz-Dramas entwickelten. Noch heute ein vitaler Lehrer, Schriftsteller und Choreograph.
Indonesische Tanzakademie (ASTI). Dies ist eine der drei staatlichen Grundschulen, an denen die vielversprechendsten jungen Tänzer aus Yogya und Umgebung zusammengezogen werden. Diese Schule sollte man aufsuchen (Jl. Colombo, s. Karte), da hier mit neuen Formen schöpferisch gearbeitet wird.

WAYANG ORANG, KETOPRAG

Zu guter Letzt sei auf die Aufführungen einer volkstümlichen Version des höfischen Tanzdramas verwiesen, die jeden Abend im **Taman Hiburan Rukyut (THR),** im „People's Amusement Park" an der Jl. Brig. Jen. Katamso, geboten ist. Das **Arjuna Plaza Hotel** (Jl. Mangkubumi 48) hat in das Unterhaltungsprogramm des Restaurants French Grill am Donnerstag abend auch eine *wayang-orang*-Aufführung für Touristen aufgenommen (19 Uhr).

Ausflüge von Yogya

Neben den allgemein bekannten Tempelanlagen von **Borobudur** und **Prambanan** gibt es zahlreiche weniger bekannte, doch ebenso faszinierende Tempel, die von Yogyakarta aus leicht zu erreichen sind. Dazu gehören die Baudenkmäler des **Dieng Plateaus,** die **Gedung Sanga-Gruppe** sowie eine Anzahl von Stätten um Prambanan: **Sewu, Plaosan, Ratu Boko, Kalasan, Sari** und **Sambisari**.

Das Gebiet um Yogya hat jedoch nicht allein Tempel zu bieten, denn eine Stunde vor der Stadt erstrecken sich bereits die ausgedehnten schwarzen Sandstrände an der Südküste bei **Parangtritis**. Unterwegs kann man am idyllisch gelegenen Bergfriedhof der javanischen Rajas in **Imogiri** oder in Kota Gede, der alten Stadt der Silberschmiede, einem heutigen Vorort von Yogya, eine Pause einlegen.

Der Hitze entgeht man durch eine Spritztour zum Ferienort **Kaliurang** am Mt. Marapi. Wer auf den Gipfel dieses aktiven Vulkans steigt, hat einen herrlichen Rundblick über Zentraljava. Das macht man am besten am frühen Morgen von Solo aus.

DAS DIENG-PLATEAU

Der Tagesausflug auf das vulkanische Hochfläche des Dieng-Plateaus (von *di-hyang* für „Ort des Geistes"), rund 100 Kilometer nordwestlich von Borobudur, ist eine Reise auf eine 2000 Meter hohe, in Nebelschwaden und Rätsel gehüllte Bergfeste. Der letzte Teil des Anstiegs von **Wonosobo** zur Hochebene ist eng und windungsreich. Daß hier oben Dämonen, Geister und zornige Giganten hausen sollen, erscheint durchaus glaubhaft; graue Nebelschleier umhüllen die umliegenden Bergrücken. Rätselhaft sind auch die Tempelbauten, vermutlich aus dem 8. Jahrhundert; das früheste schriftlich überlieferte Datum ist das Jahr 809. Immerhin steht fest, daß nicht die buddhistischen Sailendras sie bauten, sondern Shiva-Verehrer; es könnten Nachfahren der Sanjayas gewesen sein, die als Vasallen der Sailendras über Teile Zentraljavas herrschten und diese schließlich vertrieben. Acht kleine Steintempel hat man teilweise wieder aufgebaut. Daneben liegen die Fundamente weiterer Tempel; die Überbleibsel mehrerer *pendopos* (Pavillons) aus Holz deuten darauf hin, daß früher ein Palast oder ein Kloster hier stand.

Die Hauptgruppe der Tempel trägt heute die Namen der Helden und Heldinnen des Mahabharata; Arjuna, Puntadewa, Srikandi und Sembadra stehen in Begleitung ihres geduckten, ungelenken Dieners Semar inmitten eines flachen Feldes. Der Untergrund sieht fest aus, ist jedoch größtenteils Sumpfgebiet. Vor 1000 Jahren wurde der Boden hier mit einem komplizierten Tunnelsystem trockengelegt; die Tunnel wurden durch die Berge geführt, der Zugang liegt an der Nordecke der Hochebene. Der eigentliche Grund, der das abgelegene Gebiet als heilige Stätte geeignet erscheinen ließ, waren die schöne landschaftliche Umgebung und die heftigen Vulkanausbrüche. Wer auf dem hölzernen Weg um **Telaga Warna** („Vielfarbiger See") und **Telaga Pengilon** („Spiegelsee") geht, wird von der ruhigen Schönheit der Stätte entzückt sein. Die Bergkuppen und Täler, sie könnten chinesischer Malerei als Vorlage dienen, verbergen kleine Grotten, noch heute beliebte Stätten der Meditation. Hinter den Seen deuten nie endende Schwaden heißen Dampfes und Schwefelgases auf einen tiefen Riß in der Erde.

Anreise: Das Miettaxi oder der Kleinbus für bis acht Personen nach Dieng kostet für die Hin- und Rückfahrt 45 US-Dollar. Die Überlandbusse verkehren zwischen Yogya und Wonosobo (Abfahrt am Busbahnhof an der Jl. Veteran und bei den „Colt"-Büros an der Jl. Diponegoro). Von dort läßt man sich von einem heimischen „Colt" nach Dieng hinauffahren. Intan Pelangi (siehe Yogya: „Rundfahrten/Reisebüros") bietet eine geführte Tagestour nach Dieng und Borobudur an. Die Abfahrtszeiten erfährt man beim Reisebüro oder im Hotel. Das Tourist Information Office, Jl. Malioboro 16, weiß mehr zum Thema Ausflüge.

Unterkunft: Direkt auf der zentralen Hochfläche mit Blick auf die Tempel stehen einige *losmen* sowie ein Restaurant, wo man für wenige Dollar übernachten kann. Warme Kleidung nicht vergessen. Bessere Unterkünfte findet man in Wonosobo, allerdings kein Hotel erster Klasse.

IN DER UMGEBUNG PRAMBANANS

Sewu und **Plaosan** heißen zwei buddhistische candi-Komplexe in der Nähe. *Sewu* (die „tausend Tempel"), etwa ein Kilometer nördlich Prambanans, besteht aus einem hohen Hauptbau, der von 240 kleinen Schreinen umgeben ist. Er wurde wohl kurz vor Prambanan (d.h. um 850) fertig und kommt letzterem an Feinheit gleich. Der Haupttempel weist eine ungewöhnliche Galerie auf, die man durch ummauerte Tore erreicht, an denen Nischen im maurischen Stil aufgereiht sind. Die Mauern der kleineren Schreine sind zusammengefallen und geben den Blick auf eine stattliche Menge buddhistischer Statuen frei.

Das etwa ein Kilometer östlich Sewus gelegene Plaosan bestand ursprünglich aus zwei großen, rechteckigen Tempeln, die von einer Anzahl kleiner Schreine und fester *stupas* umgeben ist. Beide Tempel waren zweistöckig, hatten drei Räume mit Fenstern, darin schöne kleine Buddha-Figuren und *bodhisattvas* sowie Reliefs; sie stellen entweder Spender, Priester oder Pilger dar – einer trägt eine hohe Kopfbedeckung und sieht einem Ägypter ähnlich. Auch diese Tempelanlage dürfte aus der Mitte des 9. Jahrhunderts stammen.

Die Ruinen von **Candi Ratu Boko** stehen 1,6 Kilometer südlich des Dorfes Prambanan auf einem Bergrücken. Von Prambanan folgt man der Einbahnstraße und biegt anstatt nach rechts in Richtung Yogya nach links ab und sieht das ganze Tal vor sich ausgebreitet liegen. Eine steile Treppe führt auf die Hochebene links der Straße, gegenüber einer in Kilometerangabe auf einem Straßenstein („Yogya 18 km"); auch eine neue Straße führt von hinten bis ganz zum Tempel hinauf. In der Morgen- und Abenddämmerung sind Tempel und Tal in ein goldenes Licht getaucht.

Ratu Boko war wahrscheinlich ein befestigter Palast, der unter dem letzten der buddhistischen Sailendras gebaut und später von den hinduistischen Erbauern Prambanans übernommen wurde.

An der Hauptstraße, die zurück nach Yogyakarta führt, stehen drei weitere Tempel. **Candi Sari,** in hübscher Lage zwischen Bananenstauden und Kokospalmen (nördlich der Straße, drei Kilometer von Prambanan), ist – ähnlich den Tempeln von Plaosan – ein buddhistischer Tempel mit zwei Etagen, Fenstern und mehreren Kammern im Inneren. Candi Sari diente wohl als Kloster und besticht durch die 36 himmlischen Wesen – tanzende Nymphen, Musiker, Drachenkönige – sowie durch die reiche Dach-Ornamentik. Ein Sailendra-Bau wohl aus dem späten 8. Jahrhundert.

Candi Kalasan ist von der Straße westlich von Sari zu sehen – ein weiteres buddhistisches Heiligtum, dessen Bau wohl bereits 778 begonnen wurde. Sein auffälligstes Merkmal ist ein riesiger, ausgeschmückter *kala-makara*-Kopf über dem südlichen Eingang.

Als letztes wollen wir **Sambisari** besichtigen, ein kleines *candi,* das erst 1966 in einem Reisfeld entdeckt und aus fünf Meter Tiefe ausgegraben wurde. (Hinter dem 10,2-Kilometerstein biegt man nach Norden ab.) Viele der Tempelreliefs wirken seltsam unvollendet, weshalb gemutmaßt wird, daß die Stätte vor ihrer Fertigstellung bei einem Vulkanausbruch verschüttet wurde. Vielleicht war es derselbe Ausbruch, der auch Borobudur unter Lava begrub und die Mataram-Könige aus Zentraljava vertrieb.

Anreise: Sämtliche Tempel kann man an einem Tag besichtigen – zusammen mit dem Hauptkomplex Loro Jonggrang

in Prambanan. Am besten, es findet sich eine Gruppe, die für zehn Stunden einen Kleinbus mietet. Die Hotels sind dabei behilflich. Vor der Fahrt sollten die Orte sowie die geplante Dauer der Fahrt festgelegt werden. Auf der Rückfahrt kann man bei Nyonya Suharti einkehren und das berühmte gebratene Huhn (siehe „Restaurants" bei Yogya) genießen.

KOTA GEDE

Südöstlich von Yogya kommen wir nach **Kota Gede** und seinen berühmten Silberschmieden (siehe Yogya – „Einkaufen"). Senopati, der berühmten Gründer der neuen bzw. zweiten Mataram-Dynastie liegt hier, auf einem kleinen, moosüberwachsenen Friedhof, kaum 500 Meter vom Central Market der Stadt, begraben.

Auf einem schmalen Weg kommen wir zu einer alten Moschee und einer Vielzahl kleinerer Höfe und verzierter Eingänge. Inmitten dieses heiteren Labyrinths liegt der winzige, hochummauerte Friedhof. Blumen, Weihrauch und andere Opfergaben sind auf den abgetretenen Stufen vor der großen, von der Witterung gezeichneten Tür verstreut, die zu Senopatis Grab führt, das nur montags von 10 bis 13 Uhr und freitags von 13.30 bis 16.30 Uhr zu besichtigen ist. In der Lichtung außerhalb des Friedhofs steht ein kleines gekalktes Gebäude, das einen polierten schwarzen Felsbrocken von der Größe eines Doppelbettes beherbergt. Der Stein soll entweder eine Hinrichtungsstätte oder Senopatis Thron gewesen sein – trägt aber eine holländische Inschrift. Er gilt als ein mit magischen Kräften ausgestattetes *pusaka* (ererbtes Besitzstück). Daneben liegen drei große gelbe Steinbälle, mit denen man angeblich jonglierte. Vermutlich sind es vorislamische „Ahnensteine".

DIE KÖNIGSGRÄBER VON IMOGIRI

Ein weiteres glänzendes Zeugnis aus Yogyas Geschichte ist in **Imogiri**, etwa 20 Kilometer südlich an einer schmalen Straße, zu sehen. Imogiri besitzt die Aura einer alten Ortschaft. Kurz hinter dem Dorf mündet die Straße auf einen winzigen Platz mit einem einzigen *warung* und einem alten *pendopo*. Über einen breiten Weg, der durch eine Allee führt, gelangt man zum Aufstieg zu den Königsgräbern. Der berühmte Sultan Agung wurde 1645 als erster Herrscher auf einem kleinen Felsvorsprung begraben. Seitdem wurden fast alle Fürsten des Hauses Mataram und der nachfolgenden Königsfamilien von Yogyakarta und Surakarta in Imogiri zur letzten Ruhe gebettet. Der Besuch der altehrwürdigen Stätte gilt den Javanern als Wallfahrt; in der Tat gleicht der Aufstieg über die 345 abgetretenen Stufen einer Selbstkasteiung.

Die Gräber sind in drei großen Höfen am Ende eines Treppenaufgangs angeordnet: Vorne die der Mataram, links die der Susuhunan von Solo, rechts die der Sultane von Yogya. Jeder große Hof umschließt kleinere Höfe mit den Gedenksteinen und Gräbern der Fürsten. Besichtigung der Gräber ist lediglich montags und freitags nach den Mittagsgebeten für kurze Zeit gestattet. Die Besucher müssen die offizielle Kleidung des javanischen Hofes tragen. Man kann sie jedoch hier ausleihen.

Obwohl Vor- und Innenhöfe die übrige Zeit verschlossen sind, kann man immer auf den langen hochummauerten Umgängen an der Vorderseite eines jeden Komplexes herumgehen. An den Enden der vorderen Galerie führt ein Torweg durch die Mauern zu einem Weg, auf dem man zum eigentlichen Gipfel gelangt. Geöffnet: Montags von 10–13 Uhr, freitags 13.30–16.30 Uhr.

Parangtritis

Die Küste bei **Parangtritis** war bereits in vorhinduistischer Zeit Schauplatz eines Fruchtbarkeitskultes, der dann symbolisch von Sultan Agung und dessen Nachfolgern weitergepflegt wurde. Die Legende erzählt, daß Senopati oder auch Sultan Agung selbst Raden Loro Kidul, die „Königin des Südlichen Ozeans", heiratete, deren Herrschaftsbereich, auch „Todesregion" genannt, unter dem Indischen Ozean lag. In ritueller Form wird dieser Heirat in Zentraljava noch heute gedacht.

In Solo wird am Jahrestag der Verehelichung der *susuhunan* ein spezieller Tanz, der *bedoyo ketawang*, aufgeführt; bis vor einiger Zeit durften nur der *susuhunan* und ausgewählte Adlige der Aufführung beiwohnen. Der Tanz stellt in symbolischer Form des Herrschers Hochzeit mit Raden Loro Kidul dar. Yogya ist der Schauplatz der *labuhan*-Zeremonie, bei der heilige Haare und Nagelstücke zusammen mit *melati*-Blumen verteilt werden, die im Laufe des Jahres bei den königlichen *pusakas* geopfert wurden. An den Hängen von Gunung Merati und Gunung Lawu sowie an der Küste von Parangtritis finden dazu Rituale statt.

Raden Loro Kidul, die „Königin des Südlichen Ozeans", mag zwar die Frau des Königs sein; das ändert aber nichts an ihrem Hang zur Bösartigkeit. Wer an der rauhen Südküste ins Wasser geht, betritt praktisch unerlaubt ihr Territorium; viele mußten dafür schon ihr Leben lassen.

Wie dem auch sei – die starke Strömung und der hohe Wellengang machen das Baden vor Javas Südküste fast überall zum gefährlichen Abenteuer. Bei Parangtritis bedeuten die spitzen Felsen und Wanderdünen grauen Sandes an der Küste noch eine zusätzliche Gefahr.

Unterkunft in Parangtritis: Queen of the South Hotel, Tel.: 671 96, Fax: 971 97 und **Rangdo Bambu Inn**.

Anreise: Um von Yogya direkt nach Parangtritis zu gelangen, steigt man an der Jl. Parangtritis, Ecke Jl. Jenderal Sutoyo, in einen Kleinbus nach Kretek. Man fährt bis zum Fluß, und auf der anderen Seite der Brücke steht entweder ein Ponywagen oder ein Motorrad für die Fahrt zum Strand zur Verfügung. Oder Sie mieten einen „Colt" und nehmen die Nebenstrecke über Imogiri. In Parangtritis kann man günstig übernachten (Losmen) und essen.

Kaliurang

23 Kilometer nördlich von Yogya gelegen, bietet der Ort zahlreiche Pensionen, zwei Schwimmbäder, einige Hirsche aus Bogor und den 2,5 Kilometer langen Spazierweg zum Overseer Point. Die Witterung ist unberechenbar; der strahlend blaue Himmel kann sich in kurzer Zeit mit dunklen Wolken überziehen.

Beim Gipfel des Plawangan überquert der Weg einen schmalen Bergrücken, an dessen Hängen Bäume stehen und hellrote und gelbe Wandelröschen blühen.

Mount Merapi

Bei klarem Wetter ist der **Gunung Merapi** in seiner vollen Pracht zu sehen. In der seismologischen Station Plawangans beobachten die Vulkanforscher mit Ferngläsern und Seismographen monatelang jede Regung am Krater, bevor sie zum Gunung Kelud, zum Ijen oder zu einem anderen Berg weiterziehen, denn die Erde kommt in Indonesien nie zur Ruhe. Der Merapi ist der lebhafteste unter den Vulkanen der Insel – und der gefährlichste: Ende 1973 kam es zu einer Reihe kleinerer Lavaausbrüche und den sogenannten *lahar*-Ausflüssen aus Wasser, Asche und Schlamm; der letzte größere Vulkanausbruch war 1994.

Westlich des Berges befindet sich ein zweiter Beobachtungspunkt. Eine kleine, gut (auf englisch) ausgeschilderte Seitenstraße biegt, 23 Kilometer hinter Yogya, von der Hauptstraße nach Muntilan ab, und wenn man in langsamer Fahrt Tunnel aus Bambusstauden und Pinien durchquert hat, sieht man den Westhang des Vulkans, der infolge der häufigen Lavaausbrüche ein entstelltes, schrundiges Aussehen hat.

Am Kraterrand des Merapi zu stehen und aus 2900 Meter Höhe ins Tal hinunterzublicken, ist wohl das aufregendste Bergerlebnis auf Java. Der Bromo in Ostjava zieht mehr Besucher an und ist bequemer zu erreichen.

Surakarta (Solo)

In einer Stunde ist man von Yogya aus bequem in Surakarta bzw. Solo. Auf den ersten Blick hat die flach und ungeordnet ausgebreitete Stadt noch weniger als ihre Nachbarstadt ein königliches Aussehen. Ihre Reize zu entdecken, erfordert Geduld. Der Susuhunan (Herrscher) über Solo war der einzige Javaner, dem die Holländer ihren Respekt nicht versagten. Sein Palast sei eine Enklave gewesen, in der die Gesetze und Traditionen Javas strikt befolgt wurden.

Weil die javanische Tradition in Solo hochgehalten wurde, machte sie eine andere Entwicklung durch als Yogya – ruhiger, zurückhaltender, feiner, ohne die jugendliche, revolutionäre Strömung. So sehen die Solonesen sich und ihre Stadt. Äußerlich wirkt Solo verschlafener, kleiner, weniger verkehrsreich und von weniger Touristen besucht.

Anreise

Am einfachsten ist es, in Yogya einen Platz im Expreß-„Colt" in einem der Reisebüros auf der Jl. Diponegoro, westlich des Tugu-Monuments, zu buchen. Die „Colts" fahren den ganzen Tag alle halbe Stunde. Die Hälfte zahlen Sie, wenn Sie auf der Jl. Sudirman bzw. Jl. Solo in Yogya einen Bus oder Minibus nach Osten heranwinken. Das dauert aber länger, und man sitzt auf engstem Raum.

Auf dem Flugplatz Solos landen zwei- bis dreimal täglich Flugzeuge aus Jakarta und Surabaya. Die Yogya-Züge halten auch in Solo.

Erste Orientierung

Jalan Slamet Riyadi, ein breiter Ost-West-Boulevard, die Verlängerung der Fernstraße aus Yogya in die Stadt, ist die Hauptader Solos. Im Osten ist sie von einem Tugu-Denkmal begrenzt; vor den nördlichen Toren führt sie auf den *alun-alun* (Stadtplatz) und das Kraton-Gelände. Das Hauptpostamt, andere Amtsgebäude, Banken, die Telefonzentrale und der Zentralmarkt (Pasar Gede) liegen im Umkreis (siehe Karte). Die Hotels, Restaurants und Geschäfte an bzw. bei Jl. Slamet Riyadi sind zu Fuß leicht zu erreichen; die meisten Sehenswürdigkeiten sind um die beiden Paläste **Kasusuhunan** und **Mangkunegaran** angesiedelt. Parallel zur Slamet Riyadi (eine Straße weiter südlich) verläuft die Hauptgeschäftsstraße **Jalan Yos Sudarso;** da bucht man den Platz im „Colt" für die Rückfahrt nach Yogya. An der Jl. Veteran, im Süden der Stadt, unterhalten die meisten Busgesellschaften eine Niederlassung, ebenso im neuen **Bus Terminal** unweit des City-„bypass" (Jl. Parman/Tendean/Haryono) im Norden der Stadt.

Stadtverkehr

Fast alles kann man zu Fuß machen. Auch hier sind *becaks* im Einsatz (siehe Yogya-Abschnitt mit Hinweisen zum Aushandeln der *becak*-Fahrpreise).

Unterkunft

First Class

Das beste Hotel der Stadt ist das **Kusuma Sahid Prince** mit komfortablen Doppelzimmern von 30 US-Dollar bis zu 200 US-Dollar für eine „Indraloka Suite" (plus 21 Prozent Steuer und Bedienungszuschlag). Im Swimmingpool des Hotels können für 1,50 US-Dollar auch Nichthotelgäste baden.

Das **Mangkunegaran Palace Hotel** liegt ganz in der Nähe (auch hier kostet die Übernachtung ab 25 US-Dollar). Zur selben Kategorie zählen noch **Cakra** und **Solo Inn.** Sie liegen jedoch an der lauten Jl. Slamet Riyadi, haben kleinere Zimmer und keine Swimmingpools. Das **Sahid Sala** ist etwas älter und billiger.

Cakra Hotel (50 Zimmer), Jl. Slamet Riyadi 201, Solo, Tel.: 458 47, Fax: 483 34.
Solo Inn, Jl. Slamet Riyadi 366, Solo, Tel.: 460 75, Fax: 460 76.
Kusuma Sahid Prince Hotel (100 Zimmer), Jl. Sugiyopranoto 20, Solo, Tel.: 463 56, Fax: 447 88.
Mangkunegaran Palace Hotel (48 Zimmer), Jl. Mangkunegaran, Solo, Tel.: 356 83.
Sahid Sala (40 Zimmer), Jl. Gajah Mada 104, Solo, Tel.: 441 33.

Mittlere, Untere Preisklasse

In der mittleren Preisklasse empfiehlt sich das **Ramayana Guest House** mit mehreren Zimmern ab 15 US-Dollar die Nacht (geräumig, mit Ventilator und Frühstück). Das Haus ist sehr sauber, jedoch etwas abgelegen. Mehrere andere Pensionen aus derselben Kategorie (z. B. **Sarangan** und **Putri Ayu**) sind kaum weniger komfortabel.

Das neue **Indah Jaya** in Bahnhofsnähe bietet für ein paar Dollar mehr immerhin Klimaanlage, Teppichboden, Farbfernseher und Frühstück. Das zentral gelegene **Hotel Trio** wird von Chinesen geführt; ein kleines, sauberes Zimmer im Rückgebäude unweit des Pasar Gede ist bereits ab 10 US-Dollar zu haben. Im vorderen Teil werden einige ältere, große Zimmer mit drei bis vier Betten zum selben Preis angeboten. Das neu gestaltete Mawar Melati hat Zimmer mit Ventilator und eigenem Bad für nur 8 US-Dollar, dazu einige Zimmer für ganze 3 US-Dollar.

Noch preisgünstiger kommt man im **Mawardi** (als „The Westerners" bekannt) in Kemlayan unter. Die *becak*-Fahrer kennen es. Wenn es belegt ist, versuche man sein Glück im **Mawar Melati,** im **Koto** bzw. im **Central.**

Dana Hotel, Jl. Slamet Riyadi 286, Solo, Tel.: 338 91, Fax: 438 80.
Indah Jaya, Jl. Srambatan 13, Solo.
Kota Hotel, Jl. Slamet Riyadi 113, Solo, Tel.: 328 41.

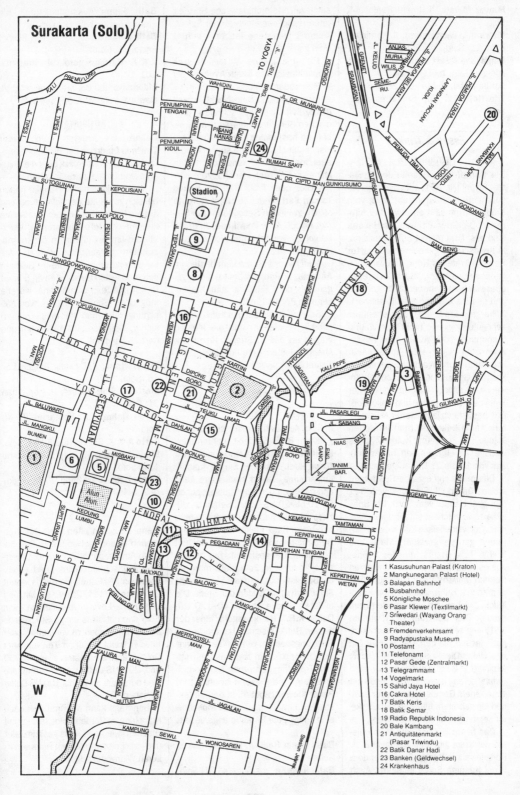

Mawar Melati, Jl. Imam Bonjol 44, Solo.
Mawardis (Westerners), Jl. Kemlayan Kidul 11, Solo, Tel.: 331 06.
Ramayana Guest House, Jl. Dr. Wahidin 22, Solo, Tel.: 328 14.
Seribu Hotel, Jl. Marconi 28 A, Solo.
Trio Hotel, Jl. Urip Sumarharjo 33, Solo.

Essen & Trinken
RESTAURANTS

Das **Sari** an der Südseite der Jl. Slamet Riyadi (Nr. 351) gilt allgemein als das beste Restaurant auf Java; vom Stadtzentrum sind es etwa drei Kilometer. Die Spezialitäten des Hauses sind *nasi liwet* (etwas Solonesisches: in Kokoscreme gekochter, garnierter Reis), gebratenes Huhn und verschiedene *pepes*-Arten, Garnelen, Pilze oder Fisch im Bananenblatt, gewürzt und gedünstet oder gegrillt serviert. Näher zur Stadt liegt das ebenfalls sehr gute, originelle **Timlo Solo,** Jl. Urip Sumoharjo 106. Außer den ausgezeichneten Tagesmenüs gibt es natürlich Huhn auf Javanisch, *pecel* (gekochtes Gemüse in Erdnußsoße), sowie *nasi kuning* (in Gelbwurz gekochter Reis) dazu *tahu, tempe* und Kokosnuß. Das beste nach javanischer Art gebratene Huhn bekommt man im neuen **Tojoyo** (Jl. Kepunton Kulon 77). Es wird hier als einziges Gericht des Hauses von 18 bis 21 Uhr aufgetischt.

Das beste chinesische Restaurant ist das **Orient,** Jl. Slamet Riyadi 341 (ein paar Häuser vom Sari). Die Speisekarte verzeichnet ein Rindfleischgericht, Schweinefleisch süß-sauer, Fisch (einen ganzen *gurame*), Mais- und Krebs- bzw. Haifischflossen-Suppe, chinesische Broccoli mit schwarzen Bohnen *(kailan tausi);* die Spezialität des Kochs: Huhn, gekocht, mit Knoblauch, Zwiebel- und Ingwersoße *(ayam rebus).* Das **Centrum** (Jl. Kratonan 151) liegt zentraler und ist auch sehr gut – lassen Sie den Manager für Sie bestellen. Die Krabbenrollen *(sosis kepiting),* in Butter gebratene Garnelen *(udang goreng mentega),* der Fisch mit gesalzenem Gemüse *(ikan sayur asin)* und die gebratenen Krebsscheren *(kepit kepiting)* sind hervorzuheben.

Das beste Hühner- und Hammelsate der Stadt gibt's im **Ramayana,** Jl. Ronggowarsito 2 (eine Straße vor dem Hotel Kusuma Sahid gelegen). Auch ausgezeichnete chinesische Spezialitäten *(kangkong* – gebratener Spinat, knusprig gebratene Tauben – *burung dara goreng)* werden serviert.

Für eine leichte Mittagsmahlzeit empfiehlt sich das **Segar Ayem** an der Jl. Secoyudan, gegenüber Pasar Klewer (dem zentralen Batik-Markt) unweit des Kraton. Zu einigen schlichten javanischen Gerichten wie *gado gado, pecel* und *nasi rames* werden köstliche, eisgekühlte Fruchtsäfte serviert. Oder aber man probiert eines der vielen chinesischen Nudelgerichte zum kühlen Bier oder Fruchtsaft im **Bakso Taman Sari** an der Jl. Gatot Subroto (42C), zwischen Secoyudan und Slamet Riyadi. Auch im **Miroso,** Jl. Imam Bonjol 10, versteht man sich auf gute Nudelgerichte.

Nasi padang ißt man am besten im **Andalas,** Jl. Ronggowarsito, direkt gegenüber dem Eingang zum Mankunegaran Palace Hotel.

Schließlich sei auf das süße Kokosgebäck verwiesen, das die kleinen Wagen an der Jl. Slamet Riyadi am Abend anbieten – die heimische Spezialität heißt *serabi.*

Einkaufen
BATIK

In Solo, der „Batik-Stadt", sind die drei größten Batik-Betriebe beheimatet. **Batik Keris, Batik Semar** und **Batik Danar Hadi.** Besuchen Sie die Ausstellungsräume. Danar Hadi führt *kain*- und *batik*-Hemden guter Qualität schon für 10 bis 20 US-Dollar. Semar produziert für Großabnehmer preiswerte bedruckte Batik-Kleider und Hemden. Die Arbeiten von Keris sind zwischen den beiden angesiedelt. Die besten *tulis*-Produkte in Solo sieht man bei Ibu Bei Siswosugiarto (die Marke heißt **Siduomulyo)** im Süden der Stadt. Die meisten Stücke kosten 40–120 US-Dollar. **K.R.T. Hardjonegoro,** einer der besten Batik-Designer, hat hier einen Fertigungsbetrieb, verkauft seine Ware jedoch vor allem in Jakartas Geschäften. Trotzdem kann man mal vorbeischauen. Eine Riesenauswahl ist im **Pasar Klewer** geboten. In den Seitenstraßen hinter der Großen Moschee sind einige gute Betriebe angesiedelt.

Batik Danar Hadi, Jl. Dr. Radjiman 8, Solo.
Batik Keris, Jl. Yos Sudarso 37, Solo.
Batik Semar (Ausstellungsraum), Jl. Pasar Nongko 132, Solo.
Batik Semar (Zweigbetrieb), Jl. Slamet Riyadi 76, Solo.
K.R.T. Hardjonegoro, Jl. Kratonan 101, Solo.
Sidomulyo (Ibu Bei Siswosugiarto), Jl. Dawung Wetan R.T. 53/54, Solo.

ANTIQUITÄTEN

Gehen Sie zuerst zum **Pasar Triwindu-Markt** an der Jl. Diponegoro, um sich einen Überblick über die Angebote und Preise zu verschaffen.

Viele Verkäufer und Händler haben bei sich zu Hause wertvolle Möbel und andere Kostbarkeiten stehen, oder sie können den Interessenten zu Werkstätten am Ort führen, in denen Antiquitäten hergerichtet werden. Anschließend probieren Sie Ihr Glück in den etablierten Geschäften an Slamet Riyadi und Ruip Sumarharjo, wo alle möglichen Schätze lagern. Vor Fälschungen ist man hier einigermaßen sicher. Dennoch gilt: Augen auf und hart verhandeln!

Eka Hartono, Jl. Dawung Tengah 11/38, Solo.
Mertojo „Sing Pellet", Jl. Kepatihan 31, Solo.
Mirah Delima, Jl. Kemasan RT XI, Solo.
Parto Art, Jl. Slamet Riyadi 103, Solo.
Singo Widodo, Jl. Ruip Sumarharho 117, Solo.
Trisno Batik & Art Shop, Jl. Bayangkara 2, Solo.

KERIS

Wenn Sie einen alten *keris*-Dolch erstehen wollen, gehen Sie zu Pak Suranto Atmosaputro, der an der Universität Englisch unterrichtet und gegenüber den RRI-Rundfunkstudios wohnt (Jl. Kestalan 111/21). Er ist Mitglied der „Keris Lover's Association" von Solo und hat stets einige Stücke aus seinen Beständen zu verkaufen, oder aber er treibt in kurzer Zeit ein paar Dolche auf. Sie kosten zwischen 30 und 200 US-Dollar; gute Exemplare sind durchaus für 75 bis 100 US-Dollar zu haben.

Sonntags kann man mit Pak nach Komplang im Norden Solos fahren und zusehen, wie neue *keris* geschmiedet und geschnitzt werden (im Haus von Ki Lurah Wignyosukadgo).

WAYANG-PUPPEN

Anerkanntes Zentrum der Herstellung von *wawang-kulit*-Figuren ist auf Java **Manyaran,** 35 Kilometer südwestlich von Solo (mit dem „Colt" bis Wonogiri, dann umsteigen nach Manyaran). Das Dorfoberhaupt managt die Handwerker des Dorfes und verkauft ihre Figuren zu akzeptablen, festen Preisen.

Auch die Werkstatt des **Pak Parto** in Pajang Kampung Sogaten, RT 27, RK IV, westlich von Solo, lohnt einen Besuch (auf der Hauptstraße fährt man von der Stadt vier Kilometer, biegt dann auf eine Erdstraße nach links ab und fragt jemanden nach dem Meister). Unter seiner Regie stellen Handwerker aus Manyaran sehr schöne Figuren zu gleichen Preisen wie dort her. Oder aber Sie wenden sich direkt an die *dalang;* die meisten Vorführer machen nämlich in ihrer Freizeit die Figuren selbst. **Pak Soetrisno** stammt von einer bekannten Hof-*dalang*-Familie ab und lehrt nun *wayang kulit* an der **ASKI** (da er eine Zeitlang in den USA war, spricht er gut englisch). Telefonisch ist er nur über die Universität (Tel.: 5260) zu erreichen. Der Meister hat meist einige Figuren anzubieten.

Der berühmteste *dalang* Javas heißt **Pak Anom Suroto** und wohnt in einer kleinen Seitenstraße der Jl. Slamet Riyadi, zwischen dem Geschäft Danar Hadi und dem Hotel Cakra. Jeder weiß hier, wo der Meister wohnt, der gelegentlich auch Figuren zu verkaufen hat.

GAMELAN-INSTRUMENTE

Wer ein komplettes Sortiment oder ein einzelnes *gamelan*-Instrument kaufen oder auch nur verfolgen möchte, wie diese Metallophone aus Bronze gegossen und geschmiedet werden, wobei Handblasebalg, Teakholzkohle und primitive Werkzeuge verwendet werden, sucht **Pak Tentrem Sarwanto** und seine *gamelan*-Werkstätte auf. Der Familienbetrieb liefert seit Generationen *gamelan*-Instrumente an den Hof (Jl. Ngepung RT 2/RK 1, Semanggi, Solo).

TANZ-REQUISITEN

Wie wär's mit einem Kopfputz mit Goldflitter, einem vergoldeten Armreif, bemalten oder unbemalten *topeng*-Masken, bunten Handschuhen und passenden Trikots, die für Tanzaufführungen benötigt werden? In Solo findet man das alles bei **Toko Bedoyo** an der Jl. Hayam Wuruk, Ecke Jl. Ronggowarsito. Er beliefert die Tanztheater. Erst seit kurzem kennen auch Touristen seinen Betrieb im Rückgebäude des Trisni Art Shop an der Jl. Bayangkara.

MUSIK, THEATER, TANZ

Taman Sriwedari, der Vergnügungspark im Westen an der Jl. Slamet Riyadi rühmt sich der fortgeschrittensten *wayang-orang*-Truppe auf Java. Im **Taman Hiburan Bale Kambang**-Vergnügungspark im Nordwesten der Stadt treten zwei Theatergruppen auf: Das populäre Sri Mulat bringt Lustspiele, etwa den „Big, Big Dracula" und den „Commercial Gigolo". Das **Ketoprak** verlegt sich auf ernsthafteres Volkstheater und spielt alte Geschichten und Legenden. Zum Park gehören Gartenrestaurants sowie ein Billard- und ein Filmsaal. Die Aufführungen beginnen jeweils um 20 Uhr (außer sonntags, da ist Matinee um 10 Uhr).

Ausflüge

Östlich Solos erhebt sich das 3265 Meter hohe Massiv des **Mount Lawu**. **Candi Sukuh** (910 Meter) an der Westflanke des Lawu ist Javas einziger Tempel mit erotischen Reliefs. Der Tempel lohnt wegen der herrlichen Aussicht auf das Tal des Solo River den Besuch.

600 Meter höher und einige Kilometer weiter östlich steht **Candi Ceta**, aus derselben Zeit wie der Sukuh-Tempel. Seine Bima-Figuren und zahlreichen Terrassen liegen hinter dem Dorf Kemuning und sind auf einer Asphaltstraße (Schlaglöcher!) zu erreichen.

Surabaya

Anreise

Surabaya wird von allen indonesischen Großstädten aus angeflogen; der **Garuda**-Airbus von Jakarta fliegt für 80 US-Dollar (einfach) im Stundentakt. Viele Flugzeuge zu den Inseln im Norden und Osten legen hier eine Zwischenlandung ein. Eine stattliche Zahl von Expreßzügen und Bussen laufen Surabaya an. Die Anschlüsse sind sehr gut.

Erste Orientierung

Jalan Tunjungan/Basuki Rachmat gilt allgemein als die Hauptstraße; sie verläuft von Nord nach Süd, parallel zum Fluß, mitten durch die Stadt.

Es gibt drei Bahnhöfe: **Pasar Turi, Semut** (auch **Kota** genannt) und **Gubeng**. Letztgenannter liegt den Hotels am nächsten. Der **Joyoboyo Bus Terminal** liegt im Süden der Stadt beim Zoo, rund zwei Kilometer südlich der Jl. Tunjungan. Der **Juanda Airport** liegt weitere 15 Kilometer im Süden an der Straße nach Malang und Tretes. (Sollten Sie die Berge ansteuern, brauchen Sie gar nicht erst in die Stadt hineinzufahren.) Die Bus-Agenturen (z.B. **Elteha**) sind im Bereich der Jl. Basuki Rachmat angesiedelt (in Seitenstraßen wie Embong Sawo).

Im **Tourist Information Office** an der Jl. Pemuda 118 (Tel.: 472 503) hält man viele Prospekte und den „Calendar of Events" (Veranstaltungskalender) für Sie bereit; aus ihm erfährt man, daß auf Madura (Aug./Sept.) alle zwei Wochen Ochsenrennen ausgetragen werden und daß das Ramayana-Ballett von Juni bis November in Pandaan auftritt.

Verkehrsmittel

Taxis stehen vor den großen Hotels (Einschaltgebühr und Kosten pro Kilometer ähnlich wie in Jakarta).

Die öffentlichen Busse und Kleinbusse *(bemos)* sind allgegenwärtig. Im **Busbahnhof Joyoboyo** vor dem Zoo sind sie stationiert. Die für Sie wichtigen Linien verlaufen in Nord-Südrichtung zwischen Joyoboyo und der Altstadt durch das Hotelviertel im Zentrum: Jembatan Merah („Red Bridge")-Tunjungan-Joyoboyo und Jembatan Merah-Diponegoro-Joyoboyo. Billig und schnell kommt man mit den Motorrad-Taxis *(Bajaj)* an jedes gewünschte Ziel.

Rundfahrten, Reisebüros

Die Reisebüros organisieren Gruppenrundfahrten mit Führer im Taxi bzw. Kleinbus. **Turi Express** bietet Ausflüge zum Bromo und zu den Tempeln Ostjavas an. Das **Tourist Information Office** (Jl. Pemuda 118) kann sogar speziell für Ihre Gruppe Ochsenrennen und Trancetänze ansetzen.

Unterkunft

FIRST CLASS

Das beste Vier-Sterne-Hotel am Ort ist das **Hyatt Regency** (ab 75 US-Dollar, plus 21 Prozent). Das neue **Simpang,**

Jl. Tunjungan, Ecke Jl. Pemuda, berechnet für die Übernachtung 64 US-Dollar (plus 21 Prozent). **Mirama** und **Ramayana** südlich davon liegen zwischen 50 und 60 US-Dollar (plus 21 Prozent), **Elmi** und **Garden** in der näheren Umgebung verlangen etwas niedrigere Preise. Das ältere **Majapahit Hotel** an der Jl. Tunjangan (das alte „Oranje" – 1910 erbaut) ist als Schauplatz des „Flaggenzwischenfalls", der die Schlacht von Surabaya auslöste, ein geschichtsträchtiger Bau.

Elmi Hotel (140 Zimmer), Jl. Panglima Sudirman 42-44, Surabaya, Tel.: 47 15 71, Fax: 52 56 25.
Garden Hotel (100 Zimmer), Jl. Pemuda 21, Surabaya, Tel.: 52 10 01, Fax: 51 61 11.
Hyatt Regency Surabaya (268 Zimmer), Jl. Basuki Rachmat, Surabaya, Tel.: 51 12 34, Fax: 47 05 08.
Majapahit Hotel (105 Zimmer), Jl. Tunjungan 65, P.O. Box 199, Surabaya, Tel.: 433 51, Fax: 435 99.
Mirama Hotel (105 Zimmer), Jl. Raya Darmo 68-72, P.O. Box 232, Surabaya, Tel.: 695 01-9, Tlx.: 31 485.
Patra Jasa Motel (63 Zimmer), Jl. Gunung Sari, Surabaya, Tel.: 686 81-3.
Ramayana Hotel (100 Zimmer), Jl. Jenderal Basuki Rachmat 67-69, Surabaya, Tel.: 463 21.
Simpang Hotel (128 Zimmer), Jl. Pemuda 1-3, P.O. Box 36, Surabaya, Tel.: 421 51, Fax: 51 01 56.

Mittlere, untere Preisklasse

Es gibt keine Pensionen. Das Beste in der 30 US-Dollar-Klasse ist das **Garden** (siehe oben); für 22 US-Dollar gibt es im Majapahit ein Zimmer ohne Klimaanlage (siehe oben). Das **Sarkies** gegenüber ist ebenfalls ein älteres Haus im Besitz des Majapahit, das klimatisierte Zimmer für 25 bis 30 US-Dollar anbietet. Das neuere **Royal** und das **Olympic** verlangen 20 US-Dollar für die Übernachtung.
Preisbewußte zieht es zum **Bamboe Denn**. Man erfährt hier viel über Java und bekommt ein günstiges Frühstück. Etwas teurer lebt sich's im **Wisma Ganeca** bei der Gubeng Station.

Bamboe Denn, Jl. Ketabang Kali 6A, Surabaya.
Cendana Hotel (23 Zimmer), Jl. K.B.P. Duryat 6, Surabaya, Tel.: 422 51-2, Fax: 51 43 67.
Lasmana Hotel (27 Zimmer), Jl. Bintoro 16, Surabaya, Tel.: 577 152.
Olympic Hotel, J. Urip Sumoharjo 65-67, Surabaya, Tel.: 432 15-6.
Pregolan Hotel (25 Zimmer), Jl. Pregolan 1115, Surabaya, Tel.: 41 251-2.
Royal Hotel, Jl. Panglima Sudirman 68, Surabaya, Tel.: 435 47-8.
Sarkies Hotel (51 Zimmer), Jl. Embong Malang 7-11, Surabaya, Tel.: 445 14, 430 80, 404 94, 401 67.
Wisma Ganeca, Jl. Sumatra 34 A, Surabaya.

Essen & Trinken

Restaurants

In Surabaya bekommt man gutes chinesisches Essen. Das **Garden** (Jl. Pemuda 21) ist auf Dim Sum (Hong-Kong-Art) spezialisiert. Wer festlich dinieren möchte, geht ins **Mandarin** (Jl. Genteng Kali 93) oder ins **Phoenix** (Jl. Genteng Kali 15), die beide am Fluß liegen. Auch das **Hoover** im Einkaufszentrum Wijaya (2. Etage) sowie **das Oriental**, Jl. T.A.I.S. Nasution 37, kommen in Frage. Preisgünstiger ißt man im Chinesenviertel: im **Kiet Wan Kie**, Jl. Kembang Jepun 51, sowie im winzigen Restaurant gegenüber dem New Grand Park Hotel an der Jl. Samudra (ausgezeichnet ist hier der Fisch!).

Fischgerichte serviert in erster Linie das **Miami Seafood Restaurant** an der Jl. Urip Sumoharjo 34.

Das bekannteste indonesische Restaurant ist das **Bibi & Baba** an der Jl. Tunjungan 76. Das **Taman Sari Indah**, Jl. Taman Apsari 5, gegenüber dem Standbild des Joko Dolog (neben dem Postamt), ist ebenfalls sehr gut und serviert *pepes* und *sate*.

Einkaufen

Kameras, Kassettenrecorder und tragbare elektronische Geräte sollen hier genauso billig wie in Singapur sein; näheres im Einkaufszentrum an der Jl. Tunjungan oder im neuen Einkaufszentrum Wijaya.

Im Bereich Hyatt (Jl. Basuki Rachmat) sind die Antiquitäten- und Raritätengeschäfte konzentriert, ebenso an der Jl. Tunjungan (**Kundandas**, Nr. 97 und Sarinah, Nr. 7); weitere Geschäfte an der Jl. Raya Darmo (**Rochim**, Nr. 27 und Bangun, Nr. 5).

Batik und handgemachte Baumwolltextilien bekommt man am ehesten im Bereich der Moschee Sunan Ampel, inmitten des Araberviertels.

Nachtleben

Allabendlich werden in den beiden Theatern des **People's Amusement Park** (Taman Hiburan Rakyat, Jl. Kusuma Bangsa) *wayang-orang-*, *ludruk-* und *ketoprak-*Vorführungen geboten. Gespielt wird etwa ab 20 Uhr. Die Eintrittskarten sind billig.

Von Juni bis November kommen an jedem ersten und dritten Samstag des Monats im riesigen Freilufttheater **Candra Wilwatikta** in Pandaan, 45 Kilometer südlich von Surabaya an der Straße nach Malang, klassische javanische Sendratari-Tanzdramen zur Aufführung.

Das Tourist Information Office ist in der Lage, innerhalb von drei Tagen eine Aufführung des *kuda-kepang*-Trancetanzes (Spielpferdetänze) für Sie auf die Beine zu stellen.

Ochsenrennen finden inzwischen einmal im Monat im Stadion in **Bangkalan**, direkt an der Straße von Madura, statt. Wann genau, weiß das Tourist Information Office.

Es sei noch auf die vielen Kinos von Surabaya verwiesen (Filmprogramm in der Tageszeitung); außerdem bieten die meisten großen Hotels Live-Musik oder ein Unterhaltungsprogramm.

Tretes

Auf einer sehr guten Straße ist es von Surabaya aus knapp eine Stunde Fahrt. In **Pandaan** zweigt man ab, dann sind es noch zehn Kilometer bis zu diesem großen Ferienort in den Bergen, den man mit dem Taxi oder dem gemieteten Kleinbus erreicht. Man kann aber auch in Surabaya in jeden Bus oder Kleinbus nach Malang (Süden) einsteigen und an der Kreuzung in Pandaan aussteigen. Mit dem „Colt" geht es für 200 Rp. vollends nach Tretes hinauf.

Unterkunft

Das beste Hotel am Platz ist das **Natour Bath**, wo das Doppelzimmer ab 45 US-Dollar (plus 21 Prozent) kostet. Das Wasser des Swimmingpools ist kristallklar. Auch das **Dirgahaya Indah** (Zimmer für etwa 20 US-Dollar) hat einen Swimmingpool. Man kann allerdings für 20 US-Dollar auch gleich einen ganzen Bungalow mit zwei und mehr Schlafzimmern mieten. Ein luxuriöses Ferienhäuschen ist schon für 50 US-Dollar pro Tag zu haben; einfach durch Tretes gehen und etwas Geeignetes suchen; unter der Woche ist fast alles frei.

Dirgahaya Indah (12 Zimmer), Jl. Ijen 5, Tretes, Tel.: 819 32.
Natour Bath Hotel (50 Zimmer), Jl. Pesanggrahan 2, Tretes, Tel.: 817 76, Fax: 811 01.
Pelita, Jl. Wilis 19-21, Tretes, Tel.: 818 02.
Tanjung Plaza (62 Zimmer), Jl. Wilis 7, Tretes, Tel.: 811 02.
Tretes Raya, Jl. Malabar 166, Tretes, Tel.: 819 02.

Malang

Im Gegensatz zu vielen Städten auf Java, die um eine bolzengerade, langweilige Hauptstraße gebaut sind, erstreckt sich Malang an sanften Hügeln und Wasserläufen an den Ufern des Brantan-Flusses und hat seine ruhigen Seitenstraßen. Immer wieder eröffnet sich ein unerwarteter Ausblick.

Die alten Züge dritter Klasse verkehren noch von Surabaya nach Malang; die neue Fernstraße zwischen Surabaya und Malang ist nicht nur schneller, sondern auch bequemer: der Expreßbus bringt Sie direkt ins Ortszentrum von Malang. Über Ihr Hotel können Sie die Fahrt buchen.

Vom Busbahnhof Joyoboyo fahren Linienbusse nach Malang.

Unterkunft

Das alte koloniale YMCA bietet riesige, blitzsaubere Zimmer mit heißem Wasser und Ventilator. Sehr angenehm, wenn auch etwas teurer, ist das **Splendid Inn:** eine geräumige Pension mit Gartenanlage. Das alte **Pelangi** mit Blick auf den Stadtplatz besitzt viele große Zimmer für unter 20 US-Dollar. Ganz billig kann man im **Bamboe Denn** übernachten. Teilnehmer der Englischkurse an der Sprachenschule übernachten hier umsonst.

Bamboe Denn/Transito Inn, Jl. Semeru 35, Malang, Tel.: 248 59.
Kartika Prince Hotel, (79 Zimmer), Jl. Jaksa Agung Suprapto 17, Malang, Tel.: 619 00, Fax: 619 11.
Malang Regent's Park Hotel (99 Zimmer), Jl. Jaksa Agung Suprapto 12-16, Malang, Tel.: 633 88, Fax: 614 08.
Pelangi Hotel (73 Zimmer), Jl. Merdeka Selatan, Malang, Tel.: 651 65, Fax: 654 66.
Santoso, Jl. K.H. Agus Salim 24, Malang, Tel.: 668 89, Fax: 670 98.
Splendid Inn (21 Zimmer), Jl. Majapahit 2-4 , Malang, Tel.: 668 60.
YMCA, Jl. Basuki Rachmat 68-76, Malang , Tel.: 236 05.

Essen & Trinken

Gegenüber dem YMCA ist im **Minang Jaya**, Jl. Basuki Rachmat 22, die Padang-Küche gut vertreten. Das **Oen's** an der Jl. Basuki Rachmat 5, ein altes koloniales Haus, führt holländische Spezialitäten wie *wienerschnitsel, broodjes* und *uitsijters*. Steaks und Eis können im neuen Eissalon **La Vanda,** Jl. Semeru 49, genossen werden, chinesisches Essen im **New Hong Kong,** Jl. Arif Rahman Hakim.

Einkaufen

Die Antiquitätenläden stehen an der Jl. Basuki Rachmat. Versuchen Sie auch auf dem **Pasar Besar** Ihr Glück (zweite Etage links). Sie können da echte holländische Gläser, Tabletts und Silberwaren entdecken.

Batu/Selecta

Oberhalb Malangs liegt, 23 Kilometer im Westen, der Bergort **Batu** und in seiner Nachbarschaft der koloniale Ferienort **Selecta**. Im Umkreis entstanden neue Motels mit Swimmingpool, so der **Songgorti-Komplex** an der Hauptstraße hinter Batu. Das ältere Selecta mit seinen holländischen Bungalows hat sich gut gehalten.

Asida (40 Zimmer), Jl. Panglima Sudirman 99 , Batu, Malang.
Batu Hotel, Jl. Hasanuddin 4, Batu, Malang.
Hotel Kartika Wijaya, Jl. Panglima Sudirman 127, Batu, Tel.: 926 00-3, Fax: 910 04.
Libra Bungalows, Jl. Konto 4, Batu, Malang.
Palem (29 Zimmer), Jl. Trunojoyo 26, Batu, Malang.
Palem Sari (22 Zimmer), Jl. Raya Punten, Batu, Malang.
Purnama (37 Zimmer), Jl. Raya Selecta, Batu, Malang.
Santoso, Jl. Tulungrejo, Batu, Malang.
Selecta Hotel & Pool, Jl. Tulungrejo, Batu, Malang.
Songgoriti Hotel, Jl. Songgoriti, Batu, Malang.

Auf Nebenstrecken nach Bali

Die folgenden Ausflüge sind sowohl bei der Anfahrt nach als auch von Bali aus zu machen.

Bromo

Den Vulkan erreicht man am besten auf der 20 Kilometer langen Straße, die in Tongas, westlich von Probolinggo, von der Fernstraße an der Nordküste abzweigt und über Sukapura nach **Ngadisari** führt. Diese Strecke ist von zahlreichen „Colts" befahren, in die man an der Tongas-Abzweigung zusteigt. Ab Ngadisari geht es auf Kopfsteinpflaster drei Kilometer bis **Cemoro Lawang** auf den Rand des Kraters; für diese Straße braucht jeder, der im eigenen Wagen kommt, eine Sondererlaubnis der Polizei in Ngadisari. Die öffentlichen Verkehrsmittel fahren nur bis zum Parkplatz in Ngadisari; das letzte steile Stück legt man entweder zu Fuß oder mit dem Jeep zurück. Man sollte vor Sonnenuntergang oben sein. Von Surabaya zum Kraterrand sind es runde fünf Stunden, von Tretes aus braucht man etwas weniger.

Das **Bromo Permai Hotel** in Cemoro Lawang verfügt über 30 Betten und hat meistens etwas frei. Buchen kann man in Probolinggo (Jl. Raya Panglima Sudirman 237-242, Tel.: 215 10, 219 83); empfiehlt sich für die Touristensaison, wenn Zimmer gefragt sind. Das Restaurant serviert außer Tee, Kaffee, Bier, Eiern und Toast auch einige Reisgerichte. Nachts können die Temperaturen unter den Gefrierpunkt sinken. Das Hotel stellt nur eine dünne Decke; außer warmer Kleidung sollte man zusätzliche Decken mitbringen.

Bromo Cottages, Tosari, Pasuruan, Tel.: 336 888, Fax: 336 833.

Mieten Sie ein Pony für den zweistündigen Weg in den Krater hinein und durch das berühmte „Sandmeer" zum Fuße des Bromo. Von hier führen Stufen zum Rand dieses Vulkans im Vulkan, so daß man einen Blick in den dampfenden, schwefeligen Schlund des Bromo werfen kann. Die Pferdeführer schlagen vor, um 3 Uhr aufzustehen und bei Sonnenaufgang zum Bromo hinüberzureiten. Sie sind dann um 9 Uhr vor der großen Hitze wieder zurück. Dieser Ritt durch Kälte und Wind bei Dunkelheit lohnt wegen des Sonnenaufgangs, den man vom Kraterrand beim Hotel besser erleben kann, die Mühe nicht. Besser, man frühstückt in Ruhe im Hotel, geht dann zum Bromo hinunter (Wasser mitnehmen, denn es wird wirklich heiß).

Vom Bromo kann man auch durch das Sandmeer nach Süden zum Dorf **Rano Pani** (rund 20 Kilometer) und von da nach **Rano Kumbolo** (weitere 12 Kilometer) gehen und dann auf den Mt. Semuru, mit 3676 Meter Javas höchsten Berg, steigen. Diese Tour erfordert gute Ausrüstung und körperliche Verfassung. Drei schöne Bergseen schmiegen sich inmitten grüner Wiesen und Pinienwälder in das Hochlandmassiv. Von Rano Pani aus kann man Richtung Westen über **Ngadas** und **Gubung Klakah** absteigen; über Tumpang geht es dann mit dem Wagen nach Malang zurück.

Banyuwangi

Dies ist die Hauptstadt des ostjavanischen Regentschaftsgebiets Banyuwangi, nur sieben Kilometer südlich der Anlegestelle der Fähre Java–Bali in Ketapang – dem Ausgangspunkt für Fahrten nach Ijen, Meru Betiri (Sukamade) und zur Halbinsel Blambangan. In und um den Ort gibt es zahlreiche Hotels; das **Manyar**, ein Zwei-Sterne-Hotel, liegt am Fährhafen von Ketapang. Auch in den Bergen in **Kaliklalak**, 15 Kilometer westlich von Banyuwangi, kann man übernachten (siehe unten).

Das örtliche **Tourist Information Office** an der Jl. Diponegoro 2 (Tel.: 412 82) erklärt Ihnen gerne, wie Sie am besten zu den unten aufgeführten Orten kommen. Das Nitour-Büro, Jl. Raya 43 C, bietet in verschiedenen Preislagen Rundfahrten an.

Ijen-Plateau

Höhepunkt einer Fahrt hierher ist der Anblick des phantastischen blaugrünen Sees im **Ijen-Krater** nordwestlich von Banyuwangi. Am See steigen dampfende Fumarolen auf; hier wird hellgelber Schwefel gewonnen und von den Arbeitern in 60 kg schweren Körben auf einem steilen Pfad zum Verarbeitungsbetrieb in **Jambu,** 17 Kilometer weit den Berg hinunter geschleppt. Für Auf- und Abstieg sind jeweils sieben Stunden zu veranschlagen. In Jambu kann man sich ein Pferd mieten; mit einem Schlafsack läßt man Sie in **Ungkup-Ungkup** bei den Vulkanforschern (rund eine Stunde unterhalb des Kraters) übernachten (nachts wird es bitter kalt).

Banyuwangi Selatan Reserve

Die Hauptattraktion sind die drei bis sechs Meter hohen Wellen, die sich von Mai bis Juli an der Westküste der schmalen Halbinsel Blambangan brechen. Surfer haben sich einige schlichte Hütten gebaut, um die Wellen von **Plengkung,** das zu den besten Surfstränden der Welt gehört, nutzen zu können. Drei Wege führen in dieses „Surferlager": In Bali mietet man ein Boot oder man fährt mit dem Auto zum Fischerdorf **Grajagan** an der Südküste vor Plengkung und setzt mit einem gemieteten Fischerboot durch die Grajagan Bay über. Grajagan liegt 52 Kilometer von Banyuwangi entfernt und wird von *bemos* (über Benculuk und Puwoharjo) angefahren. Die dritte und schwierigste Anfahrt ist die mit dem Motorrad oder dem Jeep direkt ins Schutzgebiet bis **Pancur**. Die letzten zehn Kilometer zum Lager muß man zu Fuß gehen. Pancur ist 60 Kilometer von Banyuwangi entfernt; man erreicht es über Muncar und Tegallimo.

Meru Betiri Reserve

Dies ist Javas faszinierendstes Schutzgebiet (allenfalls noch von Ujung Kulon zu übertreffen). Über **Pesanggaran,** ein Dorf 68 Kilometer südwestlich Banyuwangis, erreicht man es (in Genteng, 35 Kilometer westlich von Banyuwangi, biegt man nach Süden hin ab). Von Pesanggaran führt ein Weg (tiefe Fahrspuren) nach Westen in das Schutzgebiet. Es geht über wackelige Brücken und durch Flüsse. In **Rajegwesi** steht eine Pension (sechs Schlafplätze), für die man sich im PHPA-Büro in Banyuwangi voranmelden sollte.

Von Rajegwesi fährt man noch einmal elf Kilometer zur Kaffeeplantage **Sukamade Baru,** in dessen Pension 30 Personen unterkommen. Von hier sind es noch mehrere Kilometer bis **Pantai Penyu** („Schildkröten-Strand"); in der Nacht kommen die bis zu 200 Kilogramm schweren grünen und lederfarbenen Weibchen und legen ihre zahlreichen Eier ab.

Bali

Landeskunde

Als Gast auf Bali sollte man nichts unversucht lassen, das Lebensgefühl der Balinesen zu verstehen und zu respektieren und ihre Kultur zu achten. Preise sind in jedem Fall im voraus auszuhandeln, da man andernfalls die später geforderten bezahlen muß. Ohne wirklich ernsthafte Kaufabsicht sollte man niemals über Preise reden.

Auch bei der Kleidung gilt: Sie genießen als Ausländer einen Sonderstatus. Wer mit Löchern in der Kleidung oder ostentativ im „Eingeborenen-Look" herumläuft oder die Oberschenkel nicht bedeckt hält, fällt unangenehm auf. Alle Wertsachen am besten sicher verschlossen halten. Die Balinesen sind ein stolzes Volk; in Versuchung geführt zu werden, kränkt, verdächtigt zu werden, beleidigt sie.

Beim Betreten eines Tempels sollte man immer eine Tempelschärpe tragen und dem Wächter eine symbolische Eintrittsgebühr entrichten.

Reiseplanung

Anreise

MIT DEM FLUGZEUG

Balis internationaler Flughafen Ngurah Rai, elf Kilometer von Denpasar, wird mehrmals täglich von Jakarta, Yogya, Surabaya und einigen anderen indonesischen Städten aus angeflogen.

Direkte Flugverbindungen zwischen Deutschland und Bali bestehen mit Garuda (Frankfurt/München) und Lufthansa (Frankfurt). Seit kurzem bietet LTU auch Charterflüge nach Denpasar an. Die niederländische KLM fliegt ab Amsterdam mehrmals die Woche. Bei Zwischenstop in Singapur oder Bangkok sind Verbindungen mit verschiedenen Fluggesellschaften mehrmals täglich möglich.

Vom Flughafen Cengkareng in Jakarta gehen den ganzen Tag Maschinen nach Bali. Bis 18 Uhr bekommt man jederzeit einen Anschlußflug.

Einige Preisbeispiele (in US-Dollar, Economy-Class, einfach): JKT–DPS ca. 110, JOG–DPS ca. 60, SUB–DPS ca. 45 (alle Preise plus zehn Prozent Steuern). City Code: JKT (Jakarta); DPS (Denpasar); JOG (Yogyakarta); SUB (Surabaya)

MIT DEM ZUG

Von Jakarta, Bandung oder Yogyakarta fährt man bis Surabaya und steigt dort in den Mutiara Timur um, einen nichtklimatisierten Zug nach Banyuwangi an Javas Ostspitze. Ab Gubeng Station in Surabaya fährt er zweimal täglich. Von Banyuwangi setzt der Bus mit der Fähre nach Bali über, bis Denpasar braucht man weitere vier Stunden.

MIT DEM BUS

Da die Straßen ausgebaut wurden, kommt man mit dem Bus jetzt schneller voran als im Zug. Die Busfahrt von Surabaya (mit Klimaanlage) nach Denpasar dauert 10 bis 12 Stunden, ab Yogya 15 bis 16 Stunden.

Unterwegs

Die Straßen auf Bali sind dazu da, die Dorfgötter zum Meer zu begleiten, sie dienen Totenverbrennungs-Prozessionen, sind der Aufmarschplatz für den sonntäglichen Tempelbesuch und Tanzbühne für den *barong*-Tanz. Hinzu kommt ein immer dichteres Verkehrsaufkommen; in den letzten zwanzig Jahren hat es drastisch zugenommen.

Am meisten hat wohl von Bali, wer es zu Fuß bereist; denn abseits der vielbefahrenen Hauptreiserouten zeigt die Insel ein völlig anderes Gesicht.

TAXI

In jedem Hotel kann man einen Minibus mit Fahrer und eventuell englisch sprechendem Führer mieten. Der Preis ist Verhandlungssache, lassen Sie sich an der Hotelrezeption beraten. In den Touristenzentren des Südens gibt es neuerdings Taxen mit Taxameter. Bestehen Sie darauf, daß es angeschaltet wird, der Fahrpreis ist in jedem Fall günstiger.

MIETWAGEN

Gegen Vorlage eines internationalen Führerscheins kann man in großen Hotels oder bei privaten Anbietern Autos mieten (gängigstes Modell: Suzuki-Jimny). Sie kosten je nach Anbieter und Region 30–40 US-Dollar am Tag. Mehrtages- oder Wochenrabatte sind Verhandlungssache. Der Abschluß einer Zusatzversicherung ist ratsam genauso wie eine Probefahrt, bei der Sie besonders den Zustand der Bremsen prüfen sollten.

MOTORRAD

Praktisch und preisgünstig. Doch ist der Verkehr sehr dicht, die Unfallgefahr auf Bali sehr hoch. Alljährlich kommen mehrere Touristen bei Motorradunfällen ums Leben, viele andere werden verletzt. Sollten Sie dennoch ein Motorrad mieten, dann fahren Sie auf jeden Fall langsam und defensiv.

Der Preis für das Miet-Motorrad muß immer an Ort und Stelle ausgehandelt werden. Üblich sind für 100- oder 125-ccm- Maschinen 5 US-Dollar und mehr am Tag, bzw. 20 bis 30 US-Dollar die Woche (im voraus zu bezahlen). Dazu kommt der Treibstoff. Jedes Hotel wird Ihnen bei der Buchung behilflich sein.

Ihr internationaler Führerschein muß belegen daß Sie berechtigt sind, ein Motorrad zu fahren. Wenn nicht, müssen Sie einen Vormittag bei der Polizei in Denpasar opfern (siehe Karte), um sich das für einen Monat gültige „Temporary Permit" zu holen. Es kostet inkl. der Fahrprüfung 4 US-Dollar. Paß und drei Paßbilder, den Führerschein des Heimatlandes (bzw. eine ärztliche Bescheinigung, daß Sie imstande sind, ein Fahrzeug zu führen) nicht vergessen.

FAHRRAD

Beste (und billigste) Möglichkeit, die Insel zu erkunden. Empfiehlt sich besonders für kürzere Strecken. Infos im Hotel oder Losmen.

ÖFFENTLICHE BUSSE

Das „pick-up"-System (man winkt die Fahrzeuge heran) mit *bemo*s sowie der Busverkehr auf der Insel klappen gut und sind billig. Außerdem sind die meisten *bemo*s auf Balis Straßen auch für eine spezielle Fahrt oder für einen ganzen Tag zu mieten. Sie erklären dem Fahrer, wohin Sie wollen und handeln den Fahrpreis aus. In Denpasar gibt es fünf Bus-/*bemo*-Bahnhöfe:

Tegal Terminal, im Südwesten von Denpasar; Verbindungen z. B. nach: Kuta, Airport (Tuban), Nusa Dua.

Ubung Terminal, Verbindungen nach Norden und Westen: Gilimanuk, Singaraja, Mengwi, Tabanan, Tanah Lot.

Kereneng Terminal, Verbindungen nach Norden und Osten: Sanur, Ubud, Kintamani, Klungkung, Bangli.

Suci Terminal, Verbindungen nach Süden: Benoa Harbour.

Kartini Termina, Verbindungen z.B. nach: Sangeh.

Übrigens können Sie statt mit dem Taxi auch im *bemo* vom Flughafen nach Kuta oder Denpasar kommen. Gehen Sie einfach zur Durchgangsstraße vor, und winken Sie ein Fahrzeug heran. Die Überland-Busse warten im Suci Terminal an der Jl. Hasanuddin, wo auch die Busgesellschaften sind.

Rundfahrten, Reisebüros

Zahlreiche Reisebüros bieten Tagestouren mit mehrsprachigen Reiseführern an. Die Halbtagestour nach Ubud oder Sangeh/Mengwi kostet etwa 15 US-Dollar, mit 25 US-Dollar muß man für die ganztägige Insel-Rundfahrt nach Kintamani oder Besakih, einschließlich des Barong-Tanzes in Batubulan, eines Mittagessens und mehrerer Zwischenaufenthalte in Geschäften und Tempeln, rechnen.

Sie können auch auf eigene Faust im klimatisierten Mietwagen mit Fahrer/Führer aufbrechen. Sie entscheiden selbst, was Sie wie lange sehen und besichtigen möchten. Kostenpunkt: 30 bis 60 US-Dollar pro Tag. Erstklassigen Service in deutscher Sprache bieten Dewi und Alit von **BSM Tours (German Division),** Jl. Supratman, Denpasar, Tel.: (0361) 238 463, Fax 221 940.

Für Qualität bürgen auch die meisten der großen Agenturen, die auf Anfrage auch Führer in deutscher Sprache stellen.

Ida's Tour, Jl. By Pass, Sanur, Tel.: (0361) 287 181.
Natour, Jl. Pantai, Kuta, Tel.: (0361) 752 520.
Natrabu, Jl. Kecubung, Denpasar, Tel.: (0361) 232 371.
Pacto, Jl. By Pass, Sanur, Tel.: (0361) 288 247.
Tunas Indonesia, Jl. Tamblingan 107, Denpasar, Tel.: (0361) 288 056.
Udaya Tours, Jl. Hang Tuah 23, Denpasar, Tel.: (0361) 287 878.

Perama Tours mit Filialen in allen Touristenzentren bietet günstige Transfers an und wendet sich vor allem an ein junges Publikum.

Nützliche Adressen
FÜR DEN NOTFALL
Im Notfall wählt man die Nummer **118** der **Ambulanz**. Jedes balinesische Dorf verfügt über eine **Puskesmas**-Krankenstation. In ernsteren Fällen sollte man den Hotelarzt oder ein öffentliches Krankenhaus in Denpasar aufsuchen.

APOTHEKEN (APOTIK)
Die meisten sind 8–18 Uhr geöffnet. Welche Apotheke gerade Nacht- oder Sonntagsdienst hat, erfährt man aus der Bali Post oder im Hotel.

FLUGGESELLSCHAFTEN
Bouray, Jl. Jend. Sudirman 19A, Denpasar, Tel.: (0361) 224 656.
Garuda, Jl. Melati 61, Denpasar, Tel.: (0361) 220 788; Sanur, Tel.: 288 511-1; Kuta, 751 179.
Merpati, Jl. Melati 57, Denpasar, Tel.: (0361) 222 864 oder 225 841.
Sempati, Hotel Bali Beach, Sanur, Tel.: (0361) 288 824.

Unternehmungen

Einkaufen
In den Hunderten Boutiquen und Verkaufsständen an der Straße, bei Tausenden Handwerkern, Künstlern, Holzschnitzern, Näherinnen, Malern, Schustern etc. können Bali-Touristen alles kaufen, was das Herz begehrt.

HOLZSCHNITZEREIEN
Gute Arbeiten findet man garantiert in den Läden an den Hauptstraßen von Mas (besonders bekannt sind Ida Bagus Tilems Kunstgalerie und Museum). Auch in den Dörfern **Pujung** (hinter Tegalalong nördlich Ubuds), **Batuan** und **Jati** lohnt sich die Suche. Alle heimischen Hölzer, das butterfarbene Jackbaumholz wie das billige gesprenkelte Kokospalmholz werden hier zu kühnen Figuren verarbeitet, die überall auf der Insel nachgeahmt werden. Die balinesischen Meister verarbeiten auch die von anderen Inseln importierten Hölzer (Hibiskus, braunes javanisches Teak- und schwarzes Ebenholz von Sulawesi). Alte Arbeiten, die einst vergoldete Tempelpavillons und Königspaläste zierten, finden Sie in einigen Geschäften in **Kuta**, **Sanur** und an der Hauptstraße von **Klungkung**.

GEMÄLDE
Ubud und die umliegenden Dörfer **Pengosekan**, **Penestanan**, **Sanggingan**, **Peliatan**, **Mas** und **Batnan** bilden das Zentrum der Malerei auf Bali. Die berühmte **Neka Gallery & Museum** und das **Puri Lukisan Museum** in Ubud vermitteln dem Besucher einen Eindruck von der Vielfalt der Stilrichtungen und der Kunstfertigkeit der besten Maler. Im Anschluß besuchen Sie dann die anderen Galerien dieses Gebietes: **Gallery Munut**, **Gallery Agung** und die Galerie der **Künstlergemeinschaft von Pengosekan**. Jede Malschule Balis ist hier vertreten; auch die Leinwandmalereien junger Künstler, die Feste und Tänze abbilden, sind hier zu sehen.

Die hochwertigen Werke findet man in den Atelierwohnungen der bekannten Künstler, die in Ubud leben: **Antonio Blanco**, **Hans Snel**, **Wayan Rendi**, **Arie Smit** sowie die Arbeiten des verstorbenen **I Gusti Nyoman Lempad**. In Batuan könnten Sie **Mokoh** und **I Made Budi** aufsuchen.

Die traditionellen astrologischen Kalender und *ider-ider*-Malereien (die 30 cm breiten und 5 m langen Baumwollbänder werden bei Zeremonien an den Dachtraufen der Schreine aufgehängt) bekommt man in **Kamasan**, südlich von Klungkung, zu sehen.

STEINMETZARBEITEN
In Batubulan sind die Steinmetze beheimatet, die traditionsgemäß den weißen Sandstein bearbeiten. **Wayan Cemul** aus Ubud, ein international anerkannter Meister, hat das Haus voller eigenwilliger, herrlicher Figuren.

TEXTILIEN
Gebatikte Kleidungsstücke führen die zahlreichen Boutiquen von **Kuta Beach**. Brokatstoffe, die wie Lame glänzen, sowie die einfacheren, handgewebten *sarung*-Tuche gibt es in jedem Dorf zu kaufen. **Gianyar** ist die Heimat der Handwebstühle, doch haben auch **Blayu**, **Sideman**, **Mengwi**, **Batuau**, **Gelgel**, **Tengganan** und **Ubud** ihre eigenen Webverfahren entwickelt.

GOLD & SILBER
Metallarbeiten entstehen v. a. in **Celuk** und **Kamasan**, wo man Ornamente aller Art kaufen kann. Von **Kuta** stammen Gold- und Silberarbeiten. Balinesischen Schmuck nach alten Mustern führen die Geschäfte an der Jl. Sulawesi und der Jl. Kartini in **Denpasar**.

KUNSTHANDWERK
Bambusgeräte, *wayang-kulit*-Figuren und Zierrat aus Kokosschalen und Teakholz liegen in den Andenkengeschäften aus. Knochenschnitzereien sind zu guten Preisen in **Tampaksiring** zu haben, während Strohhüte und Körbe die Spezialität der Frauen von **Bedulu** und **Bona** sind. Diese Körbe ersteht man auf dem **Sukawati**-Markt und an den Ständen gegenüber der **Goa Gajah**. Auf dem Markt von **Klungkung** stößt man auf schöne alte Stücke.

Günstiges Kunsthandwerk aller Art bekommern Sie auf dem Pasar Senen in Sukawati, qualitativ hochwertige Stücke finden Sie in den Galerien von Ubud und Seminyak (Festpreise!).

Der Morgenmarkt in **Pasar Badung** in Denpasar hat ganze Budenstraßen, wo man Korallen und auch Körbe jeder Form und Größe erstehen kann.

ANTIQUITÄTEN & MÖBEL
In den Geschäftsarkaden der großen Hotels bekommen Sie exquisite Warc (zu exquisiten Preisen). Was in den zahlreichen Antiquitätengeschäften entlang der Hauptstraße zwischen Kuta und Ubud alt und kostbar wirkt, ist in den meisten Fällen kaum mehr als einige Monate alt. Das tropische

Klima und der Regen sowie das Geschick der Balinesen im „Antikisieren" haben schon so manchen Antiquitätensammler in die Falle gelockt. Einen Stopp sind die Läden in Batuan und Batabulan dennoch allemal wert. Möbel, alte wie nachgemachte, aus Teakholz finden Sie günstig bei **Victory** und **Pelak** an der Jl. By Pass im Bereich von Benoa. Cargo-Gesellschaften übernehmen zuverlässig die Verschiffung.

KERAMIK

In **Pejaten** im Bezirk Tabanan, 20 Kilometer westlich von Denpasar, entstehen ungewöhnliche Keramikwaren. Aus Terrakotta formen die Handwerker interessante Gestalten mit verschränkten Gliedern und grotesken Körpern, wie sie es seit Generationen gewohnt sind. Die schöne glasierte Keramik kommt aus Batu Jimbar, **Sanur**.

Kulturelles

THEATER & TANZ

An verschiedenen Orten der Insel finden öffentliche Aufführungen statt. Einige der besten Tänzer und Musiker Balis treten hier auf; für sie ist das eine willkommene Einnahmequelle.

KECAK-TANZ

Art-Center, Denpasar, täglich 18.30 Uhr.
Padang Tegal (Ubud), Sonntag 18 Uhr.

KECAK-TANZ MIT FEUERTANZ

Bona, Gianyar, Montag, Mittwoch und Freitag 18.30 Uhr.
Batubulan, täglich 18.30 Uhr.

RAMAYANA-BALLETT

Banjar Buni, Kuta, Montag und Donnerstag 20 Uhr.
Ubud Kelod, Mittwoch 19.30 Uhr.

BARONG-TANZ

Batubulan, täglich 9.30 Uhr.
Suwung Kesiman, täglich 9.30 Uhr.
Puri Saren (Ubud), Freitag 18.30 Uhr.

LEGONG-TANZ

Peliatan, Freitag 18.30 Uhr.
Pura Dalem, Peliatan, Samstag 18,30 Uhr.
Puri Saren (Ubud), Samstag 18.30 Uhr.
Banjar Tegal, Kuta, Samstag und Dienstag 20 Uhr.

Nachtleben

Was das Nachtleben betrifft, geht es auf der **Sanur**-Seite recht zahm zu. In einigen großen Hotels wie dem Bali Beach treten Musikgruppen auf. Der Supper Club **Bali Hai** des Hotels bietet Entertainer „direkt aus Las Vegas" auf, das Bali Hyatt hat eine luxuriöse Diskothek. Das **Karya Restaurant**, das **Purnama Terrace** (im Bali Hyatt) und das **Kul Kul Restaurant** bieten das beste Dinner plus Showprogramm unter dem Himmel von Sanur. Im **Nusa Dua Hotel** sollte man in der Ramayana-Nacht in einer der Opernlogen, die um die Freiluftbühne angeordnet sind, zu Abend speisen.

Auf der **Kuta**-Seite sind die Rhythmen heißer, das Publikum lauter und zahlreicher. Eine Reihe von Kneipen an der Jl. Legian und der Jl. Buni Sari bleiben so lange auf, wie Kundschaft da ist. **Casablanca** und **The Pub** z.B. servieren das Bintang-Bier eiskalt in vorgekühlten Krügen – ein Hochgenuß für Biertrinker.

Musikgruppen spielen oft bis zum frühen Morgen im **Hard Rock Café** an der Jl. Legian, danach geht es weiter im **Goa 2001** in Seminyak oder zum Tanzen ins **Gado-Gado,** direkt am Strand von Seminyak (Jl. Dhyana Pura, täglich außer Mo und Do). Hat das Gado-Gado geschlossen, kann man im **Double Six,** Seminyak, bis 4 Uhr früh am Mo, Do und Sa das Tanzbein schwingen.

Sport

Auf Bali wurden zwei **Golfplätze** angelegt. Das Hotel Bali Beach hat eine kleine 9-Loch-Anlage, gegen eine Gebühr hat jedermann Zutritt. Ein ernsthafter Golfer dürfte jedoch den **Bali Handara Country Club** in Bedugul aufsuchen. Peter Thomson entwarf diesen wohl einzigen Golfplatz der Welt innerhalb eines Vulkans. Am Wochenende verlangt man für einen Tag stolze 45 US-Dollar, unter der Woche 30 US-Dollar Platzgebühr.

Gegen 1,50 bis 5 US-Dollar Eintritt können Nicht-Hotelgäste in den Swimmingpools der meisten Hotels ein Bad nehmen.

Bali hat sich zu einem Eldorado für Taucher und Surfer entwickelt. Erste Schnorchelversuche kann man an den Stränden der Ost- und Nordküste machen (die meisten Hotels verleihen Schnorchelausrüstungen). Lohnende Ziele für Taucher sind die kleinen vorgelagerten Inseln Nusa Lembongan und (die zum Nasturpark Bali Barat gehörende) Nusa Menjangan. Es gibt inzwischen zahlreiche Tauchveranstalter. Über große Erfahrung verfügt **Yos Diving Centre and Marine Sports**, Nusa Dua, Tel.: (0361) 773 774, Fax: 752 985.

Eine neue Attraktion ist White Water Rafting auf dem Ayung River bei Ubud. Die Touren bei Sobek oder Adventure Tours sind in jedem Hotel buchbar (62 US-Dollar).

Den besten Surfstrand finden Sie in **Uluwatu** an der Ostseite der Halbinsel Bukit (Süden).

Sanur

In Sanur kann man einen angenehm ruhigen Urlaub verbringen; das Publikum ist internationaler als in Kuta, aber weniger kosmopolitsch und weniger hektisch. Seit etwa 1920 kommen ausländische Touristen nach Sanur; man weiß, was man seinen Gästen schuldig ist: erstklassigen Service. Die reizvollen Tempel von Sanur sollten Sie während der *odalan*-Zeremonien (alle sieben Monate) aufsuchen.

Unterkunft

Bei der Wahl des Hotels erlebt man in Sanur mit seinen zahlreichen erstklassigen Häusern selten einen Reinfall. Sie haben die Wahl zwischen Komfort und Luxus eines der zahlreichen Fünf-Sterne-Hotels sowie der Ruhe und persönlichen Atmosphäre eines eigenen Bungalows am Meer (ein Drittel billiger als die Luxushotels). Für die Hochsaison (Juli bis September und Dezember bis Januar) sollte man Zimmer vorbestellen. Zu den hier aufgeführten Preisen pro Nacht kommt jeweils ein Steuer- und Bedienungszuschlag von 21 Prozent. A/c (airconditi-on) bedeutet: mit Klimaanlage.

First Class

Gemessen an seiner Größe, bietet das Luxushotel **Bali Hyatt** seinen Gästen erstaunlich großzügige Räumlichkeiten, Sand-Tennisplätze sowie hängende Gärten. Das ehrwürdige **Hotel Bali Beach** (Anfang der 60er Jahre erbaut),

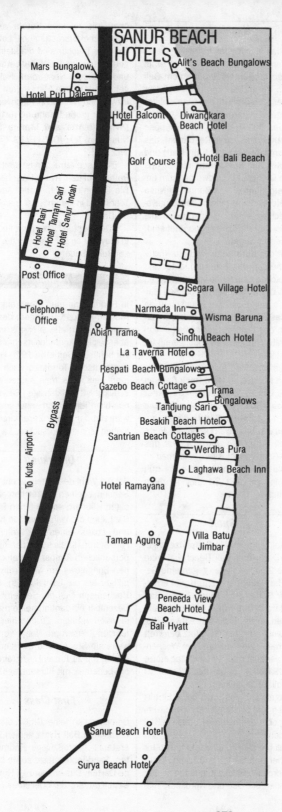

hat das Aussehen eines alten Miami-Beach-Luxushotels – ein 10stöckiger Betonblock am Meer mit Golfplatz, Kegelbahnen und Swimmingpools.

Das **Sanur Beach Hotel** (Besitzer: Garuda Airways), ist das freundlichste unter den Großhotels von Sanur.

Die Ferienhäuser des **Tanjung Sari Hotel** sind bei Sanurs Stammgästen erste Wahl. Es war die erste Strandbungalow-Anlage und ist auch heute noch ein charmantes, gutgeführtes Ferienzentrum. Seine neueste Errungenschaft ist der Nachtklub **Rumours**; hier wird Backgammon gespielt, und man zeigt Filme.

Das **Segara Village** verdient wegen seiner sympathisch indonesischen Atmosphäre Erwähnung. **La Taverna** wird für seine italienischen Balinesia und seine reizvolle Pizzeria am Strand gerühmt. Das **Wisma Baruna**, kleinstes und ältestes der Erste-Klasse-Hotels, strahlt Gemütlichkeit aus; das Frühstück und der Pavillon mit Blick über die Lagune sind traumhaft.

Alit's Beach Bungalow (98 Zimmer), Jl. Hang Tuah Sanur, P.O. Box 102, Denpasar, Tel.: 288 567, Fax: 288 766. Am Nordausgang des Strands. Ferienhäuschen im Garten an einer kleinen Straße. A/c und Warmwasser. Ab 40 US-Dollar.

Bali Hyatt Hotel (387 Zimmer), Sanur, P.O. Box 392, Denpasar, Tel.: 288 271, Fax: 287 693. A/c, Zimmer und Suiten mit Meeresblick. Mehrere Restaurants, Swimmingpool, Diskothek, Tagungsräume, breiter Strand. 90 bis 400 US-Dollar.

Bali Sanur Besakih Bungalows (50 Zimmer), Jl. Tanjungsari, Sanur, Denpasar, Tel.: 288 421, Fax: 288 426. Direkt am Strand. Gehört zur Kette der „Bali Sanur Bungalows". Sämtliche Bungalows mit A/c und Warmwasser. Ab 45 US-Dollar.

Gazebo Beach Cottages (60 Zimmer), Jl. Tanjungsari, Sanur, P.O. Box 134, Denpasar, Tel.: 288 212, Fax: 288 300. Eigener Strand mit kühlen zweistöckigen Bungalows in einem Garten, alle mit A/c und Warmwasser. Ab 35 US-Dollar.

Hotel Bali Beach Intercontinental (605 Zimmer), Sanur, P.O. Box 3279, Denpasar, Tel.: 288 511, Fax: 287 917. Älteres zehnstöckiges Intercontinental-Hotel mit neuem Flügel (zwei Etagen). Eigener Strand, zwei

Swimmingpools, vier Restaurants. Alle Zimmer mit A/c, Teppichboden, Warmwasser. 70 bis 180 US-Dollar.

Hotel Sanur Beach (310 Zimmer), Sanur, P.O. Box 279, Denpasar, Tel.: 288 011, Fax: 287 566. Um 120 Bungalows erweitert. Alle mit A/c und Warmwasser. 70 bis 120 US-Dollar.

La Taverna Bungalows (44 Zimmer), Jl. Tanjungsari, Sanur, P.O. Box 3040, Denpasar, Tel.: 288 497, Fax: 287 126. Eigener Strand und vornehme Zimmer mit A/c und Warmwasser; Swimmingpool, Pizzeria und Bar am Strand. 50 bis 85 US-Dollar.

Santrian Beach Hotel (80 Zimmer), Jl. Tanjungsari, Sanur, P.O. Box 55, Denpasar, Tel.: 288 009, Fax: 287 101. Strandbungalows am Meer in einem weitläufigen Garten. 36–40 US-Dollar.

Segara Village Hotel (116 Zimmer), Jl. Segara, Sanur, P.O. Box 91, Denpasar, Tel.: 288 407, Fax: 287 242. Zweistöckige Ferienhäuser 20 Meter vom Strand. Alle mit A/c und Warmwasser. Swimmingpool, Tennisplätze. 42–65 US-Dollar.

Sindhu Beach Hotel (50 Zimmer), Jl. Danau Tondano 14, P.O. Box 181, Denpasar, Tel.: 288 351, Fax: 289 268. Bungalow-Hotel am Strand mit A/c und Warmwasser. 55 bis 75 US-Dollar.

Tanjung Sari Hotel (25 Zimmer), Jl. Tanjungsari, Sanur, P.O. Box 25, Denpasar, Tel.: 288 441, Fax: 287 930. Helle, stilvolle Räume. Bungalows am Meer, reizender Garten. Die Übernachtung kostet 65–170 US-Dollar.

MITTLERE PREISKLASSE

Die **Bali Sanur Bungalows** am oberen Ende der Skala sind zu empfehlen. Alle anderen Strandbungalow-Komplexe aus dieser Kategorie sind ihren Preis wert und recht angenehm.

Bali Sanur Irama Bungalows (23 Zimmer), Jl. Tanjungsari, Sanur, Denpasar, Tel.: 288 421, Fax: 288 426. Direkt am Strand. Das preiswerteste Haus der Gruppe „Bali Sanur Bungalows". Alle mit A/c und Warmwasser.

Diwangkara Beach Hotel (40 Zimmer), Jl. Pantai Sanur, Sanur, P.O. Box 120, Denpasar, Tel.: 288 577. Die Bungalows stehen hinter dem Le-Mayeur-Museum am Nordende des Strandstreifens. Teils A/c und Warmwasserversorgung. Swimmingpool. Eine Minute zum Strand.

Hotel Ramayana, Jl. Danau Tamblingan, Sanur, P.O. Box 3066, Denpasar, Tel.: 288 429. Fünf Minuten vom Strand. Zimmer mit Ventilator oder A/c. Auch Bungalows.

Mars Hotel (14 Zimmer), Jl. Raya Sanur, P.O. Box 95, Sanur Denpasar, Denpasar, Tel.: 288 211. Fünf Minuten vom Strand. Bungalows in einem Garten mit A/c und Warmwasser.

Narmada Bali Inn (17 Zimmer), Jl. Sindhu, Sanur, P.O. Box 119, Denpasar, Tel.: 288 054. Bungalows in ruhigem Garten zwei Minuten vom Strand. A/c und Warmwasser.

BILLIGE UNTERKÜNFTE

Das **Tourist Beach Inn**, kaum 100 Meter vom Strand entfernt, ist hervorzuheben. Drei Bungalowkomplexe gegenüber dem Postamt – **Sanur Inda, Taman Sari** und **Hotel Rani** – sind geräumiger, dafür weiter vom Strand entfernt. Das **Taman Agung** mit seinen gepflegten Grünanlagen ist von den billigen Hotels das angenehmste. Wer ein gutes, billiges Quartier sucht, sollte sich jedoch zuerst in Kuta umsehen.

Puri Mango Guesthouse, Jl. Danu Toba 13, Sanur, Tel.: 288 411. Kleines Hotel mit familiärer Atmosphäre.

Hotel Rani, Jl. Segara, Sanur, Denpasar, Tel.: 288 578. Gegenüber dem Postamt, zehn Minuten vom Strand.

Hotel Sanur Indah, Jl. Segara, Sanur, Denpasar, Tel.: 288 568. Mehrere Zimmer im *losmen*-Stil; Bungalows, zehn Minuten vom Strand.

Hotel Taman Sari, Jl. Segara, Sanur, Denpasar, Tel.: 288 187. Neben dem letztgenannten, mit Unterkünften etwa derselben Güteklasse.

Tourist Beach Inn (10 Zimmer), Jl. Segara, Sanur, P.O. Box 42, Denpasar, Tel.: 289 109. Zimmer im *losmen*-Stil um einen zentralen Innenhof. In Strandnähe, sehr ruhig.

Villa Kesumasari, Jl. Danau Tamblingan 22, Sanur, Tel.: 287 492, Fax: 288 876. Ruhige Anlage, geräumige Zimmer.

Essen & Trinken
RESTAURANTS

Das **Tanjung Sari Hotel Restaurant** ist weithin berühmt für seine indonesische *rijsttafel* und die gehobene Atmosphäre. Ein *tingkling*-Orchester (Bambusinstrumente) ist die ideale Begleitung zum Abendessen, das im Speisesaal (viele Antiquitäten) am Strand serviert wird.

Die neue Speisekarte des Restaurants hat jetzt einen kreativen „nouveau-Bali"-Touch, und die berühmte Bar, ein Werk des australischen Künstlers Donald Friend, ist ein überhöhter Pavillon mit Meeresblick.

Das **Kul Kul Restaurant** unweit des Hyatt mit seiner eleganten Bar serviert gute westliche, indonesische und chinesische Küche in seinem hübschen Gartenpavillon. Für den Tanzabend (Batuans berühmte Froschtanzgruppe) sollte man Plätze reservieren lassen.

Das **Swastika Gardens** in der Nähe ist bei jenen besonders beliebt, die die Preise in den Hotelrestaurants überhöht finden. Es wird ordentlich gekocht, und die Speisekarte ist so abwechslungsreich, daß für jeden Geschmack etwas dabei ist.

Gute Sichuan-Küche gibt es im eher edlen **Telaga Naga** (dem Hyatt gegenüber), das in einen See hinein gebaut wurde; die Preise sind akzeptabel. Empfehlenswert: „Huhn mit getrockneten Chilischoten", die Riesengarnelen und die Entengerichte.

In der **Trattoria Da Marco**, in der Reno und Diddit Marco seit über zwei Jahrzehnten ihre Gäste verwöhnen, bekommt man ausgezeichneten gegrillten Fisch, Spaghetti carbonara und die besten Steaks auf Bali.

La Taverna gehört zu einer asiatischen Kette italienischer Restaurants. Am Strand werden im Freien z.B. importierter Käse, französische Pfeffersteaks, Fisch und Pizza aus einem echten Pizzaofen serviert.

Gute heimische Küche lernt man für wenig Geld im **Beach Market** (Jl. Segara, direkt am Strand) kennen. Zum Lunch (*sate, nasi goreng*, frischgebratener Fisch) oder auch zum Abendessen (gegrillter Hummer) sehr zu empfehlen. Es gibt auch köstliche balinesische Desserts. Die Preise sind unschlagbar.

Das alte **Swastika I** (gegenüber La Taverna) bietet ein beachtliches *nasi campur*, gute Fruchtsäfte und eine Anzahl balinesischer Gerichte zu „balinesischen" Preisen. Das **Rumah Makan Mini** serviert gute, preiswerte Gerichte. Das letzte *warung* (**Mak Beng's**) auf der linken Seite der Jl. Raya Sanur (nördlich des Bali Beach) hat phantastischen Fisch vom Grill.

Puri Kebah, Jl. Cemara 32, schräg gegenüber vom Sanur Beach Hotel, serviert indonesische und internationale Gerichte sowie gutes seafood.

Gleich daneben liegt **Donald's Café and Bakery** mit erstklassigen Gerichten aus aller Welt und großer Kuchenauswahl.

Segeln

Die einheimischen Outrigger-Kanus (*jukung*) mit den hellbunten Bir-Bintang-Segeln vor der Küste von Sanur werden offensichtlich nicht mehr für den Fischfang eingesetzt, seitdem die Touristen sie für Segeltouren um die Lagune mieten. Die Fischer haben sich zu einer Kooperative zusammengeschlossen und ihre Preise vereinheitlicht.

Kuta Beach

Das heutige Kuta gleicht der Carnaby Street der sechziger Jahre: chaotisch, lärmerfüllt, drogenverseucht und dennoch – ein herrlicher Tummelplatz. Zunächst waren es der breite Strand und der Wellengang, welche die Touristen nach Kuta zogen. Die Strandpromenade ist nach wie vor die beste Balis, inzwischen ist sie aber übersät mit Hunderten von Hotels, Restaurants, Bars, Boutiquen, Reisebüros, Antiquitätenläden, Auto- und Fahrradverleihe, Banken, Kassettengeschäften und: Touristen über Touristen. Zwar sind viele Spitzenhotels entstanden, der 5-km-Streifen von Kuta Beach gehört aber immer noch den Leuten, die im Urlaub für wenig Geld mittendrin sein möchten. In Legian, am Ende des Strandes, kann man allerdings noch einen ruhigen Urlaub verbringen.

Unterkunft

Bungalows, Strandhotels und Pensionen *(losmen)* gibt es in Kuta Beach so zahlreich, daß man sie unmöglich vollständig auflisten kann. Halten Sie die Augen offen, und Sie werden unter der reichen Auswahl vor allem preisgünstiger Unterkünfte bestimmt etwas Geeignetes finden. Vorbestellen sollte man sein Zimmer in den großen Hotels während der Hauptsaison.

FIRST CLASS

Das **Bali Oberoi** gilt nach wir vor als Nummer eins unter den Unterkünften zwischen Tuban (südlich von Kuta in Flughafennähe) und Seminyak, am oberen Ende der Kuta Beach.

Inzwischen sind jedoch zahlreiche andere Hotelkomplexe entstanden, die jeglichen Komfort für den verwöhnten Urlauber bieten, darunter **Kuta Beach Palace,** das **Legian Beach Hotel** oder das **Bintang Bali.**

Bali Imperial (120 Zimmer), Jl. Dhyanapura, Legian, Tel.: 754 545, Fax: 751 545. Restaurant, Swimmingpool, Tennisplätze. Ab 100 US-Dollar.
Bali Oberoi (75 Zimmer), Kayu Aya, P.O. Box 351, Kuta, Tel.: 751 061, Fax: 752 791. Abseits vom Trubel am Ende des Strands. Geschmackvolle klimatisierte Strandbungalows. Schöne Gartenanlage, großer Swimmingpool. 70 bis 250 US-Dollar.
Beach Hotel Kartika Plaza (263 Zimmer, 28 Suiten), Kuta Beach, P.O. Box 84, Denpasar, Tel.: 751 067, Fax: 752 475. Zimmer zum Strand und Bungalows in großem Garten. Alle mit A/c und Warmwasser. Swimmingpool. 40 bis 90 US-Dollar.
Kuta Beach Palace (289 Zimmer), Legian, P.O. Box 244, Tel.: 751 433, Fax: 752 074. Großes, neues Firstclass-Hotel in Legian mit dreistöckigem Flügel. Zimmer mit A/c, Warmwasser und Meeresblick. Swimmingpool. Ca. 45 bis 90 US-Dollar.
Legian Beach Hotel (110 Zimmer), Jl. Melasti, Legian, P.O. Box 308, Denpasar, Tel.: 751 711, Fax: 752 651. Direkt am Strand mitten in Legian. Gute Leistungen für ca. 40 US-Dollar die Nacht.
Pertamina Cottages (255 Zimmer), Kuta Beach, P.O, Box 121, Kuta, Tel.: 751 161, Fax: 752 030. Mehrere Restaurants, Tagungsräume, Tennisplätze, Swimmingpool. Alle Zimmer mit A/c, Teppichboden, Warmwasser. 70 bis 620 US-Dollar.
Puri Rathi, Jl. Puri Rathi, P.O. Box 1114, Tel.: 751 546, Fax. 751 549. Großzügiges Luxushotel nördlich von Legian mit Swimmingpool, Sportanlagen und Suiten mit eigener Küche. Ab 200 US-Dollar pro Nacht.
Bintang Bali, Jl. Kartika Plaza, Tel.: 753 292. Weitläufige Hotelanlage in Flughafennähe.

MITTLERE PREISKLASSE

In der Kategorie zwischen 50 und 100 US-Dollar gibt es viele schöne Bungalowanlagen. Ein Klassiker ist **Poppies,** eine ruhige Oase inmitten des hektischen Kuta.

Besonders schöne und ruhige Anlagen findet man am Strand zwischen Legian und Seminyak, wie das **Sani Beach Inn, Legian Garden Cottage, Nusa di Nusa** oder **Bunga Seminyak.**

Bunga Seminyak, Jl. Campling Tanduk, Seminyak, Tel.: 751 239. Nette kleine Anlage ohne Restaurant. Sehr ruhig, aber etwas überteuert.
Kuta Cottages (40 Zimmer), Jl. Bakungsari, P.O. Box 300, Kuta, Tel.: 751 101. Kleine Bungalows mit Ventilator in der Nähe des Strandes.
Legian Garden Cottages, Jl. Legian, Cottage Seminyak, Tel.: 730 876. Große Anlage mit schönem Garten, einfache Zimmer.
Nusa di Nusa, Jl. Campling Tanduk, Seminyak, Tel.: 751 414. Herrlich gelegene Bungalows, leicht verwilderter Garten, gern von Familien mit kleinen Kindern frequentiert.
Poppies Cottages (24 Zimmer), Poppies Lane, Kuta, Tel.: 751 059, Fax: 752 364. 300 Meter zum Strand.
Ramayana Seaside Cottages (45 Zimmer), Jl. Bakungsari, Kuta, P.O. Box 334, Denpasar, Tel.: 751 864. 150m vom Strand. Einige Zimmer mit Klimaanlage, viele mit Ventilator.
Sani Beach Inn, Jl. Padma, Legian, Tel.: 751 635. Hübsche, sehr gepflegte und schattige Anlage direkt am Strand.

PREISWERTE UNTERKÜNFTE

In Kuta Legian kann man immer noch sehr günstige *losmen*-Unterkünfte finden. Inzwischen muß man allerdings schon mindestens 10 US-Dollar für die billigste Bleibe zahlen, die ein Minimum an Komfort bieten, aber in der Regel nett und sauber sind. Eine kleine Auswahl:

Sari Indah Cottages, Jl. Legian, Kuta, Tel.: 754 047. Freundlicher Familienbetrieb.
Palm Gardens, Jl. Taman Nyiur, Poppies Cottages Lane 2, Kuta, Tel.: 752 198. Kleine Anlage unter schattigen Palmen im Herzen Kutas.
Un's Guesthouse, Jl. Bene Sari, Gang Lusa, Tel.: 752 607. Große Zimmer mit gediegener Einrichtung zu sehr günstigen Preisen.

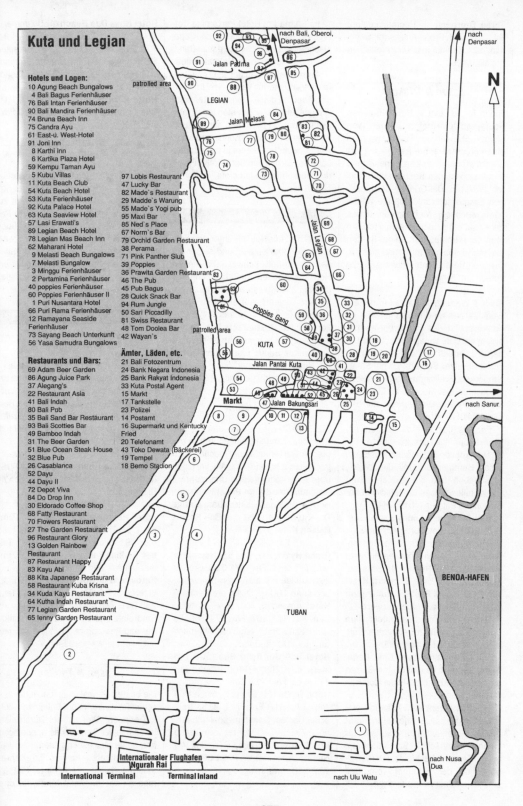

Three Brothers, Jl. Padma, Legian, Tel.: 751 566. Große Anlage mit Swimmingpool. Zimmer in unterschiedlichen Preisklassen.

Essen & Trinken

Jeden Tag scheint in Kuta ein neues Restaurant eröffnet zu werden. Von kleinen Ständen am Strand, wo man einen Fruchtsalat oder einen Joghurt bekommt, bis zu großen chinesischen und französischen Restaurants ist alles vertreten. Die Qualität der einzelnen Lokale schwankt, da die Köche häufig wechseln. Wir beschränken uns daher auf einige der eingeführten, wo man fast immer auf seine Kosten kommt. Ansonsten muß man sich vor Ort nach Restaurants erkundigen, die gerade „in" sind.

Made's Warung, Jl. Pantai, früher ein Essensstand an der Hauptstraße eines verschlafenen Fischerdorfes, hat sich in ein Café Voltaire des „Saint Tropez des Ostens" verwandelt. Das Essen ist Spitze: Spareribs, Thai-Salat, Schnecken, Schildkrötensteaks, selbstgemachtes Eis, Mousse au Chocolat, frischgepreßter Orangensaft und vor allem das Frühstück!

Poppies (liegt an einem Seitenweg) gehört ebenfalls zum „Inventar" in Kuta. Die Avocado-Fischsalate, Pasteten, Tacos, Hummer vom Grill, die Steaks, Shishkabob und die großen Mixed Drinks füllen dieses Gartenidyll in der Saison auf bis auf den letzten Platz.

Bali Indah and Lenny's sind zwei Spitzen-China-Restaurants. Probieren Sie die Krabben in Schwarzer-Bohnen-Soße im Bali Indah. Frischen Hummer oder gebratene Thunfischsteaks bekommt man im **Yasa Samudra Hotel** (am Ende der Jl. Pantai Kuta) unterm Sternenhimmel am Meer serviert.

Das Strandcafé des Hotels **Blue Ocean** (Legian) ist für ein gutes Frühstück und seine Mittagsmahlzeiten bekannt. **La Marmite** (auch **Chez Gado-Gado**) serviert im lauschigen Garten am Strand gute balinesische Nouvelle Cuisine.

Das Restaurant **Kura Kura** im Hotel Bali Oberoi, einige Kilometer hinter Legian, empfiehlt sich ebenfalls für einen romantischen Samstagabend auf der Terrasse bei Musik. Die Pfefferente und der Hummer vom Grill schmecken hier besonders gut.

Im **Shima** (im Hotel Pertamina Cottages in Tuban) präsentieren zwei japanischen Meisterköche die ganze Bandbreite der Küche ihres Heimatlandes.

Aromas of Bali an der Jl. Legian bietet gute Küche für Vegetarier. Im **Warung Kopi,** an der Jl. Legian weiter nördlich gelegen, verwöhnt man in schattigen Garten mit Gerichten aus Ost und West und einer guten Kuchenauswahl.

Der neueste Italiener in traumhafter Lage am Strand von Seminyak (unweit des Oberoi) ist **La Lucciola.**

Nusa Dua

Nusa Dua, der Neuling unter den Ferienzentren, hat es aufgrund seiner Abgeschiedenheit schwer. Die neuen Hotels tragen dem dadurch Rechnung, daß sie alles, was das Herz eines Urlaubers begehrt, auf engstem Raum bieten möchten. In Nusas Randbezirken werden Restaurants und Andenkengeschäfte aufgemacht; es entsteht ein zweites Sanur. Einstweilen jedoch ist Nusa Dua immer noch ein vergleichsweise ruhiger Fleck.

Unterkunft

Die Fünf-Sterne-Paläste entlang des Strandes, allesamt eingebettet in tropische Gartenanlagen, machen sich gegenseitig Konkurrenz. Alle verfügen über eine Ladengalerie und mehrere Restaurants, die im Preisniveau den Hotels angepaßt sind. Das einzige Drei-Sterne-Hotel ist das **Bali Resort Palace Hotel.**

Grand Hyatt, P.O. Box 53, Nusa Dua, Tel.: 771 234, Fax: 771 326. Großzügige Anlage mit mehreren Swimmingpools. Ab 100 US-Dollar pro Nacht.
Hotel Amanusa, P.O. Box 33, Nusa Dua, Tel.: 771 267, Fax: 771 266. Luxuriösestes Hotel am Platz, Übernachtung ab 200 US-Dollar.
Hotel Bali Sol Nusa Dua (500 Zimmer), P.O. Box 1048, Tuban, Tel.: 771 410, Fax: 772 148.
Hotel Bualu (50 Zimmer), Nusa Dua, Tel.: 771 310 Fax: 771 313. Tropischer Garten. Swimmingpool und luxuriöse Zimmer, 100 Meter vom Strand.
Hotel Grand Mirage, P.O. Box 43, Nusa Dua, Tel.: 771 888, Fax: 772 148. Swimmingpool.

Hotel Nusa Dua Beach (450 Zimmer), P. O. Box 1028, Nusa Dua, Tel.: 771 210, Fax: 771 229. Riesiger Swimmingpool, Restaurants, Squash- und Tennisplätze, Health Club, Diskothek, großer Strand. Zimmer, Suiten.
Hotel Putri Bali (425 Zimmer), P.O. Box 1, Nusa Dua, Tel.: 771 020 Fax: 771 139.

Restaurants

Wer die überhöhten Preise der Hotelrestaurants vermeiden will, findet im Dorf Bualu, zehn bis 15 Minuten zu Fuß von den meisten Hotels nette Restaurants, die alles von seafood über indonesische Gerichte bis zu Steak und Pasta servieren. Sie liegen allesamt an der Hauptstraße des kleinen Ortes. Versuchen Sie den **Parajungle, Nelayan** oder **Topeng.**

Denpasar

Unterkunft

Wer unbedingt in Denpasar übernachten muß, sei auf das alte **Bali Hotel** an der Jl. Veteran oder auf das **Pemecutan Palace Hotel** verwiesen. Das Bali war eine koloniale Oase. Die *rijstafel* schmeckt noch immer, und der Hof mit Swimmingpool hat seine Reize.

Daneben gibt es zahlreiche Häuser, in denen die Übernachtung 3–20 US-Dollar kostet. Viele stehen an der Jl. Diponegoro.

Hotel Permecutan Palace (44 Zimmer), Jl. Thamrin 2, Denpasar, Tel.: 423 491. Das Hotel nimmt einen Teil des Badung-Palastes ein. Einige Zimmer mit A/c und Warmwasser.
Natour's Bali Hotel (71 Zimmer), Jl. Veteran 2, P.O. Box 3, Denpasar, Tel.: 235 347. Zentral, nur eine Straße vom Stadtplatz und Verkehrsknotenpunkt. Bar und Restaurant gut. Viele Zimmer mit A/c und Warmwasser.

Essen & Trinken

Die besten chinesischen und indonesischen Restaurants auf Bali finden sich in Denpasar. Wer auf der Durchreise ist oder in der Stadt etwas zu erledigen hat, sollte hier essen gehen.

Ein beliebtes kleines Straßenrestaurant, halb versteckt hinter Topfpalmen an der Jl. Gajah Mada, ist das

Denpasar

1 Busbahnhof (Gilimanuk Singaraja Surabaya)
2 Tankstelle
3 Krankenhaus
4 Kokar, Akademie der Darstellenden Künste (D)
5 Bank Indonesia
6 Polizei
7 Stadion
8 Garuda und Merpati Airline Geschäftsstelle
9 Radiostation
10 Telefon-, Telegramm- und Telexamt
11 Markt, Busstation (Amlapura, Bangli, Klungkung, Ubud)
12 Abian Kapas Kunstzentrum
13 Kino
14 Einkaufszentrum
15 Markt
16 Verkehrspolizei
17 Einkaufszentrum
18 Puputan Square
19 Bali-Museum
20 Kino
21 Taxi, Busfahrkarten, Nachtmarkt
22 Bemo Station nach Kuta
23 Kino
24 Armeekrankenhaus
25 Tankstelle
26 Polizei
27 Sitz des Gouverneurs
28 Hauptpost
29 Krankenhaus
30 Einwanderungsbehörde
31 Touristeninformation
32 Universität
33 Bali Hotel
34 Puri Pemecutan Hotel

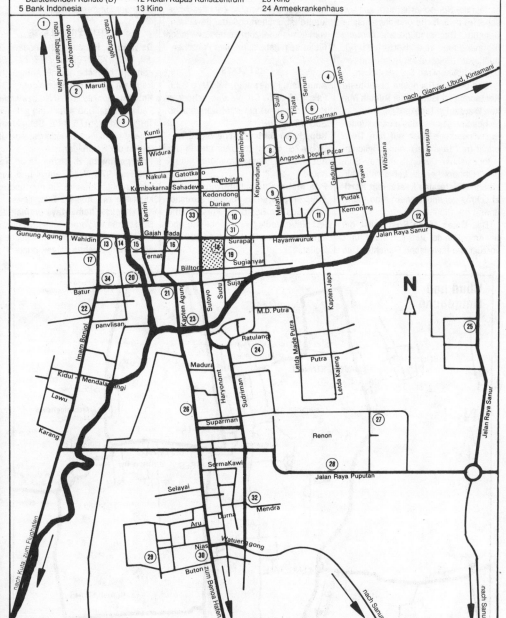

Puri Selera, wo man gutes chinesisches Essen bekommt, u.a. Spargel- und Krebssuppe sowie Froschschenkel und Schweinefleisch süß-sauer.

Spaß macht das Essen auf dem Nachtmarkt an der Jl. Gajah Mada, wo aus Küchen auf Rädern Satay vom Rost, gebratener Reis, Nudelsuppe und heiße Getränke serviert werden.

Das **Rumah Makan Belly** an der Jl. Kartini – Favorit der auf Bali lebenden Ausländer – hat „indonesische" Preise; auf der Speisekarte (nicht ganz so scharfe) javanische und chinesische Gerichte. Das *tahu goreng kentang* (Bohnenquark und Kartoffelcurry), *bubr ayam* (Reisbrei mit Huhn) und das *nasi campur* sollten Sie versuchen.

Das bei den Balinesen beliebteste Restaurant ist jedoch das **Rumah Makan Wardani** in Tapakgangsul, ein einfaches Speiselokal, das die traditionelle balinesische Kost auf den Tisch bringt (nur tagsüber). Alle möglichen indonesischen Geflügelgerichte – Suppen, Hühnerschenkel, Leber-*sate*, Curryhuhn – bietet das **Restaurant Kartini** schräg gegenüber dem Kino Indra, unweit der Ölpumpe.

Das **Cajah Mada Restaurant** bei der Ampel an der Jl. Gajah Mada führt vorzügliche javanische Gerichte. Das *ayam lontong* und die Currys entzücken jeden Gourmet.

Ubud

Unterkunft

Ubud ist in den letzten Jahren unkontrolliert gewachsen, im kleinen Künstlerort ist Hektik eingekehrt, aber in den umliegenden Dörfern kann man immer noch ruhig und inmitten der Reisfelder logieren. Die Zahl der Unterkünfte ist unüberschaubar geworden, vom Luxushotel zum *homestay* – jeder findet sein ganz spezielles Plätzchen.

FIRST CLASS

Amandari, Kedewatan, Tel.: 975 333, Fax: 975 335. Oft als das schönste Hotel der Insel gerühmt (Zimmer ab 350 US-Dollar).

Kupu Kupu Barong, Kedewatan, Tel.: 975 478. Steht im Preis und in der Ausstattung dem Amandari kaum nach.

Pita Maha, Campuhan (wird im Juni 1995 eröffnet). Das neueste Luxushotel Ubuds, im Besitz der Fürstenfamilie, bietet gediegenes Ambiente und einen herrlichen Blick für rund 200 US-Dollar.

MITTLERE PREISKLASSE

Tjampuhan, Campuhan, Tel.: 975 368, Fax: 975 137. Das traditionsreichste Hotel in Ubud. Herrliche Anlage, Zimmer eingerichtet mit balinesischen Antiquitäten.

Ulun Ubud, Sangingan, Tel.: 975 024, Fax. 975 524. Ruhige Anlage in schöner Umgebung.

Puri Saren, Jl. Raya, Ubud, Tel.: 975 075. Der Standard läßt zu wünschen übrig, dafür wohnt man im Angesicht der Fürstenfamilie.

UNTERE PREISKLASSE

Dewi Sri, Jl. Hanoman 69, Padang Tegal, Tel.: 975 079, Fax: 975 777. Besonders hübsche kleine Anlage mit Pool, am Rande der Reisfelder.

Kubuku, Monkey Forest Rd., zwischen Padang Tegal und Affenwald gelegen, Tel. und Fax: 975 345. Sehr kleine Anlage einfachen Standards, aber inmitten der Reisfelder.

Pringga Juwita, Jl. Bisma, Ubud, Tel. und Fax: 975 734. Zentral und dennoch ruhig. Einfache Zimmer und exklusivere zweistöckige Bungalows.

Zahlreiche **homestays** entlang der Dorfstraße im Vorort Tebesaya bieten die Möglichkeit, Einblick ins balinesische Familienleben zu gewinnen.

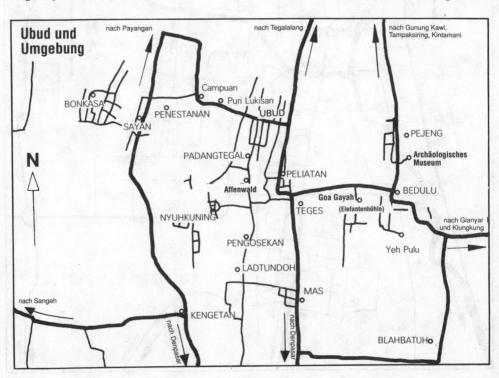

Essen & Trinken

In den letzten Jahren hat sich Ubud zu einem Paradies für Feinschmecker entwickelt. Neben indonesischer Küche ist fast alles vom italiener über den Mexikaner bis zum Inder vertreten.

Ein Klassiker, wunderschön am Rande eines Lotusteiches gelegen, ist das **Cafe Lotus** im Ortszentrum. Schräg gegenüber gibt es frisches Brot, wunderbare Kuchen und nouvelle cousine im **Casa luna**, wo man auch balinesisch kochen lernen kann.

In Campuan, schräg gegenüber vom Tjampuhan Hotel, liegt **Murnis Warung**, ein alter Traveller-Treff. An der Monkey Forest Road trifft man sich im **Cafe Wayan**, in der Jl. Hanoman lockt **Bebek Begil** mit schmackhafter Küche und schönen Blicken auf schnatternde Enten im Reisfeld, und zum Sonnenuntergang sind die Plätze zum Zitronengrastee im **Kubuku**, zwischen Jl. Hanoman und Affenwald, heiß umkämpft.

Candi Dasa

Der Aufstieg Candi Dasas, der in den achtziger Jahren begann, wurde bald wieder gestoppt, als die Flut begann, den Strand zu „fresssen". Inzwischen sind Wellenbrecher gebaut worden, um Schlimmeres zu verhindern. Auch wurde neuer Strand aufgeschüttet. Wer Nachtleben sucht, ist hier fehl am Platz. Wer Wert auf eine landschaftlich schöne Umgebung legt, wird hier einen angenehmen Urlaub verbringen können.

Unterkunft

Vom Luxusresort über das Mittelklassehotel zum billigen *losmen* hat Candi Dasa alles zu bieten. Die elegantesten Hotels, **Amankila** und **Serai**, liegen außerhalb des Ortes.

FIRST CLASS

Amankila, Tel.: (0366) 219 93, Fax: 712 66. Die luxuriöse Anlage bietet das Feinste vom feinen bei entsprechenden Preisen (kein Zimmer unter 300 US-Dollar).

MITTLERE PREISKLASSE

Candi Beach, Tel.: 751 711, Fax: 752 651. Nette, familienfreundliche Bungalowanlage.
Puri Bagus, Tel.: 235 238. Schöne Anlage am Meer, fest in deutscher Hand.

Serai, Tel.: (0363) 211 08. Schöne neue Anlage an einer bevorzugten Ecke des Strandes.
Watergarden, Tel. und Fax: 235 540. Sehr ruhige, elegante Anlage abseits des Strandes.

PREISWERTE UNTERKÜNFTE

Pondok Bamboo, ohne Telefon. Zentral gelegene hübsche Bungalowanlage.
Geringsing, ohne Telefon. Einfach, sauber und sehr günstig.

Restaurants

T. J's Cafe, dem Wintergarden angegliedert, verfügt über eine phantasievolle Speisekarte. **Kubu Bali**, im Ortszentrum, serviert das frischeste seafood und **Lotus Seaview**, am Ortseingang gelegen, ist der schönste Platz, um den Sonnenuntergang bei einem Drink zu erleben.

Lombok

Wem der Touristentrubel auf Bali zuviel wird, der kann sich nach Lombok zurückziehen. Wer aber für Bali nur wenige Tage Zeit hat, sollte sich Lombok für die nächste Reise aufsparen. Drei Tage reichen für die wichtigsten Sehenswürdigkeiten Lomboks, die alle im Umkreis von einer Autostunde um die alte Hauptstadt Cakranegara liegen. Wer in den Riffen bei Gili Air tauchen oder auf den Gipfel des Mount Rinjani steigen möchte, sollte eine Woche dafür einkalkulieren.

Anreise

Sie haben die Wahl zwischen dem 20-Minuten-Flug von Balis Flughafen Ngurah Rai zum Flugplatz Selaparang auf Lombok – Merpati fliegt die Strecke siebenmal täglich für ganze 26 US-Dollar – und der gemütlichen Überfahrt mit dem modernen Fährschiff, das zwischen Padang Bai an Balis Ostküste und der Hafenstadt Lembar an Lomboks Westküste verkehrt. Eine relativ neue Alternative ist die Fahrt mit dem Schnellboot Mabua Express von Benoa nach Lembar. Mit der Fähre benötigt man vier Stunden, mit dem Schnellboot die Hälfte der Zeit, zahlt aber auch etwa das Doppelte (je nach Klasse zwischen 12 und 25 US-Dollar).

Die Fähre legt in Padang Bai dreimal täglich ab (10 Uhr, 14 Uhr und 17 Uhr). Von Sanur oder Kuta aus benötigt man zwei bis drei Stunden zum Hafen. Es ist möglich, in Padang Bai direkt zu übernachten, wo es auch einige Restaurants gibt. Auf der Fähre ist nur eine Snack-Bar verfügbar.

Der Mabua Express ist über Hotels und Reisebüros buchbar, der Transfer zum Hafen ist im Preis inbegriffen. Das Boot legt in Benoa um 8 Uhr und 14.30 Uhr ab.

Unterwegs

ERSTE ORIENTIERUNG

Der Hafen Lembar ist etwa 20 Kilometer von Mataram entfernt. Der Flugplatz Selaparang liegt in Mataram selbst. Zu den Hotels im Stadtbereich sind es daher höchstens drei Kilometer. Das Linienmotorboot nach Alas auf Sumbawa fährt täglich im Hafen Labuhan Lombok auf der Ostseite Lomboks ab. Eine Hauptstraße von Ampenan nach Labuhan Lombok (76 Kilometer) führt mitten über die Insel.

Im Bereich Ampenan-Mataram-Cakranegra sind die wichtigsten Betriebe, Geschäfte und Behörden angesiedelt. Über das West Nusa Tenggara Regional Tourist Office (DIPARDA), Jl. Langko 70, Ampenan, Tel.: 218 66 und 217 30, kann man sich Prospekte und Karten der Insel besorgen. Über kulturelle Aktivitäten erfährt man nicht viel.

Die Damen sollten sich dessen bewußt sein, daß unbedeckte Oberschenkel und tiefausgeschnittene Kleider bei der islamischen Mehrheit verpönt sind, das gilt insbesondere für die Orte im Osten und Süden der Insel, wo die überzeugtesten Moslems leben. Außerhalb der größeren Ortschaften sollten Frauen nicht allein reisen; Belästigungen sind schon vorgekommen. Bei entsprechender Kleidung dürfte es aber keine Probleme geben.

VERKEHRSMITTEL

Das Fahren mit öffentlichen Verkehrsmitteln ist auf Lombok nicht schwierig, erfordert aber Geduld. Taxis und Kleinbusse *(bemos)* kann man überall mieten; man braucht sie, um auf eigene Faust auch abgelegene Orte aufsuchen zu können.

Wer aus Bali kein Motorrad mitgebracht hat, kann auch in Ampenan und Mataram eines mieten. Erkundigen Sie sich im Hotel oder in den Motorradgeschäften danach (ein internationaler oder indonesischer Führerschein ist dabei erforderlich).

Der Flugplatz Selaparang liegt mitten in Mataram. Das Netz öffentlicher Busse und *bemos* erfaßt sämtliche Ortschaften der Insel. Das *bemo*-Tikket für die Fahrt vom Hafen Lembar nach Mataram wird an der Snackbar der Fähre verkauft. Der zentrale *bemo*- und Bus-Terminal befindet sich östlich von Cakranegara an der Kreuzung in Sweta. Dort hängt auch ein Schild mit den offiziellen Fahrpreisen.

FLUGLINIEN, REISEBÜROS

Lombok-Rundfahrten organisiert z. B. die Agentur Rita Tours; genausogut kann man am Flughafen nach einem Fahrer mit Englischkenntnissen Ausschau halten und mit ihm einen Tag lang über die Insel fahren (für bis zu 30 US-Dollar). Die Expedition auf den Mt. Rinjani inkl. Lebensmitteln, Zelt, Schlafsack und Bergführer (alles zusammen für 75 US-Dollar) organisiert Mr. Batabura von Wisma Tigura, Jl. Koperasi, Ampenan. Die meisten Fluggesellschaften und Reisebüros residieren an der Hauptstraße (Jl. Langko) in Ampenan.

Bidy Tours and Travel, Jl. Ragigenep 17, Tel.: 221 27, Fax: 218 21.
Satriavi Tours and Travel, Jl. Pejanggig 17, Tel.: 217 88.
Saka Tours and Travel, Jl. Langko 48, Tel.: 231 114.
Harum Permai Tours and Travel, Jl. Langko 15, Tel. 256 79.

Unterkunft

Senggigi Beach ist der schönste Strand der Insel, seit vielen Jahren gibt es dort eine gute Auswahl im *losmen*-Stil. Ende der achtziger Jahre eröffnete das **Senggigi Beach Hotel;** am schönsten Abschnitt des Strandes gelegen ist das Bungalow-Hotel seit seiner Renovierung 1993 auch wieder erste Wahl. Konkurrenz hat es von anderen komfortablen Unterkünften wie **Sheraton Sengigi Beach** oder **Intan Laguna** bekommen. Wer die Ruhe liebt, sollte das **Senggigi Palace,** an einem ruhigen Strandabschnitt südlich von Senggigi, als Standort wählen.

Unter den Mittelklassehotels sind u. a. **Puri Bunga Beach** oder **Graha Beach Cottages** zu erwähnen. Einfach, aber seht beliebt auch wegen des Unterhaltungsprogramms ist das **Pondok Senggigi.**

Auf den vorgelagerten Gili-Inseln, einem Paradies für Schnorchler und Taucher, gibt es mehrere einfache *losmen,* auf Gili Meno aber mittlerweile auch Mittelklassehotels.

Die Strände an der Südküste sind noch nicht voll erschlossen, es gibt eine Reihe von einfachen *losmen,* ein First-Class Hotel ist im Bau.

Die Hotels in den großen Städten Ampenan, Mataram und Cakranegara werden in der Regel von Reisenden nicht aufgesucht. Im Landesinneren gibt es bislang nur wenige Unterkünfte. Das bekannteste ist das **Hotel Suranadi,** ein Bau aus der Holländerzeit, dessen Standard die überhöhten Preise keinesfalls rechtfertigt. Ein Platz für Nostalgiker und Leute, die der Hitze der Küste entfliehen wollen.

Einige Bungalows findet man im Bergdorf Tete Batu.

FIRST CLASS

Senggigi Beach, Jl. Raya, Senggigi, Tel.: (0364) 932 10, Fax: 932 00.
Sheraton Senggigi, Jl. Raya, Senggigi, Tel.: (0364) 933 33, Fax: 931 40.
Intan Laguna, Jl. Senggigi, Senggigi, Tel.: (0364) 930 90, Fax: 931 85.
Senggigi Palace Hotel, Jl. Raya, Ampenan, Tel.: 930 45, Fax: 930 43.

MITTLERE PREISKLASSE

Puri Bunga Beach Cottages, Senggigi, Tel.: 910 13, Fax: 932 86.
Graha Beach, Jl. Raya, Senggigi, Tel.: 931 01, Fax: 934 00.
Gazebo Meno Resort Cottages, Gili Meno. Reservierungen in Mataram, Tel.: 215 73.
Casa Blanca, Gili Meno, Tel. und Fax: 367 93.
Suranadi Hotel, Jl. Raya, Suranadi, Tel.: 236 86.

PREISWERTE UNTERKÜNFTE

Melati Dua Cottages, Jl. Raya, Senggigi, Tel.: 932 88, Fax. 930 28.
Pondok Senggigi, Jl. Raya, Senggigi, Tel.: 932 73, Fax: 932 75.
Rinjani Agung Beach, Kuta, Tel.: 548 36.
Cockatoo, Kuta, Tel.: 548 36.

Essen & Trinken

Das balinesische Spanferkel *babi guling,* wie es in Lombok zubereitet wird, sucht selbst auf Bali seinesgleichen. Über Ihr Hotel oder Ihren Fahrer läßt sich ein *gabi-guling*-Festmahl organisieren (möglichst in einem der großen Höfe eines Wohnhauses auf Lombok). *Tuak* (Palmwein) paßt zum Schweinefleisch am besten, und auch ein Volkstanz läßt sich dazu arrangieren.

In Cakranegara, wo die meisten Restaurants in der Nähe der Jl. Selaparang liegen, repräsentieren das **Asia** und das **Harum** die chinesische Küche. Das **Minang** bietet *nasi Padang,* **Istimewa** und **Hari Ini** *ayam pelicing.*

Indonesische und westliche Gerichte serviert, im 1. Stock auf einer Terrasse mit Blick auf das Straßenleben Ampenans, das Restaurant **Kiki,** Jl. Yos Sudarso 152 in Ampenan.

Das **Hotel Suranadi** (in Suranadi) und das **Wisma Soejono** (in Tete Batu) sind für schmackhaften frischen Fisch aus dem hauseigenen Teich bekannt. Man könnte das Mittagessen hier mit einem Bad verbinden.

Die alteingesessenen chinesischen Restaurants an der Jl. Pabean in Ampenan (**Tjirebon** und **Pabean**) sind gut und preiswert. Das Tjirebon serviert kühles Bier und Steaks mit Pommes.

Manche arabischen Restaurants in Mataram bieten sowohl jemenitische als auch Lombok-Gerichte an. Das **Taliwang** an der Hauptstraße (Jl. Pejanggik) ist auf *ayam pelicing* (scharfes Curryhuhn à la Lombok) spezialisiert. Das **Garden House Restaurant** in der Nähe führt indonesische und chinesische Spezialitäten.

In Senggigi findet man zahlreiche Restaurants, die sich auf den westlichen Gaumen eingestellt haben und schmackhafte westliche und indonesische Gerichte sowie frisches seafood servieren, z. B. das ausgezeichnete **Sunshine Restaurant** in der Nähe des Senggigi Beach Hotels.

Einkaufen

Stoffe und Gewebe traditioneller Art bekommt man hier am günstigsten. In den Dörfern können Sie zusehen, wie die Fäden gewoben und gefärbt werden: **Sukarare** (für *tenun Lombok*), **Pujung** (für *kain lambung*), **Purbasari** (für *kain Purbasan*) und **Balimurti** (für das heilige *beberut*-Tuch). In **Labuhan Lombok** an der Ostküste werden schöne Decken hergestellt.

Die besten modernen Gewebe entstehen in Cakranegara. Viele italienische Schneider, die auf Bali leben, kaufen bei Pak Abdullah von **C.V. Rinjani** (beim Hotel Selaparang an der Jl. Selaparang) ihre Stoffe. Zuweilen sind in Pak Abdullahs Lager Reste von Stoffballen vorrätig, die einer der Meister zurückließ. Die Seiden-*sarungs* und die dazupassenden *selendang*-Schals genießen unter den Stoffkennern Balis guten Ruf. Die Weberei **Selamat Ryadi,** im Araberviertel an der Jl. Ukir Kawi (ein Block nördlich und einer westlich des Wasserschlosses Pura Mayura), ist eine weitere Quelle ausgezeichneter Tuche. Der Betrieb **Balimurti** stellt Gewebe im traditionellen Stil von Purbasari her.

Die Bambuskörbe aus Lombok sind fein und stabil gearbeitet. Wichtige Produktionsstätten sind die Dörfer **Kotaraja** und **Loyok**. Keramiktöpfe und elegante Tonwaren werden hier ebenfalls geformt. Auf dem Hauptmarkt beim *bemo*- und Bus-Terminal in **Sweta** bzw. auf dem **Cakranegara Market** im Westen des Pura Meru sind diese Arbeiten erhältlich.

Sudirman's Antiquitätengeschäft liegt in einer Seitenstraße der Jl. Pabean in Ampanan (fragen Sie gegenüber des *bemo*-Bahnhofs nach dem Weg). Geschäftstüchtige Händler preisen ihre Waren auch über das Hoteltelefon an. Sie führen chinesisches Porzellan, Webarbeiten und antike Schnitzereien. Sie sollten konsequent, aber mit Nonchalance um den Preis handeln und nie Ungeduld oder Eile zeigen.

Einige Betriebe auf Lombok haben sich darauf verlegt, Flaschenverschlüsse, Holzlöffel und geschnitzte Behälter für Flüssigkeiten herzustellen. Es sind ausgezeichnete Reproduktionen alter Stücke darunter. Das meiste ist jedoch künstlich auf alt getrimmt. Die 6 Kilometer lange Hauptstraße durch das Zentrum Ampenans, Matarams und Cakranegaras (Langko/Pejanggik/Selaparang) ist eine einzige Ladenkette.

Der Mount Rinjani

Lomboks zentrales Gebirge, das sich um das Massiv des Mt. Rinjani (mit 3726 Meter Indonesiens zweithöchster Berg) erstreckt, ist wegen der klimatischen Schwankungen und des unwirtlichen Geländes nur dünn besiedelt. Bis auf 2000 Meter Höhe ist der Berg von dichtem Dschungel und von Wäldern bedeckt; weiter oberhalb gedeihen lediglich noch Pinien und Sträucher. Der gewaltige Kraterrand des Vulkans, über den die Winde hinwegfegen, ist kahl. Morgens kann man von hier bis nach Bali bzw. nach Sumbawa sehen. Den Aufstieg muß man für die trockene Jahreszeit planen, denn nur dann kann man die herrliche Fernsicht frühmorgens genießen. Ab 10 Uhr ist der Gipfel bereits in Nebel gehüllt.

Im Innern des Kraters breitet sich ein großer See, Segura Anak („Kind des Meeres") aus. Der steile Abstieg ins Kraterinnere ist nicht ungefährlich und nur von einer einzigen Stelle an der Nordseite aus möglich. Nichts für ängstliche Naturen!

Da die Temperaturen in Gipfelnähe nachts unter den Gefrierpunkt absinken können, muß man sich warm anziehen. Für den Aufstieg werden außerdem benötigt: Zelt, Stiefel bzw. kräftige Halbschuhe, Schlafsack, Wasserbehälter, Kochutensilien und Lebensmittel für vier Tage (Reis, Dosenfleisch, Biskuits, Brot, Instantnudeln, Kaffee, Tee, Zucker, Gewürze, Schokolade und Obst). In Ampenan bei Mr. Batubara im Wisma Triguna Hotel an der Jl. Koperasi kann man für etwa 15 US-Dollar eine Campingausrüstung mieten. Inzwischen bieten aber auch einige Reisebüros in Senggigi organisierte Touren an, die die komplette Ausrüstung beinhalten.

Die Kochutensilien leiht man sich unterwegs in den Dörfern, wo man auch Bergführer und Träger anheuern kann. Lebensmittel besorgt man sich am besten vor Antritt der Wanderung (nicht vegessen, auch für den Führer einzukaufen).

Zwei Hauptwege führen zum Rand des Kraters. Viele beginnen den Aufstieg im Bergdorf Sapit im Osten, zu dem man mit dem *bemo* von der Hauptstraße bei **Pringgabaya** aus hinauffahren kann (etwa drei Stunden ab Bahnhof Sweta). In Sapit beginnt der fünfstündige leichte Aufstieg zu den Dörfern **Sembulan Bumbung** und **Sembulan Lawang**. Das Dorfoberhaupt von Sembulan Lawang teilt den Führer und die Träger für den Weg zum Gipfel zu.

Dann geht es weiter zum Basislager unterhalb des Kraters, wo man noch einmal übernachtet, um den einstündigen Schlußaufstieg frühmorgens bei klarer Sicht machen zu können. Abstieg über Sembulan Lawang und Sapit oder zur Nordküste nach Bayan.

Kürzer und leichter ist der Aufstieg von **Bayan,** das mit dem Bus über die Küstenstraße im Nordwesten zu erreichen ist (ab Sweta drei Stunden). Von Bayan bis zum Ende der Straße in **Batu Kok** kommt man evtl. per Anhalter im Lkw. Wer am Vormittag in Batu Kok ankommt, kann sich noch am selben Tag auf den Weg zum Krater machen, andernfalls übernachtet man im Homestay Guru Bakti, wo man auch Führer und Träger engagieren kann. Der sechsstündige Aufstieg führt am alten Sasak-Dorf **Senaro** vorbei zu einem Basislager unterhalb des Kraterrandes. Hier schlägt man sein Zelt auf und geht frühmorgens auf den Gipfel. Entweder kehrt man gleich zurück, oder man geht in den Krater hinein und übernachtet am Kratersee, nicht ohne vorher an den heißen Quellen die müden Muskeln entspannt zu haben.

Der Rückweg vom Kraterinnern bis Batu Kok nimmt volle 12 Stunden in Anspruch; daher sollte, wer kein eigenes Fahrzeug hat, in Batu Kok eine weitere Übernachtung einplanen, da der letzte Bus nach Sweta bereits um 18 Uhr in Bayan abfährt.

Nusa Tenggara

Bevor jemand nach Sumbawa und auf die Inseln im Osten fährt, sollte er sich ein Grundwissen über Indonesien aneignen und von einer gewissen Abenteuerlust getrieben sein. Abgesehen davon muß er bereit sein, Unannehmlichkeiten in Kauf zu nehmen, wenn auch in den letzten Jahren die Verkehrsverbindungen auf und zwischen den Inseln besser geworden sind.

Nur in den Bezirkshauptstädten gibt es Hotels und *losmen*. Die Hotels in **Malaram** (Lombok) und **Kupang** (Westtimor) bieten zu günstigen Preisen nahezu internationalen Hotelstandard. In anderen Bezirksstädten entstehen gerade klimatisierte Hotels der 15- bis 25-US-Dollar-Kategorie. In manchem *losmen* kann man für 1 bis 3 US-Dollar übernachten. Verläßt man man die geschlossenen Ortschaften, ist man auf die Gastfreundschaft der Inselbewohner angewiesen. Unauffällige Kleidung ist wegen der orthodoxen Moslems für Nusa Tenggara dringend anzuraten. Frauen sollten Schultern und Oberschenkel bedeckt halten.

Die Bank Negara Indonesia nimmt nur US-Dollar-Reiseschecks in Zahlung. Andere Währungen umtauschen zu wollen, ist zwecklos. Am besten, Sie nehmen von Bali bzw. von Lombok soviel Bares mit, wie Sie unterwegs ausgeben wollen. Banken und Behörden sind von 8 bis 13 Uhr geöffnet. Freitags, dem wöchentlichen Ruhetag der Moslems, sind sämtliche Schalter bereits um 11 Uhr geschlossen.

Anreise & Verkehrsmittel

• **Flugzeug:** Die meisten *kapupaten* (Bezirkshauptstädte) werden ein- oder mehrmals täglich angeflogen.

• **Straßen:** Das Straßennetz auf den Inseln verbindet die *kapupaten* untereinander. Viele Straßen sind zwar in letzter Zeit ausgebaut worden, doch bleibt auf diesem Gebiet noch eine Menge zu tun. Am schlechtesten sind die Straßen auf Flores. Busse und *bemos* sind stets überfüllt, aber billig.

• **Schiffsverkehr:** Auch mit Fracht-/Passagier-Booten kann man in Indonesien vorwärtskommen. Eigentlich sind für Passagiere nur Deckplätze vorgesehen; vielleicht ist aber die eine oder andere Mannschaftskabine frei. Von **Larantuka** (Flores) weiter nach Osten ist man ganz auf solche Schiffe angewiesen. Unter Zeitdruck darf man da nicht stehen. Zwischen den größeren Inseln verkehren Fährschiffe.

Sumbawa

Anreise

• **Schiff und Straße:** Manche Sumbawa-Besucher kommen mit der Fähre auf die Insel, die mehrmals täglich zwischen **Labuhanlombok** (Lombok) und dem neuen Fährhafen Tuna auf Westsumbawa verkehrt. In Tuna stehen *bemos* für die Fahrt nach Sumbawa Besar oder nach Bima bereit.

• **Flugzeug:** Informationen am Flughafen Ngurah Rai auf Bali bzw. bei den Büros der Fluggesellschaften in Denpasar: **Merpati**, Jl. Melati 57, Tel.: 228 64; **Bouraq**, Jl.Jend. Sudirman 19A, Tel.: 34 947; **Garuda**, Jl. Melati 61.

Für Lombok und für alle Orte weiter östlich muß die Uhr um eine Stunde vorgestellt werden (vor Balizeit).

Unterkunft Sumbawa Besar

Die Auswahl an *losmen* ist groß.
Hotel Suci (18 Zimmer), Jl. Hasanuddin 57, Tel.: 215 89.
Losman Saudara, Jl. Hasanuddin 50, Tel.: 215 28.

Hotel Tambora, Jl. Kabayan, Tel.: 215 55, Fax: 216 24. Das bei weitem beste und teuerste Haus am Platz.

Essen & Trinken

Im **Aneka Rasa** kocht man chinesische und einheimische Gerichte; dazu wird Bintang-, Anker- oder San-Miguel-Bier serviert. Zur Auswahl stehen Coffee-Shops und Restaurants.

Unterkunft Bima

Das **Hotel Sangiang** ist eindeutig das beste Haus. Unterkünfte mit Klimaanlage gibt es bereits für 20 US-Dollar, mit Ventilator sind sie um die Hälfte billiger. Alle Zimmer sind mit modernen Bädern und westlichen Toiletten (eine Seltenheit) ausgestattet. Indonesische und westliche Gerichte werden geboten. Das Sangiang liegt gleich beim früheren Sultanspalast um die Ecke (Tel.: 27 88, Fax: 20 17).

Lila Graha, Jl. Lombok 20, Tel.: 26 45. Vier Zimmer mit eingebautem WC und Bad. Die anderen Zimmer teilen sich Waschraum und Toilette. Man bekommt hier gekühltes Bier (und keine Eiswürfel ins Bier wie in anderen Restaurants).

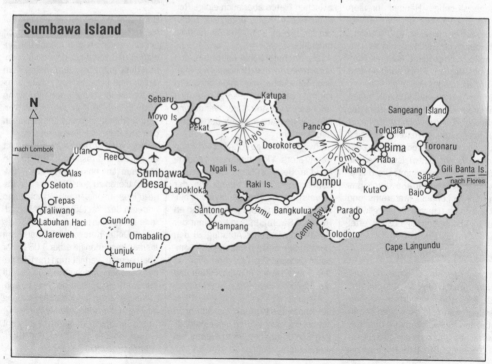

Hotel Parewa, Jl. Sukarno – Hatta 40, Tel.: 26 52. Große Zimmer.
Hotel Ariani, Jl. Menginsidi 5. Daneben steht eine Vielzahl noch billigere Losmen zur Auswahl, z. B. **Komodo** und **Kastini**.

Essen & Trinken

Im **Rumah Makan Anda,** in der Nähe des Kinos, bekommt man chinesische und indonesische Gerichte; das Restaurant ist für seine köstlichen Panzerkrebse bekannt.

Komodo

Anreise

Komodo läßt sich auf verschiedenen Wegen ansteuern. Reisebüros in Jakarta, Bali, selbst in Lombok, können Einzel- und Gruppenreisen zusammenstellen. Die staatlichen Touristenbüros wissen, welche Agenturen spezielle Komodo-Angebote haben. Die Preise richten sich nach der Dauer des Aufenthaltes und der Gruppengröße. Solche Pauschalreisen haben auf jeden Fall ihren Preis.

Auf eigene Faust von Bali aus durch das Land zu reisen, ist inzwischen weit einfacher, dafür braucht man nur viel Zeit. Mit Fähre und Bus fahren Sie über Lombok und Sumbawa bis Sape, einem Hafen an Sumbawas Ostküste.

In Sape kann man wiederum eine Fähre besteigen und die Fahrt bis Labuhan Bajo an der Westküste von Flores fortsetzen. Linienschiffe legen jeweils montags, mittwochs und samstags in Sape ab; die Rückreise von Labuhan Bajo ist für Dienstag, Donnerstag und Sonntag angesetzt. Nur die Samstags- und Sonntagsschiffe laufen auch Komodo an. Die Dauer der Überfahrt ist je nach Windverhältnissen und Seegang sehr unterschiedlich; für die Sape–Komodo-Strecke sind acht, für Komodo–Labuhan Bajo drei Stunden zu veranschlagen. Das Fährschiff geht vor Komodo vor Anker; mit dem Boot wird man gegen eine kleine Gebühr zur Insel gebracht. Wollen mehr als 15 Personen in Komodo an Land, ankert die Fähre zu einem Aufpreis von 25 US-Dollar pro Person auch in Komodo. Einzelheiten sollte man kurz vor Fahrtantritt noch einmal überprüfen, da die Fahrzeiten und -pläne immer wieder geändert werden. Bevor man die Fähre besteigt, sollte man sich beim Kapitän vergewissern, daß das Schiff auch wirklich Komodo anläuft.

Wer sich ein Boot mietet (in Sape oder Labuhan Bajo), umgeht damit einige Probleme, die feste Fahrpläne bei Linienschiffen aufwerfen. Da sich die Landestelle für Komodo auf der Ostseite der Insel befindet, liegt sie weit näher an Labuhan Bajo (etwa 50 Kilometer) als an Sape (120 Kilometer). Das Meer ist überdies zwischen Sape und Komodo rauher als im Osten. Man spart Zeit und Geld und hat vermutlich eine angenehmere Überfahrt, wenn man von Labuhan Bajo übersetzt.

Die Strömung ist in diesen Breiten ziemlich stark, doch die Bootseigner sind vorsichtige Leute. An die von ihnen festgelegten Abfahrtszeiten sollte man sich genau halten, da sie nach den Gezeiten und der Strömung berechnet werden.

Kombinierte Reisen im Flugzeug, mit der Fähre und im Mietboot: Wer zeitlich nicht gebunden ist, sollte getrost seine Reiseroute dem Zufall überlassen. Wenn das bei Ihnen nicht der Fall ist, können Sie unter einer der drei folgenden Routen auswählen:

I. Am schnellsten geht es, wenn Sie freitags von **Bali** nach **Bima** (Sumbawa) fliegen und nach Sape weiterfahren, um die Samstagsfähre zu erreichen. Wenn Sie keine volle Woche auf Komodo bleiben, müssen Sie mit der Fähre am nächsten Tag abfahren, um am Sonntag nachmittag nach Sape zurückzukehren. Mit dem Montagsflugzeug gelangt man von Bima nach Denpasar zurück.

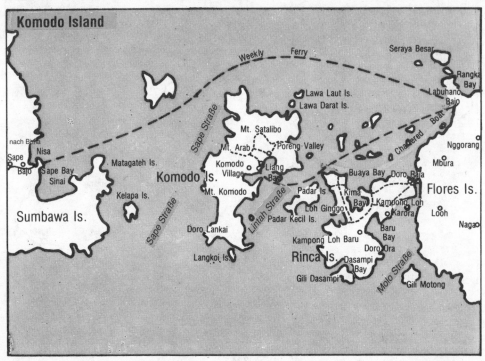

2. Wollen Sie mehr Zeit für Komodo haben, fliegen Sie freitags von **Bali** nach **Labuhan Bajo,** warten dort auf die Sonntagsfähre nach Komodo und kehren am folgenden Samstag nach Labuhan Bajo oder einen Tag darauf nach Sape zurück.

3. Eine Kombination aus Fliegen und Mietboot ist wohl die beste Lösung. Da der Flug von Bali nach Labuhan Bajo nur wenig mehr als der nach Bima kostet, empfiehlt sich für die kurze Überfahrt nach Komodo das Mietboot: freitags Flug nach Labuhan Bajo, mit dem Boot am Nachmittag nach Komodo, Rückfahrt Sonntag vormittag, anschließend Flug nach Bali.

Nach der Ankunft in Sape bzw. in Labuhan Bajo muß man sich im PHPA-Büro (indonesische staatliche Naturschutzbehörde) melden. Man wird dann telefonisch im PHPA-Camp auf Komodo angemeldet und kann somit sicher sein, daß dort ein Bett frei und etwas zu essen vorrätig sein wird.

Unterkunft

Die Anlage von PHPA auf Komodo besteht aus mehreren Wohnhütten mit insgesamt 80 Schlafplätzen. Jede Hütte verfügt über zwei Waschräume mit Toiletten. Zu essen gibt es billige Reis- und Fischgerichte.

Wenn Sie sich bereits bei PHPA in Labuhan Bajo oder Sape angemeldet haben, gehen Sie nach der Ankunft auf Komodo ins PHPA-Büro in Loho Liang, wo Sie eine Gebühr bezahlen. Wer das PHPA-Gelände verläßt, muß von einem Führer begleitet werden.

Sumba

Anreise

Mit dem Flugzeug: Merpati bietet neun Flüge pro Woche zwischen Bali und Waingapu an und fliegt an drei Wochentagen von Bali nach Tamboloka. Ebenfalls dreimal die Woche geht ein Flug von Tamboloka nach Waingapu und wieder zurück. Der einfache Flug Denpasar–Waingapu kostet etwa 80 US-Dollar.

Mit dem Schiff: Westsumba besitzt in Waikelo an der Nordküste einen kleinen Hafen (50 Kilometer von Waikabubak entfernt). Ostsumba hat den besseren und häufiger angelaufenen Hafen Waingapu. Hin und wieder liegen in diesen beiden Häfen Frachtboote, die Fahrgäste an Bord nehmen. Die größeren Schiffe der staatlichen PELNI-Linie legen auf ihrem Weg von und nach Surabaya zweimal monatlich – viermal monatlich die von Kupang (Timor) – in diesen beiden Häfen an. Die Passagiere schlafen an Deck. Die Schiffe laufen weitere Inseln an.

Die Straße, die die beiden Bezirkshauptstädte Waikabubak und Waingapu verbindet, ist 137 Kilometer lang. Fünf Stunden sind die beiden Busse, die pro Tag verkehren, unterwegs. Die kleineren, durch meist unbefestigte Straßen verbundenen Kleinstädte und Dörfer werden von *bemos* bedient.

Unterkunft Waikabubak

Hotel Rakuta, Jl. Veteran. Waschraum und Toilette für je zwei Zimmer. Doppelzimmer (mit Mahlzeiten) sind für etwa 15 US-Dollar pro Tag zu haben.
Losmen Pelita, Jl. Jend A Yani. Zimmer mit zwei, drei und vier Schlafplätzen. Keine Innentoiletten und Waschräume.
Wisma Pemuda. Von den fünf Zimmern sind zwei mit sauberen, modernen Waschraum/Toiletten ausgestattet. Die anderen drei teilen sich ein Bad plus Toilette.
Losmen Mona Lisa, Jl. Gajah Mada. Auch hier ist ein kleines Restaurant angeschlossen.

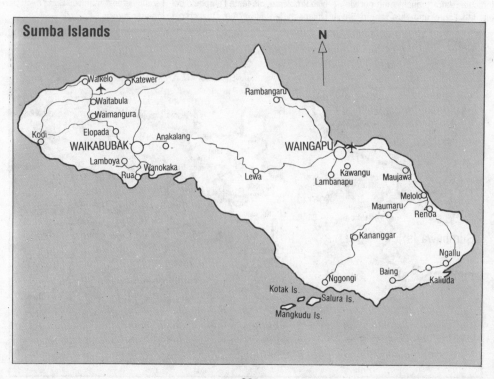

Unterkunft Waingapu

Elim Hotel, Jl. Ahmad Yani 35, Tel.: 323. 18 Zimmer mit eigenem Bad und Toilette. Mahlzeiten erhältlich.
Hotel Berlin, Jl. D.I. Panjaitan 25, Tel.: 213 00, bestes Haus am Platz.
Hotel Lima Saudara, Jl. Wanggameti 2.
Pink Palace, Jl. Hatta 9, Tel.: 210 06.
Surabaya Hotel, Jl. Eltari, Tel.: 125.
Sandlewood Hotel, Jl. Panjaitan, Tel.: 119. Alle Zimmer mit Bad und Toilette.

Essen & Trinken

Nicht nur in den Hotels, auch im **Rawajali,** im **Feni** (Jl. Tribrata), im **Jakarta** (Jl. Ahmad Yani) und in anderen Restaurants bekommt man gutes Essen.

Feierlichkeiten

Viele traditionelle Feierlichkeiten, die alle mit der Huldigung von Geistern zu tun haben, finden zwischen Juli und Oktober statt. Da werden *adat*-Häuser errichtet, Begräbnisse abgehalten, bei denen Hunderte von Schweinen, Wasserbüffeln, Pferden und Hunden geopfert werden.

Weitere Feste sind die *pajura*-Boxkämpfe, die Neujahrsfeste im Oktober und November sowie die Pferderennen und rituellen Tänze am 17. August, dem Nationalfeiertag Indonesiens. Der Leiter des Kulturamtes von Waikabubak (Kepala Seksi Kebudayaan) weiß alles über kulturelle Veranstaltungen und kann Führer vermitteln.

Einkaufen

Ganz oben auf der Einkaufsliste der Sumba-Besucher stehen die traditionellen Stoffe und Gewebe. Da viel minderwertige Ware im Umlauf ist, sollte man sorgfältig auswählen. Sanfte Linienführung ist ein Qualitätsmerkmal. Auch die Feinheit der Muster ist ein wichtiges Kriterium. Achten Sie darauf, daß die Farben sauber und nicht ineinander gelaufen sind (das Weiß in den Mustern muß sauber von den umliegenden Farben abgegrenzt sein).

Beim Aushandeln der Preise sollte man beharrlich sein. Manchmal beträgt der Kaufpreis nur noch ein Drittel der ursprünglich geforderten Summe.

Hinggis werden meist paarweise – einer als Umhang, der andere als Schal – angeboten. Billige Massenware bekommt man schon für 10 US-Dollar; bis zu 100 US-Dollar bezahlt man für das handgewebte Meisterstück. In Prailiu und Mangli (vor Waingapu) arbeiten viele Webereien.

Flores

Anreise

Die Zahl der Flugverbindungen zwischen den größeren Orten wächst stetig; Labuhan Bajo, Ruteng, Bajawa, Ende, Maumere und Larantuka besitzen eine Landebahn. **Merpati** fliegt alle Orte an, **Bouraq** bedient nur Maumere bedient.

Merpati fliegt täglich von Denpasar über Bima (Sumbawa) nach Ruteng. Ebenfalls täglich geht eine Maschine von Denpasar über Ampenan (Lombok) und Bima (Sumbawa) nach Labuhan Bajo und zurück. Bajawa, Ende, Maumere und Larantuka gehören zu einem Kurzstreckenflugnetz. So geht dienstags und freitags ein Flugzeug von Bima (Sumbawa) über Bajawa und Ende nach Kupang (Timor).

Es folgt eine kurze Liste mit Flugverbindungen von und nach Flores:
Ruteng: neun Flüge pro Woche von Denpasar, sieben Flüge nach Ende.
Bajawa: zwei wöchentliche Flüge nach Ende.
Ende: 15 wöchentliche Flüge nach Kupang (Timor) und 14 nach Denpasar.
Maumere: Flugverbindungen u.a. nach Denpasar, Ende, Ujung Pandang (Sulawesi), Bima, Kupang (Timor), Mataram.
Larantuka: zwei Flüge die Woche nach Kupang.

Von allen größeren Inseln Nusa Tenggaras hat Flores aufgrund des felsigen Terrains die schlechtesten Straßen. Die Berge und 14 aktive Vulkane geben den Straßenbauern manche Nuß zu knacken. Zwar kann man mit öffentlichen Verkehrsmitteln Flores in West-Ost-Richtung ganz durchqueren, doch sind diese 667 Kilometer eine Art masochistischer Marathonstrecke, für die man leicht vier bis fünf Tage braucht, da nachts selten gefahren wird. Während der Regenzeit können die Hauptstraßen mehrere Tage lang unpassierbar sein.

In Larantukas Hafen liegen die Boote, mit denen man alle Inseln östlich von Flores ansteuern kann. Da reger Schiffsverkehr herrscht, fällt es nicht schwer, eine Passage zu bekommen.

Unterkunft Labuhan Bajo

In den folgenden *losmen* sollten Sie zuerst versuchen, unterzukommen: **Mutiahara, Makmur, Komodo Jaya.**

Unterkunft Ruteng

Wisma Sindha. Liegt zentral und hat 20 Zimmer.
Wisma Agung. 15 Zimmer, verschiedene Preislagen.
Losmen Karya. Fünf Zimmer, meist belegt.

Unterkunft Ende

Deviputra, Jl. Yos. Sudarso, Tel.: 214 65. 20 Zimmer, etwas teurer.
Hotel Merlin, Jl. Onekare.
Karya, Jl. Pelabuhan.
Losmen Ikhlas, Jl. Jend. A. Yani, Tel. 216 695. Beliebtes Losmen, nahe beim Flughafen.
Losmen Marga Utama, Jl. Kelimutu. Sechs Zimmer zu je 6 US-Dollar.
Losmen Nirwana, Jl. Pahlawan 29, Tel.: 211 99.
Solafide, Jl. Onekore.
Wisma Amica, Jl. Garuda, Tel.: 216 83. Zehn Zimmer.
Wisma Flores, Jl. Jend. Sudirman 18.
Wisma Melati, Jl. Wolowona. Zwölf Zimmer.
Wisma Wisata, Jl. Kelimutu 68, Tel.: 213·68.

ESSEN & TRINKEN

Das **Depot Ende** und das **Aneka** sind zwei gute indonesische bzw. chinesische Restaurants.

Unterkunft Maumere

Sea World Club Waiawara, Jl. Nai Noha, P.O. Box 3. Elf Bungalows zu jeweils etwa 30 US-Dollar, einschließlich der Mahlzeiten.
Losmen Beng Goan, Jl. Pasar Baren. 27 Zimmer.
Losmen Bogor, Jl. Slamet Riydi. Zehn Zimmer.
Losmen Bogor II, Jl. Slamet Riyadi 4.
Losmen Flora, Jl. Jend. A Yani. Vier Zimmer.
Losmen Maiwali, Jl. Raja Don Tomas.
Hotel Maumere Indah, Jl. Kom. A.R. Saleh 73.
Wisma Gardena, Jl. T. Haryono.

Unterkunft Larantuka

Hotel Fortuna, Jl. Diponegro 171.
Hotel Tresna, Jl. Yos Sudarso. Elf Zimmer, bestes Hotel am Ort.
Losmen Rullis, Jl. Yos Sudarso. Acht Zimmer.
Losmen Kurnia. Sechs Zimmer.

Sumatra

Reiseplanung

Anreise

Mit dem Flugzeug: Medan und Palembang sind internationale Flughäfen mit Linienflügen von Singapur und Malaysia. Wer seine Indonesienreise auf Sumatra beginnen will, wird Medan anfliegen. Garuda Indonesia fliegt von München und Wien direkt nach Medan. Garuda und Malaysian Airlines System bieten täglich günstige Flüge von Penang nach Medan an.

Padang ist das Tor nach Westsumatra. Mehrmals täglich landen Garuda-Maschinen aus Jakarta, und wenigstens ein Flugzeug pro Tag kommt aus Medan. Flugverbindungen bestehen auch zwischen Singapur und Padang, womit auch Padang an das internationale Flugnetz angeschlossen ist.

Mit dem Schiff: Mit der Fähre kann man vom Hafen Merak an der Nordwestspitze Javas nach Panjang bei Telukbetung an der Südwestspitze Sumatras übersetzen. Die Fahrt auf einem neuen Schiff dauert 4,5 Stunden. Krakatau, die berüchtigte Vulkaninsel, ist bei schönem Wetter von der Fähre aus zu erkennen. PELNI-Schiffe verkehren zwischen Medan und Jakarta sowie zwischen Padang und Jakarta.

Unterwegs
MIT DEM BUS

Bus fahren ist auf Sumatra billig: Für die Strecke Bukittinggi–Pekanbaru bezahlt man etwas mehr als 3 US-Dollar, für die Strecke Medan–Bukittinggi–Pekanbaru gut 10 US-Dollar.

Busverbindungen, Streckenangaben in Kilometer:
Medan–Bukittinggi, 728; Medan–Bukittinggi–Padang, 819; Medan–Bukittinggi–Pekanbaru, 949; Padang–Bukittinggi–Pekanbaru, 312; Bukittinggi–Pekanbaru, 221; Padang–Pekanbaru–Dumai, 498; Padang–Bukittinggi–Padangsidepuan–Sibolga, 470; Bukittinggi–Sibolga–Tarutung–Prabat, 552.

MIT DER BAHN

Auf Sumatra verkehren drei Eisenbahnlinien. In Nordsumatra kann man von Medan nach Norden bis Banda Aceh und nach Süden bis Rantauprapat fahren, in Westsumatra besteht zwischen Padang und seinem Hafen Teluk Bayur eine Bahnverbindung nach Padangpanjang und von dort nach Bukittinggi und Payakumbuh im Norden sowie nach Solok und Lunt im Süden. In Südsumatra kann man ab Tanjung Karang bis Perabumulih im Norden sowie Palembang im Osten und Lubuklinggau im Westen fahren.

STRASSENVERKEHR

Der Trans-Sumatra Highway, die zentrale Ader des Fernstraßensystems auf Sumatra, wurde nach jahrzehntelangen Arbeiten fertiggestellt. Diese gute Straße nach Banda Aceh im Norden verkürzt die Fahrzeiten zu den am Weg liegenden Ortschaften. Andere Straßen (ausgenommen die Gebiete um Medan und den Lake Toba und um Padang – Bukittinggi) sind in schlechtem Zustand. Bei sind manche Nebenstrecken unpassierbar; auch wenn es trocken ist, braucht man hier Allradantrieb.

Unterkunft Medan
FIRST CLASS

Danau Toba International (300 Zimmer), Jl. Imam Bonjol 7, Tel.: 327 000, Fax: 530 553.
Garuda Plaza Hotel (154 Zimmer), Jl. Sisingamangaraja 18, Tel.: 716 255 und 711 411, Fax: 714 411.
Hotel Dharma Deli (184 Zimmer), Jl. Balaikota 2, Tel.: 327 999, Fax: 327 153.
Polonia (174 Zimmer), Jl. Jend. Sudirman 14-18, Tel.: 325 300 , Fax: 519 553.
Tiara Hotel (204 Zimmer), Jl. Cut Mutiah, Tel.: 516 000, Fax: 510 176.

MITTLERE, BILLIGE UNTERKÜNFTE

Angkasa, Jl. Sutomo 1, Tel.: 322 555.
Garuda Motel, Jl. Sisingamangaraja 27, Tel.: 324 453.
Dirga Surya, Jl. Imam Bonjol 6, Tel.: 51 00 22.
Legrundi, Jl. Kirana 22, Tel.: 718 528.
Melati, Jl. Amaluin 6, Tel.: 516 021.
Natour's Hotel Granada, Jl. Jend. A. Yani VI/I, Tel.: 32 62 11, 32 67 99 oder 326 344.
Pardede International, Jl. Ir. H. Juanda 14 , Tel.: 323 866.
Shabiba Guesthouse, L. Armada 3, Tel.: 718 528.
Sumatra, Jl. Sisingamangaraja 21, Tel.: 249 73.
Tomgecko's Traveller Center, Jl. Kediri 96, Tel.: 516 864.
Wayat, Jl. Asia 44, Tel.: 275 75 oder 321 683.

Essen & Trinken in Medan

In Medan ißt man gut. Das **Tip Top Restaurant** (Jl. Jend. A. Yani 92) ist repräsentativ für die *padang*-Küche, bietet Hammelhirn mit Curry und ein traumhaftes Eisdessert. Das **Garuda-Restaurant** an der Jl. Pemuda serviert zu seinen ausgezeichneten *padang*-Gerichten köstliche Fruchtsäfte.

Am späten Abend empfehlen sich die Essensstände an der **Selat Panjang,** einer Gasse hinter der Jl. Pandu, mit chinesischem Essen, *satay* und Säften.

In Medan erhält man vor allem in den Monaten August und September an den Obstständen die köstlichen *durians* zu unglaublich niedrigen Preisen.

Bali Plaza, Jl. Kumango IA, Tel.: 322 641. Chinesisch, indonesisch, europäisch.
Café Demarati, Jl. Gator Subroto, Tel.: 291 41. Europäisch, indonesisch.
De'Bour, Hotel Dharma Deli, Jl. Balai Kota 2, Tel.: 327 011. Asiatisch, europäisch, Fischgerichte.
De'Plaza, Hotel Garuda Plaza, Jl. Sisingamangaraja 18, Tel.: 326 255 oder 326 256. Indonesisch, europäisch, chinesisch.
Fuji Japanese, Hotel Danau Toba Inn, Jl. Imam Bonjol 17, Tel.: 227 00 App. 149. Japanisch.
Garuda, Jl. Pemuda 20 C.D., Tel.: 327 692. Indonesisch, europäisch, chinesisch.

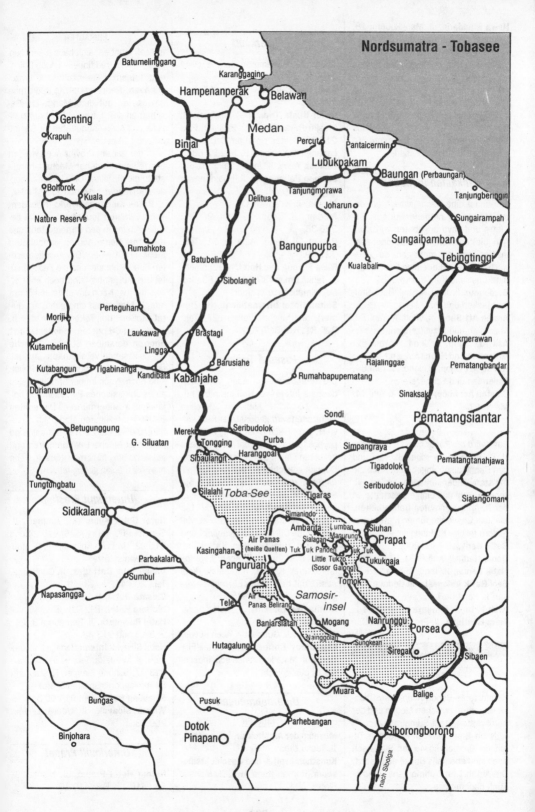

Hawa Mandarin, Jl. Mangkubumi 18. Indonesisch, europäisch.

Das **Mohammed Shariff** (Jl. Bandung 30) ist ebenfalls ein gutes *padang*-Restaurant, allerdings meist voll und etwas laut. Ein ausgezeichnetes, billiges indisches Restaurant ist das **Tajmahal** an der Jl. Mesjid. **Lynn's Bar** (Jl. Jend. A. Yani) und **Liandanis Restaurant** (Jl. Let. Jend. Suprato 3C) servieren westliches Essen.

Einkaufen in Medan

Medan ist eine Handelsstadt, auf deren Märkten Kunsthandwerk aus Sumatra und Java angeboten wird. Die Antiquitätenläden führen schöne, aber inzwischen nicht mehr ganz so preiswerte Sachen. Hier einige Geschäften mit Kunst und Kunsthandwerk:

Borobudur, Jl. Jend. A. Yani. Batik-Stoffe, Masken und Plastiken.
Arafah Art Shop, Jl. Jend. A. Yani 56. Malereien und Schnitzereien.
Asli Art Shop, Jl. Jend. A. Yani 62. Malereien und Schnitzereien.
Rufino Art Shop, Jl. Jend. A. Yani 64. Malereien und Schnitzereien.
Selatan Art Shop, Jl. Jend. A. Yani 44. Malereien.

BATIK

Batik wird am Pasar Ikan Lama an der Jl. Perniagaan zwischen Jl. Yani und den Bahngleisen angeboten. Auch die meisten Andenkenläden an der Jl. Jend. A. Yani und einige Geschäfte an der Jl. Arifin verkaufen Batikarbeiten. Manche Geschäfte führen Meterware, andere fertige Kleidung.
Batik Keris, Jl. Arifin 200.
Danar Hadi, Jl. Arifin 131-133.
Batik Semar, Jl. Jend. A. Yani 128.
Seni Batik Indonesia, in Gedung Perisai, Jl. Pemuda 7.
Iwan Tirta, Jl. Sriwijaya Ujung Utara 1.
Tiara Boutique, Jl. Prof.Yamin 20 C.

Banda Aceh

Anreise

Komfortable Banda Aceh-**Expreßbusse** verkehren zwischen Medan und der nördlichsten Stadt Sumatras.
Nach Blangkeseren–Kutacane–Takingon–Bireuen sowie von Sigli nach Aceh sind ebenfalls Busse eingesetzt. Die Abfahrt ist frühmorgens, die Ankunft nachmittags.

Unterkunft

Aceh, Jl. Mohammed Jam 1, Tel.: 213 54.
Aceh Barat, Jl. Chairil Anwar 17, Tel.: 232 50.
Hotel Kuala Tripa, (40 Zimmer), Jl. Mesjid Raya, 24, Tel.: 218 79, Fax: 217 90. Bestes Hotel am Ort.
Ladang, Jl. Nasional 9, Tel.: 22 68.
Losmen Yusry, Jl. Jam 1, Tel.: 231 60.
Losmen Palembang, Jl. Khairil Anwar 51, Tel.: 220 44.
Masda, Jl. K. Anwar 12.
Medan, Jl. Jend. A. Yani 9, Tel.: 226 36.
Prapat, Jl. Jend. A. Yani 11, Tel.: 221 59.
Rasa Sayang Ayu Hotel, (40 Zimmer), Jl. Teuka Umar 439, Tel.: 219 83. Große, klimatisierte Zimmer.
Sultan Hotel International, (60 Zimmer), Jl. Panglim Polim 127, Tel.: 225 81, Fax: 317 70.

Essen & Trinken

Die Restaurants in Aceh verdienen deshalb Interesse, weil sie nicht nur Padang-Gerichte anbieten. Zu allen Mahlzeiten wird gedünsteter Reis serviert, u.a.: Fisch *(ikan panggang)*, Papayablütensalat *(sambal bunga kates)*, gekochte Eier in Spinat *(sayur bayam)*. Doppelt gekochter schwarzer Reis *(pulot hitam dua masak)* ist eine beliebte Süßspeise oder aber Tee mit Honig, Ingwer und Kondensmilch *(serbat)*. Die Batak-Restaurants in Kutacane servieren Hunde-Curry *(cicang anjing)* und Palmwein *(tuak)*. Guten Kaffee bekommt man überall in Aceh: *kopi tok* ist bitterer Kaffee, mit Milch *(kopi susu)*, mit halbrohem Ei *(telur setengah malang)* zum Frühstück.
Aroma Restaurant, Jl. Palembang. Chinesisch.
Asia Baru, Jl. Gutmeuda. Aceh-Küche.
Eka Daroy Coffee Shop, Hotel Eka Daroy, Jl. Mata le. Chinesisch, indonesisch, europäisch.

Unternehmungen

MUSEEN

Museum der Architektur, in Junongan, Jl. Teuku Umar.
Kunsthandwerks- und Geschichtsmuseum, Rumah Kuno Awe, Jl. Mansur Sjah.

EINKAUFEN

In Aceh lohnt es, sich nach einem *rencong*, einem traditionellen Aceh-Dolch, und feinem Filigranschmuck umzuschauen. *Rencong*-Dolche kauft man am besten auf dem Markt. Ein Geschäft an der Jl. Kartini führt holländische und Aceh-Antiquitäten für Sammler und Liebhaber.

In der ganzen Provinz Aceh werden Stoffe verschiedener Machart hergestellt; die einzelnen Orte haben besondere *kain-adat*- bzw. *opo-adat*-Muster.

Batak-Kunsthandwerk: Nachdem seit 15 Jahren Touristen Sumatra bevölkern, sind in den Bezirken Toba und Karo fast keine echten Antiquitäten mehr aufzutreiben. Die nachgemachten Batak-Kalender und die Zauberbeutel aus Büffelhorn sind doch eher etwas dürftig. Noch am ehesten könnte man in Medan auf eine echte Antiquität stoßen (bei **Toko Bali** in der Jl. Jend. Yani 68 oder im **Indonesian Art Shop** in derselben Straße). Manche Geschäftsleute veranstalten „Antiquitäten-Safaris" mit Touristen. Die Preise sind hoch. Noch immer erhältlich sind gutes chinesisches Porzellan und holländische Silbermünzen. Die echten Batak-Geisterfiguren sind nicht zu sehen; die kleinen Batak-Häuser sind moderner Machart. Webarbeiten und *kain ulos* bekommt man günstig, wenn man hartnäckig genug feilscht.

Unterkunft Brastagi

Hotel Bukit Kubu, (40 Zimmer), Jl. Sempurna 2, Tel.: (0628) 915 24 und 915 33. Haus im Kolonialstil, Restaurant, Tennisplätze.
Danau Toba Cottages, Jl. Gundaling, Tel.: 209 46.
Ginsata Hotel, Jl. Veteran 79.
Mutiara Hotel, Tel.: 915 555.
Hotel Rudangta, Jl. Sempurna 3, Tel.: 913 13 und 913 48.
Hotel Sibayak International, (163 Zimmer), Jl. Merdeka, Tel.: 913 01-8, Fax: 913 07. Schöne Zimmer, Restaurant, Swimmingpool, Sportanlagen.
Sinabung Hotel, Tel.: 914 00-3.
Wisma Sibayak, Jl. Udara 1, Tel.: 209 53.

Unterkunft Prapat

Natour Hotel Prapat, Jl. Marihat 1, Tel.: 410 12, Fax: 410 19.

Astari Hotel, Jl. P. Samosir, Tel.: 412 19. Zimmer und Bungalows.
Danau Toba International, Jl. P. Samosir 17, Tel.: 415 83 oder 417 19.
Danau Toba International Cottages, Jl. Nelson Purba, Tel.: 411 72.
Danau Toba Prapat, Jl. P. Samosir 19, Tel.: 413 02.
Hotel Patra Jasa, Jl. Siuhan, Tel.: 417 96.
Mimpin Tua, Jl. Talun Sungkit 9.
Patrajasa Prapat Hotel, Jl. Silman, Tel.: 417 96.

Restaurants Prabat

Tara Bunga Hotel. Chinesisch, indonesisch, europäisch.
Restaurant Asia. Chinesisch.

Samosir

Auf der Insel Samosir gibt es Hotels, Bungalow-Anlagen und einache *losmen* in jeder Preisklasse, z.B.:
Carolina Cottages, Tuk Tuk, Tel.: 419 20.
Pulau Tao Cottage und Restaurant, Tel.: (0625) 415 16.
Silintong, Tuk Tuk, Tel.: 413 45.
Sopo Toba Hotel, Ambarita, Tel.: 416 16 und 411 17.

Toba Beach, Tomok, Tel.: 412 75.
Toledo Inn, Tel.: 227 85. Mit luxuriösen Bungalows.

Das Traveller-Zentrum ist in Tuk Tuk (Halbinsel gegenüber Prapat) mit einer großen Auswahl an *losmen*, z.B.: **Tuk Tuk**, **Carolina**, **Krista Ace**, **Bernard Ace**, **Gordin Ace**. In Tomok können Sie im **Edison Ace** und im **Rohandy Ace** übernachten.

Bukittinggi

Unterkunft

Wer in zentraler Lage komfortabel und mit schönem Blick auf die Stadt wohnen möchte, ist im **Denai's Hotel** gut aufgehoben. Zimmer mit AC gibt es ab ca. 65 US-Dollar.

Weit billiger, unter 20 US-Dollar pro Nacht, kann man in folgenden Hotels bzw. Losmen unterkommen
Benteng, Jl. Benteng 1, Tel.: 211 15.
Denai, Jl. Rivai 26, Tel.: (0752) 329 62, Fax: 334 90.
Dymen's International, Jl. Nawawi 1-5, Tel.: 210 15, Fax: 216 13.
Nirwana, Jl. A. Yani, Tel.: 320 32.

Essen & Trinken

Dymen's Hotel Restaurant, Jl. Nawawi. Indonesisch, europäisch, chinesisch.
Minang, Jl. Panorama 20A, Tel.: 212 20 oder 226 38.
Ria Sari, Ngarai Sianok Shopping Centre, Jl. Jend. Sudirman 1, Tel.: 215 03. Indonesisch.
Selamat, Jl. Jend. A. Yani 19, Tel.: 229 59. Indonesisch.
Simpang Raya, Muka Jam Gadang, Tel.: 225 85. Indonesisch.
Surya, Jl. A. Karim 7, Tel.: 25 85.
Yani, Jl. Jend. A. Yani 101, Tel.: 227 40.

Einkaufen

Die Etagen des **Pasar Atas** und des **Pasar Bawah** (oberer und unterer Markt) in Bukittinggi sind stets überfüllt, v. a. an den Markttagen (Mittwoch u. Samstag). Neben Lebensmitteln sind hier Silberarbeiten aus Kota Gadang, Stickereien aus Silungkang und Messingwaren erhältlich.
Aisah Chalik, Jl. Cindur Mato 94. Bilder, Schnitzereien, *batik*, *songket*-Stoffe, Stickereien, Korbwaren, Silber, Artikel aus Kokosnuß und Bambus.
Antique Shop, Jl. Jend. A. Yani 2, Tel.: 22 557. Bilder, Plastik, *batik* und *songket*-Stoffe, Silber.

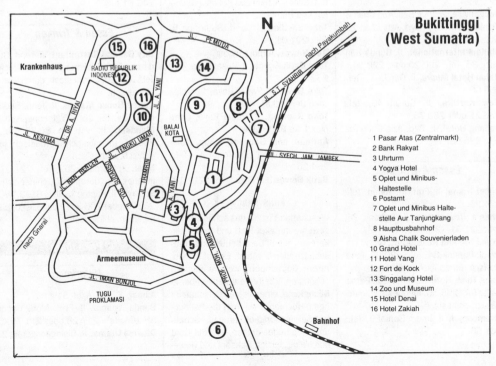

Bukittinggi (West Sumatra)

1 Pasar Atas (Zentralmarkt)
2 Bank Rakyat
3 Uhrturm
4 Yogya Hotel
5 Oplet und Minibus-Haltestelle
6 Postamt
7 Oplet und Minibus Haltestelle Aur Tanjungkang
8 Hauptbusbahnhof
9 Aisha Chalik Souvenierladen
10 Grand Hotel
11 Hotel Yang
12 Fort de Kock
13 Singgalang Hotel
14 Zoo und Museum
15 Hotel Denai
16 Hotel Zakiah

Basrida, Jl. Yos Sudarso 2. Schnitzkunst, Silber, *batik,* Stickereien und Korbwaren.
H. Muchtar Is, Jl. Minangkabau 90. Plastiken, Schnitzereien, *batik,* Elfenbein-, Bambusarbeiten.
Nuraini, Minangkabau 25. Bilder, *batik, songket*-Stoffe, Korbwaren, Silber.
Tiga Putra, Jl. Minangkabau 19. Korbwaren, Schnitzereien, Silber, Artikel aus Kokosnußschalen und Bambus.

Padang

Unterkunft

Hotel Bukit Kubu, (40 Zimmer), Jl. Sempurna 2, Tel.: (0628) 915 24 und 915 33. Haus im Kolonialstil, Restaurant, Tennisplätze.
Candrawasih, Jl. Pemuda 27, Tel.: 228 94.
Jakarta, Jl. Bgd. Olo 55, Tel.: 233 31.
Muara, Jl. Gereja 34, Tel.: 256 00, Fax: 216, 13.
Pangerans's Beach, Jl. I.H. Juanda 79, Tel.: 313 33.
Pangeran's Hotel, Jl. Dobi 3, Tel.: 321 33, Fax: 271 89.
Tiga-Tiga, Jl. Pemuda 31, Tel.: 226 33.
Yaayan's Sari, Wisma, Jl. Sudirman 9, Tel.: 235 55.
Benyamin, Jl. Bgd. Azis Chan, Tel.: 22 23 24.
Bouganville, Wisma, Bgd. Azis Chan 2.
Femina, Wisma, Jl. Bgd. Azis Chan 15, Tel.: 219 50.
Mariani International, Jl. Bundo Kandung 35, Tel.: 220 20 oder 226 54.
Natou Hotel Muara, Jl. Gereja 34, Tel.: 256 00.
New Kartika, Jl. Gurun 40, Tel.: 236 21 oder 253 76.
Padang Hotel, Jl. Bgd. Azis Chan 28, Tel.: 225 63.

Essen & Trinken

Bopet Irama, Jl. Prof. M. Yamin, Tel.: 224 25.
Chan's Restaurant, Jl. Pondok 94, Tel.: 221 31. Chinesisch.
Grand Bar and Restaurant, Grand Hotel, Jl. Pondok 84, Tel.: 220 88. Indonesisch, europäisch, chinesisch.
Hang Tuan, Hotel Hangtuah, Jl. Pemuda 1, Tel.: 265 56. Indonesisch, europäisch, chinesisch.
Imambonjol, Jl. Imam Bonjol 9, Tel.: 261 53.

King's, Jl. Pondok 86B, Tel.: 21 701. Indonesisch, chinesisch.
Machudum's Restaurant and Coffee Shop, Hotel Machudum, Jl. Hiligoo 43-45, Tel.: 223 33 oder 239 97. Indonesisch, europäisch, chinesisch.
Mariani Restaurant and Coffee Shop, Hotel Mariani, Jl. Bundo Kandung 35, Tel.: 254 66 und 220 20. Indonesisch, europäisch, chinesisch.
New Kartika, Jl. Gurun 40, Tel.: 236 21. Indonesisch.
Phoenix, Tel.: 21 304 . Europäisch, chinesisch.
Roda Baru, Jl. Pasar Raya 6, Tel.: 22 814. Indonesisch.
Serha Nikmat, Jl. H. Agus Salim 20, Tel.: 26 210. Indonesisch.

Einkaufen

H. Mochtar, Jl. Pondok 85, Tel.: 256 15. Bilder, Plastiken, Schnitzkunst, *batik,* Korbwaren, Silber und Bambus.
Silungkang, Jl. Imam Bonjol 6A, Kompleks Nusantara Building, Tel.: 264 26. Bilder, Plastiken, *batik,* Korbwaren, Silber, Artikel aus Kokosnußschalen und Bambus.
Songket Silungkang, Jl. Imam Bonjol, Tel.: 237 11. Bilder, Schnitzmuster, *songket*-Stoffe, Stickereien, Korbwaren, Silber, Artikel aus Kokosnußschalen und Bambus.
Toko Sartika, Jl. Jend. Sudirman 5, Tel.: 221 01.
Abu Nawas, Airport Tabing.
Toko Batik Arjuna, Jl. Pasar Raya. Tel.: 232 53.
Toko Dewi, Jl. Pasar Raya, Complex Toko Bertingkat.
Toko Ramona, Jl. Pasar Raya, Complex Toko Bertingkat.
Antique and Souvenir Shop, Toko Atom Shopping Centre 6A, Tel.: 264 26.
Batik Semar, Jl. Hiligoo, Tel.: 212 15.

KUNSTHANDWERK

Westsumatra ist für das schöne, handgewebte *songket*-Tuch und feine Stikkereien, für Silberarbeiten und Holzschnitzereien berühmt. Es gibt in mehreren Gemeinden Webereien, die schönsten Arbeiten entstehen aber in **Silungkang,** einer kleinen Ortschaft im Agam-Hochland, wo man die hellbunten Seiden-*songket*-Sarungs, -Schals und -Kopfbedeckungen, alle mit Gold durchwirkt, fertigt. Bekannt und vielbesucht ist auch **Pandai Sikat** bei Padangpanjang, an der Hauptstraße von Padang nach Bukittinggi. Die von den Frauen in Heimarbeit gemachten *sarungs* mit den passenden Schals nehmen pro Satz eine Arbeitszeit von mehreren Wochen, ja Monaten in Anspruch. Die Silberschmiede und Holzschnitzer von Pandai Sikat sowie die Arbeiten der Silberschmiede von **Kota Gadang** sind beachtlich.
In **Sungaipur** (20 Minuten von Bukittinggi) arbeiten noch einige Eisenschmiede.

Palembang

Unterkunft

Asiana, Jl. Sudirman 45E.
Dharma Agung, Jl. H. Barlian (km 7).
Jakarta, Jl. Sayangan 763, Tel.: 217 37.
Kenanga Inn, Jl. Bukit Kecil 76, Tel.: 234 91.
King's, Jl. Kol. Atmo 623, Tel.: 310 033, Fax: 310 937.
Le Paradise, Jl. Kapten A. Rivayi 257, Tel.: 260 707.
Lembang, Jl. Kol. Atmo 16, Tel.: 313 476, Fax: 352 472.
Swarna Dwipa, Tasik, Tel.: 313 322.
Sintera, Jl. Jend. Sudirman 38, Tel.: 246 618.

Essen & Trinken

City Bar and Restaurant, Jl. Jend. Sudirman 589, Makmur Store, 3. Stock, Tel.: 267 10. Indonesisch, europäisch, chinesisch.
Coffee House Maxim, Jl. Jend. Sudirman 304, Tel. 266 35. Indonesisch.
Mandala, Jl. Veteran 86-88, Tel.: 236 14. Indonesisch, europäisch, japanisch, chinesisch.
Musi, Jl. Merdeka 252, Tel.: 221 07. Indonesisch, europäisch, chinesisch.
Sanjaya, Jl. Kapten A. Rivai 6193, Tel.: 202 72 oder 206 34. Indonesisch, europäisch, chinesisch.

Pekanbaru

Unterkunft

Asmar, Jl. K.H. Agus Salim 57.
Bunda, Wisma, Jl. Prof. Moh. Yamin SH 104, Tel.: 217 28 oder 211 75.
Dharma Utama, Jl. Sisingaangaraja 2.

Indrapura, Jl. Dr. Sutomo 86, Tel.: 362 33, Fax: 563 37.
Mutiara Panghegar, Jl. Yos Sudarso 12, Tel.: 325 26, Fax: 233 80.
Yani, Jl. Pepaya 17, Tel. 236 47.

Essen & Trinken

Anom, Jl. Gatot Subroto 3, Tel.: 226 36. Indonesisch.
Caloca, Jl. Diponegoro 26, Tel.: 229 86. Indonesisch, europäisch.
Gelas Mas Restaurant, Jl. Sulaiman, Tel.: 220 92. Europäisch, chinesisch.
Medan, Jl. Ir. Juanda 28, Tel.: 237 70. Indonesisch, chinesisch.
Rempah Sari, Jl. Jend. A. Yani 80. Indonesisch.
Selamat, Jl. Jend. A. Yani 82, Tel.: 210 81. Indonesisch.
Tedja Restaurant, Jl. Kampar 34, Tel.: 233 16. Indonesisch.
Tin Tin, Jl. Tangkubanperahu. Indonesisch.
Tri Ariga Baru, Jl. Jend. Sudirman 91. Indonesisch.

Telukbetung

Unterkunft

New Jakarta Hotel, Jl. Belanak 28.
Pasific, Jl. Yos Sudarso, Tel.: 422 18.
Shintana, Jl. Selat Berhala 95, Tel.: 429 41.
Sriwijaya, Jl. Kalimantan 30, Tel.: 410 46 oder 412 84.

Essen & Trinken

Grand Park Coffee Shop, Jl. Susilo IA, Tel.: 425 50. Europäisch, chinesisch.
Hongkong, Jl. Pangkalpinang 30, Tel.: 534 73. Chinesisch.
Pasific Hotel, Jl. Yos Sudarso 58, Tel.: 422 18. indonesisch, europäisch.

Riau-Archipel

Anreise

Nach **Tanjung Pinang** kommt man mit dem Schiff von Jakarta, Pekanbura, Palembang und Singapur. Von Tanjung Pinang sind die benachbarten Inseln gut zu erreichen. Für die Fahrt zur **Pulau Penyengat** und zum **Snake River** sowie zu einigen Stränden der Umgebung empfiehlt es sich, am Kai eine *prahu* zu mieten.

Die German Asian Travels aus Singapur bieten Zweitagestouren nach Tanjung Pinang mit Ausflügen zur Pulau Penyengat und in andere Gebiete an.

Pulau Batam ist von Singapur aus in etwa einer halben Stunde mit dem Boot zu erreichen. Dank der Nähe zu Singapur entwickelt sich die Insel rapide und wird mehr und mehr zu einem Handelszentrum ausgebaut. Doch ist sie auch Freizeitinsel mit mehreren Hotels von internationalem Standard, vier Golfplätzen, einer Basis für Wassersport usw.

Kalimantan

Anreise

Der wichtigste Flugplatz für den Verkehr nach und auf Kalimantan ist **Balikpapan**. **Garuda** setzt zwischen Jakarta und Balikpapan täglich vier Maschinen ein. **Merpati** bedient diese Strecke einmal täglich. Sechs bis sieben Flüge am Tag werden von Surabaya angeboten (der einfache Flug in der Economy-Klasse kostet 92 US-Dollar plus 10 Prozent Steuern).

Merpati fliegt für 83 US-Dollar von Jakarta nach Pontianak.

Vom Flugplatz Sepinggan in Balikpapan kommt man mit dem Flughafentaxi oder günstiger mit einem Motorradtaxi – sie stehen an der Zufahrtsstraße – in den Ort.

Unterwegs

Mit dem Flugzeug: Innerhalb Kalimantans bieten Garuda, Bouraq und Merpati Direktflüge zwischen Balikpapan und Banjarmasin, Samarinda, Bontang, Tarakan und Pontianak an. Flugzeuge der Ölgesellschaften (z. B. Pertamina) sowie Charterflugzeuge verkehren zu denselben Orten und zu vielen weiteren kleinen Landeplätzen auf der Insel; wenn Plätze frei sind, nimmt man gegen Bezahlung Touristen mit. Auch der Flugdienst der Missionare bietet für Flüge von Samarinda ins Inselinnere zuweilen Plätze an.

Mit dem Schiff: Die staatliche Schiffahrtsgesellschaft, deren Schiffe von Insel zu Insel fahren, läuft Balikpapan an. Da die Schiffe vorher noch in Surabaya und in Ujung Pandang anlegen, ist die Anreise mit dem Schiff nur sinnvoll, wenn man nicht nur Kalimantan ansteuert.

Binnenschiffahrt: Von Banjarmasin kann man auf dem Barito nach Norden fahren. In ein paar Wochen könnte man den Fluß in voller Länge erkunden. Boote kann man flußaufwärts bis Mauratewe mieten. Von dort geht es im Kanu zum Oberlauf des Flusses. Ein langer Fußmarsch nach Norden (wenn man die Straße benützt, kann man evtl. etwas abkürzen) führt durch Sumpfgebiete nach Intu und schließlich nach Longiram am Mahakam.

Nach Longiram ist es von Samarinda eine relativ kurze Fahrt. Von der kleinen Landebahn etwas flußabwärts erwischen Sie mit etwas Glück ein Flugzeug des Flugdienstes der Missionare nach Samarinda. Eine etwas abenteuerliche Reise nach Longiram ist allerdings die Bootsfahrt den Mahakam hinauf bis zu den Dayak-Dörfern Longbangun, Longpakah, Longnawan und Longbawan.

Schnellboote: Abfahrt täglich um 6 Uhr in Samarinda, fünf Stunden darauf Ankunft in Bontang. Das Boot in die Gegenrichtung fährt gleichzeitig ab und kostet genausoviel. Die Wassertaxis brauchen für dieselbe Strecke etwa doppelt so lang. Schnellboote verkehren auch von Samarinda nach Lokh Tuan (und umgekehrt) in vier Stunden. In einer P.T. Kayu Mas-Agentur erfahren Sie weitere Einzelheiten.

Straßenverkehr: Der **Trans-Kalimantan-Highway** verläuft von Batakan, südlich von Banjarmasin, durch Balikpapan bis Samarinda und wird bald bis Bontang und schließlich Tarakan weitergeführt. Öffentliche Überlandbusse verbinden Banjarmasin, Balikpapan und Samarinda.

Eine ordentliche Straße wurde von Pontianak nach Norden angelegt, die sich beim Dorf Seipenyu gabelt. Nach Norden führt diese Straße an die Grenze zu Sarawak (Malaysia) heran und kommt durch ein Gebiet, das für seine ausgezeichneten handgewebten Tuche bekannt ist. Die Abzweigung nach rechts führt geradewegs nach Bodok im Osten. Ab hier entscheidet das Wetter darüber, ob Sie noch sehr weit kommen.

Pontianak

Unterkunft

Dharma, Jl. Imam Bonjol, Tel.: 347 59.
Orient, Jl. Tanjung Pura, Tel.: 26 50.

Kapuas Palaca, Jl. Imam Bonjol, Tel.: 361 22.
Kartika, Rahardi Usman, Tel.: 344 01.
Pontianak City Hotel, Jl. Pak Kasih, Tel.: 324 95.
Wisma Patria, Jl. Hos. Cokroaminoto.

Essen & Trinken

City Hotel Restaurant, Jl. Kasih 448. Indonesisch, chinesisch.
Hawai, Jl. Tanjung Pura 33. Indonesisch, chinesisch.
Kapuas Room, Dharma Hotel, Jl. Imam Bonjol 555. Indonesisch, chinesisch.
Lembur Kuring, Jl. Ir. H. Juanda 32. Sundanesisch.
Orient Hotel Restaurant, Orient Hotel Tanjung Pura. Indonesisch, chinesisch.
Pagi Sore, Kompleks Kapuas Indah, 2. Etage. Indonesisch.
Paradisio, Jl. Tanjung Pura 6. Chinesisch.
Tahiti, Jl. Imam Bonjol 567 569. Indonesisch, europäisch, chinesisch.

Banjarmasin

Unterkunft

Anda, Jl. Letjen R. Soeprapto, Tel.: 20 06.

Banua, Jl. Brigjen Katamso 8, Tel.: 32 15.
Barito Palace, Jl. Haryono MT 16, Tel.: 673 01, Fax: 22 40.
Borneo Homestay, Jl. Pos, Tel.: 665 45.
Kalimantan, Jl. Lamburg Mangkurat, Tel.: 668 18, Fax: 673 45.
Kl Damang, Jl. Haryono M.T. 4, Tel.: 2334.
Maramin, Jl. Lambung Mangkurat 32, Tel.: 89 44, Fax: 33 50.
Metro, Jl. Mayjen Sutoyo S. 26, Tel.: 24 27.
Nabilla Palace, Jl. Jend. A. Yani, Tel.: 27 07.
New River City, Jl. R.E. Martadinata 3, Tel.: 29 83.
Rahmat, Jl. A. Yani 9, Tel.: 43 22 oder 44 29.
Sabrina, Jl. Bank Rakyat 21, Tel.: 44 42 oder 47 21.
SAS, Jl. Kacapiring Besar 2, Tel.: 30 54 oder 47 59.
Sempaga, Jl. Mayjen Sutoyo S. 128, Tel.: 24 80 oder 27 53.

Balikpapan

Unterkunft

Balikpapans (und Kalimantans) erstes Fünf-Sterne-Hotel ist das neue **Hotel Bena Kutai,** das dem Konzern Beaufort International gehört. Es ist ein Luxushotel mit allen Annehmlichkeiten und entsprechenden Preisen.

Weitere Hotels in Balikpapan (außer **Grand Park**, **Mirama** und **Patra** alle unter 20 US-Dollar pro Nacht):
Altea Benakatui, Jl. A. Yani, Tel.: (0542) 318 96, Fax: 318 23.
Grand Park Hotel, Jl. Pangeran Antasari, Tel.: 229 42. Bad, Warmwasser.
Hotel Bahtera, Jl. Gajah Mada SK1/47, Tel.: 225 63.
Hotel Balikpapan, Jl. Garuda 2, Tel.: 214 90.
Blue Sky, Jl. Letjen Lenderal Soeprapto 1, Tel.: 222 67.
Budiman, Jl. P. Antasari, Tel.: 360 30.
Klatim, Jl. Kampung Baru Tengah.
Piersa, Jl. Gunung Bakaran.
Puri Kencana, Jl. Gajah Mada 14.
Mirama, Jl. Mayjen Sutoyo, Tel.: 229 60 oder 229 61.
Patra, Jl. Yos Sudarso, Tel.: 46.
Tirta Plaza, Jl. D.L. Panjaitan, Tel.: 22 324. Zimmer und Bungalows.

Essen & Trinken

Bahtera Restaurant and Bar, Hotel Bahtera, Jl. Gajah Mada 1/47. Indonesisch, europäisch, chinesisch.

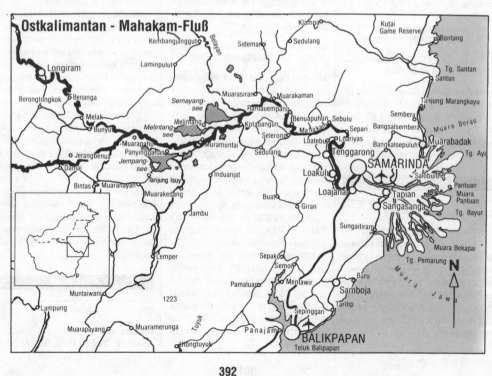

Mirama, Hotel Mirama, Jl. Letjen Soetoyo. Indonesisch, europäisch, chinesisch.
Rainbow Coffee Shop and Restaurant, Blue Sky Hotel, Jl. Letjen Soeprapto 1. Europäisch, chinesisch.
Tenggarong, Hotel Balikpapan, Jl. Garuda 2. Indonesisch, europäisch, chinesisch.

Samarinda

Unterkunft

Hotel Andhika, Jl. H. Agus Salim R.T.V. 37, Tel.: 223 58.
Holiday Inn, Jl. Pelabuhan 29-33 und Jl. Darmaga 18-20, Tel.: 211 85, 211 24 oder 224 13. Eigenes Bad, Warmwasser, A/c, TV, Radio. Restaurant, Coffee Shop, Bar, Friseursalon, Billardsaal.
Hotel Jakarta II, Jl. Dewi Sartika, Tel.: 229 65 oder 238 95.
Mesra International Hotel, Jl. Pahlawan 1, Tel.: 210 11, Fax: 210 17. Bad, Warmwasser, A/c, Farbfernseher, Radio, Zimmertelefon. Coffee Shop, Bar, Swimmingpool.
Sewarga Indah Hotel, Jl. Jend. Sudirman 43, Tel.: 220 66, Fax: 236 62. A/c, Farbfernseher mit Videofilmen, Radio, Zimmertelefon. Restaurant, Coffee Shop, Bar.

Essen & Trinken

Banjar, Jl. Diponegoro 25, Tel.: 1586.
Gumarang, Jl. Veteran, Tel.: 717. Indonesisch.
Mesra, Hotel Mesra, Jl. Pahlawan 1, Tel.: 2903. Indonesisch, europäisch.
Puncak Indah, Lamin Indah Hotel, Jl. Bayangkara 57, Tel.: 588. Chinesisch.

Tarakan

Unterkunft

Hotel Bahtera, Jl. Sulawesi 1, Tel.: 218 21. Bad Warmwasser, A/c. Coffee Shop, Bar, Diskothek.
Hotel Wisata, Jl. Jend. Sudirman 46, Tel.: 212 45.

Unternehmungen

KUTAI NATIONAL PARK

Abgesehen davon, daß ein Besuch des Nationalparks sehr empfehlenswert ist, lohnt allein schon die Anfahrt – ein kleines Abenteuer für sich. Hier die Einzelheiten:

Mit dem Schiff kommt man von Samarinda aus zum Osten des Schutzgebietes. Das reguläre Wassertaxi fährt in 18 Stunden nach **Bontang** und **Sengatta.** Schnellboote dagegen (mit Innen- und Außenbordmotor) brauchen von Lokh Tuan bis Samarinda weniger als vier Stunden. Die Flüsse Santan und Sengatta sind schiffbar – letzterer bis nach **Mentoko.** Ab hier behindern Stromschnellen, vor allem bei niedrigem Wasserstand, die Weiterfahrt erheblich. Die Fahrt im Schnellboot von Bontang zu den Gebäuden der University of Washington am Sengatta dauert 3,5 Stunden. Am besten geeignet sind die motorisierten Langboote, *ketinting* genannt. Man kommt damit zwar langsam, aber gleichmäßig voran und ist gegen Hindernisse unter Wasser besser geschützt.

Sedulang im Westen erreicht man von Samarinda aus im Schnellboot an einem Tag. Wenn der Fluß genug Wasser führt, ist das Schiff von Sedulang in vier Stunden in Klampa, ansonsten dauert die Fahrt länger.

Flugverbindungen bestehen zwischen Balikpapan und Samarinda. Gegen Bezahlung nehmen die Flugzeuge von P.N. Pertamina Passagiere von Balikpapan zu einem der drei Landeplätze der Gesellschaft mit. Landebahnen sind in Tanjung Santan, Bontang und Sengatta. Ölfirmen gestatten auch Charterflugzeugen die Landung.

Einige Straßen führen durch das Schutzgebiet. Im Süden wurden von P.T. Kayu Mas 50 Kilometer Waldwege angelegt. Eine von P.T. Sylvaduta von Sengatta aus gebaute Straße verbindet sich bei km 42 mit der Kayu-Mas-Straße und verläuft bis km 76 nach Westen. Im Umkreis des Sengatta wurde von Pertamina aus ein Straßennetz angelegt, das sich 16 Kilometer nach Süden und nach Osten zur Küste erstreckt.

Mehrere aufgelassene Straßen sind mit dem Jeep noch befahrbar. Bei gutem Wetter kommt man von Sengatta in drei Tagen bis **Teluk Kaba.**

KULTURELLES

Die Kultur der Dayak steht im Mittelpunkt des Interesses, wenn von Kunst und Kunsthandwerk in Kalimantan die Rede ist. Die geometrischen Muster, die sie für die Darstellung des Lebens im Dschungel verwenden, zeigen einen entwickelten Sinn für Strukturen und chinesische sowie hinduistische Einflüsse.

Ikat (siehe Abschnitt „Indonesische Stoffe") ist die gängige Technik des Webens, bei der ursprünglich Rindenfasern, echte Pflanzen- und Erdfarben verwendet wurden, die heute zunehmend durch industrielle Garne und Farben ersetzt werden. Die Dayak-Tuche sind so gut wie die berühmten *ikat* der Sumban.

Mehr als jede andere Minderheit Indonesiens sind die Dayak für ihre Perlenstickereien berühmt. Tausende von winzigen Glasperlen zieren Geldbörsen, Tabaksbeutel, Schwertscheiden, Kinderwagen, Korbdeckel, Borten, Mützen und Kopfbänder. Sehr bekannt sind die gelbschwarzen Perlenstickereien der Punan.

Auch die schönen Körbe der Dayak, mit den charakteristischen zweifarbigen Mustern, sind in großer Auswahl erhältlich. Während die männlichen Dayak eher Holz schnitzen und Metall bearbeiten, verlegen sich die Dayak-Frauen aufs Flechten, Weben, auf die Perlenstickerei und das Tätowieren.

Sulawesi

Anreise

Mit dem Flugzeug: Garuda und Merpati fliegen mehrmals täglich die Strecke Jakarta–Ujung Padang. Auch viele der abgelegenen Orte werden angeflogen. So bedient Merpati Kendari, Gorontalo und Palu, Garuda fliegt Manado an. **Bouraq** legt auf dem Weg von Ujung Pandang in Palu und Gorontalo Zwischenlandungen ein.

Vom Flugplatz Manado (in Mapanget) fährt man eine halbe Stunde bis zur Stadt. Auch Busse bedienen diese Strecke, die durch Kokospalmenhaine und an einem Fluß vorbeiführt (keine Linienbusse).

Mit dem Schiff: Die staatliche PELNI Line setzt ihre Passagierschiffe überall im Archipel ein. Auf der letzten Etappe ihrer Kreuzfahrten werden auch Sulawesi und Kalimantan angesteuert. In Surabaya sticht ein Passagierschiff in See, das Ujung Padang, Balikpapan (den Hafen von Kalimantan) und Bitung (den Hafen Manados im Nordosten Sulawesis) anläuft und auf derselben Strecke zurückfährt.

Die Kabinenplätze sind billig; der einzige Faktor, der daher zählt, ist die Zeit. Welche Möglichkeiten das Reisen mit den staatlichen Linienschiffen Ihnen eröffnet, überprüfen Sie am besten selbst bei einem Besuch der Zentrale der Schifffahrtsgesellschaft in Jakarta, **PT PELNI**, Jl. Angkasa 18, Tel.: 35 83 98, 415 428 oder in Ujung Padang, Jl. Martadinata 38, Tel.: 31 79 65 oder Jl. Sawerigading 96, Tel.: 210 17.

Essen & Trinken

Sulawesi bietet eine gute Küche zu maßvollen Preisen. Vor allem die Minahassan sind Feinschmecker. Das „Nationalgericht" heißt *tinutuan:* ein Reisbrei, der mit verschiedenen Gemüsen, Kürbisstücken und Maisschrot gekocht und zu Salzfisch und einer scharfen Chilisoße gegessen wird.

Bakpiah, ein kräftiger Kloß mit einer Fleisch-, Eier- und Gemüsefüllung, wird gern verzehrt. Ein Salat, *dabu-dabu,* der aus frischen sauren Tomaten, Gurken, Zwiebeln, Chilischoten und Zitronensaft zubereitet wird, fehlt übrigens bei keiner Mahlzeit.

Das Frühstück, nach dem holländischen *smokkelen* (d.h. „essen") *smokol* genannt, besteht aus gekochten Bananen, *bolu*-Kuchen und Kaffee. *Kacang* heißt ein beliebtes Getränk – gekochte rote Bohnen werden mit einem Schuß flüssigen Schokoladensirups, etwas Kondensmilch und einigen Eisstückchen vermischt. Es erfrischt, ist nahrhaft und kräftigend zugleich.

Die Minahassan haben sich eine Reihe ungewöhnlicher Gerichte einfallen lassen, z. B. Flughunde vom Spieß, Feldmäuse und Schlangen (Liebhaber vergleichen sie mit Aal). Das Höchste aber ist den Minahassan das Hundefleisch, das mit scharfen Gewürzen und Paprika gegart wird.

All diese „Spezialitäten" der lokalen Küche dürften für europäische Gaumen aber wahrscheinlich weniger attraktiv sein!

Unterwegs

Merpati fliegt zwar täglich nach Rantepao im Toraja-Land; Einheimische sind aber überwiegend der Meinung, daß nach wie vor die neunstündige Fahrt im **Liman-Express-Bus** eine lohnende Sache ist. An der Jl. Laiya im Zentrum oder am Hotel Ramayana fährt morgens und abends ein Bus ab.

Für andere Fahrten in Südsulawesi empfiehlt sich das Gemeinschaftstaxi.

Liman Express, Jl. Laiya 25, Tel.: 58 51.
Bogowa Utama Corp. P.T. (Taxi), Jl. Jendral Urip Sumoharjo 188, Tel.: 311 311.
Rent-a-car, Jl. Dr. Laimena 4780, Tel.: 318 689 und 442 226.

Ujung Pandang

Unterkunft

Im Gegensatz zu vielen anderen großen Städten Ostindonesiens ist Ujung Pandang ein Ort, in dem man durchaus ein oder zwei angenehme Tage verbringen kann. In einem Hotel am Hafen nimmt man Quartier und kann von dort aus alles Sehenswerte und die besten Restaurants zu Fuß erreichen. Den höchsten Komfort bietet das Vier-Sterne-Hotel **Golden Makassar,** einfachere Unterkünfte findet man im **Makassar Sunset** in der belebten Einkaufsstraße Somba Opu oder in der Jalan Ujung Pandang, etwa dem **Benteng** gegenüber dem Fort Rotterdam.

Das **Ramayana** (Jl. Gunung Bawakaraeng 12), an der Straße zum Flughafen gelegen, ist zwar etwas teuer, dafür liegt das Liman-Expreß-Büro, in dem man die Fahrkarte nach Rantepao kaufen kann, direkt gegenüber. Das Reisebüro Ramayana im Hotel ist auf Rundfahrten ins Toraja-Land spezialisiert. **Grand** und **Victoria** sind zwei weitere Innenstadthotels.

Benteng, Jl. Ujung Pandang 9.
Celebes, Jl. Sultan Hasanuddin, Tel.: 320 770, Fax: 320 769.
Karuwisi Indah, Urip Soemohorjo 10.
Kenari Hotel, Jl. Yosep Sumoharjo 225, Tel.: 318 579.
Makassar City Hotel, Jl. Chairil Anwar 28, Tel: 317 055, Fax: 311 818.
Makassar Cottage, Jl. Dangko 50-52, Tel.: 873 363 und 873 559.
Makassar Gate Beach Hotel, Jl. Pasar Ikan 10, Tel.: 325 791, Fax: 316 303.
Makassar Golden Hotel, Jl. Pasar Ikan 52, Tel: 314 408, Fax: 320 951.
Makassar Royal Inn, Jl. Daeng Tompo 8, Tel. 322 903.
Makassar Sunset, Jl. Somba Opu 297, Tel.: 854 218.
Marannu City, Jl. Sultan Hasanuddin 3-5, Tel.: 315 087 und 318 413, Fax: 321 821 und 319 934.
Pessanggrahan Beach Hotel, Jl. Somba Opu 279, Tel.: 42 18 oder 76 15.
Victoria Panghegar, Jl. Jend. Sudirman 24, Tel. 311 553, Fax: 312 468.
Wisata Inn, Jl. Sultan Hasanuddin 36, Tel.: 324 344, Fax: 312 783.

Essen & Trinken

Das seefahrende Volk der Makassar versteht sich darauf, mit einfachen Mitteln herrliche Fischgerichte hervorzuzaubern. An erster Stelle steht dabei *ikan bakar,* der rote Schnappbarsch (Seebarsch), der über offenem Feuer gegrillt und mit Reis und scharfem Sambal serviert wird.

Gut schmeckt es auf einer Holzbank in einem *warung* am Hafen, dem „Stelldichein" der Buginesen, aber auch in den vornehmeren Räumen des **Asia Baru Restaurant** an der Jl. Salahutu 2. Restaurants, in denen gemischt chinesisch, indonesisch und europäisch gekocht wird, sind das **Himan** an der Jl. Jampea 2 oder das **Bambooden** oberhalb des Marktes (Jl. G. Latimojong) und das **Sea View,** Jl. Panghibur.

Wer keinen Fisch mag, der probiere Soto Makassar, eine dicke, nahrhafte Suppe, die aus verschiedenen Stücken Wasserbüffelfleisch gekocht wird. Am besten ißt man sie im **Soto Daeng** (unweit des Kinos Istana) oder an einem *warung* irgenwo in der Stadt.

Bambooden, Jl. G. Latimojong 55, Tel.: 233 28. Indonesische, europäische und chinesische Gerichte.
Dunia Baru, Jl. Timor Timur 71. Indonesische und chinesische Gerichte.
Happy Building, Jl. Sulawesi. Indonesisch, europäisch und chinesisch.
Hilman, Jl. Jampea 2, Tel.: 317 895. Indonesische, europäische und chinesische Gerichte.
Idaman, Jl. Timor 56, Tel.: 323 041. Indonesische, chinesische sowie Fischgerichte.
Losari Beach, Jl. Penghipur 3B, direkt am Meer. Indonesische, europäische und chinesische Gerichte.
Maranu, Jl. Pasar Ikan 52. Indonesisch, europäisch und chinesisch.
Rumah Makan Shogun, Jl. Penghipur 2, am Meer gelegen. Indonesische, europäische und chinesische Gerichte.

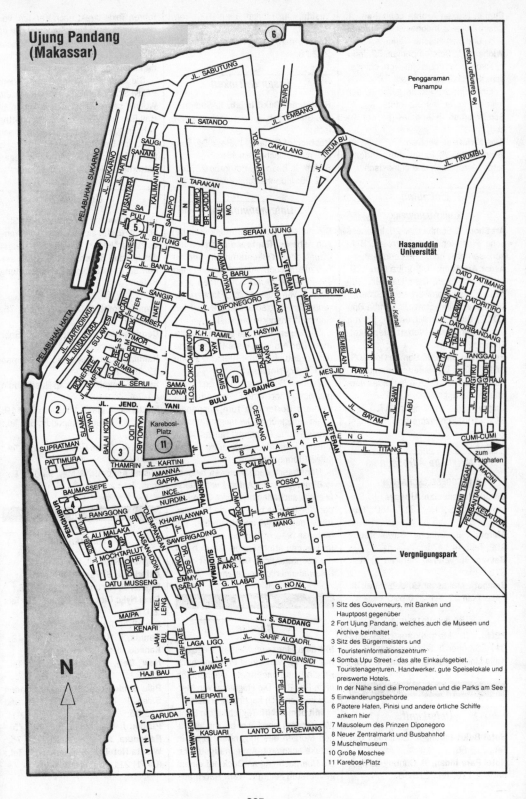

Rumah Makan Aroma Labbakan, Jl. Chairil Anwar 2. Indonesische, europäische und chinesische Gerichte.
Widhana, Jl. Botolempangan 53. Indonesische, europäische und chinesische Gerichte zur Auswahl.

Einheimische essen gerne in den folgenden drei Restaurants:
Sop Pangkep, Jl. Andalas (bei der Kirche).
Kios Melati, Jl. Veteran.
Wisma Ria, Jl. Pasar Ikan. Indonesisch, europäisch und chinesisch.

Einkaufen
Kunsthandwerk
Art Shop, Jl. Somba Opu 20. Indonesische Plastiken, Schnitzereien, Batiken, *sarungs,* Korb und Lederwaren.
Asdar Art Shop, Jl. Somba Opu 199. Bilder, Plastiken, Schnitzereien, Seiden-*sarungs*, Korbwaren und Silber.
Makassar Handycraft, Jl. Somba Opu 10-12. Bilder, Schnitzereien, Porzellan, Silber, Toraja-Webarbeiten, Ikat-Tücher.
Paleori Art Shop, Jl. Somba Opu 108. Bilder, Toraja-Webarbeiten, Bambus.
Sutra Alam, Jl. Onta 47. Seidenwebstücke, Sarungs.
Unggul, Jl. Pattimura A7, Tel.: 312 240. Schnitzereien, Sarungs, Tierhäute.

Nützliche Adressen
Fluggesellschaften
Garuda Indonesian Airways, Jl. Slamet Riyadi 6, Tel.: 317 350, Fax: 322 705.
Merpati, Jl. Gunung Bawakaraeng 109, Tel.: 442 471.
Bouraq, Jl. Veteran Selatan 1, Tel.: 873 039.
Sempati, Makassar Golden Hotel, Jl. Pasar Ikan 52, Tel: 310 690.

Schiffahrtslinie
PELNI, Jl. Martadinata 38, Tel.: 317 967 oder Jl. Sawerigading 96.
Kalle Lines, Jl. Jend. Sudirman 54B.

Pare-Pare
Unterkunft
Hotel Bukit Indah, Jl. Sudirman 65, Tel.: 218 86.
Hotel Pare Indah, Jl. Gunung Lompobattang 116, Tel.: 218 88.

Yusida, Jl. Pinggit Laut 63, Tel.: 218 13.
Hadar Indah, Jl. Dg. Pawero 101, Tel.: 212 78.

Essen & Trinken
Restaurant Bukit Indah, Jl. Sudirman 65. Chinesisch, indonesisch, europäisch.
Restaurant Padang, Jl. Baso Dg. Tompo. Indonesische Gerichte.
Sedap, Jl. Baso Dg. Patompo 23, Tel.: 231 05. Indonesische Küche.

Unternehmungen

Die meisten Sehenswürdigkeiten liegen nahe bei **Rantepao** und sind mit öffentlichen Verkehrsmitteln und zu Fuß zu erreichen. Außerdem kann man ein altes Motorrad oder einen Jeep mieten. Von August bis Oktober, während der Begräbnissaison, werden Sammeltransporte organisiert.

Für längere Ausflüge zu den entfernteren Dörfern sind feste Bergschuhe und eventuell warme Kleidung sowie ein Führer erforderlich.

Zu einer Bergwanderung von Rantepao aus gehört eine Exkursion durch mehrere Dörfer, die zum Ausgangspunkt zurückführt. Die längste und interessanteste Tour bringt Sie ins 60 Kilometer entfernte Mamasa, wo es fast keinen Tourismus gibt.

Der Marsch nach **Mamasa** beginnt in **Bituang**. Für die Anfahrt von **Makale** aus braucht das *bemo* vier Stunden; der Weg ist eine bedeutende Handelsroute der Toraja und Mamasa. Bis Mamasa braucht man bis zu vier Tage. Im **Losmen Mini** können Sie sich auf die abenteuerliche 90-km-Fahrt nach Polewali innerlich vorbereiten.

Kendari
Anreise

Mit dem Flugzeug: Merpati fliegt einmal am Tag von Ujung Pandang nach Kendari und mehrmals wöchentlich nach Bau-Bau. Die Flugpläne von Merpati können sich kurzfristig ändern.

Mit dem Schiff: Täglich legt in Bone (Wantapone) eine Fähre ab, die am frühen Morgen des folgenden Tages in Kolaka ankommt. Am günstigsten ist die Übernachtung an Deck auf einem gemieteten Feldbett. Vom Hafen aus fahren Taxis direkt nach Kendari; von der Anlegestelle zum Standplatz ist es etwa ein Kilometer, den man im *becak* zurücklegt. Um den Fahrpreis hart verhandeln!

Sie können auch mit dem PELNI-Schiff fahren, das einmal die Woche seine Fahrt nach Ambon in Bau-Bau unterbricht. Am Nachmittag geht in Kendari das Fährschiff nach Raha und Bau-Bau ab (vier Schlafkojen pro Kabine); Ankunft in Raha gegen Mitternacht, in Bau-Bau um 3 Uhr.

Unterkunft

Da es in Kendari nur eine größere Straße gibt, dürfte sich auch der Ortsfremde zurechtfinden. Das beste Hotel ist das **Kendari Beach,** andere Hotels stehen an der Hauptstraße in Richtung Hafen.

Armin's Hotel, Jl. Diponegro 55 u. 75, Tel.: 216 15.
Cendrawasih, Jl. Diponegro. Sehr preiswert.
Hamdamin, Jl. May. Jend. S. Parman 62, Tel.: 215 16.
Kendari Beach, Jl. Sultan Hasanuddin 44, Tel.: 219 88-9.
Mutiaran, Jl. Hatta 151, Tel.: 213 19.
Resik, Jl. Sultan Hasanuddin 54, Tel.: 211 03.
Sultra, Jl. Sultan Hasanuddin 62, Tel.: 214 84.
Wisma Anggrek, Jl. May. Jand. S. Parman, Tel.: 218 51.

Palu
Unterkunft

Angkasa Raya, Jl. Soegiono 12.
Astoria, Jl. S. Parman 60.
Buana, Jl. Kartini 8, Tel.: 214 76.
Bumi Nyiur City, Jl. S. Parman 28, Tel.: 210 76.
Fahmil, Jl. Jend. A. Yani 1.
Garuda, Jl. Hasanuddin 33, Tel.: 48.
Kanado, Jl. M.T. Haryono 81.
New Dely, Jl. Tadulako 37, Tel.: 210 37.
Palu Golden (vier Sterne), Jl. Raden Saleh 1, Tel.: (0451) 211 26 und 213 26.
Pasifik, Jl. Gaja Mada, Tel.: 226 75.
Pattimura, Jl. Pattimura 18, 217 75.
Wisata Hotel, Jl. S. Parman 31, Tel.: (0451) 211 75 und 211 62.

Essen & Trinken

Dunia Baru, Jl. Danau Lindu 14, Tel.: 213 71.
Restaurant Marannu, Jl. Setia Budi 11, Tel.: 210 68.

Reisebüros

P.T. Aneka Dharma Sakti, Jl. Jend. Sudirman 11, Tel.: (0451) 219 95.
Bemagy Travel, Jl. Cikditiro 9, Tel.: 210 93.

Manado

Unterkunft

Manado Beach (vier Sterne), Tasik Ria, P.O. Box 1030, Tel.: (0431) 670 01/5, Fax: 670 07.
Kawanua City, Jl. Sam Ratulanggi 1, Tel.: 677 77, Fax: 652 20.
Manado Sahid Hotel, Jl. Bebe Palar 1, Tel.: 516 88 und 526 88.
New Queen Hotel, Jl. Wakeke 12-14, Tel.: 644 40 und 529 79, Fax: 527 48.
Angkasa Raya, Jl. Kol. Soegiono 12, Tel.: 620 39.
Mini Cakalele, Jl. Korengkeng 40, Tel.: 529 42.
Malinda, Jl. Garuda 29, Tel.: 529 18.
Yuta, Jl. Santu Joseph 2, Tel. 52 153.

Mandala, Jl. Cokroaminoto 15, Tel.: 635 39 und 643 50.
Kawanua Kecil, Jl. Sudirman II 40, Tel.: 638 42.
Mitysila, Jl. Sarupung 11, Tel.: 634 45.

Essen & Trinken

Dua Raya, Jl. Walanda Maramis 84, Tel.: 622 36. Chinesische Küche.
Manado Hill Top, Jalan 17 Agustus, Tel.: 665 81. Indonesische, chinesische und europäische Gerichte.
Mentari, Jl. Sam Ratulangi. Indonesische Küche.
New Bambooden, Jl. Tumatenden 5, Tel.: 524 59. Indonesisch.
Singgalang Sago, Jl. Sam Ratulangi 164. Indonesische Küche.

Molukken

Anreise

Garuda, Merpati, Bouraq und Mandala bieten nach Ambon und Ternate Linienflüge an. Ambon wird von Jakarta, Surabaya und Denpasar angeflogen (über Ujung Pandang). Merpati fliegt Jakarta–Ternate an – allerdings mit Übernachtung in Manado. Bouraq bietet einen Direktflug von Jakarta nach Ternate mit Zwischenlandungen in Balikpapan, Palu, Gorontalo und Manado an.

Linienmaschinen von Merpati fliegen von Ternate aus auch die kleineren Orte auf Halmahera und Bachan an, von Ambon aus nach Ceram, Banda und in Städte der südöstlichen Molukken. Zwischen Ambon und Ternate wurde ein regelmäßiger Pendeldienst eingerichtet.

Der Flugplatz Ambon liegt auf einer Halbinsel, 32 Kilometer vor der Stadt. Taxis sind nicht billig. Sie können sich auch im eleganten Schnellboot nach Ambon bringen lassen.

Unterwegs

Mit dem Schiff: Seit je das wichtigste Transport- und Verkehrsmittel. Noch heute sind im Waren- und Lebensmitteltransport über große Entfernungen Segelschiffe eingesetzt. Die Händler kreuzen mit ihren Schaluppen von Dorf zu Dorf und bieten ihre Waren an. Wichtigster Hafen der Molukken ist der Hochseehafen von Ambon. Außer den großen Handelsschiffen aus der ganzen Provinz legen indonesische Schiffe in Halong und Thunfischfänger in Galala an.

An der Ostküste der Insel Ambon machen in Tulehu Schnellboote und andere Motorschiffe Station, die Orte auf Ceram, den Lease-Inseln und auf Banda anlaufen.

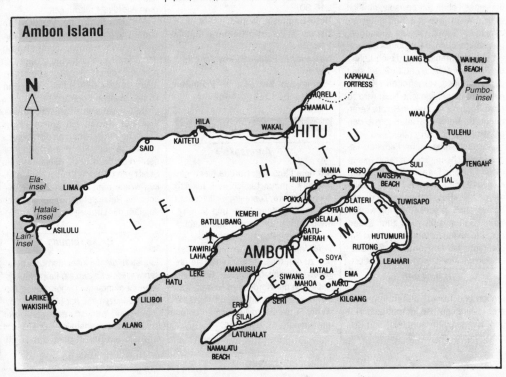

Beim *Syahbandar* (Hafenmeister) von Ambon bzw. bei PT PELNI erkundigt man sich nach Schiffen nach Banda und Ternate. Ein PELNI-Perintis-Boot verkehrt zweimal im Monat zu den Inseln Maluku Tenggara. Es ist 15 Tage bis Leti unterwegs. Zeit spart, wer mit Merpati bis Banda oder Kai fliegt und dort an Bord geht. Vielleicht erklärt sich ein Fischer auf Lethi bereit, Sie nach Osttimor überzusetzen, nachdem die Insel für den Tourismus freigegeben wurde.

Im Hafen von Ternate liegen Motor- und Segelboote mit Motor vor Anker, mit denen man die umliegenden Inseln bis Morotai, Tobelo und Patani an der Ostküste Haimaneras sowie Gebe und Bachan ansteuern kann.

Straßenverkehr: *Bemos* sind auf den wichtigsten Straßen auf den Molukken eingesetzt. In Ambon und Ternate sind die Standplätze im Stadtzentrum in der Nähe der Einkaufszentren. In entlegeneren Gegenden sollte, wer etwas Interessantes entdeckt hat, auch mal eine Strecke zu Fuß gehen. Zwischen den Dörfern an der Küste ist es ein leichtes, sich mit einem *prahu* fortzubewegen.

Essen & Trinken

Daß die Bewohner der Molukken ein einfaches Leben führen, spiegelt sich in dem wider, was ihre Küche hervorbringt: Im Süden ist das Grundnahrungsmittel Sago, dazu gibt es Süßkartoffeln und Maniok; der Fisch liefert die Proteine. Fleisch und Geflügel sind den Festtagen vorbehalten. Kanari, eine der Mandel ähnliche Nuß, wird zu einer Soße für *gado-gado*-Salate verarbeitet. Im Norden ißt man gerne den gelben Reis mit Curry oder Sate.

Arabisch-chinesische Familien kochen abwechslungsreicher und essen mehr Fleisch. Eurasische Molukken mögen Gerichte, die aus Holland stammen: z.B. Rote-Bohnen-Suppe mit Schweinefüßen oder Fisch mit weißer Soße. Selten geht man zum Essen aus. Die neuen Essensstände und Restaurants werden vor allem von ausländischen Arbeitskräften frequentiert.

Unterkunft

Ambon und Ternate bieten ihren Gästen zahlreiche pseudomoderne Hotels, *wisma* (Familienhotels) und *losmen* (Pensionen). Sobald Sie sich weiter ins Land hineinwagen, müssen Sie sich vor Ort nach Übernachtungsmöglichkeiten erkundigen. Sollten Sie etwa in einer Mission unterkommen, ist eine „Spende" die angemessene Art, Dankbarkeit zu bekunden.

AMBON
Hotel Abdulali, Jl. Sultan Baabullah, Tel.: 27 96.
Hotel Amboina, Jl. Kapitan Ulupaha Nr. SA, Tel.: 417 25, Fax: 33 54.
Hotel Beta, Jl. Wim Reuwaru, Tel.: 34 63.
Hotel Cendrawasih, Jl. Tulukabessy, Tel.: 524 87, Fax: 533 73.
Hotel Eleonoor, Jl. Anthony Rebhok 30, Tel.: 28 34.
Hotel Mutiara, Jl. Raya Pattimura, Tel.: 971 24.
Hotel Reflany, Jl. Wim Reuwaru, Tel.: 416 92.

Billige Zimmer findet man in Ambon in den einfachen Hotels und *losmen* im Bereich des Lehrer-Colleges, z.B. im **Silalou,** Jl. Sedapmalam 41. Der Markt und die Merpati- und Garuda-Büros liegen in der Nähe.

TERNATE
Elshinta, Jl. Pahlawan Revolusi 426, Tel.: 210 59.
Hotel Andara Baru, Jl. Ketilang 49.
Hotel Chrysan, Jl. Jend. A. Yani, Tel.: 215 80.
Hotel Harmonis, Jl. Pala.
Neraca, Jl. Pahlawan Revolusi 30, Tel.: 216 68.
Nirwana, Jl. Pahlawan Revolusi, Tel.: 217 87.
Peningapan Sentosa, Jl. Pahlawan Revolusi, Tel.: 218 57.

Irian Jaya

Anreise

Mit dem Flugzeug: Garuda fliegt mindestens einmal täglich von Jakarta nach Jayapura, Zusteigemöglichkeiten in Ujung Pandang, Biak und Sorong. Merpati fliegt von Jakarta über Surabaya und Ujung Pandung nach Biak.

Ab Jayapura und/oder Biak hat Merpati zu den folgenden Orten Flüge angesetzt: Sorong, Manokwari, Serui und Nabire an der Nordküste; Fakfak, Kaimena, Kokenau, Timika und Merauke an der Südküste sowie nach Enarotali und Wamena im Hochland.

Daneben fliegen die Maschinen der Missionen überall im Hochland und in den Küstengebieten abgelegene Siedlungen an. Vier Missionsgruppen haben ihre Maschinen auf dem Flugplatz Sentani (34 Kilometer vor Jayapura) stationiert: Missionary Aviation Fellowship (MAF); Christian and Missionary Alliance (CAMA); Seventh Day Adventists sowie Cenderawasih University's Summer Institute of Linguistics.

MAF ist mit 27 Flugzeugen, zwei Hubschraubern und 30 Piloten die bei weitem größte Missionsgesellschaft mit sieben Hauptniederlassungen in Jayapura, Wamena, Nabire, Manokwari, Yaosakor, Bokondini und Mulia. Weitere Missionsgesellschaften auf Irian Jaya sind:

Australian Baptist Mission (ABMS), Asian Pacific Christian Mission (APCM), Regions Beyond Missionary Alliance (RBMU), The Evangelical Alliance Mission (TEAM), Unevangelised Fields Mission (UFM).

Bevor man irgendwelche Reisepläne schmiedet, sollte man sich mit einer oder mehreren dieser Organisationen in Verbindung setzen und herausfinden, welche Möglichkeiten es gibt. Es kann durchaus sein, daß Sie in eine der abgelegensten Gegenden von Irian Jaya mitfliegen können. Ein bißchen Eigeninitiative und Abenteuerlust muß man allerdings mitbringen.

Mit dem Schiff: Der Versuch, umsonst von einem Küstendampfer mitgenommen zu werden, könnte sich lohnen. Die Ölgesellschaften lassen sich nämlich durch Schiffe versorgen. Agats ist der größte Hafen an der Südküste. Manche Schiffe nehmen Fahrgäste auf, verlangen dafür aber etwas. Was das Reisen mit einem PELNI-Schiff betrifft, sollte man sich bereits in Jakarta nach Fahrplänen und Preisen erkundigen. Jede Reise mit dem Schiff gen Osten führt über die Molukken. Wenn man außer Irian Jaya kein anderes Reiseziel hat, empfiehlt sich deshalb der Luftweg.

Reiseplanung

Touristen, die die Insel Irian Jaya bereisen wollen, *müssen* ein Empfehlungsschreiben und eine Genehmigung *(surat Jl.)* besitzen, die der *bupati* (Provinzgouverneur) in Jayapura ausstellt. Wer in einem als „sensitive" („unsicher") eingestuften Gebiet ohne das Legitimationspapier angetroffen wird, muß auf eigene Kosten nach Jayapura zurück. Aktuelle Informationen über die Lage auf Irian Jaya bekommt man bei: **The Tourist Development Board of Irian Jaya**, P.O. Box 499, Jayapura, Irian Jaya und **Irian Jaya Promotion Board**, Jl. Suwirjo 43, Jakarta, Tel: 353 579. Fahrten nach Irian Jaya vermitteln **Tunas Indonesia** und **Pacto**.

Einkaufen

Die Nachfrage nach Asmat-Schnitzereien ist im Laufe der Jahre gestiegen. Typisch für Asmat-Produkte sind die schlichten Farben (rote Erdfarbe, schwarz und weiß). Das UNO-Projekt zum Schutz der Handwerker hat den Status und das Ansehen der Meisterschnitzer wiederhergestellt. Sie sind heute als Lehrer angestellt.

Sollten Sie Arbeiten der Asmat erwerben wollen, wenden Sie sich an das **Asmat Handicraft Project** in Dinas Perindustriaan, Kotakpos 294, Jayapura. Ein weiterer offizieller Vertrieb ist an der **Jl. Batu Karang** außerhalb von Jayapura (an der Hauptstraße nach Hamadi). Das Geschäft **Cama** verkauft diese Arbeiten ebenso wie der Souvenirladen am Flugplatz Sentani.

Streifzüge mit Führer

Ungeachtet der staatlichen „Siedlungsprogramme" leben in abgelegenen Teilen Irian Jayas immer noch Tausende von Stammesgruppen in völliger Abgeschiedenheit. Die Anthropologie-Fakultät der Cenderawasih-Universität, Jl. Sentani Abepura (20 Kilometer vor der Stadt), vermittelt gegen 20 bis 25 US-Dollar am Tag Führer für Ausflüge. (In Wamena bezahlt man weniger.)

Jayapura

Unterkunft

Hotel Agung, Jl. Argapura 47, Tel: 217 77.
Hotel Dafonsoro, Jl. Percetakan, Negara 20, Jayapura, Tel.: 222 85.
Hotel Irian Plaza, Jl. Setiapura 11, Tel.: 225 39.
Hotel Jayapura, Jl. Olah Raga 4, Tel: 212 16.
Hotel Mantoa, Jl. Jend. A. Yani 14, Tel: 223 36.
Losmen Asia, Jl. Pasar Sentral.
Losmen Lawu, Dok VII.
Losmen Sederhana, Jl. Halmahera 2, Tel. 212 91.
Mess GKI, Jl. Yos Sudarso.
Numbai Hotel, Jl. Trikora V, P.O. Box 22, Jayapura, Tel.: 213 94, 221 85.
Sentani Inn, Jl. Raya Sentani, Tel: 914 40.
Triton Hotel, Jl. Jend. A. Yani 2, P.O. Box 22, Jayapura, Tel.: 212 18 und 211 71.

Billiger als in Jayapura kann man in Sentani (32 Kilometer im Inselinnern) übernachten.

Essen & Trinken

In Jayapura leben viele Bugi; *ikan Bakar* ist daher das beliebteste Gericht. In der Gasse hinter der Import-Export Bank beim *bemo*-Standplatz bekommt man an den *warung*-Ständen *ikan akar* und *sate*. Empfohlen werden die Restaurants **Cahaya,** Jl. Jend. A. Yani, und **Hawaii,** Dekat Sarinah. Beide kochen europäisch und asiatisch.

Wamena

Unterkunft

Baliem Cottages, Jl. Thamrin, P.O. Box 32, Tel: 313 70.
Hotel Nayak, Jl. Gatot Subroto 1, Tel: 310 67.
Losmen Anggrek, Jl. Ambon, Tel.: 312 42.
Losmen Lystari, nahe der Flugpiste.
Sri Lestari, Jl. Trikora, Pasar Sentral, Tel: 312 21.

Das **Nayak Hotel** gegenüber dem Airport Terminal ist, was Zimmer und Essen betrifft, erste Wahl. Außerhalb Wamenas wird jedes Dorfoberhaupt für einen geringen Betrag Gäste im Gemeinde-„honnay" unterbringen. Über Zigaretten oder andere kleine Geschenke freut sich der Gastgeber. Manche Missionen stellen ein Bett bereit. In der Unterkunft der Indonesier, die im Dorf arbeiten, sind Sie ebenfalls willkommen.

Visuelle Beiträge

Apa Archives 24, 30, 34, 35, 40, 41LR, 43LR, 44, 52, 193, 266/67, 275
Apa Photo Agency 71R, 192, 239, 248, 277
Royal Tropical Institute, Amsterdam 13, 26, 47, 49, 53, 126, 210, 298/99, 302, 307, 308, 311, 318, 319L
Peter Bruechmann 74/75, 90, 91, 182, 185L, 187, 197LR, 200, 202, 203LR, 204, 245, 251, 252, 256, 257, 258, 259, 260, 261, 263, 264, 265, 268, 269, 270, 271, 273, 314/315
Christiana Carvalho 189/190, 281, 283
Frank Castle 36, 37, 46RL, 69, 102, 234
Alain Compost 64/65, 70, 71L, 76LR, 134, 290, 292LR, 293, 294, 295, 297
Piero Fantini 148
Cesare Galli 80R, 81L, 93
Gary Gartenberg Collection 321
Manfred Gottschalk 208
Dallas & John Heaton 167
Tony Hillhouse 280, 284
Hans Höfer 22/23, 28, 33, 39, 42, 62, 63, 66, 67, 68, 73R, 77LR, 78R, 84/85, 92R, 96, 103, 113, 114, 115, 116, 117, 118, 119, 123, 128, 129, 136, 138, 141, 142, 143, 149, 153, 154, 161, 164, 165, 166, 168, 169, 170LR, 171, 172, 173, 174,178, 179, 181, 228, 232/33, 235, 236, 240, 243, 244, 246, 247, 286/87, 291, 303, 328
Indonesian Department of Information 50/51, 54LR, 55, 56, 57, 58, 59, 61
Jakarta History Museum 45
Ingo Jezierski 160
Koes – Bali 101, 152, 180
M. Lawrence 20/21, 131, 162, 255, 288/89
Ian Lloyd 158, 159
Frederic Lontcho 31, 227
Kal Müller 18/19, 60, 72, 73L, 77L, 78R, 80L, 88, 92L, 106, 130, 150/51, 155, 163, 177, 183, 185R, 194, 196, 198, 199, 211, 212, 215, 216, 217, 218, 219, 222, 223
Eric M. Oey 12, 25, 27, 32, 38, 79L, 86, 94/95, 105, 108, 109, 112, 121, 122, 124/125, 132LR, 133, 137, 138, 140, 144, 145, 300, 301, 304, 305, 309, 310, 312, 313, 314, 322, 323, 326
Photo Institute 146, 147
Susan Pierres 127
G. P. Reichelt 81R, 135
Adrian Seaforth 175
Michel Vatin 231
Bill Wassman 306
Iwan Tirta 324LR, 325LR, 327

Karten Berndtson & Berndtson

Design Konzept V. Barl

Index

A

Abreu, Antonio de, 192
Aceh, 37, 41, 210, 212
Acehnesen, 78
adat (Brauch), 86, 212
Adonara, 201
Aertembaga, 263
Affenwald, 164
Aftador, 277
Aga, 77
Agama Tirta, 171
Agats, 283
Agricultural Research Centre, 257
Agung, 127, 145, 153, 160, 168, 176
Agung Made Gege Ngurah, 183
air panas, 223
Air Saneh, 175
Airlangga, 153
Airmadidi, 263
Akerica, 277
Akima, 285
Albuquerque, Alfonso de, 40
Alfuru, 274, 270
Alor, 68, 201, 205
Amahusu, 273
Amamapare, 283
Ambon, 38, 43, 269, 272
Amlapura, 180
Ampenan, 182, 184
Amuntai, 241
Amurang, 264
Andamanen, 77
angklung-Musik, 114, 119
Angkor, 29
Animismus, 87
Anyer, 116
Apo-Kayan, 246
Ara, 196
Arafura-See, 67
Arja, 313
Arjuna, 144
Aru-Inseln, 270
Asmat, 281, 283
Australoiden, 25, 78
Avalokitesvara, 138

B

Bacan-Archipel, 271
Badui, 77, 111, 117
bagos, 256
Baguala, 274
Bahau, 247
Bajawa, 202
Bakauheni, 116, 228

Baksoka River, 24
baku pukul sapu, 274
balairong, 218
Balangnipa, 257
Balaputra, 138
Bale Kambang, 177
Bali, 34, 42, 67, 68, 77, 114, 153, 166
Bali Aga, 173
Bali Barat National Park, 165, 295
Bali Museum, 162
Bali-Alga-Stamm, 179
balian, 246
Balikpapan, 241
Balinesen, 78, 87
Baluran National Park, 149, 294
Bambapuang-Tal, 260
Ban Chiang, 27
Banda Aceh, 211, 219
Banda Neira, 275
Banda-Inseln, 38, 44, 68, 269, 275
Bandung, 54, 110, 118
Bandung-Konferenz, 57
Bandungan, 123
Bangka, 67
banjar, 157, 183
Banjarmasin, 239
Bantaeng, 257
Banten, 37, 41, 42, 115, 116
Bantimurung, 257
Banyuwangi Selutun Reserve, 149, 165
Barabai, 241
baris gede-Tanz, 167, 311
Barito, 239, 247
barong-Tanz, 166, 169, 308, 313
Barus Jahe, 217
Batak, 77, 211, 212, 221
Batang Palapuh, 226
Batara Guru, 153
Batavia, 15, 43
Batik, 109, 121, 128, 324
batik cap, 326
batik tulis, 326
Batu, 227
Batu Angus, 277
Batu Bolong, 186
Batu Renggong, 154
Batu Tering, 195
Batuan, 166, 168
Batubulan, 166
Batukaro, 165
Batukau, 163
Batumerah, 274
Batur, 153, 173
Batusangkar, 226
Bawomataluwo, 227
Bayan, 187
Bedoyo Ketawang, 309
Bedugul, 173, 175
Bedulu, 170
Begräbnisriten, 91, 92
Beksan Lawung, 310
Belanjong-Tempel, 160
belawang, 246
bemos, 198
Bengawan Solo, 141
Bengkulu, 212, 228, 230

Benoa, 160
Benteng Oranje, 277
Bergwälder, 71
Bergwanderungen, 114
Besakih, 177
Bevölkerungswachstum, 111
Biak, 282
Billiton, 67
Bima, 194, 195
Bitung, 263
Blambangan, 144
Blangkeseren, 217
Bogor, 29, 117
Bonjol, 225
Bontang, 242
Borneo, 67, 68, 234
Borobudur, 29, 38, 126, 134
Brantas River, 144
Brastagi, 216
Bräuche, 86
Bromo-Tengger National Park, 109, 149, 291, 294
Buddha, Gautama, 137
Buddhismus, 86, 138
Buddhisten, 30
Bugi, 44, 78, 231, 235, 251, 254
Bukit, 160
Bukit Barisan Range, 209
Bukittinggi, 225
Buleleng, 174
Bulukumba-Küste, 256
Bunaken, 264
burgher, 263
Buru, 68, 270, 271, 274
Buton, 265

C

caci-Peitschenduelle, 202
Cakranegara, 182, 183, 184
Candi Bajang Ratu, 148
Candi Dasa, 179
Candi Jago, 149
Candi Jawi, 147
Candi Kidal, 149
Candi Penataran, 149
Candi Singhasari, 148
Candi Tikus, 148
Cape Bira, 256
Cape Puting Reserve, 240, 296
Carita, 116
cekapung, 187
Celuk, 167
Ceram, 68, 269, 271, 274
Christentum, 38, 87, 174
Ciater, 117
Cibodas Botanical Garden, 117
Cibodas/Mt. Gede-Pangrango National Park, 294
Cilegon, 116
Cileunca-See, 119
Ciliwung, 101
Cipanas, 117
Cirebon, 37, 115, 120
Cisolok, 118
Citarum River, 29
Ciwidey, 119
Coen, Jan Pieterszoon, 43, 101

401

Cook, Kapitän, 15
Cornelius, H.C.C., 135
Culturgebied, 209
cupak, 187

D

Daendel, Willem, 102
dalang, 167
Dämonen, 86, 91
Danau Bentu, 226
Dani, 89, 281, 285
Dantara, 195
Dayak, 77, 89, 234, 236, 240, 241, 244
Demak, 36, 41, 115, 123
Dempo, 230
Denpasar, 159, 162
Desa Tanjung, 160
Dieng-Plateau, 31, 138
Dili, 205
Diponegoro, Prinz Pangeran, 127
dokars, 226
Dompu, 194
Donggala, 265
dongson-Stil, 27, 260
Dubois, Eugene, 24
Dufa-Dufa, 277

E, F

Eka-Dasa-Rudra-Ritual, 178
Elo, 137
Ema, 273
Ende, 203
Enggano, 212, 227
Engländer, 41
Enrekang, 257, 259
Enrotali, 285
Erdgas, 63, 242
Erdöl, 209
Eri, 273
Eris, 264
Erp, Dr. Th. Van, 135
Feste, 87
Fledermaushöhle, 179
Flores, 25, 68, 190, 201
Foràmadiaha, 277
Fort Amsterdam, 274
Fort de Kock, 226
Fort Duurstede, 274
Fort Hollandia, 275
Fort Rotterdam, 255
Fort York, 230

G

Galala, 274
Galuh, 114
gamelan-Instrumente, 121
gamelan-Musik, 37, 89, 109, 114, 126, 128, 132, 156, 160, 245, 301
garuda, 148
Garut, 110, 119
Gaura, 199
Gede, 117
Geister, 92
Gelgel, 176

geringsing, 321
Gewürzhandel, 40, 43, 144
Gewürzinseln, 15, 34, 67, 269
Gewürznelken, 27, 34, 44, 236
Gianyar, 176
Gili Air, 186
Gili Terawangan, 186
Gilimanuk, 165
Glaubensrichtungen, 86
Goa Gajah, 170
Goa Lawah, 176, 179
Goa Mam-pu, 257
gondang-Musikanten, 222
Gorontalo, 264
Grabmal von Sunan Gunung Jati, 121
Great Baliem Valley, 281, 284
Gresik, 37
Gunung Api, 275
Gunung Kawi, 153, 171
Gunung Merapi, 226
Gunung Seblat, 226
Gunung Tambora, 195
Gunung Tua, 225
Gunung Tujuh, 226
Gunungsitoli, 227

H

Halmahera, 68, 270
Hamadi, 283
Hamengkubuwana I., 127
Hamengkubuwana IX., 127
hampatong, 246
Handil II, 242
Hanokaka, 199
Hanokaka, 198
Harau Canyon, 226
Haruku, 274
Hasanuddin, 256
Hatalai, 273
Hatu Kajiwa, 198
Hetigima, 285
Hilimondegaraya, 227
Hilisimaetano, 227
Hinduismus, 87, 154
hinggi kombu, 199, 320
Hitu, 38, 274
Höhlenzeichnungen, 26
Hok An Kiong Temple, 146
Holländer, 37, 41, 42, 115, 141, 145, 154, 174
Homo erectus, 24, 110, 119
Hong Tik Hian Temple, 146
Houtman, Cornelis de, 42
Hsieng, Fa, 29
Hulu Bahau-Sungai Malinau Reserve, 247

I, J

ikat-Stoffe, 197, 187, 193, 205, 236, 317, 319
Imam Bonjol, 264
Indragiri, 230
Intu, 247
Iralaya, 148
Irian Jaya, 15, 280, 284, 296
Iseh, 181

Iskandar Muda, 210
Islam, 34, 87, 120, 144
Jagaraga, 174
jaipongan-Tänze, 114
Jakarta, 15, 56, 71, 101, 111
  Alt-Batavia, 103
  Bahari Museum, 103
  Chinatown, 105
  Fatahillah-Platz, 104
  Fine Arts Museum, 103
  Fischmarkt (Pasar Ikan), 103
  Glodok, 105
  Hafen, 102
  Irian Jaya Freedom Memorial, 106
  Istana Merdeka, 106
  Istana Negara, 106
  Istiqlal Mosque, 106
  Jakarta History Museum, 103
  Kebayoran Baru, 107
  Lapangan Banteng, 102, 106
  Medan Merdeka, 102, 105
  Museum Indonesia, 107
  National Archives, 105
  National Cathedral, 106
  National Monument (Monas), 105
  National Museum, 106
  Presidential Palace, 106
  Seni Rupa Museum, 104
  Si Jago, 104
  Sunda Kelapa, 102
  Taman Fatahillah, 103
  Taman Mini, 107
  Uitkijk, 103
  Wayang Museum, 103
  Zentrum, 105
Jalan Ratna, 163
Jambi, 212, 228, 229
Japaner, 54
Japo, 203
Java, 15, 27, 29, 34, 45, 52, 67, 109
Java-Krieg, 127
Java-Mensch, 24, 78, 110, 119
Java-Nashorn, 67
Java-See, 67
Javaner, 78
Jayakarta, 37, 43, 115
Jembrana, 163
Jeneponto, 257
Jepara, 41, 123
jepen-Tanz, 243
Jesuiten, 41
jihad, 211
Johor, 38, 41

K

Kabanjahe, 216
Kabobong, 260
kada-Häuser, 201
Kaget Island Reserve, 240
Kai-Inseln, 270
kain-sambas-Stoffe, 239
Kaitetu, 274
Kaji, 162
Kakadu, 67
Kalasan, 30
Kalimantan, 29, 67, 68, 234, 239
Kalvinisten, 38

Kamasan, 177
kamben-geringsing-Stoff, 179
Kampong Balik, 218
Kampung Jawa, 263
Kampung Kuala Aceh, 219
kampung-Häuser, 183, 244
Kandangan, 240
Kannibalen, 26
Kapahaha, 274
Kapal, 163
Kapuas, 247
Karang Bolong, 116
Karangasem, 154, 176
Karawitan, 301
Kartasura, 141
Kastela, 277
Kawi, 144
Kayan River, 246
Kayan-Dayak, 247
Kebun Raya, 117
kebyar-Tanz, 312
kecak-Tanz, 166, 312
kecodak-Kriegstanz, 187
Kedaton, 277
Kediri, 32, 110, 164
Kedu, 134
kekawin, 32
Kelimutu, 203
Kelud, 144
Kema, 263
Kendari, 252, 265
Kendeng-Bergkette, 110
Kenyah-Dayak, 247
Kerinci-Seblat Reserve, 226
keris, 87, 154, 165
Kerobokan, 161
Kersik Luwai, 245
Kerta Gosa, 177
Kertanegara, 146
Ke'te, 260
Kilang, 273
Kinilow, 264
Kintamani, 173
kledi, 245, 246
Kleine Sunda-Inseln, 67
Klima, 69
Klungkung, 176, 177
Kodi, 199
Kolaka, 265
Kolongan Kawangkoan, 264
Komodo, 196, 291
Komodo-Waran, 67, 196
kora-koras, 276
Korallenriffe, 115
Kota Ambon, 272
Kota Gede, 126
Kotamobagu, 264
Krakatau, 69, 116, 228
Kraton, 265
Kraton Kanoman, 120
Kraton Kesepuhan, 120
Kraton von Surakarta, 141
Kuantan, 230
Kubu, 77
Kubutambahan, 174
Kudus, 123
kulkul, 183
Kupang, 205

Kurima, 285
Kusukusu Sereh, 274
Kuta, 159, 161, 187
Kutacane, 217
Kutai National Park, 243
Kutei, 29
Kyai Maja, 263

L

Labuan, 117, 118
Labuhan Bajo, 201, 202
Labuhan Meringgi, 229
ladang-Wirtschaft, 81
Lahat, 230
Lahendong, 264
Lai Tarung, 198
Lake Batur, 173
Lake Bratan, 175
Lake Jempang, 245
Lake Maninjau, 226
Lake Matana, 265
Lake Paniai, 285
Lake Posso, 265
Lake Sentani, 283
Lake Singkarak, 226
Lake Toba, 212, 221
Lake Tondano, 263
Lake Towuti, 265
Lamboya, 198, 199
lambung, 187
Lampuk, 219
Lampung, 115, 212, 228
Landessprache, 79
Langowan, 264
Larantuka, 87, 201, 204
Lasa Island, 196
Lasem, 123
Latuhalat, 273
Le Mayeur, 159
Leang Leang Caves, 254, 257
Legong Keraton, 311
Leihitu, 272
Leitimor, 272
Lembang, 119
Lembata, 201, 205
Lembeyan, 263
Lembongan, 160
Lemo, 260
Lhokinga, 219
liang, 260
Lingga, 217
Ljen Crater, 149
Illaga, 285
Lohong, 219
Lokh Tuan, 243
Lombok, 68, 153, 179, 182
Londa, 260
Longbawang, 247
Longberini, 247
Longiram, 247
Longnawan, 246
Lonthor, 275
Lore Lindu National Park, 296
Lorentz Mountains, 71
Loro Jonggrang, 139
losmen, 222
Lovina Beach, 173, 175

Loyola, Ignatius von, 41
Lubuklinggau, 230
Lukluk, 163
lumbung, 259, 260
Luwu, 257

M

Maarif Syah, 218
Madura, 37, 67, 111, 144, 146
Maduresen, 78
Magellan, Ferdinand, 15, **276**
Maha-Kudus-Messe, 202
Mahakam, 241
Mahameru, 129
Majapahit, 32, 33, 38, 192, 210
Makale, 259, 260
Makassar, 37, 41, 78, 235
Malaien, 78, 235
Malakka, 36, 40
Malalayang, 264
Malang, 110, 148
Malili, 265
Malino, 256
Maluku, 269
Mamala, 274
Mamasa, 260
Manado, 252, 262
Manado Tua, 262, 264
Mandaresen, 257
Mandomai, 240
Mandor Nature Reserve, 239
Mangang, 187
Manggarai, 201
Maninjau, 225
Manokwari, 282
Mara I, 247
Mara II, 247
mareechaussee, 216, 219
Maribaya, 119
Maros, 257
Martapura, 239, 240
Martha Tiahahu, 272
Mas, 166, 168
Mataram, 126, 141, 182, 184
Mataram, König, 38,
Maumere, 204
Mauratewe, 247
Medan, 215, 221
Megalithen, 27, 197
Melak, 245
Melanesier, 280
melis, 159
Mendut, 30, 138
Mengwi, 163
Menjangan, 165
Menoreh-Berge, 137
Mentawai, 68, 212, 227
Merapi, 31, 126, 134
Meru Betiri Reserve, 149
Mesjid Ageng, 120
Minahasa-Gebiet, 262
Minahasan, 262
Minangkabau, 78, 211, 224
Molukken, 34, 67, 269, 296
Mond von Pejeng, 171
Mongolen, 25, 77
Mount Ambang Reserve, 264, 296

Mount Galunggung, 69
Mount Gede National Park, 71
Mount Jaya, 283
Mount Merapi, 30
Mount Leuser National Park, 217, 291, 295
Mount Palung Nature Reserve, 296
Mount Sirimahu, 273
Mount Tidore, 277
Mount Ungaran, 31
Muara Muntai, 244
Muara Wahau, 246
Muda, Iskandar, 216
Muskat, 34
Mutter-Tempel, 176

N

nade, 231
Naku, 273
Nalulu, 274
Namanlatu, 273
Narmada, 186
Nashörner, 109
nasi padang, 226
Nationalismus, 53
Natsepa Beach, 274
Naturreligionen, 38
Negara, 163, 165
Negarakertagama, 182, 186
Negritos, 78
Neuguinea, 26, 67
Ngalau Kamang, 226
Ngandong, 25
Ngarai Canyon, 226
Nias, 212, 227
Non Nok Tha, 27
Nona, 263
Nordbali, 173
Nordsumatra, 212
North Biak Nature Reserve, 283
Nusa Dua, 159
Nusa Penida, 160
Nusa Tenggara, 67, 190
Nusalaut, 274

O

Obi, 271
odalan, 178
Ökologische Probleme, 73
Öl, 59
Oleg Tambulillingan, 312
Onrust, 115
Opak, 126
Operasi Narkotika, 217
orang laut, 29, 82, 231, 271
Orang Lingga, 217
Orang Mamaq, 230
Orang Utan, 67
Ostbali, 176
Ostjava, 144
Ostsumba, 197

P

Pacitan, 24
Padang, 226
Padang Bai, 179
Padanglawas-Ruinen, 225
Padangpanjang, 226
Padedewatu, 198
padri kraton, 218
Pagan, 29
Pajajaran, 114
Pakrisan, 170
Pakubuwana, 141
Palawa, 260
Palembang, 229
Palopo, 257
Palu, 252, 265
Pamekasan, 146
Pandu, 240
Pangrango, 117, 118
Pangururan, 223
Pantai Cermin, 221
Pantar, 201, 205
Papandayan, 119
Papua, 79, 280
Paradiesvogel, 280
Parahyangan, 114, 117
Pararaton, 32
Pare-Pare, 257
Pasai, 34
Pasemah Plateau, 27, 230
pasola-Kämpfe, 90, 199
Passo, 263, 274
Pasunga, 198
Pati Gajah Mada, 182
patola, 317, 322
Pattimura, Kapitän, 272
Pawon, 137
Payakumbuh, 226
pedarmaan, 178
Pekalongan, 121
Pekanbaru, 231
Pelabuhan Ratu, 118
Peliatan, 170
Pemenang, 186
Pendolo, 265
Peneslanan, 169
Pengalengan, 119
Pengsong, 186
Penulisan, 174
Pertamina, 60, 106
Petanu, 170
Petenggang-See, 119
Peti Tenget, 161
Pfeffer, 101, 115, 236
PHPA, 196
Pineleng, 264
pinisi-Segler, 102, 231, 256, 257
Pithecanthropus erectus, 24
Pleihari Martapura Reserve, 240
Pokka, 274
Polo, Marco, 15, 34
Pombo, 274
Pontianak, 239
Portugiesen, 40
Poststraße, 115
potehi, 104
prahu-Segler, 256

Prai Goli, 198
Praliu, 199
Prambanan, 29, 31, 38, 126, 133, 138
Prapat, 221
Praya, 187
Priangan, 115
Primaten, 24
Progo, 126, 137
Ptolemäus, 29
puang, 259
Pulau Batam, 231
Pulau Penyengat, 231
Pulau Putri, 115
Pulau Seribu, 115
Pulau Weh, 219
Punan-Dayak, 247
Puncak Pass, 117
Puppenspieler, 89
puputan, 183
Pura Agung, 154
Pura Besakih, 154, 177
Pura Bukit Sari, 164
Pura Kebo Edan, 171
Pura Luhur, 165
Pura Maduwe Karang, 174
Pura Meru, 185
Pura Penataran Sasih, 171
Pura Puseh, 167
Pura Pusering Jagat, 171
Pura Sada, 163
Pura Sakenan, 160
Pura Taman Ayun, 163
Pura Uluwatu, 159
Puri Lukisan Museum, 169
Puri Mayura, 185
Puri Tabanan, 164
Purunga Ta Kadonag, 198
pusaka, 194
Putung, 181
Putussibau, 247
Pygmäen, 77
Pyramid, 285

R

Rad der Lehre, 138
Raffles, Thomas Stamford, 135, 230
Rafflesia, 230, 292
Raja Empat Islands Nature Reserve, 282
Rakata Islands, 116
Ranau-See, 69
Rangkasbitung, 117
Ranotana, 262
Rantepao, 260
Ratu Agungagung K'tut, 183
Raya, 234
Red Beach, 196
Religionen, 86
Rembang, 123
Rembokan, 264
Revolution, 1945–1950, 55
Riam Kanan, 240
Riau, 212, 231
Riau-Kette, 67
Rinjani, 182, 184, 187
Rongkong, 260

Roti, 68, 201, 205
Rum, 277
rumah adat, 226

S

saba-sembah-Fest, 180
Sabang, 219
Sad Kahyangan, 154
Sa'dan River, 260
Sailendra-Dynastie, 30, 134, 138
Sakyamuni-Buddha, 138
Salak, 118
Samarinda, 242
Sambas, 239
Sambisar, 31
Samosir, 212, 222
Samudra Perlak, 34
Sangalla, 260
sangh-yang-Chor, 167, 308
Sangiran, 24
Sangsit, 174
Sanjayas, 30
Sanur, 159
Saparua, 274
Sape, 195
Sapit, 187
Saroako, 265
sarung, 185, 202, 322, 326
Sasagan, 166
Sasak, 78, 153, 182
Sawangan, 263
Sawu, 68, 191, 201, 205
Schamanen, 26, 87, 91, 244
Schattenspielfiguren, 86, 104
Schwaner Range, 234
Schwarze Jungfrau, 87
Sekolak Darat, 245
selamatan, 132
semangat, 89
Semarang, 31, 122, 135
Seminyak, 161
Sempidi, 163
Senapati, Panembahan, 127
Sengkang, 257
Sepik, 283
Sequeira, Diogo Lopes de, 40
Serimpi, 310
Sewu, 30
Shangri-La, 154
Sialangbuah, 221
Siberut, 227
Sibetan, 181
Sibolga, 225
Sidabuta, 222
Sigli, 218
Sikulap, 217
Simanindo, 223
Simeulue, 212, 227
Singapadu, 166
Singaraja, 174, 175
Singhasari, 32
Singkarak, 225
Sinjai, 256
Sipisopiso, 217
sirih, 247
Sklaven, 192, 201
So'a, 202

Soa-Siu, 277
Sodan, 198
Solo River, 25, 127
Solo-Mensch, 25
Solok, 226
Solor, 201, 204
Song-Dynastie, 235
songket, 317, 322
Sorong, 282
Soya, 273
Sri Indrapura, 231
Srivijaya, 30, 209, 210
Stoffe, 27, 34, 317
Subagan, 181
subaks, 153
Südsumatra, 212, 228
Sufis, 34
Suharto, 58, 106, 136
Sukarere, 187
Sukarno, 54, 56, 105, 106, 162
Sukarno Mausoleum, 149
Sukawati, 167
Sula, 271
Sulamedeha, 277
Sulawesi, 26, 67, 251
Sumatra, 15, 26, 27, 34, 67, 209
Sumba, 68, 190, 197
Sumbawa, 68, 69, 190, 194
Sumbawa Besar, 195
Sumenep, 147
Sunan Ampel, 145
Sunda-Inseln, 41, 114
Sundanesen, 78, 111
Sundastraße, 43
Sungaipenuh, 226
Sungguminasa, 255
Superiori, 283
Surabaya, 37, 41, 144
Surakarta, 126, 141
Surakarta Madiun, 110
Suranadi, 184, 186
surat jalan, 244
Surfen, 159
Sutowo, Ibnu, 60

T

Tabanan, 164, 165
Takalar, 257
Takingon, 217
Tal der Könige, 138
Tal der Toten, 138
Taman Arum Sunyaragi, 120
Taman Ayun, 163
Tambora, 69
Tamianglayang, 241
Tampaksiring, 171
Tanah Lot, 163
Tanawangko, 264
Tandengan, 264
Tangkoko-Batuangus-Dua Saudara Reserve, 263
Tangkuban Prahu, 119
Tanimbar, 68
Tanjung Haur, 245
Tanjung Isuy, 245
Tanjung Jone, 246
Tanjung Karang, 229

Tanjung Palas, 243
Tanjung Pinang, 231
Tanjung Redep, 243
Tanjung Selor, 243, 247
Tanjung-Dayak, 245
Tankoko-Batuangus-Dua Saudara, 296
Tarakan, 243
Tarumanegara, 29, 114
Tätowierungen, 247
tau-tau, 261
tawa tawa-Orchester, 187
Tebingtinggi, 221
Telaga Warna, 117
Teluk Bayur, 226
Telukbetungs, 228
Telukdalam, 227
Tengah, 265
Tenganan, 176, 179
Tenggara, 265
Tenggarong, 242, 244
Tengger, 149
Tenggeresen, 77, 111
Tentena, 265
Ternate, 38, 44, 262, 269, 276, 277
The Lease, 274
Tidore, 38, 44, 269, 276, 277
Tiger, 109
Tigerorchidee, 71
Timor, 25, 68, 190, 191, 201
Tirta Gangga, 181
Toalan, 77
Toalon, 252
Toba-See, 69
Tolobali, 195
Toloku, 277
Tomohon, 264
Tomok, 222
Tomunarang Stone, 256
Tondano, 263
tongkonan, 259
Topeng, 313
topeng-Masken, 121, 168
Toraja, 77, 89, 93, 251, 252, 259
Tourismus, 98, 120
Toya Bungka, 173
Tretes, 147
Trowulan, 148
Trunyan, 173
Tuban, 37
Tuk Tuk, 222
Tulehu, 274
tulis, 324
Tungku Omar, 216
Tunku Imam Bonjol, 225

U

Ubud, 166, 173
Udayana, 153
Ujung Kulon National Park, 109, 117, 180, 291, 293
Ujung Pandang, 38, 252, 254
Ujunglamuru, 257
ulap-doyoh-Webereien, 245
ulos kain, 222
Uluwatu, 160
Ungaran, 123
Ureinwohner, 25

V, W

Vajrapani, 138
Vasco da Gama, 40
Vereinigte Holländisch-Ostindische Gesellschaft, 42
Vertrag von Giyanti, 127
Vulkane, 15, 68, 109, 144, 153, 173
Waai, 274
wadian, 244, 246
Waigeo, 282
Waikabubak, 198
Waingapu, 199
waktu-lima, 183
waktu-telu, 183
Wallace, Sir Alfred Russel, 109, 191
Wallace-Linie, 191
Wallacea, 191
Wamena, 285
wanua, 259
Waran, 109
waruga, 263
Wasserpalast von Karangasem, 176
Wassersportmöglichkeiten, 115
Watampone, 257, 265
Watang-Soppeng, 257
Watung Pinabetengan, 264
Way Kambas Reserve, 229, 295
wayang, 149, 177
wayang golek, 104
wayang klithik, 104
wayang kulit, 86, 104, 312
wayang orang, 132, 143, 312
wayang siam, 104
wayang suluh, 104
wayang topeng, 312
wayang wahyu, 104
wayang-golek-**Puppentheater,** 114, 121, 130, 321
wayang-kulit-**Schattenspiel,** 143, 167
Webindustrie, 176
Westbali, 163
Westjava, 114
Westsumatra, 212
Wetar, 68
Wolio, 265
Wolters, Prof. O. W., 30
Woogi, 285
Wringin Lawang, 148

X, Y

Xaviêr, Francis, 41, 274
Yang Plateau, 149
Yeh Pulu, 170
Yogya, 126
Yogyakarta, 110, 114, 126, 211
Bangsal Kencana, 129
Batik Research Centre, 133
batik-Maler-Kolonie, 129
Boutiquen, 133
Fort Vredeburgh, 131
gamelan-Gießereien, 132
Grand Mosque, 130
Hotel Mutiara, 131
Jalan Malioboro, 130
Java-Institut, 130
Jl. Tirtodipuran, 133
Königliche Bibliothek, 130
Kraton, 128, 132
Kunst, 131
Loro Jonggrang, 133
Pasar Beringan, 131
Pasar Ngasem, 130
Pesarean Pertapaan, 129
Ramayana Ballett, 132
Sana Budaya Museum, 130
Shiva-Tempel, 133
Sumur Gumuling, 129
Taman Sari, 129
Tanz, 132
Tempelrundfahrten, 131
Toko Terang Bulan, 133
Tourist Information Office, 131
Vergnügungspalast, 129
Vogelmarkt, 130
Wasserschloß, 129
Yotefa Nature Reserve, 283
Ywika, 285

Z

Zentralbali, 166
Zentraljava, 25
Zibetkatzen, 109
Zwerghirsch, 109